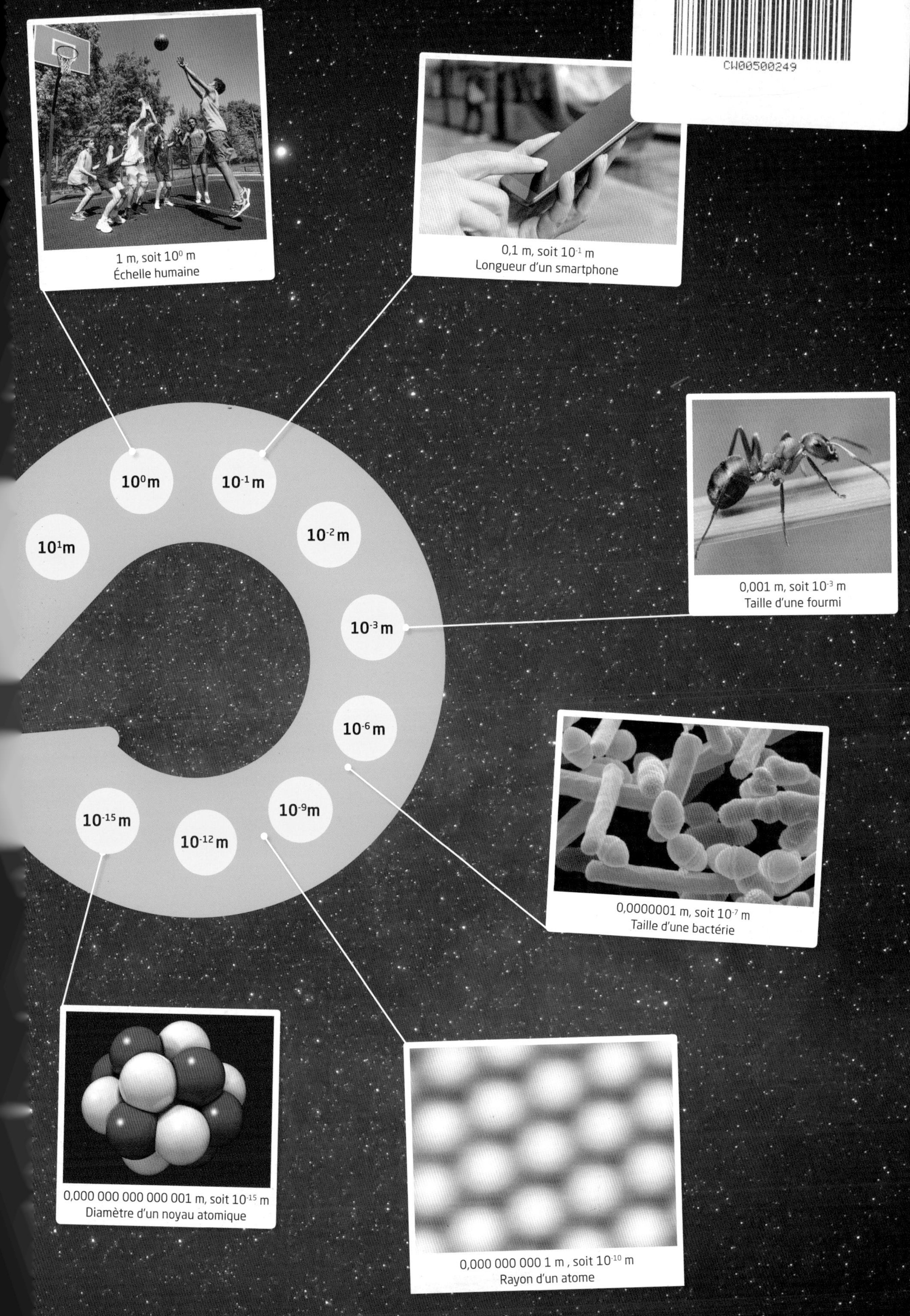
1 m, soit 10⁰ m
Échelle humaine
0,1 m, soit 10-1 m
Longueur d'un smartphone
0,001 m, soit 10-3 m
Taille d'une fourmi
0,0000001 m, soit 10-7 m
Taille d'une bactérie
0,000 000 000 1 m , soit 10-10 m
Rayon d'un atome
0,000 000 000 000 001 m, soit 10-15 m
Diamètre d'un noyau atomique
10¹m
10⁰m
10-1 m
10-2 m
10-3 m
10-6 m
10-9m
10-12 m
10-15 m

Collège

....

....

....

2017-2018 :

20...-20... : ....

20...-20... : ....

20...-20... : ....

20...-20... : ....

20...-20... : ....

Pour les élèves

Le Bimanuel, c'est

- **le** manuel papier
- **la** licence numérique Élève **incluse et renouvelée à chaque rentrée**

> **Enrichi** de nombreuses **ressources Élève** indiquées au fil des pages du manuel par le symbole :

- Des vidéos documentaires
- Des vidéos d'expériences
- Des animations
- Des exercices interactifs

> **Facile d'accès** grâce à la carte d'activation insérée dans le manuel. À chaque rentrée scolaire, Magnard réactive l'accès pour les nouveaux élèves.

> **Consultable en classe et à la maison** sur ordinateur ou tablette pendant 5 ans.

?

Le manuel numérique Élève fonctionne-t-il sans connexion internet ?
Une fois téléchargé, il fonctionne sans connexion internet.

Que se passe-t-il à la fin de l'année scolaire ?
Les élèves qui ont activé la version numérique durant l'année scolaire peuvent continuer à la consulter, pendant toute leur scolarité au collège.
À chaque rentrée scolaire, Magnard réactive l'accès au manuel numérique pour les nouveaux élèves.

Cycle 4 5e 4e 3e

Physique Chimie

Programme 2016

Sous la direction de **Dominique Meneret Noisette**

Nicolas Begin
Stéphanie Bullier
Fabien Durgeau
Martin Faure
Olympe Jouet
Hornelly Keuk
Corentin Le Bouquin
Julien Leroux
Sandra Montlouis-Calixte
Laurence Pihée
Wissam Sabra

es auteurs et les éditions Magnard remercient vivement :
l'ensemble des enseignants qui ont participé aux études menées sur ce manuel ;
le professeur Vincent Besnard pour sa relecture critique et ses suggestions ;
la principale du collège Voltaire de Sarcelles (95) et le principal du collège Émilie du Châtelet de Deuil-la-Barre (95)
pour leur accueil lors des prises de vues d'expériences.

Ce manuel applique les recommandations orthographiques de 1990, mentionnées dans le BO n° 11 du 26 novembre 2015.

MAGNARD

Code offre 107809

Valable jusqu'au 31/07/2022

Sommaire

Thème A

Organisation et transformations de la matière

Chapitre 1 États et changements d'état

Chapitre 2 Les mélanges

Chapitre 3 Transformation chimique

Chapitre 4 Éléments chimiques et équations de réaction

Repères de progressivité indicatifs
●●● Début de cycle ●●● Milieu de cycle ●●● Fin de cycle

Thème B
Mouvement et interactions

Thème C

L'énergie et ses conversions

Chapitre 9 Sources et formes d'énergie

Chapitre 10 Circuits, tension et intensité

Chapitre 11 Les lois en électricité

Chapitre 12 Conservation de l'énergie

Chapitre 13 Énergie et puissance électriques

Thème D

)es signaux
›our observer
:t communiquer

:hapitre 14 Signal et information

apitre 15 Signaux sonores et lumineux

Fiches méthodes

Utilisable en AP

J'apprends une méthode

Utilisable en AP

Exercices résolus

J'apprends à apprendre

Utilisable en AP

DONNER ENVIE DE COMPRENDRE LE MONDE AVEC LA PHYSIQUE ET LA CHIMIE

1 Des situations proches de l'univers de l'élève et problématisées pour l'interpeller dès le début du cours.

Comment réaliser une fusée ?

Comment fonctionne Face-Time ?

La chasse aux insectes est-elle dangereuse ?

Un dauphin va-t-il plus vite qu'un ferry ?

2 Des activités illustrées par une grande de variété de supports pour découvrir comment la physique et la chimie peuvent aider à comprendre le monde et à résoudre les problèmes du quotidien.

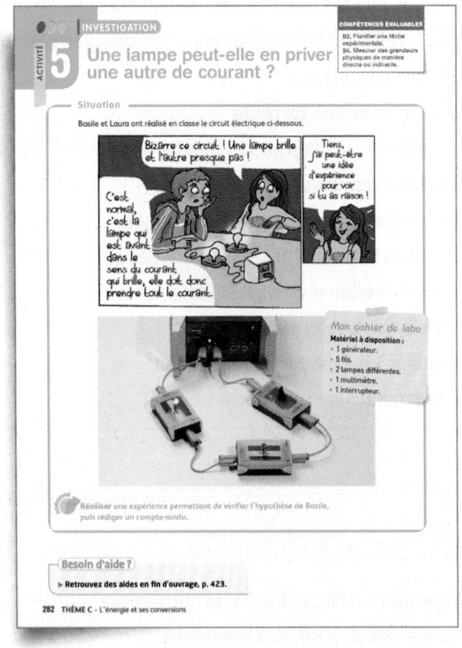

INVESTIGATION
ACTIVITÉ 5
Une lampe peut-elle en priver une autre de courant ?

COMPÉTENCES ÉVALUABLES
D2. Planifier une tâche expérimentale.
D4. Mesurer des grandeurs physiques de manière directe ou indirecte.

Situation

Basile et Laura ont réalisé en classe le circuit électrique ci-dessous.

Mon cahier de labo
Matériel à disposition :
- 1 générateur.
- 5 fils.
- 2 lampes différentes.
- 1 multimètre.
- 1 interrupteur.

Réaliser une expérience permettant de vérifier l'hypothèse de Basile, puis rédiger un compte-rendu.

Besoin d'aide ?
▸ Retrouvez des aides en fin d'ouvrage, p. 423.

282 THÈME C • L'énergie et ses conversions

Comment un cycliste peut-il informer de sa présence et assurer sa sécurité en ville ?

Un cycliste à Melbourne, Australie.

Dans ce chapitre, je vais

	Activités	Exercices
➜ Distinguer les différents types de signaux.	1 6 7	[illegible]
➜ Donner les informations transmises.	1 6	15 à 17
➜ Construire et lire une chaine d'information.	2 4 7	[illegible]
➜ Coder l'information.	5	20 à 22
➜ Comprendre la transmission d'un signal.	1 2 3 6 7	[illegible]
➜ Reconnaitre un signal analogique et un signal numérique.	4 7	[illegible]

Chapitre 14 • Signal et information 353

3 Une rubrique Sciences Mag, fenêtre sur l'actualité scientifique, pour susciter l'étonnement et avoir envie d'aller plus loin.

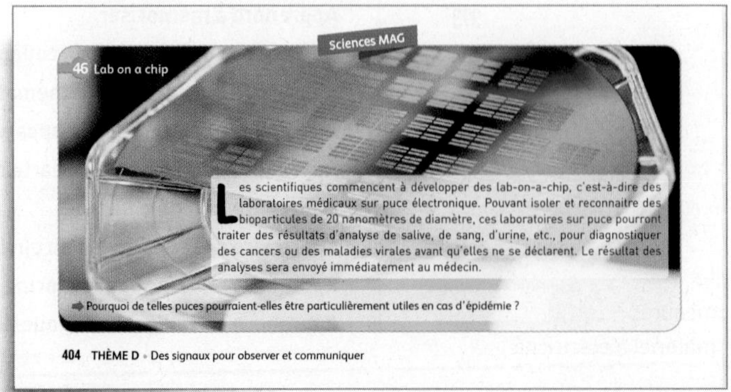

Sciences MAG

46 Lab on a chip

Les scientifiques commencent à développer des lab-on-a-chip, c'est-à-dire des laboratoires médicaux sur puce électronique. Pouvant isoler et reconnaitre des bioparticules de 20 nanomètres de diamètre, ces laboratoires sur puce pourront traiter des résultats d'analyse de salive, de sang, d'urine, etc., pour diagnostiquer des cancers ou des maladies virales avant qu'elles ne se déclarent. Le résultat des analyses sera envoyé immédiatement au médecin.

➜ Pourquoi de telles puces pourraient-elles être particulièrement utiles en cas d'épidémie ?

404 THÈME D • Des signaux pour observer et communiquer

S'ENTRAINER GRÂCE À UNE VÉRITABLE BANQUE D'EXERCICES

1 Plus de 600 exercices de difficulté progressive pour travailler une notion précise ou des compétences.

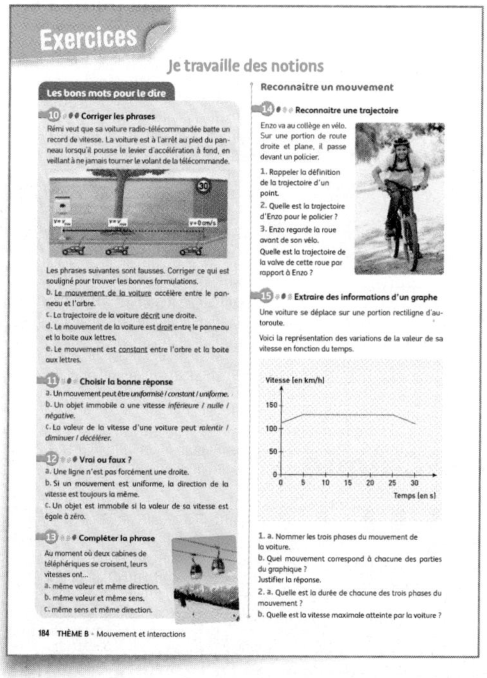

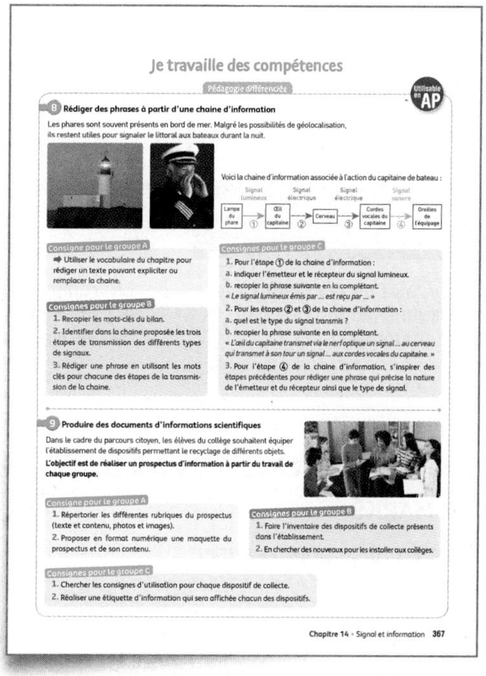

2 Des problèmes pour :

- faire le lien entre les notions,
- traiter des cas concrets,
- faire face à des questions ouvertes.

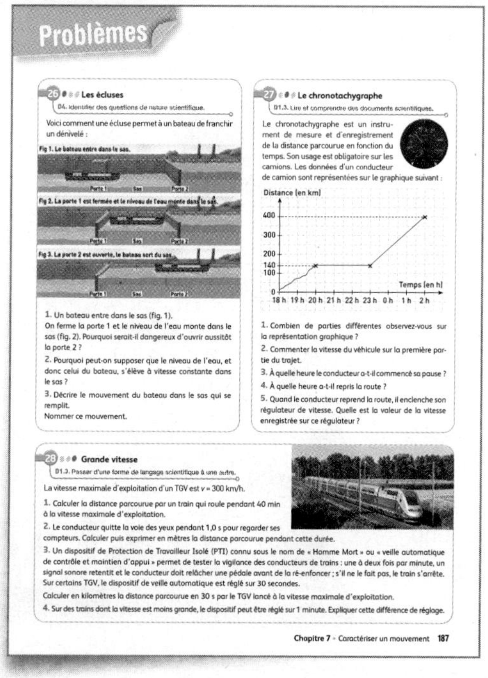

3 Un entrainement spécifique pour se préparer à l'épreuve du Brevet.

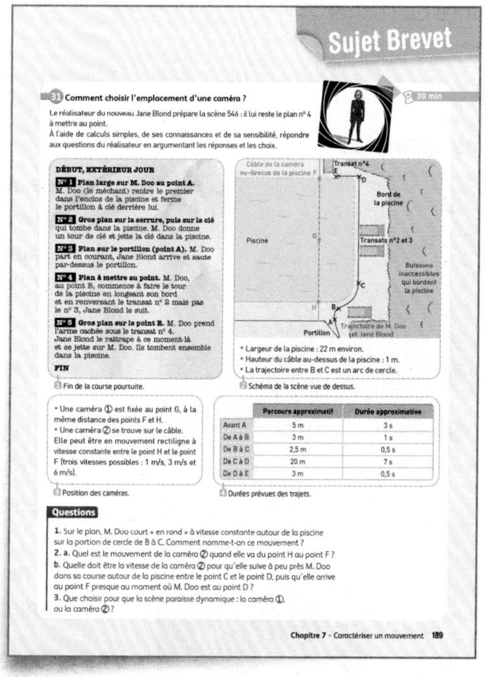

PISTE EPI Les mythes fondateurs

Thématiques	Langues et cultures de l'Antiquité
Production finale	Réaliser une sculpture
Disciplines concernées	Physique-Chimie • Arts plastiques • Français

Comment réaliser une sculpture d'un mythe fondateur ?

Vous allez choisir un exemple de mythe fondateur et une sculpture qui l'illustre.
Vous étudierez cette œuvre et ce mythe et réaliserez votre propre sculpture ou maquette qui pourra être installée à l'extérieur du collège.

Notions du programme abordées dans chaque discipline

Physique-Chimie

Masse, poids, énergie, état de la matière, transformations chimiques (action de l'eau ou des acides sur les matériaux).

Arts-Plastiques

La transformation de la matière, la présence matérielle de l'œuvre dans l'espace.

Français

Les mythes fondateurs, étude de textes patrimoniaux.

Pistes de travail en lien avec la Physique-Chimie

Sisyphe de Hans MARKS

1. Quel matériau a été utilisé pour réaliser cette sculpture ?
2. Quelle est la masse volumique de ce matériau ?
3. En considérant que le rocher a une forme sphérique, rechercher la valeur de son rayon.
4. Calculer son volume, puis sa masse.
5. Comment protéger cette sculpture des intempéries ?
6. Quelles sont les forces qui permettent d'expliquer l'équilibre du rocher ?

Hans Marks, *Sisyphe* (1993), Neuilly-sur-Seine.

D'autres exemples

• *Fontaine du Titan* (1877), œuvre de Jean Antoine Injalbert (1845-1933), Béziers.

• *Laocoon et ses fils*, œuvre des Rhodiens Agésandre, Athénodore et Polydore, IIe ou Ier siècle av. J.-C., musée Pio-Clementino, Vatican.

PISTE EPI

Femmes et hommes de sciences

PARCOURS AVENIR

Thématiques	Monde économique et professionnel
Production finale	Réaliser une affiche
Disciplines concernées	Physique-Chimie • SVT • Histoire et Géographie

Quels sont les parcours des femmes et hommes de sciences ?

Vous allez choisir deux exemples de femmes ou d'hommes de sciences d'hier et d'aujourd'hui.
Vous décrirez leurs parcours personnel et professionnel dans le contexte de leur époque et présenterez leurs travaux scientifiques.

Notions du programme abordées dans chaque discipline

Physique-Chimie et SVT

Effectuer des recherches bibliographiques, histoire des sciences, notions en lien avec les travaux d'une chercheuse ou d'un chercheur.

Histoire et Géographie

Mettre en relation des faits d'une époque ou d'une période donnée, conditions féminines dans une société en mutation.

Pistes de travail en lien avec la Physique-Chimie

Des descendants de la famille Sklodovska

1 Sous quel nom connait-on mieux certains membres de cette famille ?

2 Présenter le parcours d'étude de Maria et de Frédéric.

3 Présenter les travaux scientifiques de Maria qui lui ont valu le prix Nobel.

4 Quelle était la condition de la femme en France à cette époque ?

Tous les enfants de la famille Sklodovska, quatre filles et un garçon, ont reçu la même éducation scientifique.
Maria, première femme couronnée par un prix Nobel a mis ses découvertes au service des blessés de la Première Guerre mondiale.
Sa fille Irène, également prix Nobel, fut l'une des trois premières femmes à siéger dans un gouvernement (sans avoir le droit de vote) et son gendre Frédéric, mari d'Irène, lui aussi prix Nobel, lança l'appel de Stockholm.

D'autres exemples

Isaac Newton, physicien anglais, fondateur entre autres e la mécanique classique et de la théorie de la gravitation niverselle.

• Françoise Barré-Sinoussi et Luc Montagnier, prix Nobel de médecine 2008 pour leur participation à la découverte du virus d'immunodéficience humaine (VIH ou SIDA).

Émilie du Châtelet, nathématicienne, mme de lettres physicienne ançaise, connue ntre autres our ses expériences ır la force vive.

• Claudie Haigneré et Jean-Loup Chrétien, premiers français à aller dans l'espace.

• Salima Rafaï, médaille de bronze du CNRS 2014. Ses travaux portent sur la physique de la nage d'une micro-algue susceptible d'être utilisée pour la production de carburants verts.

THÈME

A

Organisation et transformations de la matière

• Geyser dans le parc de Yellowstone (États-Unis

Attendus de fin de cycle 4

- **Décrire** la constitution et les états de la matière.
- **Décrire** et expliquer des transformations chimiques.
- **Décrire** l'organisation de la matière dans l'Univers.

CHAPITRE 1

États et changements d'état

Sommaire

Zoom sur...

Les croisements entre chapitres

Dans l'exercice 29, je fais le lien avec le chapitre 6, **L'infiniment grand** (p. 140 du manuel).

L'interdisciplinarité

Dans l'activité 9, je fais le lien avec les SVT, **La planète Terre, l'environnement et l'action humaine.**

Une animation

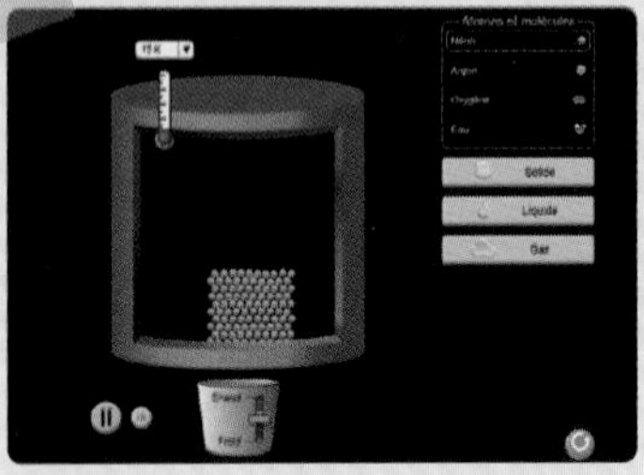

Dans l'activité 6, je découvre de manière interactive les états de la matière.

Une animation

Dans l'activité 1, je regarde une animation sur le sel qui fait fondre la neige.

Quels sont les différents états de l'eau sur cette photo ?

• Un kayak en Alaska.

Dans ce chapitre, je vais

	Activités	Exercices
➡ **Caractériser les différents états de la matière.**	1	13 à 16
➡ **Caractériser les différents changements d'état d'un corps pur.**	5 7 8 9	17 à 21
➡ **Modéliser les états de la matière.**	6	22 à 25
➡ **Mesurer la masse volumique.**	2	26 à 29
➡ **Utiliser la relation $m = \rho \times V$.**	3 4	30 à 32
➡ **Exploiter des mesures de masses volumiques.**	4	33 à 36

INVESTIGATION

ACTIVITÉ 1

Comment savoir si des produits surgelés sont consommables ?

COMPÉTENCES ÉVALUABLES

D1.1 Lire et comprendre des documents scientifiques.
D1.1 Utiliser la langue française en cultivant précision, richesse de vocabulaire et syntaxe.

Situation

Le *FreezCube* est un cube contenant quatre liquides de quatre couleurs différentes : jaune, vert, bleu et rouge. Il se place dans le congélateur et permet de savoir si la chaine du froid a été rompue (porte mal fermée, coupure d'électricité) ou si les produits congelés peuvent être consommés en toute sécurité.

Mode d'emploi

Agiter et congeler

Retourner et replacer au congélateur

Exemples de températures de solidification

L'eau de mer gèle à – 1,9 °C.

Une solution qui contient 365 g de sel par litre gèle à – 22 °C.

ANI > Pourquoi le sel fait-il fondre la neige ?

Conservation maximale des produits

Regarder régulièrement l'état du *FreezCube*

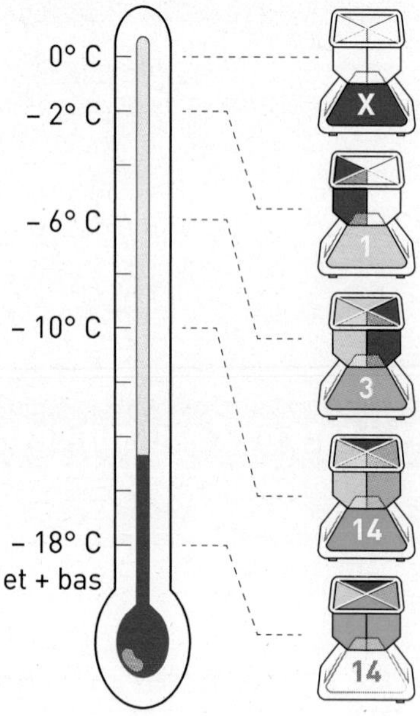

Les quatre couleurs sont dans la partie inférieure :
JETER TOUTE LA NOURRITURE

Le jaune n'est plus dans la partie supérieure :
CONSOMMER VOS PRODUITS DANS LA JOURNÉE

Le vert n'est plus dans la partie supérieure :
CONSOMMER VOS PRODUITS DANS LES TROIS JOURS

Le bleu n'est plus dans la partie supérieure :
CONSOMMER VOS PRODUITS DANS LES 14 JOURS

Rien n'a changé : **TOUT VA BIEN !**

CONSIGNE

Quelles solutions pourrait-on utiliser pour fabriquer un *FreezCube* au collège ?

Besoin d'aide ?

▶ **Retrouvez des aides en fin d'ouvrage, p. 423.**

ACTIVITÉ

2 Comment cuisiner avec un verre à moutarde ?

COMPÉTENCE ÉVALUABLE

D1.1 Lire et comprendre des documents scientifiques.

Chez Nicolas, il y a, sur le réfrigérateur, un document qui donne des indications pour cuisiner avec un simple verre à moutarde, lorsqu'on ne dispose pas de verre doseur.

1 Le document.

Mes activités de la semaine :

lundi	mardi	mercredi	jeudi	vendredi	samedi	dimanche
		16 h judo			dîner Gaëtan	aller voir Mamie

Comment cuisiner avec un verre à moutarde ?

Ce verre à moutarde contient :

150 mL d'eau ou de lait ou 100 g de farine ou 150 g de riz

ou 140 g de sucre ou 100 g de semoule

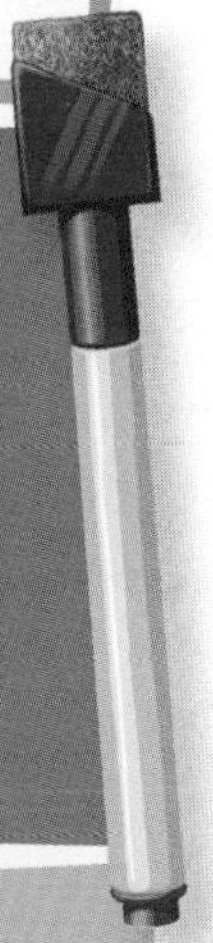

Recette du gâteau de riz :

300 g de riz
70 g de sucre
1,5 L de lait demi-écrémé
4 œufs
60 g de farine
1 sachet de sucre vanillé

Ma liste de courses :

- farine
- beurre
- 4 steaks

Questions

1 **Doc 1.** Quelles sont les deux unités utilisées sur le document et quelles sont les grandeurs associées à ces unités ?

2 **Doc 1.** Quelle est la grandeur qui, quel que soit l'**ingrédient**, a toujours la même valeur lorsqu'on remplit le verre à ras bord ?

3 **Doc 1.** Nicolas veut préparer un gâteau de riz. Combien de fois doit-il remplir le verre de riz à ras bord ?

4 **Doc 1.** Qu'est-ce qui occupe le plus de place : 100 g de farine ou 100 g de riz ?

5 **Pour aller plus loin** Pourquoi est-il plus exact de dire que le verre permet d'**évaluer** la quantité d'ingrédient et non qu'il la mesure ?

VOCABULAIRE

Évaluer : estimer quelle va être une valeur.

Ingrédient : produit qui entre dans la composition d'une préparation. La farine est un ingrédient d'un gâteau.

INVESTIGATION

ACTIVITÉ 3

Comment déterminer la masse volumique d'un solide ?

COMPÉTENCES ÉVALUABLES

D1.1 Lire et comprendre des documents scientifiques.
D1.3 Passer d'une forme de langage scientifique à une autre.

Situation

Zora a besoin d'un matelas d'appoint.
Elle se rend dans un magasin où l'on coupe de la mousse sur mesure. Elle essaie des matelas et elle rapporte chez elle un échantillon de la mousse qui lui convient le mieux.

Pour symboliser la masse volumique, on utilise la lettre grecque « ρ » (qui se prononce rho : c'est la lettre r en grec).

Masse volumique en g/cm^3

Masse en g

$$\rho = \frac{m}{V}$$

Volume en cm^3

Expression de la masse volumique.

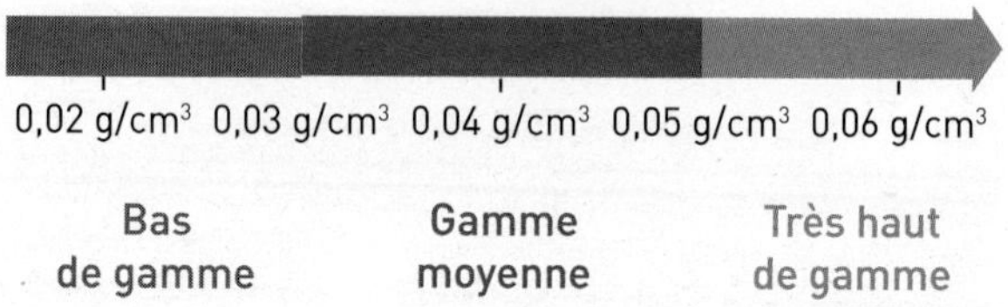

Qualité de la mousse pour matelas.

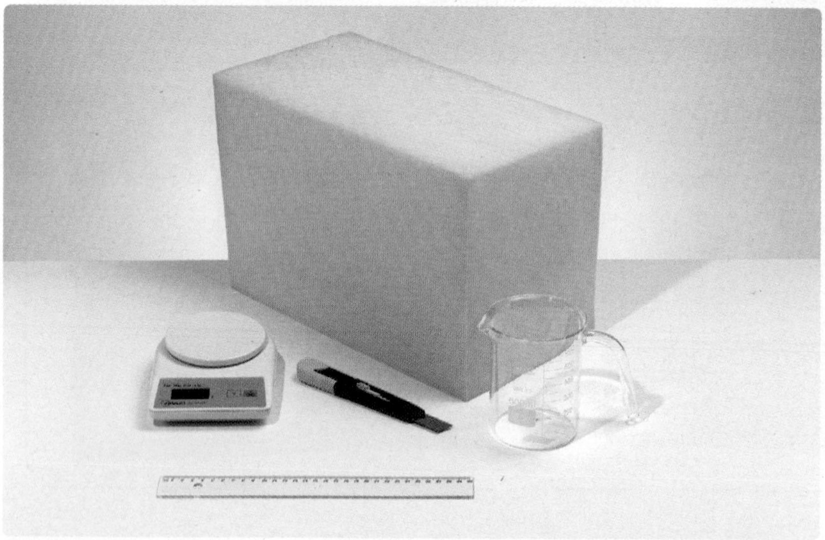

Matériel à disposition.

CONSIGNE

Proposer un protocole expérimental pour déterminer la qualité de la mousse constituant l'échantillon de Zora.

Besoin d'aide ?

▶ **Retrouvez des aides en fin d'ouvrage, p. 423.**

ACTIVITÉ

4 Peut-on transporter tout ce sable dans la voiture ?

COMPÉTENCES ÉVALUABLES

D1.1 Lire et comprendre des documents scientifiques.
D1.3 Passer d'une forme de langage scientifique à une autre.

Les parents de Marion doivent refaire leur terrasse. Ils ont besoin de 1,4 m^3 de sable. Afin d'économiser le prix de la livraison, ils voudraient le transporter dans leur propre voiture. Ils se demandent combien de voyages ils vont devoir faire pour transporter tout ce sable.

1 Le sable à transporter.

2 Expression de la masse à partir de la masse volumique.

$$m = \rho \times V$$

Masse en kg (m) ; Masse volumique en kg/m^3 (ρ) ; Volume en m^3 (V)

3 Les caractéristiques de la voiture des parents de Marion.

Moteur	Essence de 77 kW
Poids total autorisé en charge	1 640 kg
Poids à vide sans conducteur	1 000 kg

4 Masses volumiques de différents matériaux.

Roches, minéraux, matériaux usuels	Masse volumique (kg/m^3)
Ardoise	2 700-2 800
Argile	1 300-1 700
Béton	2 200
Béton bitumineux dit enrobé	2 350
Grès	1 600-1 900
Marbre	2 650-2 750
Pierre ponce	910
Sable	1 600 (sec)-2 000 (humide)
Verre à vitres	2 530
Terre végétale	1 250

Questions

1 **Doc 2.** Utiliser la définition de la masse volumique $\rho = \frac{m}{V}$ pour montrer mathématiquement que $m = \rho \times V$.

2 **Doc 4.** Le sable vendu est du sable sec. Indiquer sa masse volumique.

3 **Docs 3. et 4.** Calculer la **masse** maximale de sable sec que l'on peut transporter en un seul voyage si la masse du conducteur est de 80 kg.

4 **Docs 2. et 3.** Calculer le **volume** maximal de sable sec que l'on peut transporter en un seul voyage.

5 **Docs 1. à 4.** Combien de voyages les parents de Marion devront-ils faire afin de transporter les 1,4 m^3 de sable nécessaire à la terrasse ?

6 **Pour aller plus loin** Les parents de Marion veulent aussi remplir de terre végétale, sur 30 cm de haut, une jardinière de 30 cm de large et de 1 m de long. Un seul voyage suffira-t-il ?

VOCABULAIRE

Poids total autorisé en charge : expression courante utilisée pour désigner, non pas le poids, mais la masse maximale de la voiture lorsqu'elle est chargée.

ACTIVITÉ

5 Y a-t-il la même quantité de matière après fusion ?

COMPÉTENCE ÉVALUABLE

D4. Interpréter des résultats expérimentaux, en tirer des conclusions et les communiquer en argumentant.

Amaury a placé deux récipients fermés au congélateur, l'un contenant de l'huile et l'autre de l'eau. Il les sort le lendemain et, sur chaque récipient, il repère avec un trait de marqueur la position de la surface supérieure du solide. Puis il laisse l'eau et l'huile décongeler.

1 L'expérience avec l'eau.

a À la sortie du congélateur.

b Après décongélation.

2 L'expérience avec l'huile.

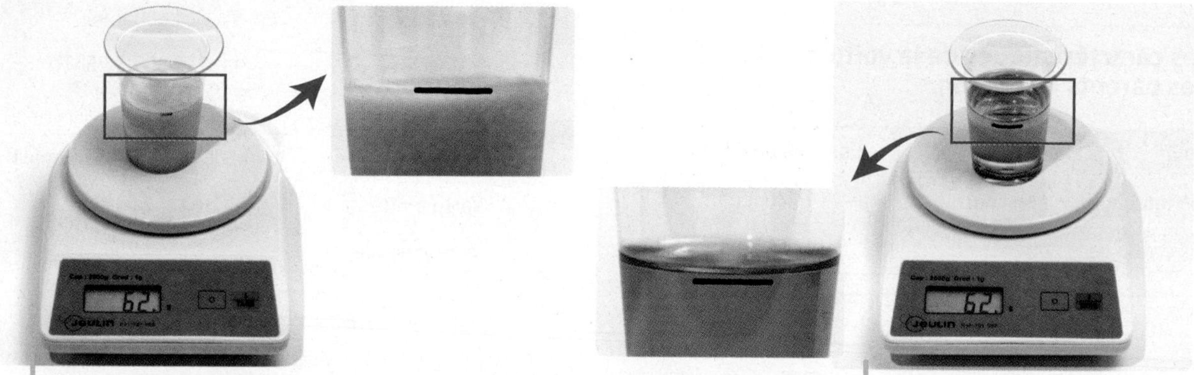

a À la sortie du congélateur.

b Après décongélation.

Questions

1. **Docs 1. et 2.** Pour chacune des deux expériences, comparer la **masse** avant et après fusion. Que peut-on en déduire ?
2. **Docs 1. et 2.** Pour chacune des deux expériences, comparer le **volume** avant et après la fusion. Que peut-on en déduire ?
3. **Docs 1. et 2.** Pourquoi a-t-on fermé les récipients ?
4. **Doc 1.** Amaury propose de remettre l'eau au congélateur. Que peut-il vérifier ainsi ?
5. **Pour aller plus loin** Le papa d'Amaury a oublié dans son coffre de voiture une bouteille d'huile alors qu'il gèle. Doit-il craindre de devoir nettoyer sa voiture demain ?

VOCABULAIRE

Comparer : dire si une grandeur est plus grande, plus petite ou égale.

Fusion : passage de l'état solide à l'état liquide.

COMPÉTENCE ÉVALUABLE

D4. Développer des modèles simples.

6 Comment modéliser les propriétés d'un gaz ?

On cherche une modélisation qui rende compte de ce qui se passe à l'échelle microscopique lorsque l'on comprime un gaz dans une seringue.
Anna, Mourad et Tiffany ont réalisé chacun une représentation de ce phénomène de compression du gaz.

ANI > Modélisation d'un gaz.

1 Modèle particulaire.

On suppose qu'un gaz est constitué de particules, qui vérifient les propriétés suivantes.
- Une particule ne se déforme pas.
- Une particule garde les mêmes dimensions.
- Une particule garde la même masse.
- Une particule ne se coupe pas.

2 Compression d'un gaz.

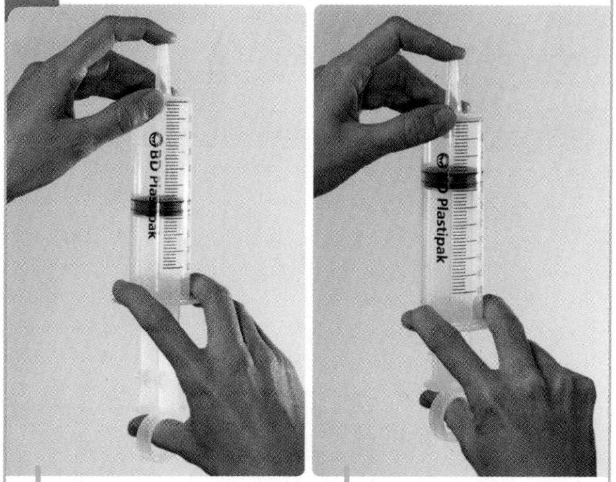

a Situation ①. b Situation ②.

3 Constatations faites sur le gaz dans la situation ②.

1. C'est toujours le même gaz qui est dans la seringue.
2. Le gaz est plus tassé dans la situation ②.
3. On a toujours la même quantité de gaz.
4. Le gaz pourrait encore être tassé.

4 Représentations des deux situations par Anna, Mourad et Tiffany.

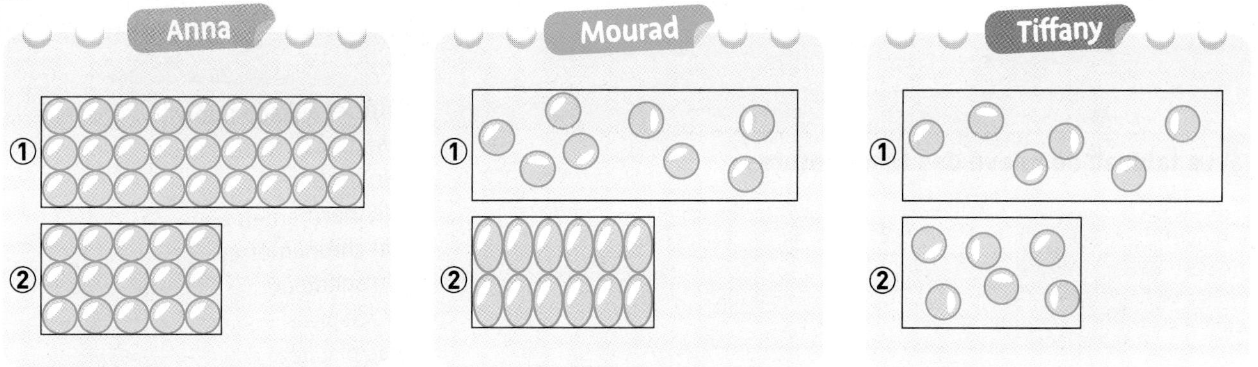

Questions

1. **Docs 1. et 4.** La représentation d'Anna est-elle compatible avec le modèle particulaire ? Pourquoi ?
2. **Docs 3. et 4.** La représentation d'Anna est-elle compatible avec chaque constatation ? Pourquoi ?
3. **Docs 1. à 4.** Mêmes questions pour la représentation de Mourad.
4. **Docs 1. à 4.** Mêmes questions pour la représentation de Tiffany.
5. **Docs 1. à 4.** Quelle est la représentation qui est la plus exacte ?
6. **Pour aller plus loin** En s'inspirant du document 3, dire quelles seraient les constatations faites si l'on essayait de comprimer un solide.

VOCABULAIRE

Compatibles : qui ne se contredisent pas.

Modélisation : représentation du réel utilisée, dans le cadre d'une théorie, pour essayer d'expliquer un phénomène.

ACTIVITÉ 7

Comment évolue la température lors d'une fusion ou d'une solidification ?

COMPÉTENCES ÉVALUABLES

D4. Mesurer des grandeurs physiques de manière directe ou indirecte.

Selon la température, l'eau peut geler ou la glace peut fondre.
Ces deux transformations (la fusion et la solidification) sont l'inverse l'une de l'autre.

1 Montage pour étudier la solidification.

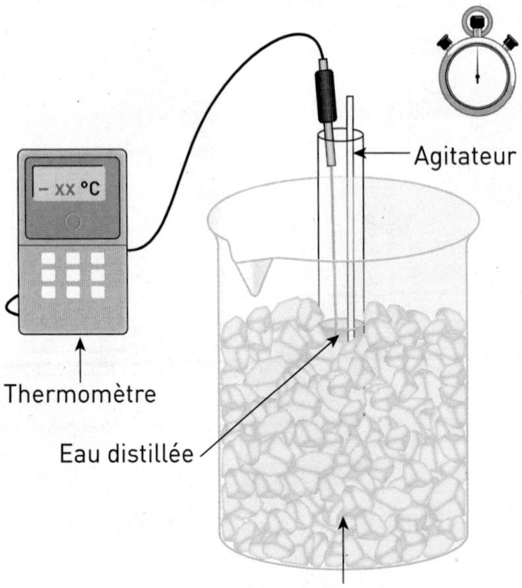

2 Montage pour étudier la fusion.

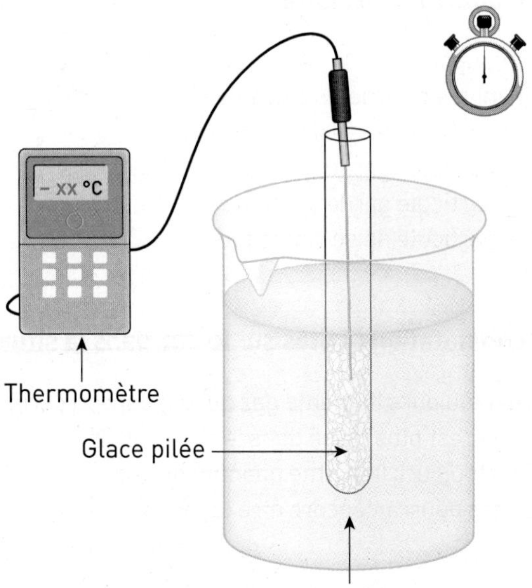

3 Le tableau de relevé des températures.

Temps (min)	1	2	3	...
Température (°C)				
Y a-t-il de la glace ?				

Mon cahier de labo

Matériel à disposition :

- Un tube à essai.
- Un bécher.
- Un thermomètre.
- Un chronomètre.
- Un agitateur.
- Glace pilée.
- Eau distillée.

Questions

ANI > Comment fait-on de la neige artificielle?

1. **Docs 1. à 3.** EXP Réaliser chacun des montages et relever la température à intervalles de temps égaux pour compléter le tableau du document 3.
2. **Doc 3.** Pour chaque expérience, tracer le graphique de la variation de la température en fonction du temps ▶ **Voir fiche méthode p. 414.**
3. Combien de parties différentes peut-on distinguer sur le graphique ?
4. Quelle est la valeur de la température mesurée lorsqu'elle ne varie pas ?
5. Écrire une conclusion qui relie l'état de l'eau dans le tube à la température mesurée.

ACTIVITÉ

8 Les pâtes cuisent-elles plus vite lorsque l'eau est salée ?

COMPÉTENCES ÉVALUABLES

D4. Proposer une ou des hypothèses pour répondre à une question scientifique.
Concevoir une expérience pour la ou les tester.

On dit que, pour accélerer la cuisson, il faut saler l'eau de cuisson des pâtes.
Sandra se demande si c'est parce que l'eau salée peut rester liquide à une température plus élevée que l'eau du robinet.

1 Le matériel dont dispose Sandra.

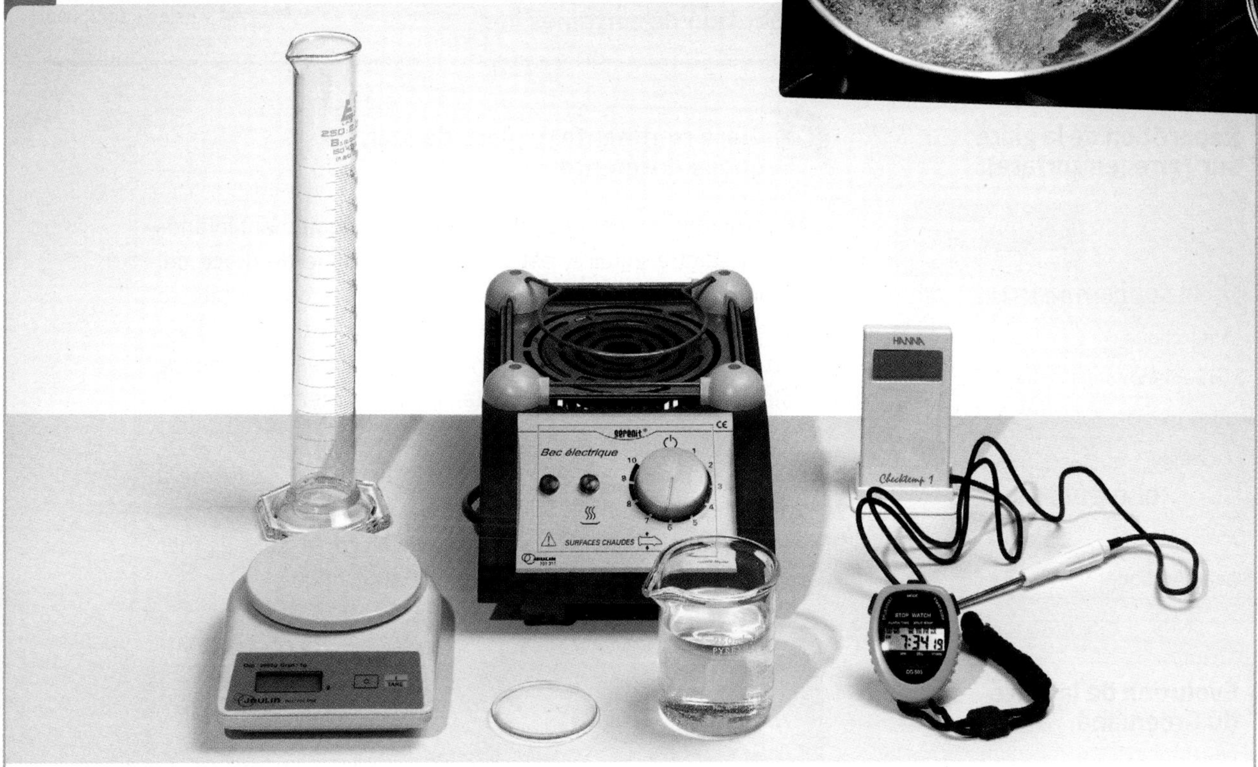

■ Sandra propose de faire chauffer 150 mL d'eau du robinet et 150 mL d'eau du robinet salée et de comparer les courbes de variations de la température en fonction du temps.

Questions

1. **Doc 1.** Préciser l'**hypothèse** de Sandra en expliquant pourquoi elle veut tracer ces deux courbes.
2. **Doc 1.** Quelles précautions doit-elle prendre pour s'assurer que la comparaison sera possible ?
3. **Doc 1.** Proposer un **protocole** pour réaliser l'expérience (détailler le matériel utilisé ainsi que les étapes).
4. **Doc 1.** **EXP** Réaliser l'expérience et tracer l'évolution de la température en fonction du temps pour chaque situation. Échelle : horizontalement 1 cm pour 30 s ; verticalement 1 cm pour 20 °C.
5. Observer les différences entre les deux courbes. Conclure.
6. **Pour aller plus loin** Quel que soit le résultat de l'expérience de Sandra, il vaut mieux saler l'eau des pâtes en début de cuisson. Pourquoi ?

VOCABULAIRE

Hypothèse : supposition qui peut être validée ou non par une expérience.

Protocole : description détaillée du matériel utilisé et des différentes étapes d'une expérience.

ACTIVITÉ 9 **TÂCHE COMPLEXE**

Quelle est l'origine de la montée des eaux ?

COMPÉTENCES ÉVALUABLES

D1.1 Lire et comprendre des documents scientifiques.
D4. Interpréter des résultats expérimentaux, en tirer des conclusions et les communiquer en argumentant.

Situation

Le réchauffement climatique a des conséquences sur les iles Salomon. Parmi ces iles paradisiaques, cinq ont totalement disparu à cause de la montée des eaux. Six autres iles sont menacées et les habitants ont dû se réfugier à l'intérieur des terres.

CONSIGNE **Expliquer** en quoi le réchauffement climatique est à l'origine de la montée des eaux et de la disparition de certaines iles.

ACT lienmini.fr/pc-002 Version interactive

1 Répartition de la glace sur Terre (en surface).

	Surface (millions de km²)
GLACE CONTINENTALE	
Antarctique	14
Groenland	1,8
Autres glaciers	0,5
Neige	1 à 47
GLACE DE MER	
Océan Austral	4 à 20
Océan Arctique	8 à 15

2 Glace continentale, glace de mer, quelle différence ?

■ La glace continentale, que l'on appelle également inlandsis ou calotte polaire, est une vaste étendue de glace qui recouvre une surface de terre. Cette glace continentale se forme à partir de la neige qui s'accumule et qui, sous l'action de son poids, se transforme en glace. Les blocs qui se détachent de la terre et se déplacent sur la mer sont des icebergs.

■ La glace de mer, qui constitue la banquise, se forme à partir de l'eau de mer. Son étendue à la surface des océans varie en fonction de la saison : au pôle Nord, la glace de mer recouvre en partie ou en totalité l'océan Arctique.

3 Évolution de la glace du Groenland.

■ La zone colorée est celle où un déficit de glace a été enregistré à l'issue de l'été : chaque fois, l'épaisseur de glace à la fin de l'été est moins importante qu'elle ne l'était lors du relevé précédent à la même époque.

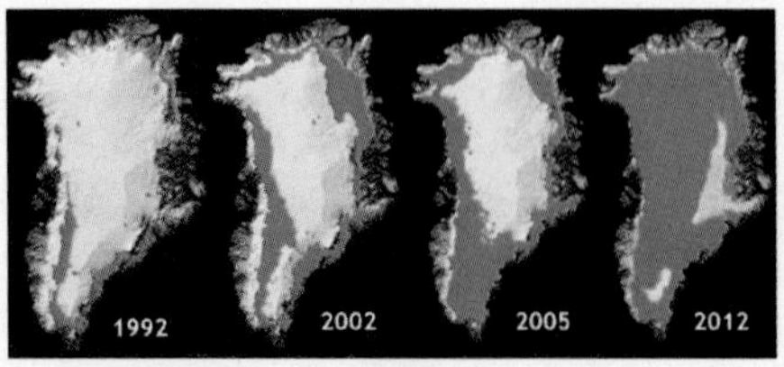

VIDEO lienmini.fr/pc-003 La montée des eaux

4 Dilatation de l'eau avec la température.

■ Le volume d'une quantité d'eau donnée augmente avec la température : on dit que l'eau se dilate. Ce phénomène est utilisé pour construire des thermomètres. L'eau qui est au fond du tube occupe davantage de place si la température augmente : le niveau de l'eau monte dans le tube.

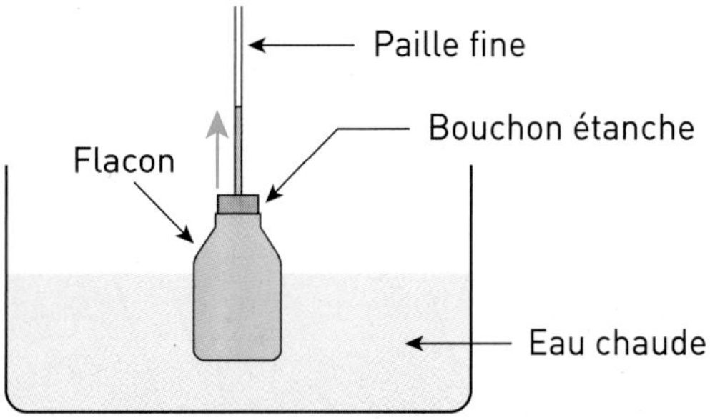

5 La fonte de la glace d'eau douce.

■ Contrairement à la fonte de la banquise, la fonte des glaces d'eau douce, c'est-à-dire des calottes glaciaires et des glaciers, contribue à la montée du niveau de la mer. Sur le continent Antarctique, ce sont 30 millions de km^3 de glace qui sont stockés, soit 2 % de l'eau terrestre, mais 75 % de l'eau douce et 90 % des glaces. La fonte totale de l'Antarctique équivaudrait à une hausse du niveau de la mer de l'ordre de 60 mètres auxquels il faudrait ajouter la fonte du Groenland, de l'ordre de 7 mètres de plus, l'incertitude étant de plusieurs mètres.

Source : extrait d'un dossier du CNRS.

6 Simulation de la fonte d'un iceberg : le volume d'eau reste constant dans le bécher.

7 Simulation de la fonte d'un glacier : le volume d'eau augmente dans le bécher.

Besoin d'aide ?

▶ **Retrouvez des aides en fin d'ouvrage, p. 423.**

Bilan de cycle 4 — États et changements d'état

▸ Retrouvez aussi **Le bilan de 5e** BILAN lienmini.fr/pc-004 **Le bilan de 4e** BILAN lienmini.fr/pc-005

1 Les états de la matière

▸ Activités 1 5 6

La matière se trouve sous trois états physiques : solide, liquide et gaz.

Exemple

À température ambiante, l'argent est solide, l'huile est liquide, l'hélium est gazeux.

- L'état **solide** est **compact** et **ordonné**.
- L'état **liquide** est **compact** et **désordonné**.
- L'état **gazeux** est **dispersé** et **désordonné**. La distance entre les particules est grande devant la taille des molécules.

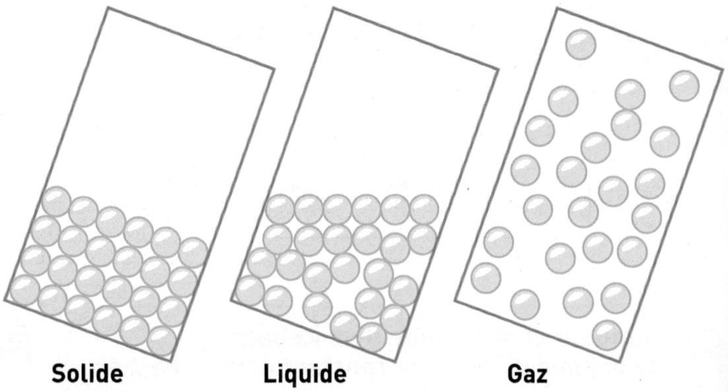

2 Les changements d'état

▸ Activités 1 5 9

- Lorsqu'un échantillon de matière passe d'un état à un autre on parle de **changement d'état**.

Exemple

Par grand soleil, la sublimation de la glace est possible : elle passe directement de l'état solide à l'état gazeux, sans passer par l'état liquide.

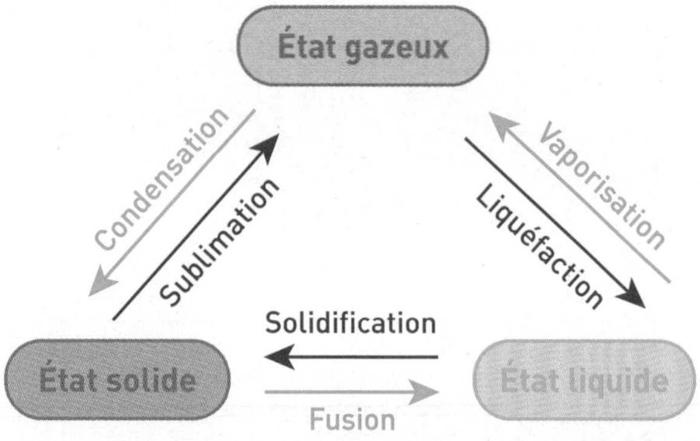

3 Variation de la masse et du volume

▸ Activités 5 9

- Lors d'un changement d'état, la **masse de l'échantillon de matière ne varie pas** : on dit que la masse « se conserve ».
- En revanche, lors d'un changement d'état, **le volume de l'échantillon de matière peut varier**.
- Ainsi, lors d'une solidification, le volume d'un échantillon de matière peut **augmenter** (eau), **diminuer** (cire) ou rester **constant**.

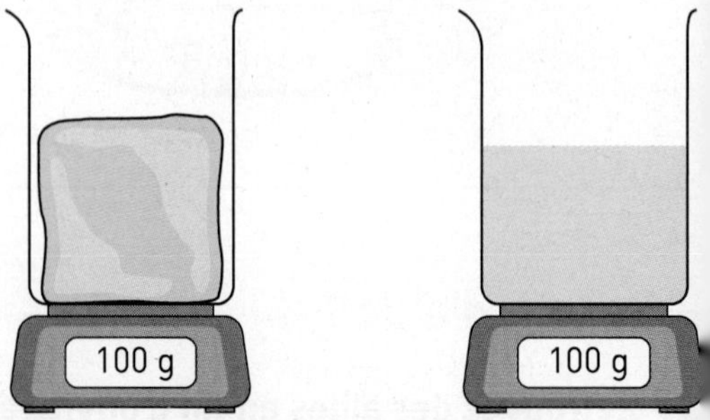

MOTS-CLÉS

Compact	Dispersé	Masse volumique	Sublimation
Condensation	Fusion	Ordonné	Vaporisation
Désordonné	Liquéfaction	Solidification	

VOIR LEXIQUE P. 418

4 La masse volumique

▶ Activités 2 3 4

- La **masse volumique** est une grandeur-quotient qui relie la **masse** et le **volume** d'un même échantillon.
- Son unité dans le système international est le **kilogramme par mètre cube** (kg/m^3). Mais souvent, on utilise le g/cm^3.
- La masse volumique est définie par la relation :

$$\rho = \frac{m}{V}$$

Masse en kilogrammes (kg)

Masse volumique en kilogrammes par mètre cube (kg/m^3)

Volume en mètres cubes (m^3)

Pour déterminer le volume d'un solide, on peut utiliser la technique de déplacement d'eau.

Pour déterminer le volume d'un liquide, on peut utiliser une éprouvette graduée.

5 Les températures de changements d'état

▶ Activités 7 8

- Lors d'une augmentation ou d'une diminution de la température extérieure, on peut observer le changement d'état d'un échantillon de matière.
- Lors d'une **fusion** ou d'une **vaporisation**, l'échantillon **reçoit de l'énergie** de l'extérieur.
- Lors d'une **solidification** ou d'une **liquéfaction**, l'échantillon **cède de l'énergie** à l'extérieur.

Grandeur	température
Symbole	*T*
Instrument de mesure	thermomètre
Unité usuelle	°C

On peut suivre les variations de la température en fonction du temps :

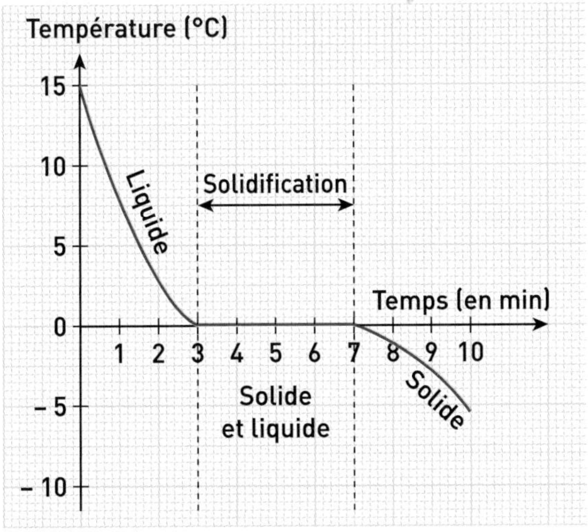

Variations de la température pendant la solidification de l'eau

La valeur de la température reste constante tant que l'on observe simultanément le corps pur dans les deux états.

Remarque : la valeur de la température de changement d'état d'un corps pur est caractéristique du corps pur ; elle permet de l'identifier.

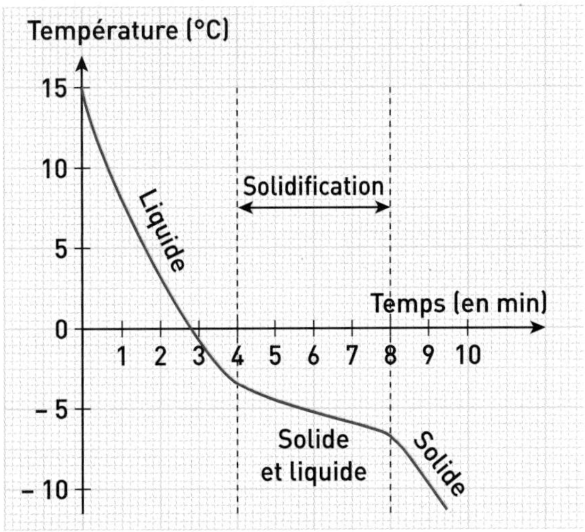

Variations de la température pendant la solidification de l'eau salée

La courbe de solidification d'un mélange ne présente généralement pas de paliers : la température n'est pas constante lors du changement d'état.

L'essentiel

Changements d'état

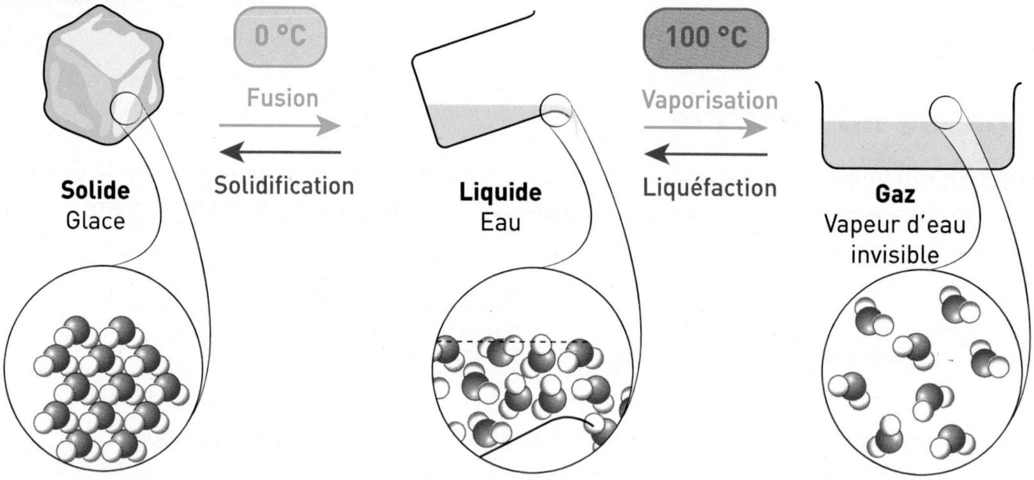

Masse volumique

$$\rho = \frac{m}{V}$$

- ρ : Masse volumique en kilogrammes par mètre cube (kg/m^3)
- m : Masse en kilogrammes (kg)
- V : Volume en mètres cubes (m^3)

Corps pur ou mélange ?

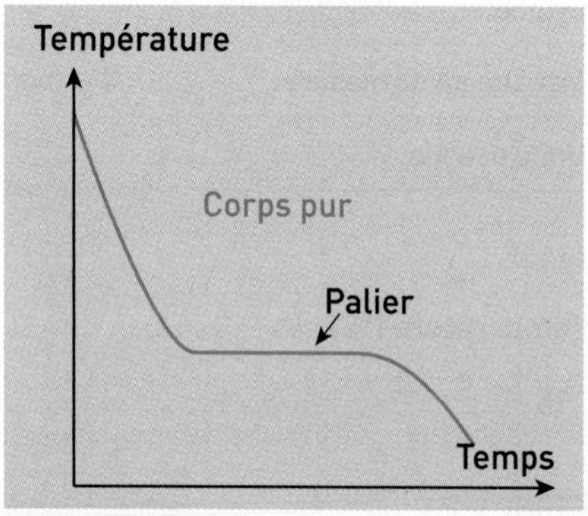

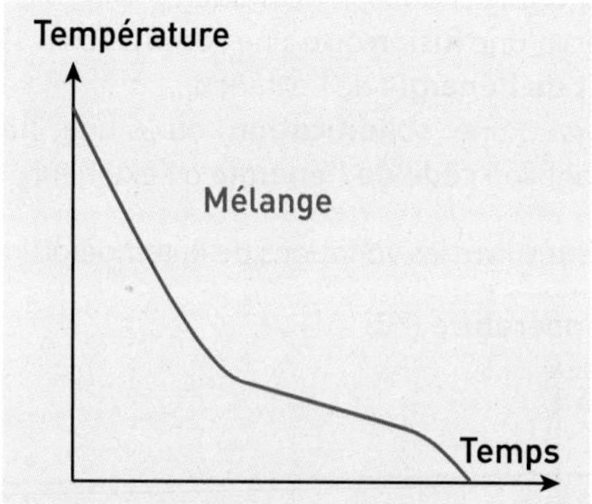

Socle commun

Domaines	Compétences	Activités	Problèmes
D1.1	Lire et comprendre des documents scientifiques.	1 2 3 4 9	
D1.1	Utiliser la langue française en cultivant précision, richesse de vocabulaire et syntaxe.	1	40
D1.3	Passer d'une forme de langage scientifique à une autre.	3 4	38 39
D4	Proposer une ou des hypothèses pour répondre à une question scientifique. Concevoir une expérience pour la ou les tester.	8	41
D4	Mesurer des grandeurs physiques de manière directe ou indirecte.	7	
D4	Développer des modèles simples.	6	37
D4	Interpréter des résultats expérimentaux, en tirer des conclusions et les communiquer en argumentant.	5 9	

Exercices

J'apprends à apprendre

Utilisable en AP

1 Apprendre à l'aide d'un QCM numérique

➡ L'objectif ici est d'apprendre à identifier les états de la matière en réalisant un QCM en commun avec les autres élèves de la classe.

À la maison

- Chercher et choisir deux images de différentes substances.
- Les envoyer ensuite au professeur par exemple via l'ENT* en précisant si l'image illustre l'état solide, l'état liquide ou l'état gazeux.

En classe

- Le professeur projette au tableau différentes images de façon aléatoire.
- Chaque élève répond en précisant l'état de la matière qu'illustre l'image.

Pour cela, l'élève oriente dans la bonne direction le carton sur lequel est imprimé son flash-code : A pour solide, B pour liquide, C pour gazeux, D pour « Je ne sais pas ».

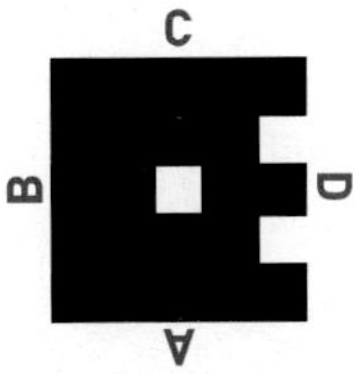

* Espace numérique de travail.

J'apprends une méthode

Exercice résolu

Utilisable en AP

2 ●●● Tracer un graphique

Énoncé Manon se demande :
« Est-ce que mon thé refroidit plus vite quand il est très chaud ou quand sa température s'approche de celle de la pièce ? »
Pour répondre à cette question, elle mesure la température de son thé tout au long de l'étape de refroidissement.

➡ À l'aide du tableau de mesures ci-dessous, tracer le graphique représentant la température *T* du thé en fonction du temps *t*.

Utiliser cette échelle :

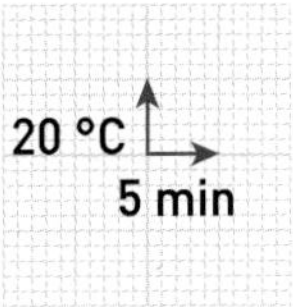

t (en min)	0	5	10	15	20	25	30	35	40
T (en °C)	82	71	65	60	55	51	48	45	43

Solution

- Tracer les deux axes (droites fléchées) : axe des abscisses (horizontal) et axe des ordonnées (vertical).
- Indiquer l'origine des axes (le zéro).
- Pour chaque axe, indiquer le symbole de la grandeur mesurée et préciser son unité.
- Graduer chacun des axes en respectant l'échelle donnée.
- Représenter chaque couple de coordonnées par une petite croix.
- Tracer la courbe à main levée en passant au plus près des croix.

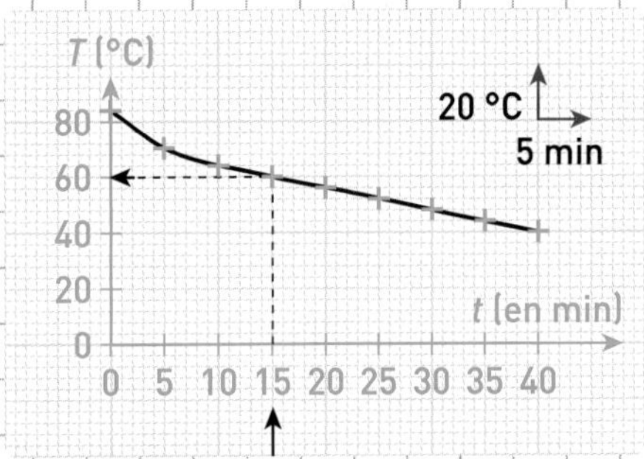

Exercices

Je me teste

EXO lienmini.fr/pc-006

3 QCM Caractériser les états et les changements d'état de la matière

Choisir la (ou les) bonne(s) réponse(s).

1. La vapeur d'eau :
a. a une forme propre.
b. n'a pas de forme propre.
c. est compressible et expansible.

2. Après une vaporisation, l'eau est à l'état :
a. solide. **b.** liquide. **c.** gazeux.

3. Pour réaliser une vaporisation, il faut :
a. refroidir. **b.** chauffer. **c.** agiter.

4. Le passage de l'état solide à l'état liquide est une :
a. fusion. **b.** fission. **c.** solidification.

5. La neige est de l'eau à l'état :
a. liquide. **b.** solide. **c.** gazeux.

4 Caractériser les différents changements d'état

Recopier le schéma suivant et associer à chaque numéro le changement d'état correspondant.
Solidification – Sublimation – Fusion – Évaporation/Vaporisation – Condensation solide – Liquéfaction.

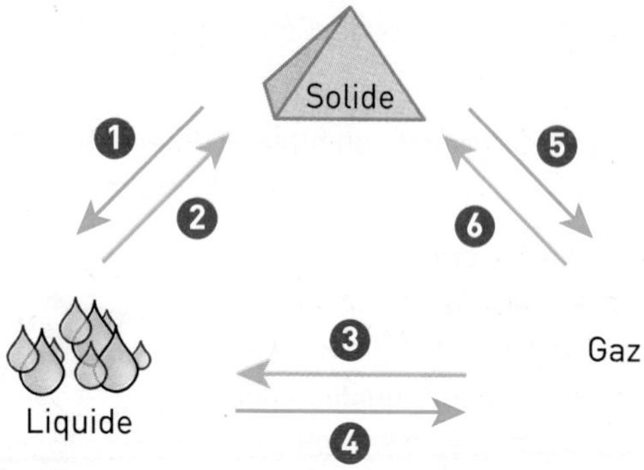

5 QCM Reconnaitre les unités de masse volumique

Choisir la (ou les) bonne(s) réponse(s).
La masse volumique peut s'exprimer en :
a. g/L. **b.** L/g. **c.** L/m^3. **d.** g/cm^3. **e.** kg/L^3. **f.** g/m^2. **g.** kg/m^3. **h.** m^3/g.

6 Reconnaitre les unités et appareils de mesure de grandeurs

Recopier et relier chaque grandeur à son unité et à son « appareil » de mesure.

Mètre cube (m^3) ou litre (L)	**Température**	Thermomètre
Kilogramme (kg)	**Masse**	Éprouvette graduée
Degré Celsius (°C)	**Volume**	Balance

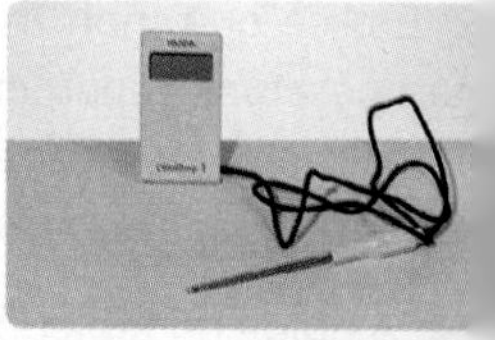

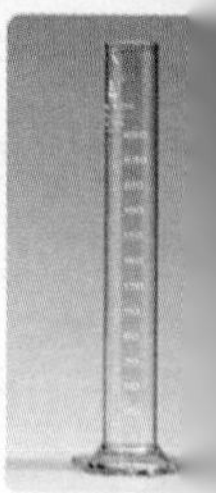

7 Recopier et compléter les phrases

a. Lorsque l'on chauffe de la glace, on lui fournit de l' … qui sert soit à augmenter sa … , soit à la faire changer d' … .
b. La glace fond à …°C et pendant toute la fusion, la température est … . La température de fusion de la glace est de …°C.
c. L'eau pure se solidifie à la température de …°C.
d. Le passage de l'eau liquide à l'état solide s'appelle la … .

VOIR CORRIGÉS P. 423

Je travaille des compétences

Pédagogie différenciée

Utilisable en AP

8 Modéliser un état de la matière

Julien fait un gâteau au chocolat. Dans sa recette, il n'y a pas de levure, mais uniquement des blancs d'œufs qu'il a battus en neige. Il se demande comment le gâteau peut tout de même gonfler.
Julien, poussé par sa curiosité, regarde sur Internet. Il trouve l'information ci-contre.

Lorsque le gâteau chauffe, l'eau présente dans les différents ingrédients se vaporise. Si les blancs d'œufs sont bien fermes, cette vapeur est emprisonnée à la fois par les blancs d'œufs et par la croute qui se forme à la surface du gâteau.

Consigne pour le groupe A

➡ Représenter l'état microscopique d'un échantillon de molécules d'eau présentes dans le gâteau en cours de cuisson.

Consignes pour le groupe B

Utiliser les aides pour représenter l'état microscopique d'un échantillon de molécules d'eau présentes dans le gâteau en cours de cuisson.

1 Rechercher dans le bilan comment les molécules se positionnent les unes par rapport aux autres dans un liquide ou dans un gaz.

2 Sur un schéma, représenter l'état microscopique des molécules d'eau avant la cuisson du gâteau, en cours de cuisson, puis en fin de cuisson.

Consignes pour le groupe C

Voici trois étapes de l'état du gâteau.

- **Étape 1 :** au démarrage de la cuisson, l'eau est à l'état liquide.

- **Étape 2 :** en cours de cuisson, il y a de l'eau à l'état liquide et de l'eau à l'état gazeux.

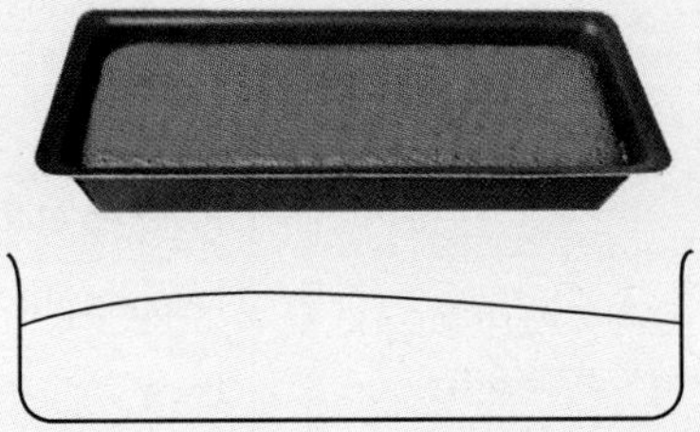

- **Étape 3 :** à la fin, quand le gâteau est cuit, presque toute l'eau est à l'état gazeux.

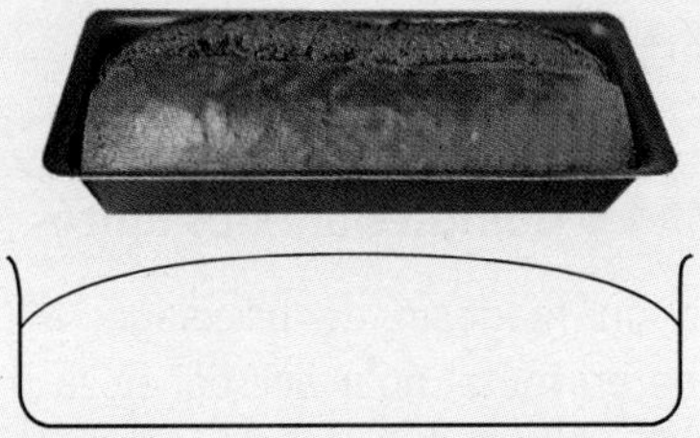

1. Recopier les trois schémas ci-dessus.

2. Pour chaque schéma, représenter l'état microscopique d'un échantillon de molécules d'eau présentes dans le gâteau. On suppose que seule la croute empêche les bulles de gaz de sortir du gâteau.

9 Utiliser l'expression de la masse volumique

Léa mesure la masse d'un cylindre en acier. Elle obtient une valeur de 96 g.

Consigne pour le groupe A

➡ Déterminer en mètres cubes le volume du cylindre sachant que la masse volumique de l'acier est de 7 500 kg/m^3.

Consignes pour le groupe B

1 Écrire la relation entre masse volumique (en g/mL), masse (en g) et volume (en mL).

2 Déterminer en millilitres le volume du cylindre sachant que la masse volumique de l'acier est de 7,5 g/mL.

Consignes pour le groupe C

Léa plonge le cylindre en acier dans une éprouvette graduée remplie d'eau et note le volume. Elle obtient une augmentation de volume de 12,5 mL.

1. Convertir la masse du cylindre en kg et le volume en m^3.

2. Calculer (en kg/m^3) la masse volumique de l'acier.

Exercices

Je travaille des notions

Les bons mots pour le dire

10 ● ● ● **Reconnaitre la verrerie**

Nommer chacune des pièces de verrerie.

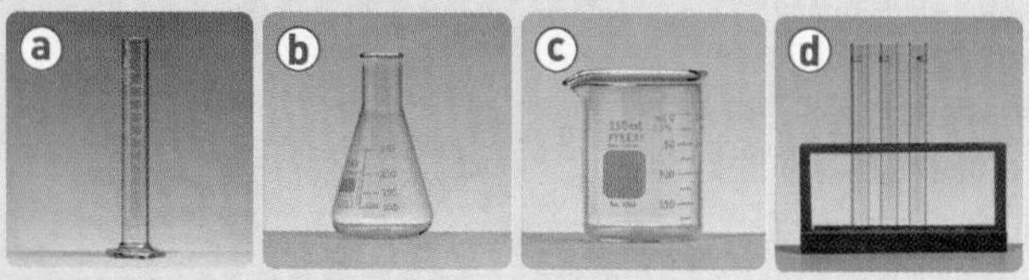

11 ● ● ● **Corriger les erreurs**

Rechercher et corriger les trois erreurs de vocabulaire dans le texte ci-dessous.

Pour mesurer le volume V d'un carré en métal, on peut utiliser une éprouvette graduée.
On y verse de l'eau sans la remplir complètement et l'on note la valeur V_1 du volume d'eau qui a été versé.
On émerge le métal et on lit la nouvelle valeur V_2 indiquée par le niveau de l'eau.
Cette méthode, dite « par replacement d'eau » permet de calculer le volume V du cube :
$V = V_2 - V_1$

12 ● ● ● **Comprendre des unités**

Dans un magasin de bricolage, M. Fichi achète une chaine en métal pour accrocher sa moto, du carrelage pour sa salle de bains et de la laine de verre pour isoler un mur extérieur.

1. Recopier et relier chaque indication d'étiquette à son article.

23,4 kg/m^3 ●	● Chaine en métal
2,25 kg/m ●	● Carrelage
2 395 g/m^2 ●	● Laine de verre

2. Rédiger une phrase pour préciser la signification de chaque étiquette. (*Exemple* : le carrelage nécessaire pour recouvrir une surface de 1 m^2 pèse 2 395 g.)

3. a. Quelle est l'indication qui donne une valeur de masse volumique ?

b. En déduire par analogie l'étiquette qui donne une valeur de « masse surfacique » et celle qui donne une valeur de « masse linéique ».

Caractériser les différents états de la matière

13 ● ● ● **L'eau qui nous entoure**

➡ Trouver l'intrus caché dans les illustrations ci-dessous. Justifier la réponse.

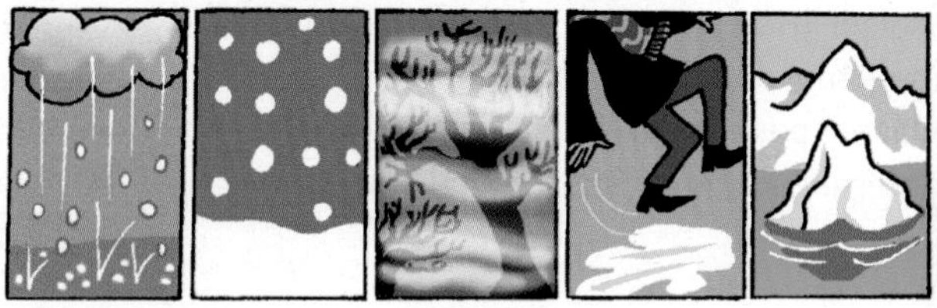

14 ● ● ● **Identifier des états de la matière**

➡ Recopier le tableau suivant et cocher, pour chaque proposition, l'état ou les états physiques correspondants.

	États		
Proposition	**Solide**	**Liquide**	**Gazeux**
Pluie			
Nuage			
Glacier			
Vapeur d'eau			
Neige			
Givre			
Brouillard			
Rivières et fleuves			
Nappes phréatiques			
Lacs			
Atmosphère			

15 ● ● ● **Les particularités des états de l'eau**

➡ Recopier le tableau suivant et le compléter avec ces mots : liquide, solide, glace, gaz, coule, vapeur, peut être saisi avec les doigts, eau, souvent invisible.

	Nom usuel	**État**	**Particularité**

16 ●●● Volume et forme d'un échantillon

1. Rappeler le nom des trois états de la matière.

2. Indiquer pour chaque état si un échantillon de matière peut changer :

a. de volume (par compression).

b. de forme.

Caractériser les différents changements d'état d'un corps pur

17 ●●● Le volume au cours de la solidification

➡ Que peut-on conclure à partir de ces expériences ?

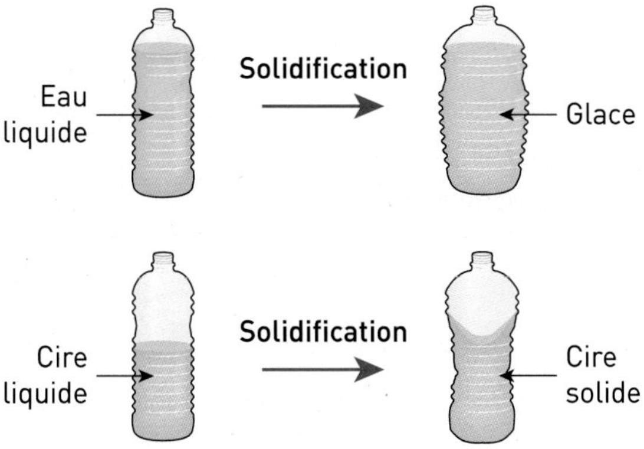

18 ●●● Les changements d'état autour de nous

Indiquer le nom du changement d'état qui se produit dans chacune des situations suivantes.

a. On a mis une bouteille d'eau dans le congélateur ; elle a gelé.

b. Le linge sorti mouillé de la machine est mis à sécher au Soleil.

c. On a sorti un glaçon du congélateur ; il fond.

d. Après une douche, de la buée s'est formée sur le miroir de la salle de bains.

19 ●●● Le nom des changements d'état

1. Retrouver le nom de chacun des changements d'état ①, ②, ③ et ④.

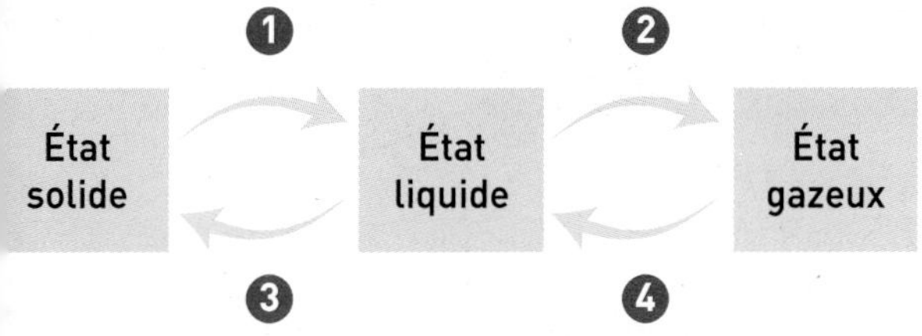

2. Pour chaque changement d'état, donner un exemple inspiré de la vie quotidienne.

20 ●●● Les caractéristiques de la solidification

Choisir la (ou les) bonne(s) réponse(s).

1. On place un verre contenant de l'eau dans un congélateur. Sa masse est de 150 g.
Si on pèse à nouveau le verre après sa sortie du congélateur, sa masse sera :

a. plus petite. **b.** la même. **c.** plus grande.

2. Deborah a mis une bouteille de jus de fruits à refroidir dans le congélateur et l'a oubliée.
La bouteille s'est brisée car :

a. le verre se brise si la température est trop basse.

b. l'abaissement de la température provoque une diminution du volume de la bouteille.

c. le volume du jus de fruits dans la bouteille augmente.

21 ●●● Température d'ébullition

Éloïse fait bouillir de l'eau distillée et Khalil de l'eau salée. Ils mesurent chacun la température de leur liquide à différents temps.

➡ Indiquer pour chaque tableau s'il s'agit des mesures d'Éloïse ou de Khalil. Justifier la réponse.

Tableau ①

Temps (en min)	0	1	2	3	4	5	6	7	8	9
Température (en °C)	17	21	42	62	83	99	100	101	103	106

Tableau ②

Temps (en min)	0	1	2	3	4	5	6	7	8	9
Température (en °C)	18	34	44	65	80	100	100	100	100	100

Modéliser les états de la matière

22 ●●● Comprendre la modélisation

➡ Indiquer quel état de la matière illustre chaque schéma.
(⬬ représente une molécule de matière.)

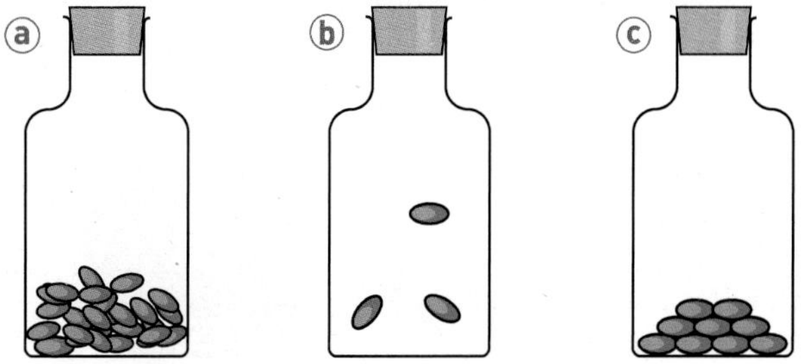

Exercices

Je travaille des notions

23 ●●● Modéliser des états de la matière

Le voisin de Lisa se fait livrer des bouteilles d'oxygène médical (appellation usuelle du dioxygène), qui ne contiennent aucun autre gaz que du dioxygène.

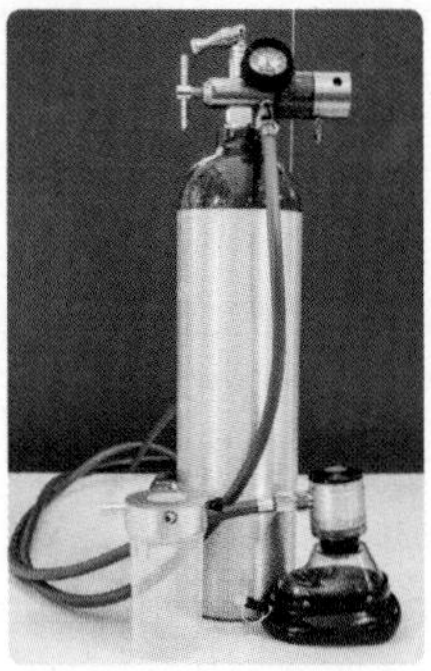

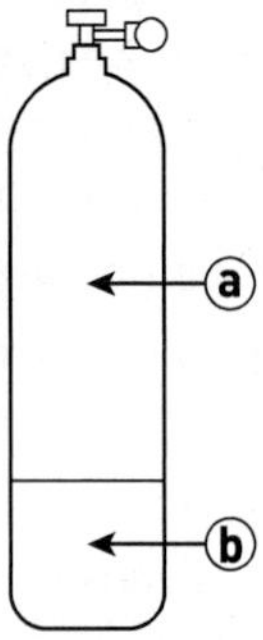

Lorsque l'on déplace ces bouteilles, on peut entendre le bruit caractéristique d'un liquide.

1. Recopier le tableau suivant et cocher, pour chaque proposition, l'état ou les états de la matière correspondants.

	États		
Les molécules...	**Solide**	**Liquide**	**Gazeux**
se touchent.			
sont espacées.			
sont disposées de façon ordonnée.			
sont disposées de façon désordonnée.			
sont libres de se déplacer.			

2. Recopier le schéma et indiquer la légende.

3. Modéliser le contenu de la bouteille à l'échelle microscopique.

4. Rédiger quelques lignes pour expliquer la modélisation proposée.

24 ●●● Expliquer les changements d'état

1. Indiquer le nom des différents états modélisés sur le schéma.

2. Décrire ce qui est observé à l'échelle microscopique aux niveaux ①, ② et ③.

3. Préciser le nom des deux changements d'état qui sont modélisés.

4. Expliquer pourquoi il faut chauffer pour observer le premier changement d'état.

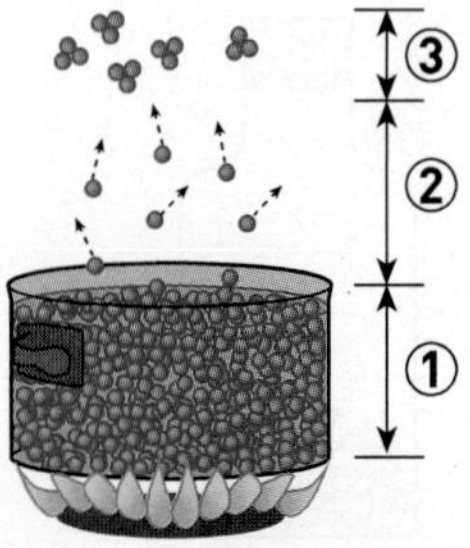

25 ●●● Utiliser la modélisation pour expliquer des propriétés

1. Observer ce schéma de modélisation microscopique d'un liquide. Expliquer pourquoi un liquide peut couler.

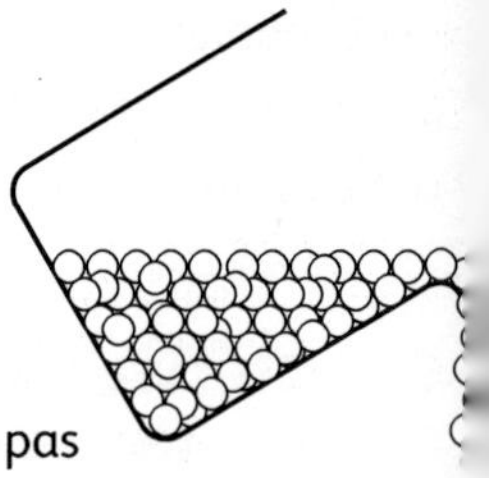

2. Utiliser la même modélisation pour expliquer pourquoi on ne peut pas modifier le volume du liquide par compression.

Mesurer la masse volumique

26 ●●● Masse volumique de l'huile et de l'eau

Damien veut déterminer à la fois la masse volumique de l'huile et celle de l'eau.

Il réalise l'expérience suivante.

Mon cahier de labo

- **Étape a :** il verse 100 mL d'eau dans une éprouvette graduée (V_1 = 100 mL).
Damien mesure ensuite la masse : m_1 = 100 g.
- **Étape b :** il ajoute de l'huile dans l'éprouvette contenant les 100 mL d'eau.
Damien note le nouveau volume V_2 que l'on obtient : V_2 = 135 mL. Il mesure la masse : m_2 = 132,20 g.

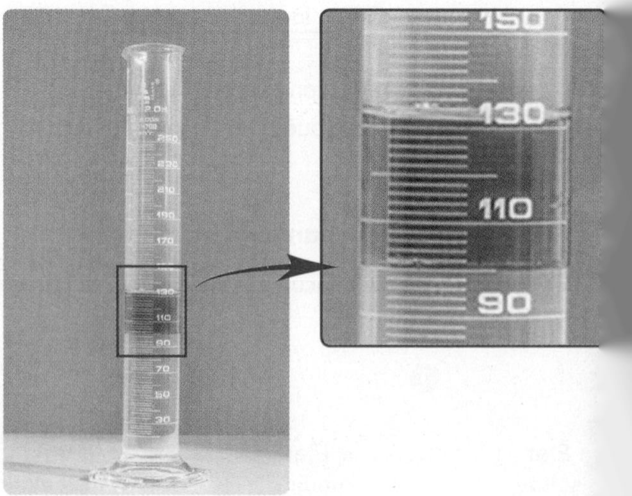

1. Calculer la valeur du volume d'huile introduit.

2. Calculer la valeur de la masse d'huile correspondante.

3. Calculer la valeur de la masse volumique de l'huile.

27 ●●● Masse volumique de l'éthanol

Marie a pesé 10 g d'éthanol dans une éprouvette graduée.

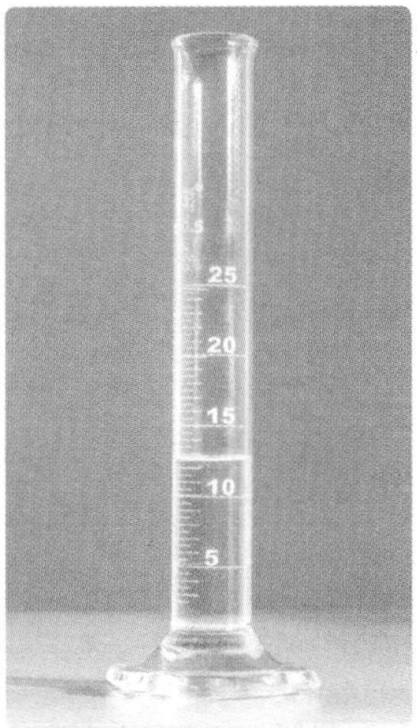

1. Observer la photographie ci-contre et relever la valeur du volume occupé par l'éthanol.

2. Calculer la masse volumique de l'éthanol.

3. Proposer un protocole qui aurait permis à Marie de calculer la masse volumique de l'éthanol sans se servir d'une calculatrice.

28 ●●● Masse volumique de différents métaux

Joachim souhaite déterminer la masse volumique des différents cylindres fournis par le professeur.

Dans un premier temps, il plonge chaque cylindre dans un volume d'eau et mesure le volume de chacun. Dans un second temps, il mesure la masse de chacun des cylindres.

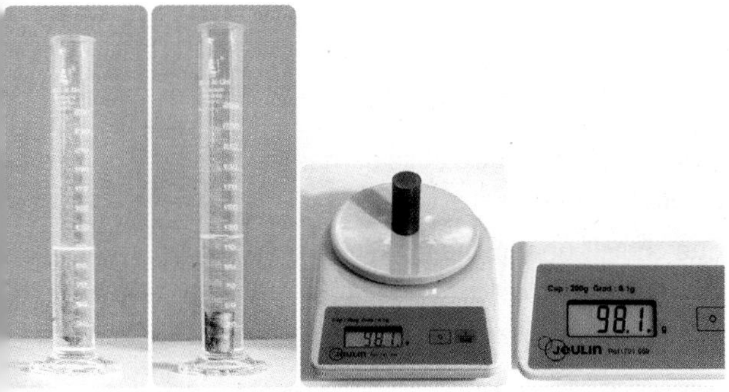

Joachim présente ensuite ses mesures dans un tableau.

Matériau	Cuivre	Zinc	Acier	Aluminium
Volume (en mL)	12,5	12,5	12,5	12,5
Masse (en g)	111,5	89,4	98,1	33,8

1. Rappeler la formule qui permet de calculer la masse volumique à partir des mesures de volume et de masse.

2. Identifier la grandeur qui est identique pour chacun des quatre cylindres.

3. Classer les quatre matériaux par masse volumique croissante. Expliquer.

4. Calculer la valeur de la masse volumique de chaque matériau.

5. Vérifier le classement effectué à la question **3**.

29 ●●● Masse volumique de la Terre

Olivia pense que cette information d'un magazine signifie qu'en moyenne, un échantillon de Terre de 1 litre pèserait 5,51 kilogrammes. Cela lui semble énorme.

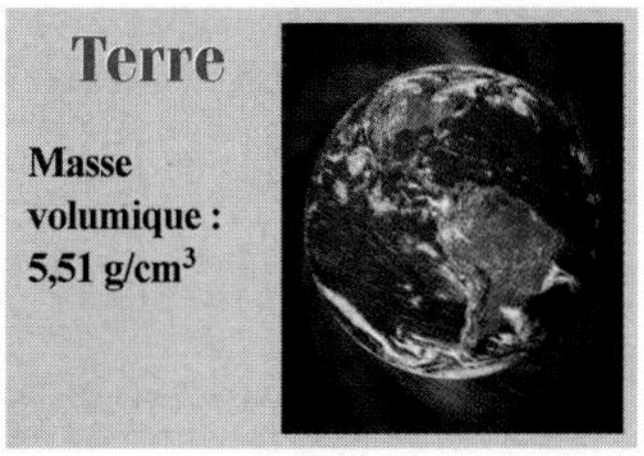

1. Vérifier si la conversion effectuée par Olivia est correcte. Expliquer sa démarche.

2. En feuilletant son livre de physique-chimie, Olivia trouve les valeurs du rayon moyen de la Terre et de sa masse : r = 6 371 km et $M_T = 5{,}972 \times 10^{24}$ kg.
La Terre peut être assimilée à une sphère de volume $V = \frac{4}{3} \times \pi \times r^3$. Déterminer ce volume.

3. Calculer la masse volumique de la Terre.

4. Olivia avait-elle raison de douter de l'information du magazine ?

5. **TICE** Toutes les planètes du Système solaire ont-elles des masses volumiques voisines ?

Utiliser la relation $m = \rho \times V$

30 ●●● Masse d'un lingot

➡ Déterminer la masse d'un lingot réalisé à partir de 3 dm^3 de cuivre fondu et de 6 dm^3 d'or fondu.

Données

ρ_{cuivre} = 9 000 kg/m^3 ; ρ_{or} = 20 000 kg/m^3.

31 ●●● Masse d'acétone

La masse volumique ρ de l'acétone est de 783 g/L.

➡ Faire un calcul mental pour donner la valeur de la masse correspondant à chacun des volumes d'acétone suivants : V_1 =100 mL ; V_2 = 10 mL ; V_3 = 10 cm^3.

32 ●●● Masse d'huile

Pour fabriquer une crème hydratante, Anaïs a besoin de 120 mL d'huile de pépin de raisin. Le problème, c'est qu'elle a cassé son verre doseur. En revanche, sa balance fonctionne toujours.

Anaïs fait une recherche sur Internet et trouve que la masse volumique de l'huile qu'elle utilise est de 920 g/L.

1. Rappeler la valeur du volume d'huile dont Anaïs a besoin pour sa crème. Convertir cette valeur en litres.

2. Calculer la masse d'huile correspondante.

3. Expliquer à Anaïs comment elle devra procéder.

Exercices

Je travaille des notions

Exploiter des mesures de masses volumiques

33 ●●● **Identifier une huile essentielle**

Bastien est enrhumé et n'arrive pas à identifier des huiles essentielles pures.

➡ Aider Bastien à associer chaque éprouvette à l'huile essentielle (HE) qu'elle contient.
(La masse volumique ρ est donnée en g/L.)

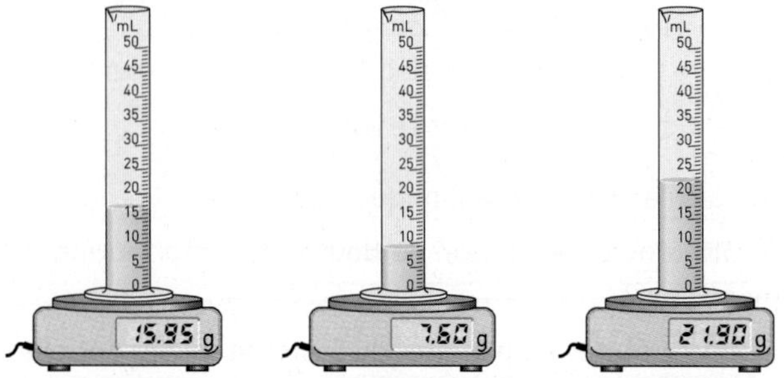

V = 17,5 mL	V = 8,55 mL	V = 23 mL
Éprouvette ①	**Éprouvette ②**	**Éprouvette ③**
•	•	•
•	•	•
HE Basilic	**HE Lavande**	**HE Eucalyptus**
ρ = 952 g/L	ρ = 888 g/L	ρ = 911 g/L

34 ●●● **Identifier un liquide**

On pèse 22 mL d'un liquide inconnu, on trouve une masse de 20,24 g.

1. Déterminer la masse volumique de ce liquide.

2. Déterminer de quel liquide il s'agit en s'aidant du tableau suivant.

Liquide (à 20 °C)	Masse volumique (en g/mL)
Mercure	13,6
Sirop de maïs	1,38
Glycérine	1,26
Eau de mer	1,03
Eau douce	1,00
Huile d'olive	0,92
Éthanol	0,79
Essence	0,69

35 ●●● **Dessus ou dessous ?**

Voici un tableau des masses volumiques de différents liquides :

Liquide (à 20 °C)	Masse volumique (en g/mL)
Glycérine	1,26
Eau de mer	1,03
Eau douce	1,00
Huile d'olive	0,92
Essence	0,69
Éthanol	0,79
Térébenthine	0,87

1. Un liquide A possède une masse de 220 g et un volume de 318 mL.

a. Déterminer la masse volumique de ce liquide.

b. Dire de quel liquide il s'agit.

2. Donner la valeur de la masse volumique de l'eau de mer.

3. Si on mélange de l'eau de mer et le liquide A, expliquer ce que l'on observe après repos.

36 ●●● **Bois de chauffage**

Maya déplace du bois et se demande de quelle essence d'arbre il s'agit.

Elle choisit une buche que l'on assimile à un cylindre de diamètre 10 cm et de longueur 30 cm. La masse de cette buche est de 1,9 kg.

Bois	Masse volumique (en kg/m^3)
Sapin	450
Pin	740
Hêtre	800
Frêne	840
Chêne (cœur)	1 170

RAPPEL
$V = \pi \times r^2 \times h$
r : rayon
h : hauteur

1. Quelle est la valeur de la masse de la buche de bois de Maya ?

2. Déterminer le volume V de cette buche.

3. a. Rappeler la formule reliant la masse volumique, la masse et le volume.

b. Calculer la masse volumique de la buche.

4. En déduire l'essence de bois de cette buche.

37 ●●● La sublimation du diiode

D4. Développer des modèles simples.

La sublimation est le passage direct de l'état solide à l'état vapeur.

Le diiode solide se présente sous forme de cristaux violets. Sous forme de vapeur, le diiode est un gaz violet.

1. TICE Rechercher sur Internet une vidéo montrant la sublimation du diiode

2. Recopier les schémas ci-dessous et les compléter en représentant des molécules pour modéliser le diiode dans chaque état. (Le rectangle rouge représente le morceau de diiode à l'état solide.)

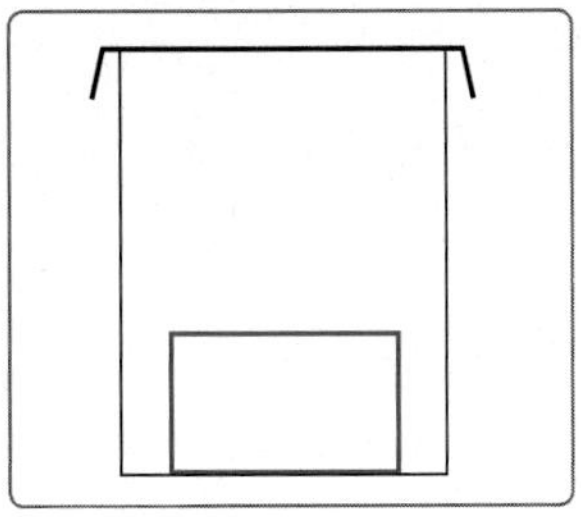

ⓐ État avant sublimation.

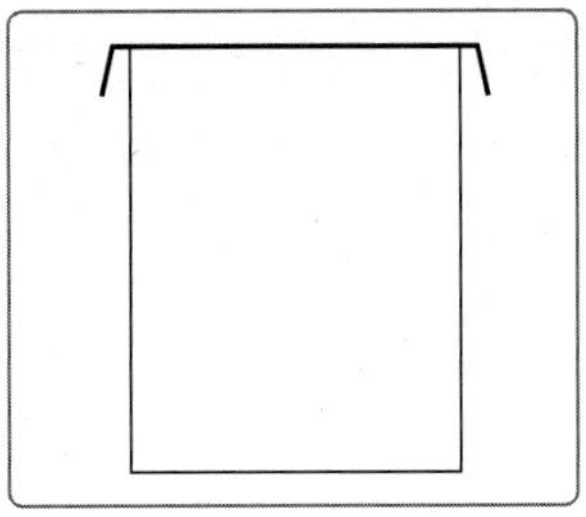

ⓑ État après sublimation.

3. Effectuer des recherches et expliquer en quelques lignes pourquoi on ne doit pas réaliser la sublimation du diiode au collège.

38 ●●● L'aquarium

D1.1. Passer d'une forme de langage scientifique à une autre.

Lucas achète un aquarium qu'il veut poser sur le meuble du salon.

Ce meuble peut, au maximum, supporter une masse de 80 kg.

L'aquarium a une capacité de 112 L et pèse 28,5 kg lorsqu'il est vide.

1. Sans utiliser la calculatrice, expliquer si Lucas peut emplir entièrement l'aquarium d'eau.

2. Calculer la masse maximale d'eau que Lucas peut verser dans l'aquarium sans risquer de casser le meuble.

3. En déduire le volume maximal que Lucas peut verser dans l'aquarium sans endommager le meuble.

Donnée

L d'eau pèse 1 kg.

39 ●●● Masse volumique des briques de construction

D1.1. Passer d'une forme de langage scientifique à une autre.

Anouk veut savoir quel plastique compose les briques de jeu de construction de son enfance.

Voici les masses volumiques (en g/mL) de certaines matières plastiques :

Matières plastiques	Masse volumique
PP (polypropylène)	0,88
ABS (acrylonitrile butadiène styrène)	1,04
PMMA (polyméthacrylate de méthyle)	1,18
PVC (polychlorure de vinyle)	1,38

• Anouk mesure la masse de 15 briques, elle trouve : $m = 24,9$ g. (Voir photos ⓐ)

Elle veut mesurer le volume de ses briques par déplacement d'eau. Quand elle les plonge dans l'éprouvette graduée… Elles flottent !

• Elle décide ensuite de changer de liquide.

Chez elle, elle trouve deux liquides qui ont des masses volumiques différentes de celle de l'eau : l'alcool à bruler ($\rho = 0,83$ g/mL) et la glycérine ($\rho = 1,26$ g/mL).

Anouk recommence son expérience et remplit une éprouvette en verre de 130 mL d'alcool à bruler (Voir photo ⓑ), puis y plonge ses 15 briques. (Voir photos ⓒ).

ⓐ

ⓑ

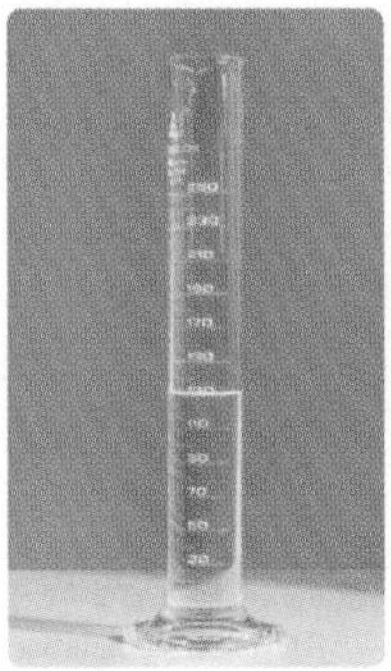

ⓒ

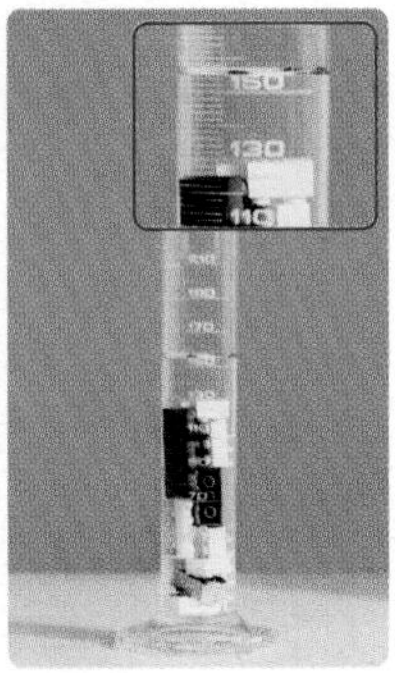

1. Quel est le volume occupé par les 15 briques ?

2. Quelle est la masse volumique du plastique qui compose les briques ?

3. De quel plastique s'agit-il ?

4. Justifier l'emploi de l'alcool pour mesurer le volume des briques.

Problèmes

40 Les marées noires

D1.1. Utiliser la langue française.

Les marées noires provoquent dans le milieu marin des dommages très importants qui affectent l'environnement.

1. Doc. a Expliquer pourquoi le pétrole reste à la surface de l'eau.

2. Doc. b Expliquer pourquoi, dans une vinaigrette, le vinaigre est au fond du récipient.

3. Doc. c Comparer les valeurs des masses volumiques des deux substances dans chaque cas.

ⓐ Marée noire : mélange d'eau et de pétrole.

ⓑ Vinaigrette : mélange d'huile et de vinaigre.

$\rho_{eau} = 1$ g/cm^3
$\rho_{pétrole} = 0{,}850$ g/cm^3
$\rho_{vinaigre} = 1{,}01$ g/cm^3
$\rho_{huile} = 0{,}92$ g/cm^3

ⓒ Valeurs de masses volumiques.

41 Masse volumique d'une bille en verre

D4. Concevoir une expérience.

Estelle et Clément doivent déterminer la masse volumique du verre utilisé pour réaliser un lot de billes.

Ils immergent chacun une bille dans une éprouvette pour mesurer son volume.

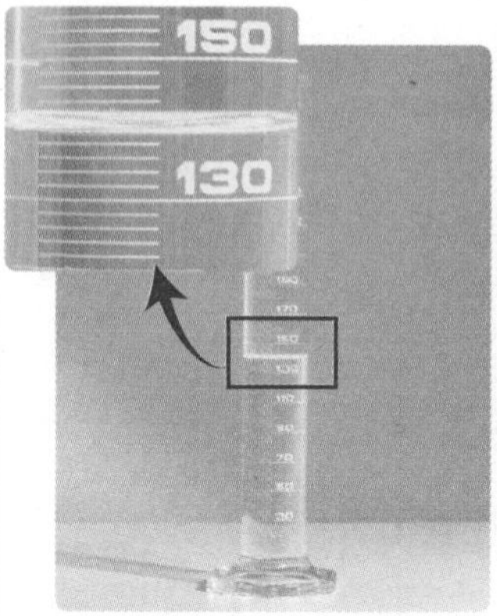

ⓐ Éprouvette sans bille.

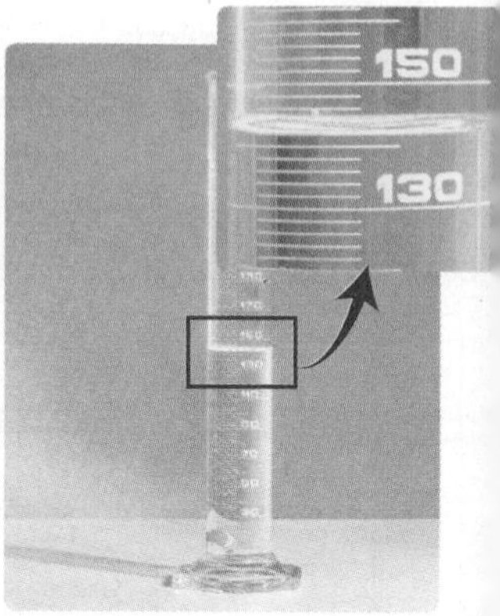

ⓑ Éprouvette avec bille.

1. Le professeur fait remarquer à Clément et Estelle que leurs mesures sont peu précises. Expliquer pourquoi.

2. Proposer un protocole à Estelle et Clément.

Sciences MAG

42 Comment produire de l'eau dans le désert ?

D'après un rapport de l'Organisation mondiale de la santé paru en 2013, 2,4 milliards d'habitants sont privés d'eau potable. Lors d'un voyage en Éthiopie, Arturo Vittori, un architecte italien, a été choqué de voir des femmes et des enfants parcourir des kilomètres à pied pour puiser de l'eau dans des sources souvent insalubres.

À son retour, il a conçu, en collaboration avec des scientifiques, une structure qu'il a appelé la *Warka Tower*. (Le Warka est un gigantesque figuier local éthiopien.) Le principe de la *Warka Tower* est simple : la nuit, la très grande baisse de la température provoque la condensation de la vapeur d'eau contenue dans l'air ambiant sur les mailles du filet. Cette eau liquide tombe ensuite dans un réservoir. Sans action humaine, cette eau condensée s'évaporerait au lever du Soleil. Selon son concepteur, la *Warka Tower* permet de récupérer 100 litres d'eau potable par nuit.

! En forme de vase, la *Warka Tower* de 9 m de hauteur ne fait que 60 kg pour un prix de 1 000 $ environ.

➡ Réaliser une recherche sur l'endroit où a été implantée la première *Warka Tower*.

43 La couronne est-elle en or ?

30 min

Archimède est un savant grec qui, au IIIe siècle avant Jésus Christ, vivait à Syracuse en Sicile, ile qui appartenait alors à la Grèce.

Il est à l'origine de multiples travaux en physique et en mathématiques, et particulièrement connu pour son traité sur les corps flottants.

La légende raconte que le roi Hiéron II de Syracuse était un tyran : lorsque l'un de ses serviteurs ne respectait pas ses exigences, il pouvait ordonner qu'il soit tué.
Or il confia un jour à son orfèvre une masse d'or pur **que, méfiant, il avait préalablement pesée**. Il souhaitait qu'il la transforme en une couronne qui serait offerte aux dieux en remerciement de son accession au trône. La couronne était superbe. Elle avait bien la masse attendue.
Pourtant, Hiéron eut un doute ; l'orfèvre n'avait-il pas gardé pour lui une partie de l'or ? N'avait-il pas réalisé une couronne en argent avant de la recouvrir d'or ?
Il demanda alors à Archimède de vérifier la pureté de la couronne mais sans la détruire.
Archimède cherchait... C'est alors que dans les bains publics, plongeant dans une baignoire pleine d'eau, et découvrant que **la quantité d'eau qui débordait correspondait précisément au volume de son corps immergé,** il serait précipitamment sorti de son bain pour parcourir les rues de la ville en criant : Eurêka [j'ai trouvé] !

1 Le roi Hiéron est méfiant...

Questions

1. Quelle précaution le roi a-t-il prise pour pouvoir vérifier que son orfèvre est honnête ?

2. Le roi mesure une grandeur caractéristique de la couronne pour faire une première vérification.

a. De quelle grandeur s'agit-il ?

b. Hiéron prend-il son orfèvre en défaut lors de la première vérification ?

2 Archimède prend son bain...

Questions

3. Préciser quelle est la constatation d'Archimède quand il s'immerge dans la baignoire remplie à ras bord.

4. a. Que se passerait-il si on immergeait la couronne dans un bécher de taille suffisante pour la contenir ?

b. Quel est l'avantage principal du vase à débordement ?

5. On place à côté du vase à débordement un récipient dont le contenu peut ensuite être vidé dans une éprouvette graduée.

a. Quelle sera la grandeur mesurée ?

b. Expliquer pourquoi l'on veut connaitre cette caractéristique de l'eau qui a débordé.

3 L'orfèvre était-il honnête ?

Archimède demande au roi Hiéron de mettre à sa disposition non seulement autant d'or, mais aussi autant d'argent qu'il a confié d'or à l'orfèvre.

Questions

6. Comment Archimède peut-il vérifier que le roi lui a confié autant d'or que d'argent ?

7. Archimède immerge l'or dans un vase à débordement et note le volume d'eau qui a débordé.
Il fait ensuite de même avec l'argent qui lui a été confié.
À sa grande surprise, Archimède découvre qu'il déborde presque deux fois plus d'eau que lorsqu'il immerge l'or.
Expliquer pourquoi cette expérience permet de déterminer lequel de ces deux métaux a la masse volumique la plus élevée.

8. Archimède immerge la couronne : le volume d'eau recueillie est plus faible que lorsqu'il immerge la même masse d'argent, mais plus élevé que lorsqu'il immerge la même masse d'or. Conclure.

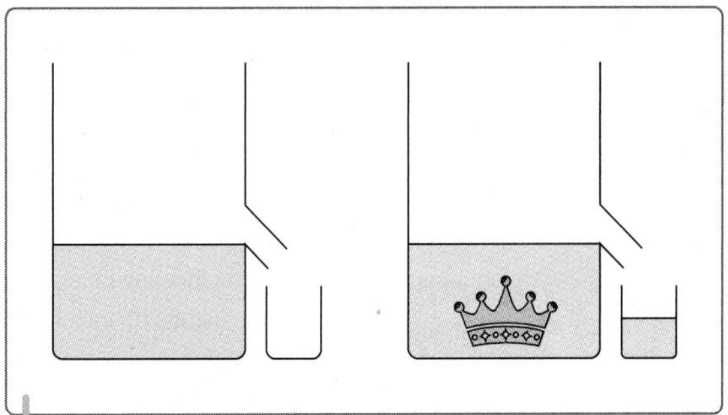

Utilisation du vase à débordement.

CHAPITRE

2 Les mélanges

Sommaire

Zoom sur...

Les croisements entre chapitres

Dans l'activité 10, je fais le lien avec le chapitre 3, **Transformations chimiques.**

L'interdisciplinarité

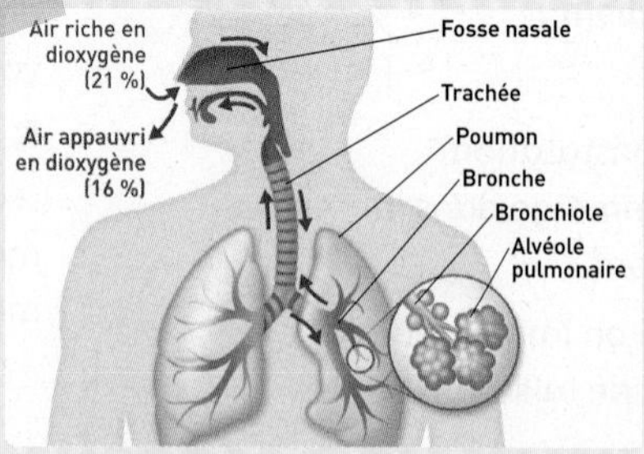

Dans l'activité 11, je fais le lien avec la SVT, **Le corps humain et la santé.**

Une animation

Dans l'activité 10, je découvre une animation sur la composition de l'air.

Une vidéo

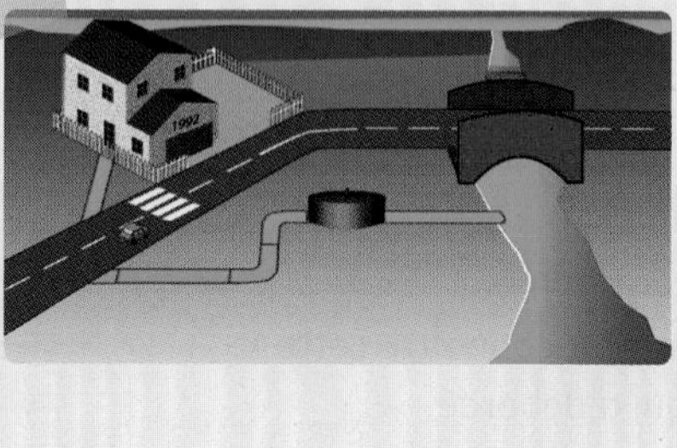

Dans l'exercice 10, je découvre une animation sur le fonctionnement de l'épuration de l'eau.

Pourquoi reste-t-il du sel qui ne se mélange pas à l'eau ?

• Marais salants en Camargue (France).

Dans ce chapitre, je vais

	Activités	Exercices
➡ **Distinguer mélange et corps pur.**	3	15 à 21
➡ **Étudier les techniques de séparation.**	2	22 à 25
➡ **Caractériser la dissolution d'une substance.**	4 5 7 8	26 et 27
➡ **Caractériser des mélanges.**	4 5 6 7 9 11	28 et 29
➡ **Mettre en évidence des espèces chimiques.**	2 3 10	30 à 39
➡ **Estimer la solubilité des espèces.**	5	40

TÂCHE COMPLEXE

ACTIVITÉ 1

Est-ce un mélange ou un corps pur ?

COMPÉTENCES ÉVALUABLES

D1.1 Lire et comprendre des documents scientifiques.
D1.1 Utiliser la langue française en cultivant précision, richesse de vocabulaire et syntaxe.

Situation

Souvent, dans les publicités pour les eaux minérales, un des arguments de vente est la pureté de l'eau. Marie se demande ce que signifie réellement le mot pur.

CONSIGNE

À l'aide des documents suivants, **proposer** une définition du mot « mélange » et de l'expression « corps pur ».

1 Étiquette d'une boisson aux fruits.

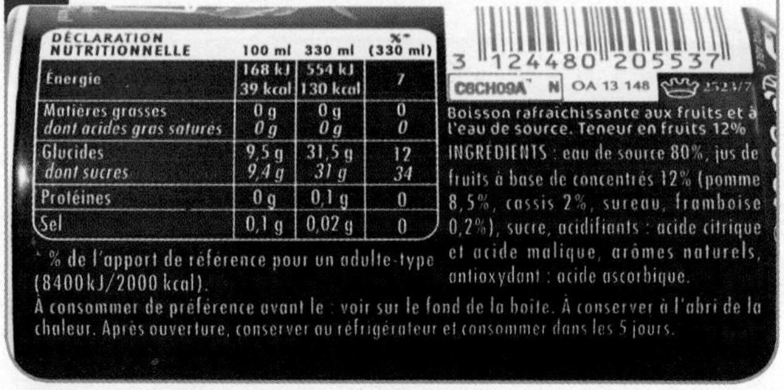

DÉCLARATION NUTRITIONNELLE	100 ml	330 ml	%* (330 ml)
Énergie	168 kJ 39 kcal	554 kJ 130 kcal	7
Matières grasses	0 g	0 g	0
dont acides gras saturés	*0 g*	*0 g*	*0*
Glucides	9,5 g	31,5 g	12
dont sucres	*9,4 g*	*31 g*	*34*
Protéines	0 g	0,1 g	0
Sel	0,1 g	0,02 g	0

* % de l'apport de référence pour un adulte-type (8400kJ/2000 kcal).

3 124480 205537

C8CH09A N OA 13 148

Boisson rafraîchissante aux fruits et à l'eau de source. Teneur en fruits 12%

INGRÉDIENTS : eau de source 80%, jus de fruits à base de concentrés 12% (pomme 8,5%, cassis 2%, sureau, framboise 0,2%), sucre, acidifiants : acide citrique et acide malique, arômes naturels, antioxydant : acide ascorbique.

À consommer de préférence avant le : voir sur le fond de la boîte. À conserver à l'abri de la chaleur. Après ouverture, conserver au réfrigérateur et consommer dans les 5 jours.

2 Étiquette d'un sirop.

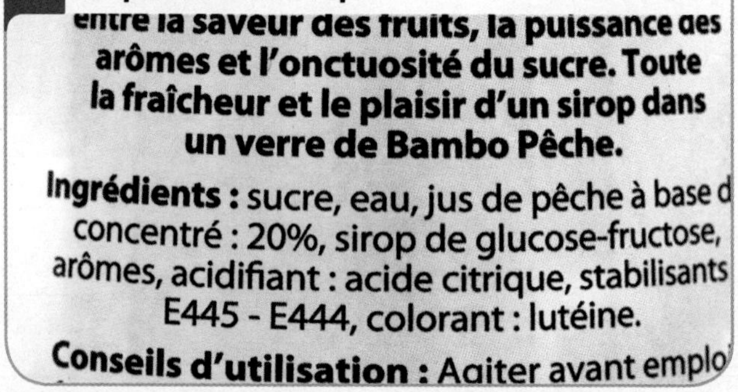

entre la saveur des fruits, la puissance des arômes et l'onctuosité du sucre. Toute la fraîcheur et le plaisir d'un sirop dans un verre de Bambo Pêche.

Ingrédients : sucre, eau, jus de pêche à base d concentré : 20%, sirop de glucose-fructose, arômes, acidifiant : acide citrique, stabilisants E445 - E444, colorant : lutéine.

Conseils d'utilisation : Agiter avant emplo

3 Étiquette d'une eau de source.

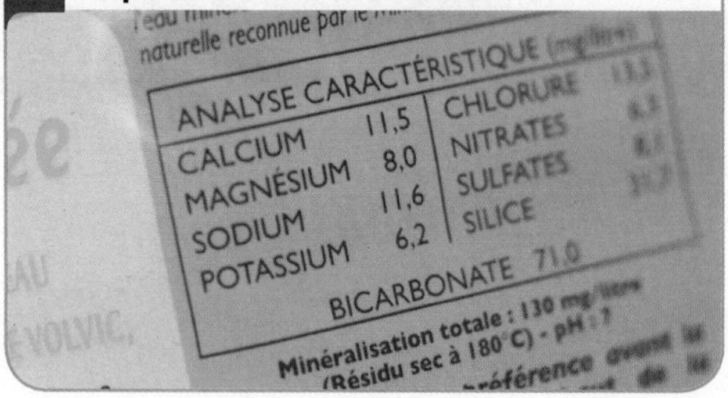

4 Quantités de résidus obtenus après évaporation de 1 L d'eau.

a Eau déminéralisée : Résidus après évaporation de 1 L : 0 g.

b Eau du robinet. Résidus après évaporation de 1 L : 0,1 g.

c Eau minérale. Résidus après évaporation de 1 L : 0,7 g.

VOCABULAIRE

Résidu : solide restant après évaporation de toute l'eau.

Évaporation : passage progressif de l'état liquide à l'état gazeux.

Besoin d'aide ?

▶ **Retrouvez des aides en fin d'ouvrage, p. 423.**

ACTIVITÉ

INVESTIGATION

2 Des bulles dans l'eau sont-elles toujours du dioxyde de carbone ?

COMPÉTENCES ÉVALUABLES

D4. Réaliser un dispositif d'observation.
D4. Interpréter des résultats expérimentaux, en tirer des conclusions et les communiquer en argumentant.

Situation

Antoine a un aquarium avec des poissons. Il se demande si le gaz qui sort du bulleur est le même que celui contenu dans une bouteille de soda pétillant.

L'aquarium d'Antoine.

Le soda pétillant.

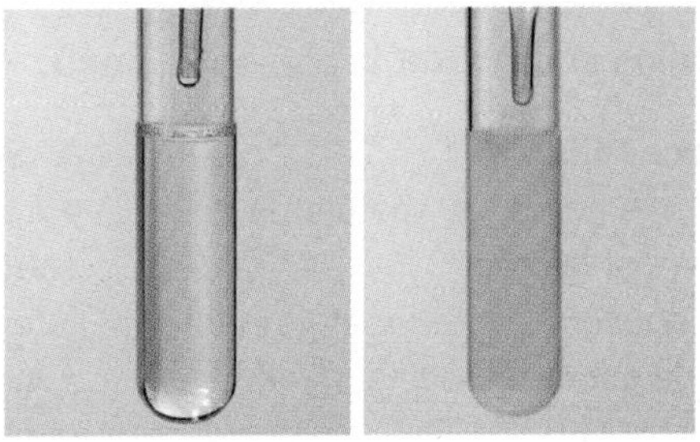
Le test à l'eau de chaux.

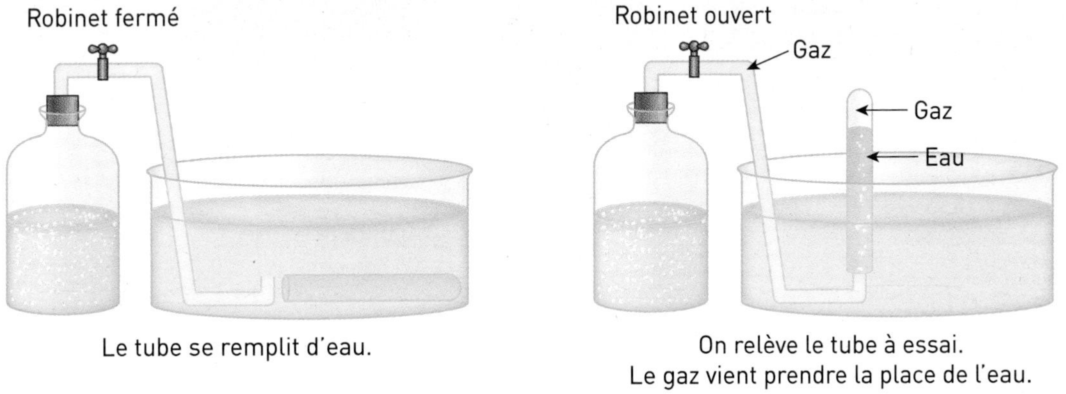

Récupération d'un gaz par déplacement d'eau.

CONSIGNE

Proposer un protocole expérimental pour recueillir le gaz du bulleur et celui de la bouteille de soda puis effectuer les tests nécessaires pour répondre à Antoine.

Besoin d'aide ?

▶ **Retrouvez des aides en fin d'ouvrage, p. 423.**

ACTIVITÉ 3

Comment mettre l'eau en évidence ?

COMPÉTENCES ÉVALUABLES

D4. Réaliser un dispositif d'observation.
D4. Interpréter des résultats expérimentaux, en tirer des conclusions et les communiquer en argumentant.

Chaque jour nous buvons en moyenne 1,5 L d'eau, mais nous en absorbons 2 L au total.

1 Test de reconnaissance au sulfate de cuivre anhydre.

Le sulfate de cuivre anhydre est une poudre blanche avide d'eau qui se disperse facilement. En présence d'eau, il forme du sulfate de cuivre hydraté de couleur bleue.

Cette propriété permet de réaliser un test de reconnaissance de l'eau.

2 Protocoles pour tester la présence d'eau.

Substance solide

- Prélever une pointe de spatule de sulfate de cuivre anhydre.
- Tapoter doucement la spatule pour qu'un peu de poudre tombe sur l'aliment à tester.

Substance liquide

- À l'aide d'une spatule, mettre dans une soucoupe une très petite quantité de sulfate de cuivre anhydre.
- Ajouter, avec une pipette, quelques gouttes du liquide à tester.

3 Résultats des tests.

Substances	Couleur du sulfate de cuivre	Présence d'eau
Lait		
Huile		
Tomate		
Farine		
...		

Mon cahier de labo

Matériel à disposition :

- Sulfate de cuivre anhydre.
- Spatule.
- Coupelle.
- Pipette.
- Aliments et liquides à teste

Questions

1. **Doc 1.** Préciser la couleur du sulfate de cuivre anhydre et la nouvelle couleur de la poudre lorsqu'on ajoute de l'eau.
2. **Doc 1.** Que veut dire « avide d'eau » ?
3. **Docs 1. et 2.** Expliquer comment vérifier expérimentalement qu'une substance contient de l'eau.
4. **Docs 2. et 3.** EXP Réaliser les expériences et compléter le tableau du document 3.
5. Pour aller plus loin On absorbe quotidiennement de l'eau sans forcément boire. D'où provient cette eau ?

VOCABULAIRE

Anhydre : qui ne contient pas d'eau.

Hydraté : qui contient de l'eau.

Test de reconnaissance : expérience qui met en évidence la présence ou non d'un constituant dans une substance.

ACTIVITÉ

4 Les solides sont-ils toujours solubles ?

COMPÉTENCES ÉVALUABLES

D4. Réaliser un dispositif d'observation.
D4. Interpréter des résultats expérimentaux, en tirer des conclusions et les communiquer en argumentant.

Le sucre et le sel sont solubles dans l'eau, mais tous les solides ne sont pas solubles dans n'importe quel liquide.

1 Définition de la dissolution.

Une **dissolution** est la dispersion d'une substance **soluble** dans un liquide, le **solvant**, pour former un mélange **homogène**. La substance qui se dissout est le **soluté**.

Si la substance que l'on essaie de dissoudre est **insoluble** dans le liquide, le mélange est **hétérogène**.

2 Du sel dans différents liquides.

a Le sel est soluble dans l'eau.

b Le sel est insoluble dans l'huile.

3 Résultats des tests.

	Aluminium	Sucre	Fil de coton	Riz
Eau				
Huile				
...				

a Solides en morceaux.

	Farine	Lait en poudre	Cacao	Poivre
Eau				
Huile				
...				

b Solides en poudre.

Mon cahier de labo

Matériel à disposition :
- Bécher.
- Spatule.
- Agitateur en verre.

Protocole :
- Dans un bécher, verser doucement le solvant.
- Ajouter ensuite à l'aide d'une spatule le soluté.
- Agiter la solution avec un agitateur en verre.
- Observer le mélange obtenu.

Questions

1 **Doc 1.** Quelle observation permet de dire qu'un solide est soluble dans un liquide ?

2 **Doc 3.** EXP Réaliser des dissolutions dans différents liquides et remplir les tableaux du document 3.

3 **Docs 2. et 3.** Lorsqu'un solide est soluble dans de l'eau, est-il soluble dans n'importe quel liquide ?

4 Pour aller plus loin Expliquer pourquoi on ne peut pas dire que le sucre « fond » dans le café.

VOCABULAIRE

Hétérogène : se dit d'un mélange dont les constituants sont visibles à l'œil nu.

Homogène : se dit d'un mélange dont les constituants ne sont pas visibles à l'œil nu.

ACTIVITÉ 5

Comment évaluer la solubilité du sel dans l'eau ?

COMPÉTENCES ÉVALUABLES

D4. Mesurer une grandeur physique de manière direct ou indirecte.
D4. Interpréter des résultats expérimentaux, en tirer des conclusions et les communiquer en argumentant.

Ysaline lit l'étiquette d'un bocal contenant des citrons confits.

1 L'étiquette du bocal de citrons confits.

2 Recherches d'Ysaline.

- **Saumure** : (du latin *sal* : sel, et *muria* : saumure) est une solution aqueuse d'un sel, généralement du chlorure de sodium (sel de cuisine), saturée ou de forte concentration.
- Après des recherches sur Internet, Ysaline trouve que dans 1 litre de saumure, il y aurait plus de 300 grammes de sel dissout. Cette valeur lui semble incroyable.

3 Protocole expérimental.

- Verser 100 mL d'eau dans un bécher.
- Ajouter 10 grammes de sel avec une spatule et remuer le mélange avec un agitateur.
- Noter les observations sur l'apparence du mélange eau + sel.
- Recommencer en ajoutant à chaque fois 5 g de sel.

Mon cahier de labo

Matériel à disposition :
- Éprouvette graduée.
- Bécher.
- Agitateur en verre.
- Spatule.
- Balance.

4 Résultats des tests.

Masse totale de sel ajoutée (g)	10	15	20	25	30	35	40	45
Voit-on toujours le sel ?	non							

Questions

1. **Docs 1. et 2.** Discuter si la saumure est un mélange homogène ou hétérogène.
2. **Docs 3. et 4.** **EXP** Réaliser le protocole du document 3 et compléter le tableau du document 4.
3. **Doc 4.** Quelle est la masse maximale de sel que l'on peut complètement dissoudre dans 100 mL d'eau ?
4. Donner une valeur approchée de la solubilité du sel dans l'eau ?
5. **Pour aller plus loin** **TICE** Rechercher la quantité maximale de sucre que l'on peut dissoudre pour obtenir 1 L de solution sucrée.

VOCABULAIRE

Discuter : envisager le pour et le contre, examiner des arguments contradictoires.

Solution saturée : solution qui ne peut pas dissoudre une quantité supplémentaire de soluté.

Solubilité : quantité maximale de soluté pouvant être utilisé pour préparer 1 L de solution.

COMPÉTENCES ÉVALUABLES

D4. Réaliser un dispositif d'observation.

6 Comment réaliser une éprouvette arc-en-ciel ?

Pour son anniversaire, Iris souhaite préparer des cocktails sans alcools avec différents étages colorés.

1 Une éprouvette à étage.

Une éprouvette à étage est constituée d'eaux sucrées et colorées de densités différentes.

Ce n'est pas, à proprement dit, un mélange : si on agitait l'éprouvette, tous les liquides, qui sont miscibles, se mélangeraient pour former un mélange homogène.

Mon cahier de labo

Matériel à disposition :
- Balance.
- Spatule.
- Bécher.
- Agitateur en verre.
- Eau.
- Sucre.
- Colorants alimentaires.

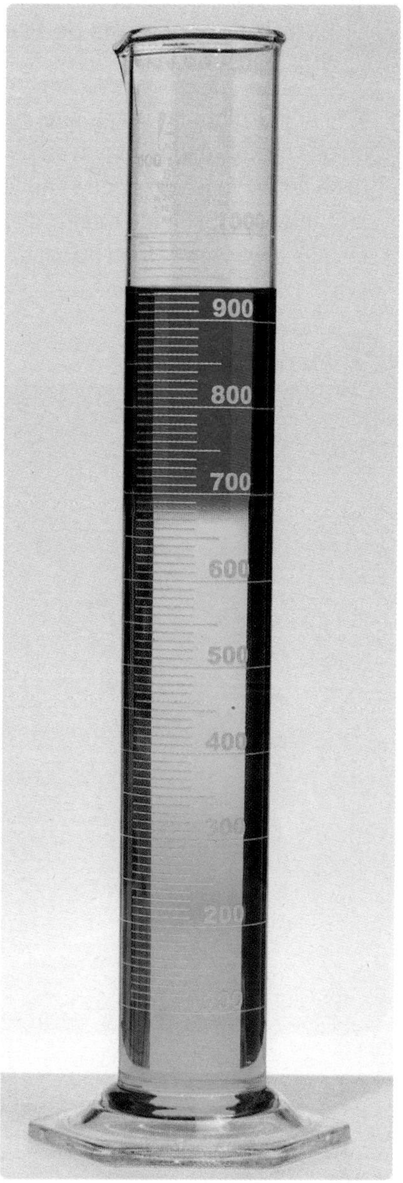

2 Les recettes.

- 200 mL d'eau
- 200 g de sucre
- 5 gouttes de colorant bleu

a Solution bleue.

- 200 mL d'eau
- 150 g de sucre
- 3 gouttes de colorant jaune
- 2 gouttes de colorant bleu

b Solution verte.

- 200 mL d'eau
- 100 g de sucre
- 5 gouttes de colorant jaune

c Solution jaune.

- 200 mL d'eau
- 50 g de sucre
- 5 gouttes de colorant rouge

d Solution rouge.

Questions

1. **Doc 1.** Une éprouvette à étage est-elle un mélange ?
2. **Doc 2.** Expliquer à partir des recettes quelle est la solution la plus **dense** ?
3. **Docs 1. et 2.** EXP Expliquer comment on peut réaliser cette éprouvette à étage sans former un mélange homogène. Puis réaliser l'éprouvette.
4. Pour aller plus loin Proposer une recette de cocktail à étages à base de fruits, d'eau et de sirop.

VOCABULAIRE

Dense : un liquide est plus dense qu'un autre si pour un même volume sa masse est plus grande.

ACTIVITÉ 7

Comment faire une bulle d'huile qui ne flotte ni ne coule ?

COMPÉTENCES ÉVALUABLES

D4. Réaliser un dispositif d'observation.
D1.1 Lire et comprendre des documents scientifiques.

Marie Curie est la première femme à avoir reçu un prix Nobel scientifique. Elle en a même reçu deux ! Lors d'une leçon à ses élèves elle leur lance un défi.

1 Extrait des « Leçons de Marie Curie recueillies par Isabelle Chavannes en 1907 » aux éditions EDP.

« Aujourd'hui on verra quels sont les enfants adroits… Puisque l'huile nage sur l'eau et qu'elle se noie dans l'alcool, on peut faire un mélange d'eau et d'alcool, tel que l'huile ne se noie ni ne flotte. Vous verrez que l'huile prendra alors la forme d'une boule et que ce sera très joli. Il faut tâtonner. Si l'huile monte, c'est que nous avons mis trop d'eau dans notre mélange ; si elle se noie et va vers le fond du vase, c'est que nous avons mis trop d'alcool. »

2 Marie Curie.

3 Une bulle d'huile.

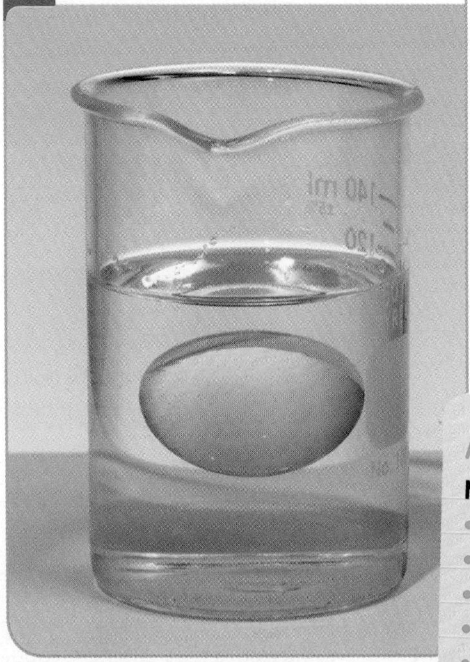

Mon cahier de labo

Matériel à disposition :

- Bécher.
- Pipette.
- Éprouvette.
- Huile.
- Alcool.
- Eau distillée.

Questions

1. **Doc 1.** L'huile est-elle miscible avec l'eau ?
2. **Doc 1.** L'huile est-elle miscible avec l'alcool ?
3. **Doc 1.** L'huile est-elle plus dense ou moins dense que l'eau ?
4. **Doc 1.** L'huile est-elle plus dense ou moins dense que l'alcool ?
5. **Docs 1. et 3.** EXP Proposer un protocole expérimental pour obtenir la bulle d'huile dans le mélange eau/alcool puis réaliser l'expérience.
6. Pour aller plus loin TICE Chercher un solide qui flotte sur l'eau mais coule dans l'huile et réaliser une expérience permettant de coincer ce solide entre l'eau et l'huile.

VOCABULAIRE

Miscible : se dit de constituants dont on peut réaliser un mélange homogène.

Dense : un liquide est plus dense qu'un autre si pour un même volume sa masse est plus grande.

COMPÉTENCE ÉVALUABLE

D1.1 Lire et comprendre des documents scientifiques.

8 Un gaz peut-il se dissoudre dans l'eau ?

La famille de Kader vient d'acquérir un nouvel appareil électroménager qui permet de réaliser des sodas pétillants.

1 Réalisation d'un soda.

■ Pour réaliser un soda, Kader a mélangé de l'eau et du sirop. Il a ensuite inséré une cartouche de gaz dans l'appareil.
Il est impressionné par les bulles qui apparaissent dans le liquide lorsqu'il met en marche son appareil.

2 La bouteille de soda quelques heures plus tard.

■ Quelques heures après avoir réalisé son soda, Kader s'inquiète car il ne voit plus de bulles à l'intérieur de la bouteille.
Il décide alors de gouter cette boisson qu'il pense être dépourvue de gaz.
Il a finalement l'agréable sensation de pétillant dans sa bouche.

3 La source d'une eau naturellement pétillante.

■ Il existe des sources d'eau naturellement « gazeuse ».
Avant de mettre ces eaux en bouteille, on retire généralement le gaz naturellement présent avant de le réintroduire.

Questions

1. **Doc 1.** Donner le nom des ingrédients principaux qui constituent le soda.
2. **Doc 1.** Dire si le **mélange** est **homogène** ou **hétérogène** au moment de la réalisation du soda.
3. **Doc 2.** Les bulles du soda de Kader ont-elles disparu ?
4. **Doc 3.** Le gaz de la source est-il **soluble** dans l'eau ?
5. **Doc 3.** Pour aller plus loin Proposer une raison pour laquelle on enlève d'abord le gaz avant de le réintroduire lors de la mise en bouteille des eaux minérales naturellement gazeuses.

VOCABULAIRE

Eau « gazeuse » : expression courante qui ne désigne pas de l'eau sous forme gazeuse mais de l'eau de laquelle s'échappent des bulles d'un gaz qui la rend pétillante.

Mélange homogène : mélange dont on ne distingue pas les constituants à l'œil nu.

Mélange hétérogène : mélange dont on peut distinguer les constituants à l'œil nu.

Soluble : se dit d'une substance que l'on peut dissoudre dans un liquide pour former un mélange homogène.

ACTIVITÉ 9

Les solides peuvent-ils se mélanger ?

COMPÉTENCES ÉVALUABLES

D1.1 Lire et comprendre des documents scientifiques.
D2. Effectuer des recherches bibliographiques.

Après avoir travaillé sur différents mélanges liquides, Annabelle se demande s'il est possible de réaliser des mélanges dont les constituants sont tous solides. Son grand frère lui dit que la plupart des métaux sont en réalité des mélanges de plusieurs métaux.

1 Définition d'un alliage.

Un alliage est une « solution » solide. Il s'agit d'un matériau constitué d'un mélange homogène de plusieurs métaux ou d'un métal et d'un solide non métallique.

Il existe deux sortes d'alliages, les alliages d'insertion et les alliages de substitution.

2 Une clé en laiton.

Le laiton est un alliage de cuivre, nickel et zinc.

3 Les différents alliages.

Un alliage est dit **d'insertion** si un autre corps vient s'insérer dans la structure du cristal. C'est le cas de l'acier : un atome de carbone vient s'insérer dans le cristal de fer.

Un alliage est dit **de substitution** si un autre corps remplace un atome dans la structure du cristal. Les laitons ou le bronze sont des alliages de substitution.

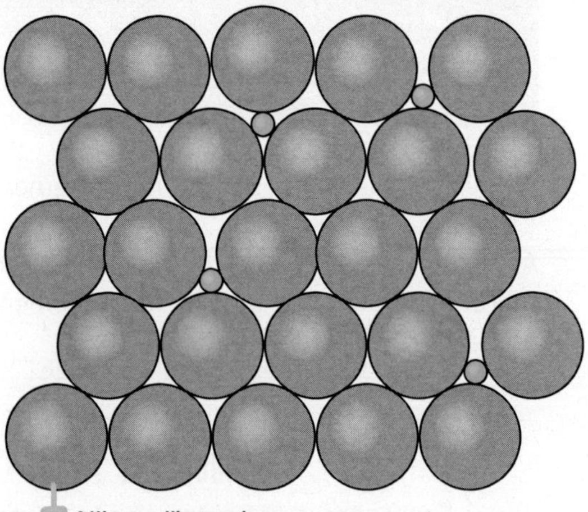

a Alliage d'insertion.

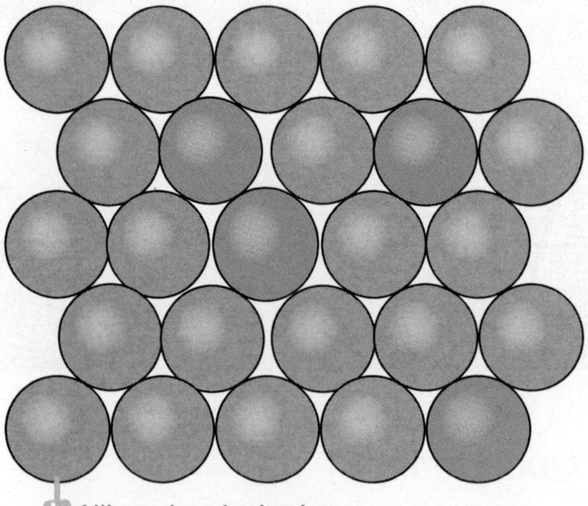

b Alliage de substitution.

Questions

1 **Docs 1. et 2.** Dire si un alliage est un mélange homogène ou hétérogène.

2 **Docs 1. et 3.** Donner le nom des deux types d'alliages qui existent.

3 **Pour aller plus loin** **TICE** Rechercher ce qu'est de l'or 18 carats. Proposer une méthode qui permet de savoir si un bijou doré est en or.

VOCABULAIRE

Alliage : matière obtenue en faisant fondre des métaux pour les mélanger.

Cristal : solide à la structure microscopique régulière.

10 Quelle est la composition de l'air ?

COMPÉTENCES ÉVALUABLES

D1.1 Lire et comprendre des documents scientifiques.
D4. Interpréter des résultats expérimentaux, en tirer des conclusions et les communiquer en argumentant.

Pendant l'Antiquité, les philosophes grecs recensaient quatre substances primordiales : l'eau, l'air, la terre et le feu. L'air était alors considéré comme un élément.
Au XVIIIe siècle, Lavoisier est le premier à démontrer que l'air est un mélange.

1 L'expérience de Lavoisier.

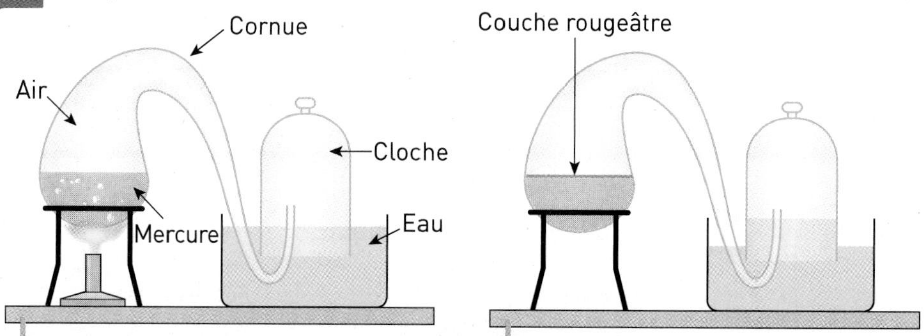

a Début de l'expérience. b Après 12 jours.

Une **cornue** à col long contenant 113 g de mercure est reliée à une cloche en verre contenant 0,82 L d'air. Le mercure, porté à ébullition, se recouvre d'une couche rougeâtre. Au bout de 12 jours, comme il ne constate plus de changement, Lavoisier arrête l'expérience.

2 L'oxyde de mercure.

L'oxyde de mercure est un solide rougeâtre qui se forme lors de la transformation chimique entre le mercure et le dioxygène.

3 Description de Lavoisier de l'air sous la cloche.

Extrait de *Traité élémentaire de Chimie, présenté dans un ordre nouveau, et d'après les découvertes modernes*, chez Cuchet libraire, 1789, p. 37.

L'air qui restait après cette opération et qui avait été réduit aux 5 sixièmes de son volume par la calcination du mercure n'était plus propre à la respiration ni à la combustion car les animaux qu'on y introduisait y périssaient en peu d'instants et les lumières s'y éteignaient sur le champ comme si on les eût plongées dans de l'eau.

4 La suite de l'expérience de Lavoisier.

Lavoisier nomme le gaz restant sous la cloche « l'air non respirable ». Aujourd'hui, nous l'appelons le diazote.
Afin de savoir ce qu'est devenue la partie de l'air qui n'est pas du diazote, Lavoisier décide de chauffer le dépôt rougeâtre. Il constate la réapparition du mercure et l'apparition de 0,14 litre de gaz qui ravive la flamme d'une bougie : le dioxygène.

ANI > La composition de l'air.

Questions

1. **Docs 1. et 2.** Trouver les deux différences observables entre le début et la fin de l'expérience.
2. **Docs 3. et 4.** Pourquoi dit-on que l'air est un mélange ? Justifier.
3. **Docs 1., 3. et 4.** Comment Lavoisier nomme-t-il les gaz composant l'air et quelles sont leurs proportions ?
4. Quels sont les noms actuels de ces gaz ?
5. **Pour aller plus loin** Tracer le diagramme en camembert représentant la proportion de ces deux gaz dans l'air selon les résultats obtenus par Lavoisier.

VOCABULAIRE

Cornue : récipient en verre utilisé par les chimistes à l'époque de Lavoisier.

Calcination : transformation chimique entre la substance et le dioxygène de l'air.

ACTIVITÉ

11 TÂCHE COMPLEXE

Combien de temps peut-on rester en confinement ?

COMPÉTENCES ÉVALUABLES

D1.1 Lire et comprendre des documents scientifiques.

Situation

Dans le cadre de l'élaboration du plan particulier de mise en sureté face aux risques majeurs (PPMS) (obligatoire dans tous les établissements scolaires), le collège doit organiser un exercice de confinement. L'exercice a pour scénario « nuage toxique autour du collège ».

CONSIGNE

Déterminer si la classe peut rester 6 h en confinement dans la salle lors de ce PPMS.

ACT lienmini.fr/pc-008 Version interactive

1 Composition de l'air.

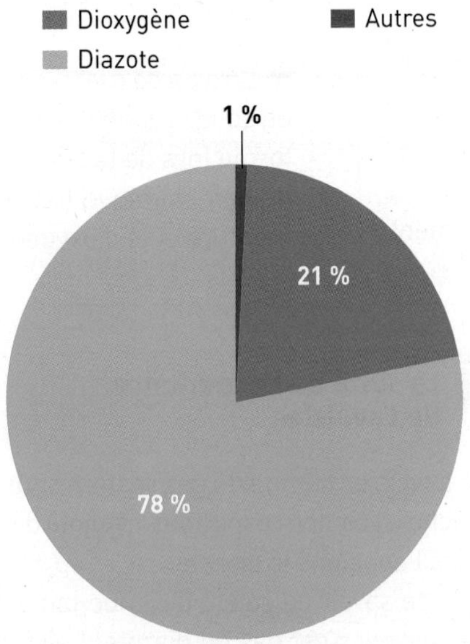

2 Respiration d'un être humain.

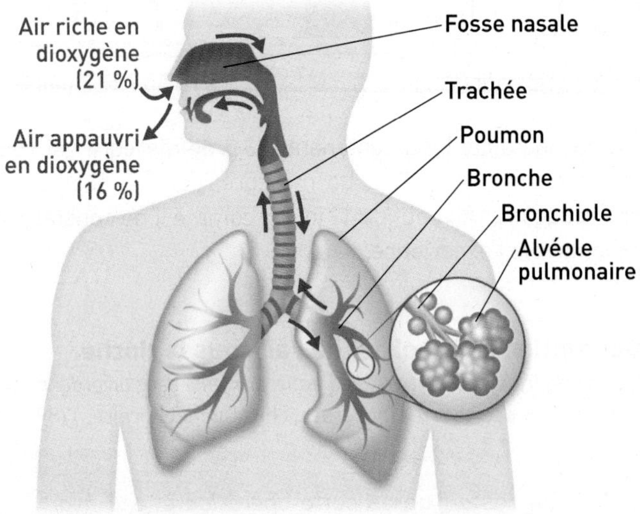

■ En moyenne, un être humain inspire 14 m^3 d'air par jour. Ces inspirations lui garantissent un apport en dioxygène suffisant.

3 Les échanges respiratoires.

■ Pour fonctionner, les muscles consomment du dioxygène prélevé dans le sang et y rejettent du dioxyde de carbone. Les échanges réalisés entre l'organisme et son milieu de vie au niveau de l'appareil respiratoire, assurent en permanence l'approvisionnement du sang en dioxygène et l'élimination du dioxyde de carbone.

	Composition de l'air inspiré	Composition de l'air expiré
Diazote	78 %	78 %
Dioxygène	21 %	16 %
Dioxyde de carbone	0,03 %	5,03 %
Autres	0,97 %	0,97 %

4 Réalisation du PPMS au collège.

Premières mesures à prendre lors du PPMS

Dès le retentissement du signal sonore marquant le début du PPMS :
- rentrez dans le bâtiment ou la classe,
- fermez les portes et les fenêtres,
- coupez la ventilation,
- restez le plus loin possible des ouvertures et fenêtres.

5 Dimensions de la salle de cours.

Largeur : 4 m 20. Longueur : 5 m 30. Hauteur du plafond : 2 m 50.

6 Comment calculer un volume ?

Le cube

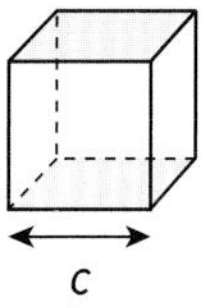

Volume = c^3

Le pavé droit
(parallélépipède rectangle)

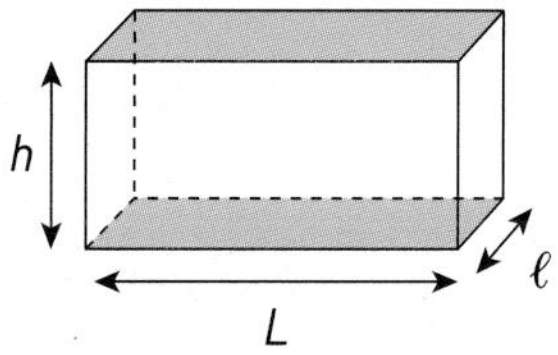

Volume = $L \times \ell \times h$

Le prisme droit

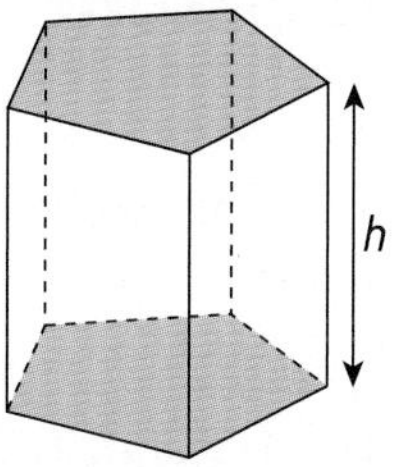

Volume = aire de la base × h

Le cylindre
(de révolution)

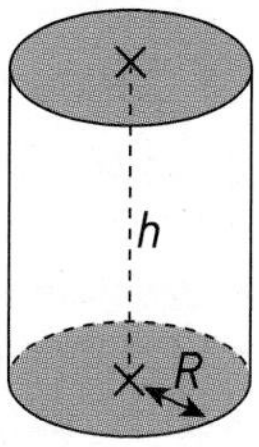

Volume = $\pi \times R^2 \times h$

La pyramide

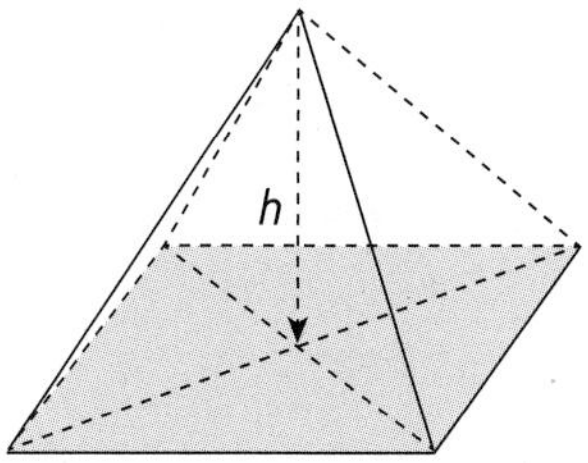

Volume = $\dfrac{\text{aire de la base} \times h}{3}$

Le cône de révolution

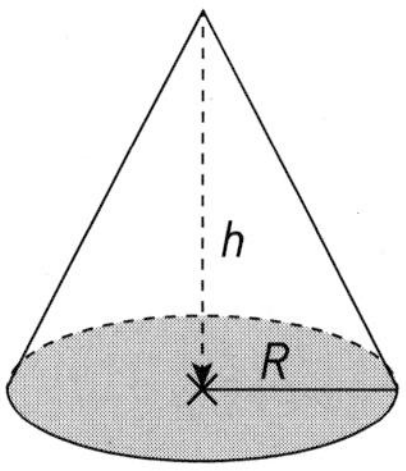

Volume = $\dfrac{\pi \times R^2 \times h}{3}$

La sphère – La boule

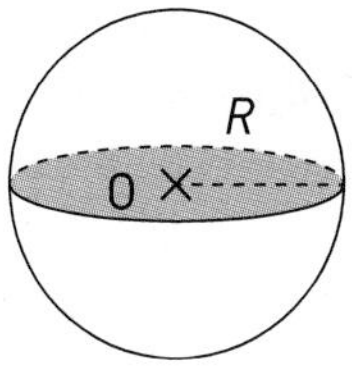

Volume = $\dfrac{4}{3} \times \pi \times R^3$

Besoin d'aide ?

▶ **Retrouvez des aides en fin d'ouvrage, p. 423.**

Les mélanges

▶ Retrouvez aussi **Le bilan de 5e** BILAN lienmini.fr/pc-009 **Le bilan de 4e** BILAN lienmini.fr/pc-010

1 Les mélanges

▶ Activité 1

Un mélange est une association de plusieurs substances.

■ Un mélange est **hétérogène** s'il est possible de distinguer ses constituants à l'œil nu, même après agitation.

Exemple : le jus d'orange avec pulpe est un mélange hétérogène.

■ Dans un mélange **homogène**, il est au contraire impossible, après agitation, de distinguer les constituants du mélange à l'œil nu.

Exemple : un sirop à l'eau est un mélange homogène.

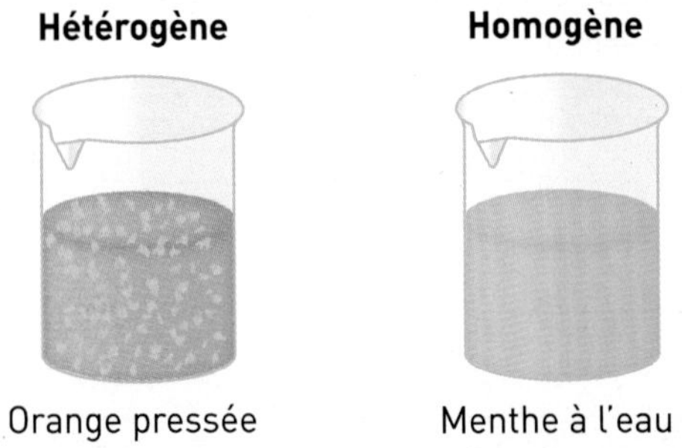

2 Dissoudre des substances

▶ Activités 4 5 8

a Dissoudre un solide

■ Lorsqu'un solide forme un mélange homogène avec un liquide, on dit que ce solide est soluble dans le liquide.

- Le solide est appelé **soluté**.
- Le liquide est appelé **solvant**.
- Le mélange homogène est appelé **solution**.

Exemple : quand on dissout du sel dans l'eau, le sel est le soluté, l'eau est le solvant et l'eau salée est la solution.

■ Lorsqu'on essaie de dissoudre une quantité trop importante de solide, on observe un dépôt de solide au fond du récipient. Le solide ne se dissout pas entièrement. On dit que la solution est **saturée**.

La **solubilité** d'un corps est la quantité maximale de soluté que l'on peut dissoudre dans un liquide.

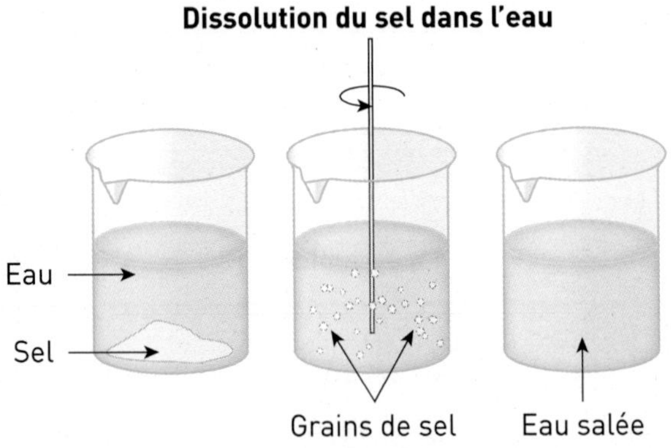

b Dissoudre un gaz

Un gaz peut se dissoudre dans un liquide.
Les boissons pétillantes contiennent du dioxyde de carbone dissout.

3 Mélanger des liquides

▶ Activités 6 7

■ Il est possible de mélanger deux liquides entre eux. Si on ne peut plus les distinguer après les avoir mélangés, on dit qu'ils sont **miscibles**.

■ En revanche, si après agitation les deux liquides se séparent, on dit qu'ils sont **non miscibles**.

Exemple : l'eau et l'huile sont deux liquides non miscibles alors que le sirop et l'eau sont deux liquides miscibles.

MOTS-CLÉS

Eau de chaux — Solution — Sulfate de cuivre anhydre

Saturation — Solvant

Soluté

VOIR LEXIQUE P. 418

4 L'air, un mélange de gaz

▶ Activités 10 11

L'air un mélange de plusieurs gaz.

- Ses deux constituants principaux sont le **diazote** (78 %) et le **dioxygène** (21 %).
- Le dioxyde de carbone est présent dans l'air mais en quantité très faible.
- On trouve aussi dans l'air des gaz appelés gaz rares (aussi nommés gaz nobles ou gaz inertes).

▶ **Voir chapitre 5, p. 126**

- argon
- néon
- crypton
- hélium
- …

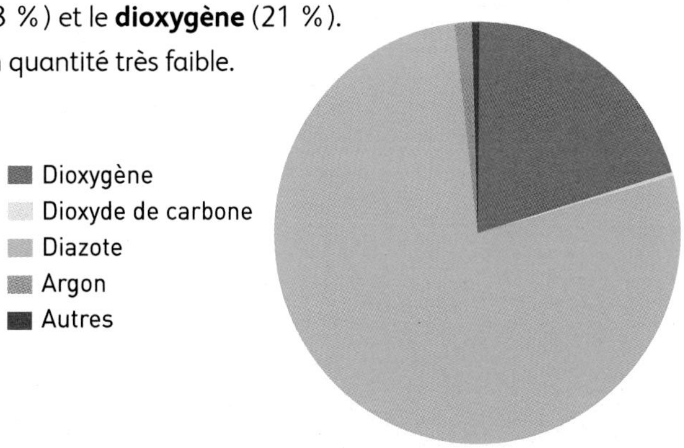

Remarque : tous les gaz sont miscibles entre eux.

5 Identifier des espèces présentes dans les mélanges

▶ Activités 2 3

a Tester la présence d'eau

- Pour mettre en évidence la présence d'**eau**, on utilise le **sulfate de cuivre anhydre**.
- Le sulfate de cuivre anhydre est un solide blanc. Lorsqu'il est en contact avec de l'eau, il devient bleu. On parle alors de sulfate de cuivre hydraté.

b Tester la présence de dioxyde de carbone

- Pour mettre en évidence le **dioxyde de carbone**, on utilise de **l'eau de chaux**.
- L'eau de chaux est un liquide incolore qui prend un aspect laiteux en présence de dioxyde de carbone. On dit que l'eau de chaux se trouble.

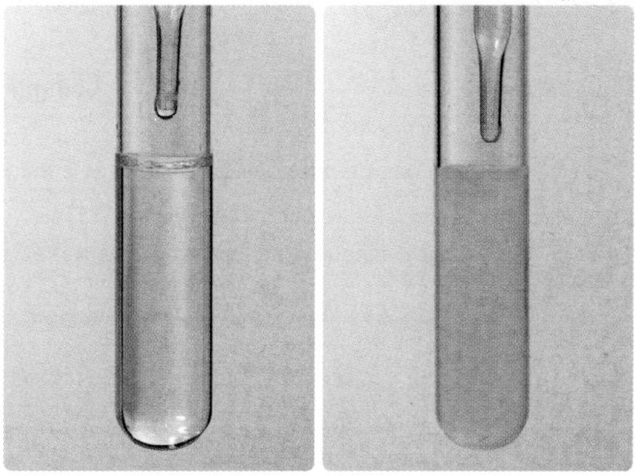

Eau de chaux fraichement préparée — Eau de chaux en présence de CO_2

L'essentiel

Solubilité

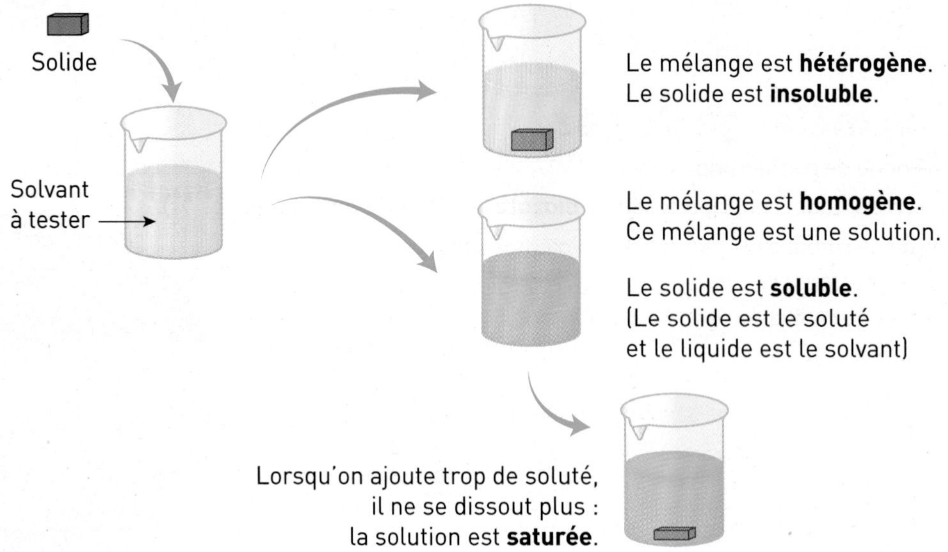

Miscibilité

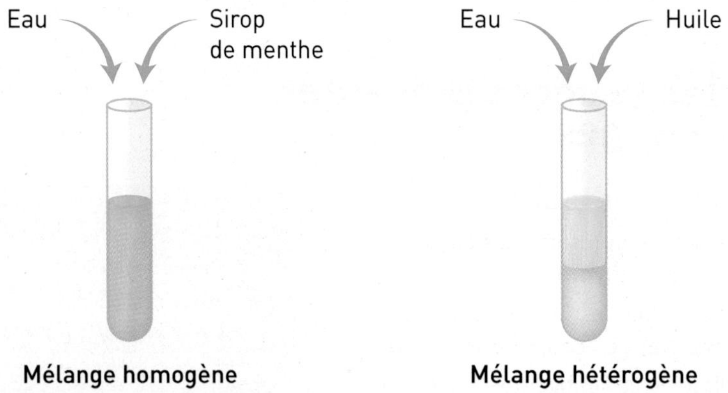

Socle commun

Domaines	Compétences	Activités	Problèmes
D1.1	Lire et comprendre des documents scientifiques.	1 7 8 9 10 11	42 43
D1.1	Utiliser la langue française en cultivant précision, richesse de vocabulaire et syntaxe.	1	
D2	Effectuer des recherches bibliographiques.	9	44
D4	Mesurer des grandeurs physiques de manière directe ou indirecte.	2	
D4	Réaliser un dispositif d'observation.	2 3 4 6 7	
D4	Interpréter des résultats expérimentaux, en tirer des conclusions et les communiquer en argumentant.	2 3 4 5 10	41

Exercices

J'apprends à apprendre

Utilisable en AP

1 Apprendre de manière organisée

➡ L'objectif ici est de s'approprier progressivement les différentes notions.
Chacune d'elles a été définie de trois manières différentes, puis les définitions ont été mélangées.

Solvant	Soluté	Solution	Dissolution
Substance que l'on dissout dans un solvant.	Mélange liquide homogène d'un soluté dissout dans un solvant.	Dans une solution, c'est la substance dans laquelle on dissout.	Se dissout dans un solvant.
Substance dans laquelle on dissout un soluté.	Cela consiste à dissoudre un soluté dans un solvant.	On en réalise une lors de la dissolution d'un soluté dans un solvant.	Liquide qui dissout un soluté.
Action consistant à dissoudre une substance appelée soluté dans une autre substance appelée solvant.	Dans une solution, c'est la substance que l'on a dissoute.	C'est le résultat de la dissolution d'un soluté dans un solvant.	Est réalisée dans un solvant, lorsqu'on y dissout un soluté.

- **Étape 1 :** recopier les mots et toutes les définitions.
- **Étape 2 :** colorier de la même couleur un mot et ses définitions. Faire de même pour les autres mots.
- **Étape 3 :** trouver un exemple qui corresponde à chaque définition.
- **Étape 4 :** pour chaque mot, relire plusieurs fois, à haute voix ou en silence, la définition que l'on comprend le mieux.
- **Étape 5 :** relire le plus souvent possible les définitions pour bien les mémoriser.

J'apprends une méthode

Exercice résolu

Utilisable en AP

2 ●●● Tracer un diagramme circulaire

Un diagramme circulaire, aussi appelé « camembert », permet de visualiser des proportions.

Énoncé Représenter les pourcentages de gaz présents dans l'air sous forme de diagramme circulaire.

Solution

1. Rappeler la composition de l'air.
Dans l'air, il y a : 78 % de diazote ; 21 % de dioxygène ; 1 % d'autres gaz.

2. S'assurer que le total des valeurs est bien de 100 %. *78 % + 21 % + 1 % = 100 %*

3. Sachant qu'un cercle fait 360°, calculer la valeur de l'angle de chaque portion. Pour cela, on peut réaliser un tableau de proportionnalité :

Total	Diazote
100 %	78 %
360°	$\frac{360 \times 78}{100} = 280,8°$

Total	Dioxygène
100 %	21 %
360°	$\frac{360 \times 21}{100} = 75,6°$

Total	Autres gaz
100 %	1 %
360°	$\frac{360 \times 1}{100} = 3,6°$

4. Utiliser un rapporteur pour tracer les portions correspondantes dans le cercle. Ne pas oublier le titre ni la légende.

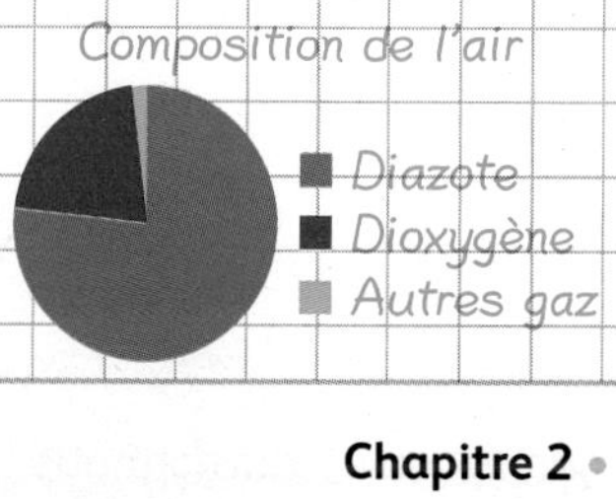

Je me teste

EXO lienmini.fr/pc-011

3 ●●● QCM Caractériser la composition d'un mélange

1. Pour réaliser le test de reconnaissance de l'eau, il faut :
a. du sulfate de cuivre hydraté bleu.
b. de l'eau de chaux.
c. du sulfate de cuivre anhydre blanc.

2. Les boissons contiennent :
a. jamais d'eau. **b.** parfois de l'eau.
c. toujours de l'eau.

3. Le mélange obtenu en versant du sucre dans l'eau est homogène. Cela signifie que :
a. le sucre est dissout dans l'eau.
b. le sucre est fondu dans l'eau.
c. il n'y a plus de sucre.

4. Dans « l'eau de mer », l'eau est :
a. le solvant. **b.** la solution. **c.** le soluté.

5 ●●● Composition de l'air

Choisir le bon diagramme pour représenter la composition de l'air.

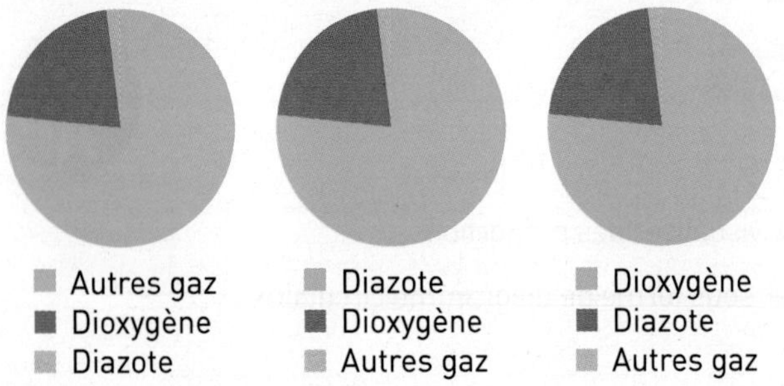

7 ●●● Vrai ou faux ?

a. L'eau distillée est une eau quasiment pure.
b. Le filtrat est un mélange homogène.
c. La filtration permet d'obtenir de l'eau « quasi pure ».
d. La distillation est une technique de séparation des constituants de mélanges homogènes.

4 ●●● Vrai ou faux ?

a. Un liquide incolore est toujours de l'eau pure.
b. Une « eau » d'apparence homogène peut contenir des substances autres que l'eau.
c. Un corps pur peut être composé de plusieurs constituants qu'on ne peut pas séparer.
d. Un corps pur est composé d'un seul constituant.
e. Un mélange est toujours hétérogène.

6 ●●● Techniques de séparation

Associer une technique de séparation à sa description.

Les constituants les plus denses descendent au fond du mélange. ●

Les constituants solides sont retenus dans le dispositif, les constituants liquides traversent le dispositif. ●

On récupère les constituants les plus volatils d'un mélange homogène. ●

● Filtration

● Décantation

● Distillation

8 ●●● Soluble, insoluble

Indiquer si ces solides sont solubles ou insolubles dans l'eau.

Solide	Soluble	Insoluble
Sucre		
Sel		
Sable		
Chocolat en poudre		
Morceaux de gomme		
Poivre		

VOIR CORRIGÉS P. 423

Je travaille des compétences

Pédagogie différenciée

Utilisable en AP

9 Rédiger un protocole expérimental

Le père de Dalila vient de laver des verres ; il lui demande de l'aider à les essuyer. Dalila pense qu'il suffit de les laisser sécher dans l'égouttoir. Son père lui répond :
« Je préfère qu'on les essuie car comme il y a beaucoup de calcaire dans l'eau du robinet, il y aura des traces sur les verres demain ».

L'eau du robinet contient des substances dissoutes (potassium, calcium, magnésium…).

Consigne pour le groupe A

➡ Proposer un protocole expérimental pour montrer que l'eau du robinet contient des substances dissoutes.

Consignes pour le groupe B

➡ Proposer un protocole expérimental pour montrer que l'eau du robinet contient des substances dissoutes en choisissant le matériel dans la liste ci-dessous :
- *eau du robinet*
- *spatule*
- *eau distillée*
- *plaque chauffante*
- *bécher*
- *entonnoir*
- *balance*
- *thermomètre*
- *ballon*
- *pince en bois*
- *sulfate de cuivre anhydre*

Consignes pour le groupe C

1. À la suite de quel processus les verres se recouvrent-ils d'un dépôt blanc ?

2. Comment peut-on accélérer ce processus ?

3. Proposer un protocole expérimental pour montrer que l'eau du robinet contient des substances dissoutes en utilisant le matériel suivant :
- *plaque chauffante*
- *bécher*
- *eau du robinet*

10 Schématiser un dispositif de séparation des constituants d'un mélange

ANI > Épuration de l'eau.

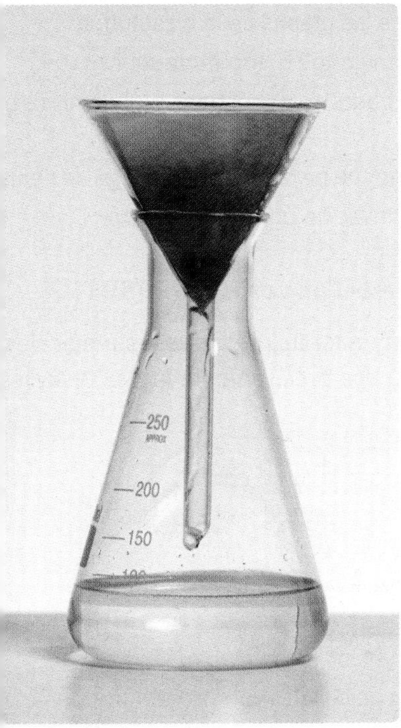

Consigne pour le groupe A

➡ Schématiser l'expérience faite par un élève qui verse de l'eau boueuse dans un dispositif de filtration.

Consignes pour le groupe B

Observer la photo.

1. Faire un schéma légendé du dispositif en ajoutant le bécher utilisé pour verser l'eau boueuse dans l'entonnoir.

2. Représenter tous les niveaux des liquides.

3. Légender la verrerie sur le schéma.

Consignes pour le groupe C

1. Quel est le nom des différentes pièces de verrerie que l'on peut observer sur la photographie ?

2. Quelle est la méthode à suivre pour schématiser chaque pièce de verrerie ?

3. Faire le schéma du dispositif de filtration.

Exercices

Je travaille des notions

Les bons mots pour le dire

11 ●●● **Au laboratoire**

On trouve dans certains laboratoires des « ampoules à décanter » dans lesquelles on peut laisser reposer un mélange hétérogène de liquides.

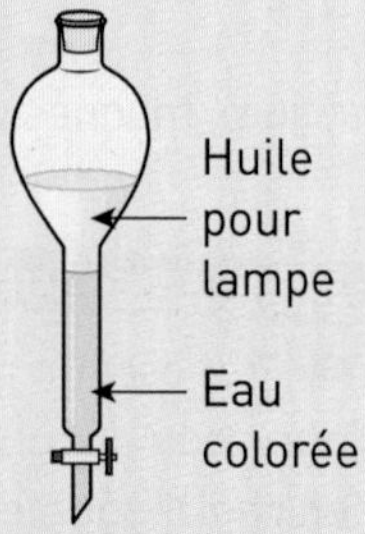

➡ Choisir les formulations les plus correctes pour décrire le schéma ci-contre.

a. On a séparé l'eau colorée et l'huile.

b. On a extrait l'eau colorée et l'huile.

c. On va extraire l'eau colorée.

12 ●●● **Des lettres en plus ou en moins**

➡ Choisir la bonne orthographe.

Mania a *dissous / dissout* du sucre glace. La poudre s'est totalement *dissoute / dissolue*.

Zosia et Hela ont *agité / ajité* un mélange d'eau et de sel. Le sel *dissous / dissout* n'est plus visible.

Bronia a essayé de mélanger de l'huile et de l'eau. Ces liquides ne sont pas *missibles / miscibles*.

Joseph regarde un tube à *essai / essaie* qui parait vide. Il sait qu'il contient de l'*air / aire*.

13 ●●● **Dans la cuisine**

Antoine a versé, par erreur, la moitié d'un paquet de sel dans l'eau des pâtes. Compléter le texte pour décrire le mélange :

L'eau est le s... ; le sel est le s... .

Le sel reste visible au fond de la casserole. Il semble que la s... de sel dans l'eau soit s... .

14 ●●● **Solutions**

1. Peut-on dire :

- une solution d'eau salée ?
- de l'eau salée ?
- une solution de sel dans l'eau ?

2. Les deux phrases ci-dessous sont correctes mais n'ont pas tout à fait le même sens. Quelle est la différence ?

- J'ai fait une dissolution en mettant ce comprimé dans l'eau.
- J'ai fait une solution en mettant ce comprimé dans l'eau.

Distinguer mélange et corps pur

15 ●●● **Remettre dans le bon ordre**

Ce mélange est-il hétérogène ? Remettre les étiquettes dans l'ordre en ajoutant la ponctuation et des majuscules si nécessaire.

On agite le contenu du tube en retournant plusieurs fois le tube

les deux constituants du mélange sont toujours visibles

Or

donc

on bouche le tube

on verse un peu d'eau dans un tube à essai

un mélange est hétérogène lorsque l'on peut voir ses constituants à l'œil nu

on ajoute de l'huile

on constate que

le mélange est hétérogène

16 ●●● **Soluble, insoluble...**

1. Les solides suivants sont-ils solubles ou insolubles ? Les classer dans un tableau.

sel, sucre, sable, chocolat en poudre, poudre de fer, farine.

2. Proposer et schématiser le test que l'on pourrait effectuer pour vérifier le classement.

17 ●●● **Dissolution du sel dans l'eau**

Remettre dans l'ordre les étapes de la dissolution :

a. Laisser reposer le mélange d'eau et de sel.

b. Verser une petite quantité de sel dans un bécher rempli d'eau.

c. Observer le mélange : on ne distingue plus le sel de l'eau.

d. Agiter le mélange avec un agitateur en verre.

18 ●●● **Le sang est-il un corps pur ? [SVT]**

Pendant son stage en laboratoire d'analyses médicales, Capucine a assisté à des prélèvements et des analyses de sang.

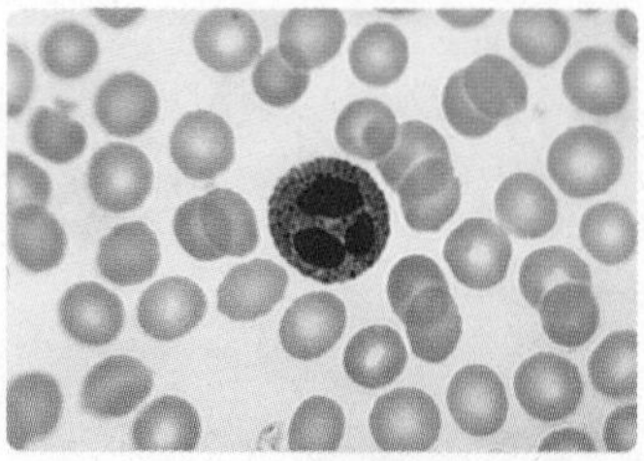

1. Combien de types de cellules voit-on sur l'image ?

2. Le sang est-il un mélange ou un corps pur ?

19 ●●● Eau et fer à repasser

Dans un fer à repasser à vapeur, l'eau introduite dans le réservoir du fer est portée à ébullition et la vapeur s'échappe par les trous situés sous le fer. Cela humidifie les vêtements et facilite le repassage.

1. Est-ce la vapeur que l'on voit sur la photo ?

2. Pourquoi peut-on dire qu'un fer à vapeur sert à pulvériser finement de l'eau ?

3. Pourquoi est-il préférable de ne pas utiliser de l'eau du robinet ?

20 ●●● Tous les gaz sont miscibles…

Deux flacons sont chacun remplis d'un gaz différent. Les particules de gaz sont éloignées les unes des autres et se déplacent de façon désordonnée.

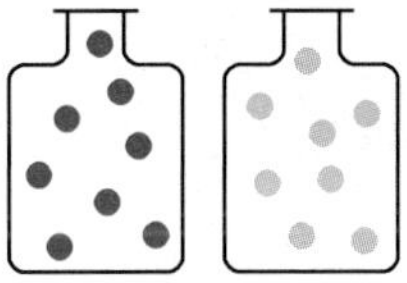
Fig. ①

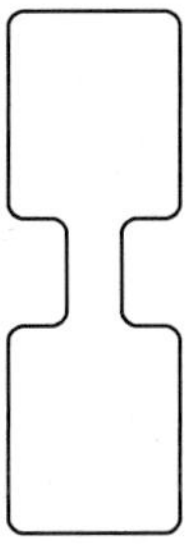
Fig. ②

1. On retire les bouchons et on retourne les flacons l'un sur l'autre. Recopier la figure ② et représenter les particules des deux gaz.

2. Proposer une explication au fait que tous les gaz sont miscibles.

21 ●●● Modéliser des mélanges

Thomas et Mathilde ont cherché à modéliser « l'eau de mer ». Ils savent qu'il s'agit d'eau salée. Voilà les représentations qu'ils proposent :

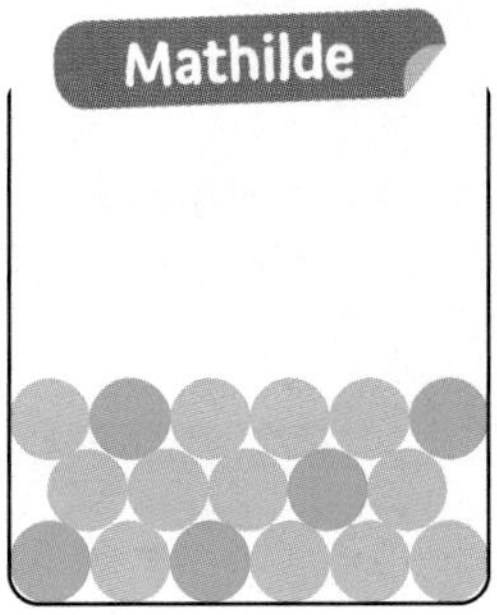

1. L'eau de mer est-elle un mélange ou un corps pur ?

2. Le modèle de Thomas est-il un modèle de mélange ou un modèle de corps pur ? Et celui de Mathilde ?

3. Qui a représenté l'eau de mer ?

Techniques de séparation des mélanges

22 ●●● Quelles techniques ?

Voici un jus d'ananas :

1. Rechercher deux procédés qui permettent d'obtenir un mélange homogène à partir de ce jus.

2. Rechercher un autre procédé qui permettrait d'obtenir une eau presque pure.

23 ●●● Huile essentielle de Lavande

Les huiles essentielles sont obtenues par entrainement à la vapeur d'eau : le procédé consiste à faire traverser un récipient rempli de plantes aromatiques par de la vapeur d'eau.

• La vapeur d'eau très chaude vaporise les essences aromatiques de la plante (les huiles essentielles).
• La vapeur d'eau forme un mélange gazeux homogène avec les vapeurs d'huiles essentielles et les entraine.
• On refroidit ce mélange gazeux qui se condense dans l'essencier.
• L'eau et les huiles essentielles liquides ne sont pas miscibles. Les huiles flottent sur l'eau.

1. L'eau et les huiles essentielles sont-elles miscibles lorsqu'elles sont à l'état gazeux ?

2. L'eau et les huiles essentielles sont-elles miscibles lorsqu'elles sont à l'état liquide ?

3. Comment s'appelle la technique utilisée pour récupérer les huiles essentielles lors de la dernière étape ?

Exercices

Je travaille des notions

24 Chromatographie

Une chromatographie peut permettre d'identifier les composants d'un mélange coloré.

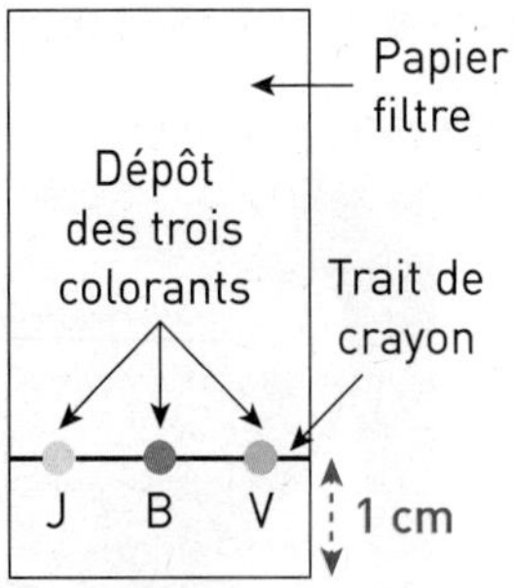

Pour réaliser une chromatographie au collège, on dépose une goutte du liquide coloré à tester à 2 cm du bas d'un papier filtre à côté de gouttes de colorants témoins.

On fait tremper le bas du papier filtre dans l'eau salée : l'eau salée monte progressivement dans le papier, entrainant les colorants. Si le colorant est un mélange, les différents colorants qui le composent ne sont pas toujours entrainés à la même vitesse ce qui permet de les identifier.

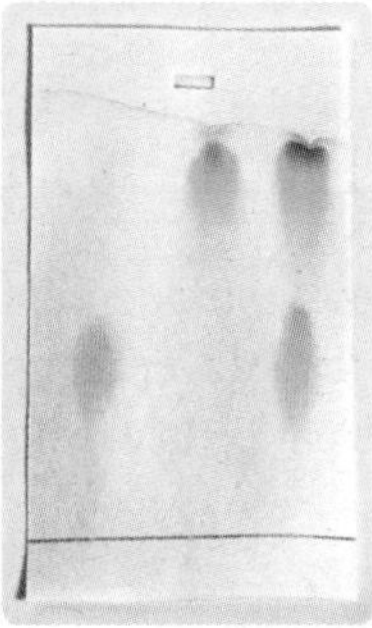

1. Est-ce le colorant jaune ou le colorant bleu qui est le plus soluble dans l'eau salée ? À quoi le voit-on ?

2. À quoi voit-on que le colorant vert est un mélange ?

3. Le colorant vert est-il un mélange des colorants jaune et bleu qui ont été testés ? À quoi le voit-on ?

25 Obtenir de l'eau douce dans sa cuisine

Tristan a lu que pour dessaler de l'eau de mer, il est possible de chauffer le mélange car la vapeur obtenue est « de l'eau non salée ».

Tristan voudrait vérifier que l'on peut ainsi dessaler l'eau de mer. Il réunit :

- une casserole ;
- un couvercle bombé ;
- un verre.

➡ Schématiser l'expérience que Tristan veut faire.

Caractériser la dissolution d'une substance

26 Homogène ou hétérogène ?

➡ Les mélanges suivants sont-ils homogènes ou hétérogènes ?

a Jus d'orange pressé.

b Jus de tomate.

c Eau boueuse.

d Sirop de grenadine.

27 Citronnade

Rayan et Loïc ne sont pas d'accord :

➡ Départager Loïc et Rayan en expliquant la différence entre « fondre » et « dissoudre ».

Caractériser des mélanges

28 ●●● Vinaigrette

Maxence a réalisé une vinaigrette pour la salade du diner. Le lendemain matin, il se rend compte que le vinaigre et l'huile se sont complètement séparés.

1. Que doit-on faire avant d'affirmer qu'un mélange est homogène ou hétérogène ?

2. L'huile et le vinaigre composant la vinaigrette sont-ils des liquides miscibles ou non miscibles ?

29 ●●● Bulles de savon

Pour réaliser des bulles de savon, on peut ajouter de la glycérine dans la solution d'eau savonneuse afin que les bulles éclatent le plus tard possible.

Ninon veut faire plaisir à son petit frère et décide de lui fabriquer une solution pour bulles de savon.

1. Lorsque Ninon ajoute la glycérine dans le mélange d'eau savonneuse, il lui semble que la glycérine ne se mélange pas à l'eau savonneuse. Peut-elle alors affirmer que la glycérine est non miscible à l'eau ?

2. Ninon agite le mélange qui lui semble alors homogène. Peut-elle pour autant affirmer immédiatement que l'eau et la glycérine sont des liquides miscibles ?

Mettre en évidence des espèces chimiques

30 ●●● Tester la présence d'eau

On teste les quatre substances suivantes pour savoir si elles contiennent de l'eau :

ⓐ concombre ⓑ sucre ⓒ soda à l'orange ⓓ huile.

1. Quel est le nom de la poudre blanche utilisée pour le test ?

2. À partir de la photo, déterminer les substances contenant de l'eau. Argumenter.

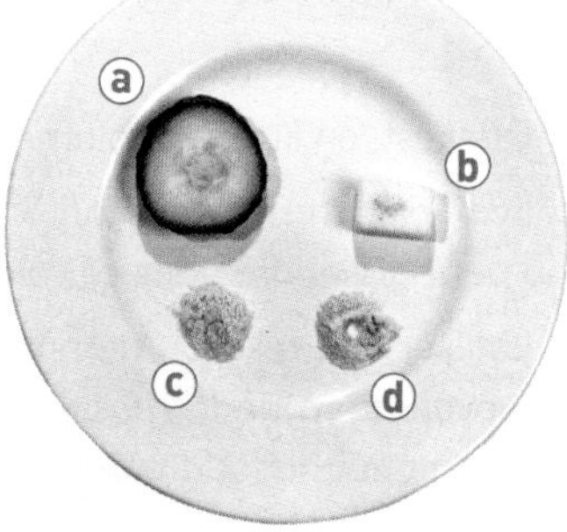

31 ●●● La composition du lait

L'étiquette d'une bouteille de lait précise sa composition :

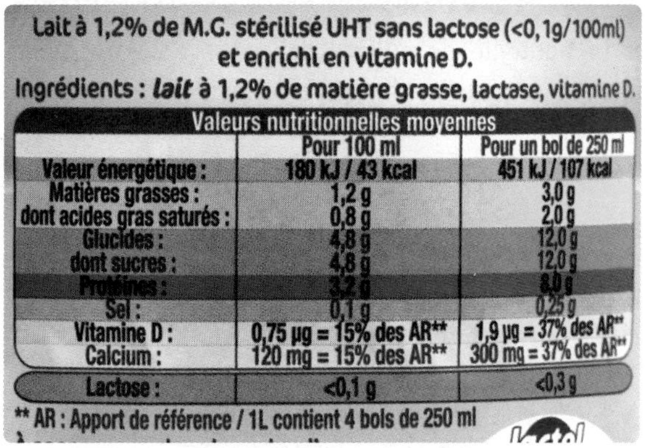

Lait à 1,2% de M.G. stérilisé UHT sans lactose (<0,1g/100ml) et enrichi en vitamine D.

Ingrédients : *lait* à 1,2% de matière grasse, lactase, vitamine D.

Valeurs nutritionnelles moyennes		
	Pour 100 ml	Pour un bol de 250 ml
Valeur énergétique :	180 kJ / 43 kcal	451 kJ / 107 kcal
Matières grasses :	1,2 g	3,0 g
dont acides gras saturés :	0,8 g	2,0 g
Glucides :	4,8 g	12,0 g
dont sucres :	4,8 g	12,0 g
Protéines :	3,2 g	8,0 g
Sel :	0,1 g	0,25 g
Vitamine D :	0,75 µg = 15% des AR**	1,9 µg = 37% des AR**
Calcium :	120 mg = 15% des AR**	300 mg = 37% des AR**
Lactose :	<0,1 g	<0,3 g

** AR : Apport de référence / 1L contient 4 bols de 250 ml

1. Le sulfate de cuivre anhydre devient bleu au contact du lait. Indiquer quelle substance n'est pas mentionnée sur l'étiquette du lait.

2. Schématiser le test que l'on peut mettre en œuvre pour tester sa présence dans le lait.

32 ●●● Réutilisation de sulfate de cuivre

On a laissé pendant une semaine du sulfate de cuivre anhydre à l'air libre. Il a bleui.

1. Expliquer ce qui s'est passé.

2. Comment peut-on procéder pour qu'il puisse être de nouveau utilisé afin de réaliser le test de reconnaissance de l'eau ?

33 ●●● De l'eau dans l'encre de stylo ?

Ambre veut savoir si l'encre bleue de son stylo plume contient de l'eau. Elle pense au test de reconnaissance de l'eau.

1. a. Quelle substance Ambre va-t-elle utiliser pour réaliser le test ?

b. Décrire le protocole.

2. Pourquoi aura-t-elle sans doute des difficultés à mettre en œuvre ce test ?

3. Quelle autre expérience pourrait-elle faire pour mettre en évidence la présence d'eau dans l'encre ?

Exercices

Je travaille des notions

34 ●●● Dangers du sulfate de cuivre anhydre

Sur la bouteille de sulfate de cuivre anhydre on peut observer les pictogrammes suivants :

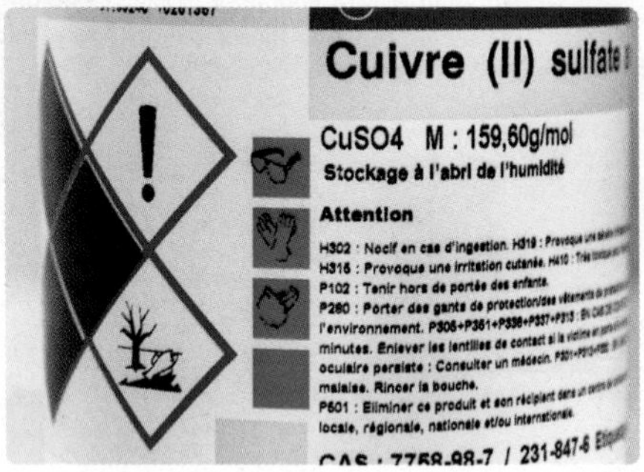

1. Rechercher la signification des pictogrammes présents sur la bouteille de sulfate de cuivre anhydre.

2. Indiquer les précautions à prendre pour manipuler le produit.

3. On dit que le sulfate de cuivre est « avide » d'eau. Que signifie avide ? Pourquoi les lunettes sont-elles absolument indispensables pour manipuler le sulfate de cuivre ? Pourquoi faut-il se rincer les mains tout de suite après l'avoir manipulé ?

35 ●●● Effervescence d'un cachet

Si on plonge un cachet de médicament effervescent dans un peu d'eau, on observe un gaz qui s'échappe.

1. Formuler une hypothèse sur la nature de ce gaz.

2. Proposer une expérience pour valider ou invalider cette hypothèse.

36 ●●● Expiration

L'air que l'on expire contient environ 5 % de dioxyde de carbone. On veut tester la présence de dioxyde de carbone dans le gaz expiré.

1. Pourquoi est-il interdit de « faire des bulles » en soufflant avec une paille dans un réactif ?

2. Proposer un protocole qui puisse être mis en œuvre en classe pour mettre en évidence la présence de dioxyde de carbone dans l'air expiré.

37 ●●● Un soda agité !

On pèse un verre de soda juste après l'avoir versé, puis on agite vigoureusement avec une cuillère. On pèse de nouveau le verre et on se rend compte que la masse a diminué.

1. Pourquoi la masse du verre de soda a-t-elle diminué ?

2. Réaliser l'expérience.

38 ●●● Recueil du gaz d'un soda

Marion met en œuvre une expérience pour recueillir le gaz contenu dans un soda et l'identifier.

Voici le schéma de son expérience :

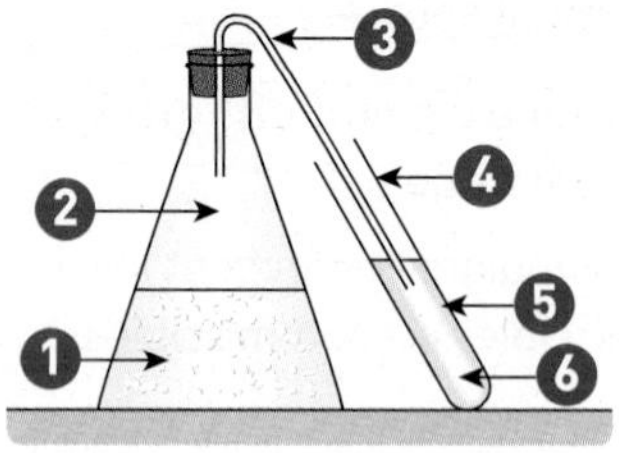

1. Recopier et légender le schéma.

2. La solution se trouble au voisinage du point 6. Nommer le gaz recueilli et le réactif utilisé.

3. Que peut faire Marion pour déclencher le dégazage du soda ?

39 ●●● Identifier la composition d'un liquide

Le liquide incolore contenu dans ce verre devient bleu au contact du sulfate de cuivre anhydre et il trouble l'eau de chaux.

1. Expliquer pourquoi ce liquide est un mélange.

2. Discuter si le mélange est homogène ou hétérogène Justifier.

3. Identifier ce qu'il y a dans ce liquide.

Estimer la solubilité des espèces

40 ●●● Identifier la composition d'un liquide

Rokiatou prépare un gâteau en remplaçant la levur chimique par du bicarbonate de sodium. Pour cette pré paration, elle dissout le bicarbonate de sodium dan les 150 mL de lait de la recette. Elle voudrait obtenir u gâteau très gonflé et se demande combien de cuillerée elle peut utiliser.

Les deux premières cuillerées se dissolvent très bien. E revanche, la troisième cuillerée se dissout très peu.

Le verre utilisé par Rokiatou a une contenance de 150 m Chaque cuillère de bicarbonate de sodium a une mas de 6,5 g.

1. Quel est, en litres, le volume de lait utilisé ?

2. Évaluer la masse de bicarbonate de sodium que Roki tou peut dissoudre dans ce volume de lait.

3. Utiliser une relation de proportionnalité pour donn une évaluation de la masse de bicarbonate de sodiu que l'on peut dissoudre dans un litre de lait.

Problèmes

41 ●●● Chromatographie

D4. Interpréter des résultats expérimentaux.

La coloration verte des épinards est due à un mélange de pigments, que l'on cherche à séparer. Avec une pique en bois, en écrasant la feuille, on prélève un peu de matière verte que l'on dépose au bas d'une bande de papier.

1. Observer le schéma et identifier les quatre phases de l'expérience.
2. Que représente la flèche verticale rouge ?
3. Que désigne la flèche noire ?
4. Combien de pigments l'expérience permet-elle d'identifier dans le dépôt d'épinard ?
5. Quel est le nom des substances colorées en vert ?
6. Parmi toutes les substances identifiées, quelle est celle qui était la plus soluble dans le solvant utilisé ? La moins soluble ?

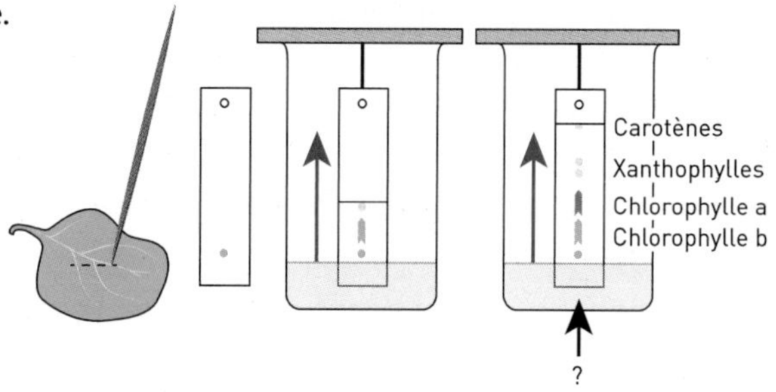

42 ●●● Choisir le bon matériel

D1.3. Lire et comprendre des documents scientifiques.

'eau boueuse est constituée de différents types de par-icules. Ces particules ont des tailles et des durées de écantation différentes.

Particule	Gravier	Sable	Argile	Bactérie
Taille	10 mm	1 mm	0,01 mm	0,000 1 mm
Durée de la écantation	1 seconde	10 secondes	2 heures	2 ans

Filtre ou tamis	n° 1	n° 2	n° 3
Diamètre des trous	5 mm	0,5 mm	0,005 mm

Combien de temps doit-on attendre pour éliminer le avier et le sable de l'eau boueuse ?

Est-il possible d'utiliser un filtre en papier pour élimi-r toutes les autres particules ?

TICE Rechercher ce qu'est un filtre céramique et pliquer quel est son usage.

43 ●●● Ocean acidification

D1.1. Lire et comprendre des documents scientifiques.

Carbon dioxide in the ocean increases as more and more carbon dioxide is produced from human activities. This makes ocean become more acidic.

The change is so fast that it doesn't leave marine species enough time to adapt.

Corals are particularly affected as acidic seawater makes it more difficult to build their skeletons.

Moreover, acidic seawater can attack the existing reefs.

1. Quel est le phénomène qui menace les espèces marines ?
2. Quelle espèce est la plus menacée ?
3. Quelle est l'origine de l'augmentation de l'acidité des océans ?

Problèmes

44 Salinité des mers TICE

D2. Effectuer des recherches bibliographiques.

Voici la salinité de différentes mers et océans d'Europe :

Mer considérée	Mer Baltique	Océan Atlantique	Mer Méditerranée	Mer Noire
Salinité (en g/L)	3 – 8	33,5 – 37,4	38,4 – 41,2	18,3 – 22,2

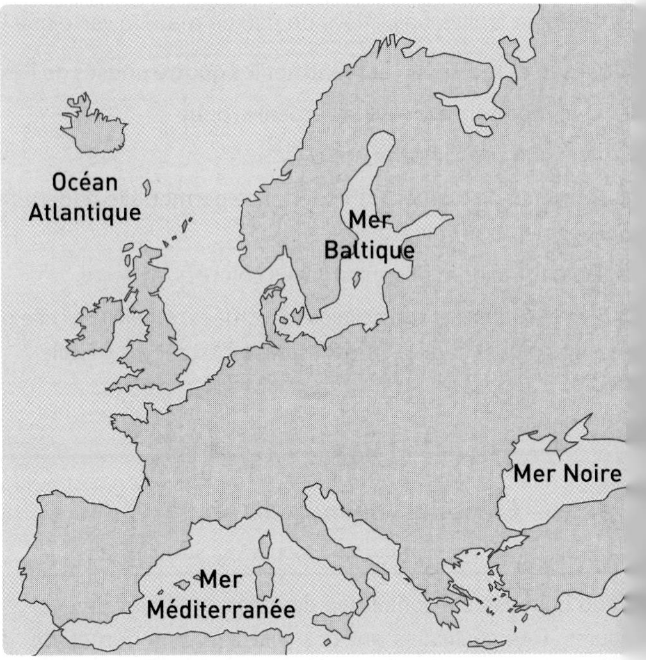

1. En quelle unité la salinité est-elle exprimée ? Proposer une définition de la salinité.

2. Pour chaque mer, il est donné deux valeurs. Pourquoi ?

3. Quel est l'océan ou la mer le (la) moins salé(e) en Europe ?

4. Quelle quantité de sel peut-on trouver au maximum dans un litre d'eau prélevée dans l'océan Atlantique ?

5. La mer Noire pourrait-elle être encore plus salée qu'elle ne l'est ?

6. Le « sel » de table, dont le nom scientifique est « chlorure de sodium », est responsable du gout salé de l'eau de mer. Mais ce n'est pas le seul sel dissout dans l'eau de mer : d'autres « sels » sont responsables de sa salinité. À quel « sel » la salinité de l'eau de mer est-elle essentiellement due ?

Sciences MAG

45 Lait microfiltré

On trouve dans les rayons frais des supermarchés un nouveau type de lait : le lait microfiltré.

Cette technique de conservation du lait qui a été récemment mise au point par L'Institut national de la recherche agronomique (INRA) permet des durées de conservation supérieures à celles du lait pasteurisé.

Le principe est le suivant : les fermes fournissent aux laiteries le lait cru. La crème est séparée du lait pour être pasteurisée tandis que le lait écrémé subit une microfiltration : il passe à travers des membranes extrêmement fines qui retiennent les bactéries et les micro-organismes.

Le diamètre des pores des membranes varie entre 10 et 0,1 µm. Le lait écrémé n'est pas chauffé et il conserve ainsi son gout de « lait cru » et la plupart de ses vitamines.

Pour obtenir du lait ½ écrémé ou du lait entier, on mélange la crème pasteurisée et le lait écrémé microfiltré dans les proportions voulues.

Code couleur des emballages de lait
- lait écrémé (pas de matière grasse)
- lait ½ écrémé (entre 15 g et 18 g de matière grasse par litre de lait)
- lait entier (36 g de matière grasse par litre de lait)

➡ Quelles sont les autres techniques de conservation du lait ?

46 Extraction du sucre de la betterave

30 min

En 1812, en pleine pénurie de canne à sucre, le scientifique Benjamin Delessert présente à Napoléon les premiers pains produits avec du sucre de betterave. Il reçoit pour cela la Légion d'honneur.

La betterave sucrière stocke le sucre dans ses racines. La teneur en sucre est maximale à l'automne, époque à laquelle on la récolte. À l'arrivée à la sucrerie, les racines sont lavées puis découpées en petits morceaux appelés cossettes.

1 Découpe de la racine de betteraves en cossettes.

Le sucre est extrait dans de longs cylindres : de l'eau chaude arrive par une extrémité, les cossettes arrivent par l'autre et circulent à contre-courant. L'eau s'enrichit progressivement en sucre et forme un jus qui contient des impuretés.

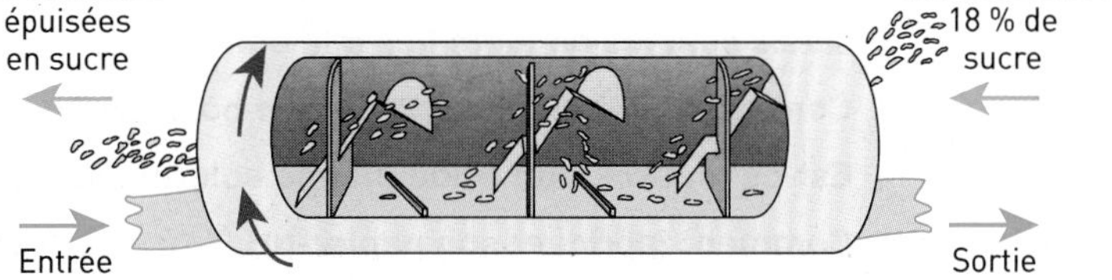

2 Obtention du jus sucré dans les cylindres.

Tour de cristallisation

À la sortie des cylindres, le jus filtré contient environ 15 % de sucre et 85 % d'eau. Il est débarrassé de ses impuretés, essentiellement par filtration.

Le jus est ensuite chauffé doucement dans des chaudières. L'eau s'évapore progressivement et le jus devient un sirop contenant en masse 65 à 70 % de saccharose.

On introduit alors de très fins cristaux de sucre glace qui vont ensemencer le sirop.

Lorsque la saturation est obtenue, la cristallisation se généralise autour de ces cristaux.

On obtient finalement dans les tours de cristallisation un mélange formé de multiples petits cristaux en suspension dans un sirop coloré par les impuretés qui restent.

Les cristaux de sucre sont essorés (le sirop éjecté est récupéré pour être réinjecté dans les chaudières) puis lavés et séchés.

3 Cristallisation du sucre.

Questions

1. Pourquoi découpe-t-on finement les betteraves avant de les faire circuler dans l'eau ?

2. À la sortie des cylindres, peut-on dire que le sucre est liquide ?
Proposer une autre formulation si nécessaire.

3. Qu'est-ce qui contient le plus de sucre en pourcentage de masse : le jus à la sortie des cylindres ou bien les cossettes ? Quel est cependant l'intérêt de l'obtention du jus sucré ?

4. Quelle est la transformation que subit l'eau dans les chaudières ?

5. Un sirop est un mélange d'eau et de sucre.
Quelle expression plus scientifique pourrait-on utiliser pour définir un sirop ?

6. On suppose que l'on a prélevé un échantillon de 1 kg de sirop qui contient en masse 75 % de saccharose.

a. Donner en grammes la quantité de saccharose et la quantité d'eau que contient cet échantillon.

b. On peut lire dans un magazine que la solubilité du sucre est de 20 g par centilitre. Cela semble-t-il possible ?

CHAPITRE 3

Transformation chimique

Sommaire

Zoom sur...

Les croisements entre thèmes

Dans l'activité 10, je fais le lien avec le chapitre 8 du thème B, **Mouvement et interactions** (p. 190 du manuel).

L'interdisciplinarité

Dans les activités 3 et 11, je fais le lien avec les SVT, **L'effet de serre dû aux feux de forêts**.

Une vidéo

Dans l'activité 6, je regarde une vidéo sur l'acidification des océans.

Une vidéo

Dans les activités 1 et 2, je regarde une vidéo sur des transformations chimiques spectaculaires.

Les feux d'artifice sont dus à la combustion de certains métaux. Dans quelles conditions les métaux peuvent-ils bruler ?

Feux d'artifice à Miami, en Floride.

ans ce chapitre, je vais

	Activités	Exercices
Distinguer mélange, transformation physique et transformation chimique.	1 2	14 à 16
Mesurer un pH.	5 6 7 8	17 et 18
Vérifier la conservation de la masse lors d'une transformation chimique.	10	19 à 25
Identifier expérimentalement une transformation chimique.	3 5 8 9 10	26 et 27
Écrire le bilan d'une transformation chimique.	3 4 9 11	28
Réaliser des transformations chimiques.	3 5 8 9	

ACTIVITÉ 1

Est-ce une transformation chimique ou un mélange ?

COMPÉTENCE ÉVALUABLE

D4. Interpréter des résultats expérimentaux, en tirer des conclusions et les communiquer en argumentant.

Dans la vie quotidienne et au laboratoire, on met fréquemment des substances au contact les unes des autres. Comment reconnaitre si certains mélanges donnent lieu à une transformation chimique ?

VIDEO EXP

1 Définitions.

- Lors d'un **mélange**, aucune substance ne disparait, aucune nouvelle substance n'apparait.
- Lors d'une **transformation chimique**, certaines substances (les réactifs) disparaissent tandis qu'apparaissent de nouvelles substances (les produits).

2 Quatre situations expérimentales.

- On chauffe du sucre dans une casserole. On obtient un produit brun et collant : le caramel.
- On fait bruler un morceau de fusain dans du dioxygène pur. On obtient du dioxyde de carbone.
- On met des morceaux de sucre dans de l'eau, on obtient de l'eau sucrée.
- On prépare une vinaigrette avec de l'huile et du vinaigre.

a Fabrication du caramel.

b Combustion du fusain.

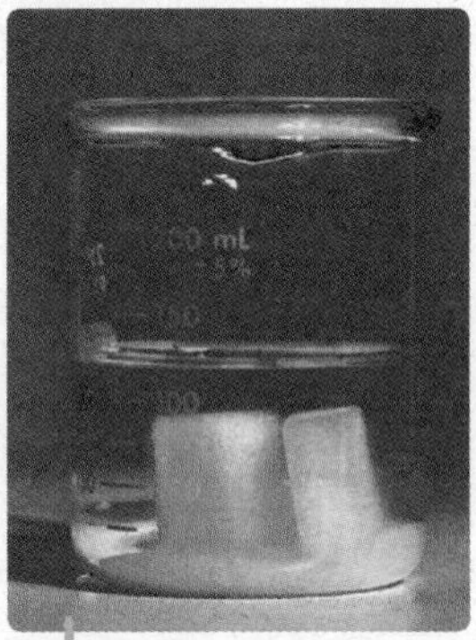

c Dissolution du sucre dans l'eau.

d Préparation d'une vinaigrette.

Questions

1 Se répartir en groupes.
Docs 1. et 2. Recopier et compléter individuellement le tableau ci-dessous à partir de ses connaissances, puis **discuter** les réponses avec les autres membres du groupe.

Document 2		a	b	c	d
Nommer les substances présentes	au début de l'expérience				
	à la fin de l'expérience				
Comparer les substances présentes au début et à la fin					
Est-ce un mélange ou une transformation chimique ?					

VOCABULAIRE

Réactif : substance qui disparait au moins en partie au cours d'une transformation chimique.

Produit : substance qui apparait au cours d'une transformation chimique.

Discuter : envisager le pour et le contre, examiner des arguments contradictoires.

2 Est-ce une transformation physique ou une transformation chimique ?

COMPÉTENCES ÉVALUABLES

D1.1 Lire et comprendre des documents scientifiques.
D1.1 Utiliser la langue française en cultivant précision, richesse de vocabulaire et syntaxe.

Les situations ci-dessous sont-elles des transformations physiques ou chimiques ?

VIDEO EXP

1 Les deux types de transformation.

■ Les **transformations physiques** sont les transformations au cours desquelles les substances changent d'apparence, d'état, de forme...

■ Les **transformations chimiques** sont les transformations au cours desquelles des substances disparaissent et d'autres apparaissent.

2 Différentes transformations.

a Obtention d'une flamme.

b Formation de la rosée.

c Dissolution de sucre dans le café.

d Récolte de sel dans un marais salant.

e Infusion de thé dans l'eau.

f Formation de vin à partir de jus de raisins.

g Détartrage de la bouilloire pour éliminer le calcaire.

h Obtention de neige avec un canon à neige.

i Explosions de feux d'artifice pour un spectacle pyrotechnique.

Questions

Docs 1. et 2. Proposer un classement des transformations du document 2 en deux groupes : les transformations physiques et les transformations chimiques. Argumenter.

VOCABULAIRE

Pyrotechnique : Art des feux d'artifice (du grec πυρ, feu).

ACTIVITÉ

3 Pourquoi les feux de forêts influent-ils sur le climat?

COMPÉTENCES ÉVALUABL

D4. Concevoir une expérience pour la tester.
D4. Interpréter des résultats expérimentaux, en tirer des conclusions et les communiquer en argumentant.

Les incendies de forêts entrainent le rejet dans l'atmosphère de grandes quantités de gaz à effet de serre. De quel gaz s'agit-il principalement ?

1 Feux de forêt aux États-Unis d'Amérique.

Les incendies de forêts qui touchent des états de l'ouest ou du sud des États-Unis peuvent rejeter en quelques semaines autant de dioxyde de carbone dans l'atmosphère que l'ensemble des véhicules à moteur du pays en un an. [...]

Ces feux sont responsables de la plus grande partie des émissions de ce gaz à effet de serre dans l'ouest et le sud des États-Unis, notamment l'Alaska, l'Idaho, l'Oregon, le Montana, l'Arkansas, le Mississippi et l'Arizona.

D'après : http://www.20minutes.fr 26/10/2007

2 La combustion du carbone.

Mon cahier de labo

Matériel à disposition :

- 1 chauffe-plat.
- 1 flacon de dioxygène.
- 1 morceau de fusain.
- 1 bouchon avec un systèr d'accroche pour le fusain.
- 1 briquet.

Protocole expérimental :

- Porter le morceau de fusain à l'incandescence.
- Introduire le fusain incandescent dans le flacon et ferm

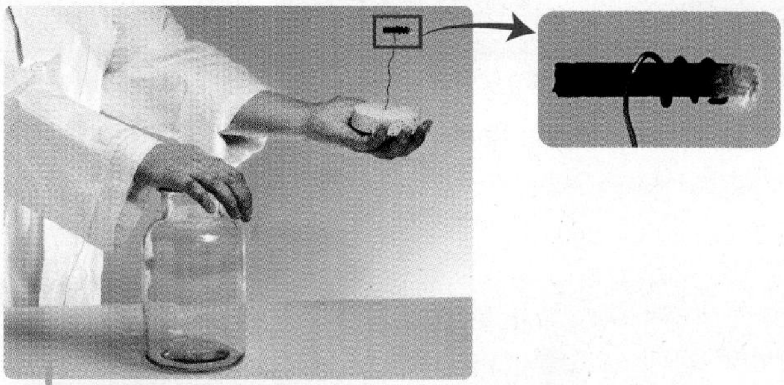

a Avant combustion.

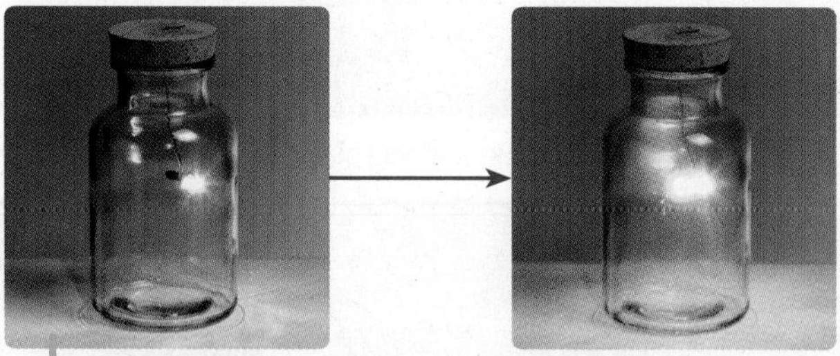

b Pendant la combustion.

3 Test de caractérisation du produit de la réaction.

Mon cahier de labo

Matériel à disposition :

- Eau de chaux.
- 1 bécher.

Protocole expérimental :

- Après combustion, ouvrir le flacon et y verser un peu d'eau de chaux.
- Fermer aussitôt et agiter. Observer.

Questions

1. **Docs 2. et 3.** Quelles consignes de sécurité doit-on respecter ?
2. **Doc 2.** EXP Réaliser l'expérience.
3. **Doc 2.** La réaction s'est-elle arrêtée parce qu'il n'y a plus de dioxygène ou parce qu'il n'y a plus de fusain ? Expliquer.
4. Recopier et compléter le bilan de la transformation chimique en écrivant le nom des réactifs et du produit mis en jeu.

   ...... + ... ⟶ ......
5. **Docs 1. à 3.** Expliquer en quoi l'expérience réalisée illustre l'émission de gaz à effet de serre par les feux de forêts.

VOCABULAIRE

Gaz à effet de serre : gaz qui contribue au réchauffement de la Terre. (Il a l'effet de la vitre d'une serre.)

Fusain : morceau de bois carbonisé.

Incandescence : état d'un corps porté à haute température, qui émet de l. lumière.

TÂCHE COMPLEXE

COMPÉTENCES ÉVALUABLES

D1.1 Lire et comprendre des documents scientifiques.
D3. S'impliquer dans un projet ayant une dimension citoyenne.

4 Quels sont les dangers liés à la combustion ?

Situation

Après avoir regardé un reportage à la télévision, Ninon et Jason s'interrogent sur les risques liés aux appareils à combustion.

CONSIGNE **Aider** Ninon et Jason à réaliser une affiche sur les dangers de la combustion.

1 La combustion du gaz de ville au quotidien.

Lorsqu'une gazinière est bien réglée, la flamme est bleue. La combustion est alors dite *complète*.
Lorsque la gazinière est mal réglée, on observe une flamme jaune qui noircit les casseroles. La combustion est alors dite *incomplète*.

3 Une intoxication au monoxyde de carbone.

Une cinquantaine d'enfants scolarisés dans une école du VIIe arrondissement de Lyon ont été hospitalisés ce lundi après une intoxication au monoxyde de carbone. Aucun pronostic vital n'est engagé. […]
Selon un dernier bilan, 54 enfants ont été hospitalisés, parmi lesquels 26 souffraient de maux de tête ou de vomissements. Tous ont été placés sous oxygène pendant une durée de six heures, a annoncé la préfecture dans un communiqué.

franceinfo *Source :* http://www.francetvinfo.fr 23/11/2015

2 Témoignage d'une femme sapeur-pompier.

Avez-vous une formation spéciale en chimie ?

« Oui ! Lors de ma formation, j'ai dû suivre différents apprentissages. Par exemple, connaitre le triangle de feu est indispensable pour les incendies.
Le triangle de feu comprend trois éléments : le comburant (ce qui fait bruler, c'est l'oxygène de l'air), le combustible (ce qui brule, c'est le bois, le gaz…) et la source de chaleur (une étincelle…).
Si l'un des éléments manque, il n'y a pas de feu !
J'ai appris aussi les propriétés de certaines substances (corrosives, combustibles, polluantes, nocives…).
Je me souviens de mes cours de chimie au collège, j'ai su que le monoxyde de carbone est rejeté lors des combustions incomplètes. Ce que je constate, comme pompier, c'est que ce gaz est responsable de beaucoup d'intoxications. »

4 Les bilans possibles de la combustion du butane.

Butane + Dioxygène → Dioxyde de carbone + Eau + Carbone + Monoxyde de carbone

a La combustion incomplète.

Butane + Dioxygène → Dioxyde de carbone + Eau

b La combustion complète.

5 Risques liés aux combustions.

Les combustions présentent différents risques :
- Risques d'incendie
- Risques d'asphyxie
- Risques d'intoxication
- Risques d'explosion

VOCABULAIRE

Asphyxie : défaut d'oxygénation qui peut provoquer des arrêts respiratoires et cardiaques.

Besoin d'aide ?

▶ **Retrouvez des aides en fin d'ouvrage, p. 423.**

INVESTIGATION

ACTIVITÉ 5

Comment diminuer l'acidité d'une boisson ?

COMPÉTENCES ÉVALUABLES

D4. Proposer une ou des hypothèses pour répondre à une question scientifique.
D4. Concevoir une expérience pour la tester.

Situation

Amel vient de préparer un jus de citron, elle le trouve trop acide.
En faisant une recherche sur Internet, voici ce qu'elle trouve sur un blog :

Blog

Et vous ?
Avez-vous essayé de baisser l'acidité d'un jus de citron ?

Connectez-vous pour laisser un commentaire.

Commentaires :

Le 2016-06-22 11:56:34, par ***Lily***

Personnellement, j'ajoute du sucre, c'est encore plus énergétique !

Le 2016-06-18 15:18:41, par ***Max***

Bonjour, j'ai déjà testé en rajoutant de l'eau. Il n'y a pas mieux pour se désaltérer !

Le 2016-06-15 23:45:12, par ***Kevin***

Coucou à tous,

C'est à tester car je ne l'ai pas encore fait

Le 2016-06-10 10:13:53, par ***Keira***

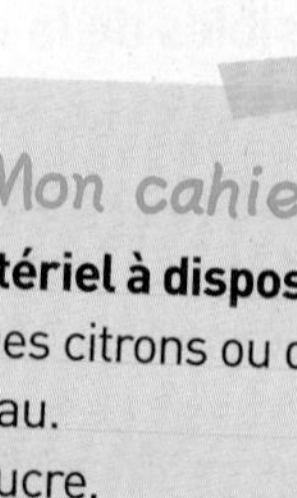

Je vous conseille le bicarbonate de sodium.

CONSIGNE **Aider** Amel à choisir ce qu'elle doit ajouter à son jus de citron pour diminuer son acidité.

Mon cahier de labo

Matériel à disposition :

- Des citrons ou du jus de citron.
- Eau.
- Sucre.
- Bicarbonate de sodium.
- 1 bécher.
- 1 agitateur.
- 1 rouleau de papier-pH ou 1 pH-mètre.

Besoin d'aide ?

▶ **Retrouvez des aides en fin d'ouvrage, p. 423.**

6 Est-ce une solution acide ou une solution basique ?

COMPÉTENCES ÉVALUABLES

D1.1 Lire et comprendre des documents scientifiques.
D4. Mesurer des grandeurs physiques de manière directe ou indirecte.

Pour vanter les mérites d'un produit de beauté ou le pouvoir nettoyant d'un produit ménager, on précise son pH. Mais à quoi correspond ce pH ?

VIDEO lienmini.fr/pc-013

1 Le pH et sa mesure.

■ Le pH d'une solution aqueuse est une grandeur sans unité, qui varie entre 0 et 14.
Il indique si la solution est **acide**, **basique** ou **neutre**.

■ Le pH se mesure soit avec un papier indicateur de pH, soit avec un appareil appelé pH-mètre.

a Rouleau de papier-pH.

b Un pH-mètre.

2 Définitions.

- Une solution neutre a un pH égal à 7.
- Une **solution acide** a un **pH inférieur à 7**.
- Une solution basique a un pH supérieur à 7.

3 Tests au papier-pH.

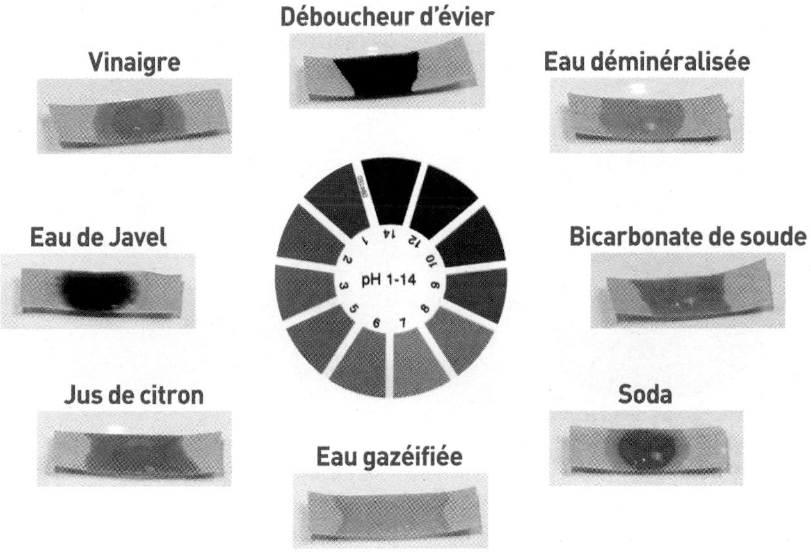

Mon cahier de labo

Matériel à disposition :
- 1 rouleau de papier-pH.
- 8 verres de montre.
- *Solutions à tester :*

vinaigre, déboucheur d'évier, eau déminéralisée, bicarbonate de soude, soda, eau « gazéifiée », jus de citron, eau de Javel.

Questions

Doc 1. Nommer l'appareil utilisé pour mesurer la valeur du pH des différentes solutions.
Doc 3. EXP Réaliser les tests au papier-pH.
Doc 3. Donner la valeur du pH pour chaque solution testée.
Docs 2. et 3. Pour chaque solution, indiquer si elle est acide, basique ou neutre.
Doc 3. Recopier la flèche suivante et classer les différentes solutions testées.

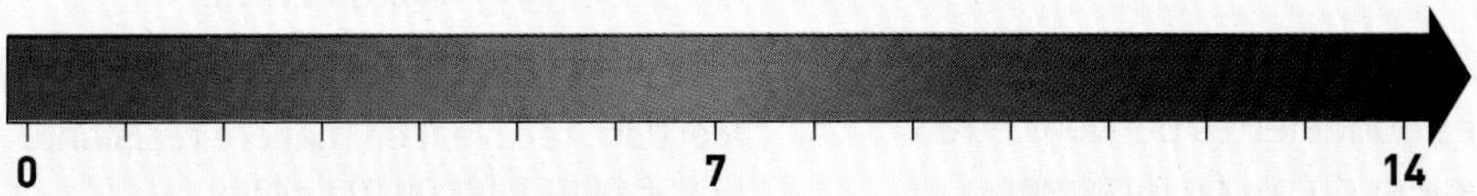

Doc 3. Préciser la zone de pH où se situent toutes les boissons.

VOCABULAIRE

Solution : mélange homogène résultant de la dissolution d'un ou de plusieurs solutés dans un solvant.

Zone : région, espace.

ACTIVITÉ 7

Comment fabriquer son papier-pH ?

COMPÉTENCE ÉVALUABLE

D4. Concevoir une expérience pour la tester.

Certaines substances possèdent la propriété de changer de couleur en fonction du pH. C'est le cas des pigments du chou rouge que l'on peut donc utiliser pour fabriquer son propre papier-pH.

1 Étapes de fabrication du papier-pH.

Le chou rouge contient un pigment appelé *anthiocyanine* qui a la propriété de changer de couleur en fonction de la valeur du pH.

Mon cahier de labo

Matériel à disposition :

- 1 chou rouge.
- Eau bouillante.
- 1 mortier.
- 1 erlenmeyer.
- 1 entonnoir.
- 1 filtre pour entonnoir.
- Des grandes feuilles papier-filtre.
- 1 couteau.
- 1 boite de Pétri.

étape 1

Couper sur une planche le chou en petits morceaux.

étape 2

Mettre les morceaux de chou dans un mortier. Verser de l'eau bouillante dans le mortier et écraser au pilon.

étape 3

Filtrer le contenu du mortier pour récupérer le filtrat coloré.

étape 4

Tremper des feuilles de papier-filtre dans le filtrat coloré.

étape 5

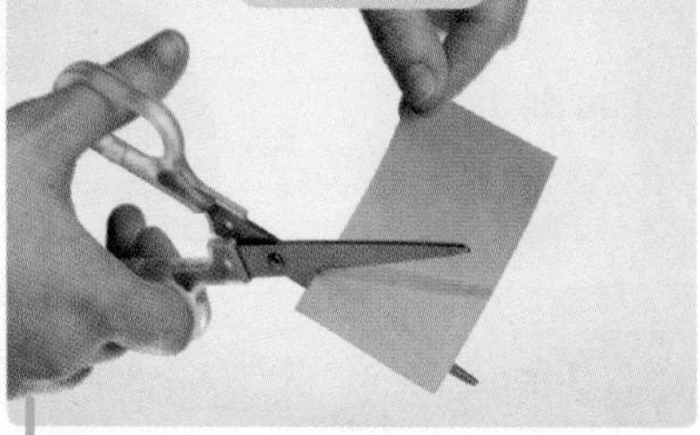

Laisser sécher les feuilles de papier-filtre. Découper ensuite 10 bandelettes.

étape 6

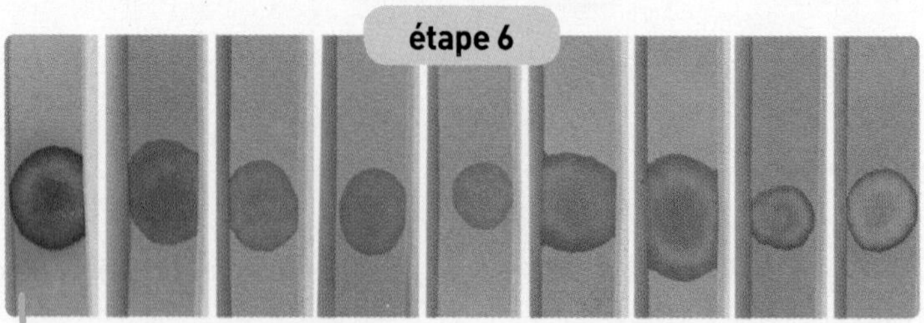

Déposer sur les bandelettes une goutte de chacune des solutions de pH connus pour obtenir l'échelle de couleurs de référence.

Questions

1 **Doc 1.** Expliquer comment ces bandelettes peuvent être utilisées pour déterminer la valeur du pH de différentes solutions.

VOCABULAIRE

Pigment : substance colorée.

Mortier : récipient en matière résistante utilisé pour piler ou malaxer.

Filtrat : liquide récupéré après une filtration.

8 Quelles sont les conséquences d'un mélange acido-basique ?

COMPÉTENCES ÉVALUABLES

D4. Mesurer des grandeurs.
D4. Interpréter des résultats expérimentaux, en tirer des conclusions et les communiquer en argumentant.
D4. Expliquer les fondements des règles de sécurité en chimie pour agir de façon responsable.

On mélange une solution acide (pH < 7) et une solution basique (pH > 7). Que se passe-t-il ?

1 Tests au papier-pH.

a Acide chlorhydrique. b Soude.

Mon cahier de labo

Matériel à disposition :

- 1 rouleau de papier-pH.
- 1 pH-mètre.
- *Solutions à tester :* acide chlorhydrique, soude.
- 3 verres de montre.
- 2 béchers.
- 1 thermomètre électronique muni d'une sonde.

2 Résultat des mesures pendant l'expérience.

Le professeur mesure la température et le pH du mélange en ajoutant la soude sur l'acide chlorhydrique.

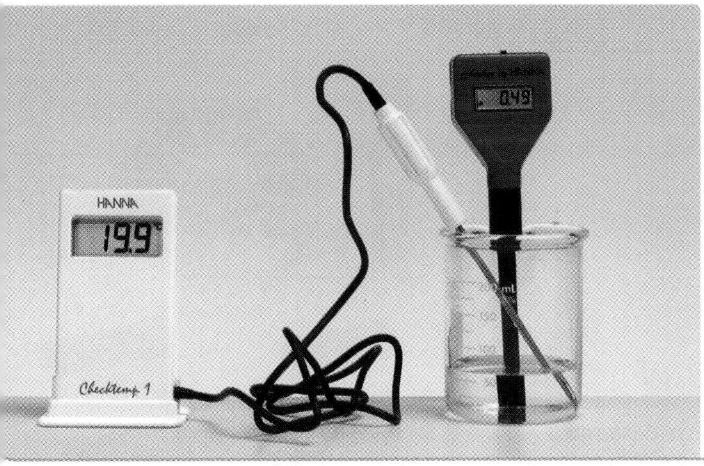

a Sans ajout de soude.

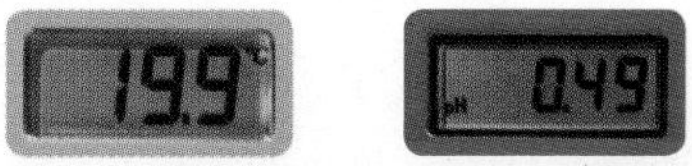

b Après ajout d'un peu de soude.

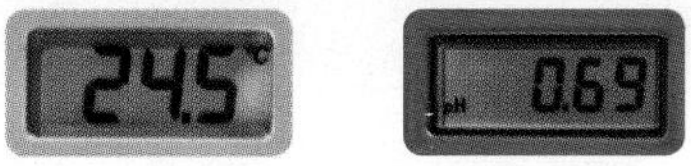

c Après ajout de beaucoup de soude.

Questions

Doc 1. a. Donner la signification des pictogrammes de sécurité.
b. Comment doit-on se protéger ?
Doc 1. a. Donner la valeur du pH de l'acide chlorhydrique testé.
b. Expliquer pourquoi il s'agit bien d'une solution acide.
Doc 1. a. Donner la valeur du pH de la soude testée.
b. Dire s'il s'agit d'une solution acide, basique ou neutre.
Doc 2. Décrire comment évolue la température au cours de l'expérience.
Doc 2. Quelle différence observe-t-on entre les étapes b et c ?
Doc 2. Décrire comment évolue le pH au fur et à mesure de l'ajout de soude.

VOCABULAIRE

Pictogramme : symbole qui indique la dangerosité d'une substance.

Solution : mélange homogène résultant de la dissolution d'un ou de plusieurs solutés dans un solvant.

ACTIVITÉ 9

Quelle est l'action d'une solution acide sur le métal ?

COMPÉTENCE ÉVALUABLE

D4. Interpréter des résultats expérimentaux, en tirer des conclusions et les communiquer en argumentant.

Julie se demande si ce que dit le prisonnier est possible. Quelle est la réaction chimique mise en jeu ?

1 Expérience réalisée par Julie.

Julie dépose un clou en fer au fond d'un tube à essai, puis verse de l'acide chlorhydrique. Elle note ses observations.

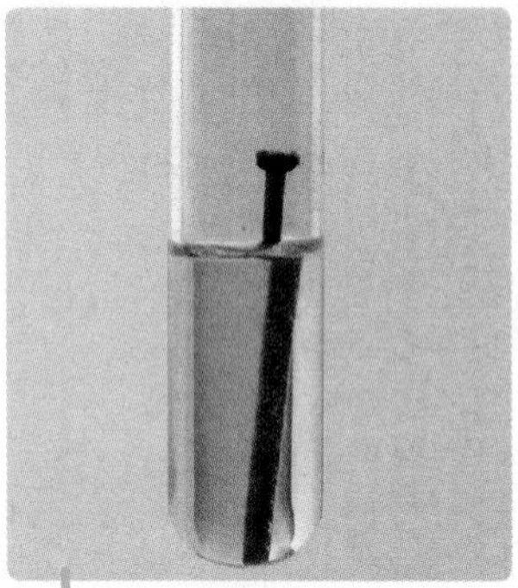

a En cours d'expérience.

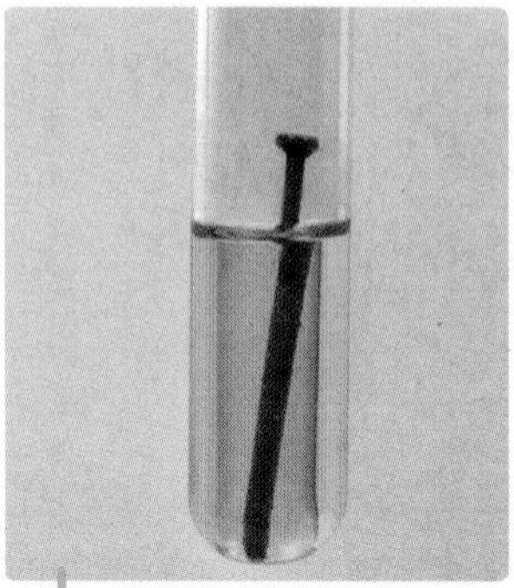

b Au bout de 40 minutes.

Mon cahier de labo

Matériel à disposition :

- Des clous (ou de la paille de fer).
- Acide chlorhydrique.
- Soude.
- Des tubes à essais.
- 1 bécher.
- 1 pipette.
- Des allumettes.
- 1 rouleau de papier-pH.

2 Expériences et tests d'identification réalisés par Julie.

Julie met en évidence les produits de la transformation chimique.

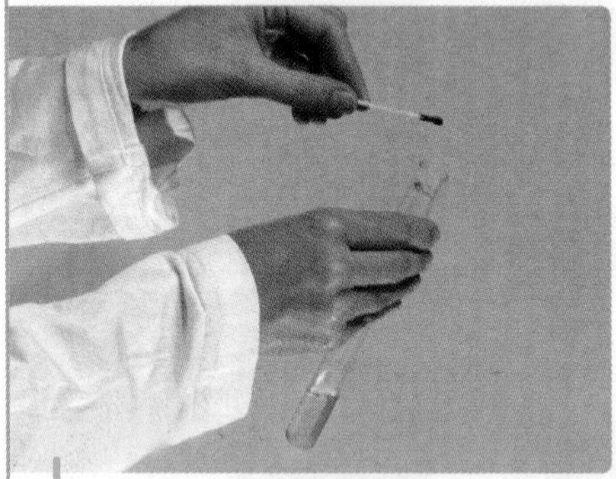

a Julie approche une allumette enflammée de l'ouverture du tube à essai.

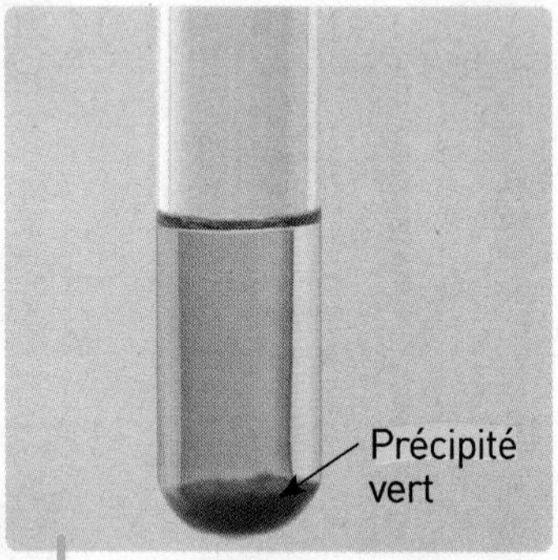

b Julie verse de la soude dans la solution obtenue.

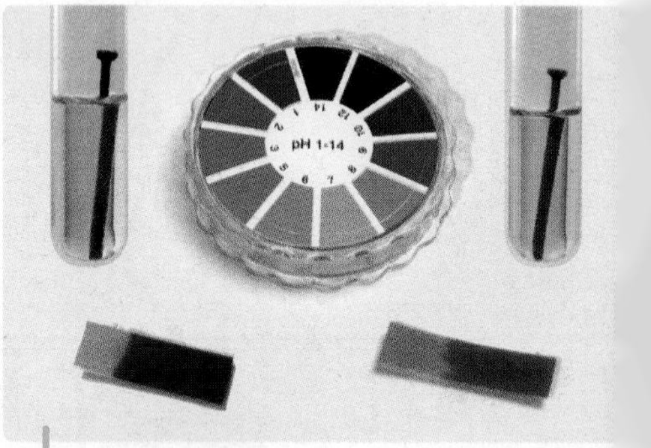

c Tests au papier-pH.

Questions

1. **Docs 1. et 2.** Donner le nom des ions mis en évidence.
2. **Doc 1.** Nommer les réactifs de la transformation chimique.
3. **Doc 1.** Qu'indique la présence de bulles dans la solution ?
4. **Doc 2.** Nommer les produits de la transformation chimique.
5. **Docs 1. et 2.** Écrire le bilan de la transformation chimique.
6. **Docs 1. et 2.** Semble-t-il possible d'attaquer les barreaux en fer d'une cellule de prison avec de l'acide ? Sont-ils d'ailleurs en fer ? Discuter en classe la réponse à cette question.

VOCABULAIRE

Précipité : produit solide insoluble qui se forme lors d'une réaction chimique.

Solution : mélange homogène résultant de la dissolution d'un ou de plusieurs solutés dans un solvant.

10 Qu'est-ce que la conservation de la masse ?

COMPÉTENCES ÉVALUABLES

D1.1 Lire et comprendre des documents scientifiques.
D4. Interpréter des résultats expérimentaux, en tirer des conclusions et les communiquer en argumentant.

1 A.L. de Lavoisier

Histoire des sciences

Antoine Laurent de Lavoisier, chimiste français du XVIIIe siècle, dans le compte rendu de travaux qu'il menait avec sa femme, écrit : « Rien ne se perd, rien ne se crée, tout se transforme. »

Source : *Traité élémentaire de chimie*, A.L. de Lavoisier, 1789.

2 Un choix difficile.

Bastien
Quand la craie est dans l'acide, il me semble que la masse de la bouteille avec ce qu'il y a dedans, va diminuer car la craie disparait. Qu'en dites-vous ?

Olfa
Non, je pense que la masse reste identique même après la réaction chimique car la bouteille est fermée et que la craie s'est transformée.

Paula
Rien ne sort de la bouteille, mais en même temps, la craie disparait. Je ne sais pas qui a raison !

Votre commentaire

3 Expérience à réaliser.

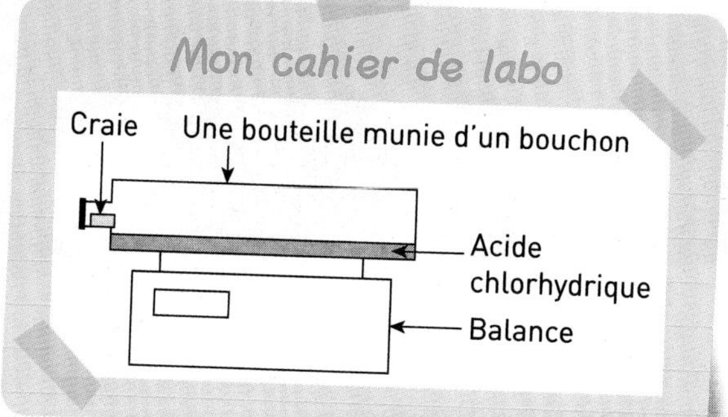

4 Expérience réalisée par Paula.

Paula pèse la bouteille au début de l'expérience et après transformation chimique.
Elle note la masse *m* au début et *m'* à la fin de la réaction.

Info Le morceau de craie *calcaire* réagit avec l'acide et produit du dioxyde de carbone.

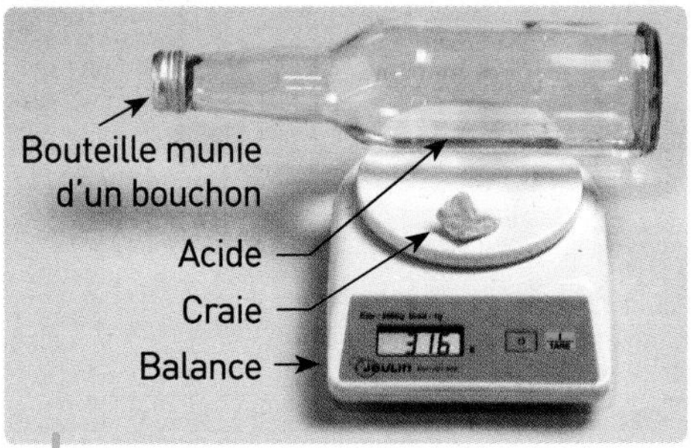

a Début de l'expérience : m = 316 g.

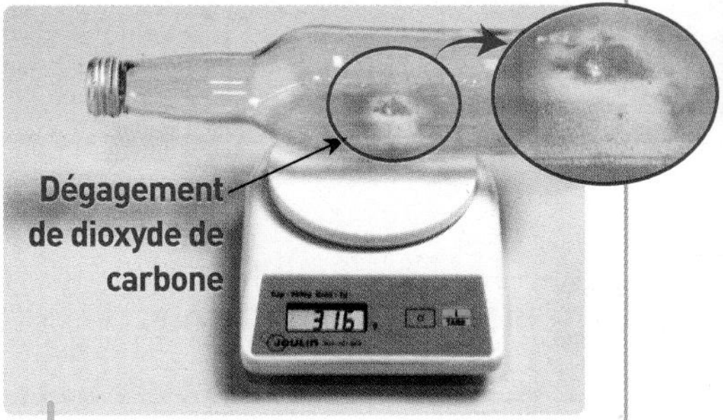

b Fin de l'expérience : m' = 316 g .

Questions

1 **Docs 2. à 4.** Indiquer ce qui permet d'affirmer qu'une transformation chimique a lieu dans la bouteille.
2 **Doc 4.** Comparer la masse au début et à la fin de l'expérience.
3 **Doc 2.** Qui a finalement raison : Bastien ou Olfa ?
4 **Doc 1.** Expliquer si le principe énoncé par Lavoisier semble vérifié.
5 **Pour aller plus loin** Expliquer pourquoi, lors de l'ouverture de la bouteille (Document 4b), on entend le bruit caractéristique d'un gaz qui s'échappe.
Comment pourrait-on caractériser ce gaz ?

ACTIVITÉ 11

TÂCHE COMPLEXE

Comment éteindre ou déclencher un feu ?

COMPÉTENCE ÉVALUABLE

D1.1 Lire et comprendre des documents scientifiques.

Situation

L'air entre en jeu dans les deux évènements présentés ici : le souffle de l'enfant qui éteint ses bougies d'anniversaire et le vent qui attise les feux de forêts.
Comment est-ce possible ?

CONSIGNE **Expliquer comment on éteint la flamme en soufflant sur une bougie, alors que le vent attise les incendies.**

ACT lienmini.fr/pc-014
Version interactive

1 Incendies en Californie.

Blue Cut, Soberanes, Clayton mais aussi Basin…

La Californie est confrontée, comme chaque année à la même période, à une série d'incendies gigantesques.

Certains sont d'origine criminelle, d'autres sont partis spontanément, mais tous sont alimentés par des vents violents, des températures caniculaires qui avoisinent les 40 degrés et une végétation desséchée par cinq années de sècheresse consécutives.

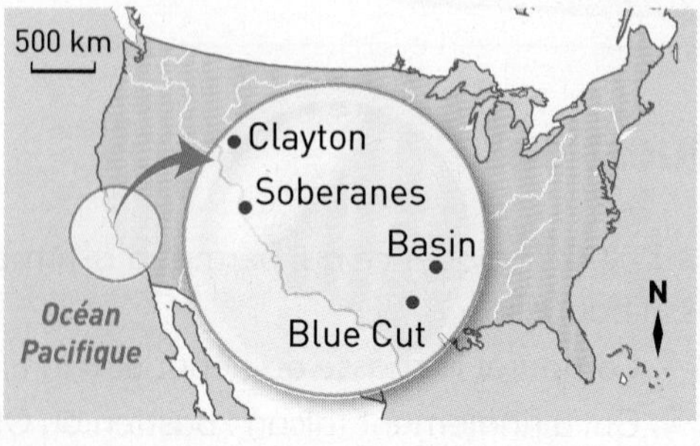

BFM TV *Source :* http://www.bfmtv.com 19/08/2016

2 La combustion.

■ Une combustion fait intervenir deux réactifs : le **combustible** et le **comburant**. Ce sont les réactifs qui sont consommés au cours de la combustion.
Un ou plusieurs **produits** seront formés lors de cette combustion et de l'énergie sera libérée sous forme de lumière et/ou de chaleur.

Combustible + Comburant ⟶ Produit(s) de la combustion

Le plus souvent, les combustions sont amorcées par un apport extérieur d'énergie.
La combustion dégage ensuite elle-même la chaleur nécessaire à son entretien.
La combustion se prolonge jusqu'à épuisement du comburant ou du combustible.
Par exemple, le feu de cheminée s'arrête lorsque la buche a été entièrement consommée.

3 Le triangle de feu.

■ Les pompiers volontaires étudient le triangle de feu pendant leur formation.
Pour qu'un feu se déclenche, il faut trois éléments : comburant, combustible, apport d'énergie.
Une combustion a lieu lorsque les trois éléments suivants sont réunis.
- Un **combustible** : c'est la matière qui brule, par exemple le bois, la végétation, l'essence, le textile...
- Un **comburant** : c'est ce qui apporte de l'oxygène, par exemple le dioxygène de l'air, le vent...
- Une **source d'énergie** sous la forme de chaleur, d'étincelles...

Un feu s'arrête lorsque l'un des trois éléments vient à manquer.

4 Techniques de pompiers pour combattre les incendies.

Lors de l'intervention d'un pompier, l'objectif est de supprimer un des trois éléments du triangle de feu.

- **Supprimer le comburant**

Pour éliminer le dioxygène, on peut « étouffer » le feu en utilisant des couvertures, du sable, de la neige carbonique des extincteurs.

- **Supprimer l'énergie**

Pour éliminer ou diminuer l'énergie thermique, on peut arroser (à la base des flammes).
L'énergie thermique dégagée par la combustion se trouve ainsi utilisée pour évaporer l'eau et non pour entretenir le feu.

- **Supprimer le combustible**

Pour prévenir la propagation des feux, on crée des « zones mortes », c'est-à-dire des zones sans arbres aussi dites « pare-feu ».
Lorsque cette zone est créée en allumant volontairement un second feu pendant l'incendie lui-même, on parle de **technique du contre-feu**.

Besoin d'aide ?

▶ **Retrouvez des aides en fin d'ouvrage, p. 423.**

VOCABULAIRE

Attiser : animer un feu, aviver la flamme.

Bilan de cycle 4

Transformation chimique

▶ Retrouvez aussi **Le bilan de 5e** BILAN lienmini.fr/pc-015 **Le bilan de 4e** BILAN lienmini.fr/pc-016

1 Transformation physique, mélange et transformation chimique

▶ Activités 1 2 3

Lors d'une **transformation physique**, aucune substance ne disparait, aucune substance nouvelle n'apparait. Seul l'état physique (liquide, solide, gaz) change.

Exemple : la fusion de glaçons.

Lors d'un **mélange**, aucune substance ne disparait et les constituants peuvent être récupérés par des méthodes de séparation comme la décantation, la filtration, la distillation.

Exemple : le mélange sucre et eau.

Remarque : un mélange peut donner lieu à une transformation chimique si les substances mélangées réagissent. Attention, réaliser un mélange peut être dangereux.

Lors d'une **transformation chimique**, de nouvelles substances apparaissent.
Les substances présentes à l'état initial, les **réactifs**, sont différentes de celles qui sont présentes à l'état final, les **produits**.

Exemple : la combustion du carbone.

Fusion de glaçons.

Mélange sucre et eau.

Combustion du carbone.

2 Conservation de la masse

▶ Activité 10

Au cours d'une transformation chimique, la masse des réactifs est la même que celle des produits.
On dit qu'il y a **conservation de la masse**.

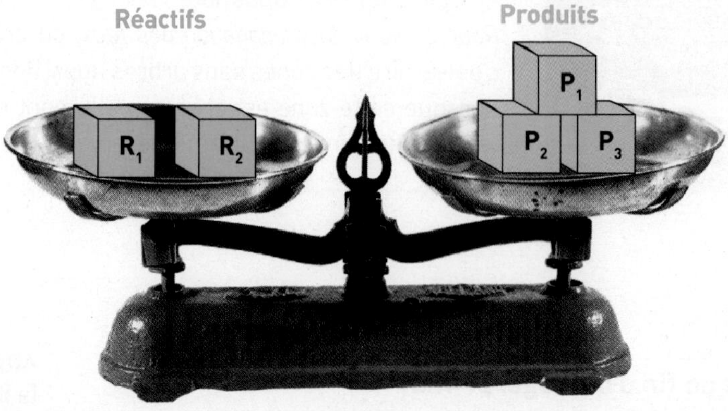

MOTS-CLÉS

Acide	Combustible	Neutre	Réactif
Basique	Combustion	pH	Transformation chimique
Comburant	Diluer	Produit	Transformation physique

VOIR LEXIQUE P. 418

3 La combustion, une transformation chimique

▶ Activités 3 4 11

La combustion nécessite la présence de trois éléments : un **combustible**, un **comburant** et un apport d'énergie.

La combustion du carbone

Lors de la combustion du carbone, le carbone (le **combustible**) et le dioxygène (le **comburant**) sont consommés et du dioxyde de carbone (le **produit**) apparait.

Le **bilan de la réaction** s'écrit :

Carbone + Dioxygène ⟶ Dioxyde de carbone

La combustion du butane

De même, lors de la combustion du butane, le butane (gaz des briquets et gazinières) peut être consommé en présence de dioxygène. Dans ce cas, les deux produits obtenus sont du dioxygène et de l'eau.

Butane + Dioxygène ⟶ Dioxyde de carbone + Eau

Si la quantité de dioxygène est insuffisante, **la combustion est incomplète.**

On obtient du carbone (dépôt noir) et un gaz toxique et inodore, **le monoxyde de carbone.**

4 La réaction acide/base, une autre transformation chimique

▶ Activités 5 6 7 8 9

Le **pH** est une grandeur sans unité que l'on mesure avec du **papier-pH** ou un **pH-mètre.**

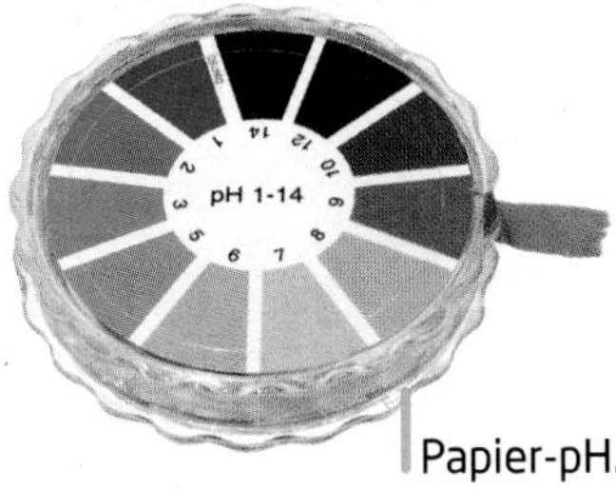

Papier-pH.

pH-mètre.

Le pH permet d'évaluer l'acidité ou la basicité d'une solution, ses valeurs sont comprises entre 0 et 14.

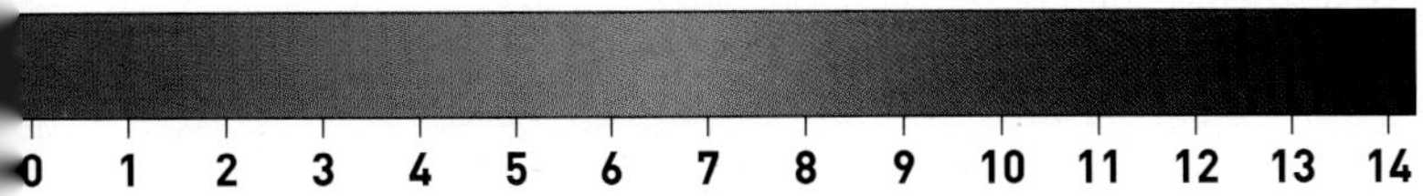

Solutions acides | **Solutions neutres** | **Solutions basiques**

Une solution neutre a un pH égal à 7.
Une solution acide a un pH inférieur à 7.
Une solution basique a un pH supérieur à 7.

Les produits acides ou basiques concentrés doivent être manipulés avec précaution. Ils sont dangereux pour les utilisateurs et pour l'environnement. On peut les **diluer** pour limiter leurs dangers.

L'essentiel

Mélange, transformation physique et transformation chimique

• Conservation de la masse •

Mélange	Transformation physique	Transformation chimique
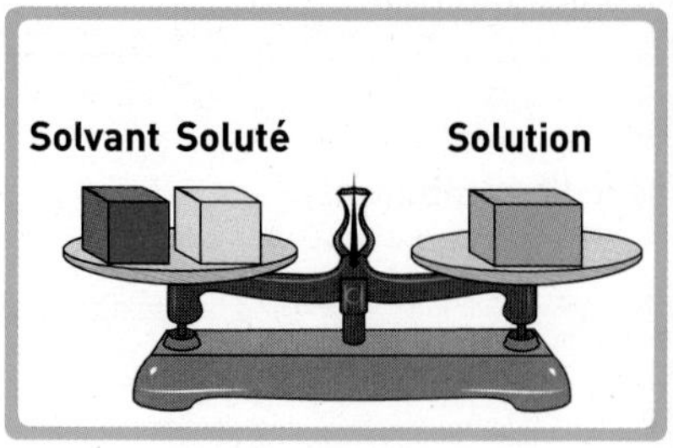	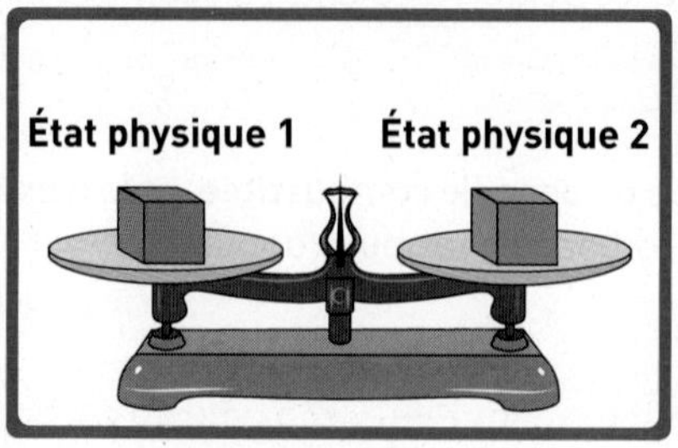	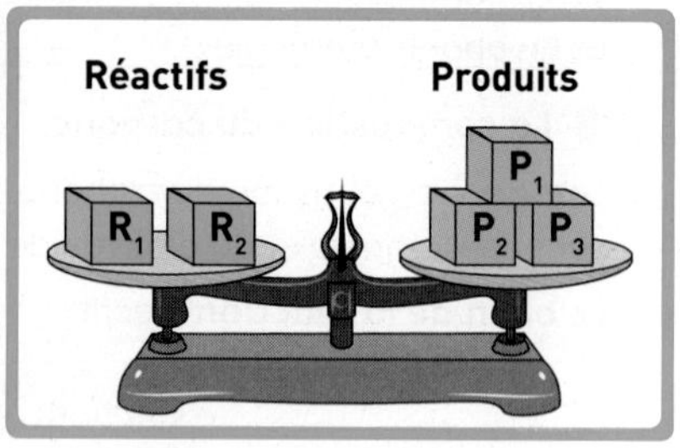
Exemple : eau sucrée	*Exemple :* glaçon qui fond	*Exemple :* combustion du carbone

pH d'une solution

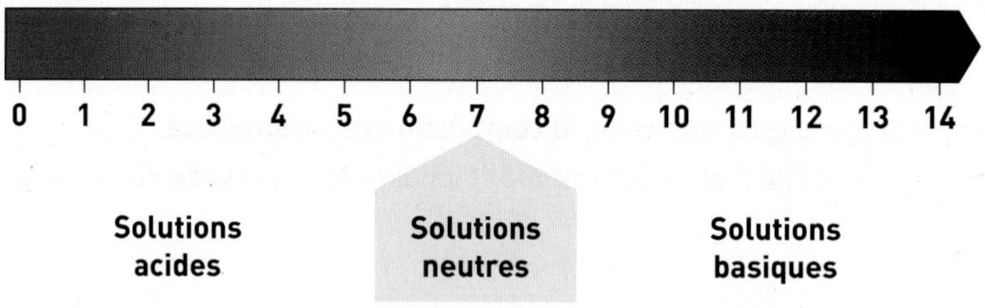

Socle commun

Domaines	Compétences	Activités	Problèmes
D1.1	Lire et comprendre des documents scientifiques.	2 4 6 10 11	
D1.1	Utiliser la langue française en cultivant précision, richesse de vocabulaire et syntaxe.	1 2	36
D1.3	Passer d'une forme de langage scientifique à une autre.		32
D2	Planifier une tâche expérimentale, organiser son espace de travail, garder des traces des étapes suivies et des résultats obtenus.		35
D3	S'impliquer dans un projet ayant une dimension citoyenne.	4	
D4	Concevoir une expérience pour la tester.	3 5 7	33
D4	Proposer une ou des hypothèses pour répondre à une question scientifique.	5	
D4	Interpréter des résultats expérimentaux, en tirer des conclusions et les communiquer en argumentant.	1 3 9 10	34
D4	Mesurer des grandeurs physiques de manière directe.	6 8	
D4	Expliquer les fondements des règles de sécurité en chimie pour agir de façon responsable.	8	

Exercices

J'apprends à apprendre

Utilisable en AP

1 Apprendre à l'aide de fiches mémo

Pour bien réviser le cours, il faut connaitre les thèmes principaux du chapitre et les notions importantes qui s'y rattachent.

➡ L'objectif ici est d'apprendre à distinguer mélanges, transformations physiques et transformations chimiques.

1. Dégager les principaux thèmes du chapitre.

2. Créer les fiches correspondantes.
Ci-contre un exemple de fiches :

Sur le recto de la fiche, on peut dessiner une belle illustration ou coller une photo.

3. Sur le verso de chaque fiche, écrire les notions importantes qui se rattachent au thème du chapitre.

Une définition peut suffire. Ci-contre un exemple pour la fiche bleue :

4. Utiliser ces fiches pour réviser seul ou avec des camarades.

Les garder précieusement dans une boite pour pouvoir réviser jusqu'au brevet.

Mélange

Transformation physique

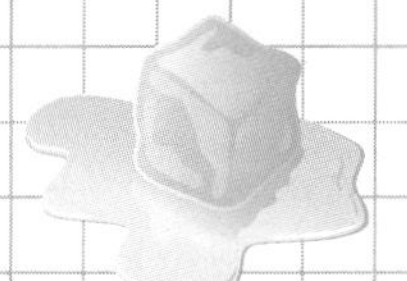

Transformation chimique

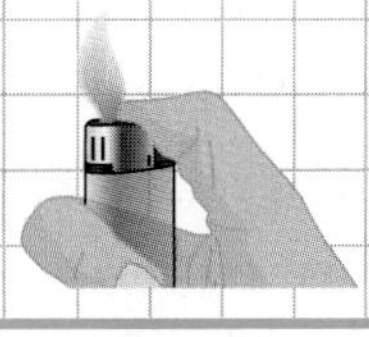

C'est une transformation au cours de laquelle des substances (les réactifs) disparaissent et de nouvelles substances (les produits) apparaissent.

Recto — Verso

J'apprends une méthode

Exercice résolu

Utilisable en AP

2 ●●● Mesurer le pH d'une boisson

Énoncé Noémie veut mesurer le pH de sa limonade.
Elle en apporte un peu au collège pour la tester.

➡ Comment Noémie va-t-elle procéder ?

Solution

Pour mesurer le pH de sa limonade, Noémie a deux solutions : utiliser du papier indicateur de pH ou utiliser un pH-mètre.

• Si elle utilise du papier indicateur de pH (méthode qui permet d'obtenir une estimation de la valeur du pH), voici comment elle doit procéder :

① Placer un morceau d'environ 1 cm de papier dans une soucoupe.

② Prélever une goutte de limonade à l'aide d'une pipette et la déposer sur le papier-pH.

③ Comparer la couleur du papier-pH avec l'échelle de teintes qui se trouve sur la boite.

• Si elle utilise un pH-mètre (méthode qui permet d'obtenir une valeur plus précise du pH), voici comment elle doit procéder :

① Verser un peu de limonade dans un bécher.

② Enlever le capuchon du pH-mètre et plonger entièrement la sonde dans la limonade.

③ Lire la valeur qui s'affiche sur le pH-mètre.

Je me teste

EXO lienmini.fr/pc-017

3 Distinguer réactifs et produits

Voici les espèces chimiques mis en jeu lors de la combustion du butane :

Butane — Dioxyde de carbone — Dioxygène — Eau

➡ Classer ces espèces en « Réactifs » et « Produits ».

4 QCM Faire le point sur les combustions

Choisir la (ou les) bonne(s) réponse(s).

1. Dans une combustion, le dioxygène est :
a. Le combustible. **b.** Le comburant. **c.** Le produit.

2. 8 g de dioxygène permettent de bruler 3 g de carbone. Quelle masse de dioxygène faut-il pour bruler complètement 12 g de carbone ?
a. 34 g. **b.** 35 g. **c.** 32 g.

3. La combustion complète du butane s'écrit :
a. Butane + Eau → Carbone + Dioxyde de carbone
b. Butane + Dioxyde de carbone → Dioxygène + Eau
c. Butane + Dioxygène → Dioxyde de carbone + Eau
d. Butane + Dioxyde de carbone → Dioxygène + Eau de chaux

4. Quel est le gaz toxique qui est formé lors de la combustion incomplète du butane ?
a. Dioxyde de carbone. **b.** Monoxyde de carbone.

5. La combustion du carbone correspond à :
a. Un mélange. **b.** Une transformation chimique.
c. Une transformation physique.

6. On peut mettre en évidence la formation de dioxyde de carbone grâce au test :
a. Au sulfate de cuivre anhydre. **b.** À l'eau de chaux.
c. À la buchette incandescente.

5 Vrai ou faux ?

a. La masse totale des produits peut être différente de la masse totale des réactifs.
b. Lors d'une transformation chimique, des atomes de carbone peuvent se transformer en atomes d'oxygène.
c. Lors d'une transformation chimique, les atomes des réactifs se réarrangent pour former de nouvelles espèces chimiques.

6 QCM Connaitre les propriétés acido-basiques

Choisir la (ou les) bonne(s) réponse(s).

1. Le pH d'un jus d'orange est de 4 et celui d'un jus de tomate de 3,8.
Le plus acide des deux jus est :
a. Le jus d'orange. **b.** Le jus de tomate.

2. Le lait de vache a un pH compris entre 6,3 et 6,7.
Il est plutôt :
a. Acide. **b.** Neutre. **c.** Basique.

7 Classer des solutions acido-basiques

➡ Classer ces liquides du plus basique au plus acide.

- Sang : pH = 7,4.
- Eau de Javel : pH = 9,0.
- Jus de pomme : pH = 4,0.
- Eau de mer : pH = 8.

8 Comprendre les risques des combustions

➡ Recopier le texte et le compléter avec ces *mots* : *intoxications, butane, dioxygène, monoxyde de carbone, l'eau, insuffisante, dioxyde de carbone, incomplète.*

« Au cours de la combustion complète du butane, le ... et le ... réagissent ensemble pour former de ... et du ... .
Si la quantité de dioxygène est ... , la combustion est dite ... . Dans ce cas, un gaz toxique le ... est obtenu. Il est responsable de nombreuses ... . »

9 Différencier mélange, transformation physique et transformation chimique

➡ Relier chaque situation à la proposition qui convient.

Situations	Propositions
Glaçon qui fond •	• Mélange
Saler •	• Transformation physique
Respirer •	• Transformation chimique
Bruler du bois •	
Faire bouillir de l'eau •	
Préparer une vinaigrette •	

VOIR CORRIGÉS P. 423

Pédagogie différenciée

Utilisable en AP

10 Décrire oralement une expérience

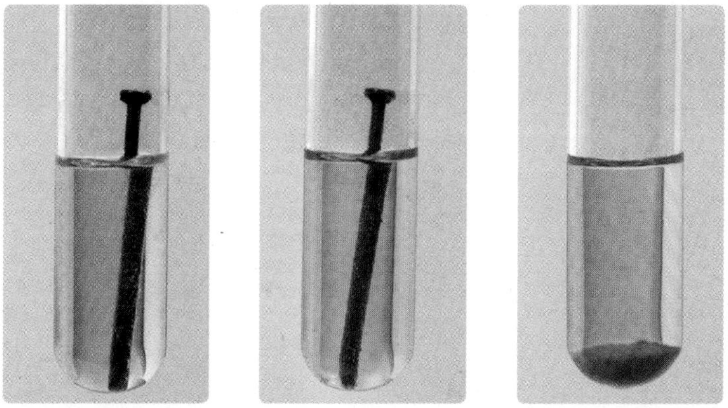

➡ On souhaite décrire l'expérience de l'activité 9 (page 76) à partir des trois photographies ci-contre.

Consigne pour le groupe A

➡ Décrire oralement l'expérience réalisée par Julie.

Consignes pour le groupe B

Utiliser les aides ① à ③ ci-dessous pour décrire oralement l'expérience réalisée par Julie.

① Nommer et décrire les réactifs utilisés.

② Préciser ce que l'on observe lors de la mise en contact des réactifs.

③ Nommer et décrire les produits obtenus. Préciser comment ils ont été identifiés.

Consignes pour le groupe C

1. Pour réaliser la transformation chimique :

a. Quelle solution Julie a-t-elle utilisée ?

b. Quel métal Julie a-t-elle utilisé ?

2. Qu'observe-t-on lorsque l'on met en contact les deux réactifs ?

3. Quels tests Julie a-t-elle effectués à la fin de l'expérience ?

4. Quelles espèces chimiques ces tests permettent-ils de mettre en évidence ?

5. Quels sont donc les produits formés lors de cette transformation chimique ?

11 Comprendre les règles de sécurité

On peut lire des consignes de sécurité sur les emballages de produits ménagers. Ci-contre l'étiquette de l'eau de Javel :

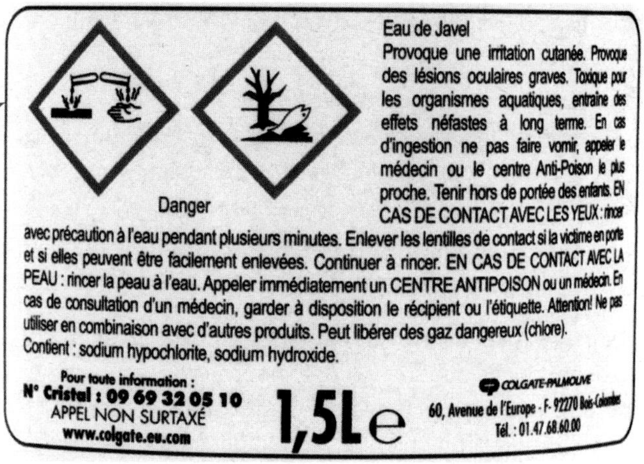

Consignes pour le groupe A

1. Pourquoi ne faut-il pas utiliser ce produit en combinaison avec un autre ?

2. Même bien protégé, il y a deux choses qu'il ne faut pas faire. Lesquelles ? Pourquoi ?

Consignes pour le groupe B

1. Que risque-t-il de se passer si on mélange ce produit ménager et un autre produit ?

2. Que veut dire « utiliser un produit en combinaison avec un autre » ? Que risque-t-on ?

Consignes pour le groupe C

1. Peut-on mélanger l'eau de Javel et un autre produit ménager ?

2. Que risque-t-on ?

Exercices

Je travaille des notions

Les bons mots pour le dire

12 ●●● **Décrire l'aspect d'un constituant**

➡ Recopier et compléter la grille à partir des définitions.

Qualifier un mélange

① Il est liquide, homogène et transparent.

③ Ses constituants sont visibles à l'œil nu (au pluriel).

⑥ Ses constituants ne sont pas visibles à l'œil nu.

⑦ Il est sans couleur.

Nommer un phénomène

② Dégagement de gaz.

⑧ Émission de lumière par un corps porté à haute température.

Nommer les formes d'un solide

④ Accumulation de particules solides au fond du tube.

⑤ Particules solides dispersées dans un liquide.

13 ●●● **Choisir le *mot* ou le groupe de *mots* qui convient le mieux**

1. Le *monoxyde / dioxyde* de carbone est un gaz *toxique / intoxicant* quelle que soit la dose, alors que l'on absorbe sans être malade du *monoxyde / dioxyde* de carbone chaque fois que l'on boit une boisson pétillante.

2. La vipère est un animal *dangereux / risqué*. S'en approcher, c'est courir un *risque / danger*.

3. On écrit « je *conclus / conclue* » car le verbe « *conclure / concluer* » n'existe pas.

4. Lorsque l'on fait bruler du bois, le dioxygène est *un des combustibles / le comburant*.

Distinguer mélange, transformation physique et transformation chimique

14 ●●● **Respiration et chimie**

1. Comparer en utilisant le tableau ci-dessous, les quantités de dioxygène et de dioxyde de carbone dans l'air inspiré et l'air expiré.

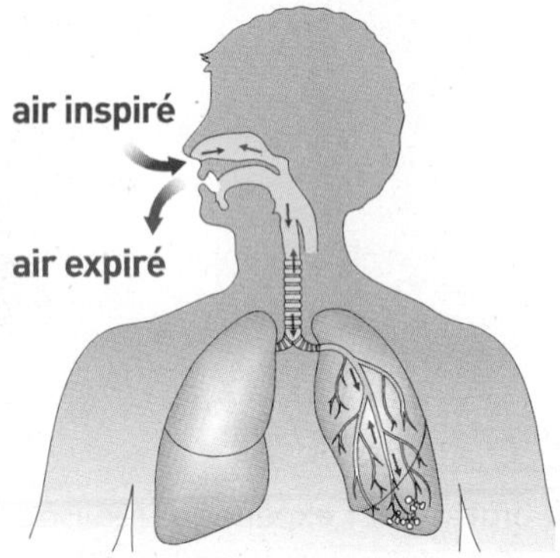

Gaz	Composition	
	de l'**air inspiré**	de l'**air expiré**
Diazote	79 %	79 %
Dioxygène	20,9 %	16 %
Dioxyde de carbone	0,03 %	4,5 %

2. Expliquer pourquoi la respiration est une transformation chimique.

3. Pourquoi peut-on dire que tous les réactifs ne figurent pas dans le tableau ?

15 ●●● **Les transformations autour de nous**

Le professeur projette au tableau les propositions suivantes.

a. L'eau du lac gèle.
b. Le butane du briquet brule.
c. La crème fraiche se transforme en chantilly.
d. L'eau de chaux se trouble.
e. Le chocolat fond au Soleil.

1. Indiquer quelles propositions correspondent à une transformation chimique.

2. Pour chacune de ces transformations chimiques, citer au moins un réactif ou un produit.

16 ●●● Produits ménagers

1. Donner la signification des pictogrammes de sécurité figurant sur l'étiquette.

2. Préciser les précautions que l'on doit prendre pour manipuler ce produit.

3. Quelles indications de l'étiquette permettent de savoir que le produit peut subir une transformation chimique ?

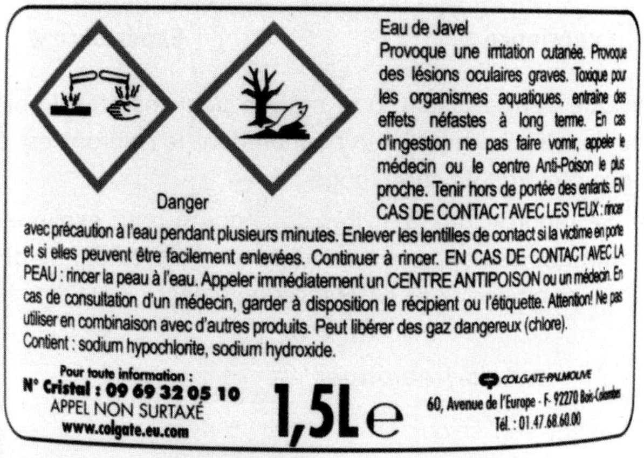

Mesurer un pH

17 ●●● Appareil de mesure

1. Quel est le nom de l'appareil rouge ?

2. Quelle grandeur permet-il de mesurer ?

3. La solution contenue dans chaque bécher est-elle acide ? neutre ? basique ?
Justifier la réponse.

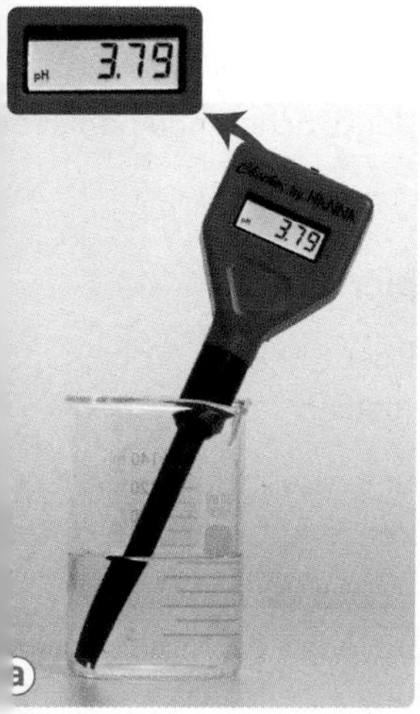

a

b

18 ●●● Solution acide ou basique ?

Aline et Othman ont mesuré le pH de plusieurs solutions. Ils ont reporté les valeurs obtenues dans ce tableau :

Solution	Lait	Jus de pamplemousse	Eau distillée
pH	6,4	3,3	7

Solution	Soude	Vinaigre	Soda	Eau de mer
pH	12	2,5	2,6	8,1

➡ Classer ces solutions en acides ou basiques.

Vérifier la conservation de la masse lors d'une transformation chimique

19 ●●● Craie et acide

La craie réagit avec l'acide chlorhydrique pour former du dioxyde de carbone, de l'eau et du chlorure de calcium. Voici une expérience :

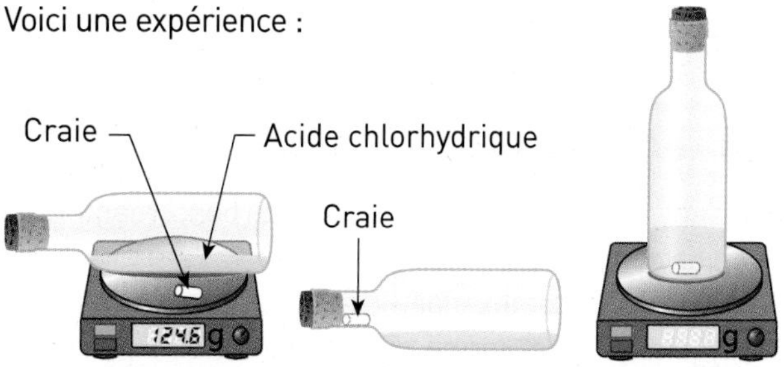

Étape 1 $m = 124{,}6$ g — **Étape 2** — **Étape 3**

1. Expliquer par une phrase chacune des trois étapes de l'expérience représentées sur le schéma ci-dessus.

2. Expliquer pourquoi cette réaction est une transformation chimique.

3. Indiquer la masse qui sera affichée sur l'écran de la balance lors de l'étape 3 (étape finale).

20 ●●● Combustion du fusain

On réalise la combustion d'un morceau de fusain (masse $m = 2$ g) dans un flacon (volume $V = 2$ L) rempli de dioxygène.

1. Reste-t-il du fusain à la fin de la combustion ?

2. Quelle est la masse de fusain qui a été consommée ?

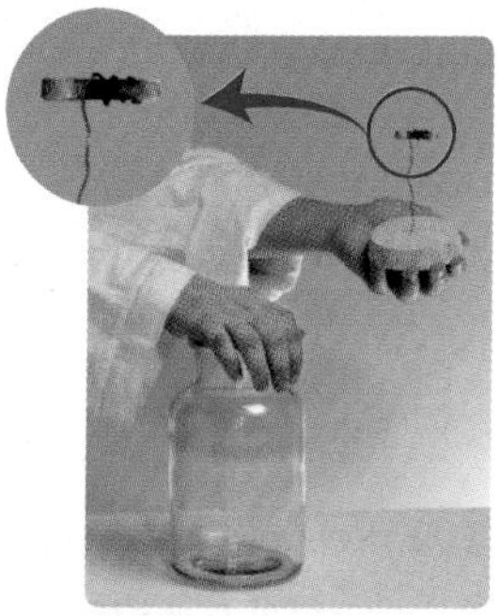

Données :

- Pour bruler complètement 1 g de fusain, il faut 2 L de dioxygène.
- Un litre de dioxygène a une masse de 1,43 g.

Exercices

Je travaille des notions

21 Erreur de débutant ?

La craie ou carbonate de calcium réagit avec l'acide chlorhydrique pour former du dioxyde de carbone, de l'eau et du chlorure de calcium.

1. Jason réalise l'expérience suivante, mais ne constate pas que la masse se conserve.
Quelle erreur a-t-il commise ?

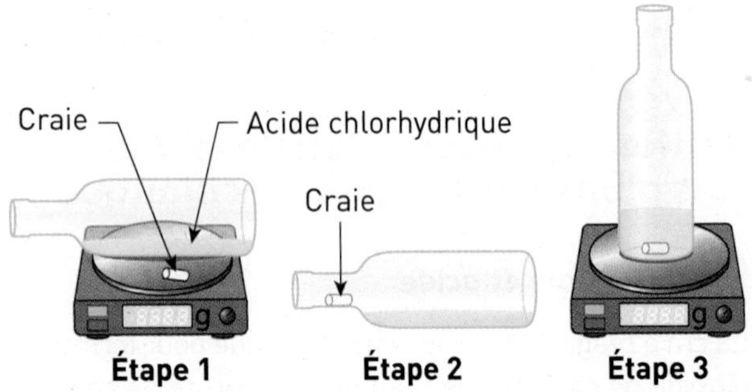

2. Écrire le bilan de la réaction.

22 Masses des gaz produits

Pendant une combustion, 1,3 g de carbone réagit avec 3,7 g de dioxygène.
À la fin de la combustion, il n'y a plus ni carbone, ni dioxygène ; il s'est formé du dioxyde de carbone et du monoxyde de carbone.

1. Peut-on calculer la masse de dioxyde de carbone formé ?
Si oui, la calculer.

2. Peut-on dire quelle est la masse du mélange de gaz formé ?
Si oui, la calculer.

23 Des colorants de bonbons…

Stéphanie achète un paquet de bonbons et elle est très surprise de trouver dans la liste des ingrédients la mention de chou rouge à côté d'une référence de colorant alimentaire.
Une recherche sur Internet lui permet d'apprendre que tous les colorants E163 sont à base de plantes. En voici quelques-uns :

- **E163(i)** : extrait de peau de raisin
- **E163(iii)** : extrait de cassis
- **E163(iv)** : colorant du maïs pourpre
- **E163(v)** : colorant du chou rouge

1. a. Rechercher quelle est la couleur du colorant E163(v).

b. Existe-t-il d'autres colorants E163 que ceux qui sont cités dans cet exercice ?

2. Stéphanie a déjà fabriqué du papier-pH à partir de chou rouge ; elle pense que la couleur des bonbons doit dépendre du pH. Aussi elle réalise deux expériences ; voici le résultat :

Expérience 1 **Expérience 2**

a. Que peut-elle faire à la maison pour modifier le pH de l'environnement d'un bonbon dont le colorant est à base d'extrait de chou rouge ?

b. Se reporter aux activités du chapitre pour expliquer comment les bonbons peuvent servir d'indicateur de pH si on les plonge dans différentes boissons.

24 *Acid-free paper*

Pendant son séjour linguistique à Norfolk, à trois heures de Londres en voiture, Yanis se rend dans une papeterie pour acheter du papier car il aime beaucoup dessiner au fusain, spécialement quand il est en voyage. Il trouve ces informations :

Most paper is produced using bleaching agents : it is slightl acidic.
Acid paper ages very rapidly, where as alkaline paper ca keep as long as 200 years.

1. Rechercher le sens des mots *acidic* et *alkaline*.

2. Pourquoi Yanis va-t-il sans doute acheter du papier d *acid-free* ?

25 Fabriquer du papier

Pour fabriquer du papier, on peut utiliser du bois, de chiffons ou encore recycler le papier.

1. Rechercher, par exemple sur le site de la Bibliothèq nationale de France, la différence entre la pâte méc nique et la pâte chimique.

2. Pourquoi l'un des deux procédés de fabrication pâte est-il qualifié de « chimique » ?

Identifier expérimentalement une transformation chimique

26 ••• Un gâteau doublement gonflé !

Voici une recette de gâteau qu'Olivier suit scrupuleusement :

> **Recette du gâteau**
>
> Ingrédients
>
> 3 œufs (150 g)
> 1 yaourt nature (125 g)
> 300 g de sucre en poudre
> 375 g de farine
> 1 sachet de levure chimique
> 100 g d'huile
>
> 
>
> Gâteau au yaourt

La levure chimique est constituée de solides en poudre.

Mélangée à une préparation qui contient de l'eau, la levure chimique réagit pour former du dioxyde de carbone à l'état gazeux.

Pendant la cuisson, une petite partie de l'eau contenue lans le gâteau est vaporisée. Si de l'eau reste emprisonnée dans la pâte, des bulles de vapeur d'eau se forment.

. Expliquer pourquoi l'utilisation de la levure chimique st intéressante pour la préparation du gâteau au yaourt.

. Expliquer pourquoi un gâteau peut « gonfler » même l'on n'a pas ajouté de levure.

. Peut-on, en pesant le gâteau après cuisson, détermier la masse du sachet de levure utilisé ? ustifier la réponse.

27 ••• Acide et métaux

. Anzara teste l'action de l'acide chlorhydrique sur différents métaux. Elle résume ses résultats dans le tableau uivant.

Tests sur...	Observation
le cuivre	Pas d'effervescence
l'aluminium	Effervescence
le zinc	Effervescence

Citer les métaux qui réagissent manifestement avec cide chlorhydrique.

Se reporter aux activités et donner le nom du gaz rmé lors de cette transformation chimique.

Comment peut-on tester cette hypothèse ?

2. Après avoir essayé de nettoyer un objet en laiton (alliage de cuivre et de zinc) à l'eau savonneuse, Anzara pense utiliser un produit ménager contenant de l'acide chlorhydrique.
Ce produit est-il adapté ?

Écrire le bilan d'une transformation chimique

28 ••• Voiture à essence dans un garage fermé

Une voiture thermique comporte un moteur où se déroule une combustion.

L'essence liquide et le dioxygène de l'air, gazeux, réagissent au cours d'une combustion « explosive ».

Les gaz produits lors de cette combustion (vapeur d'eau, dioxyde de carbone, traces de monoxyde de carbone, traces d'oxydes d'azote) sont évacués par le pot d'échappement de la voiture.

1. Écrire le bilan de la réaction de combustion.

2. Dans un garage fermé, le dioxygène peut se trouver en moindre proportion au fur et à mesure qu'il est remplacé non pas par l'air extérieur, mais par les produits de la combustion.
Détailler ce phénomène.

3. Rappeler quels sont les produits d'une combustion complète et d'une combustion incomplète.

4. Expliquer quels risques on encourt si on laisse tourner le moteur d'une voiture à essence dans un garage fermé.

Exercices

Je travaille des notions

29 ●●● Combustion du butane et du méthane

Le butane est un gaz combustible. Incolore et inodore, il est utilisé dans les briquets, les gazinières et les réchauds de camping-cars.
Sa combustion dégage de la chaleur.

Mon cahier de labo

Expérience :

• On prend un bécher sec que l'on fixe à une potence, l'ouverture étant tournée vers le bas. On approche de cette ouverture la flamme d'un briquet.

Observation :
les parois du bécher se recouvrent de gouttelettes liquides incolores.

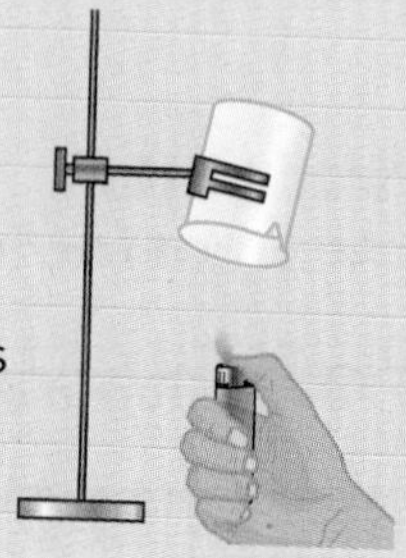

• On retourne le bécher et on ajoute un peu d'eau de chaux.

Observation :
il y a apparition d'un trouble.

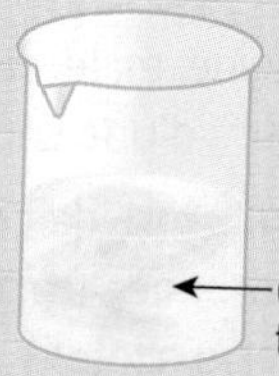

ⓐ Combustion du butane.

Le méthane (CH_4) est un composant essentiel du gaz de ville, c'est aussi le constituant principal du gaz naturel, combustible d'origine fossile.
Le méthane est libéré dans l'atmosphère quand la matière organique se décompose dans des environnements avec de faibles niveaux d'oxygène.
Il contribue fortement à l'effet de serre.
Sa combustion produit les mêmes espèces chimiques que celle du butane.

ⓑ Combustion du méthane.

1. L'air est ordinairement composé de 20 % de dioxygène et de 80 % de diazote. Qu'est-ce qu'un environnement avec « de faibles quantités d'oxygène » ?

2. Quels sont les réactifs de chacune des réactions de combustion ?

3. Quel est le produit qui est identifié par le test à l'eau de chaux ?

4. Les gouttelettes incolores qui apparaissent sur les parois du bécher sont très certainement de l'eau.
Quel réactif pourrait-on utiliser pour vérifier cette hypothèse ?

5. Écrire le bilan de chacune de ces combustions complètes.

30 ●●● Effort musculaire et transformation chimique

Tout effort musculaire nécessite de l'énergie qui provient essentiellement de l'alimentation.

Au cours de la digestion, du glucose est produit qui subit une combustion « lente » dans les muscles.

Du dioxygène est consommé, et du dioxyde de carbone e de l'eau sont formés.
Cette combustion libère de l'énergie qui est transformé en énergie cinétique lorsqu'un muscle se contracte.

1. Nommer les réactifs et les produits de la réaction d combustion du glucose.

2. Écrire le bilan de cette réaction.

3. La température du corps augmente durant l'effor D'où l'énergie thermique produite par le corps pro vient-elle ?

31 ●●● Les allumettes

Autrefois, la tête des allumettes était recouverte de deu réactifs qui, en réagissant, allaient dégager la chaleu permettant d'enflammer le bois. Ainsi, dans de nom breux récits d'aventure, le héros retrouve une allumet dans la doublure de sa veste et, en la frottant sur ur pierre, il parvient à allumer du feu. Aujourd'hui, on r peut faire bruler une allumette si on ne dispose pas de bande rugueuse : les allumettes sont dites « de sureté

1. Expliquer comment la réaction d'inflammation d anciennes allumettes était déclenchée.

2. Pourquoi l'aventurier d'aujourd'hui ne peut-il pas pr voquer facilement l'inflammation de l'allumette qu retrouve dans l'ourlet de son pantalon ?

32 ●●● Proportionnalité

D1.3. Passer d'une forme de langage scientifique à une autre.

On considère que pour faire bruler complètement 50 g de butane, il faut 180 g de dioxygène. Cela correspond à un volume de 140 L de dioxygène.

1. a. Rappeler quelle est la composition de l'air.

b. Montrer qu'il faut 0,7 m^3 d'air pour réaliser la combustion complète de 50 g de butane.

2. Quel volume d'air faut-il pour bruler le contenu d'une bouteille de 13 kg de butane ?

3. Comparer ce volume d'air au volume d'une pièce de 6 m de longueur, 4 m de largeur et 2,50 m de hauteur. Conclure.

33 ●●● L'eau des poissons

D4. Concevoir, créer, réaliser.

Mathis possède un aquarium contenant de l'eau de mer et quelques poissons arc-en-ciel.

Cette espèce de poisson ne peut vivre convenablement que si le pH de l'eau est compris entre 7,0 et 7,4.

. Parmi les images ci-dessous, seules deux d'entre elles correspondent à des méthodes de mesure de pH que Mathis peut utiliser.
Lesquelles ? Pourquoi ?

ⓐ ⓑ ⓒ

Détailler le protocole de chacune de ces méthodes.

Rechercher quelle est généralement l'espèce chimique dissoute qui est responsable d'un pH trop acide.

Rechercher comment l'on peut augmenter le pH d'un aquarium.

34 ●●● Conservation de la masse

D4. Interpréter un résultat expérimental.

En classe, Eva se porte volontaire pour prouver par l'expérience la conservation de masse lors d'une réaction chimique. Elle se souvient qu'il est possible de faire bruler de la laine d'acier.

• Elle pèse la laine d'acier dans une coupelle avec une balance et note le résultat obtenu : m = 131 g.

• Elle enflamme ensuite la laine d'acier et relève la valeur de la masse : m' = 131,1 g.

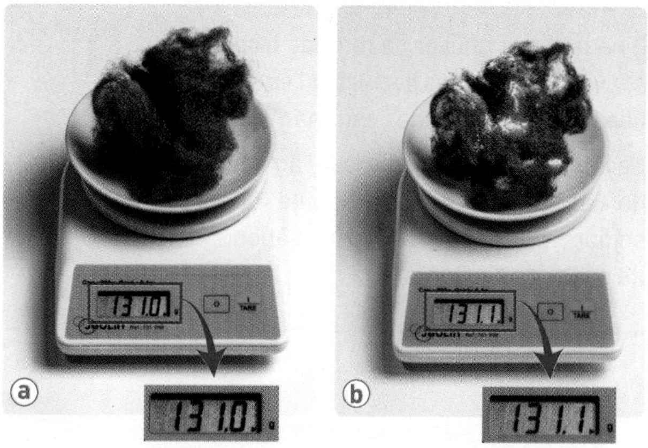

➡ Expliquer pourquoi la masse de la laine d'acier augmente pendant la combustion.

35 ●●● Combustion du butane

D2. Planifier une tâche expérimentale, organiser son espace de travail, garder des traces des étapes suivies et des résultats obtenus.

Aristide pense que quand le gaz (le butane) contenu dans le réservoir du briquet brule, il se forme du dioxyde de carbone.

Il réalise alors une expérience pour s'en assurer et se rend compte que son hypothèse était correcte.

1. Préciser l'hypothèse émise par Aristide.

2. Décrire l'expérience que va réaliser Aristide.

3. Rédiger un paragraphe de quelques lignes pour expliquer si l'hypothèse d'Aristide est validée. Pour cela, employer des connecteurs logiques tels que « donc », « car »...

▶ **Voir fiche méthode, p. 416.**

Problèmes

36 ●●● Des brulures d'estomac

D1.1. Utiliser la langue française en cultivant précision, richesse de vocabulaire et syntaxe.

Certaines personnes se plaignent de brulures d'estomac.

Ces sensations sont dues à une remontée d'acide chlorhydrique depuis l'estomac vers l'œsophage.

Pour neutraliser cet acide, il est possible de boire une solution de bicarbonate de sodium obtenue en dissolvant une cuillère à café de bicarbonate de sodium dans un verre d'eau.

Il ne faut pas utiliser ce remède trop souvent pour ne pas perturber l'équilibre acido-basique de l'estomac.

Leïla veut vérifier quelle est l'action de la solution de bicarbonate de sodium pour soulager la sensation de brulures d'estomac.

Voici ce qu'elle a écrit dans son cahier :

- J'ai préparé une solution de bicarbonate de sodium.
- J'ai pris un peu d'acide chlorhydrique ; j'y ai versé la solution de bicarbonate de sodium qui est basique. J'ai constaté effectivement que le mélange est moins acide.

1. Quel est le nom usuel du bicarbonate de sodium ?

2. Expliquer ce que l'on entend couramment par « neutraliser un acide ».

3. Préciser quelles sont les mesures sans doute réalisées par Leïla.

4. Rédiger un paragraphe de quelques lignes pour expliquer en quoi le bicarbonate de sodium peut aider à réduire la sensation de brulures d'estomac.

Sciences MAG

37 Comment réaliser une gravure à l'eau forte ?

Le premier procédé qui a permis d'imprimer une image est la gravure. Pendant longtemps, le bois ou la pierre ont été utilisés. S'est ensuite imposée la gravure sur cuivre, plus résistante. Le cuivre a d'abord été gravé à l'aide de burin, mais cette technique était longue et fatigante.

C'est alors qu'est apparue au début du XVe siècle la gravure à l'eau forte (ancien nom de l'acide nitrique).

À notre époque, pour réaliser une gravure à l'eau forte, l'artiste dépose tout d'abord une couche de vernis sur l'ensemble de la plaque en cuivre. Il dessine ensuite sur le vernis avec une pointe, enlevant ainsi la couche de vernis protecteur sans chercher à creuser profondément la plaque qui va être trempée dans un bain d'acide.

Le cuivre mis à nu réagit alors avec l'acide tandis que la partie protégée par le vernis reste intacte.

La plaque est ensuite nettoyée et le vernis enlevé avec un solvant. La plaque peut alors être encrée et mise sous presse pour reproduire le dessin.

Beaucoup de peintres se sont essayés à cette technique, tels Rembrandt, Manet ou encore Picasso.

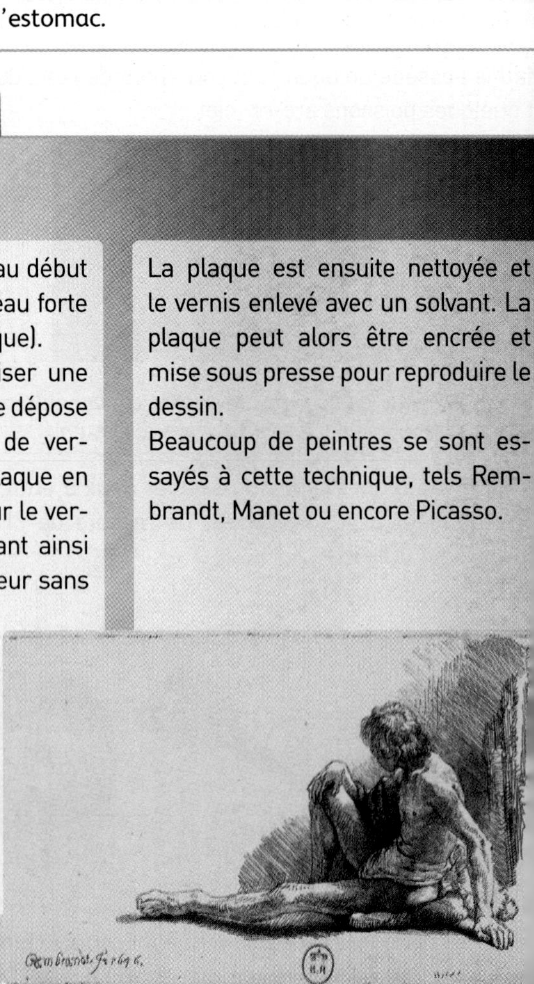

Gravure de Rembrandt, *Académie d'un homme assis à terre*, 1646.

➡ Réaliser une recherche pour expliquer pourquoi l'acide nitrique n'est plus utilisé. Quel produit l'a remplacé ?

Sujet Brevet

38 Produits ménagers : quels dangers ?

30 min

Les produits ménagers sont de plus en plus performants.
Quelques gouttes et l'on peut nettoyer, déboucher, lustrer...
Mais ces produits sont-ils sans danger ?
Que faut-il faire pour les manipuler sans courir de risques ?

1 On s'intéresse à l'acide chlorhydrique utilisé comme détartrant.

> On appelle *tartre* les dépôts calcaires qui se forment dans les canalisations ou sur les lavabos et éviers.
>
> La composition est voisine de celle de la craie.
>
> Le tartre réagit avec les acides pour former du dioxyde de carbone.

Qu'est-ce que le tartre ?

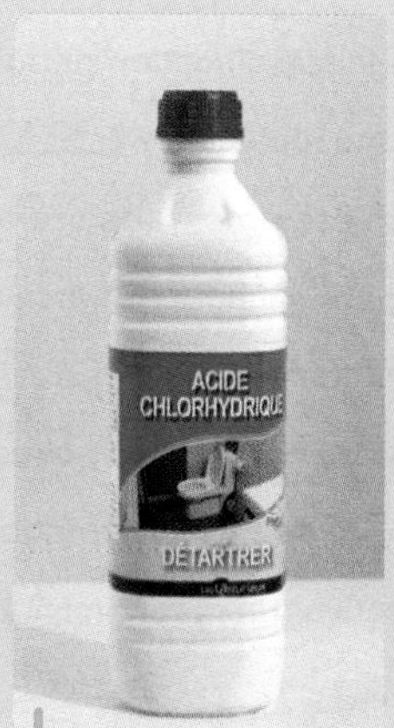

L'acide chlorhydrique est une solution aqueuse d'un gaz, le chlorure d'hydrogène.

Ce détartrant contient de l'acide chlorhydrique à 23 %, cela signifie que 100 g de solution contient 23 g de chlorure d'hydrogène dissout.
Sa masse volumique est de 1,01 kg/L.

Composition du détartrant.

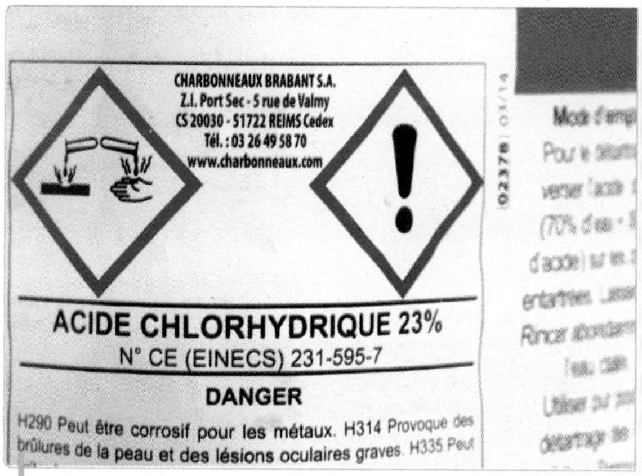

Étiquette d'une bouteille de détartrant.

Questions

1. Donner la signification des pictogrammes de sécurité du détartrant.

2. Citer les risques que présente la manipulation de ce produit.

3. Énumérer les précautions à prendre lorsque l'on utilise ce produit.

4. Expliquer pourquoi lorsque l'on utilise le détartrant, on réalise une transformation chimique.

5. Décrire un protocole permettant de vérifier la valeur du pH des produits ménagers.

6. Choisir parmi les valeurs suivantes celle qui pourrait être la valeur du pH du détartrant : 2 ; 7 ; 10.

7. Expliquer pourquoi l'on peut considérer que la masse de 1 litre d'acide chlorhydrique à 23 % est de 1 kilogramme.

8. Calculer la masse d'acide chlorhydrique dissout dans une bouteille d'un litre.

9. En déduire la masse d'eau contenue dans cette même bouteille.

2 Carl veut nettoyer une statuette en fer. Protégé par des gants et à l'aide d'une pince en bois, il trempe la statuette dans le détartrant et observe une effervescence autour de la statuette qui devient rugueuse.

Questions

10. Décrire ce qui s'est passé.

11. Le produit ménager convenait-il pour nettoyer la statuette de Carl ?

12. Écrire le bilan de la réaction d'effervescence.

CHAPITRE 4

Éléments chimiques et équations de réaction

Sommaire

Zoom sur...

Les croisements entre thèmes

Dans l'activité 8, je fais le lien avec le chapitre 9 du thème C, **L'énergie et ses conversions** (p. 222 du manuel).

L'interdisciplinarité

Dans l'activité 5, je fais le lien avec l'EMC, **L'engagement, agir individuellement et collectivement**.

Une animation

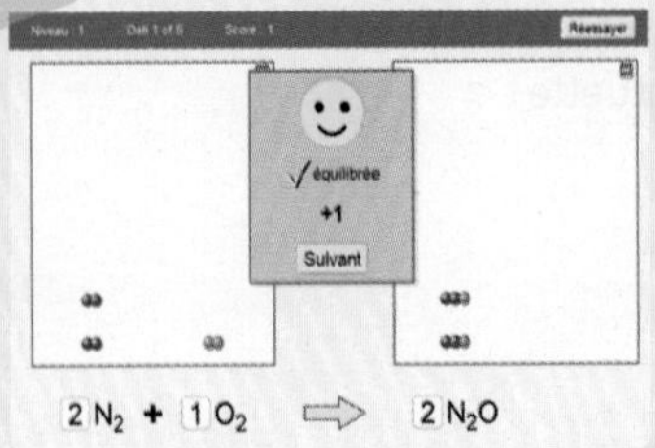

Dans l'activité 8, je découvre une animation pour équilibrer une équation de réaction.

Une animation

Dans l'exercice 37, je découvre une animation sur l'obtention des couleurs dans un feu d'artifice.

Quels réactifs sont utilisés pour fabriquer du savon ?

• Fabrication artisanale de savons d'Alep (Syrie).

Dans ce chapitre, je vais	Activités	Exercices
→ Comprendre ce qu'est un atome.	1	13 à 15
→ Utiliser le tableau périodique des éléments.	2	12
→ Comprendre ce qu'est une molécule et écrire sa formule chimique.	3 5	16 à 22
→ Comprendre ce qu'est un ion.	5 7	23 à 30
→ Identifier des ions.	6 9	
→ Interpréter une transformation chimique.	4	31 à 34
→ Associer une transformation chimique à son équation de réaction.	8	35 et 36

ACTIVITÉ 1

Comment peut-on représenter un atome ?

COMPÉTENCES ÉVALUABLES

D1.1 Lire et comprendre des documents scientifiques.
D2. Effectuer des recherches bibliographiques.

Sur Terre, toute la matière est formée à partir d'un nombre limité de petites particules appelées atomes. À ce jour, on en a découvert plus d'une centaine.

1 Taille des atomes.

On peut se représenter les atomes comme des boules dont la valeur du diamètre s'exprime en picomètres (pm).

Atome d'hydrogène.
Diamètre : 75 pm.

Atome de carbone.
Diamètre : 154 pm.

Atome d'uranium.
Diamètre : 277 pm.

2 Représentation des atomes.

Les atomes sont si petits qu'ils sont invisibles à l'œil nu. Pour les étudier au laboratoire, on dispose de modèles moléculaires : ce sont des boules de différentes couleurs qui permettent de différencier rapidement les atomes les uns des autres.

Carbone		**Hydrogène**	
Oxygène		**Chlore**	
Azote		**Soufre**	

3 Symboles chimiques de quelques atomes.

Nom de l'atome	Symbole chimique
Hydrogène	H
Carbone	C
Oxygène	O
Soufre	S
Calcium	Ca
Cuivre	Cu
Cobalt	Co
Magnésium	Mg
Hélium	He
Azote	N

Questions

1 **Doc 1.** Préciser la forme sous laquelle on peut se représenter un atome. Convertir 1 pm en mètre (utiliser un tableau de conversion semblable à celui de la page 124).

2 **Docs 1. et 2.** Combien de fois l'atome de carbone est-il plus grand que l'atome d'hydrogène ? L'échelle est-elle respectée dans le document 2 ?

3 **Doc 2.** Pourquoi les modèles des atomes ont-ils des couleurs différentes ? Est-ce la réalité ?

4 **Doc 3.** Quelle est la règle générale qui a permis, à partir du nom d'un atome, de proposer son symbole ?

5 **Doc 3.** Expliquer pourquoi certains symboles sont composés de deux lettres. La première lettre est écrite en majuscule, que dire de la seconde ?

6 **Pour aller plus loin** Après une recherche sur Internet, expliquer pourquoi l'atome d'azote est représenté par la lettre N et le sodium par le symbole Na.

COMPÉTENCE ÉVALUABLE

D1.1 Lire et comprendre des documents scientifiques.

2 Qu'est-ce que la classification périodique ?

1 L'origine de la classification périodique.

Histoire des sciences

Alors que seuls 17 éléments chimiques étaient connus en 1700, on en connaissait 64 en 1868. Les éléments étaient alors énumérés sous la forme d'une liste qui précisait leurs nombreuses propriétés connues.

On avait constaté que certains de ces éléments présentaient des ressemblances : le sodium et le potassium, par exemple, réagissent tous les deux violemment au contact de l'eau.

En 1869, le chimiste russe Dmitri Mendeleïev, qui recherchait une loi générale permettant de classer les éléments, eut l'idée de les présenter sous forme de tableau.

À l'époque, les éléments étaient ordonnés par masse atomique croissante. Aujourd'hui, ils sont placés par numéro atomique croissant. Les éléments d'une même colonne ont des propriétés proches.

2 Reproduction du tableau observé par Lucas.

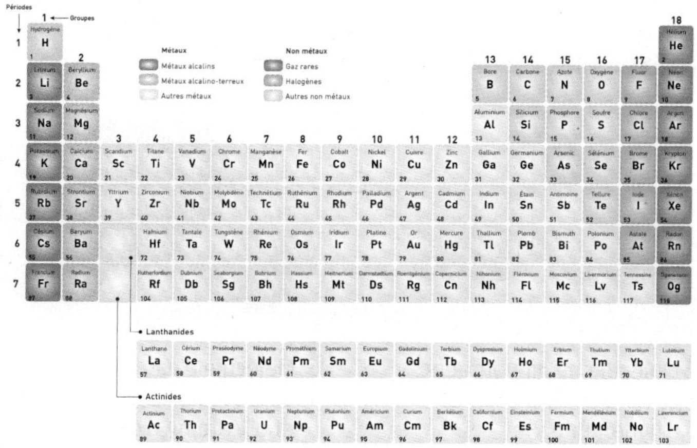

Période	1	2	3	4	5	6	7	8	9	10	11	12	13	14	15	16	17	18
1	H 1																	He 2
2	Li 3	Be 4											B 5	C 6	N 7	O 8	F 9	Ne 10
3	Na 11	Mg 12											Al 13	Si 14	P 15	S 16	Cl 17	Ar 18
4	K 19	Ca 20	Sc 21	Ti 22	V 23	Cr 24	Mn 25	Fe 26	Co 27	Ni 28	Cu 29	Zn 30	Ga 31	Ge 32	As 33	Se 34	Br 35	Kr 36
5	Rb 37	Sr 38	Y 39	Zr 40	Nb 41	Mo 42	Tc 43	Ru 44	Rh 45	Pd 46	Ag 47	Cd 48	In 49	Sn 50	Sb 51	Te 52	I 53	Xe 54
6	Cs 55	Ba 56		Hf 72	Ta 73	W 74	Re 75	Os 76	Ir 77	Pt 78	Au 79	Hg 80	Tl 81	Pb 82	Bi 83	Po 84	At 85	Rn 86
7	Fr 87	Ra 88		Rf 104	Db 105	Sg 106	Bh 107	Hs 108	Mt 109	Ds 110	Rg 111	Cn 112	Nh 113	Fl 114	Mc 115	Lv 116	Ts 117	Og 118

Lanthanides	La 57	Ce 58	Pr 59	Nd 60	Pm 61	Sm 62	Eu 63	Gd 64	Tb 65	Dy 66	Ho 67	Er 68	Tm 69	Yb 70	Lu 71
Actinides	Ac 89	Th 90	Pa 91	U 92	Np 93	Pu 94	Am 95	Cm 96	Bk 97	Cf 98	Es 99	Fm 100	Md 101	No 102	Lr 103

▶ **Voir une version plus grande du tableau page 434 du manuel.**

3 Zoom sur la case d'un élément.

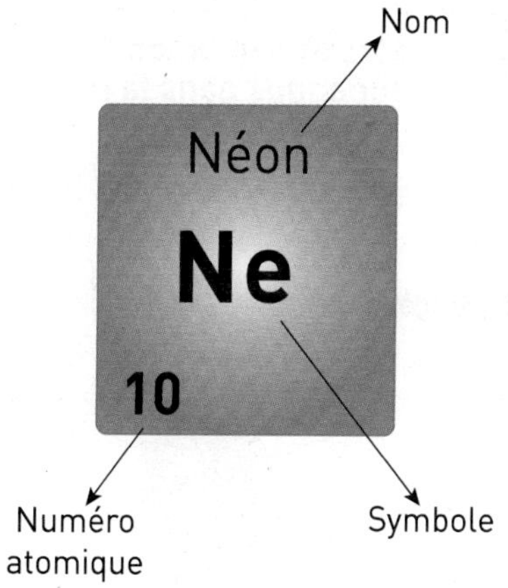

Questions

Docs 1 et 2. Combien d'éléments ont été découverts entre 1700 et 1868 ?

Doc 2. Quel élément du tableau a le numéro atomique le plus petit ? Quel élément du tableau a le numéro atomique le plus grand ?

Docs 2. et 3. Quel est l'élément dont le numéro atomique précède celui du néon ? Quel est l'élément qui suit le néon ?

Doc 2. Où le sodium et le potassium sont-ils placés dans le tableau périodique ? Donner au moins une raison de ce positionnement.

Doc 2. Qu'est-ce qui apparait comme périodique dans le tableau ?

Pour aller plus loin **TICE** Dans la dernière colonne sont placés certains éléments qui n'étaient pas connus à l'époque de Mendeleïev. Lesquels ? Où les rencontre-t-on aujourd'hui dans la vie courante ?

VOCABULAIRE

Périodique : qui revient régulièrement.

ACTIVITÉ 3 TÂCHE COMPLEXE

COMPÉTENCE ÉVALUABLE

D1.3 Passer d'une forme de langage scientifique à une autre.

Qu'est-ce qu'une molécule ?

Situation

La matière est constituée à partir d'une centaine d'atomes différents qui, très souvent, s'associent en petites structures appelées molécules.
Yacine et Lou disposent de modèles moléculaires grâce auxquels ils représentent ces molécules. Ils construisent ainsi les quatre modèles suivants :

ⓐ

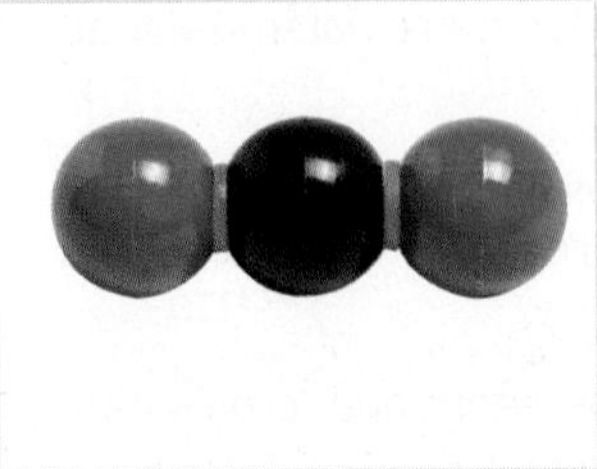
ⓑ

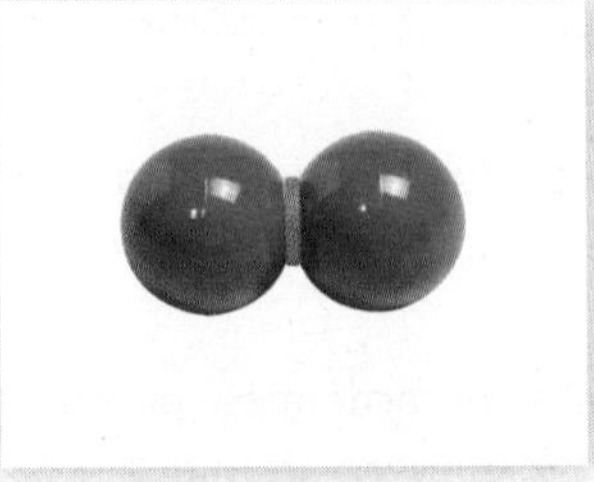
ⓒ

ⓓ

CONSIGNE **Retrouver** la composition des molécules représentées par Yacine et Lou, et en déduire leur formule chimique.

1 Modèles et symboles de 4 atomes très répandus dans la nature.

Nom	Modèle	Symbole
Hydrogène		H
Oxygène		O
Carbone		C
Azote		N

2 Exemples de modèles moléculaires.

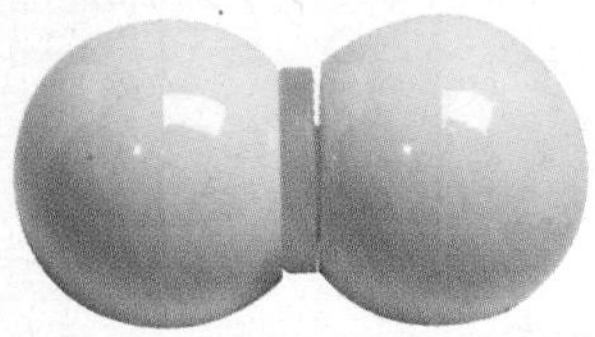
a Molécule de dihydrogène composée de 2 atomes d'hydrogène.

b Molécule d'eau composée de 2 atomes d'hydrogène et d'1 atome d'oxygène.

3 Comment écrire une formule ?

La formule d'une molécule indique quels atomes constituent la molécule et précise leur nombre, écrit en indice à droite du symbole correspondant.

H_2 : Symbole de l'hydrogène — H ; 2 atomes d'hydrogène — 2

H_2O : Symbole de l'hydrogène — H ; 2 atomes d'hydrogène — 2 ; Symbole de l'oxygène — O ; 1 atome d'oxygène (indice 1 non précisé)

Besoin d'aide ?

▶ **Retrouvez des aides en fin d'ouvrage, p. 423.**

4 Comment modéliser une transformation chimique ?

COMPÉTENCES ÉVALUABLES

D1.3 Passer d'une forme de langage scientifique à une autre.
D4. Développer des modèles simples pour expliquer des faits d'observation.

Léonore, Marius et Kalinka ont modélisé ce qui se passe à l'échelle microscopique lors de la combustion complète du carbone dans le dioxygène.

1 Photo de l'expérience.

▶ Voir chapitre 3, p. 70.

Mon cahier de labo

Matériel à disposition :
- Flacon en verre rempli de dioxygène.
- Carbone incandescent.
- Bouchon avec un fil.

2 Modélisation des élèves.

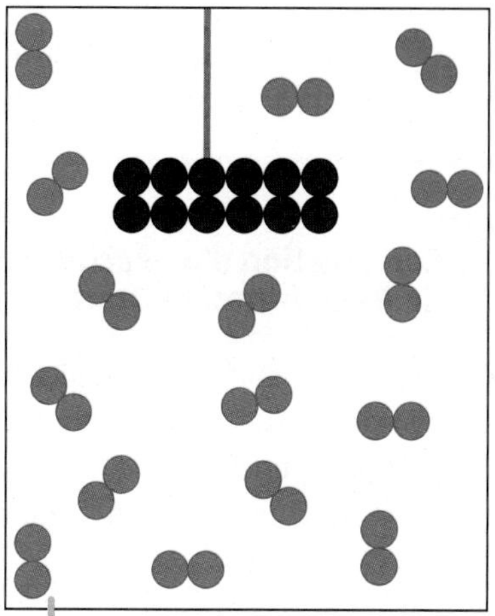

a Avant la combustion.

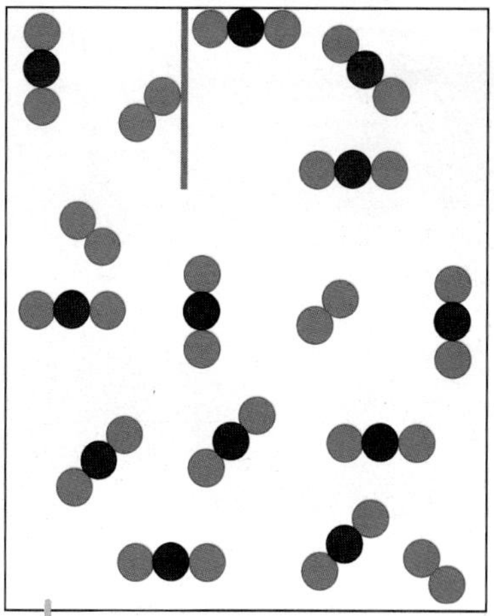

b À la fin de la combustion.

Questions

1 **Docs 1. et 2a.** Que représentent les ronds noirs et pourquoi sont-ils collés les uns aux autres ?

2 **Docs 1. et 2a** . Que représentent les ronds rouges ? Pourquoi sont-ils groupés par deux ?

3 **Doc 2.** Pourquoi, dans cette représentation, Léonore et ses camarades ont-ils placé les groupes de ronds rouges éloignés les uns des autres ?

4 **Doc 2.** Expliquer pourquoi il reste des couples de ronds rouges dans la représentation à la fin de la combustion.

5 **Doc 2.** Nommer le(s) réactif(s) et le(s) produit(s) de la réaction chimique. Donner leur symbole.

Pour aller plus loin Proposer une schématisation de la combustion du méthane CH_4 qui met en jeu les molécules suivantes :

Réactifs	Produits
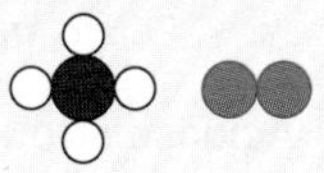	

VOCABULAIRE

Incandescence : état d'un corps qui, porté à haute température, émet de la lumière.

TÂCHE COMPLEXE

ACTIVITÉ 5

Comment un petit sachet peut-il sauver des vies ?

COMPÉTENCE ÉVALUABLE

D1.1 Lire et comprendre des documents scientifiques.

Situation

Dans des pays éprouvés par des catastrophes naturelles ou des guerres, l'UNICEF (Fonds des Nations unies pour l'enfance) distribue des sachets de Solution de Réhydratation Orale (SRO) qu'il faut dissoudre dans de l'eau potable.

CONSIGNE

Citer des espèces chimiques présentes dans le mélange ainsi préparé.
Préciser ensuite leur nom et, lorsque cela est possible, leur formule.

1 Composition d'un sachet de Solution de Réhydratation Orale.

■ L'atome de sodium Na (particule neutre) est composé d'un noyau autour duquel gravitent 11 électrons.
Lorsqu'il perd un électron, il devient un ion sodium Na^+ (particule chargée).

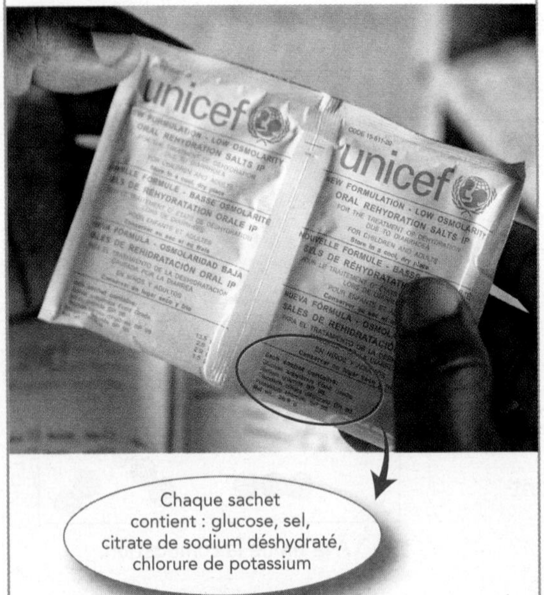

■ L'ion sodium et l'ion potassium, indispensables à la vie, sont éliminés lors de sévères déshydratations accompagnées de diarrhées. Chez un patient déshydraté, le pH du sang est également souvent trop acide.
L'ion citrate ($C_6H_5Na_3O_7^{3-}$) permet de corriger cette acidose.

2 Modèle compact et modèle éclaté.

■ Pour plus de lisibilité des modèles moléculaires, les atomes ne sont parfois pas représentés reliés entre eux (modèle compact), mais séparés par des tiges (modèle éclaté) :

a Modèle compact de la molécule d'eau (H_2O).

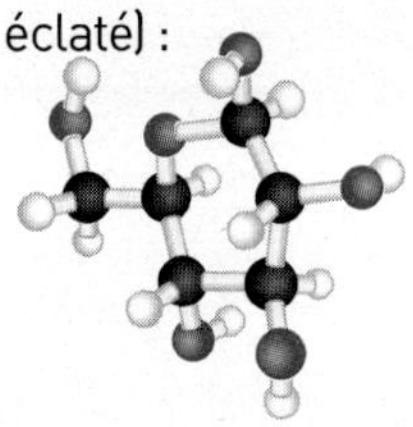

b Modèle d'un sucre, le glucose ($C_6H_{12}O_6$).

3 Dissolution d'un soluté dans l'eau.

■ Au cours d'une dissolution, une molécule reste entière alors que les ions qui constituent **un cristal** se séparent.

a Représentation d'un cristal de chlorure de sodium (nom usuel : le sel) et d'un cristal de chlorure de potassium.

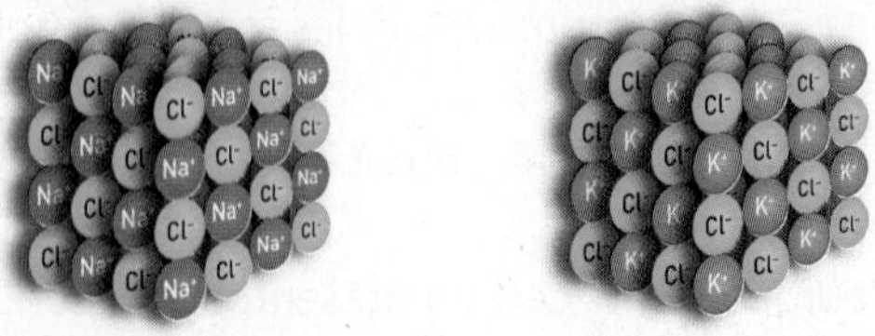

b Modélisation de l'eau salée. Les molécules d'eau ne sont pas représentées.

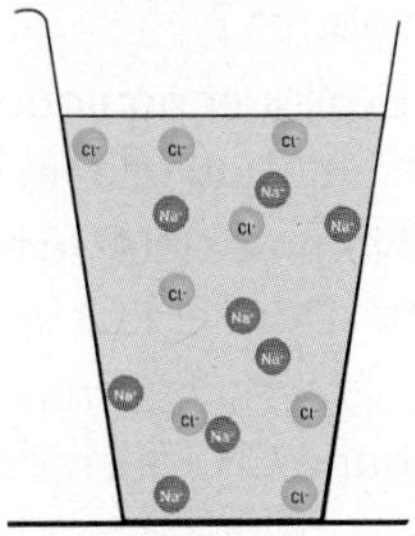

Besoin d'aide ?

▶ **Retrouvez des aides en fin d'ouvrage, p. 423.**

VOCABULAIRE

Acidose : trouble médical qui apparaî quand le pH du sang diminue.

6 Comment identifier des ions ?

COMPÉTENCES ÉVALUABLES

D1.1 Lire et comprendre des documents scientifiques.
D4. Réaliser un dispositif d'observation.

On dispose de plusieurs solutions contenant des ions.
On cherche à prouver leur présence.

1 Principe du test par précipitation.

■ Dans un test d'ion par précipitation, on utilise un réactif spécifique.
Si un solide insoluble (précipité) de la couleur attendue se forme, c'est que l'ion recherché est présent dans la solution.

▶ **Voir Tests caractéristiques p. 432.**

2 Tableau des ions à tester.

Ion à tester	Ion fer II	Ion fer III	Ion cuivre II	Ion zinc II	Ion aluminium III	Ion chlorure
Formule de l'ion	...	...	...	...	...	...
Réactif testeur	...	...	...	...	...	...
Couleur du précipité	...	...	...	...	...	...

3 Test par précipitation avec le nitrate d'argent.

■ Un précipité se forme lorsque des ions chlorure (Cl^-) sont présents dans la solution.

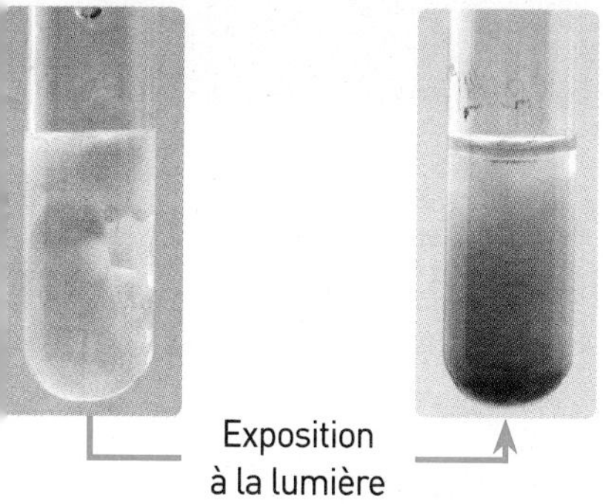

4 Test quantitatif de prédominance des ions H^+ et HO^-.

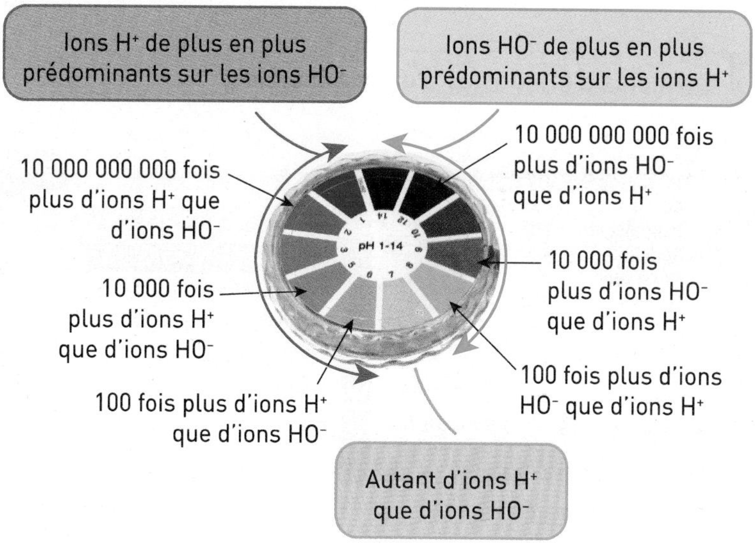

Questions

Docs 1. à 3. **EXP** Recopier et remplir le tableau.

Doc 3. Quel est l'ion que l'on peut mettre en évidence avec le nitrate d'argent ?

Doc 4. Si le pH de la solution est de 10, quel est l'ion majoritaire qui a été mis en évidence ?

Doc 1. Si le précipité obtenu après ajout d'hydroxyde de sodium est blanc, peut-on en déduire quel est l'ion présent dans la solution ? Justifier.

Doc 1. Comment mettre en évidence les ions contenus dans une solution de chlorure de fer III ? Qu'observera-t-on en réalisant les tests ?

Pour aller plus loin Une solution ionique est **électriquement neutre**. Quelle est, dans une solution de chlorure de fer, la proportion des ions Cl^- et des ions Fe^{3+} ?

VOCABULAIRE

Électriquement neutre : une solution est toujours électriquement neutre car la quantité de charges positives est égale à la quantité de charges négatives.

Précipité : substance solide insoluble qui apparait au cours d'une transformation chimique.

COMPÉTENCE ÉVALUABLE

D1.3 Passer d'une forme de langage scientifique à une autre.

ACTIVITÉ 7

Toutes les eaux minérales sont-elles potables ?

Au XVIIe siècle, on ne pouvait juger de la qualité d'une eau que par son aspect, son odeur ou son gout. Aujourd'hui, nos connaissances scientifiques nous permettent d'étudier précisément la composition de l'eau que l'on met en bouteille. On a réuni ici plusieurs étiquettes d'eaux minérales.

1 Norme européenne de potabilité pour les eaux du robinet et les eaux de source.

		Noms de l'ion	Formule de l'ion	Concentration maximale (en mg/L)
Anion	Monoatomique	fluorure	F^-	1,5
		chlorure	Cl^-	250
	Polyatomique	nitrate	NO_3^-	50
		sulfate	SO_4^{2-}	250
Cation	Monoatomique	sodium	Na^+	200
	Polyatomique	ammonium	NH_4^+	0,1

2 Exemples d'étiquettes d'eaux minérales.

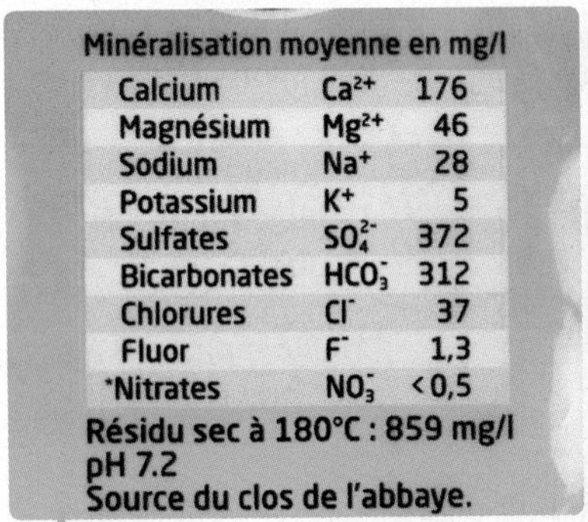

a Étiquette de marque A.

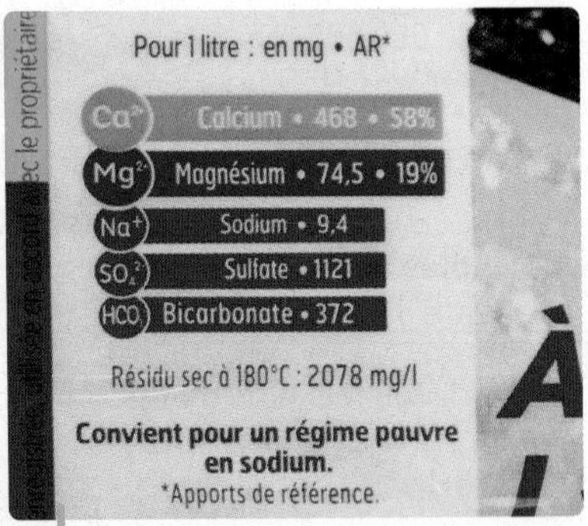

b Étiquette de marque B.

3 Tableau de concentration des ions dans les bouteilles d'eaux minérales.

Concentration des ions (en mg/L)	Eau A	Eau B	...
F^-			
Cl^-			
NO_3^-			
SO_4^{2-}			
Na^+			
NH_4^+			

Questions

1 **Doc 1.** Observer le tableau et en déduire la différence entre un cation et un anion, puis entre un ion monoatomique et un ion polyatomique.

2 **Docs 2. et 3.** **EXP** Recopier et remplir le tableau à l'aide des étiquettes de bouteilles d'eau à votre disposition.

3 **Docs 1. à 3.** Quelles sont les eaux minérales qui respectent la norme de potabilité ?

4 **Pour aller plus loin** Pour la réalisation des biberons, il est recommandé d'utiliser une eau faiblement minéralisée (moins de 500 mg de résidus à sec), avec peu de nitrate, sodium, fluor et sulfate. Quelles sont les eaux qui satisfont ces conditions ?

INVESTIGATION

COMPÉTENCE ÉVALUABLE

D1.3 Passer d'une forme de langage scientifique à une autre.

8 Comment décrire une transformation chimique ?

Situation

Le carbone et l'hydrogène sont parmi les atomes les plus abondants sur la planète. On les retrouve dans de nombreuses transformations chimiques.

Le foyer d'un barbecue à charbon

Quand les beaux jours reviennent et qu'on allume son barbecue, le foyer du barbecue est le lieu de la transformation suivante : des molécules de dioxyde de carbone se forment après redistribution des atomes du carbone et des atomes des molécules de dioxygène.

Les dangers du monoxyde de carbone

Le monoxyde de carbone est un gaz extrêmement dangereux qui se forme lors de combustions incomplètes. Deux molécules de monoxyde de carbone se forment après redistribution des atomes qui constituaient le carbone et des molécules de dioxygène.

Le lanceur Ariane et son moteur Vulcain

Le lanceur Ariane possède un moteur Vulcain. Le dihydrogène et le dioxygène stockés dans des réservoirs sont acheminés jusqu'au moteur Vulcain où les atomes de deux molécules de dihydrogène et d'une molécule de dioxygène se trouvent redistribués en deux molécules d'eau.

CONSIGNE

Associer chacune des expériences précédentes à l'équation de réaction qui lui correspond :

- $2\,C + O_2 \rightarrow 2\,CO$
- $C + O_2 \rightarrow CO_2$
- $2\,H_2 + O_2 \rightarrow 2\,H_2O$
- $H_2 + 2\,O_2 \rightarrow 2\,H_2O$
- $C + O_2 \rightarrow 2\,CO$

ANI > Entrainez-vous à équilibrer des équations de réaction.

Besoin d'aide ?

▶ **Retrouvez des aides en fin d'ouvrage, p. 423.**

TÂCHE COMPLEXE

ACTIVITÉ 9

Comment retrouver un meurtrier ?

COMPÉTENCE ÉVALUABLE

D1.3 Interpréter des résultats expérimentaux.

Situation

Le 18 avril, à 20 heures, alors qu'une tempête de neige va sévir, l'agent de sécurité du laboratoire CHIMIX trouve le professeur Elektron sans vie dans son bureau.
À côté de son cadavre, la police criminelle découvre un morceau de tissu imprégné d'un liquide inconnu.

CONSIGNE **Mener l'enquête afin de monter un dossier d'accusation contre le ou les assassin(s), mais aussi afin de disculper les autres suspects.**

ACT lienmini.fr/pc-019 Version interactive

1 Les suspects.

Les caméras de surveillance ont permis d'identifier 5 suspects qui sont entrés dans le laboratoire :
- Mme Bordeaux, 34 ans, agricultrice qui a apporté le panier bio que le professeur Elektron lui avait commandé.
- M. Métal, 25 ans, technicien dans une usine d'électrozingage qui était venu consulter le professeur pour un problème technique.
- Mme Senbon, 39 ans, fabricante de savons et compagne du professeur.
- M. Sodique, 29 ans, conducteur d'une épandeuse à sel et voisin de la victime, venu le prévenir de l'imminence d'une tempête de neige.
- M. Toupropre, 42 ans, directeur d'une usine textile et meilleur ami de la victime.

2 Bilan des expériences réalisées sur la pièce à conviction.

Mesure du pH	pH = 5
Test avec l'hydroxyde de sodium	Test positif : observation d'un précipité blanc
Test avec le nitrate d'argent	Test négatif

3 Traitements de l'agriculture biologique.

La bouillie bordelaise est un fongicide : c'est une substance qui élimine ou limite le développement des champignons grâce aux ions cuivre (Cu^{2+}) du mélange qui bloquent la germination des spores.
La législation de l'agriculture biologique en autorise l'utilisation pour un maximum de 6 kg/ha/an (6 kg par hectare de culture et par an).

4 Entretien des routes lors de nuits froides.

En hiver, le salage des chaussées permet de faire fondre la neige compactée et durcie ou d'éviter la formation de glace.
Le sel est répandu avec une épandeuse, couramment appelée « saleuse ».

5 Réaction de saponification.

Le savon est le produit d'une réaction chimique, la saponification. C'est la transformation chimique d'un corps gras (huile végétale) sous l'action de soude :

$$\text{huile} + \text{soude} \longrightarrow \text{glycérine} + \text{savon}$$

L'huile est apportée en excès au départ. L'huile résiduelle et la glycérine produite sont présentes dans le savon final qui est alors appelé « savon surgras ».

6 Blanchiment des tissus.

Avant teinture, les textiles sont blanchis par ajout de peroxyde d'hydrogène (communément appelé « eau oxygénée ») qui doit ensuite être éliminé.
Le peroxyde d'hydrogène H_2O_2 se décompose naturellement en eau et en dioxygène, qui blanchit les tissus. Cette transformation est lente à 25 °C. Pour aller plus vite, on peut chauffer, mais cela risque d'endommager le textile. On ajoute donc des ions fer II (Fe^{2+}) qui agissent comme catalyseur en réduisant le temps de blanchiment de plus de 75 %.

7 Principe de l'électrozingage.

Le zingage est un terme général désignant tout traitement de surface entrainant la formation d'une fine couche de zinc sur un objet métallique afin de le protéger de la corrosion. Il est souvent réalisé par l'électrolyse d'une solution contenant des ions zinc II (Zn^{2+}) :

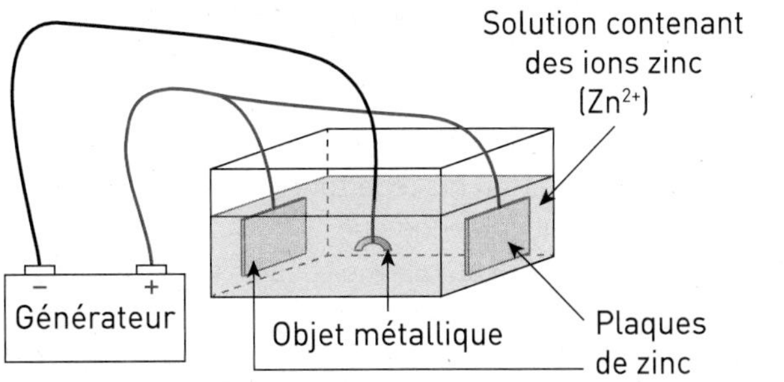

8 Tests d'identification des ions.

Ion testé	Ion fer II	Ion fer III	Ion cuivre	Ion aluminium	Ion zinc	Ion chlorure
Formule de l'ion	Fe^{2+}	Fe^{3+}	Cu^{2+}	Al^{3+}	Zn^{2+}	Cl^-
Réactif testeur	Hydroxyde de sodium	Hydroxyde de sodium	Hydroxyde de sodium	Hydroxyde de sodium	Hydroxyde de sodium	Nitrate d'argent
Couleur du précipité	vert	rouille	bleu	blanc	blanc	blanc

a Tests par précipité.

Ion testé	Formule de l'ion	Valeur du pH
Ion hydrogène	H^+	pH < 7
Ion hydroxyde	HO^-	pH > 7

b Test par mesure du pH.

9 Noms usuels et noms scientifiques.

Dans la vie des tous les jours, nous n'utilisons pas toujours les noms scientifiques des composés chimiques !
• Vous viendrait-il à l'idée, par exemple, de demander à votre voisin de table de vous passer le « chlorure de sodium » ? Ce nom savant désigne en effet un assemblage d'ions chlorure et d'ions sodium qui, au contact de l'eau, se dispersent en solution. Ce composé est communément appelé... sel !
• La soude (composé basique) est une solution aqueuse d'hydroxyde de sodium, assemblage d'ions sodium et d'ions hydroxyde.

Besoin d'aide ?

▶ **Retrouvez des aides en fin d'ouvrage, p. 423.**

VOCABULAIRE

Catalyseur : substance qui accélère la vitesse d'une transformation chimique sans apparaitre dans le bilan de la réaction.

Corrosion : altération chimique des métaux ou des alliages entrainant généralement leur destruction progressive.

Imminence : un évènement imminent est sur le point de se produire.

Résiduel : qui reste après la transformation.

Éléments chimiques et équations

▶ Retrouvez aussi **Le bilan de 5e** BILAN lienmini.fr/pc-020 **Le bilan de 4e** BILAN lienmini.fr/pc-021

1 La matière qui nous entoure

▶ Activités 1 2 3 5 6 7 9

a Les atomes

■ Il existe plus d'une centaine d'atomes différents répertoriés dans la classification périodique.

▶ **Voir l'annexe du tableau p. 434.**

■ À chaque atome est associé un **symbole chimique** : une lettre écrite en majuscule parfois suivie d'une lettre en minuscule.

■ Dans les boites destinées à la réalisation de modèles moléculaires, l'atome est représenté par une sphère de couleur.

Diamètre de l'ordre de 0,1 nm = 10^{-10} m

Nom de l'atome	Azote	Carbone	Hydrogène	Oxygène
Symbole	N	C	H	O
Modèle				

b Les molécules

■ Une molécule est **un assemblage d'atomes**.

À chaque molécule est associée une **formule chimique**. Elle indique le nom des différents atomes qui la constituent et précise leur nombre.

Exemple : CO_2 est la formule chimique du dioxyde de carbone.

Symbole du carbone — CO_2 — Symbole de l'oxygène

1 atome de carbone (indice 1 non précisé) — 2 atomes d'oxygène

Cette molécule est constituée de 1 atome de carbone et de 2 atomes d'hydrogène.

■ Les molécules peuvent être représentées par un **modèle moléculaire** :

Molécule	Diazote	Dihydrogène	Dioxyde de carbone	Dioxygène	Eau	Méthane
Formule	N_2	H_2	CO_2	O_2	H_2O	CH_4
Modèle moléculaire			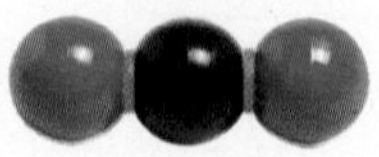			

de réaction

MOTS-CLÉS

Atome	Classification périodique	Équation de réaction	Molécule
Charge électrique	Élément	Formule	Polyatomique
		Ion	Redistribution

VOIR LEXIQUE P. 418

C Les ions

- Les ions sont des particules **chargées**.

Ils peuvent être **monoatomiques** (atome ayant « perdu » ou « gagné » un ou des électrons) ou **polyatomiques** (assemblage d'atomes ayant globalement « perdu » ou « gagné » un ou des électrons).

- **La charge d'un ion** est écrite en exposant à droite du symbole de l'atome (ou du groupe d'atomes) correspondant.

L'**exposant** indique la **charge globale** de l'**ion**.

Na^{+} SO_4^{2-}

- Certains ions peuvent être mis en évidence par des tests caractéristiques. ▶ **Voir Annexes page 432.**

Exemples

① Test par précipitation

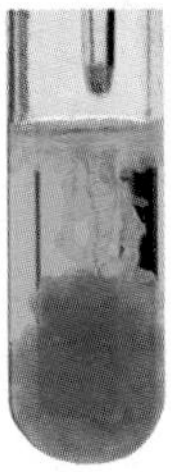

Le précipité bleu en présence de soude est caractéristique des ions cuivre II.

② Test sur papier pH

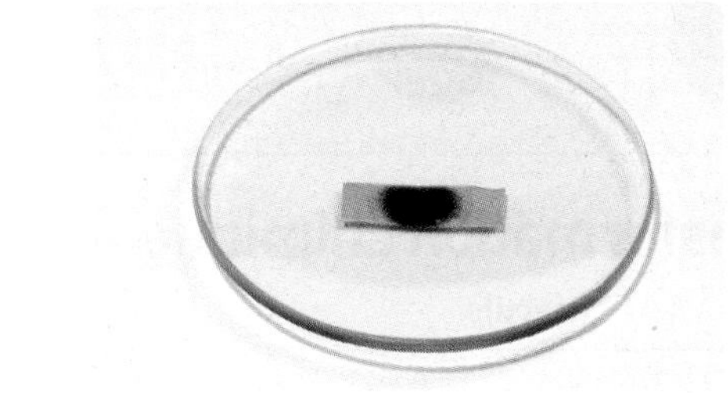

La couleur du papier indique la valeur du pH. Ici, le pH est supérieur à 7, il y a prédominance des ions HO^{-}.

2 La transformation chimique

▶ Activités 4 8

- Au cours d'une transformation chimique, les atomes qui constituent les réactifs **se redistribuent** pour former les produits.

Exemple : la combustion du méthane :

Réactifs **Produits**

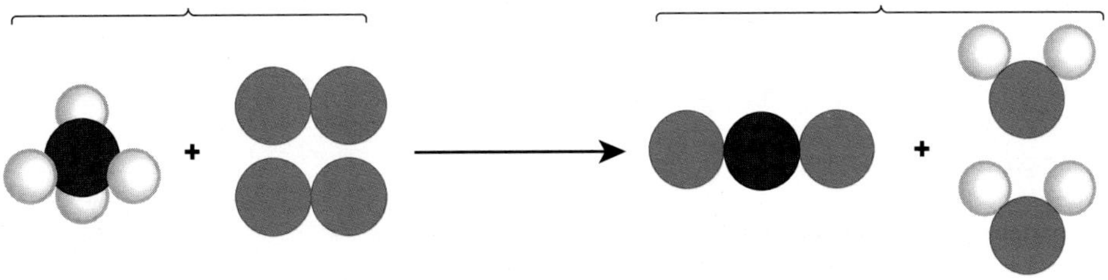

- Pour représenter une transformation chimique, on utilise une écriture symbolique : **l'équation de réaction**.

$$CH_4 + 2\,O_2 \longrightarrow CO_2 + 2\,H_2O$$

Réactifs	Produits
1 atome de carbone : 1 C	1 atome de carbone : 1 C
4 atomes d'hydrogène : 4 H	**2** × 2 atomes d'hydrogène : 4 H
2 × 2 atomes d'oxygène : 4 O	2 + **2** × 1 atomes d'oxygène : 4 O

L'essentiel

La matière qui nous entoure est composée de particules extrêmement petites qui peuvent réagir entre elles.

La matière

Atomes	Molécules	Ions
• **Particule <u>neutre</u> très petite** 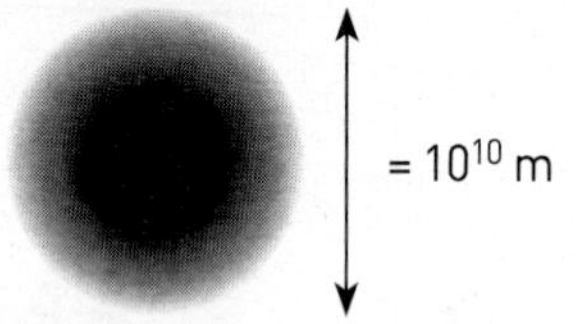 • **Symbole** H, He, C, Cu, O... • **Modèle** 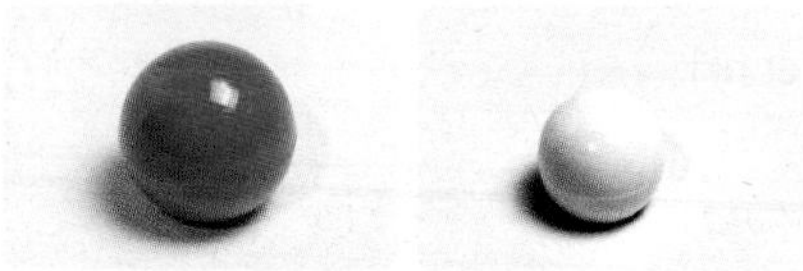	• **Assemblage <u>neutre</u> d'atomes** • **Formule** CO_2, CH_4, H_2O... • **Modèle moléculaire** 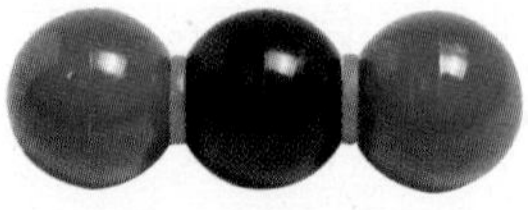	• **Particule <u>chargée</u>** • **Formule** Fe^{2+}, NH_4^+, Cl^-... • **Tests de reconnaissance** 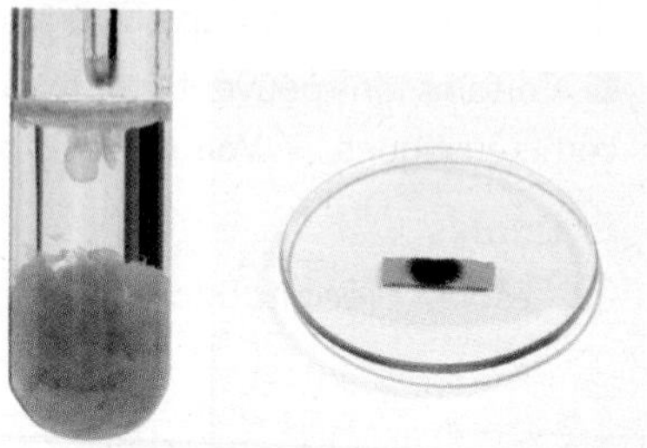

La transformation chimique

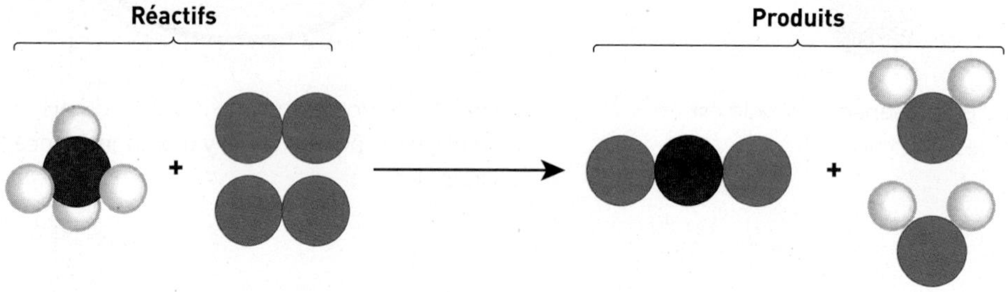

Les atomes de 1 molécule de méthane et 2 molécules de dioxygène se redistribuent pour former 1 molécules de dioxyde de carbone et 2 molécules d'eau.

Socle commun

Domaines	Compétences	Activités	Problèmes
D1.1	Lire et comprendre des documents scientifiques.	1 2 5 6	39
D1.3	Interpréter des résultats expérimentaux.	9	38
D1.3	Passer d'une forme de langage scientifique à une autre.	3 4 7 8	40
D2	Effectuer des recherches bibliographiques.	1	
D4	Développer des modèles simples pour expliquer des faits d'observation.	4	
D4	Proposer un protocole pour tester une hypothèse.		41
D4	Réaliser un dispositif d'observation.	6	

Exercices

J'apprends à apprendre

Utilisable en AP

1 Apprendre avec un jeu

➡ L'objectif ici est d'apprendre à identifier des molécules en réalisant des cartes.

Pour chaque molécule on réalise 3 cartes : nom, formule chimique et représentation moléculaire.
Matériel à prévoir : 18 carrés identiques de papier épais.

- **Étape 1 :** réalisation des cartes « Nom ».

Prendre 6 cartes et écrire sur chacune le nom d'une des six molécules suivantes : dioxygène, dihydrogène, diazote, eau, dioxyde de carbone et méthane.

- **Étape 2 :** réalisation des cartes « Formule chimique ».

Sur 6 autres cartes, écrire la formule chimique des 6 molécules.

- **Étape 3 :** réalisation des cartes « Modèle moléculaire ».

Dessiner sur les 6 dernières cartes les modèles moléculaires des 6 molécules.

- **Étape 4 :** jouer !

Mélanger toutes les cartes, les disposer face retournée puis retrouver les combinaisons des 3 cartes représentant la même molécule.

Dioxygène

O_2

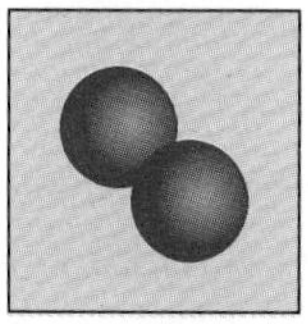

J'apprends une méthode

Exercice résolu

Utilisable en AP

2 Vérifier que les coefficients sont ajustés

Énoncé Un des polluants importants de l'atmosphère terrestre est le dioxyde d'azote. Il est produit par exemple par les moteurs des voitures lors de la combustion du dioxygène avec le diazote présent naturellement dans l'air. Voilà l'équation bilan de cette transformation chimique :

$$N_2 + 2\,O_2 \rightarrow 2\,NO_2$$

➡ Vérifier que la formule est correctement écrite.

Solution

- Schématiser un modèle moléculaire de chaque type de molécules constituant les réactifs et les produits.

Avant la transformation : *N_2* *O_2* — *Après la transformation :* *NO_2*

- Tenir compte des coefficients écrits devant chaque molécule pour compléter le schéma.

Avant la transformation : *N_2* *$2\,O_2$* — *Après la transformation :* *$2\,NO_2$*

- Compter le nombre d'atomes de chaque type avant et après la transformation chimique.
érifier que ces nombres sont identiques.

Avant la transformation, il y a :
2 atomes d'azote
4 atomes d'oxygène

Après la transformation, il y a :
2 atomes d'azote
4 atomes d'oxygène

ous les atomes présents dans les réactifs ont donc bien été redistribués pour former es produits. Les coefficients sont correctement ajustés.

Exercices

Je me teste

EXO lienmini.fr/pc-022

3 QCM De la molécule à la transformation

1. Une molécule est :
a. un ensemble d'atomes différents.
b. un ensemble d'atomes identiques.
c. un ensemble d'atomes identiques ou différents.

2. La formule du dioxygène est :
a. O2 **c.** 2O
b. CO_2 **d.** O_2

3. Une molécule d'eau est composée de :
a. 1 atome d'hydrogène et 1 atome d'oxygène.
b. 2 atomes d'hydrogène et 1 atome d'oxygène.
c. 2 atomes d'hydrogène et 2 atomes d'oxygène.

4. La combustion complète du carbone s'écrit :
a. $C + H_2O \rightarrow CO_2$ **b.** $C + CO_2 \rightarrow O_2 + H_2O$ **c.** $C + O_2 \rightarrow CO_2$

5. Dans les modèles moléculaires du laboratoire, une molécule de dioxygène est représentée par :
a. Une sphère rouge. **c.** Deux sphères bleues.
b. Un triangle blanc. **d.** Deux sphères rouges.

6. La formule du dioxyde de carbone est :
a. CO2
b. CO_2
c. O_2
d. C2O

4 Utiliser le bon vocabulaire

Compléter le texte avec les mots suivants (certains peuvent être utilisés plusieurs fois) :
Particules, atomes, symboles, sphères, formules.
a. La matière est constituée de … appelées … .
b. Les atomes sont représentés par des … colorées.
c. Une molécule est un assemblage, c'est-à-dire un groupe d'… reliés entre eux.
d. Les atomes s'écrivent avec des … chimiques.
e. Les molécules sont représentées par des … chimiques.

5 Définir un atome

Recopier et compléter le tableau.

Nom	…	…	…	Carbone
Symbole	…	N	…	…
Modèle	(sphère blanche)	…	(sphère rouge)	…

C | Azote | (sphère noire) | O | Hydrogène | H | Oxygène | (sphère rouge)

6 Reconnaitre une formule chimique

Recopier et relier chaque écriture à sa signification.

Écriture	Signification
2 O	2 molécules de dioxygène
O_2	1 atome d'oxygène
O	2 atomes d'oxygène
2 O_2	1 molécule de dioxygène
CH_4	2 atomes d'hydrogène et 1 atome d'oxygène
CO	1 atome de carbone et 4 atomes d'hydrogène
CO_2	1 atome de carbone et 2 atomes d'oxygène
H_2O	1 atome de carbone et 1 atome d'oxygène

VOIR CORRIGÉS P. 423

Je travaille des compétences

Pédagogie différenciée

Utilisable en AP

7 Interpréter des résultats expérimentaux

Le professeur de Maxence lui a donné une solution inconnue dans laquelle il doit identifier les ions présents.

Pour pouvoir répondre à la question posée par son professeur, il a ajouté de la soude et il a obtenu le résultat ci-contre.

Consigne pour le groupe A

➡ Utiliser la banque de tests page 432 pour interpréter ce test en suivant 3 étapes : « J'observe que… » ; « Or je sais que… » ; « Donc j'en déduis que… ».

Consignes pour le groupe B

➡ Utiliser la banque de tests page 432 pour interpréter ce test en recopiant et complétant les phrases suivantes :

a. J'observe que quand j'ajoute …, un précipité … .

b. Or, je sais que si un précipité … alors … .

c. Donc j'en déduis que dans ma solution inconnue, il y a … .

Consignes pour le groupe C

Utiliser la banque de tests page 432 pour interpréter ce test en remettant dans l'ordre ces fragments de phrases :

- dans la solution,
- J'observe que
- quand j'ajoute quelques gouttes de soude
- Or je sais que
- il y a des ions fer III.
- si un précipité rouille se forme
- un précipité rouille se forme.
- J'en déduis que
- dans la solution inconnue,
- alors il y a des ions fer III.
- avec de la soude,

8 Utiliser la langue française

On considère la combustion de l'éthane dont l'équation bilan est la suivante :

$$2\,C_2H_6 + 7\,O_2 \rightarrow 4\,CO_2 + 6\,H_2O$$

Consigne pour le groupe A

➡ Traduire cette équation par une phrase.

Consignes pour le groupe B

➡ Recopier et compléter la phrase suivante pour qu'elle traduise l'équation bilan.

… réagissent avec … pour former … et … .

Consignes pour le groupe C

Recopier et compléter la phrase suivante pour qu'elle traduise l'équation bilan.

… molécules d'… réagissent avec … molécules de … pour former … molécule de … et … molécules d'… .

Exercices

Je travaille des notions

Les bons mots pour le dire

9 Choisir la (ou les) bonne(s) réponse(s)

1. Dans la classification périodique, on trouve :
a. Le nombre de chaque élément.
b. Le nom des éléments.

2. On donne : $2\ CH_4 + 3\ O_2 \rightarrow 4\ H_2O + 2\ CO$.
• Cette écriture est :
a. L'équation bilan de la réaction chimique.
b. L'égalité de la réaction.
• Cette écriture rend compte de :
c. La combustion complète du méthane.
d. La combustion incomplète du méthane.

3. Les nombres placés devant chaque molécule sont :
a. Des coefficients correctement ajustés.
b. Des coefficients qui précisent la composition atomique des molécules.

10 Vrai ou faux ?

a. On ne parle pas de « solution d'acide chlorhydrique » car l'acide chlorhydrique est obtenu par dissolution de chlorure d'hydrogène dans l'eau. L'acide chlorhydrique est déjà une solution.

b. On doit dire « solution de soude » car la soude est le nom courant d'un solide appelé hydroxyde de sodium.

11 Remettre les mots dans l'ordre

On ajoute de la soude à une solution bleue. Il ne se forme aucun précipité.

➡ Remettre dans l'ordre les mots qui permettent de rendre compte de l'expérience.
donc / on n'observe aucun précipité / Si / alors / on observe un précipité bleu / la solution bleue contient des ions Cu^{2+}. / la solution ne contient pas d'ions Cu^{2+}. / Or

12 Vrai ou faux ?

On utilise parfois l'expression « neutraliser une solution ». Par exemple, on neutralise de l'acide chlorhydrique en y ajoutant une autre solution. La solution ajoutée :

a. contient des espèces chimiques qui « neutralisent » les ions H^+ en les empêchant de participer à des transformations chimiques.

b. contient des ions HO^- qui réagissent avec les ions H^+ et, faisant diminuer la quantité d'ions H^+, augmente le pH de la solution qui se rapproche de 7, pH d'une solution neutre.

Utiliser le tableau périodique des éléments

13 Symbole et classification

Chaque élément de la classification périodique possède un nom et un symbole.

1. Recopier et remplir le tableau suivant en vous aidant de la classification périodique en page de garde IV.

2. Pourquoi certains symboles ont-ils deux lettres alors que d'autres n'en ont qu'une ?

3. Chercher sur Internet pourquoi le symbole du tungstène est un W.

Élément	Symbole
Carbone	...
Oxygène	...
...	H
Néon	...
Cobalt	...
...	N
...	Hg
Argent	...
...	Au
Tungstène	...

Distinguer les éléments chimiques

14 Atome ou molécule ?

➡ Recopier en rouge les atomes et en bleu les molécules.

CO Co CO_2 H_2 N Fe Cl_2 Ne
$C_6H_{12}O_6$ NH_3 I_2 H_2O_2 NO_2 Al Cu U

15 Les ions

➡ Recopier, parmi les écritures suivantes, celles qui représentent des ions.

Cu^{2+} MnO_4^- CO C_2H_6 Fe HO^- Fe^{3+} SO_4^{2-} F
S Cu $KMnO_4$ Co $C_2H_5O^-$ Fe^{2+} NO_3^- H^+ AgC

16 Atome, ion et molécule

Voici les formules ou symboles de différentes espèce chimiques :

Cu^{2+} MnO_4^- CO C_2H_6 Fe HO^- Fe^{3+} SO_4^{2-} F S
Cu $C_6H_{12}O_6$ Co $C_2H_5O^-$ Fe^{2+} NO_3^- H^+ H_2O

1. Classer ces espèces chimiques dans le tableau suivant

Atomes	Molécules	Ions

2. Voici deux façons différentes de classer les ions :
• Anions (ions négatifs) / cations (ions positifs)
• Ions monoatomiques / ions polyatomiques

Donner un exemple de chacune de ces catégories d'io

Interpréter une formule chimique en termes atomiques

17 Modèles moléculaires

➡ Recopier et compléter le tableau.

Modèle moléculaire	Composition de la molécule
	1 atome de carbone 1 atome de ...

18 Éthanol

'oici le modèle moléculaire de l'éthanol.

.. Indiquer la composition
'e la molécule.

:. Écrire sa formule.

19 Hilarant mais dangereux pour l'environnement

e gaz hilarant est un gaz incolore, à l'odeur et au goût un eu sucrés. Il est utilisé par les dentistes comme anesthé-ant, mais aussi comme comburant pour augmenter la uissance des moteurs en compétition automobile. C'est ussi un gaz à effet de serre (GES). Il contient de l'azote.

. Donner le symbole de l'azote.

. Donner la formule du diazote.

Le diazote est-il un atome ou une molécule ?

Où peut-on trouver le diazote ?

Dessiner le modèle du dioxyde d'azote et donner sa rmule.

Le gaz hilarant est une molécule qui a pour nom le pro-xyde d'azote. Écrire sa formule d'après son modèle :

20 Caféine

Voici la formule de la molécule de caféine : $C_8H_{10}N_4O_2$.

1. Détailler sa composition.

2. Combien y a-t-il de sortes d'atomes différents ?

3. Quel est le nombre total d'atomes contenus dans la molécule ?

21 Noms et formules

➡ Indiquer la formule et le nom des modèles suivants :

a.  **b.** 

c.  **d.** 

22 Formules de molécules

➡ Trouver les formules des molécules suivantes :

a.  **b.** 

23 Fonctionnement d'un extincteur

Un extincteur contient du dioxyde de carbone sous pression (50 bars). Il agit par étouffement du feu en empêchant l'apport en dioxygène (le comburant).

Le dioxyde de carbone est sous forme liquide au fond de l'extincteur, et gazeuse dans la partie supérieure. Il sort sous forme de cristaux solides qui forment une « neige » couramment appelée neige carbonique.

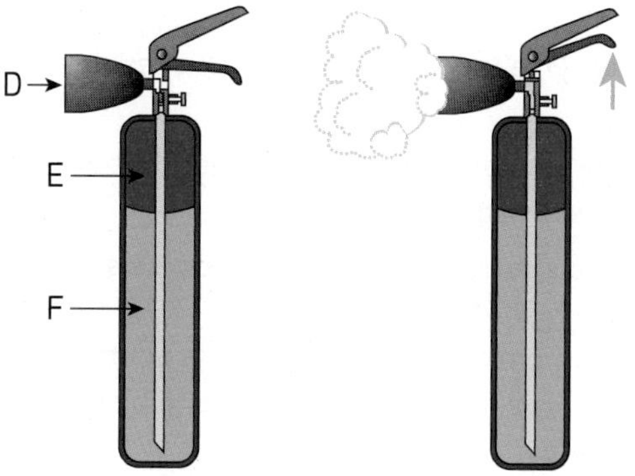

1. Observer le schéma et préciser l'état physique du dioxyde de carbone aux points D, E, F.

2. a. Rechercher dans le manuel le modèle moléculaire du dioxyde de carbone et le représenter.

b. En déduire sa formule.

Exercices

Je travaille des notions

Identifier des ions

24 ●●● Précipités et soude

On a versé quelques gouttes de soude dans trois tubes à essai contenant des solutions ioniques inconnues. On a observé la formation de trois précipités.

➡ Indiquer le nom et la formule de chacun des ions identifiés grâce à la soude.

a.

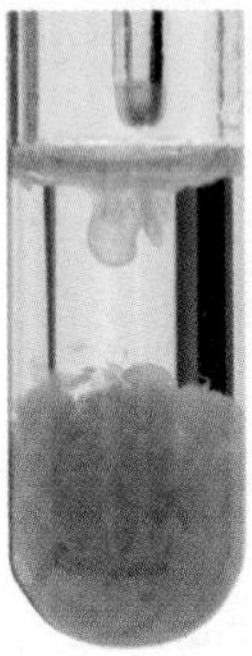

b.

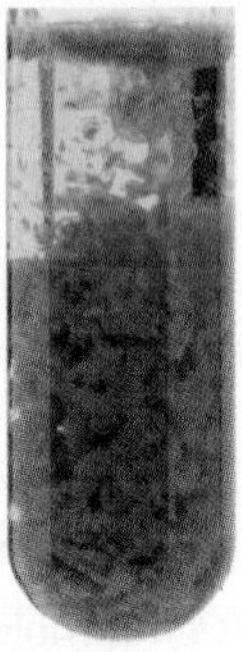

c.

25 ●●● Acide sulfurique et métaux

Dans un tube à essais, on fait réagir de l'acide chlorhydrique sur l'un des quatre métaux suivants : fer, zinc, aluminium et cuivre.

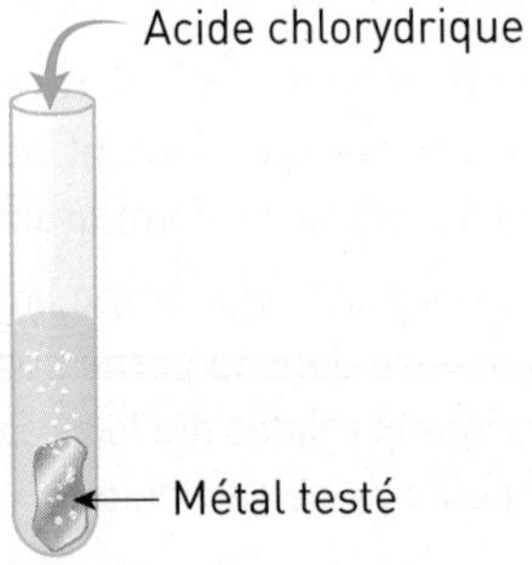

1. On observe une effervescence. Quel est le gaz qui se dégage ?

2. Quelle est l'expérience qui permet de caractériser ici le gaz qui se dégage ?

3. Une fois la réaction terminée, on verse la solution obtenue dans 2 tubes à essais.
- Dans le premier, on ajoute quelques gouttes de nitrate d'argent : il se forme alors un précipité blanc qui noircit à la lumière.
- Dans le second, on ajoute quelques gouttes de soude : il se forme alors un précipité vert.

Donner les noms et les formules des deux ions ainsi caractérisés.

4. Quel est donc le nom et le symbole du métal qui avait réagi avec l'acide chlorhydrique ?

26 ●●● Lave-vaisselle et métaux

On dit qu'il ne faut pas mettre de fer dans un lave-vaisselle. En effet, le produit de rinçage qui est acide réagit avec le fer.

Au laboratoire, quand on met du fer au contact d'un acide, on observe un dégagement gazeux de dihydrogène et la formation d'ions fer II.

1. Nommer l'ion responsable du caractère acide du liquide de rinçage.

2. Donner la formule de l'ion fer II.

3. Comment peut-on mettre en évidence la formation de dihydrogène ?

4. Nommer les réactifs de la transformation chimique qui a lieu.

5. Nommer les produits de cette transformation.

27 ●●● Eau de mer

L'eau de mer contient des ions chlorure et des ions sodium.

1. Quelle est la formule des ions chlorure ?

2. Quel réactif testeur permet de mettre en évidence l'ion chlorure ?

3. a. Qu'observe-t-on en ajoutant ce réactif ?

b. Qu'observe-t-on quelques minutes plus tard ?

4. Schématiser l'expérience avant et après l'ajout du réactif.

Associer le caractère acide ou basique à la présence des ions H^+ et HO^-

28 ●●● Acide ou basique

Reproduire et compléter le schéma suivant :

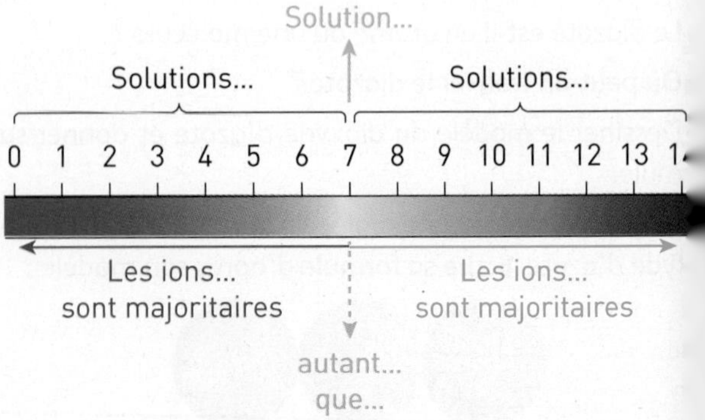

29 Produit de rinçage

fin d'améliorer le séchage e la vaisselle et d'éviter les aces de calcaire, un liquide e rinçage acide est recommandé.

. Le pH du produit de rinçage st-il inférieur à 7, égal à 7 ou upérieur à 7 ?

. L'ion responsable du caractère acide du liquide de rinçage réagit avec le calcaire et empêche la formation de aces. Nommer cet ion.

. Sur l'étiquette du produit de rinçage figure un pictogramme et la mention « provoque une sévère irritation es yeux ». Donner une précaution de sécurité à prendre rs de l'utilisation de ce produit.

30 pH de solutions

stelle a testé des solutions d'eau de mer, de vinaigre et e thé avec du papier indicateur pH.

lle obtient les résultats suivants :

Eau de mer	Vinaigre	Thé
pH = 8	pH = 3	pH = 5,5

. Qu'est-ce qui permet de dire que l'une de ces solutions est basique ?

. Qu'est-ce qui permet de dire que l'une des solutions st plus acide que les autres ?

. Dans quelle(s) solution(s) les ions hydrogène sont-ils lus nombreux que les ions hydroxyde ?

. Quelle est la formule des ions hydrogène ?

31 Vinaigre de miel

n pH-mètre est plongé dans du vinaigre de miel.

e pH-mètre indique : 2,65

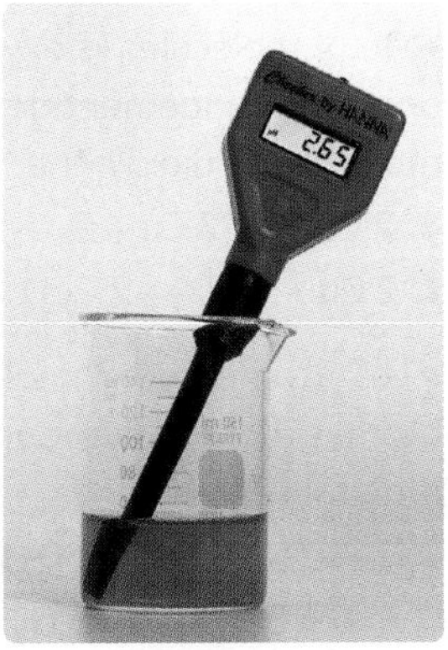

. Le vinaigre de miel est-il cide ou basique ?

. Que peut-on en déduire ur les quantités d'ions H^+ t HO^- présents dans le inaigre ?

. Si on ajoute une solution asique, comment le pH du élange variera-t-il ?

Interpréter une transformation chimique comme une redistribution d'atomes

32 Combustion du propane

Le propane (de formule C_3H_8), que l'on peut acheter dans des bouteilles rouges dans les stations-services, est utilisé dans les cuisinières afin de cuire les aliments.
Lors de sa combustion complète, le propane réagit avec le dioxygène de l'air pour former de l'eau et du dioxyde de carbone.

1. Quels sont les réactifs ?

2. Quels sont les produits ?

3. Écrire le bilan de la réaction.

4. Sachant qu'une molécule de propane se combine avec 10 molécules de dioxygène pour former 3 molécules de dioxyde de carbone et 4 molécules d'eau, écrire l'équation bilan de la réaction.

33 Essence et combustions

Quand on achète de l'essence pour remplir le réservoir de sa voiture, on a le choix entre plusieurs types de carburant.

Si on choisit l'essence, l'indice d'octane, 95 ou bien 98, est précisé.
L'octane est le constituant principal de l'essence, sa formule est C_8H_{18}.
Lors de la combustion complète de 2 molécules d'octane avec 25 molécules de dioxygène, les atomes des réactifs se réarrangent pour former 18 molécules d'eau et 16 molécules de dioxyde de carbone.

1. Quels sont les réactifs qui permettent au moteur automobile de fonctionner ?

2. Quels sont les produits qui sont alors formés ?

3. a. Parmi les équations de réaction suivantes, quelle est celle qui correspond à cette combustion ?
- $C_8H_{18} + O_2 \rightarrow CO_2 + H_2O$
- $2\ C_8H_{18} + 25\ O_2 \rightarrow 16\ CO_2 + 18\ H_2O$
- $2\ C_8H_{18} + 25\ O_2 \rightarrow 18\ CO_2 + 16\ H_2O$

b. Vérifier que l'équation est bien ajustée.

4. Rechercher ce qu'est l'indice d'octane.

Exercices

Je travaille des notions

34 ●●● Représentation d'une transformation chimique

Voici la représentation de la réaction chimique de l'éthane avec le dioxygène.

Avant la réaction chimique	Après la réaction chimique
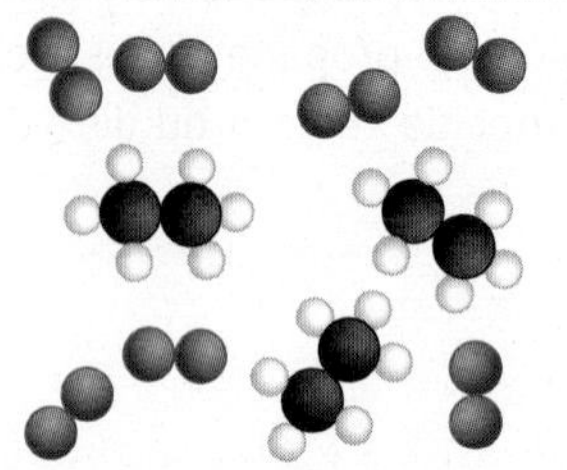	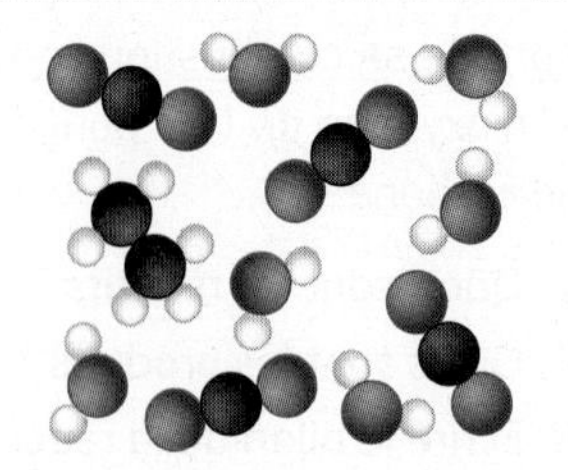

1. Quels sont les réactifs ?
2. Quels sont les produits ?
3. Justifier qu'il y ait eu une réaction chimique.
4. Pourquoi, une fois la réaction chimique terminée, reste-t-il une molécule de réactif ?

35 ●●● Fusée Ariane

Voici l'équation de réaction de la combustion réalisée dans le moteur de la fusée Ariane :

$$2\ H_2 + O_2 \rightarrow 2\ H_2O.$$

On a demandé à quatre élèves de représenter l'expérience à l'aide des modèles moléculaires.

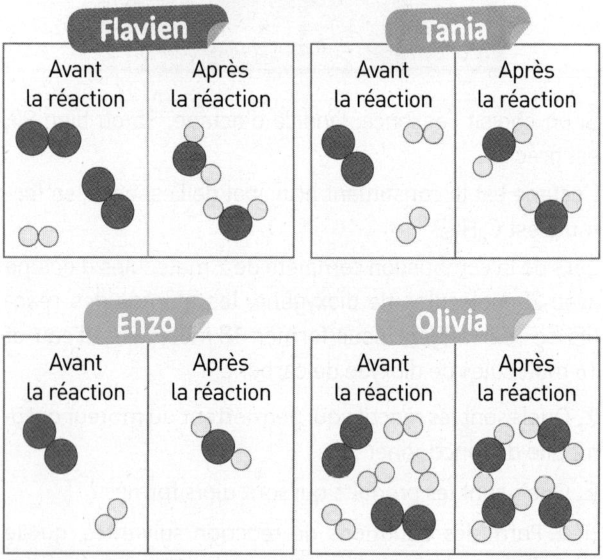

➡ Qui a raison, qui a tort ? Remplacer le professeur et expliquer à chacun des élèves qui n'a pas la bonne réponse ce qui n'est pas correct dans sa représentation.

Associer une transformation chimiqu à son équation de réaction

36 ●●● La photosynthèse

La photosynthèse est une transformation chimique qui a lieu dans les plantes sous l'action de la lumière : les atomes de six molécules de dioxyde de carbone et de six molécules d'eau sont réarrangés en une molécule de glucose ($C_6H_{12}O_6$) e six molécules de dioxygène.

➡ Retrouver l'équation de réaction qui correspond à la photosynthèse :

a. $6\ H_2O + CO_2 \rightarrow C_6H_{12}O_6 + 6\ O_2$
b. $C_6H_{12}O_6 + 6\ O_2 \rightarrow 6\ H_2O + 6\ CO_2$
c. $6\ H_2O + 6\ O_2 \rightarrow C_6H_{12}O_6 + 6\ CO_2$
d. $6\ H_2O + 6\ CO_2 \rightarrow C_6H_{12}O_6 + 6\ O_2$

37 ●●● Les feux d'artifice

Les feux d'artifices que l'on peut observer dans le ci résultent d'une combustion. Pour obtenir un feu d'artific bleu, on doit bruler du cuivre ; pour en obtenir un ave des étincelles argentées, de l'aluminium.

ANI

➡ Associer chacune des transformations suivantes à l'équation de réaction qui lui correspond :

• Deux molécules d'oxyde de cuivre (CuO) se former après réarrangement de deux atomes de cuivre et d'un molécule de dioxygène.

a. $2\ CuO \rightarrow 2\ Cu + O_2$
b. $Cu + O_2 \rightarrow CuO$
c. $2\ Cu + 2\ O_2 \rightarrow 2\ CuO$
d. $2\ Cu + O_2 \rightarrow 2\ CuO$

• Les atomes de 3 molécules de dioxygène et quatr atomes d'aluminium sont réarrangés en deux molécule d'alumine (Al_2O_3)

a. $2\ Al_2O_3 \rightarrow 4\ Al + 3\ O_2$
b. $3\ O_2 + 3\ Al \rightarrow 2\ Al_2O_3$
c. $4\ Al + 3\ O_2 \rightarrow 2\ Al_2O_3$
d. $3\ O_2 + 4\ Al_2O_3 \rightarrow 2\ Al$

Problèmes

38 Quelle est l'usine responsable de la pollution ?

D1.3. Interpréter des résultats expérimentaux.

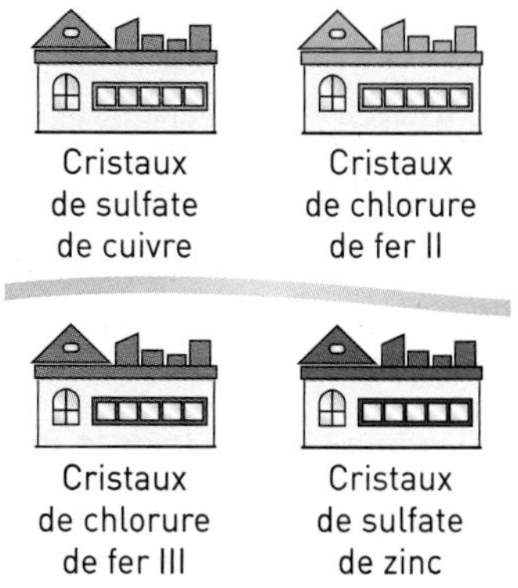

Quatre usines chimiques sont implantées le long d'une rivière. Les tests de la qualité de l'eau de cette rivière ont montré la présence de déchets chimiques.
Afin de trouver quelle usine est responsable de cette pollution, un chimiste stagiaire est chargé des premiers tests ▶ **Voir le formulaire des tests, p. 432.**
Lorsqu'il a ajouté quelques gouttes d'hydroxyde de sodium à un échantillon de l'eau de la rivière, un précipité vert s'est formé.
Il a ensuite réalisé un second test. Dans son compte-rendu, il n'a pas indiqué le réactif utilisé, mais il a noté qu'un précipité blanc s'était formé.

1. Que pourrait lui demander le responsable de stage ?

2. Quelle usine est donc responsable de la pollution ?

39 Des ballons pour communiquer, se déplacer, informer et s'informer [Histoire]

D1.1. Lire et comprendre des documents scientifiques.

■ Le 14 décembre 1782, dès leur premier essai de ballon à air chaud non habité, les frères Montgolfier décrivaient leur invention comme utile aux communications avec une ville assiégée, ou pour faire des expériences sur l'électricité des nuages. Les recherches sur les ballons se développèrent tout au long du XIXe siècle. Différents gaz ont été utilisés pour gonfler des ballons : l'**air**, le **dihydrogène**, le **gaz d'éclairage** (mélange de méthane, de dihydrogène, de monoxyde de carbone, de sulfure d'hydrogène etc.), l'**hélium**…

Contrairement au ballon « à air chaud » des frères Montgolfier, un ballon « à gaz » est un ballon qui contient un corps gazeux qui n'est pas de l'air : dans un ballon à air chaud, une combustion permet de chauffer en permanence l'air contenu dans l'enveloppe alors que dans un « ballon à gaz » une transformation chimique a permis, avant le départ, de produire le gaz qui gonfle le ballon.

Le 1er décembre 1783, Jacques Charles et Nicolas-Louis Robert décollent du jardin des tuileries à l'aide d'un ballon gonflé au dihydrogène.
Pendant le siège de Paris de 1870, des ballons à gaz sont utilisés, pour envoyer des instructions depuis Paris vers la province. Le 7 octobre, le passager le plus célèbre est Gambetta, alors ministre de l'intérieur.
Dans les années 30, le Hindenbugh gonflé au dihydrogène effectue plus de 60 voyages au-dessus de l'atlantique avec des passagers luxueusement logés. Mais le 6 mai 1937, le dirigeable s'embrase en moins d'une minute et l'exploitation commerciale de ce type de dirigeables cesse.

Des ballons gonflés à l'hélium sont aujourd'hui utilisés pour faire des relevés météorologiques.

1. a. Expliquer pourquoi, du point de vue scientifique, l'opposition « à gaz » et « à air » n'a pas de sens.
b. Parmi les gaz nommés dans le premier paragraphe, citer le(s) mélange(s).

2. a. L'hélium fait partie de la famille des gaz rares, aussi appelés gaz inertes. Expliquer pourquoi un ballon « à l'hélium » ne risque pas de s'embraser et dire pourquoi ce gaz n'a pas été utilisé lors des premiers essais de vol en ballon.
b. Le dihydrogène brule très facilement dans l'air. L'équation de la réaction est : $2H_2 + O_2 \rightarrow 2\ H_2O$. Donner le nom des réactifs et des produits de cette transformation chimique puis vérifier que les coefficients sont correctement ajustés.

3. a. Quel ion peut-on mettre en évidence dans l'acide sulfurique ?
b. Dans un tube à essai, quand on verse sur de la poudre de fer de l'acide sulfurique dont le pH est égal à 2, on observe un dégagement gazeux. Après quelques minutes, on remarque que le fer a disparu et que la solution a pris une teinte verdâtre. La nouvelle valeur du pH de la solution est 3. Que peut-on dire de l'évolution de la quantité d'ions hydrogène entre le début et la fin de l'expérience ?
c. Un test permet de montrer que la coloration verdâtre de la solution est due à la présence d'ions fer II. En quoi consiste ce test ? Qu'a-t-on observé dans le tube après le test ?

Problèmes

40 Eau oxygénée

D1.3. Passer d'une forme de langage scientifique à une autre.

Pour détacher le linge, on peut utiliser de l'eau oxygénée. La molécule d'eau oxygénée (peroxyde d'hydrogène) est composée de 2 atomes d'hydrogène et de 2 atomes d'oxygène.

1. Donner la formule de la molécule d'eau oxygénée.

2. Feuilleter les pages du manuel et noter à combien d'autres atomes un atome d'oxygène est généralement relié.

3. Proposer une représentation de la molécule d'eau oxygénée.

4. **TICE** Rechercher la signification du préfixe *per*.

5. Justifier l'appellation « peroxyde d'hydrogène ».

41 Composition d'une météorite

D4. Proposer un protocole pour tester une hypothèse.

Les différentes météorites que l'on trouve sur Terre sont classées dans trois catégories qui dépendent de leur composition : les météorites pierreuses, les météorites ferreuses et les météorites mixtes. En 2013, une chute exceptionnelle de météorite a été observée en Russie. Des analyses ont permis de montrer qu'au moins 10 % de cette météorite est constitué de métal.

➡ Proposer une expérience pour vérifier que le métal de cette météorite est du fer.

Sciences MAG

42 Les chaines moléculaires

Le prix Nobel de chimie de 2016 a été attribué à trois chercheurs dont le français Jean-Pierre Sauvage, de l'université de Strasbourg. Il a été récompensé pour son travail sur les machines moléculaires : des molécules au mouvement contrôlable qui peuvent accomplir des tâches précises lorsqu'on leur apporte de l'énergie. Elles peuvent par exemple imiter le fonctionnement de protéines de l'organisme.

En 1983, Jean-Pierre Sauvage a été le premier à proposer une méthode pour entrelacer deux molécules et former ainsi une chaine, appelée caténane. Les deux parties de la molécule sont mobiles l'une par rapport à l'autre. C'est la première molécule réalisée en laboratoire à avoir cette propriété qui a ensuite permis l'élaboration de machines moléculaires plus complexes.

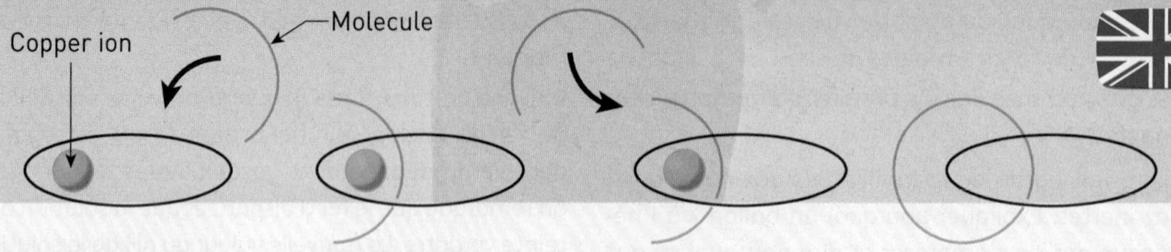

1. The molecules that will form a chain are attracted to a copper ion.

2. The copper ion gathers the molecules.

3. A third molecule is linked to the crescent-shaped molecule.

4. The molecules are linked by a mechanical bond. The copper ion is removed.

➡ Rechercher le nom et la nationalité des deux autres chercheurs avec qui Jean-Pierre Sauvage partage le prix Nobel 2016, et pourquoi on le leur a attribué.

43 Lavoisier et la conservation de la matière

30 min

Antoine Laurent de Lavoisier est un chimiste français du XVIIIe siècle qui mena ses recherches avec sa femme. Il est le premier à avoir énoncé le principe de la conservation de la matière, identifié et nommé l'oxygène.

Portrait de Monsieur de Lavoisier et sa femme. © Jacques-Louis David, DP

1

On prend un bout de fil de fer très fin BC, planche IV, figure 17, tourné en spirale, on fixe l'une de ses extrémités B, dans un bouchon de liège A, destiné à boucher la bouteille DEFG.
On attache à l'autre extrémité de ce fil de fer, un petit morceau d'amadou C. Les choses ainsi disposées, on emplit avec de l'air dépouillé de sa partie non respirable, la bouteille DEFG.*

* L'amadou vient de l'amadouvier, un champignon parasite des arbres utilisé pour ses propriétés inflammables.

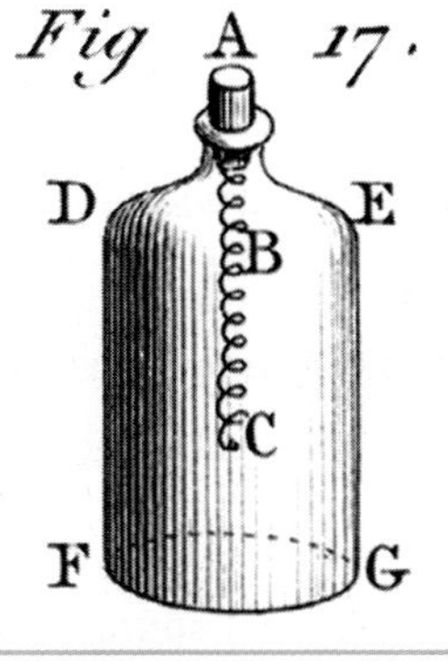

On allume l'amadou C, puis on l'introduit promptement, ainsi que le fil de fer BC dans la bouteille, et on la bouche comme on le voit dans la figure que je viens de citer.
Aussitôt que l'amadoue est plongée dans l'air vital, elle commence à bruler avec un éclat éblouissant ; elle communique l'inflammation au fer, qui brule lui-même en répandant de brillantes étincelles, lesquelles tombent au fond de la bouteille, en globules arrondis qui deviennent noirs en se refroidissant, et qui conservent un reste de brillant métallique.

Expérience sur la combustion du fer, extrait du Traité élémentaire de chimie (1789), Lavoisier ; pages 41-42.

Questions

1. Légender le schéma de la figure 17. **2.** Qu'est-ce que l'amadou ? Quel est son rôle dans l'expérience de Lavoisier ?

2

On enlève doucement la cloche ; on détache de la capsule les globules de fer qui y sont contenus ; on rassemble soigneusement ceux qui pourraient s'être éclaboussés et qui nagent sur le mercure, et on pèse le tout. Ce fer est dans l'état de ce que les anciens chimistes ont appelé éthiops martial ; [...] Lorsque l'opération a bien réussi, avec 100 grains de fer, on obtient 135 à 136 grains d'éthiops. On peut donc compter sur une augmentation de poids au moins de 35 livres par quintal.*
Si l'on a donné à cette expérience toute l'attention qu'elle mérite, l'air se trouve diminué d'une quantité en poids exactement égale à celle dont le fer est augmenté. Si donc on a brulé 100 grains de fer et que l'augmentation de poids que ce métal a acquise ait été de 35 grains, la diminution du volume de l'air est assez exactement de 70 pouces cubiques à raison d'un demi-grain par pouce cube.

* aujourd'hui appelé l'oxyde de fer (Fe_3O_4).

Extrait du Traité élémentaire de chimie (1789), Lavoisier ; pages 46-47.

Questions

3. Ce que Lavoisier appelle « l'air dépouillé de sa partie non respirable » (doc. 1) est-il aujourd'hui nommé dioxygène ou diazote ?

4. Rappeler ce qu'est un réactif.

5. Donner le nom des réactifs de la transformation chimique étudiée par Lavoisier.

6. On donne l'équation chimique de la transformation : $3\ Fe + 2\ O_2 \rightarrow Fe_3O_4$. Vérifier que les coefficients sont correctement ajustés.

3

Mesures de longueur	Mesures de masse
1 pied = 32,5 cm	**1 livre = 489,5 g**
1 pouce = 1 / 12 pied 1 ligne = 1 / 12 pouce	1 marc = 1 / 12 livre 1 once = 1 / 16 livre 1 gros = 1 / 8 once 1 grain = 1 / 72 gros

Unités du XVIIIe siècle.

Questions

7. Préciser la masse de fer que Lavoisier a fait réagir avec l'air. Convertir cette valeur en grammes.

8. Au XVIIIe siècle, un quintal correspondait à 100 livres. Vérifier l'affirmation de Lavoisier « On peut donc compter sur une augmentation de poids au moins de 35 livres par quintal ».

CHAPITRE

5

L'infiniment petit

Sommaire

Zoom sur...

Les croisements entre thèmes

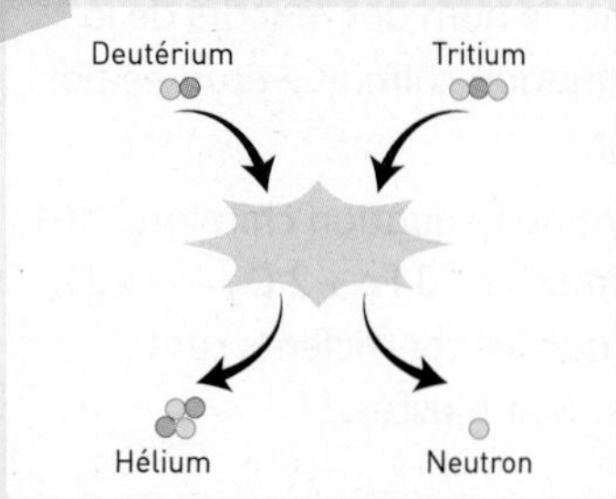

Dans l'activité 6, je fais le lien avec le chapitre 9 du thème C, **L'énergie et ses conversions** (p. 222 du manuel).

L'interdisciplinarité

Dans l'activité 2, je fais le lien avec les mathématiques, **Grandeurs et mesures**.

Une animation

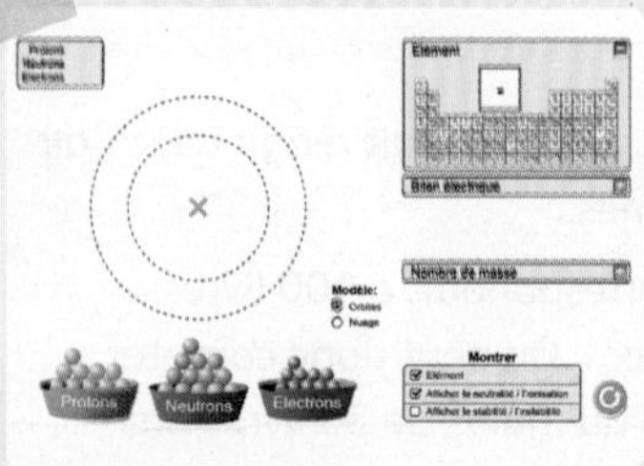

Dans l'activité 4, je découvre de manière interactive la structure des atomes.

Une vidéo

Dans l'activité 3, je regarde une vidéo sur la structure lacunaire de l'atome.

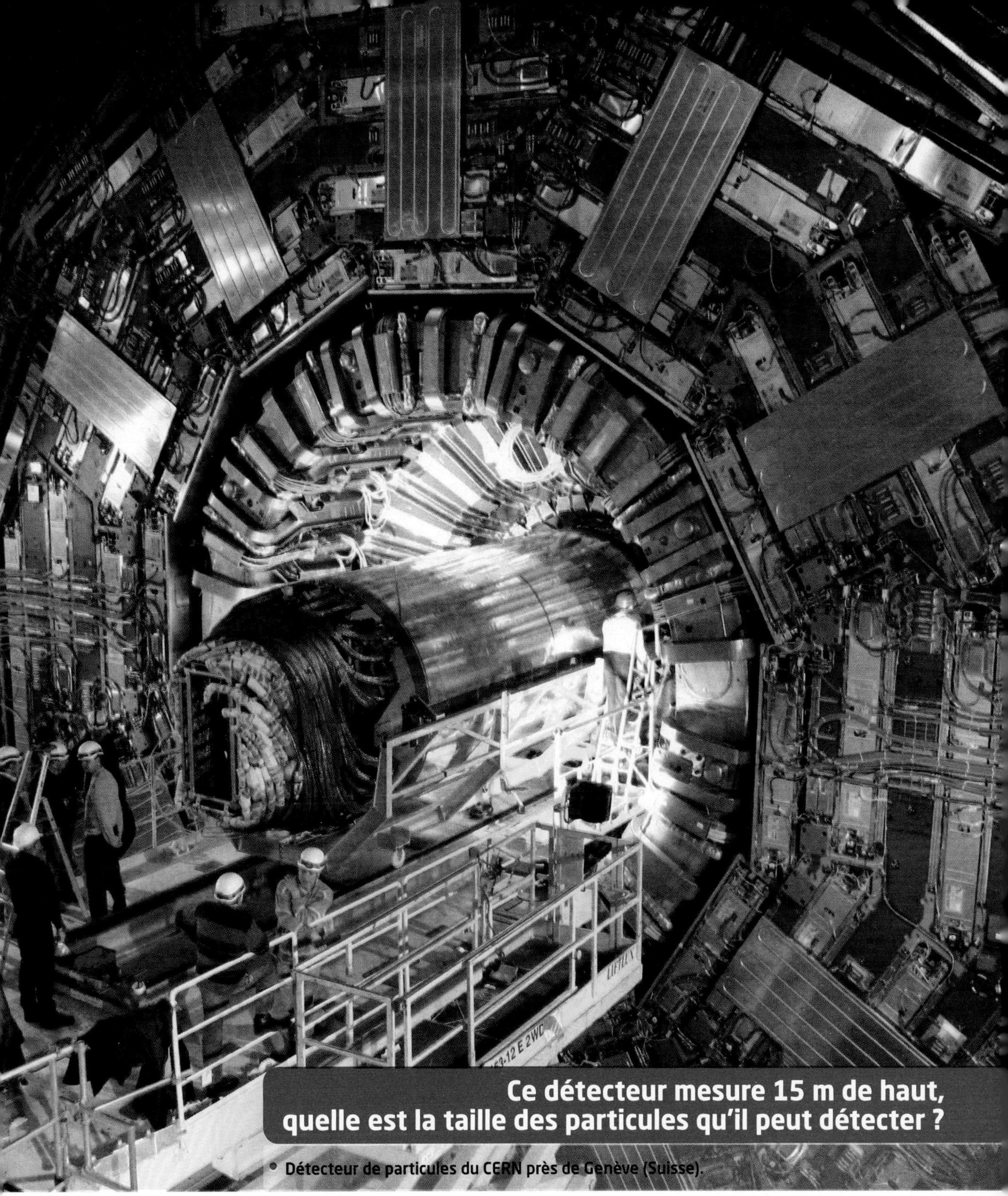

Ce détecteur mesure 15 m de haut, quelle est la taille des particules qu'il peut détecter ?

• Détecteur de particules du CERN près de Genève (Suisse).

Dans ce chapitre, je vais

	Activités	Exercices
→ **Comprendre l'origine et la diversité de la matière.**	5 6	12 et 13
→ **Déterminer les constituants de l'atome.**	1 3 4	14 à 18
→ **Déterminer les constituants du noyau atomique.**	6	19 à 21
→ **Connaitre l'ordre de grandeur de la taille d'un atome et de son noyau.**	2 3	22 à 24

INVESTIGATION

ACTIVITÉ 1

Quelle est l'histoire de la représentation de l'atome ?

COMPÉTENCES ÉVALUABLES

D1.1 Lire et comprendre des documents scientifiques.
D5. Expliquer, par l'histoire des sciences et des techniques, comment les sciences évoluent et influencent la société.

Situation

Le modèle de l'atome proposé dès l'Antiquité s'est progressivement complexifié. Voici les scientifiques les plus célèbres qui y ont apporté leur contribution.

Démocrite et Leucipe 400 ans av. J.-C. | John Dalton 1810 | Joseph Thomson 1897 | Ernest Rutherford 1911 et Niels Bohr 1913 | Erwin Schrödinger 1925 | James Chadwick 1932

Ils sont les premiers à suggérer que la matière est représentée par de petites particules indivisibles, les atomes (« atomos », insécable en grec).

Il fait l'hypothèse que les atomes sont représentés par des sphères, semblables à des boules de billard.

Il découvre l'électron et imagine l'atome comme une sphère positive et compacte, « truffée » d'électrons négatifs. Comme un « plum pudding » est truffé de fruits.

E. Rutherford constate que l'atome est essentiellement vide avec un noyau central positif constitué de protons qui concentre toute la masse et des électrons négatifs qui se déplacent autour de ce noyau. Il propose un modèle planétaire de l'atome qui sera amélioré par Niels Bohr.

Il établit que les électrons ont un mouvement désordonné mais qu'ils ont davantage de chance d'être présents dans certaines zones. On peut s'imaginer qu'observés de loin les électrons forment comme un « nuage » autour du noyau : le nuage électronique.

Il découvre que le noyau n'est pas seulement constitué de protons (particules positives), mais également de particules neutres : les neutrons.

Description des modèles atomiques des différents scientifiques.

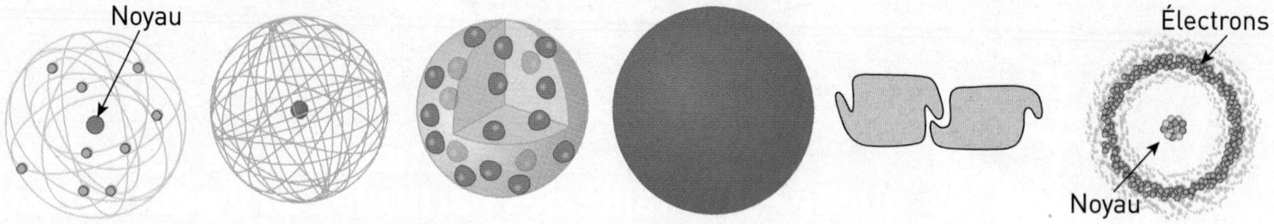

Représentation des différents modèles.

CONSIGNE

Associer chacune des représentations à l'un des scientifiques et son modèle puis **rédiger** quelques lignes pour expliquer en quoi le modèle de l'atome s'est progressivement enrichi.

Besoin d'aide ?

▶ **Retrouvez des aides en fin d'ouvrage, p. 423.**

VOCABULAIRE

Modèle : représentation permettant de prévoir ou d'expliquer le fonctionnement d'un objet.

Insécable : que l'on ne peut pas couper.

INVESTIGATION

2 Quelle est la taille d'un atome ?

COMPÉTENCES ÉVALUABLES

D1.3 Passer d'une forme de langage scientifique à une autre.
D4. Mesurer des grandeurs physiques de manière directe ou indirecte.

Situation

À l'Institut des sciences moléculaires d'Orsay (91), un microscope à effet tunnel permet de « voir » des atomes !

Microscope à effet tunnel.

Atomes de silicium représentés sur une image où 1 cm correspond à 188 pm.

CONSIGNE

Déterminer la taille d'un atome de silicium et l'**exprimer** en mètres en utilisant la notation scientifique.

VIDEO lienmini.fr/pc-024
L'infiniment petit

Besoin d'aide ?

▶ **Retrouvez des aides en fin d'ouvrage, p. 423.**

ACTIVITÉ 3

Pourquoi dit-on que la matière a une structure lacunaire ?

COMPÉTENCES ÉVALUABLES

D1.1 Lire et comprendre des documents scientifiques.
D5. Identifier les différentes échelles de structuration de l'Univers.

Étienne Klein est un scientifique français, principalement connu pour la vulgarisation de la science et son travail sur la philosophie scientifique.

1 Quelle est la taille d'un atome ?

« Les atomes n'ont pas la forme d'une boule, mais on peut leur attribuer une espèce de diamètre correspondant aux dimensions de la trajectoire des électrons qu'ils contiennent.
Ce diamètre vaut environ un dixième de milliardième de mètre. Cela signifie que, sur une longueur de un mètre, on pourrait placer dix milliards d'atomes à la queue leu leu. Le noyau, lui, est des dizaines de milliers de fois plus petit que l'atome, mais représente l'essentiel de sa masse.
Qu'y a-t-il donc entre le noyau et les électrons ? Du vide, rien que du vide, rien que de l'espace. Mais, s'il y a du vide au sein même de l'atome, c'est que l'atome n'est pas une entité pleine, contrairement, là encore, à la représentation des Anciens. Ce prétendu « grain de matière » se montre en somme plein… de vide. »

ÉTIENNE KLEIN, *Les secrets de la matière*,

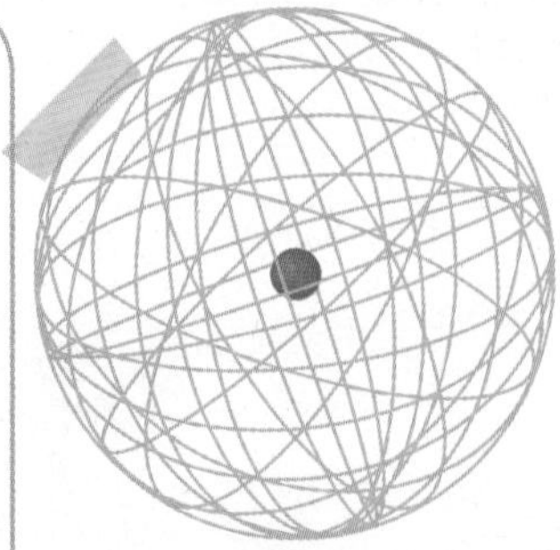

VIDEO lienmini.fr/pc-025
Voyage au cœur de la matière

2 Notation scientifique.

Les nombres sont écrits, en notation scientifique, sous la forme générale :

$$\pm a \times 10^n$$

avec $1 \leq a < 10$ et n est un nombre relatif entier.

Exemple

0,00000025 a pour écriture scientifique $2{,}5 \times 10^{-7}$.

3 Tableau de conversions.

m	dm	cm	mm			µm			nm			pm
1	10^{-1}	10^{-2}	10^{-3}			10^{-6}			10^{-9}			10^{-12}

Questions

1. **Docs 1. à 3.** Donner, en mètres, la taille d'un atome en utilisant la notation scientifique.
2. **Doc 1.** Quelles sont les deux parties d'un atome ?
3. **Doc 1.** Quel est le rapport de grandeurs entre le noyau et l'atome ?
4. **Doc 1.** Pourquoi dit-on que la matière possède une structure lacunaire ?
5. **Pour aller plus loin** Si on représentait le noyau d'un atome par une balle de tennis de 6,5 cm de diamètre, quelle serait la taille de l'objet représentant l'atome ?

VOCABULAIRE

Structure lacunaire : essentiellement vide, faite de lacunes, c'est-à-dire de vide.

4 De quoi un atome est-il constitué ?

COMPÉTENCES ÉVALUABLES

D1.1 Lire et comprendre des documents scientifiques.
D2. Effectuer des recherches bibliographiques.

Les modèles de l'atome ont beaucoup évolué au cours de l'histoire.
Voici la représentation actuelle.

1 Constitution d'un atome.

Un atome est constitué d'un noyau chargé positivement autour duquel se déplacent des électrons, particules chargées négativement.
Le noyau, est constitué de nucléons.
Il existe deux sortes de nucléons, les protons et les neutrons :
- les protons sont chargés positivement,
- les neutrons ne sont pas chargés.

Il y a autant de protons (chargés positivement) que d'électrons (chargés négativement) dans un atome : l'atome est donc électriquement neutre.

2 Symbole d'un noyau.

$_{Z}X$

X est le symbole de l'élément.
Z est le numéro atomique qui correspond au nombre de protons.

Le numéro atomique, est caractéristique de l'élément chimique.

Exemples
- Un atome qui possède 6 protons est nécessairement du carbone. Son symbole est $_{6}C$.
- Un atome qui possède 8 protons est nécessairement un atome d'oxygène. Son symbole est $_{8}O$.

3 Représentation d'un atome de carbone.

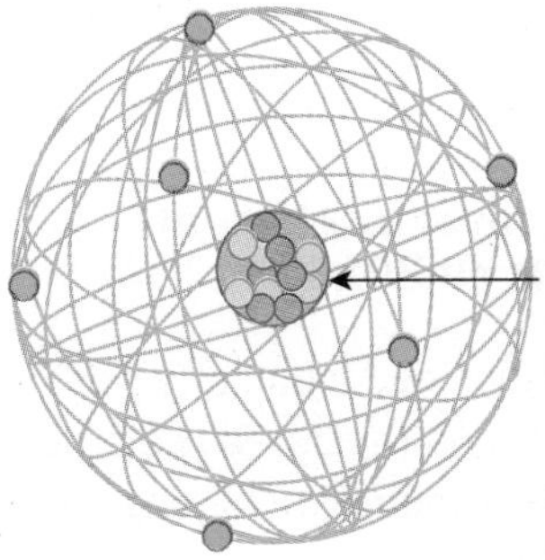

4 Isotopes.

Ce qui donne son nom au noyau, c'est son nombre de protons. Des noyaux peuvent avoir le même nom sans avoir le même nombre de neutrons : ce sont des isotopes.

Exemple
- L'isotope majoritaire du carbone est le carbone 12 ainsi appelé car il possède 12 nucléons (6 protons et 6 neutrons).
- Il existe deux autres isotopes : le carbone 13 qui possède 13 nucléons (soit 6 protons et 7 neutrons) et le carbone 14 qui possède 14 nucléons (soit 6 protons et 8 neutrons).

ANI > Construire un atome

Questions

1. **Docs 1. et 3.** Donner le nom des particules d'un atome :
   a. chargées positivement.
   b. chargées négativement.
   c. non chargées.
2. **Docs 1. et 3.** Que sait-on du nombre de charges positives et négatives dans un atome ? Qu'est-ce que cela signifie ?
3. **Docs 2. et 4.** Pourquoi, alors qu'ils sont différents, le carbone 12, 13 et 14 portent-ils le même nom ? À l'aide de la classification périodique située en fin d'ouvrage, donner la composition de l'atome de béryllium dont le nombre de nucléons est 9.

Pour aller plus loin **TICE** Chercher dans quel domaine la recherche de la quantité de l'isotope 14 du carbone permet d'obtenir des informations très utiles.

VOCABULAIRE

Numéro atomique : nombre de protons que possède un élément. Il est caractéristique de l'élément chimique.

ACTIVITÉ

5 La classification de Mendeleïev est-elle toujours la même qu'en 1869 ?

COMPÉTENCES ÉVALUABLES

D1.1 Lire et comprendre des documents scientifiques.
D2. Effectuer des recherches bibliographiques.

Dmitri Mendeleïev est un chimiste russe du XIXe siècle. Il a particulièrement été reconnu pour ses travaux sur les éléments chimiques et surtout sa proposition de classification.

1 Extrait de la classification proposée par Mendeleïev en 1869.

■ Mendeleïev a proposé un classement par masses atomiques croissantes et par propriétés voisines.

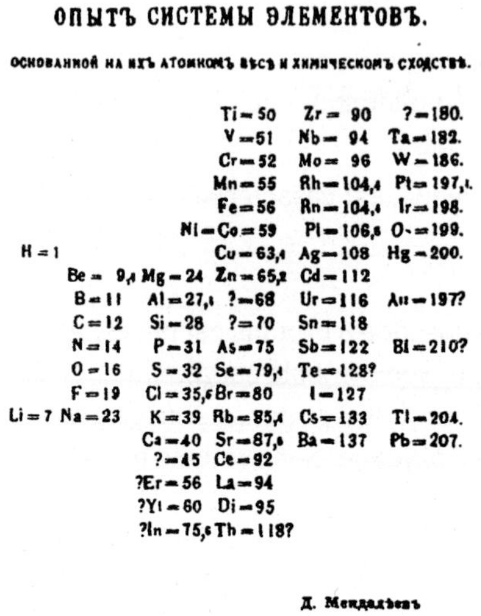
ОПЫТЪ СИСТЕМЫ ЭЛЕМЕНТОВЪ.

ОСНОВАННОЙ НА ИХЪ АТОМНОМЪ ВѢСѢ И ХИМИЧЕСКОМЪ СХОДСТВѢ.

			Ti = 50	Zr = 90	? = 180.
			V = 51	Nb = 94	Ta = 182.
			Cr = 52	Mo = 96	W = 186.
			Mn = 55	Rh = 104,4	Pt = 197,1.
			Fe = 56	Rn = 104,4	Ir = 198.
			Ni = Co = 59	Pl = 106,6	Os = 199.
H = 1			Cu = 63,4	Ag = 108	Hg = 200.
	Be = 9,4	Mg = 24	Zn = 65,2	Cd = 112	
	B = 11	Al = 27,4	? = 68	Ur = 116	Au = 197?
	C = 12	Si = 28	? = 70	Sn = 118	
	N = 14	P = 31	As = 75	Sb = 122	Bi = 210?
	O = 16	S = 32	Se = 79,4	Te = 128?	
	F = 19	Cl = 35,5	Br = 80	I = 127	
Li = 7	Na = 23	K = 39	Rb = 85,4	Cs = 133	Tl = 204.
		Ca = 40	Sr = 87,6	Ba = 137	Pb = 207.
		? = 45	Ce = 92		
		?Er = 56	La = 94		
		?Yt = 60	Di = 95		
		?In = 75,6	Th = 118?		

Д. Менделѣевъ

2 Les gaz rares ou inertes.

■ Henry Cavendish (1731-1810) est le premier à avoir, en 1785, décelé les gaz rares alors qu'il étudiait la composition de l'air. Ces gaz, aussi appelés gaz inertes, ou gaz nobles car ils sont peu réactifs, sont l'hélium, le néon, l'argon, le krypton, le xénon et le radon.
Ils se présentent tous à l'état gazeux et sont très peu réactifs.
C'est pourquoi il a été difficile de les mettre en évidence.

3 De tous nouveaux éléments découverts en 2016.

■ La classification de Mendeleïev s'est enrichie, en 2016, de quatre nouveaux éléments. Le premier est le numéro 113, appelé nihonium (Nh), en référence au Japon, car il est le premier élément mis en évidence dans un pays asiatique. Les noms des autres éléments ont également des consonances géographiques : le moscovium (Mc) de numéro atomique 115, le tenessine (Ts) de numéro atomique 117 et l'oganesson (Og) de numéro atomique 118.

Questions

1 **Doc 1.** Quelle différence de présentation y a-t-il entre la classification de Mendeleïev et la classification actuelle ? ▶ Voir p. 434.

2 **Docs 1. et 2.** Pourquoi Mendeleïev n'a-t-il mentionné aucun des gaz rares dans sa proposition de classement ?

3 **Doc 3.** Quel est le premier élément qui a été mis en évidence par des chercheurs asiatiques et quel est son numéro atomique ?

4 **Pour aller plus loin** Alors que Mendeleïev a proposé un classement par masse atomique croissante, que peut-on dire du critère de classement actuel ?

VOCABULAIRE

Masse atomique : masse de l'élément chimique exprimée en fonction de la masse d'un nucléon.

TÂCHE COMPLEXE

6 Ne sommes-nous que poussières d'étoiles ?

COMPÉTENCES ÉVALUABLES

D1.1 Lire et comprendre des documents scientifiques.
D1.1 Utiliser la langue française en cultivant précision, richesse de vocabulaire et syntaxe.

Situation

Hubert Reeves, célèbre astrophysicien canadien, a beaucoup pratiqué la vulgarisation scientifique. Il est, en particulier, connu pour son bestseller paru en 1984, nommé « Poussières d'étoiles ».

CONSIGNE

À l'aide des différents documents, expliquer la célèbre phrase d'Hubert Reeves : « Nous ne sommes que poussières d'étoiles. »

ACT lienmini.fr/pc-026 Version interactive

1 Origine de la matière.

Le chanoine catholique belge Georges Lemaître a été le premier à envisager que l'Univers soit en expansion et qu'il ait un âge : sa théorie est restée célèbre sous le nom de Big Bang, nom donné ironiquement par un confrère qui ne croyait pas en ce modèle. La théorie du Big Bang suppose qu'au départ l'Univers était très condensé.
Toutes les particules élémentaires de la matière se sont formées il y a 13,7 milliards d'années, lors du Big Bang. En refroidissant, ces particules se sont assemblées pour former les premiers protons et neutrons, puis les noyaux. Ce n'est que 380 000 ans plus tard que les noyaux et les électrons se sont unis pour former des atomes.
Au cœur des étoiles apparaissent, par fusion nucléaire, des éléments plus lourds. Ainsi, le noyau d'hélium se forme à partir de noyaux d'hydrogène.

2 Création du noyau d'hélium.

Le noyau d'hydrogène existe sous trois formes : l'hydrogène qui possède seulement un proton, le deutérium, avec un proton et un neutron et le tritium qui possède un proton et deux neutrons.
Au cœur des étoiles, des noyaux de deutérium fusionnent avec des noyaux de tritium pour former des noyaux d'hélium, en libérant un neutron et beaucoup d'énergie.

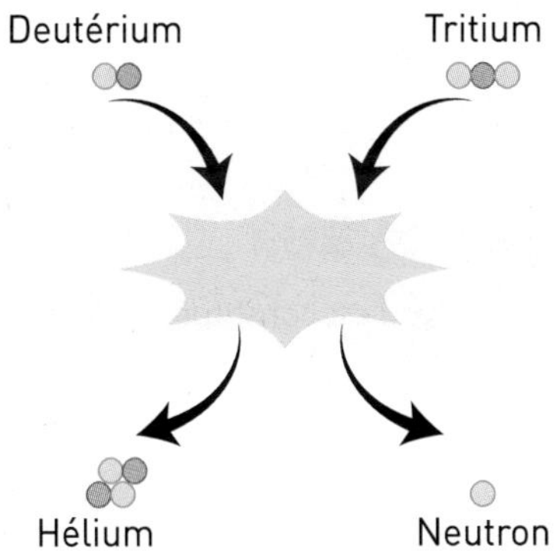

3 Éléments composant le corps humain.

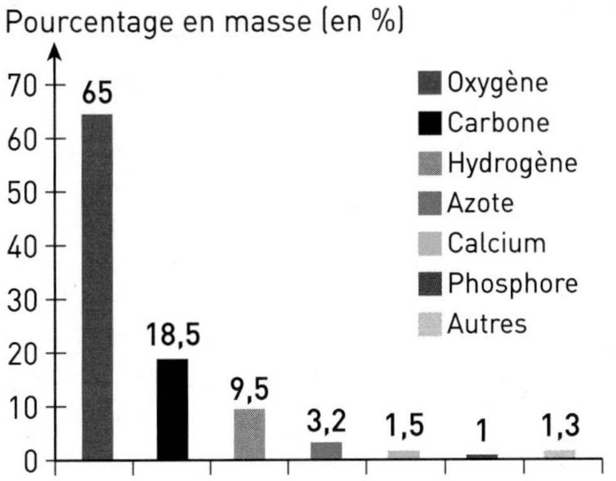

4 Enrichissement de l'Univers en éléments.

Le noyau d'hélium a été créé à partir de noyaux d'hydrogène. Puis la matière s'est enrichie de plusieurs éléments comme le carbone, le fer... En revanche les éléments plus lourds comme l'or, le platine ou l'uranium sont issus d'explosions d'étoiles plus massives, qui ont donné naissance à une nouvelle génération d'étoiles qui, comme notre Système solaire, sont constituées de matière enrichie.

Besoin d'aide ?

▶ **Retrouvez des aides en fin d'ouvrage, p. 423.**

VOCABULAIRE

En expansion : qui s'agrandit en volume et en surface.

Bilan de cycle 4

L'infiniment petit

▶ Retrouvez aussi **Le bilan de 5e** BILAN lienmini.fr/pc-027 **Le bilan de 4e** BILAN lienmini.fr/pc-028

1 Les atomes

▶ Activités 1 2 3 4

La représentation de l'atome a évolué au fur et à mesure des découvertes.
D'abord imaginé comme une boule homogène, son modèle s'est complexifié depuis l'Antiquité. On sait depuis le début du XXe siècle qu'il est constitué d'un **noyau positif** et d'**électrons négatifs** en mouvement incessant autour du noyau.

La dimension de l'atome est de l'ordre du dixième de nanomètre :
$r = 0{,}1 \text{ nm} = 10^{-10} \text{ m}$

Le noyau de l'atome est environ 100 000 fois plus petit que l'atome.
Sa dimension est de l'ordre de 10^{-15} m.
L'espace entre le noyau et les électrons est vide.
On dit que la matière a une **structure lacunaire.**

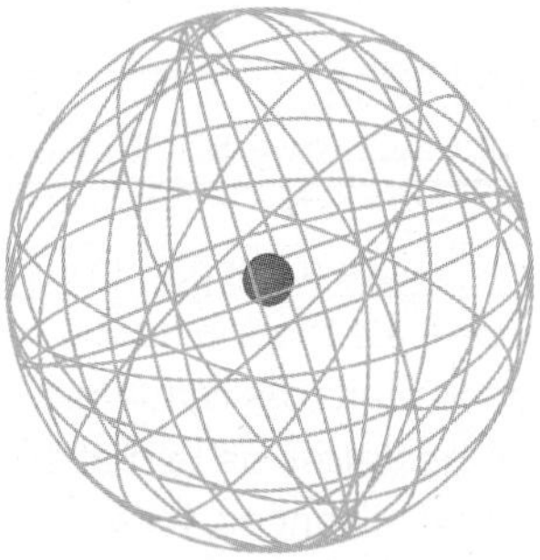

2 Les noyaux

▶ Activités 4 5

Un noyau est constitué de deux types de particules : des **neutrons** et des **protons**.

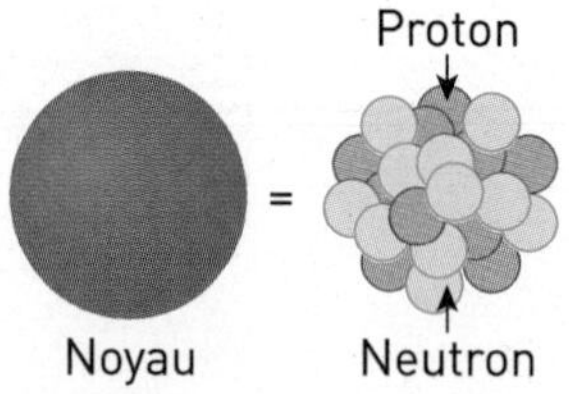

- Les neutrons sont des particules qui ne possèdent pas de charge électrique.
- Les protons sont des particules chargées positivement.

Le nombre de protons est caractéristique de l'élément chimique.
Ce nombre est appelé **numéro atomique** et apparait dans la classification périodique des éléments sous la forme :

$_ZX$

Z : numéro atomique = nombre de protons

Exemples

① Le carbone possède 6 charges positives.
Dans la classification périodique des éléments, il est symbolisé par $_6C$.

② L'oxygène possède 8 charges positives.
Dans la classification périodique des éléments, il est symbolisé par $_8O$.

MOTS-CLÉS

Atome	Noyau	Proton
Électron	Nucléon	Structure lacunaire
Neutron	Numéro atomique	

VOIR LEXIQUE P. 418

3 La classification périodique

▶ Activité 5

La classification périodique évolue au fur et à mesure des découvertes.

Classification périodique des éléments

Légende : Chlore (Nom) – Cl (Symbole) – 17 (Numéro atomique)

Métaux : Métaux alcalins ; Métaux alcalino-terreux ; Autres métaux

Non métaux : Gaz rares ; Halogènes ; Autres non métaux

Périodes \ Groupes	1	2	3	4	5	6	7	8	9	10	11	12	13	14	15	16	17	18
1	Hydrogène H 1																	Hélium He 2
2	Lithium Li 3	Béryllium Be 4											Bore B 5	Carbone C 6	Azote N 7	Oxygène O 8	Fluor F 9	Néon Ne 10
3	Sodium Na 11	Magnésium Mg 12											Aluminium Al 13	Silicium Si 14	Phosphore P 15	Soufre S 16	Chlore Cl 17	Argon Ar 18
4	Potassium K 19	Calcium Ca 20	Scandium Sc 21	Titane Ti 22	Vanadium V 23	Chrome Cr 24	Manganèse Mn 25	Fer Fe 26	Cobalt Co 27	Nickel Ni 28	Cuivre Cu 29	Zinc Zn 30	Gallium Ga 31	Germanium Ge 32	Arsenic As 33	Sélénium Se 34	Brome Br 35	Krypton Kr 36
5	Rubidium Rb 37	Strontium Sr 38	Yttrium Y 39	Zirconium Zr 40	Niobium Nb 41	Molybdène Mo 42	Technétium Tc 43	Ruthénium Ru 44	Rhodium Rh 45	Palladium Pd 46	Argent Ag 47	Cadmium Cd 48	Indium In 49	Étain Sn 50	Antimoine Sb 51	Tellure Te 52	Iode I 53	Xénon Xe 54
6	Césium Cs 55	Baryum Ba 56		Hafnium Hf 72	Tantale Ta 73	Tungstène W 74	Rhénium Re 75	Osmium Os 76	Iridium Ir 77	Platine Pt 78	Or Au 79	Mercure Hg 80	Thallium Tl 81	Plomb Pb 82	Bismuth Bi 83	Polonium Po 84	Astate At 85	Radon Rn 86
7	Francium Fr 87	Radium Ra 88		Rutherfordium Rf 104	Dubnium Db 105	Seaborgium Sg 106	Bohrium Bh 107	Hassium Hs 108	Meitnerium Mt 109	Darmstadtium Ds 110	Roentgénium Rg 111	Copernicium Cn 112	Nihonium Nh 113	Flérovium Fl 114	Moscovium Mc 115	Livermorium Lv 116	Tennessine Ts 117	Oganesson Og 118

Lanthanides

Lanthane La 57	Cérium Ce 58	Praséodyme Pr 59	Néodyme Nd 60	Prométhium Pm 61	Samarium Sm 62	Europium Eu 63	Gadolinium Gd 64	Terbium Tb 65	Dysprosium Dy 66	Holmium Ho 67	Erbium Er 68	Thulium Tm 69	Ytterbium Yb 70	Lutétium Lu 71

Actinides

Actinium Ac 89	Thorium Th 90	Protactinium Pa 91	Uranium U 92	Neptunium Np 93	Plutonium Pu 94	Américium Am 95	Curium Cm 96	Berkélium Bk 97	Californium Cf 98	Einsteinium Es 99	Fermium Fm 100	Mendélévium Md 101	Nobélium No 102	Lawrencium Lr 103

4 L'origine et la diversité de la matière

▶ Activité 6

■ La matière est apparue il y a 13,7 milliards d'années, lors du Big Bang. Au bout d'un quart d'heure, les protons et les neutrons s'étaient assemblés pour former les noyaux les plus légers : hydrogène et hélium, qui constituent encore à eux seuls 98 % de l'Univers.

Progressivement sont apparus des éléments plus lourds dans les étoiles : carbone, azote, oxygène, silicium…

■ Les éléments sont les mêmes partout dans l'Univers : que ce soit au cœur des étoiles, sur Terre ou dans le corps humain.

Pourcentage en masse des éléments contenus dans le corps humain

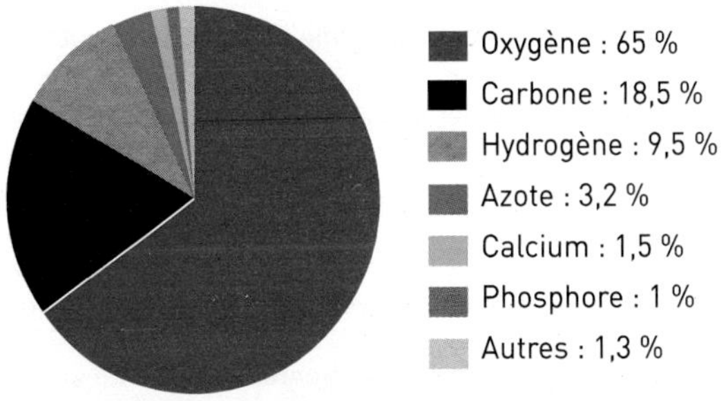

L'essentiel

Dimensions des atomes et de leurs constituants

Ordre de grandeur (en m) :

→ 10^{-10} m

→ 10^{-15} m

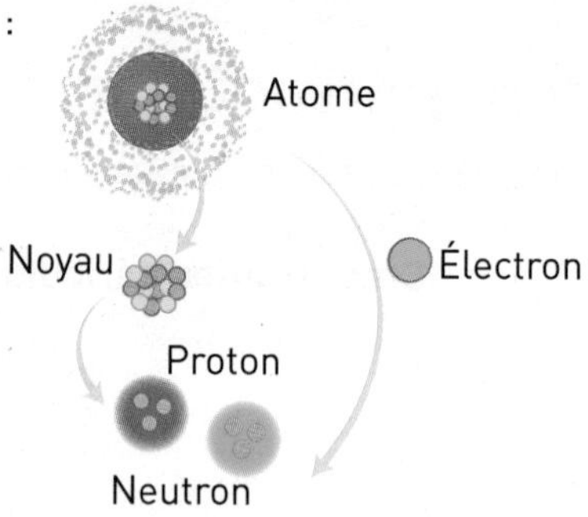

Représentation d'un atome

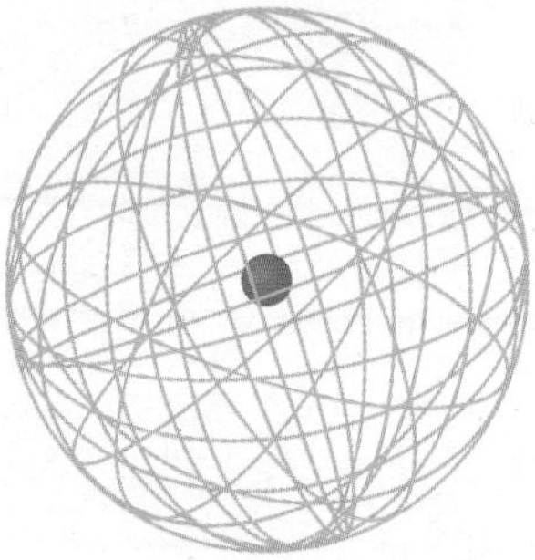

Noyau d'un atome

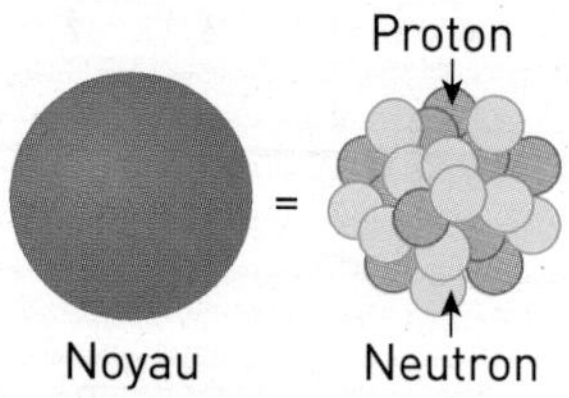

Symbole d'un noyau dans la classification périodique des éléments

$_{Z}X$

Z : numéro atomique = nombre de protons

Socle commun

Domaines	Compétences	Activités	Problèmes
D1.1	Lire et comprendre des documents scientifiques.	1 3 4 5 6	25
D1.1	Utiliser la langue française en cultivant précision, richesse de vocabulaire et syntaxe.	6	27
D1.3	Passer d'une forme de langage scientifique à une autre.	2	26
D2	Effectuer des recherches bibliographiques.	4 5	
D4	Mesurer des grandeurs physiques de manière indirecte.	2	
D5	Expliquer, par l'histoire des sciences et des techniques, comment les sciences évoluent et influencent la société.	1	
D5	Identifier les différentes échelles de structuration de l'Univers.	3	

Exercices

J'apprends à apprendre

Utilisable en AP

1 Apprendre en s'enregistrant

Pour certaines personnes, la compréhension et l'apprentissage passent par l'écoute.

➡ L'objectif est ici d'apprendre le cours en s'enregistrant.

1. Relire le cours et noter sur une feuille tous les mots importants qu'il faut retenir.
Par exemple : électrons, noyau, nucléons, protons et neutrons ; taille d'un atome, structure lacunaire.

2. Fermer son cahier et faire des phrases à voix haute avec les mots notés sur la feuille.

3. S'entrainer plusieurs fois en vérifiant que le sens de ce que l'on raconte correspond bien à ce qu'il y a dans le cours.
S'enregistrer à l'aide d'un téléphone portable, d'une tablette ou d'un dictaphone.

4. Réécouter plusieurs fois ce que l'on a enregistré afin de mémoriser le cours.

J'apprends une méthode

Exercice résolu

Utilisable en AP

2 ●●● Bien utiliser la classification périodique des éléments

Énoncé Dans la classification périodique, on trouve des informations sur les éléments chimiques.

1. Donner le numéro atomique du silicium de symbole Si.

2. Donner le symbole de l'or, de numéro atomique 79.

3. Donner le nom et le numéro atomique de l'élément dont le symbole est N.

4. À l'aide de la classification périodique, donner le symbole et le nombre de protons présents dans un noyau de chlore. Présenter le résultat sous la forme $_{Z}X$.

Solution

1. Le numéro atomique est situé en bas à gauche de la case.
Il indique le nombre de protons présents dans le noyau de l'élément.
Le numéro atomique du silicium est 14.

Silicium
Si
14

2. Le symbole est situé au centre de la case.
Le symbole de l'or est Au.

Or
Au
79

3. Il s'agit le plus souvent de la (ou des deux) première(s) lettre(s) du nom, mais pas toujours.
L'élément dont le symbole est N s'appelle azote et il a pour numéro atomique 7.

4. Le nom de l'atome est écrit en toutes lettres au-dessus du symbole.
Le noyau de chlore a comme symbole Cl, et il possède 17 protons.
On peut donc le représenter par le symbole $_{17}Cl$.

Je me teste

EXO lienmini.fr/pc-029

3 QCM Distinguer atomes et noyaux

Choisir la bonne réponse.

1. Les atomes sont :
a. électriquement neutres. **b.** chargés positivement.
c. chargés négativement.

2. Les neutrons sont :
a. électriquement neutres. **b.** chargés positivement.
c. chargés négativement.

3. Dans un atome, les neutrons sont situés :
a. dans le noyau
b. autour du noyau.
c. dans les protons.

4. Les protons sont :
a. électriquement neutres. **b.** chargés positivement.
c. chargés négativement.

5. Dans un atome, les protons sont situés :
a. dans le noyau
b. autour du noyau.

6. Les électrons sont :
a. électriquement neutres. **b.** chargés positivement.
c. chargés négativement.

7. Dans un atome, les électrons sont situés :
a. dans le noyau.
b. autour du noyau.
c. dans les neutrons.

4 Vrai ou faux ?

a. Un atome est électriquement neutre.
b. Un noyau est composé de protons.
c. Les électrons ont une charge positive.
d. Le noyau d'un atome est environ 100 000 fois plus grand que l'atome.
e. Un neutron est électriquement neutre.

5 Légender un schéma

Recopier et légender le schéma de l'atome suivant en plaçant les mots : « proton », « neutron » et « électron ».

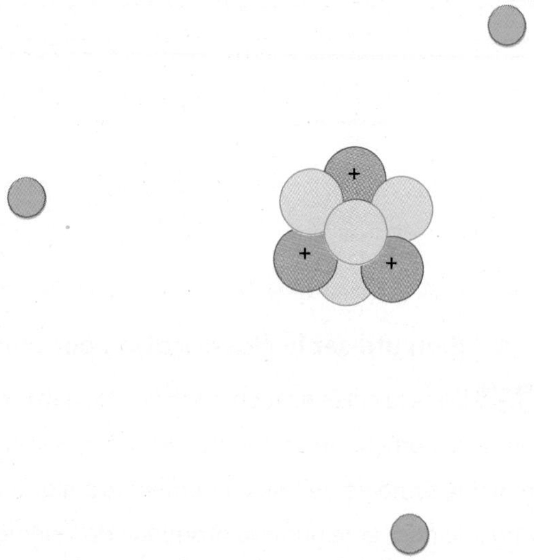

6 Atomes et nucléons

Recopier et compléter le tableau suivant.

Symbole de l'atome	$_{2}He$	$_{6}C$	$_{12}Mg$	$_{26}Fe$	$_{92}U$
Numéro atomique					
Nombre de protons					
Nombre d'électrons					

VOIR CORRIGÉS P. 423

Je travaille des compétences

Pédagogie différenciée

Utilisable en AP

7 Extraire des informations d'un texte

■ Les alchimistes cherchaient à fabriquer la pierre philosophale qui permettrait de transformer des métaux comme le plomb en un métal plus noble comme l'or.

Pour transformer le plomb en or, il faudrait transformer chaque atome de plomb en atome d'or. Dans un noyau de plomb, il y a 82 protons et dans le noyau d'or il y en a 79.

Si tous les noyaux d'or possèdent 128 neutrons, le nombre de neutrons présents dans le noyau de plomb peut varier. Plus de la moitié des noyaux de plomb possède 126 neutrons, environ le quart en possède 125 et le reste en possède 124.

■ Il existe plusieurs types de transformations.

Les transformations chimiques ne transforment pas les atomes mais modifient leur assemblage. Par exemple, la réaction chimique entre le dihydrogène (H_2) et le dioxygène (O_2) aboutit à la formation d'eau (H_2O).

Les réactions nucléaires « cassent » les noyaux des atomes. Par exemple, au sein d'une centrale nucléaire, des noyaux d'uranium $_{92}U$ se transforment en noyaux de krypton $_{36}Kr$ et de baryum $_{56}Ba$. Certaines réactions nucléaires se font spontanément mais la plupart demandent des énergies considérables pour être déclenchées.

Consigne pour le groupe A

➡ Expliquer pourquoi la quête des alchimistes était vaine.

Consignes pour le groupe B

1. Relever des informations relatives à l'or et relatives au plomb. Expliciter la différence entre ces deux éléments.
2. Expliquer pourquoi la quête des alchimistes était vaine.

ANI > Peut-on transformer le plomb en or ?

Consignes pour le groupe C

1. Quel est le nombre de protons et de neutrons de l'atome d'or ? Quel est le nombre de protons et de neutrons de l'atome de plomb ?
2. Expliquer ce qui est différent entre le plomb et l'or.
3. Expliquer quel type de transformation il faudrait réaliser pour pouvoir transformer du plomb en or.
4. En utilisant les réponses aux questions précédentes, expliquer pourquoi la quête des alchimistes était vaine.

8 Classer des objets du plus petit au plus grand

Voici la taille de différents objets :

Objet	Molécule d'ADN	Atome de carbone	Noyau d'une cellule	Noyau de l'atome de carbone	Acariens	Fourmi	Morceau de sucre	Cellule
Image	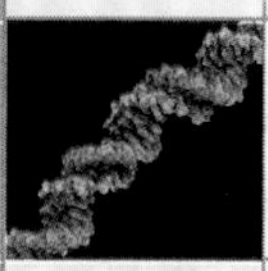		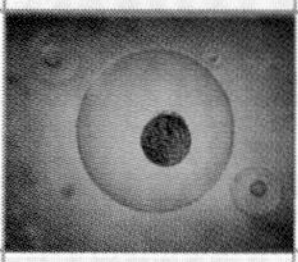		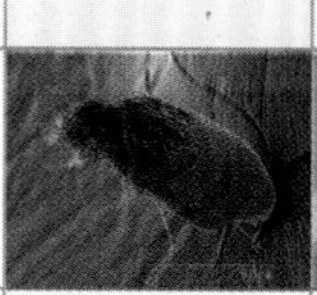			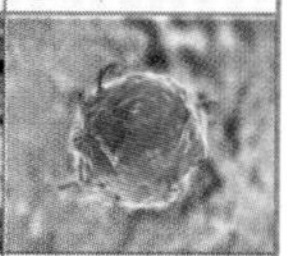
Taille moyenne	3,4 nm	70 pm	10 µm	1 fm	0,4 mm	6 mm	2,8 cm	50 µm

Consigne pour le groupe A

➡ Classer les différents objets par taille croissante.

Consignes pour le groupe B

1. Choisir une unité de longueur et exprimer toutes les données du tableau dans cette unité.
2. Classer les objets par taille croissante.

Consignes pour le groupe C

1. Convertir toutes les valeurs en mètres.
2. Écrire les valeurs en utilisant la notation scientifique (sous la forme $a \times 10^n$ m).
3. Classer les objets par taille croissante.

Exercices

Je travaille des notions

Les bons mots pour le dire

9 ●●● Vrai ou faux ?

1. Le mot « particule » est un mot synonyme de molécules.

2. Au collège, en chimie, une particule peut être un électron, un atome, un proton, une molécule, un noyau…

3. Dans une substance, on peut identifier des espèces chimiques qui sont des ions ou des molécules.

4. Dans une solution, on ne peut identifier que des ions ; il n'y a pas de molécules.

10 ●●● Écrire quelques lignes pour rendre compte du schéma suivant

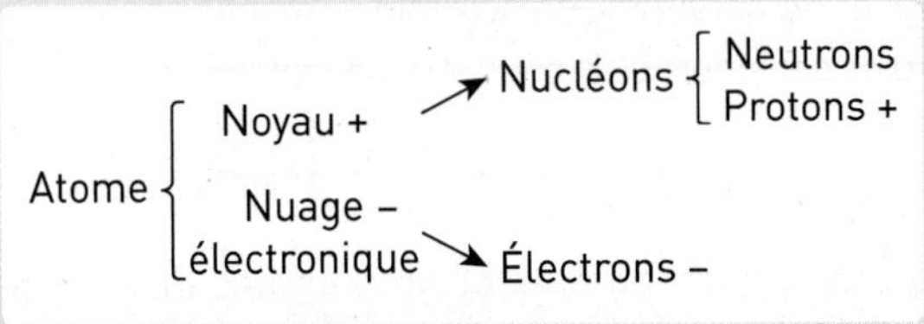

11 ●●● Corriger une copie

Un professeur a corrigé la copie suivante.

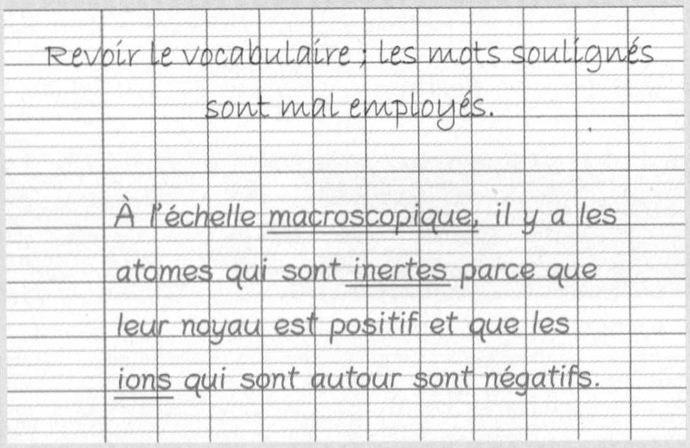

1. Lire le texte.

2. Préciser avec quel autre mot l'élève a confondu chacun des mots soulignés par le professeur.

3. Rappeler la définition du mot « inerte » en expliquant par exemple ce qu'est un gaz inerte.

4. Réécrire le texte en utilisant le vocabulaire approprié.

Comprendre l'origine et la diversité de la matière

12 ●●● Les éléments du Soleil

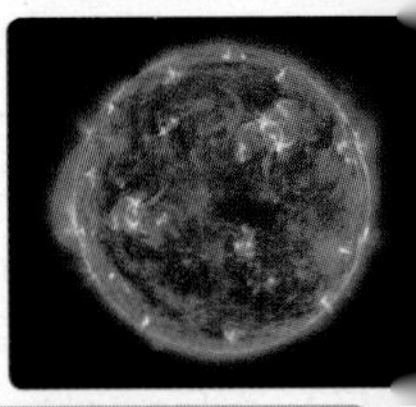

Voici un tableau qui répertorie les éléments que l'on peut trouver dans le Soleil, ainsi que leur abondance.

Symbole	Numéro atomique	Pourcentage en atome
H	1	93,8
He	2	6
C	6	0,04
N	7	0,07
O	8	0,06
Ne	10	0,004
Mg	12	0,004
Si	14	0,005
S	16	0,001
Fe	26	0,003

1. Quels sont les cinq éléments les plus abondants dans le Soleil ?

2. Quel est l'élément 1 000 fois moins abondant que l'hélium dans le Soleil ?

3. Donner deux exemples d'éléments métalliques contenus dans le Soleil.

4. On admet qu'une espèce A est négligeable devant une espèce B si son abondance est au moins 100 fois plus petite. Peut-on dire dans ces conditions que le Soleil est « constitué d'hydrogène et d'hélium » ?

13 ●●● Les éléments de la Terre

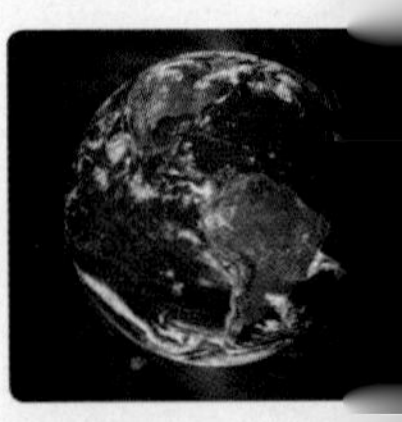

Afin d'étudier l'abondance des éléments de la Terre, on veut construire, à l'aide du tableau suivant, un diagramme circulaire permettant de visualiser le pourcentage en nombre d'atomes.

Élément	Symbole	Z	Pourcentage (en nombre d'atomes)	Angle (en degrés
Oxygène			48,8	
Magnésium			16,5	
Fer			16,1	
Silicium			13,8	
Nickel			0,8	

1. Recopier et compléter les colonnes « symbole » et « *Z* » du tableau en s'aidant de la classification périodique.

2. Calculer la valeur des angles des secteurs à tracer sur le diagramme circulaire pour représenter les pourcentages en nombre d'atomes (on rappelle qu'un angle de 360° représente 100 %).

3. Tracer le diagramme circulaire.

4. Dans le diagramme circulaire, il reste un secteur qui n'est attribué à aucun élément. Il correspond aux autres éléments que l'on trouve sur Terre. Quel est le pourcentage des autres éléments dans la Terre ?

5. Quel est l'élément le plus abondant sur Terre ?

6. On admet qu'une espèce A est négligeable devant une espèce B si son abondance est au moins 100 fois plus petite. Les autres éléments sur Terre sont-ils négligeables par rapport à l'élément le plus abondant ? Justifier.

Déterminer les constituants de l'atome

14 Déterminer la composition des atomes

Recopier et compléter le tableau suivant sans oublier de compléter les symboles des différents atomes.

Symbole de l'atome	...Li	...Al	...Na	...F	...O
Nombre de protons		13	11		
Nombre d'électrons	3				8

15 Rectifier des erreurs

1. Corriger les phrases suivantes qui sont toutes fausses.

a. Un atome est essentiellement composé de matière.

b. Le noyau est environ 100 000 fois plus grand que atome.

c. Un atome est constitué d'un ou plusieurs noyau(x) et 'un électron.

d. Un atome est électriquement neutre car il ne contient aucune charge électrique.

e. Le noyau est composé de particules neutres appelées neutrinos et de particules positives appelées protons.

f. Le schéma ci-contre représente un atome de sodium. Corriger l'erreur qui s'y est glissée.

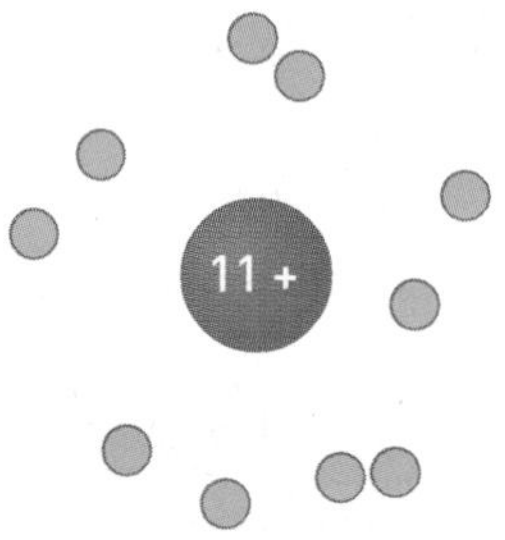

16 Le fer

Un atome de fer possède 26 électrons.

1. Nommer les autres particules constitutives d'un atome de fer.

2. Préciser le signe de la charge électrique d'un électron.

3. Donner la ou les bonne(s) réponse(s).

Un atome :

a. est chargé électriquement.

b. est électriquement neutre.

c. ne contient pas de charges électriques.

17 Le fluor

Voici une représentation de l'atome de fluor.

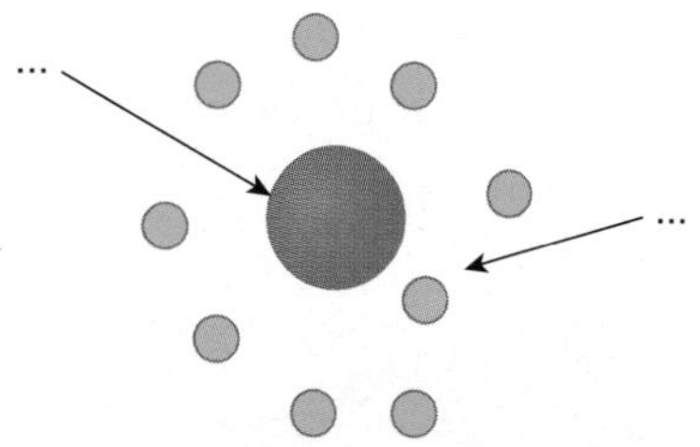

1. Reproduire le schéma et compléter la légende.

2. Dire où se trouve la charge positive de l'atome.

3. Pourquoi peut-on dire que cet atome est électriquement neutre alors qu'une partie est chargée positivement ?

4. L'atome de fluor a un rayon de 0,50 nm. Calculer le diamètre de son noyau, en nanomètres, puis en mètres sachant qu'il est 100 000 fois plus petit que l'atome.

Donnée

1 nm = 10^{-9} m.

18 L'atome d'aluminium

L'aluminium est un élément chimique dont le numéro atomique est égal à 13. C'est un métal malléable de couleur argenté qui résiste à l'oxydation et qui est peu dense. Il est notamment utilisé pour fabriquer le couvercle des canettes de boissons.

1. Préciser la charge d'un atome d'aluminium.

2. Indiquer le nombre de protons de l'atome.

3. Indiquer le nombre d'électrons de l'atome d'aluminium.

Exercices

Je travaille des notions

Déterminer les constituants du noyau atomique

19 ●●● **Symbole d'un noyau**

Chaque noyau peut être représenté par un symbole de la forme $_{Z}X$ où X est le symbole de l'atome.

1. Comment s'appelle la grandeur Z ?

2. Quelle(s) information(s) sur les composants de l'atome cette grandeur nous donne-t-elle ?

20 ●●● **De quoi sont faits les diamants ?**

Le carbone est l'unique constituant de différents solides : le charbon, le graphite, le diamant...

Son symbole est C et il a pour numéro atomique $Z = 6$.

1. Quelle est la charge totale de l'atome de carbone ?

2. Combien de protons possède l'atome de carbone ?

3. Combien d'électrons possède l'atome de carbone ?

4. Il existe plusieurs isotopes pour le carbone : le carbone 13 dont le noyau est composé de 13 nucléons et le carbone 14 dont le noyau est composé de 14 nucléons. Déterminer la composition exacte des atomes de carbone 14 et carbone 13.

21 ●●● **Noyau d'uranium**

Lors d'une transformation nucléaire, une grande énergie peut être libérée. Les noyaux d'uranium principalement utilisés dans les centrales nucléaires sont formés de 235 nucléons.

1. Utiliser la classification périodique pour trouver le symbole de l'uranium et la valeur de son numéro atomique

2. Rappeler quels sont les deux constituants du noyau.

3. Donner le nombre de protons présents dans un noyau d'uranium.

4. En déduire le nombre de neutrons présents dans le noyau d'uranium.

Connaitre l'ordre de grandeur de la taille d'un atome et de son noyau

22 ●●● **Comparer un noyau à la Terre**

Du fait de sa très petite taille, il est très difficile de se représenter un atome. Mais on peut effectuer des comparaisons pour se rendre compte à quel point l'atome est « vide ».

1. Quelle serait la taille du noyau de l'atome d'hydrogène si celui-ci avait la taille de la Terre ?

2. Quelle serait la taille de l'atome d'hydrogène si son noyau avait la taille d'un ballon de football ? Comparer cette valeur avec la taille du stade de France.

Données

- Rayon de la Terre : 6 400 km
- Rayon de l'atome d'hydrogène : 50 pm
- Rayon du noyau de l'atome d'hydrogène : 0,84 fm
- Diamètre d'un ballon de football : 22 cm
- Rayon de l'atome d'hydrogène : 50 pm
- Rayon du noyau de l'atome d'hydrogène : 0,84 pm
- Longueur du Stade de France : 270 m.

23 ●●● **Échelle de dimension**

Sur l'échelle des dimensions, on a positionné l'ordre de grandeur de l'atome et de son noyau.

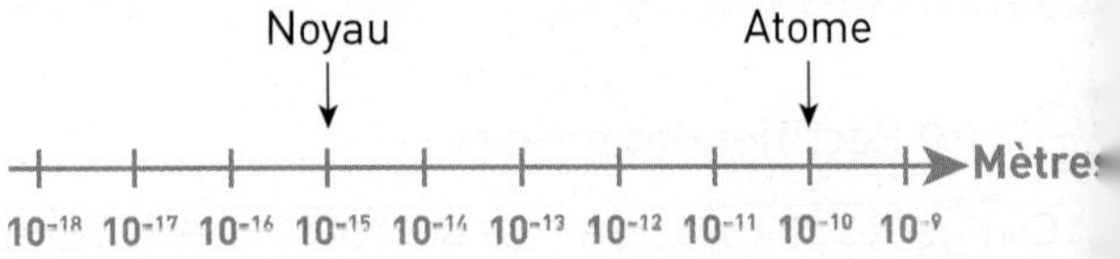

1. Quelle(s) est (sont) la (les) réponse(s) correcte(s) ?

a. Le noyau est 5 fois plus petit que l'atome.

b. Le noyau est 5 fois plus grand que l'atome.

c. Le noyau est 100 000 fois plus petit que l'atome.

d. Le noyau est 100 000 fois plus grand que l'atome.

2. Expliquer pourquoi on qualifie la structure de matière de lacunaire.

24 ●●● **Masse d'un atome de fer**

Un atome de fer a une masse $m_1 = 9{,}3 \times 10^{-26}$ kg contient 26 électrons pesant chacun $m = 9{,}1 \times 10^{-31}$ kg.

1. Calculer la masse m_2 du nuage électronique de l'atom de fer.

2. Comparer les deux masses m_1 et m_2.

3. Dire si la masse de l'atome de fer est concentrée da le noyau.

Problèmes

25 ●●● L'atomium de Bruxelles

D1.3. Lire et comprendre des documents scientifiques.

L'atomium est un monument de Bruxelles, construit à l'occasion de l'exposition universelle de 1958. Il a été imaginé par l'ingénieur André Waterkeyn afin de représenter un cristal de fer.

L'Atomium est composé de 9 sphères de 18 m de diamètre, représentant chacune un atome de fer agrandi 72 milliards de fois.

➡ Quelle est la taille réelle d'un atome de fer ?

26 ●●● Volume d'un atome d'hydrogène

D1.3. Passer d'une forme de langage scientifique à une autre.

Données

- Numéro atomique de l'atome d'hydrogène : 1
- Rayon de l'atome d'hydrogène : 50 pm
- Rayon d'un proton : 0,84 fm
- Rayon d'un électron : inférieur à 10^{-22} m
- Volume d'une sphère : $\frac{4}{3}\pi R^3$
- 1 pm = 10^{-12} m
- 1 fm = 10^{-15} m

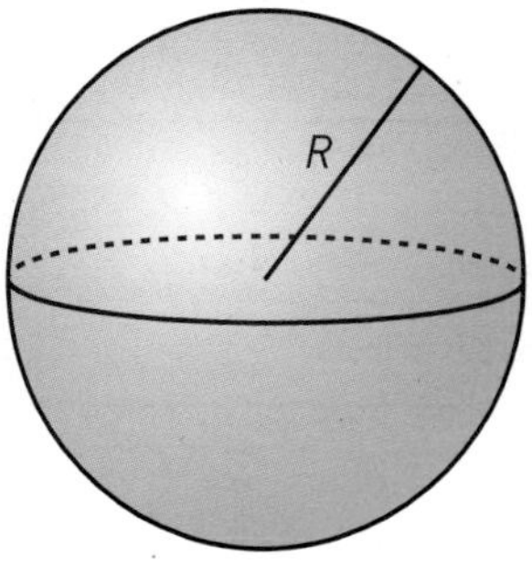

1. Si l'on effectue le calcul : $\frac{4}{3}\times\pi\times10^{-66}$, obtiendra-t-on la valeur du volume maximal ou celle du volume minimal d'un électron ?

2. Donner la composition du noyau de l'atome d'hydrogène

3. Calculer le volume du noyau de l'atome d'hydrogène.

4. Calculer le volume de l'atome.

5. Calculer le rapport *R* entre le volume du noyau et celui de l'atome :

$$R = \frac{\text{volume du noyau}}{\text{volume de l'atome}}$$

6. Choisir la (les) bonne(s) réponse(s).

a. Quand on parle du volume de l'atome d'hydrogène, il s'agit du volume occupé par un proton et par un électron qui constitue à lui seul le nuage électronique et qui est en mouvement très rapide autour de ce proton.

b. Quand on parle du volume de l'atome d'hydrogène, il s'agit du volume occupé par son noyau constitué de protons et par ses électrons qui sont en mouvement très rapide autour du noyau.

c. Quand on parle du volume de l'atome d'hydrogène, il s'agit du volume occupé par son noyau (constitué d'un seul proton) et son électron qui est en mouvement dans l'air autour du noyau.

7. Calculer le volume d'un électron à partir de la formule de la question **1** puis préciser ce qu'est essentiellement l'atome.

Problèmes

27 ●●● Formation de la Lune

D1.1. Utiliser la langue française en cultivant précision, richesse de vocabulaire et syntaxe.

Dans le tableau suivant, sont représentées les compositions des manteaux lunaire et terrestre.

Composant	Lune (en %)	Terre (en %)
SiO_2	44	44
TiO_2	0,25	0,2
Al_2O_3	3,7	3,9
Cr_2O_3	0,35	0,44
FeO	12,4	10
MnO	0,16	0,16
MgO	36	36,9
CaO	31	32
Na_2O	0,06	0,39
Ni (ppm*)	2 000	2 080
Co	90	104
V	80	77
Sc	14,1	17,2

*ppm : parties par million.

Deux hypothèses permettent d'expliquer la présence de la Lune.

- 1re hypothèse : on imagine que la Lune s'est formée autour de la Terre par accrétion, comme les autres planètes du Système solaire.
- 2e hypothèse : on imagine que la Lune s'est formée suite à l'impact entre la Terre et une planète plus petite baptisée Théia.

1. Chercher ce qu'on appelle une formation par accrétion dans le cas d'un astre.

2. Utiliser les données pour expliquer laquelle des deux hypothèses concernant la formation de la Lune est valide.

Données

Masses volumiques :
- ρ(Lune) = 3,5 kg/L
- ρ(Terre) = 5,5 kg/L

Sciences MAG

28 Le plus petit fil de cuivre du monde

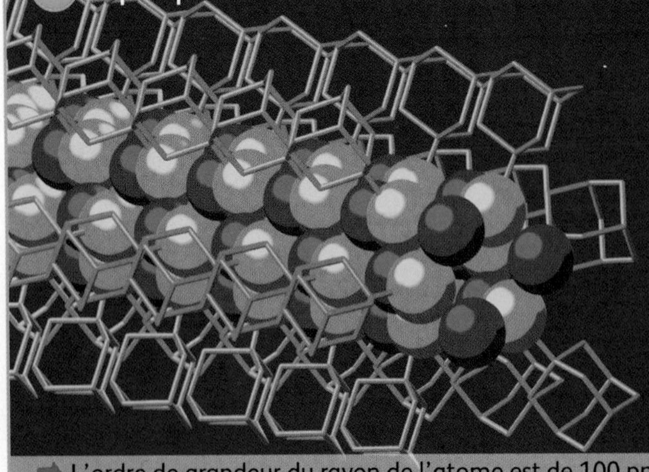

Pour réaliser le fil électrique le plus fin du monde, les chercheurs de l'Université de Stanford ont utilisé des petits morceaux de diamants appelés diamantoïdes. Ces diamantoïdes sont des isolants électriques. Accrochés à des atomes de soufre et de cuivre ils forment des édifices dont la taille et la forme leur permettent de s'imbriquer comme les briques d'un jeu de construction en formant un fin fil conducteur entouré d'une gaine isolante.

Ces fils électriques sont les plus fins du monde puisque seulement trois atomes forment leur diamètre.

➡ L'ordre de grandeur du rayon de l'atome est de 100 pm.
Combien de fois le fil formé grâce aux diamantoïdes est-il plus petit qu'un cheveu de diamètre 60 µm ?

29 Et si on regardait les fourmis ?

30 min

Depuis quelques années, le dihydrogène est le combustible étudié pour remplacer les carburants fossiles. Il est, en effet, plus écologique mais il est très difficile de le stocker car c'est un gaz très inflammable.

1 Fourmis transportant une fraise des bois.

2 Jet d'acide formique.

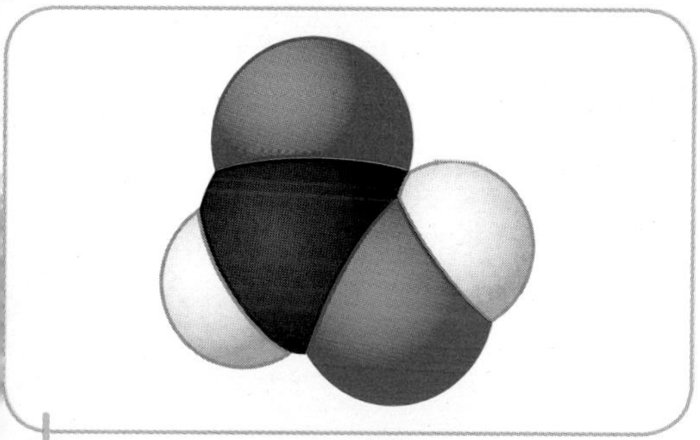

3 Modèle moléculaire de l'acide formique.

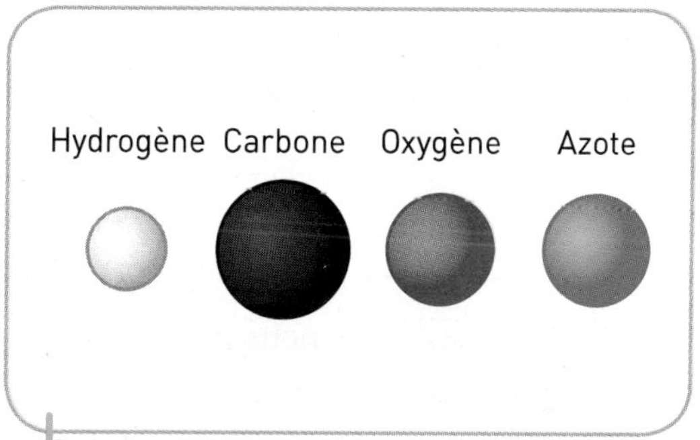

4 Nomenclature des modèles moléculaires.

Les scientifiques ont pensé à faire réagir le dihydrogène avec le dioxyde de carbone de l'air, facilement disponible, formant ainsi de l'acide formique liquide. Cet acide est très peu inflammable et donc plus facile à entreposer. Avant utilisation, l'acide formique est retransformé en dihydrogène.

5 L'acide formique, un nouveau carburant ?.

Questions

1. Une fraise des bois a une dimension d'environ 1,2 cm. Évaluer la taille moyenne d'une fourmi. Écrire la valeur obtenue, en mètres, en utilisant la notation scientifique.

2. a. Utiliser le modèle moléculaire de l'acide formique pour déterminer la composition de cette molécule et donner sa formule chimique.

b. Que peut-on dire de la valeur du pH de cet acide en solution ?

3. a. La transformation de l'acide formique en dihydrogène est-elle une transformation physique ou chimique ?

b. Donner le nom des réactifs qui permettent d'obtenir l'acide formique.

c. Dans une pile à combustible, le dihydrogène réagit avec le dioxygène pour former de l'eau. Écrire l'équation de la transformation chimique.

CHAPITRE

6 L'infiniment grand

Sommaire

Zoom sur...

Les croisements entre thèmes

Dans l'activité 6, je fais le lien avec le chapitre 15 du thème D, **Des signaux pour communiquer et observer** (p. 376 du manuel).

L'interdisciplinarité

Dans l'activité 4, je fais le lien avec l'Histoire des arts.

Une animation

Dans l'activité 2, je découvre de manière interactive la planète Mars.

Une vidéo

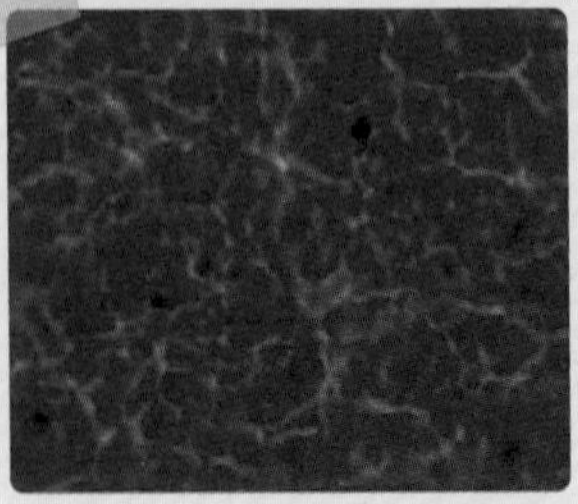

Dans l'activité 6, je regarde une vidéo sur l'infiniment grand.

Des sondes spatiales sont-elles déjà allées plus loin que Saturne ?

Photo de Saturne prise par la sonde Cassini.

Dans ce chapitre, je vais

	Activités	Exercices
Utiliser les échelles et les unités.	2 5 6 7	15 à 17
Décrire les distances dans l'Univers.	1 2 5 6	18 à 20
Utiliser la vitesse de la lumière dans le vide.	6	21 à 23
Connaitre l'organisation de l'Univers.	1 2 3 4 6 7 8 9 10	24 à 27

ACTIVITÉ 1

Pourquoi Pluton n'est plus une planète ?

COMPÉTENCE ÉVALUABLE

D5. Expliquer, par l'histoire des sciences et des techniques, comment les sciences évoluent et influencent la société.

Le 24 aout 2006, l'Union astronomique internationale (UAI) a pris une décision qui a fait grand bruit : Pluton n'est plus une planète ! Pourquoi ? À cause de la découverte de 2003 UB 313, rapidement nommée Éris (déesse de la discorde).

1 La ceinture de Kuiper dans le Système solaire.

La ceinture de Kuiper est une zone très vaste du Système solaire qui s'étend au-delà de l'orbite de Neptune et qui est constituée d'une multitude d'objets majoritairement solides.

2 La découverte d'Éris

Dans la nuit du 21 octobre 2003, les astronomes Mike Brown de Caltech, Chad Trujillo de l'observatoire Gemini et David Rabinowitz de l'Université de Yale ont tous trois observé un nouvel objet céleste en orbite autour du Soleil. Initialement appelé 2003 UB 313, puis nommé Éris, cet objet est tout d'abord apparu plus gros que Pluton.

Éris possède un satellite et elle aurait pu être considérée comme une dixième planète du Système solaire. Au contraire, la perspective de découvrir au-delà de Neptune de nouveaux objets de tailles similaires à celles de Pluton et Éris a amené les astronomes à s'interroger sur la définition d'une planète.

3 Résolution de l'UAI.

Une planète est un objet :
- en orbite autour d'une étoile, sans toutefois être une étoile ;
- suffisamment massif pour avoir une forme sphérique ;
- ayant « nettoyé » son orbite, c'est-à-dire ayant attiré à lui par gravitation les corps qui s'y trouvaient de façon à ne plus former qu'un seul astre.

Un corps qui ne respecte que les deux premiers critères, est une **planète naine**.

4 New Horizons.

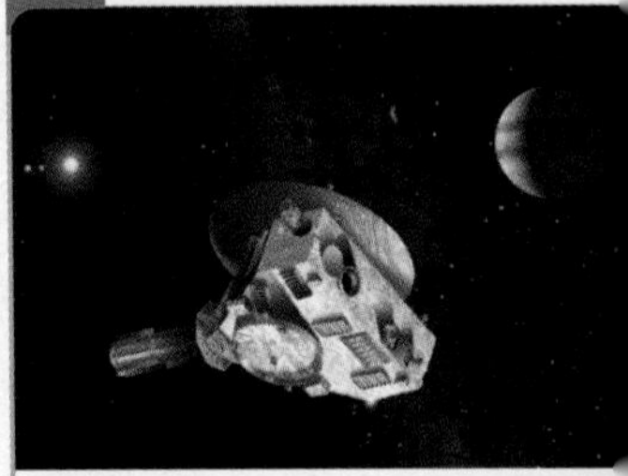

New Horizons a été lancée en 2006 pour étudier Pluton et les objets de la ceinture de Kuiper. New Horizons a atteint Pluton en 2015 et poursuit maintenant la deuxième partie de sa mission.

Questions

1 **Doc 1.** Quel est le plus gros astre du Système solaire ? La plus grosse planète ?

2 **Doc 2.** Quel problème la découverte d'Éris (2003 UB 313) pose-t-elle ?

3 **Docs 1. à 3.** Expliquer pourquoi Pluton n'est plus dans la liste des planètes.

4 **Docs 3. et 4.** Peut-on penser que l'on va découvrir d'autres planètes naines ?

5 **Pour aller plus loin** Les objets célestes de la ceinture de Kuiper sont majoritairement solides alors qu'ils sont constitués de corps généralement à l'état gazeux sur Terre. Pourquoi ?

2 Tous sur Mars ?

COMPÉTENCES ÉVALUABLES

D5. Identifier les différentes échelles de structuration de l'Univers.
D1.1 Lire et comprendre des documents scientifiques.

Après la conquête de la Lune en 1969, l'Agence spatiale américaine (la NASA) et quelques entreprises privées du monde entier ambitionnent d'envoyer des êtres humains sur Mars d'ici 2030.

1 Mars vue de la Terre au télescope en 2016.

2 Les orbites de la Terre et de Mars.

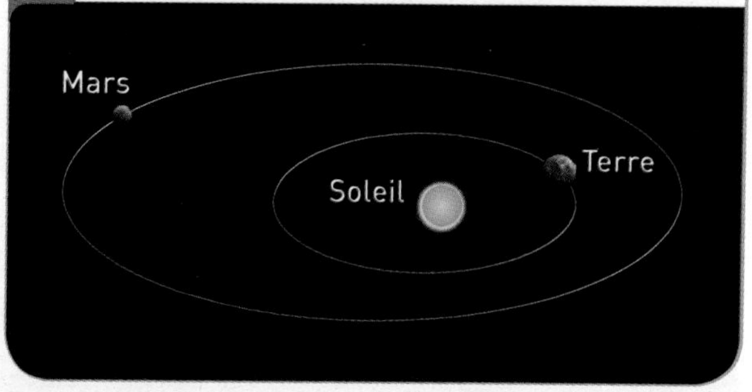

3 Quelques distances et durées.

	Distance minimale (km)	Distance maximale (km)
Terre-Lune	356 000	406 000
Terre-Mars	56 millions	400 millions
Terre-Saturne	4 350 milliards	4 500 milliards

	Période de révolution autour du Soleil
Terre	365,25 jours
Mars	687 jours
Saturne	10 759,25 jours

4 Une analogie.

■ La Terre a une atmosphère beaucoup plus dense que Mars. Pour comprendre l'une des conséquences de cette différence, on peut faire une analogie avec deux couettes de même épaisseur, même taille mais de masses différentes. Voici les informations que l'on peut trouver sur le site d'un vendeur qui propose plusieurs modèles de couette.

	Couette d'été	Couette d'hiver
Masse/m² du duvet	180 g/m²	270 g/m²
Température de la pièce pour bien dormir	Pas moins de 23 °C	Pas moins de 18 °C

ANI >Panorama de Mars à 360°

Questions

Docs 1. et 2. Pourquoi en juin 2016 a-t-on pu observer Mars un peu plus grosse que le reste de l'année ?

Docs 2. et 3. Saturne est gazeuse mais possède des satellites telluriques. Expliquer pourquoi l'humanité cherche à envoyer des hommes sur Mars plutôt que sur un de ces satellites.

Doc 3. Calculer, à l'aide des données à votre disposition, la distance moyenne entre la Terre et Mars. Proposer une phrase simple pour exprimer l'ordre de grandeur de cette distance.

Docs 2. à 4. À la surface de Mars, la température moyenne est de – 63 °C contre 15 °C pour la Terre. Donner deux raisons qui peuvent expliquer cet écart.

Pour aller plus loin Quelles sont les contraintes à prendre en compte pour préparer un voyage vers Mars ?

VOCABULAIRE

Analogie : comparaison.

Orbite : trajectoire d'une planète autour du Soleil.

ACTIVITÉ 3

Comment se repérer en regardant le ciel ?

COMPÉTENCES ÉVALUABLES

D1.1 Utiliser la langue française en cultivant précision, richesse de vocabulaire et syntaxe.
D5. Identifier les différentes échelles de structuration de l'Univers.

L'Homme a depuis toujours observé le ciel et, pour les navigateurs notamment, cette observation a longtemps été le seul moyen de se repérer.

1 Une vue du ciel dans l'hémisphère Nord.

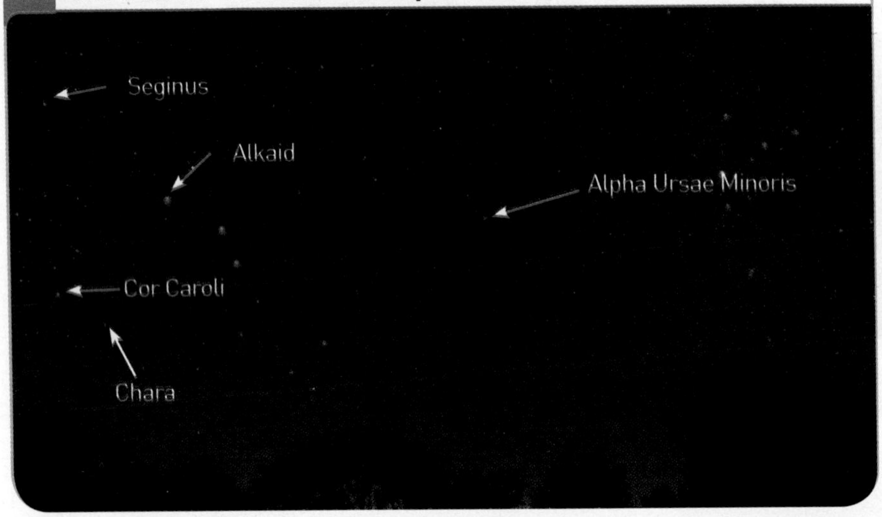

2 S'orienter avec une étoile ou une planète.

Les planètes qui sont éclairées par le Soleil diffusent la lumière solaire et brillent dans le ciel comme des étoiles. Cependant, leur position dans le ciel change très rapidement : les anciens les appelaient « planètes errantes » (*planéo* = errer en grec). Ce changement de position s'explique par leur période de révolution différente : par exemple, Mars fait un tour autour du Soleil en 1,8 an (contre 1 an pour la Terre).

3 La Grande Ourse dessinée par Johannes Hevelius au XVIIe siècle.

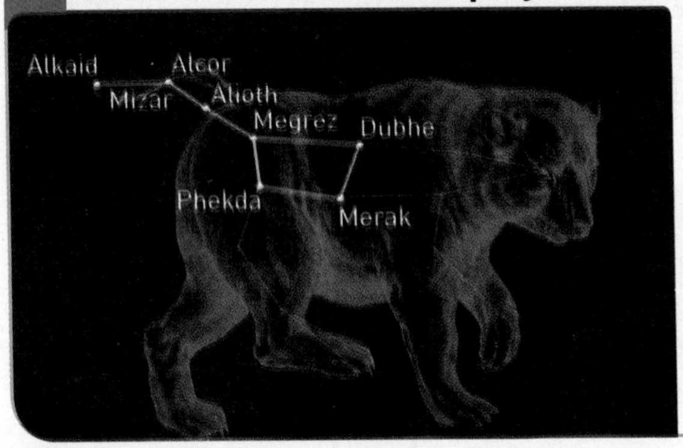

Les étoiles et certaines galaxies, observées depuis la Terre, apparaissent comme des points lumineux qui, lorsqu'on les relie entre eux, semblent former des dessins. Par exemple, la Grande Ourse est une constellation d'étoiles reconnaissable à la forme de casserole ou de grand chariot que composent ses sept plus brillantes étoiles.

Questions

1. **Docs 1. et 2.** Localiser la « casserole » de la Grande Ourse sur le document 1.
2. **Doc 1.** En traçant un segment qui part de Merak et qui passe par Dubhe, sur une distance équivalente à cinq fois la distance entre ces deux étoiles, on trouve l'**étoile polaire**. Nommer l'étoile qui est actuellement l'étoile polaire pour l'hémisphère Nord.
3. **Doc 3.** Expliquer pourquoi, environ tous les deux ans, Mars et la Terre sont en **opposition**. Représenter le Soleil et, sans souci d'échelle, les orbites de Mars et de la Terre. Pourquoi ne peut-on pas utiliser Mars pour se repérer ?
4. **Pour aller plus loin** Rechercher comment l'on repère le pôle Sud lorsque l'on s'oriente dans l'hémisphère Sud.

VOCABULAIRE

Opposition : un astre (A) est en opposition avec la Terre (T) lorsqu'il est dans cette configuration :

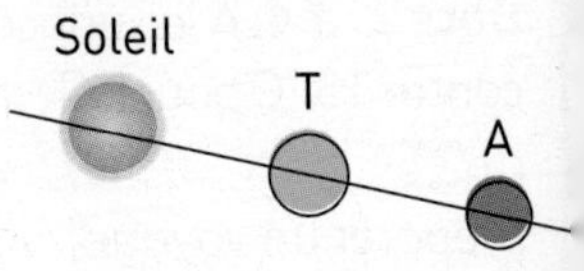

COMPÉTENCE ÉVALUABLE

D1.1 Lire et comprendre des documents scientifiques.

4 La Voie lactée devient-elle invisible ?

En 1610, Galilée observe le ciel avec la lunette astronomique qu'il a inventée et y découvre un nombre incroyable d'étoiles. Il y a tant d'étoiles, qu'on a du mal à les séparer à l'œil nu et que cette multitude donne l'impression d'un nuage laiteux : c'est la Voie lactée.

1 Création de la Voie lactée (Jacopo Robusti, dit le Tintoret).

Ce nom poétique trouve racine dans la mythologie grecque. La déesse Héra aurait un jour repoussé son fils alors qu'il tétait son sein. C'est la trainée de lait échappée de la bouche du jeune Héraclès qui aurait projeté dans le ciel la bande blanchâtre formant la Voie lactée.

2 galaxie ou Galaxie ?

Une galaxie est un ensemble comptant plusieurs centaines de milliards d'étoiles, chacune de ces étoiles pouvant être entourée de planètes. Ces galaxies peuvent être si éloignées de la Terre qu'elles apparaissent dans le ciel comme un minuscule point lumineux et ne sont souvent même pas visibles à l'œil nu. La galaxie la plus proche est à plus de deux millions d'années-lumière du Soleil. Notre galaxie, la Voie lactée, est notée avec une majuscule : c'est la Galaxie.

3 Vue de Paris et ses alentours depuis un satellite.

4 Le ciel observé dans différentes conditions.

En ville.

À la campagne.

Questions

Docs 1., 2. et 4. Quel est le nom de la bande lumineuse blanchâtre qu'on peut observer parfois de nuit dans le ciel ? De quoi est-elle constituée ?

Doc 2. Quelle différence fait-on entre Galaxie et galaxie ?

Doc 4. Pourquoi la Voie lactée n'est-elle observable à l'œil nu que de nuit ?

Docs 3. et 4. En Amérique du Nord et en Europe, la majorité de la population ne peut plus apercevoir la nuit le magnifique spectacle offert par la Voie lactée. Pourquoi ?

Pour aller plus loin **TICE** Quelles sont les différentes formes de galaxies ? Quelle est la forme et la taille de la Galaxie ?

VOCABULAIRE

Mythologie grecque : histoires et légendes des dieux et des héros de l'antiquité grecque.

INVESTIGATION

ACTIVITÉ 5

Comment représenter les distances dans l'Univers ?

COMPÉTENCES ÉVALUABLES

D5. Identifier les différentes échelles de structuration de l'Univers.
D2. Effectuer des recherches bibliographiques.

Situation

Pour la Fête de la science, on veut réaliser une maquette d'une partie du Système solaire dans la cour du collège.

Diamètres des différents objets à disposition.

Balle de tennis : 6,4 cm

Billes : 16 mm

Ballon de basket : 23,8 cm à 24,8 cm

Balle de tennis de table : 40 mm

Grains de sable : 0,5 – 1 mm

Perles rocailles : 2 mm

Boites en plastique transparent pour protéger les « planètes ».

La « fusée Ariane » est en fait un « lanceur spatial », c'est-à-dire un véhicule permettant de placer des satellites en orbite autour de la Terre.
On trouve des modèles réduits à l'échelle 1/400 du lanceur Ariane. Le modèle est quatre cents fois plus petit que le lanceur réel : 1 cm du modèle représente 400 cm sur le lanceur réel.
Le modèle réduit du lanceur a une hauteur de 14 cm ; la hauteur réelle est donc de 14 × 400 = 5 600 cm = 56 m.

Un modèle réduit.

CONSIGNE

Choisir parmi le matériel proposé ce qui pourrait représenter, à l'échelle, le Soleil et ses quatre plus proches planètes et **proposer** une disposition, également à l'échelle.

Besoin d'aide ?

▶ **Retrouvez des aides en fin d'ouvrage, p. 423.**

6 Observer l'espace, est-ce voir dans le passé ?

COMPÉTENCES ÉVALUABLES

D1.3 Passer d'une forme de langage scientifique à une autre.
D5. Identifier les différentes échelles de structuration de l'Univers.

Compte tenu des dimensions de l'Univers, on peut se demander combien de temps la lumière d'une étoile met pour nous parvenir et quelle est la conséquence de ce décalage.

1 L'explosion de SN 2011 fe.

Supernova signifie « super-nouvelle-étoile ». Il s'agit en réalité d'une explosion qui marque la fin de la vie d'une étoile et s'accompagne d'une gigantesque émission de lumière. Le 24 aout 2011, une supernova a été découverte dans la constellation de la Grande Ourse. Cette explosion a eu lieu il y a environ 22 millions d'années.

2 La vitesse de la lumière.

Jusqu'au XVIIIe siècle, on concevait la lumière comme un phénomène instantané. Pourtant, dès le Moyen Âge, l'idée avait été émise qu'elle ne se propageait pas instantanément, mais toutes les tentatives pour mesurer la durée séparant l'instant de l'émission et l'instant de la réception avaient échoué. C'est que la vitesse de propagation de la lumière est très élevée : dans le vide et dans l'air elle parcourt environ 300 000 km par seconde.

3 L'année-lumière.

Une année-lumière (notée a.l.) est la distance parcourue par la lumière dans le vide en une année, soit environ 10 000 milliards de kilomètres.

4 Les distances dans l'Univers (vues d'artiste).

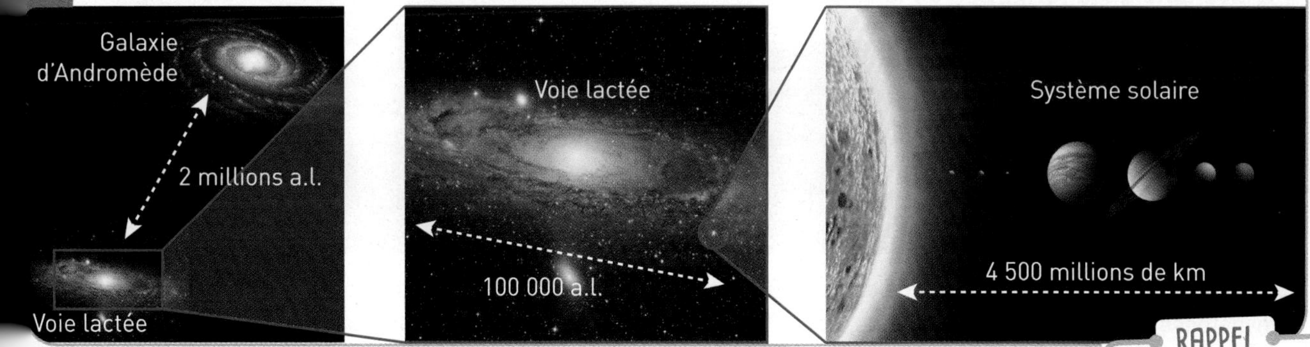

RAPPEL
1 an = 365,25 jours
1 jour = 24 h
1 h = 3 600 s

VIDEO lienmini.fr/pc-031
L'infiniment grand

Questions

1. **Doc 2.** Déterminer, en kilomètres, la distance que parcourt la lumière dans le vide en une minute, une heure, un jour et une année.
2. **Doc 3.** Comparer votre résultat pour une année avec la valeur d'une année-lumière.
3. **Doc 1.** Combien de temps la lumière issue de la supernova SN 2011 fe a-t-elle mis pour nous parvenir ?
4. **Docs 3. et 4.** En déduire, en années-lumière, la distance à laquelle se trouve cette supernova. Exprimer cette distance en kilomètres. La supernova appartient-elle à notre Galaxie ?
5. **Docs 1. et 2.** Si la supernova était plus proche, l'aurait-on observé plus tôt ? Plus tard ? Au même moment ?
6. **Docs 1. à 4.** Pourquoi peut-on dire qu'observer l'espace, c'est voir dans le passé ?

ACTIVITÉ 7

Comment la Lune s'est-elle formée ?

COMPÉTENCES ÉVALUABLES

D1.1 Lire et comprendre des documents scientifiques.
D5. Identifier les différentes échelles de structuration de l'Univers.

On a longtemps cru que la Lune s'était formée dans une autre région du Système solaire et qu'au cours de son mouvement elle était passée si près de la Terre que celle-ci l'avait captée par attraction gravitationnelle. Ce scénario a été démenti par les missions Apollo.

1 Récolte d'échantillons lunaires (Nasa, 1969).

Lors de leurs différents voyages sur notre satellite, les astronautes américains ont rapporté près de 385 kg de roches lunaires. Ces échantillons ont été analysés. L'examen de ces roches a permis de conclure que la composition chimique de la Lune est proche de celle de la Terre.

2 Composition en fer de la Terre et de la Lune.

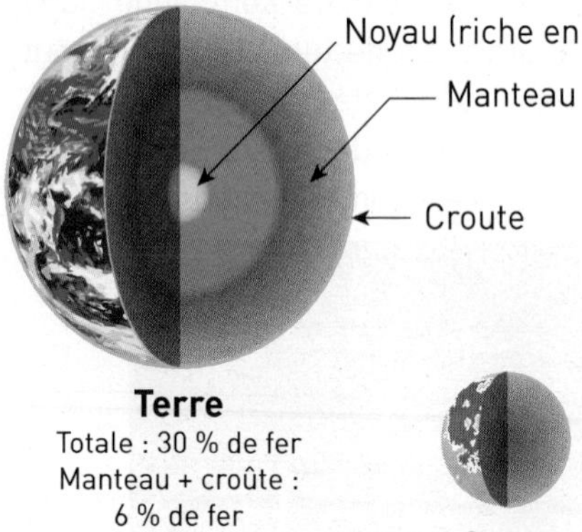

3 Scénario de la formation de la Lune.

On estime aujourd'hui que la Lune est née quelque 95 millions d'années après la Terre. L'hypothèse finalement retenue est que, après la formation du Système solaire, la Terre aurait été percutée par Théia, un objet de la taille de Mars. Juste après l'impact, le noyau métallique de Théia aurait coulé au centre de la Terre et les débris de l'explosion, éjectés en orbite, auraient fini par s'agréger et former la Lune.

Questions

1. **Docs 1. et 3.** En quoi les différentes missions américaines sur la Lune ont-elles renforcé l'hypothèse d'une création simultanée de la Terre et de la Lune ?
2. **Docs 2. et 3.** Expliquer pourquoi la théorie retenue explique les similitudes qui existent dans les compositions de la Terre et de la Lune.
3. **Docs 2. et 3.** Pourquoi cette théorie explique-t-elle la différence d'abondance en fer entre les deux astres ?
4. **Pour aller plus loin** Rechercher quelle était la taille de la météorite responsable de l'extinction des dinosaures. La comparer à celle de Théia.

VOCABULAIRE

Satellite : objet naturel ou artificiel qui est en orbite autour d'une planète. La Lune est notre satellite.

8 Comment l'Univers s'est-il formé ?

COMPÉTENCES ÉVALUABLES

D1.1 Utiliser la langue française en cultivant précision, richesse de vocabulaire et syntaxe.
D5. Identifier les différentes échelles de structuration de l'Univers.

L'observation du ciel à l'aide d'instruments de plus en plus performants, comme le télescope Hubble, nous a permis de remonter de plus en plus loin dans l'histoire de l'Univers.

1 Le Big Bang.

On estime l'âge de l'Univers à 13,7 milliards d'années. Au début, l'Univers entier était très petit, incroyablement chaud et dense. La matière telle que nous la connaissons n'existait pas encore. L'hypothèse actuellement retenue est que l'Univers a ensuite subi une expansion très rapide. Le terme « Big Bang » désigne cette gigantesque dilatation initiale. Dans le grand anneau du CERN (Organisation européenne pour la recherche nucléaire), les scientifiques réalisent des collisions de particules pour comprendre ce qui s'est produit un milliardième de seconde après le Big Bang, avant la formation des protons et des neutrons.

Le grand anneau du CERN.

2 La formation des étoiles.

Les étoiles se forment par contraction de nuages de gaz constitués d'hélium et d'hydrogène, ce qui entraine la formation de nouveaux atomes. Ce processus s'accompagne d'un fort dégagement de chaleur. Les nouveaux atomes se regroupent ensuite progressivement pour former les planètes et les astéroïdes qui gravitent autour de l'étoile.
Notre Système solaire, formé selon ce processus, serait né il y a environ 4,5 milliards d'années.

Photo prise en 2017 d'une étoile en formation
© ALMA (ESOLNAOJ/NRAO)

3 Et après ?

L'hydrogène et l'hélium composent encore près des trois quarts de la matière visible dans l'Univers, mais ils sont consommés par les étoiles pour former les éléments chimiques plus lourds comme l'oxygène ou même le fer. On estime que dans 1 000 milliards d'années, tout l'hydrogène aura été consommé par les étoiles et que l'Univers sera alors complètement noir.

Questions

Doc 1. Quelles sont les différences entre l'Univers tel qu'il est aujourd'hui et tel qu'il était avant le Big Bang ?
Doc 2. D'où viennent les éléments chimiques qui constituent aujourd'hui le Système solaire ?
Doc 3. Comment évoluera l'Univers dans les prochains milliards d'années ?
Doc 3. De quoi est principalement composé l'Univers ?
Pour aller plus loin **TICE** Un des outils permettant l'observation de l'Univers est le télescope spatial Hubble, nommé ainsi en l'honneur d'Edwin Hubble. Aller admirer les photos du site http://hubblesite.org/

VOCABULAIRE

Astéroïde : corps rocheux dont l'orbite se situe entre Mars et Jupiter (ceinture d'astéroïdes).

Expansion : augmentation du volume.

ACTIVITÉ 9

De quoi l'Univers est-il fait ?

COMPÉTENCES ÉVALUABLES

D1.1 Lire et comprendre des documents scientifiques.
D5. Identifier les différentes échelles de structuration de l'Univers.

Le 12 novembre 2014, après dix ans de voyage, un petit robot prénommé Philae s'est posé à la surface de la comète Tchouri qui était alors à plus de 500 millions de km de la Terre.

1 Rosetta approchant de la comète Tchouri (vue d'artiste).

La sonde spatiale Rosetta a largué le robot Philae rempli d'instruments de mesure fragiles à la surface de la comète Tchouri. L'atterrissage devait se faire en douceur avant que des harpons intégrés à Philae ne se plantent dans le sol pour l'ancrer à la comète. Malheureusement les harpons ne se sont pas dépliés et Philae aurait rebondi plusieurs fois. Des sauts qui auraient duré plus d'une heure...

2 Formules chimiques de quelques molécules que l'on trouve sur Terre.

Nom de la molécule	Formule brute
Acide aspartique	$C_4H_7NO_4$
Acétamide	C_2H_5NO
Propanone	C_3H_6O
Éthanol	C_2H_6O
Glucose	$C_6H_{12}O_6$
Isocyanate de Méthyle	C_2H_3NO
Propanal	C_3H_6O

3 Les molécules découvertes sur la comète Tchouri.

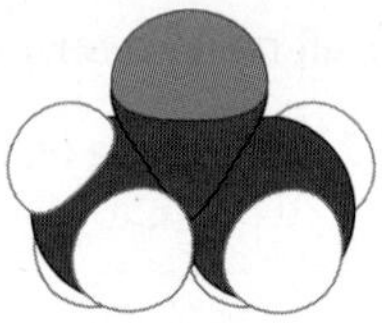

L'essentiel de la mission de Philae était d'analyser la comète Tchouri sous tous ses aspects : composition du sol, propriétés physiques, niveau d'activité... Le robot a pu établir la présence d'une quinzaine de composés moléculaires parmi lesquels la molécule ci-contre, ou des molécules plus complexes comme l'acétamide ou l'isocyanate de méthyle.

4 Nous sommes tous des poussières d'étoiles.

Poussière d'étoiles est le titre d'un livre d'Hubert Reeves, paru en 1984. Cette expression devenue célèbre signifie que tous les éléments chimiques constituant la matière sont fabriqués dans les étoiles.
Après le Big Bang, l'Univers n'était constitué que d'hydrogène et d'helium. Les autres éléments, plus lourds, se sont formés au cœur des étoiles avant d'être dispersés dans l'Univers. On n'a observé en tout qu'une centaine d'éléments chimiques dans tout l'Univers !

Questions

1. **Doc 1.** Pourquoi l'illustration présentée sur le document 1 est-elle qualifiée de « vue d'artiste » ?
2. **Doc 4.** Les éléments se forment dans les étoiles. Quelle est la conséquence sur la composition de l'Univers ?
3. **Docs 2. et 3.** Expliquer en quoi la mission Rosetta ne contredit pas cette hypothèse.
4. **Docs 2. et 3.** Regarder attentivement le modèle moléculaire du document 3 et déterminer la formule brute de la molécule représentée. En déduire le nom de cette molécule. ▶ Voir p. 106.
5. **Pour aller plus loin** Rechercher de combien de protons sont formés les noyaux d'hydrogène et d'hélium puis quels sont les « éléments plus lourds » formés dans les étoiles.

VOCABULAIRE

Comète : corps en orbite autour du Soleil et qui est principalement constitué d'un noyau, essentiellement de la glace, suivi d'un long nuage de poussière, la queue.

TÂCHE COMPLEXE

10 Pourquoi chasser les météorites dans le désert ?

COMPÉTENCES ÉVALUABLES

D1.1 Lire et comprendre des documents scientifiques.
D5. Identifier les différentes échelles de structuration de l'Univers.

Situation

Selon la NASA, 84 000 météorites s'écrasent chaque année sur Terre, soit une vingtaine de grosses météorites chaque année sur l'ensemble du territoire français. Le 3 mai 2016, l'Institut de mécanique céleste et de calcul des éphémérides (IMCCE) a lancé un programme national, appelé Fripon, qui a pour objectif de les récupérer toutes. Un programme ambitieux puisque, jusqu'à maintenant, l'IMCCE n'en retrouvait qu'une tous les dix ans…
Au Maroc, dans la partie nord du Sahara, ceux qui arpentent les dunes à la recherche de météorites sont de plus en plus nombreux.

CONSIGNE

Rédiger une lettre au chef d'établissement pour le convaincre d'organiser un voyage scolaire dans le désert marocain. **Expliquer** comment s'y prendre pour trouver et rapporter des météorites et pourquoi cette partie du monde se prête particulièrement bien à une telle quête.

ACT lienmini.fr/pc-032 Version interactive

1 Les différents impacts de météorites à travers le monde entre 1994 et 2013.

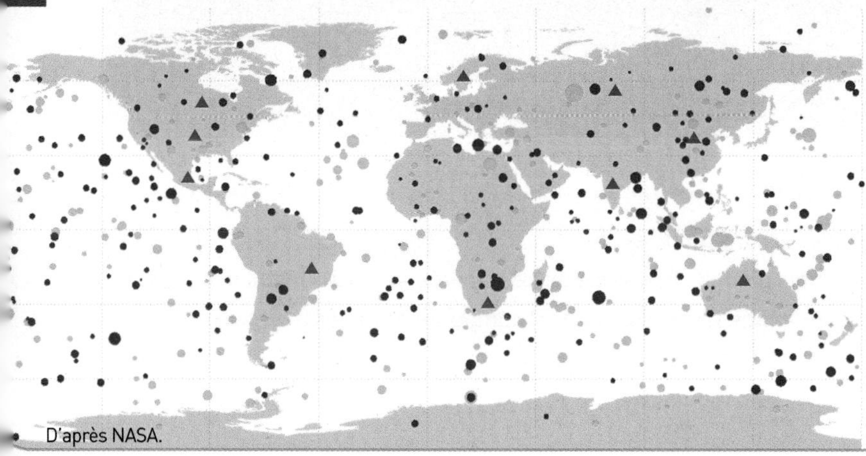

D'après NASA.

2 Les différents types de météorites en fonction de leur proportion en fer.

Sur Terre, 93 % des météorites qui percutent les continents ou les mers sont pierreuses, 6 % sont métalliques et 1 % sont mixtes.

3 Fiche d'identité de quelques métaux.

	Cuivre	Fer	Or
Couleur	Rouge	Gris foncé	Jaune
Couleur après corrosion	Vert-de-gris	Rouille	Jaune
Particularité	N'est pas attiré par un aimant	Est attiré par un aimant	N'est pas attiré par un aimant

Besoin d'aide ?

▶ **Retrouvez des aides en fin d'ouvrage, p. 423.**

Bilan de cycle 4 — L'infiniment grand

▶ Retrouvez aussi **Le bilan de 5e** BILAN lienmini.fr/pc-033 **Le bilan de 4e** BILAN lienmini.fr/pc-034

1 L'organisation de l'Univers

▶ Activités 1 2 6

a Le Système solaire

- Le Système solaire est constitué de **huit planètes** en orbite autour du Soleil.
- D'autres corps, beaucoup plus petits, formés de roches et de glace, gravitent autour du Soleil. Selon leurs caractéristiques (taille, orbites, etc.) ils portent des noms différents : astéroïdes, planètes naines, comètes…

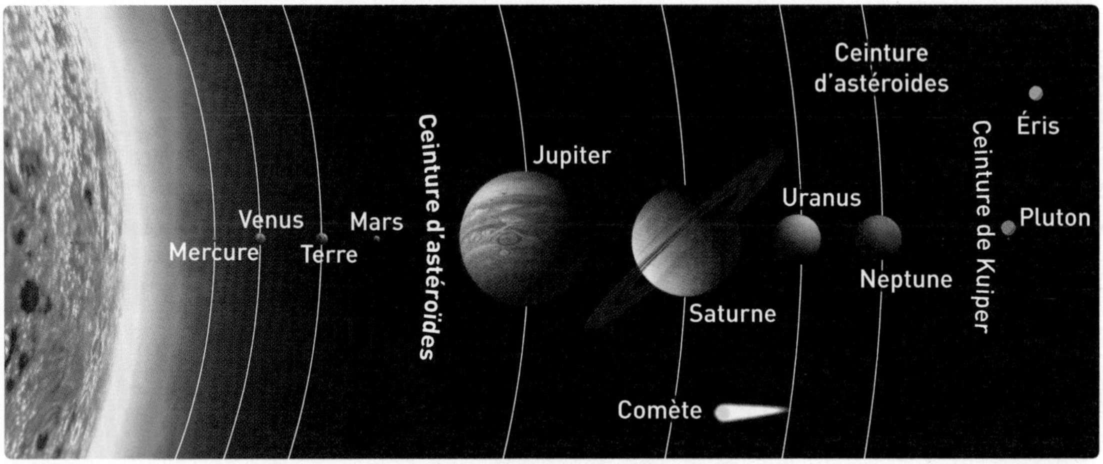

b Au-delà du Système solaire

Le Soleil n'est qu'une étoile parmi des milliards d'autres.

- Une **étoile** est un corps très massif, qui produit sa propre lumière, et autour duquel orbitent des planètes.
- Les étoiles se regroupent dans des **galaxies**. Chaque galaxie est composée de milliards d'étoiles.
- Les galaxies elles-mêmes se regroupent en **amas** pouvant compter jusqu'à plusieurs milliers de galaxies.

2 Histoire et composition de l'Univers

▶ Activités 6 7 8 9 10

- L'âge de l'Univers est d'environ **13,7 milliards d'années**.
- Initialement il est très petit et très dense et la matière telle que nous la connaissons n'existe pas encore. Il subit alors une expansion extrêmement rapide appelée **Big Bang**.

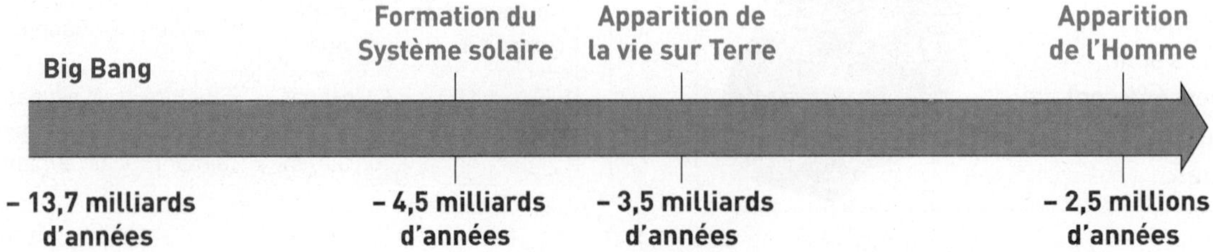

- L'Univers est constitué d'un nombre relativement limité d'**éléments chimiques** : une centaine. On retrouve par exemple de l'hydrogène, de l'hélium, du carbone ou encore de l'oxygène dans tout l'Univers.

MOTS-CLÉS

Année-lumière Planètes
Étoiles Système solaire
Galaxie

VOIR LEXIQUE P. 418

3 L'Univers vu de la Terre

▶ Activités 3 4

Depuis la Terre, on aperçoit dans le ciel une myriade de points lumineux, les « étoiles ».

a La Voie lactée

■ La Voie lactée apparait comme une grande trainée blanche. C'est notre galaxie, la **Galaxie**, vue par la tranche.

■ Elle est constituée de milliards d'étoiles semblables au Soleil autour desquelles orbitent des planètes.

b Les planètes

■ En raison de la rotation de la Terre sur elle-même et de sa révolution autour du Soleil, les étoiles semblent se déplacer ensemble.

■ Une observation attentive permet cependant de remarquer que certaines « étoiles » se déplacent beaucoup plus vite que d'autres et que leur position dans le ciel varie de façon assez complexe : ce sont les planètes du Système solaire (du grecque *planeo* : errer).

Certaines planètes possèdent des satellites naturels, comme Io qui est un satellite de Jupiter.

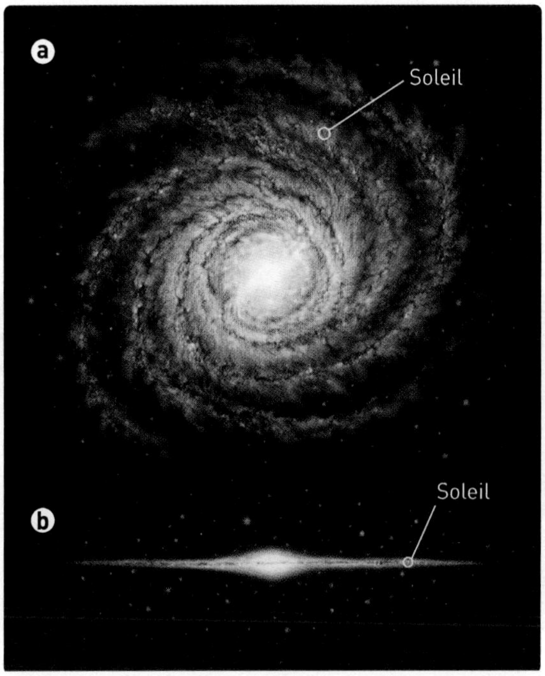

(a) La Voie lactée (vue d'artiste).
(b) La Voie lactée vue par la tranche.

4 Les distances dans l'Univers

▶ Activités 2 5 6

■ L'Univers s'explore de l'infiniment petit (le noyau atomique de taille 10^{-15} m) à l'infiniment grand (l'Univers 10^{26} m). Entre ces extrêmes se situe l'échelle humaine qui est de l'ordre du mètre.

■ Pour exprimer une distance, on utilise habituellement le mètre ou l'une de ses sous-unités.

■ Pour décrire l'Univers on utilise l'**année-lumière**, notée a.l.

L'année-lumière est la distance parcourue par la lumière dans le vide en une année.

1 a.l. = 9 460 528 000 000 km

Exemple L'étoile la plus proche du Soleil, Proxima du centaure, est à une distance d'environ $3{,}8 \times 10^{16}$ km, une valeur difficile à imaginer. En années-lumière, cette distance vaut environ 4,2 a.l. Cela signifie que la lumière de Proxima du centaure met un peu plus de 4 ans à nous parvenir.

Diamètre de la Terre	Distance Terre-Soleil	Distance Soleil-Pluton	Proxima du centaure	Grand nuage de Magellan	Amas de la Vierge
13 000 km	150 millions km	10 milliards km	10^{17} km	10^{18} km	10^{21} km
10^{-9} années-lumière	10^{-5} années-lumière	$5{,}2 \times 10^{-4}$ années-lumière	4,2 années-lumière	180 000 = $1{,}8 \times 10^{5}$ années-lumière	60 millions années-lumière

L'essentiel

Les distances dans l'Univers

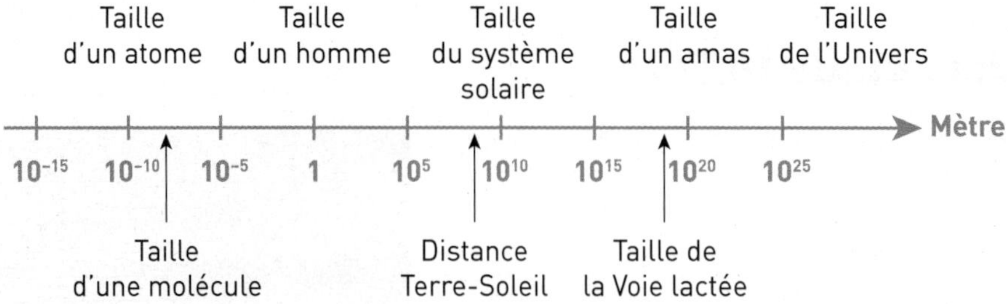

Où sommes-nous dans l'Univers ?

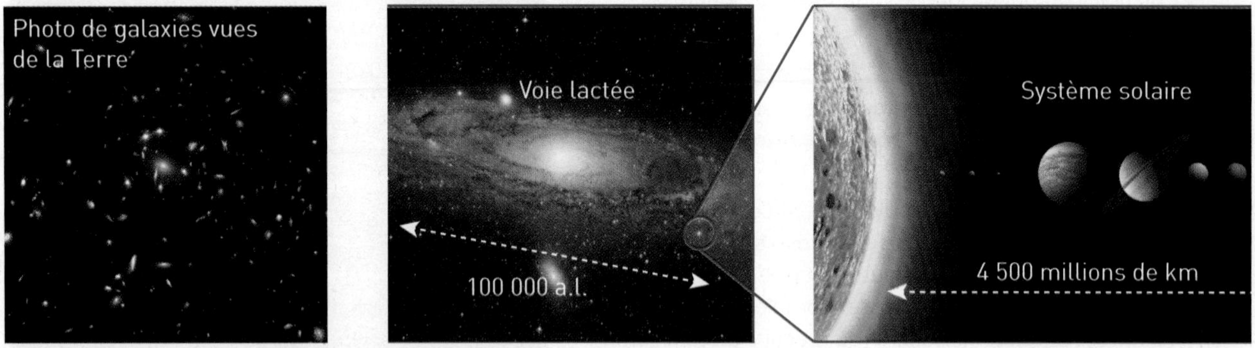

Il est impossible de représenter le Système solaire dans son ensemble à l'échelle.
La distance séparant les planètes est très grande devant leur diamètre.
L'Univers, comme le Système solaire, est essentiellement constitué de vide.

Socle commun

Domaines	Compétences	Activités	Problèmes
D1.1	Lire et comprendre des documents scientifiques.	2 4 7 9 10	31
D1	Utiliser la langue française en cultivant précision, richesse de vocabulaire et syntaxe.	3 8	28
D1	Passer d'une forme de langage scientifique à une autre.	6	
D2	Effectuer des recherches bibliographiques.	5	
D5	Identifier les différentes échelles de structuration de l'Univers.	2 3 5 6 7 8 9 10	30
D5	Expliquer, par l'histoire des sciences et des techniques, comment les sciences évoluent et influencent la société.	1	29

Exercices

J'apprends à apprendre

Utilisable en AP

1 ●●● Apprendre avec un moyen mnémotechnique

➡ L'objectif ici est de trouver des phrases qui permettent de retenir facilement l'ordre des planètes du Système solaire.

Mimi Veut Tirer Marguerite Jusque Sur Un Nuage

1. En quoi cette phrase nous permet-elle de retenir l'ordre des planètes du Système solaire ?

2. Proposer une autre phrase (en français ou langue étrangère).

Exemple : My Very Erratic Monkey Just Sent Us Nuts

J'apprends une méthode

Exercice résolu

Utilisable en AP

2 ●●● Utiliser une échelle

Énoncé La Galaxie fait environ 50 000 années-lumière de rayon. Le Système solaire se trouve à environ 28 000 années-lumière du centre de la Galaxie. Si l'on pouvait s'en éloigner suffisamment, celle-ci apparaitrait vue de dessus comme une galaxie spirale à deux bras ramifiés, et, vue par la tranche, comme un disque de 1 500 années-lumière d'épaisseur avec un noyau central de quelques milliers d'année lumière d'épaisseur.

➡ Représenter la Galaxie vue par la tranche et indiquer la position du Système solaire. On représentera 10 000 années-lumière par 3 cm.

Solution

• Pour que la représentation soit à l'échelle, déterminer les valeurs de e, de *D* et de *R* en centimètres.

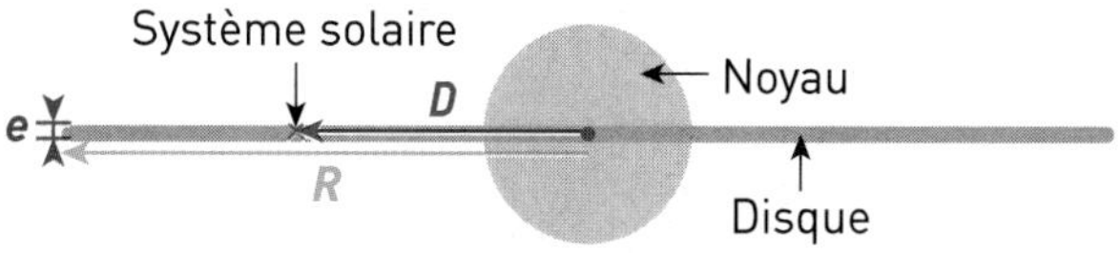

Vue par la tranche

La Galaxie est un disque de 50 000 a.l. On utilise un tableau de proportionnalité pour calculer la valeur de R.

10 000 a.l.	**3 cm**
50 000 a.l.	***R* = ?**

$R = \frac{3 \times 50\,000}{10\,000} = 15$ cm

Le Soleil est à 28 000 a.l. du centre de la Galaxie.

10 000 a.l.	**3 cm**
28 000 a.l.	***D* = ?**

$D = \frac{3 \times 28\,000}{10\,000} = 8{,}4$ cm

L'épaisseur e de 1 500 a.l. du disque vaudra :

10 000 a.l.	**3 cm**
1 500 a.l.	***e* = ?**

$e = \frac{3 \times 1500}{10\,000} = 0{,}45$ cm

• On vient de calculer que 1,5 millier d'a.l. correspond à 0,45 cm donc « quelques milliers d'a.l. » sera représenté par 1 à 2 cm.

• Représenter la Galaxie.

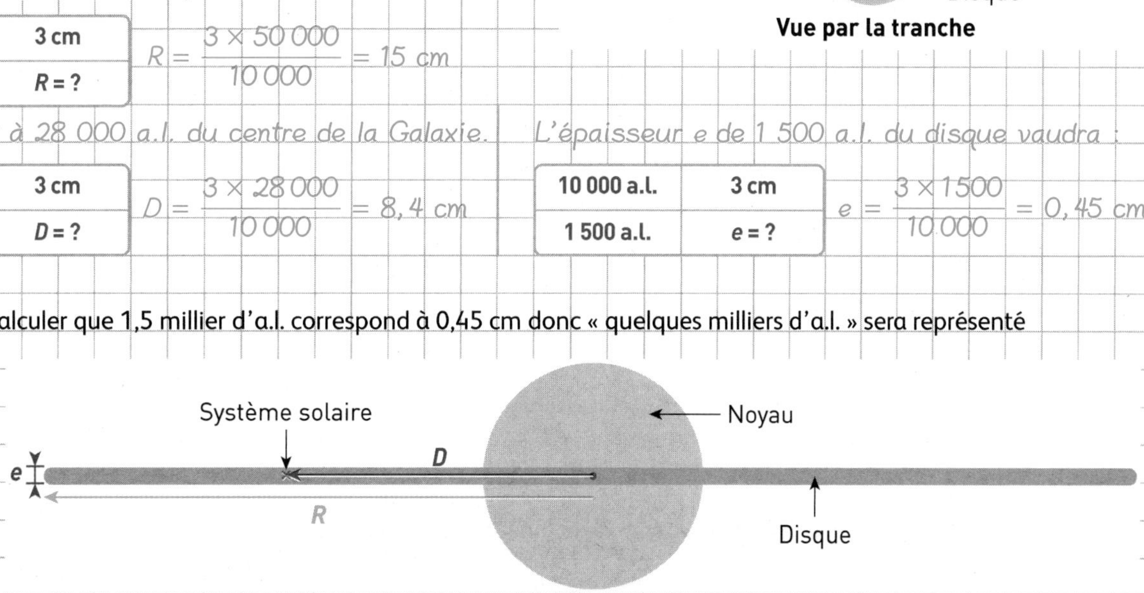

Exercices

Je me teste

EXO lienmini.fr/pc-035

3 Trouver l'intrus dans chaque ligne

1. a. km b. a.l. c. m/s d. m
2. a. 1 km b. 1 000 m c. 5 km d. 1 a.l.
3. a. Mercure b. Pluton c. Mars d. Saturne
4. a. Proxima du Centaure b. Soleil c. Mars

5 QCM Connaitre l'organisation de l'Univers

1. Le nombre de planètes dans le Système solaire est :
a. 8 b. 9 c. 10

2. Une constellation c'est :
a. un ensemble d'étoiles proches les unes des autres.
b. un ensemble de points lumineux visibles dans le ciel.
c. un ensemble de galaxies proches les unes des autres.

6 Satellites et planètes : vrai ou faux ?

a. Il n'existe pas de planètes artificielles (fabriquées par des humains).
b. Une planète est un astre qui tourne autour d'une étoile ou autour d'une autre planète.
c. Une planète est un objet à l'état solide.
d. Il existe des satellites naturels.

4 Calculer avec les années-lumière

Proxima du centaure est l'étoile la plus proche : « seulement » 4,2 années-lumière de la Terre. Autour de cette étoile orbite Proxima b, une planète qui serait susceptible d'héberger de l'eau liquide.

VIDEO lienmini.fr/pc-036 Les exoplanètes

1. Si un vaisseau spatial partait aujourd'hui de la Terre à une vitesse égale à la moitié de celle de la lumière, dans combien de temps arriverait-il sur Proxima b ?
a. Un peu plus de 4 ans.
b. Un peu plus de 8 ans.
c. Un peu plus de 2 ans.

2. La vitesse de la lumière vaut 300 000 km/s. Pour déterminer la distance parcourue par la lumière en 4 ans il faut calculer :
a. $300\,000 \times 60 \times 60 \times 24 \times 365 \times 4$
b. $300\,000 \times 60 \times 24 \times 365 \times 4$
c. $300\,000 \times 60 \times 24 \times 24 \times 365$
d. $(300\,000 : 60) \times 4$

7 Le Soleil

Remettre les étiquettes dans l'ordre pour former une phrase juste.

qu'au centre | qu'une étoile | parmi d'autres | n'est | Bien | Soleil | Système solaire | le | du

8 La distance Terre-Soleil

L'unité astronomique, notée UA, correspond à la distance moyenne entre le Soleil et la Terre.
La lumière issue du Soleil ne parvient pas instantanément jusqu'à la Terre : elle met en moyenne 8 min et 20 s pour parcourir la distance Terre-Soleil.

1. Donner la valeur de 1 UA en km.
2. Retrouver, par un calcul, la valeur de la vitesse de la lumière dans le vide.

VOIR CORRIGÉS P. 423

Je travaille des compétences

Pédagogie différenciée

Utilisable en AP

9 Identifier les différentes échelles de l'Univers

En février 1987 des astronomes ont observé dans le grand nuage de Magellan une supernova, nommée depuis SN1987. On estime que l'explosion a eu lieu il y a environ 163 000 ans.

23 février 1987 24 février 1987

Consigne pour le groupe A

➡ Expliquer pourquoi cette supernova n'a été visible que 160 000 ans après qu'elle a eu lieu, puis comparer la distance à laquelle elle se trouve de nous avec la distance Terre-Soleil (150 millions de km).

Consignes pour le groupe B

Utiliser les aides pour expliquer pourquoi cette supernova n'a été visible que 160 000 ans après qu'elle a eu lieu et pour comparer la distance à laquelle elle se trouve de nous avec la distance Terre-Soleil.

1. En une seconde, la lumière parcourt 300 000 km.
2. Une année compte 365 jours, chaque jour compte 24 heures. Une heure se divise en 60 minutes et une minute en 60 secondes.
3. Des distances doivent être exprimées dans la même unité pour pouvoir être comparées.

Consignes pour le groupe C

1. La lumière parcours 300 000 km en une seconde. En déduire la distance qu'elle parcourt en une minute, puis en une heure, puis en 1 jour, puis en 1 an.
2. Utiliser le résultat de la question 1 pour exprimer en km la distance qui sépare la supernova de la Terre.
3. Expliquer pourquoi cette supernova n'a été visible que 160 000 ans après qu'elle a eu lieu et comparer la distance à laquelle elle se trouve de nous à la distance Terre-Soleil.

10 Identifier les différentes échelles de l'Univers

Le Soleil est une étoile banale parmi les 200 milliards que compte notre Galaxie, la Voie lactée. Cette dernière a un diamètre de l'ordre de 1×10^{18} km et elle est elle-même petite au regard de l'Univers qui en compte des centaines de milliards. On nomme amas un ensemble constitué d'une centaine de galaxies et superamas un ensemble d'amas. La Voie lactée appartient à un groupe d'une trentaine de galaxies appelé « groupe local », lui-même inclus dans le « superamas de la Vierge ».

Consigne pour le groupe A

➡ Ernest Renan, un écrivain français du XIXe siècle, a écrit : « L'homme est désespéré de faire partie d'un monde infini, où il compte pour zéro ». Rédiger un texte de quelques lignes pour expliciter les raisons scientifiques qui l'ont amené à faire ce constat.

Consignes pour le groupe B

➡ À l'aide du texte et du manuel, réaliser une carte mentale pour visualiser les différentes catégories créées pour cartographier l'Univers.

Consignes pour le groupe C

➡ Combien y a-t-il de galaxies dans l'Univers ? Combien y a-t-il d'étoiles dans notre Galaxie ? Comparer la taille de notre Galaxie à la distance Terre-Lune (150 millions de kilomètres).

Exercices

Je travaille des notions

Les bons mots pour le dire

11 ●●● **Recopier les phrases en les corrigeant**

a. L'année-lumière est le temps que la lumière parcourt en un an.

b. La Lune est une planète qui tourne autour de la Terre.

c. Il existe d'autres étoiles dans la Galaxie qui, avec leurs planètes, forment des constellations.

12 ●●● **Relier chaque personne à la description de son métier**

Astrologue

Astronaute

Astronome

- Navigue à bord d'un vaisseau spatial.
- Observe et étudie le mouvement, la composition, l'origine des astres.
- Donne une interprétation de la position des astres sur la vie des gens.

13 ●●● **Choisir la proposition qui convient**

a. La ***Galaxie / galaxie*** n'est qu'une ***Galaxie / galaxie*** parmi toutes celles qui, dans l'***Univers / univers*** se regroupent en amas et superamas.

b. À la suite de son déménagement, Gertrude s'est retrouvée comme dans une autre ***Galaxie / galaxie***.

c. Dans l'ISS, les astronautes font pousser des plantes dans de la ***Terre / terre*** tout en admirant la planète bleue (la ***Terre / terre***) et son satellite argenté (la ***Lune / lune***). Ils ne peuvent apercevoir Io, la ***Lune / lune*** de Jupiter.

14 ●●● **Choisir la proposition qui convient**

a. Dans la Galaxie, il existe d'autres systèmes composés d'une étoile entourée de planètes : ce sont d'autres systèmes ***étoilés / stellaires / solaire***.

b. Observées depuis la Terre, les galaxies apparaissent regroupées en ***tas / amas / agglomérat***.

c. La distance que la lumière parcourt en un an est une ***année-lumière / une longueur lumière / un mètre-lumière***.

Utiliser les échelles et les unités

15 ●●● **Convertir des distances**

Des conversions pour :

a. le menuisier : 230 mm = … m
0, 67 m = … mm

b. le maçon : 230 cm = … m
0,012 m = … cm
12 m = … cm

c. l'installateur de câbles de téléphone :
4 km = … m
1 m = … km
1,8 km = … m

d. l'astronome : 0,003 a.l. = … m
$4{,}0 \times 10^9$ m = … a.l.

16 ●●● **Choisir l'unité la plus adaptée**

1. Recopier et compléter le tableau puis indiquer l'unité la plus adaptée pour exprimer chaque distance.

2. Donner un exemple d'objet ou de distance pour illustrer chacune des longueurs.

	6×10^{-5} m	$1{,}5 \times 10^{5}$ m	$1{,}5 \times 10^{9}$ m	$1{,}5 \times 10^{2}$ m	$1{,}5 \times 10^{17}$ m
a.l.					
km					
m					
mm					
Objet					

17 ●●● **Trouver l'échelle**

1. Sachant que la distance Terre-Soleil est de 150 millions de kilomètres, quelle est l'échelle du schéma ci-dessous ?

Schéma d'une partie du Système solaire

2. En déduire la distance entre le Soleil et Mercure.

3. Que peut-on en déduire quant à la température à la surface de Mercure ?

4. Le dessin ci-dessous est-il à l'échelle ?

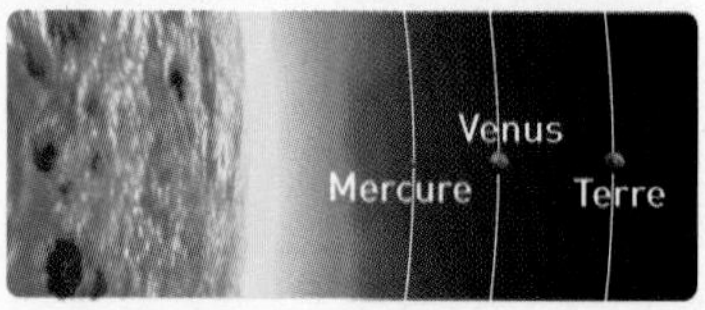

Décrire les distances dans l'Univers

18 ●●● Loin du Soleil ou loin de la Terre

Arthur a lu sur Internet que l'étoile Proxima du Centaure est à 4,4 a.l. de nous mais dans un livre d'astronomie il a lu que cette même étoile est à 4,4 a.l. du Soleil. Il s'interroge : quelle est la bonne information ?

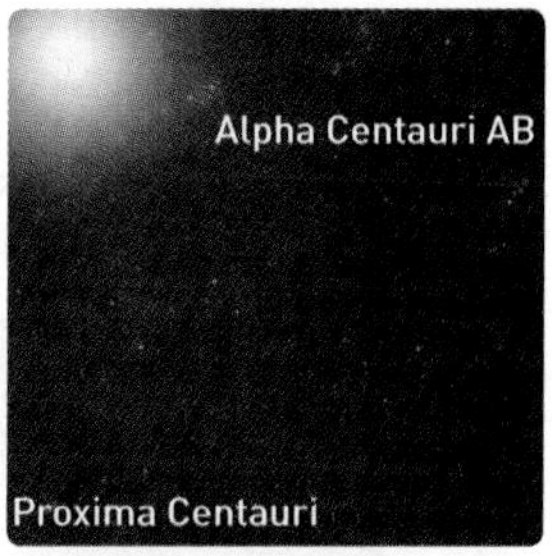

1. Expliquer pourquoi Arthur peut-il supposer que la distance entre la Terre et Proxima du Centaure peut, au fil des saisons, varier de plus ou moins 300 millions de kilomètres.

2. Calculer le rapport 300 000 000 / 9 460 528 000 000.

3. Arthur a retrouvé que 1 a.l. = 9 460 528 000 000 km. Comment répondre à son interrogation ?

19 ●●● Distance Terre-Mars

La période de révolution de Mars autour de la Terre est de 687 jours tandis que celle de la Terre est de 365 jours.

➡ Faire un schéma et expliquer pourquoi certains moments sont plus propices que d'autres au lancement de véhicules spatiaux vers la planète Mars.

20 ●●● Comparer des distances

Jupiter est la plus grande planète du Système solaire. Son diamètre est de 143 000 km et elle est à 780 millions de kilomètres du Soleil.

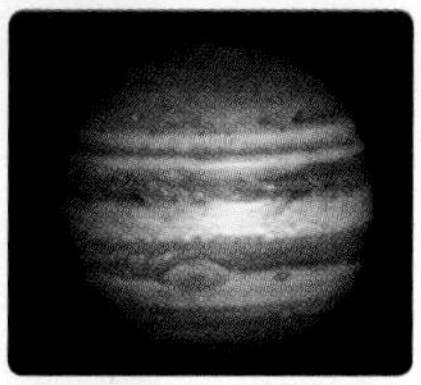

1. Si on représente le Soleil par un pamplemousse de diamètre d = 10 cm, quel serait le diamètre d'une sphère qui représenterait Jupiter ?

2. À cette échelle, quelle distance sépare le pamplemousse, qui représente le Soleil, de la sphère, qui représente Jupiter ?

Donnée

Diamètre du Soleil : $d_S = 1{,}39 \times 10^6$ km.

Utiliser la vitesse de la lumière dans le vide

21 ●●● 10 km à la vitesse de la lumière

La lumière parcourt 300 000 km en une seconde.

1. Déterminer le temps nécessaire à la lumière pour parcourir 10 km.

2. En quoi ce résultat explique-t-il qu'on a longtemps cru que la lumière était un phénomène instantané ?

22 ●●● Utiliser un graphique

Le graphique suivant représente la distance parcourue par la lumière dans le vide en fonction de la durée du trajet.

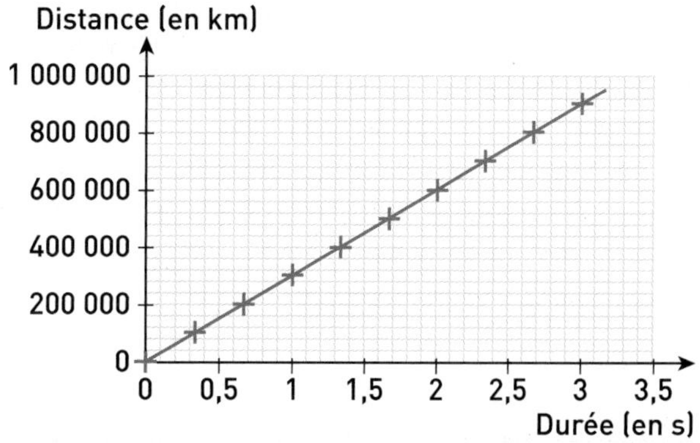

1. Cette droite correspond-elle à une fonction affine ou linéaire ?

2. Expliquer pourquoi la valeur de la vitesse de la lumière correspond au coefficient directeur de cette droite.

3. Déterminer la valeur de la vitesse de la lumière dans le vide.

Rappel mathématique : coefficient directeur d'une fonction affine ou linéaire : $a = \frac{y_A - y_B}{x_A - x_B}$.

23 ●●● Un peu de science fiction

Le 6 aout 2010, deux extraterrestres observent la Terre avec une lunette.
L'un des deux dit : « Les humains viennent à peine de découvrir l'énergie atomique et la première chose qu'ils en font c'est une bombe. Je viens de la voir exploser ! Attendons encore un peu avant d'aller les voir. »

Étoile	Distance (a.l.)
Proxima centauri	4,22
Gamma Draconis	150
Altaïr	17
Deneb	1 550
Aldebaran	65

1. De quel évènement parle l'extraterrestre ?

2. En déduire autour de quelle étoile se trouve leur planète.

3. Les extraterrestres ont finalement décidé de se mettre en route immédiatement. Déterminer la date de leur arrivée s'ils voyagent à la moitié de la vitesse de la lumière.

Exercices

Je travaille des notions

Connaitre l'organisation de l'Univers

24 ●●● **Au centre de la galaxie**

VIDEO lienmini.fr/pc-037 Le mouvement des étoiles

La trajectoire des étoiles représentées ci-dessous est une ellipse*. Ces étoiles semblent être en orbite autour d'un objet qui n'émet aucune lumière mais dont la masse est très grande (plusieurs millions de fois celle du Soleil). Leur mouvement s'explique par la force d'attraction gravitationnelle que cet objet exerce sur elles.

* Une ellipse : 

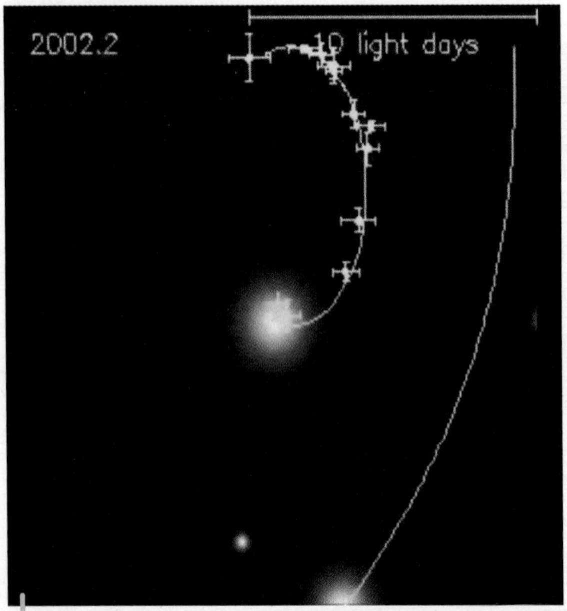

Reconstitution de la trajectoire de deux étoiles lointaines.

1. Quelle est la nature de la trajectoire de ces étoiles ?

2. Dans les films de science-fiction, on évoque souvent des corps ayant des propriétés semblables à ce corps très massif. Quel est le nom de ces objets célestes ?

25 ●●● TICE **Observer l'Univers**

Pour observer l'Univers, les physiciens utilisent deux types de télescopes : des télescopes spatiaux et des télescopes terrestres. La Nasa a développé dans les années 1990 le télescope spatial Hubble qui est en orbite autour de la Terre. En parallèle, l'agence spatiale européenne a choisi de construire d'ici 2025 un nouveau télescope géant sur le Cerro Amazones.

1. Où le Cerro Amazones se trouve-t-il ? Pourquoi a-t-on choisi cet endroit pour construire le télescope ?

2. Quel est l'avantage d'un télescope spatial par rapport aux télescopes terrestres ?

26 ●●● **Quelques galaxies**

Il existe plusieurs types de galaxies : elliptique, spirale, lenticulaire... La Galaxie est de type spiral.

➡ Parmi les photos suivantes, identifier celle(s) qui représente(nt) des galaxies du même type que la nôtre.

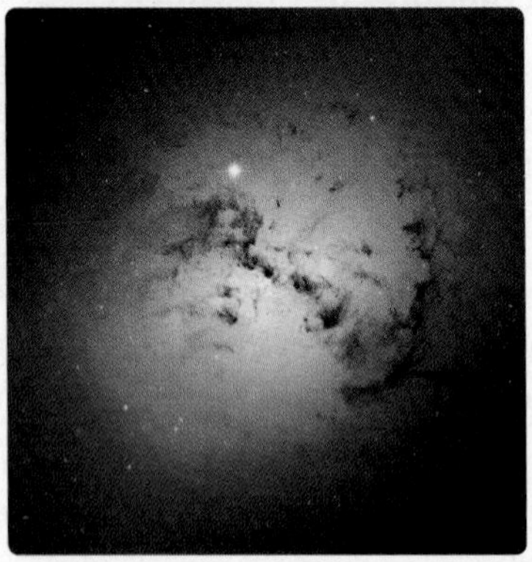

27 ●●● **Création d'une étoile**

Imaginons... Une étoile vient de se créer à une distanc[e] de 25 années-lumière.

1. Dans combien de temps pourra-t-on apercevoir cett[e] étoile ?

2. Cette étoile est-elle située dans ou hors de la Galaxie[?]

3. Convertir en kilomètres la valeur de la distance [à] laquelle elle se trouve de nous et donner le résultat [en] écriture scientifique avec un chiffre après la virgule.

Donnée

1 a.l. = 9 460 528 000 000 km.

28 Étoiles voisines ou très éloignées ?

D1. Utiliser la langue française.

Mizar et Alcord sont deux étoiles de la constellation de la Grande Ourse. **Elles sont tellement proches** qu'on les distingue à peine l'une de l'autre à l'œil nu. La légende raconte même que Gengis Khan, grand Khan de l'empire de Mongolie, sélectionnait ses archers parmi ceux qui étaient capables de distinguer les deux étoiles.

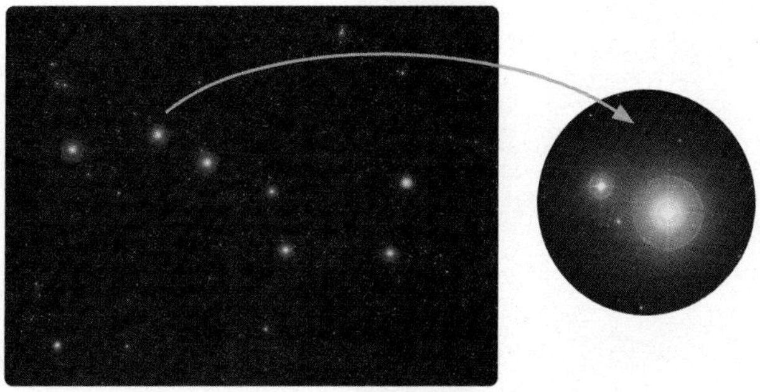

1. TICE Rechercher sur Internet la distance à laquelle ces deux étoiles se trouvent du Soleil.

2. Commenter la phrase en gras dans le texte.

3. Indiquer en années le temps que la lumière met pour nous parvenir depuis ces deux étoiles.

4. Si elles se transformaient simultanément en supernova, avec quel décalage observerions-nous les explosions depuis la Terre ?

5. Écrire un paragraphe de quelques phrases pour expliquer que les astres d'une même constellation ne sont pas toujours des étoiles proches.

29 La révolution copernicienne

D5. Expliquer, par l'histoire des sciences et des techniques, comment les sciences évoluent et influencent la société.

Jusqu'à la fin du Moyen Âge, la théorie du géocentrisme, défendue par Aristote, a prévalu : on pensait que les planètes, le Soleil, les étoiles et même la Lune tournaient autour de la Terre.

Au XVIe siècle, Copernic (1473-1543) propose un nouveau modèle : l'héliocentrisme, selon lequel la Terre et toutes les autres planètes tournent autour du Soleil.

L'humanité n'est plus le centre du monde. Cette théorie est défendue par Galilée (1564-1642), mais des savants qui s'étaient opposés à Galilée sur d'autres sujets font condamner le système copernicien par l'Eglise catholique et Galilée est condamné par le tribunal de l'Inquisition. Ce qu'on appelle la « révolution copernicienne » (renversement de point de vue pour étudier le mouvement des planètes) prend plus d'un siècle.

1. Rechercher sur Internet les racines grecques des mots « héliocentrisme » et « géocentrisme ».

2. Quelle est la principale différence entre les théories d'Aristote et de Copernic ?

3. Donner au moins deux raisons qui expliquent les oppositions à Galilée.

4. Rédiger un paragraphe de quelques lignes pour expliquer pourquoi le modèle de Copernic a mis près de deux siècles à remplacer celui d'Aristote.

30 La constellation du cygne

D5. Identifier les différentes échelles de structuration de l'Univers.

La constellation du cygne en bleu sur la photo rappelle l'oiseau aux ailes déployées. Des projections scientifiques montrent que les Terriens qui observeront cette région du ciel en 2022 y verront surgir un astre plus brillant que l'étoile polaire. Deux étoiles sont effet en train de se rapprocher et sont prêtes à fusionner dans un gigantesque spectacle lumineux.

1. Formuler une hypothèse pour expliquer pourquoi les deux étoiles ne sont pas visibles aujourd'hui à l'œil nu depuis la Terre.

2. Dans la constellation du cygne, un autre astre, Cygnus X-1, suscite également l'intérêt des astrophysiciens. Il est si massif qu'il exerce une attraction suffisante pour empêcher quoi que ce soit de sortir. Pas même la lumière : c'est ce qu'on appelle un trou noir.

Expliquer pourquoi il est difficile d'observer Cygnus X-1 avec les télescopes traditionnels.

Problèmes

31 ●●● Voyager

D1.1. Lire et comprendre des documents scientifiques.

The twin Voyager 1 and 2 spacecraft are exploring where nothing from Earth has flown before. Continuing on their more-than-39-year journey since their 1977 launches, they each are much farther away from [...] the Sun than Pluto. [...] In August 2012, Voyager 1 made the historic entry into interstellar space, the region between stars [...].

Source : http://voyager.jpl.nasa.gov.

1. Why can it be considered that the 1977 launches of both Voyager space crafts have played a decisive role in space exploration?

2. Why is the document definitely not a photography?

Sciences MAG

32 La station spatiale internationale

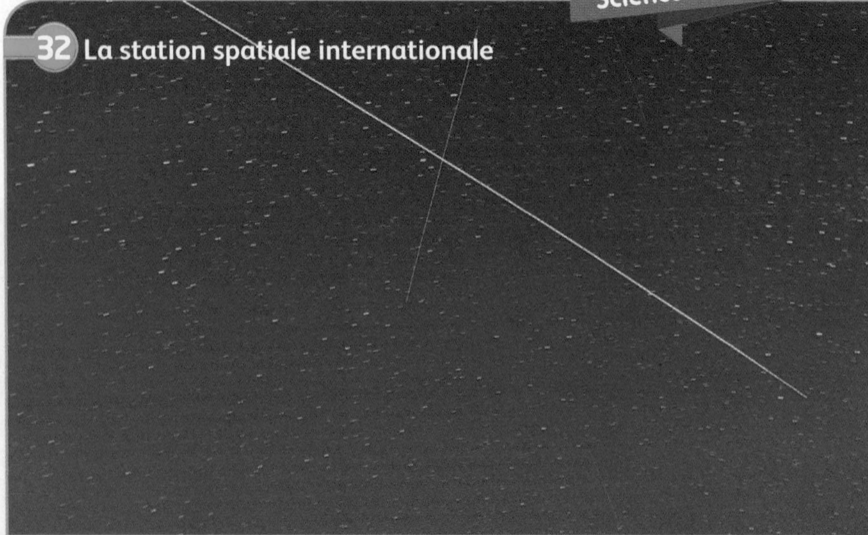

➡ Faire une recherche sur Internet et expliquer pourquoi la station spatiale internationale est si visible la nuit à l'œil nu.

Depuis 1998, celui qui prend le temps de lever les yeux au ciel la nuit peut avoir la chance d'observer à l'œil nu un petit point brillant qui avance lentement. Ce n'est ni une étoile filante, ni un avion mais la station spatiale internationale qui orbite autour de la Terre.

Elle se déplace vite d'où la spectaculaire trainée que l'on peut observer sur la photo. Elle est actuellement le troisième objet le plus brillant du ciel après la Lune et Vénus.

La planète Vénus est si lumineuse qu'elle est visible même le jour et qu'on la surnomme parfois l'étoile du Berger.

33 Mesurer la vitesse de la lumière

30 min

On a longtemps pensé que dès qu'on allumait une source lumineuse telle qu'une bougie, la lumière baignait immédiatement l'espace. En effet, si dès le Moyen Âge l'idée avait été émise que la lumière pût se propager, toutes les tentatives pour mesurer la durée séparant les instants d'émission de réception d'un signal lumineux avaient échoué.

Au XVIIe siècle, Galilée essaye de mesurer la vitesse de la lumière grâce à l'expérience suivante.

(1) Deux expérimentateurs A et B munis de lanternes sont placés au sommet de deux collines distantes de 1 800 m.
(2) A enclenche une clepsydre à l'instant où il émet un signal lumineux avec sa lanterne.
(3) B allume sa lanterne à l'instant où il reçoit le signal lumineux émis par A
(4) A arrête la clepsydre dès qu'il reçoit le signal lumineux émis par B.

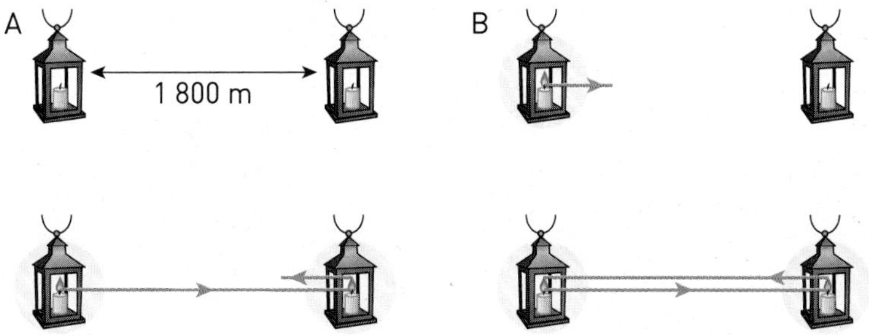

1 La tentative de Galilée.

La clepsydre est composée de deux récipients situés l'un au-dessus de l'autre : le premier contient de l'eau qui s'écoule dans le second. Le relevé du niveau de l'eau permet la mesure du temps.

2 La clepsydre : un appareil venu de l'Antiquité.

Io est un satellite de Jupiter qui, au cours de son mouvement, est régulièrement caché par cette planète. Au XVIIe siècle, on s'était étonné que Io ne réapparaisse pas toujours au moment prévu par les calculs. Le décalage peut atteindre 20 min.
Oleus Römer fit l'hypothèse que cette durée correspondait au temps de parcours du diamètre de l'orbite terrestre par la lumière.

3 Io et Oleus Römer.

Distance Terre-Soleil :
150 millions de km
Distance Jupiter-Soleil :
575 millions de km

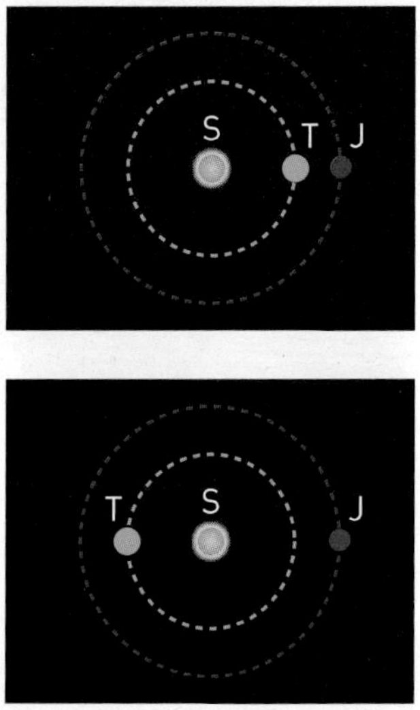

4 Jupiter et la Terre dans le Système solaire.

Questions

1. a. Expliquer comment l'on enclenche et comment l'on arrête la clepsydre.
b. On sait aujourd'hui que la lumière parcourt 3 600 m en 12 µs. Pourquoi Galilée n'a-t-il pas pu évaluer la valeur de la vitesse de la lumière ?
2. a. Expliquer pourquoi la distance entre la Terre et Jupiter varie au cours de l'année de la valeur du diamètre de l'orbite terrestre.
b. Retrouver par un calcul la valeur de la vitesse de la lumière proposée par Römer.
3. Galilée et Römer voulaient utiliser la même relation mathématique pour calculer la valeur de la vitesse de la lumière. Quelle différence fondamentale entre les deux expériences explique que seul Römer ait réussi avec les moyens de l'époque ?

THÈME

B Mouvement et interactions

• Ascension d'un mur d'escalade en salle.

Attendus de fin de cycle 4

- **Caractériser** un mouvement.
- **Modéliser** une interaction par une force caractérisée par un point d'application, une direction, un sens et une valeur.

CHAPITRE 7

Caractériser un mouvement

Sommaire

Niveaux ACTIVITÉS

Zoom sur...

Les croisements entre thèmes

■ Le record du monde du 1500 mètres est de 3 minutes et 26 secondes. On a :
$d = 1500$ m
$t = 3$ min 26 s $= (3 \times 60)$ s $+ 26$ s $= 206$ s
Alors :
$$v = \frac{d}{t} = \frac{1500}{206} = 7{,}28 \text{ m/s}$$

Dans l'activité 3, je fais le lien avec le chapitre 15 du thème D, **Signaux sonores et lumineux** (p. 376 du manuel).

L'interdisciplinarité

Dans l'activité 2, je fais le lien avec l'EPS, **Produire une performance optimale, mesurable à une échéance donnée**.

Une animation

Dans l'activité 8, je découvre une animation sur la relativité de mouvement.

Une vidéo

Dans l'activité 1, je regarde une vidéo sur le fonctionnement de la roue de Falkirk.

Comment décrire le mouvement de ce skieur ?

• Compétition de saut à skis à Oberstdorf.

Dans ce chapitre, je vais	Activités	Exercices
◆ Reconnaitre un mouvement.	1 5	14 à 16
◆ Décrire un mouvement par rapport à un objet de référence.	1 6 8	17 et 18
◆ Comparer des vitesses.	2 3 4 9	19 et 20
◆ Caractériser une vitesse.	2 3 4 5 9 7	21 et 22
◆ Calculer une durée ou une distance à partir de la formule $v = \frac{d}{t}$.	3 5	23
◆ Effectuer des conversions d'unités de distances et de durées.	3 5 4 9	24 et 25

ACTIVITÉ 1

COMPÉTENCE ÉVALUABLE

D4. Identifier des questions de nature scientifique.

Comment reconnaitre un mouvement ?

L'Écosse possède le seul ascenseur à bateaux rotatif du monde, la roue de Falkirk, qui permet de franchir un dénivelé de 24 m.

1 Fonctionnement de la roue de Falkirk.

Pour passer de *Union Canal* à *Forth and Clyde Canal*, un bateau emprunte un long tunnel à vitesse constante avant de ralentir pour s'arrêter devant la roue. Il pénètre ensuite dans la nacelle de l'ascenseur rotatif, qui le fait descendre jusqu'à *Forth and Clyde Canal*. Une autre nacelle remonte simultanément, prête à accueillir le prochain bateau.

VIDEO lienmini.fr/pc-040

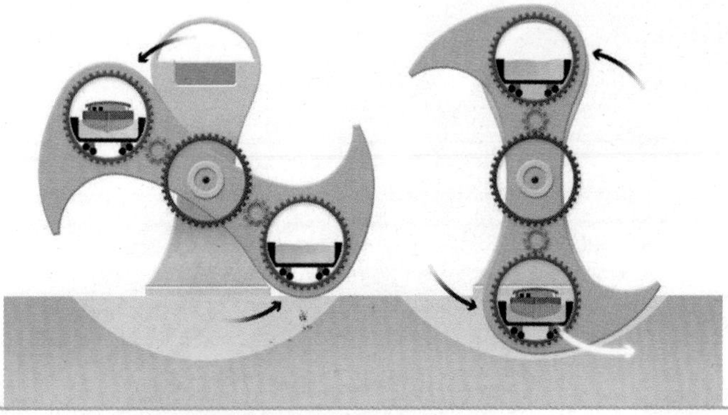

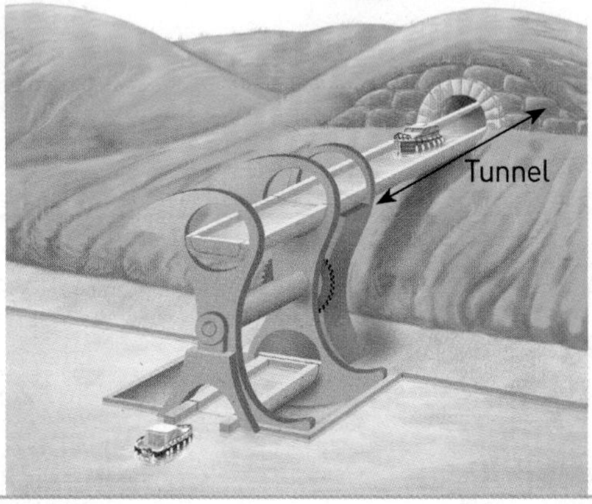

2 Types de mouvement.

- La **trajectoire**
  - est connue.
    - C'est un (arc de) **cercle**. → Le mouvement est **circulaire**.
    - C'est une portion de **droite**. → Le mouvement est **rectiligne**.
  - n'est pas connue. → Le mouvement est **curviligne**.
- La **vitesse** d'un objet
  - **ne varie pas**. → Le mouvement est **uniforme**.
  - **augmente**. → Le mouvement est **accéléré**.
  - **diminue**. → Le mouvement est **ralenti**.

Questions

1. **Docs 1. et 2.** Recopier et compléter le modèle suivant pour caractériser le mouvement du bateau dans le tunnel :
   Le mouvement du bateau dans le tunnel est [adjectif associé à la trajectoire] [adjectif associé à la vitesse].
2. **Doc 1.** Le bateau est dans la nacelle de l'ascenseur. Préciser quelle est la trajectoire du capitaine du bateau par rapport au centre de la roue.
3. **Doc 1.** Expliquer pourquoi on peut supposer que, lorsque le bateau est dans l'ascenseur, sa vitesse augmente puis diminue.
4. **Docs 1. et 2.** Caractériser les deux mouvements successifs du bateau dans la roue.
5. **Pour aller plus loin** On voit que les nacelles sont montées sur des roues. Expliquer pourquoi.

VOCABULAIRE

Dénivelé : différence d'altitude entre deux points.

Emprunter : (ici) suivre, prendre un chemin.

Rotatif : qui effectue une rotation, qui tourne.

INVESTIGATION

COMPÉTENCE ÉVALUABLE

D4. Mesurer des grandeurs physiques de manière directe ou indirecte.

2 Qui court le plus vite ?

Situation

Samia et son cousin Lenny veulent savoir lequel des deux court le plus vite.
Mais il leur est impossible de se retrouver pour faire une course :
Samia vit en France et Lenny en Australie.
Ils cherchent donc comment mesurer leur vitesse dans les mêmes conditions.

CONSIGNE

En utilisant le matériel ci-dessus ou celui de votre choix, **proposer** un protocole permettant à Samia et Lenny, chacun sur leur continent, de mesurer leur vitesse.

Besoin d'aide ?

▶ **Retrouvez des aides en fin d'ouvrage, p. 423.**

TÂCHE COMPLEXE

ACTIVITÉ 3

Comment battre des records de vitesse ?

COMPÉTENCES ÉVALUABLES

D1.3 Lire et comprendre des documents scientifiques.
D1.3 Passer d'une forme de langage scientifique à une autre.

Situation

Alexis Contin est un patineur de vitesse français.
Il a été sacré champion du monde de roller marathon pour la première fois en 2004 à l'âge de 17 ans.
Alexis découvre ensuite la glace et fait son entrée en compétition internationale en décembre 2006.

CONSIGNE **Comparer** les vitesses moyennes d'Alexis Contin sur piste et sur glace.

1 Records de France de patins à glace.

- Alexis Contin détient actuellement plusieurs records de France en patinage de vitesse sur glace dont :
  - celui du 3 000 m avec un temps de 3 min 40 s 11 ;
  - celui du 5 000 m en 6 min 11 s 95 ;
  - celui du 10 000 m en 13 min 04 s 80.

2 Records mondiaux de rollers sur piste.

Épreuve	Patineur	Temps	Date
3 000 m	Giuseppe de Persio (Italie)	4 min 21 s	1er aout 1980
5 000 m	Mirko Giupponi (Italie)	7 min 34 s	29 aout 1987
10 000 m	Alexis Contin (France)	13 min 46 s	28 juillet 2014
15 000 m	Alexis Contin (France)	21 min 22 s	29 juillet 2014
20 000 m	Paolo Bomben (Italie)	30 min 52 s	29 aout 1987

3 Un exemple de calcul de vitesse.

- *Le record du monde du 1500 mètres est de 3 minutes et 26 secondes. On a :*
d = 1500 m
t = 3 min 26 s = (3 × 60) s + 26 s = 206 s
Alors :

$$v = \frac{d}{t} = \frac{1500}{206} = 7{,}28 \text{ m/s}$$

- *Conversion de la vitesse calculée en km/h :*
v = 7,28 m/s veut dire que 7,28 m sont parcourus en 1 seconde. Donc, en 1 heure :
v = 7,2 × 3 600 = 26 208 m/h = 26,2 km/h

v = 7,28 m/s — × 3,6 → *v = 26,2 km/h*
v = 26,2 km/h — : 3,6 → *v = 7,28 m/s*

RAPPEL
1 min = **60** s
1 h = **60** min
1 h = **3 600** s

Besoin d'aide ?

▶ **Retrouvez des aides en fin d'ouvrage, p. 423.**

4

Un dauphin va-t-il plus vite qu'un ferry ?

COMPÉTENCES ÉVALUABLES

D1.3 Lire et comprendre des documents scientifiques.
D1.3 Passer d'une forme de langage scientifique à une autre.

L'équation de la définition de la vitesse, $v = \frac{d}{t}$, permet de la calculer, mais comment trouver la valeur de la distance ou de la durée ?

1 Panneau à l'embarcadère du ferry.

2 Le plongeon de Shaunae Miller.

■ Grâce à un plongeon sur la ligne d'arrivée, Shaunae Miller (Bahamas) a remporté la médaille d'or du 400 m aux Jeux Olympiques de Rio (2016) avec un temps de 49,44 s. Elle a devancé Allyson Felix (États-Unis) de 7 centièmes de seconde.

3 Valeurs des vitesses moyennes de différents animaux.

Chien	Cigogne	Dauphin	Escargot	Gazelle

32 km/h	40 km/h	60 km/h	5 m/h	22 m/s

Questions

1. À partir de la définition de la vitesse, retrouver l'expression du temps, puis celle de la distance.
2. **Docs 1. et 3.** Combien de temps un dauphin mettrait-il pour faire le trajet Toulon – Bastia s'il empruntait le même itinéraire que le ferry ?
3. **Docs 2. et 3.** Quelle distance une gazelle parcourt-elle en 49,44 s ?
4. Commenter les résultats des questions 2 et 3.
5. **Pour aller plus loin** Marie-Josée Pérec détient le record de France du 400 m depuis 1996. Faire une recherche pour savoir si Shaunae Miller a battu ce record.

VOCABULAIRE

Devancer : être devant, être en avance dans une course.

Temps : mot utilisé en sport à la place de *durée de parcours*.

INVESTIGATION

ACTIVITÉ 5

Comment évaluer la vitesse d'un ver ?

COMPÉTENCE ÉVALUABLE

D1.3 Lire et comprendre des documents scientifiques.

VIDÉO EXP

Situation

Estelle est étonnée par la rapidité des vers qui se nourrissent des pommes de son jardin.
Elle se demande quelle est leur vitesse et décide de filmer un ver qui se déplace sur une moitié de pomme.

Elle pense qu'elle aura sans doute besoin de connaitre l'échelle de la prise de vue et prend également en photo une règle graduée devant la pomme.

Mais Estelle ne sait pas comment utiliser les documents qu'elle a produits.

Elle a extrait 6 photos de sa vidéo qui ont été prises à 0,5 s d'intervalle :

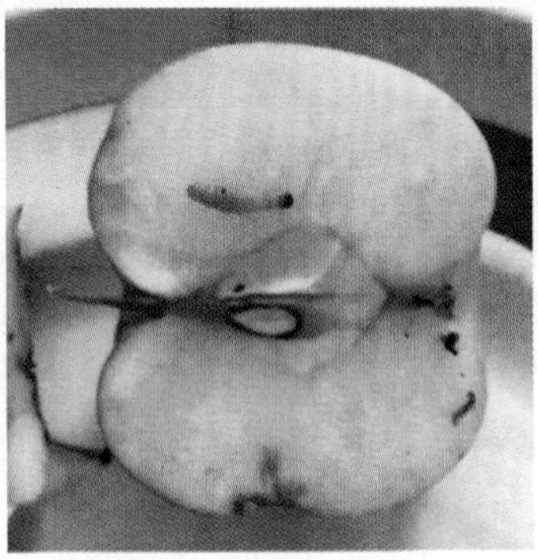

0,0 s

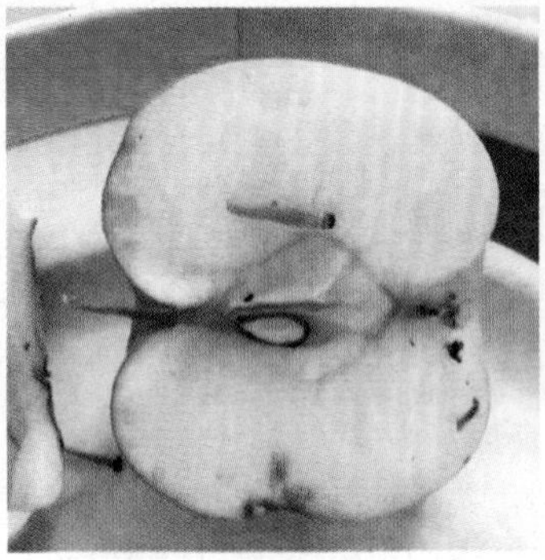

0,5 s

1,0 s

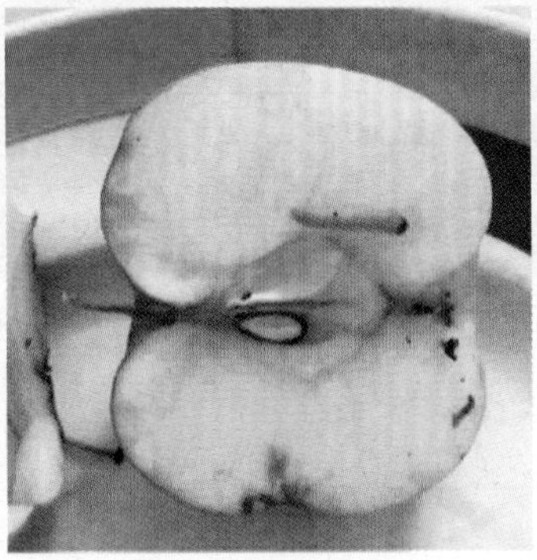

1,5 s

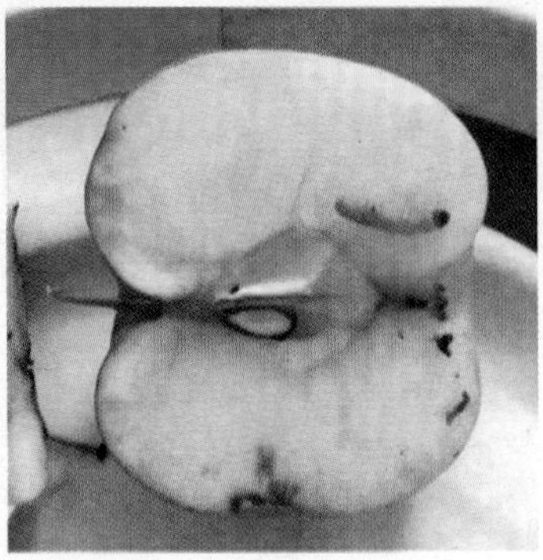

2,0 s

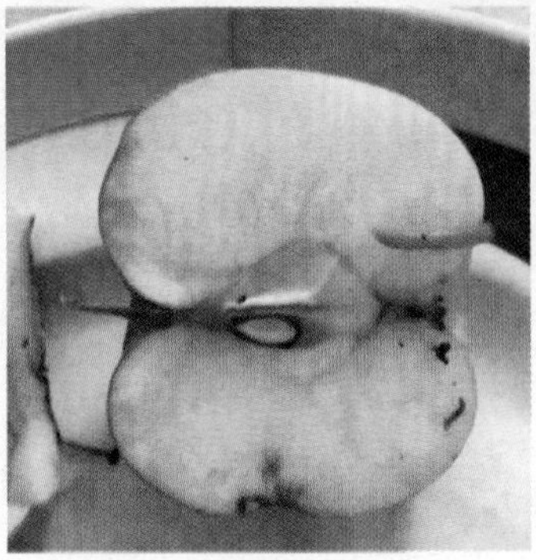

2,5 s

CONSIGNE **Aider** Estelle à évaluer la vitesse du ver en km/h.

Besoin d'aide ?

▶ **Retrouvez des aides en fin d'ouvrage, p. 423.**

COMPÉTENCE ÉVALUABLE

D4. Interpréter des résultats expérimentaux.

6 Comment caractériser les mouvements d'un chien ?

Amina est très fière de son chien Huky.
Elle l'entraine à rapporter le plus rapidement possible la balle qu'elle envoie au loin.

1 Différentes phases de la course de Huky.

a Chien au repos.

b Chien en course.

c Chien ramenant la balle.

2 Évolution de la vitesse de Huky au cours du temps.

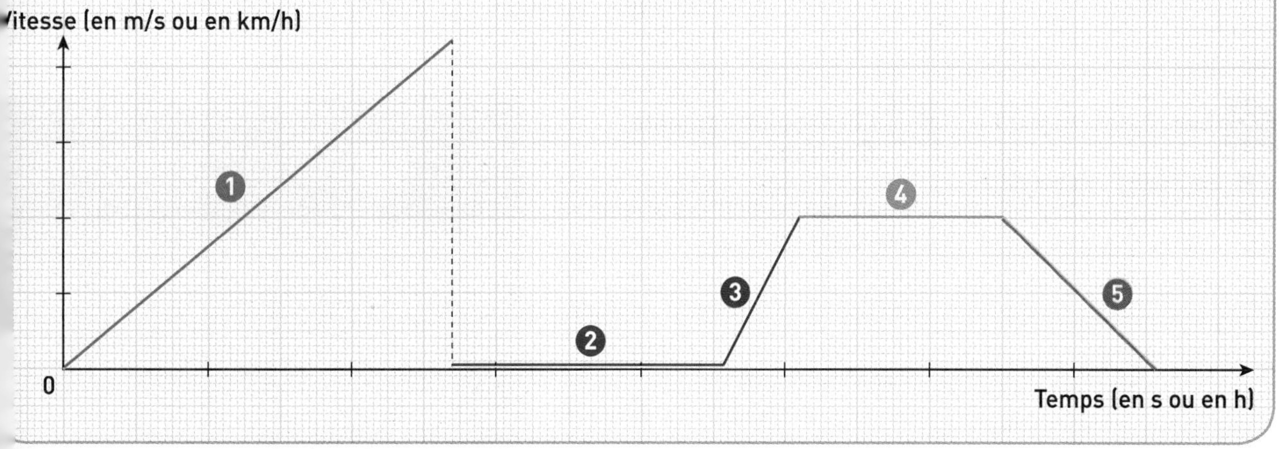

Questions

Doc 1. Le mouvement de Huky est rectiligne aussi bien quand il part chercher la balle que quand il revient vers Amina. Pourquoi ?

Doc 2. Repérer les phases où la vitesse de Huky est constante, celle(s) où elle augmente et celle(s) où elle diminue.

Doc 2. Caractériser le mouvement du chien durant chacune des cinq phases.

Pour aller plus loin La courbe donnant les variations de la vitesse est une **modélisation**. Expliquer à l'aide d'un exemple en quoi cette courbe n'est pas tout à fait conforme à la réalité.

VOCABULAIRE

Modélisation : ici, courbe simplifiée pour faciliter le raisonnement.

ACTIVITÉ

7 Quelles sont les caractéristiques de la vitesse ?

COMPÉTENCE ÉVALUABLE

D2. Utiliser des outils d'acquisition et de traitement des données, de simulation et de modèles numériques.

Adélaïde a programmé un jeu sur le logiciel Scratch.

1 Le programme.

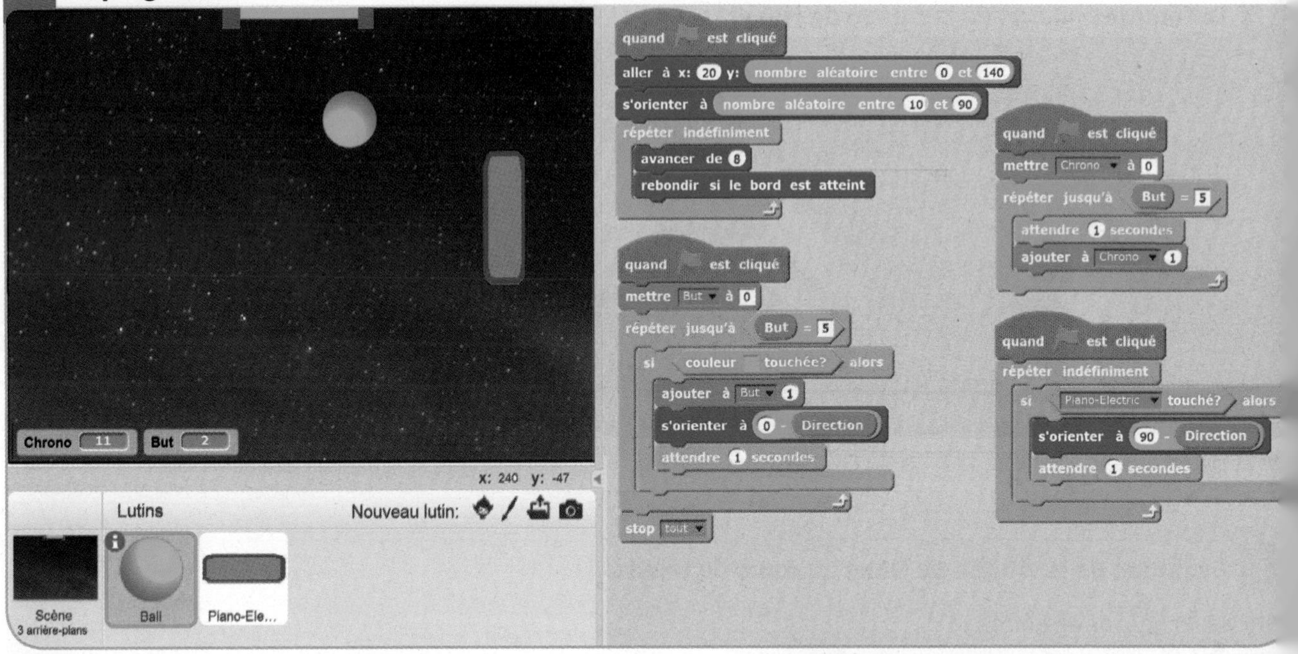

2 Les règles du jeu.

Le palet rebondit sur les bords de l'écran et sur la raquette. Le joueur peut déplacer la raquette et modifier son orientation afin d'envoyer le palet dans le but le plus rapidement possible.

Le jeu s'arrête lorsqu'on a marqué 5 buts.

3 Chronophotographie d'un rebond.

L'image suivante représente un rebond du palet sur la raquette. Elle permet de visualiser ses positions successives à intervalles de temps égaux, comme sur une chronophotographie.

Le palet arrivant de la droite de l'écran a rebondi sur la raquette et va rebondir sur le bord.

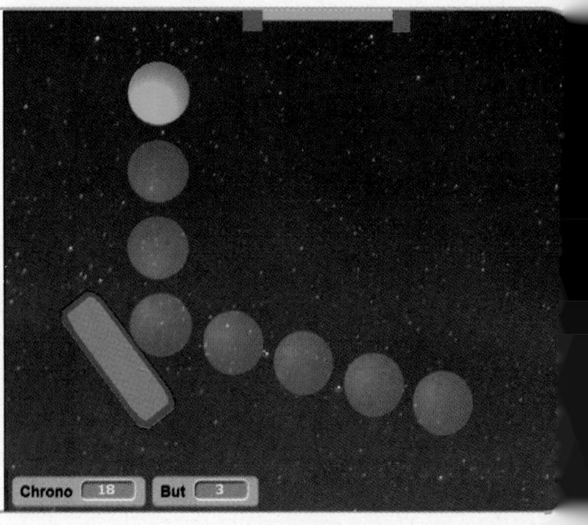

Questions

1 **Docs 1. et 2.** Peut-on dire si le palet est immobile, s'il se dirige vers la raquette, ou s'il s'en éloigne ?

2 **Doc 3.** Quel est l'avantage d'une chronophotographie ?

3 **Doc 3.** La **direction** de la vitesse du palet est-elle la même avant et après le rebond sur la raquette ?

4 **Doc 3.** Comparer les directions et les **sens** de la vitesse du palet avant et après son rebond sur le bord de l'écran.

VOCABULAIRE

Chronophotographie : cliché obtenu pa[r] superposition de photos prises en rafal[e] (à intervalles de temps réguliers).

Direction : droite non orientée. Exemple : la route 66 aux États-Unis.

Sens : orientation sur une direction. Exemple : on peut prendre la route 66 vers Chicago ou vers Santa Monica.

COMPÉTENCE ÉVALUABLE

D1.1 S'exprimer à l'oral lors d'un débat scientifique.

8 Qu'est-ce que la relativité de mouvement ?

Lorsqu'un photographe prend un cliché, il devient un observateur.
Cet observateur peut être ou non en mouvement par rapport aux objets immobiles sur Terre tels qu'un arbre, un poteau etc.

1 Quai d'une gare TGV.

2 Paysage à l'extérieur d'un train TGV.

3 Le voyage de quatre jeunes.

- Le train démarre lentement.

Bélinda est immobile par rapport au quai.
Sa sœur Anna marche vers l'arrière du train.
Collins et Dimitri sont assis tandis que Élina se dirige vers l'avant du train.

	Mouvement par rapport à Dimitri				Mouvement par rapport à Bélinda			
Personnage	avance*	recule	est immobile	on ne peut pas dire	avance*	recule	est immobile	on ne peut pas dire
Anna		✘						
Dimitri					✘			
Élina								
Collins			✘					
Bélinda								

* Dans le sens du mouvement du train.

Questions

Docs 1. et 2. Où l'observateur qui prend la photo se trouve-t-il dans chaque situation ?

Doc 2. Pourquoi l'observateur peut-il dire que les arbres bougent ?

Doc 3. Le train démarre lentement. Recopier et compléter le tableau par des croix (trois exemples sont déjà donnés).

Discuter en classe des réponses précédentes, puis de nouveau après avoir regardé l'animation. ANI

VOCABULAIRE

Discuter : envisager le pour et le contre ; examiner des éléments contradictoires.

TÂCHE COMPLEXE

ACTIVITÉ 9

Comment estimer la performance d'un kart ?

COMPÉTENCES ÉVALUABLES

D1.3 Lire et exploiter des documents scientifiques.
D1.3 Passer d'une forme de langage scientifique à une autre.

Situation

Louis est coureur de kart sur le circuit de Tabugit. Il s'apprête à réaliser une course en ligne droite avec départ arrêté.

Avant d'effectuer sa course, il souhaite savoir quelle serait la meilleure performance de son kart sur cette ligne droite.

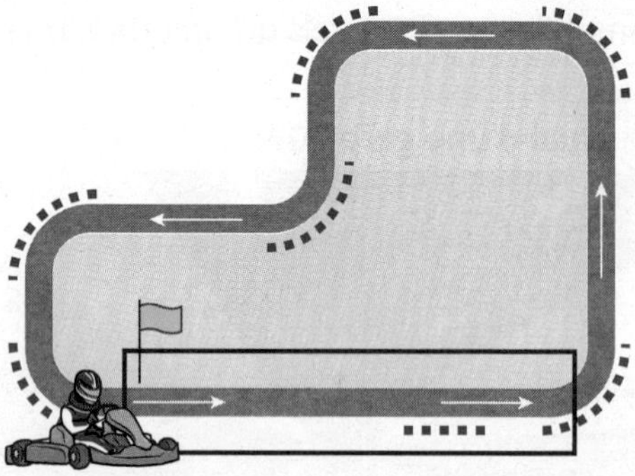

CONSIGNE **Aider Louis à déterminer le temps minimal théorique que peut faire son kart.**

ACT lienmini.fr/pc-041 Version interactive

1 Les différentes phases du mouvement.

Phase 1.

La première phase de ce mouvement est une phase d'accélération.
Le kart accélère jusqu'à atteindre sa vitesse limite.

Phase 2.

La seconde phase de ce mouvement est une phase uniforme.
Le kart a atteint sa vitesse limite, sa vitesse est constante.

Phase 3.

La troisième phase de ce mouvement est une phase de décélération.
Le kart décélère après avoir franchi la ligne d'arrivée.

2 Modélisation du tracé de la ligne droite.

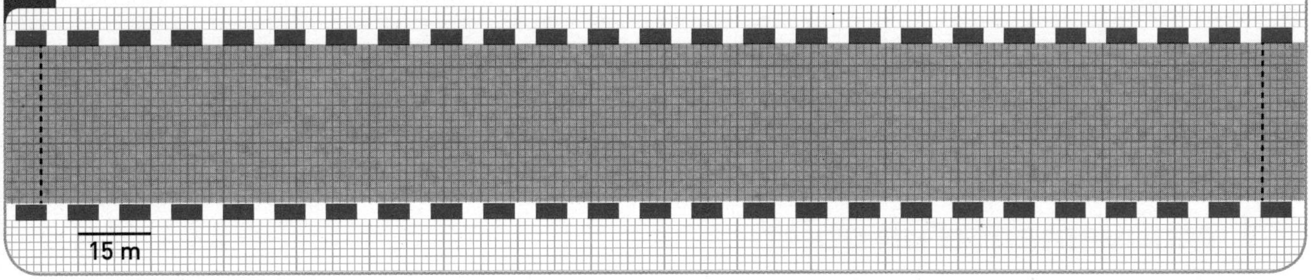

3 Conseil de Pedro Vectura, champion du circuit de Tabugit.

« La vitesse maximale n'est pas la seule performance à prendre en compte, l'accélération est très importante. Pour parvenir au meilleur résultat, il faut un juste milieu entre ces deux caractéristiques.
On connait la performance d'un véhicule en déterminant les distances et les temps de deux phases du parcours. »

4 Bulletin météo du jour.

5 Caractéristiques du kart de Louis.

- Vitesse variant de 0 à V_{max} = 90 km/h :

	Temps	Distance
Performances sur sol sec	1,4 s	80 m
Performances sur sol mouillé	2 s	120 m

6 Formulaire mathématique.

- Vitesse : $v = \frac{d}{t}$
- Conversion d'unités :
  1 m/s = 3,6 km/h
- Utilisation d'une échelle :
  si 1 cm sur un schéma représente 5 m dans la réalité, alors 5 cm sur un schéma représentent 25 m dans la réalité (relation de proportionnalité).

Besoin d'aide ?

▶ Retrouvez des aides en fin d'ouvrage, p. 423

Bilan de cycle 4

Caractériser un mouvement

▶ Retrouvez aussi Le bilan de 5e BILAN lienmini.fr/pc-042 Le bilan de 4e BILAN lienmini.fr/pc-043

1 Mouvement d'un objet

▶ Activités 1 6

a Caractérisation du mouvement d'un objet

Un mouvement peut être caractérisé par sa **trajectoire** et sa **vitesse**.
La trajectoire est la portion de ligne décrite par un objet en mouvement.

Trajectoire	Vitesse
• Si la trajectoire est une **portion de droite**, le mouvement est **rectiligne**. • Si la trajectoire est un **arc de cercle**, le mouvement est **circulaire**. • Si la trajectoire est **quelconque**, le mouvement est **curviligne**.	• Si la vitesse **augmente**, le mouvement est **accéléré**. • Si la vitesse **diminue**, le mouvement est **décéléré** (ou ralenti). • Si la vitesse **est constante**, le mouvement est **uniforme**.

b Comment nommer le mouvement d'un objet ?

Pour nommer le mouvement d'un objet, on associe une information sur sa trajectoire et une information sur sa vitesse.

Exemples

① Le mouvement de l'avion qui freine sur la piste d'atterrissage est **rectiligne ralenti**.

② Le mouvement de la Terre autour du Soleil est **circulaire uniforme**.

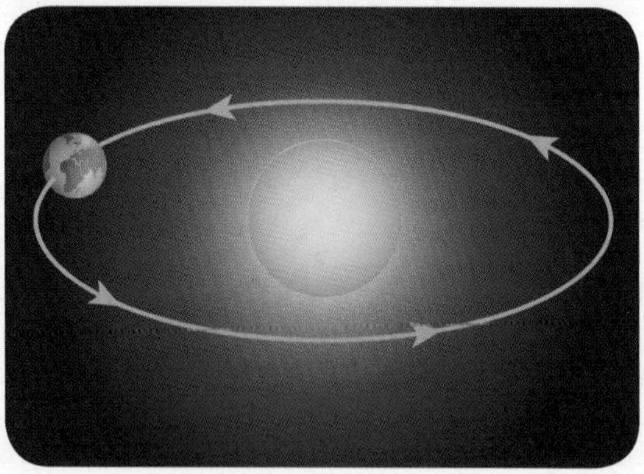

2 Relativité du mouvement

▶ Activité 8

■ La nature du mouvement dépend de l'**observateur**.
On parle de **relativité du mouvement**.

Exemple

• Pour un observateur (O) immobile sur le quai, le tramway qui démarre est en mouvement rectiligne accéléré.
• Pour un passager (G) assis dans le tramway, le tramway n'est pas en mouvement.
• Pour un passager (F) assis dans le tramway, le passager (G) est immobile.

MOTS-CLÉS

Constant	Mouvement accéléré	Sens	Vitesse
Direction	Mouvement ralenti	Temps	
Durée	Mouvement uniforme	Trajectoire	

VOIR LEXIQUE P. 418

3 Caractérisation d'une vitesse

▶ Activités 2 3 4 5 7 9

■ Une vitesse est caractérisée par sa direction, son sens et sa valeur.

Exemples

① Pour une voiture qui sort du parking, la direction de la vitesse est celle de la voie d'accès, le sens est de l'intérieur vers l'extérieur. La valeur de la vitesse est indiquée par le compteur.

② La vitesse de l'ISS (Station spatiale internationale) ne change pas en valeur mais sa direction et donc son sens changent sans cesse au cours du mouvement de rotation uniforme autour de la Terre.

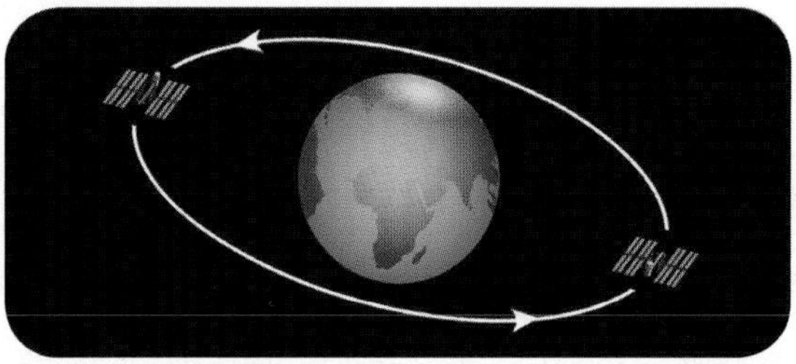

■ En sport, pour **comparer les valeurs des vitesses** et savoir qui court le plus vite, on fixe la valeur d'une des grandeurs ***distance*** ou ***temps***, puis on observe les variations de l'autre grandeur.

Exemples

① On compare les distances parcourues pendant une même durée (par exemple, 20 secondes).

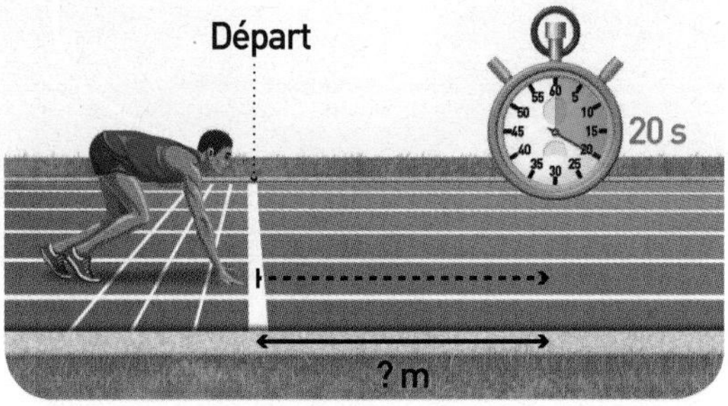

② On compare les temps de parcours réalisés pour une même distance (par exemple, 200 mètres).

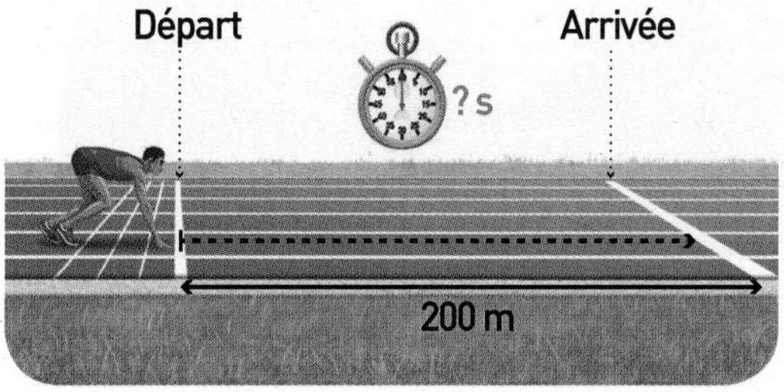

■ **La valeur de la vitesse** v d'un objet en mouvement est égale à la valeur de la distance parcourue d divisée par la valeur de la durée du parcours t.

Grandeur	Symbole	Unités et symboles du système international	Unités et symboles usuelles	Relation entre les trois grandeurs	Correspondances entre unités
Distance parcourue	d	Mètre (symbole : m)	Kilomètre (symbole : km)	$d = v \times t$	avec { d en m, t en s, v en m/s } ou { d en km, t en h, v en km/h }
Durée	t	Seconde (symbole : s)	Heure (symbole : h)	$t = \frac{d}{v}$	v en m/s → × 3,6 → v en km/h
Vitesse	v	Mètre par seconde (symbole : m/s)	Kilomètre par heure (symbole : km/h)	$v = \frac{d}{t}$	v en km/h → : 3,6 → v en m/s

L'essentiel

Reconnaitre un mouvement

Un mouvement est caractérisé par sa trajectoire et sa vitesse.

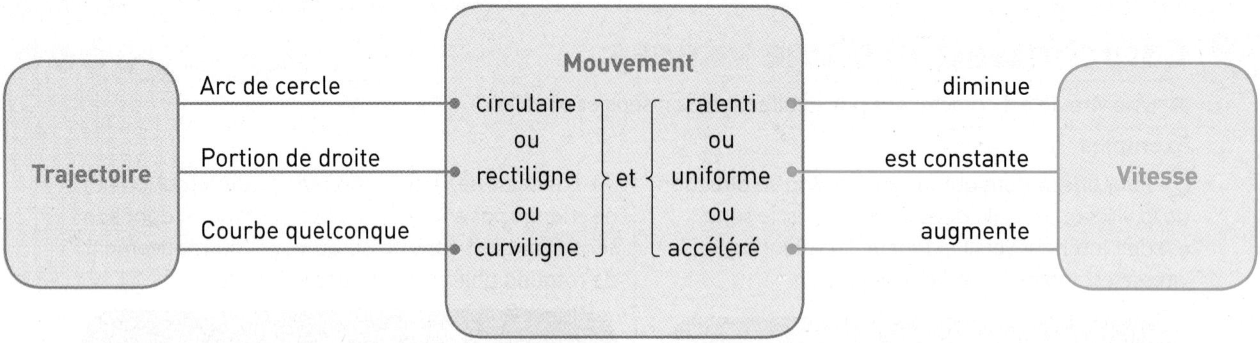

Distinguer sens et direction

La vitesse est caractérisée par sa direction, son sens et sa valeur.

① Dans ces deux positions, la direction de la vitesse de l'ISS est différente :

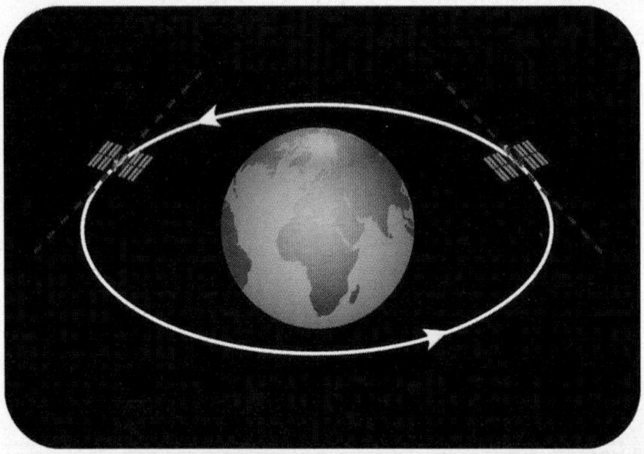

② Dans ces deux positions, la direction de la vitesse de l'ISS est la même mais le sens est différent :

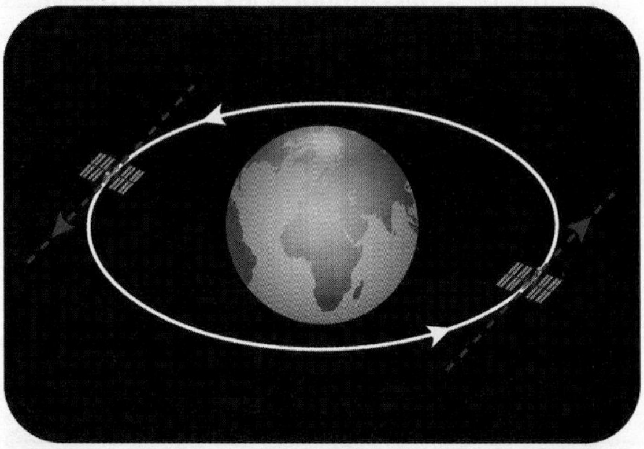

Socle commun

Domaines	Compétences	Activités	Problèmes
D1.1	S'exprimer à l'oral lors d'un débat scientifique.	8	
D1.3	Lire et comprendre des documents scientifiques.	3 4 5 9	27
D1.3	Passer d'une forme de langage scientifique à une autre.	3 4 9	28
D2	Utiliser des outils d'acquisition et de traitement des données, de simulation et de modèles numériques.	7	
D4	Identifier des questions de nature scientifique.	1	26
D4	Interpréter des résultats expérimentaux.	6	
D4	Mesurer des grandeurs physiques de manière directe ou indirecte.	2	29

xercices

J'apprends à apprendre

Utilisable en AP

1 Apprendre à mémoriser

-availler en groupe est souvent très utile pour apprendre son cours.

▶ L'objectif ici est d'apprendre à caractériser un mouvement à l'aide d'un jeu.

Règle

Former deux équipes de trois joueurs et mélanger les cartes.
Étaler les cartes faces cachées sur la table.
À tour de rôle, chaque membre de chaque équipe pioche une carte carrée et une carte rectangulaire puis énonce :

« Le mouvement est… »

Enclencher le chronomètre : le joueur dispose de deux minutes pour trouver le plus d'exemples correspondants à ce mouvement.

Un exemple correct = 1 point !

Ensuite, le joueur remet les cartes en jeu et mélange.
Lorsque tous les joueurs ont joué deux fois, on additionne les scores des membres d'une même équipe.

L'équipe qui a trouvé le plus d'exemples a gagné !

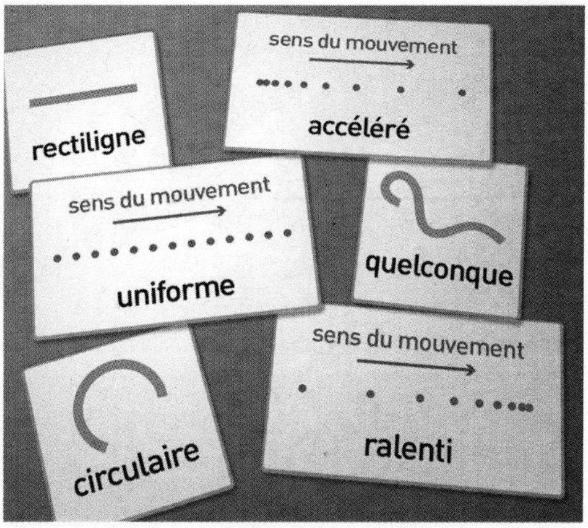

J'apprends une méthode

Exercice résolu

Utilisable en AP

2 ●●● Bien utiliser une formule

:nnoncé Marie-Amélie Le Fur a remporté la médaille d'or du 400 m aux jeux para-mpiques de Rio en 2016. Elle a battu le record du monde avec un temps de 59 s 27.

▶ Calculer (en km/h) la vitesse de Marie-Amélie sur ce parcours.

;olution

Rédiger une phrase qui relie la distance parcourue à la durée du parcours.

larie-Amélie parcourt 400 m en 59,27 s.

Écrire la formule reliant la vitesse, la distance et le temps.

$$v = \frac{d}{t}$$

Utiliser cette formule pour calculer la vitesse.

$$v = \frac{400}{59{,}27} = 6{,}75 \text{ m/s}$$

Convertir la valeur trouvée en km/h.

$v = 6{,}75$ m/s → $v = ?$ km/h : × 3,6 ; : 3,6

$v = 6{,}75 \times 3{,}6 = 24{,}3$ km/h

Conclure.

larie-Amélie a une vitesse de 24,3 km/h sur ce parcours.

Exercices

Je me teste

EXO lienmini.fr/pc-044

3 ●●● Caractériser un mouvement

Identifier la nature du mouvement de l'objet pour un observateur immobile.

a. Le skieur.

b. Les poulets à la broche.

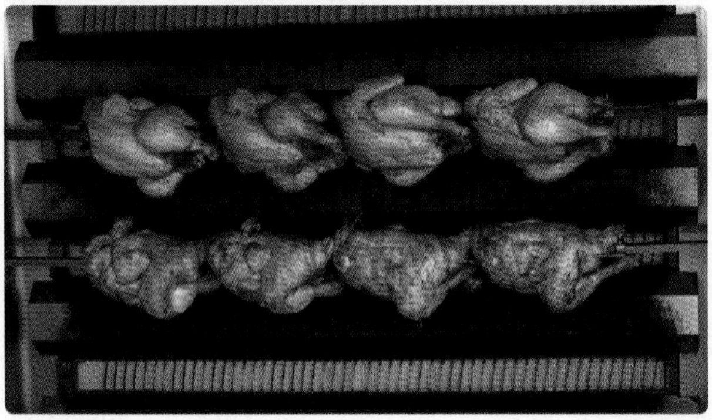

4 ●●● QCM Reconnaitre une vitesse

Choisir les unités de vitesse.

a. cm/h. b. km/jour. c. année/s. d. m^3/s.

5 ●●● Effectuer des conversions

Relier chaque animal à sa vitesse exprimée en km/h et m/s. Attention, certaines valeurs ne sont pas utilisées.

25 km/h ●

10 m/s ●

40 m/s ●

70 km/h ●

● 7 m/s

● 10 km/h

● 19 m/s

● 36 km/h

● 144 m/h

6 ●●● QCM Calculer une vitesse

Choisir la (ou les) bonne(s) réponse(s).

3,6 km/h est la vitesse d'une personne qui :

a. met une heure pour parcourir 3,6 km.

b. met une heure pour parcourir 360 m.

c. met une heure pour parcourir 3 600 m.

d. parcourt un mètre en une seconde.

7 ●●● QCM Caractériser une vitesse

On compare, pour chaque photo, la vitesse du piéton et celle du véhicule.

Choisir, quand c'est possible, la (ou les) bonne(s) réponse(s).

a. Même direction.

b. Même sens.

a. Même direction.

b. Même sens.

a. Même direction.

b. Même sens.

VOIR CORRIGÉS P. 423

Je travaille des compétences

Pédagogie différenciée

Utilisable en AP

8 Utiliser la langue française

Voici comment Vivien décrit la course de Marie Amélie Le Fur :

« ***Au début, la trajectoire de Marie-Amélie décrit une droite. Sa vitesse accélère jusqu'au tournant. Ensuite, la trajectoire de Marie-Amélie est de nouveau constante. Son mouvement ralentit dans le tournant suivant. Puis, Marie-Amélie accélère jusqu'à ce que son mouvement soit de nouveau constant dans la ligne droite.*** »

La seule proposition correcte est celle qui est soulignée en rouge. Bien sûr, on peut deviner ce que Vivien voulait dire, mais comment exprimer la même chose correctement ?

Consigne pour le groupe A

➡ Proposer une rédaction correcte du texte de Vivien.

Consignes pour le groupe B

Utiliser les aides pour proposer une rédaction correcte du texte de Vivien.

❶ La valeur d'une grandeur peut augmenter, diminuer ou rester constante.

❷ Une personne (un objet) peut accélérer ou ralentir ; elle peut décrire une portion de droite, une portion de cercle…

❸ Un mouvement peut être accéléré, ralenti ou uniforme ; il peut être rectiligne, circulaire…

Consignes pour le groupe C

1. On cherche à décrire une action.

a. Parmi les verbes suivants, quels sont ceux qui peuvent exprimer l'action d'une personne ou d'un objet qui se déplace ?
décrire / accélérer / ralentir / augmenter / être

b. Quel est le seul objet ou la seule personne du texte qui peut se déplacer ?

2. La vitesse est une grandeur comme la masse ou la température. Elle se mesure, et sa valeur peut varier.

a. Dit-on « la vitesse augmente » ou « la vitesse accélère » ?

b. Dit-on « le mouvement accélère » ou « le mouvement est un mouvement accéléré » ?

3. La trajectoire est une portion de courbe.
Dit-on « la trajectoire est une droite » ou « la trajectoire est constante » ?

4. Utiliser les réponses précédentes pour écrire une correction complète du texte de Vivien.

9 Résoudre des problèmes de proportionnalité

Le collège d'Anaïs est à 1,5 km de chez elle. Elle aimerait recevoir une trottinette pour son anniversaire, ce qui lui permettrait de se déplacer plus vite.

Consigne pour le groupe A

Anaïs espère recevoir une trottinette lui permettant de se déplacer à 10 km/h.

➡ Combien de temps mettrait-elle pour se rendre au collège si elle ne s'arrêtait pas en route ?

Consignes pour le groupe B

Anaïs a emprunté la trottinette de son petit frère. Elle a mis 15 min pour se rendre au collège.

1. Calculer sa vitesse en en m/s.

2. Exprimer sa vitesse en km/h.

Consignes pour le groupe C

Anaïs met 20 min pour se rendre à pied au collège.

1. Relever les valeurs de la longueur d et de la durée t du trajet.

2. Convertir d en m et t en s.

3. Calculer en m/s la vitesse d'Anaïs lorsqu'elle se rend à pied au collège.

Exercices

Je travaille des notions

Les bons mots pour le dire

10 ●●● Corriger les phrases

Rémi veut que sa voiture radio-télécommandée batte un record de vitesse. La voiture est à l'arrêt au pied du panneau lorsqu'il pousse le levier d'accélération à fond, en veillant à ne jamais tourner le volant de la télécommande.

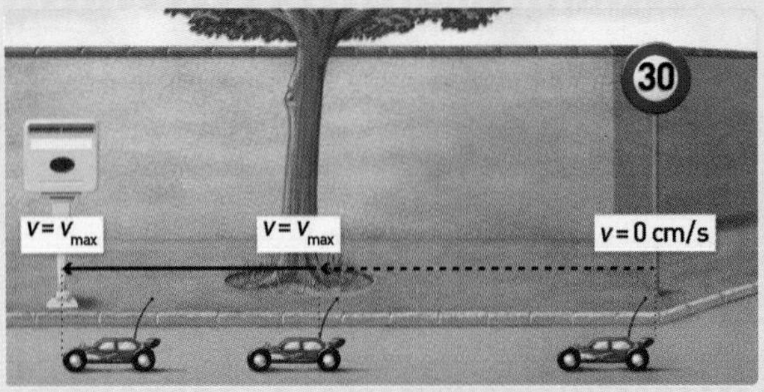

Les phrases suivantes sont fausses. Corriger ce qui est souligné pour trouver les bonnes formulations.

a. Le mouvement de la voiture accélère entre le panneau et l'arbre.

b. La trajectoire de la voiture décrit une droite.

c. Le mouvement de la voiture est droit entre le panneau et la boite aux lettres.

d. Le mouvement est constant entre l'arbre et la boite aux lettres.

11 ●●● Choisir la bonne réponse

a. Un mouvement peut être *uniformisé / constant / uniforme*.

b. Un objet immobile a une vitesse *inférieure / nulle / négative*.

c. La valeur de la vitesse d'une voiture peut *ralentir / diminuer / décélérer*.

12 ●●● Vrai ou faux ?

a. Une ligne n'est pas forcément une droite.

b. Si un mouvement est uniforme, la direction de la vitesse est toujours la même.

c. Un objet est immobile si la valeur de sa vitesse est égale à zéro.

13 ●●● Compléter la phrase

Au moment où deux cabines de téléphériques se croisent, leurs vitesses ont…

a. même valeur et même direction.

b. même valeur et même sens.

c. même sens et même direction.

Reconnaitre un mouvement

14 ●●● Reconnaitre une trajectoire

Enzo va au collège en vélo. Sur une portion de route droite et plane, il passe devant un policier.

1. Rappeler la définition de la trajectoire d'un point.

2. Quelle est la trajectoire d'Enzo pour le policier ?

3. Enzo regarde la roue avant de son vélo.
Quelle est la trajectoire de la valve de cette roue par rapport à Enzo ?

15 ●●● Extraire des informations d'un graphe

Une voiture se déplace sur une portion rectiligne d'autoroute.

Voici la représentation des variations de la valeur de sa vitesse en fonction du temps.

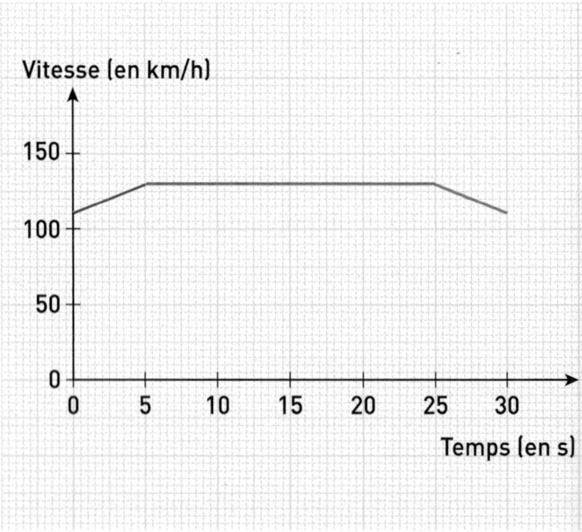

1. a. Nommer les trois phases du mouvement de la voiture.

b. Quel mouvement correspond à chacune des parties du graphique ?
Justifier la réponse.

2. a. Quelle est la durée de chacune des trois phases du mouvement ?

b. Quelle est la vitesse maximale atteinte par la voiture

16 ●●● L'escalator et l'escalier

1. Quels personnages sont immobiles ou en mouvement par rapport à Quentin ?

2. Quels personnages sont en mouvement ou immobiles par rapport à Nathan ?

3. Peut-on dire que le motard est en mouvement ? Justifier la réponse.

4. Qui peut dire que l'affiche du film est en mouvement ? Justifier la réponse.

Décrire un mouvement par rapport à un objet de référence

17 ●●● Reconnaitre un mouvement

Miriam est en train de décoller pour Pékin.

1. Quelle est le mouvement de l'avion pour Miriam ?

2. Quelle est le mouvement de l'avion par rapport à la Terre ?

18 ●●● Un challenge dans l'espace

Le 29 décembre 2016, le spationaute français Thomas Pesquet a tweeté depuis l'ISS : « Tout l'équipage s'y est mis pour vous offrir le seul #MannequinChallenge de l'espace [...] ».

1. Rechercher ce qu'est un « Mannequin Challenge ».

2. Décrire le mouvement de l'équipage dans l'ISS au cours du challenge.

3. Décrire le mouvement de l'équipage par rapport à la Terre.

Comparer des vitesses

19 ●●● Nouveau moyen de locomotion

Dimitri a croisé en ville une femme juchée sur un étrange dispositif. On lui a dit qu'il s'agissait de gyropodes et il a fait des recherches sur Internet. Il a lu que « Le gyropode est considéré comme un véhicule non motorisé s'il ne dépasse pas 25 km/h, et est considéré comme un piéton s'il est maintenu à 6 km/h ».

➡ Le collège de Dimitri se trouve à 800 m de chez lui et il s'y rend tous les jours en 5 minutes avec sa trottinette. Il s'inquiète : sur sa trottinette, Dimitri est-il considéré comme un piéton ou un cycliste ?

20 ●●● Prévoir l'allure d'une courbe

1. Tracer le graphe de la vitesse d'un véhicule si celle-ci est constante en fonction du temps.

2. Tracer le graphe simplifié de la vitesse d'un avion en fonction du temps en distinguant trois phases : décollage, vitesse de croisière, atterrissage.
Justifier la réponse.

Caractériser une vitesse

21 ●●● Sens et direction

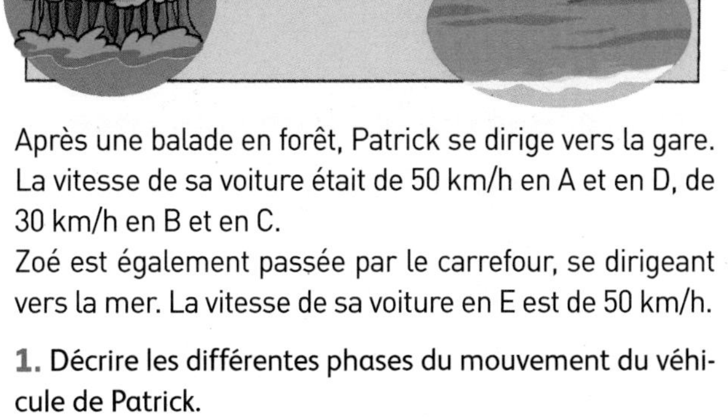

Après une balade en forêt, Patrick se dirige vers la gare. La vitesse de sa voiture était de 50 km/h en A et en D, de 30 km/h en B et en C.
Zoé est également passée par le carrefour, se dirigeant vers la mer. La vitesse de sa voiture en E est de 50 km/h.

1. Décrire les différentes phases du mouvement du véhicule de Patrick.

2. Comparer les caractéristiques de la vitesse du véhicule de Patrick en A et en D.

3. Comparer les caractéristiques des vitesses des véhicules de Patrick et Zoé en D et en E.

Je travaille des notions

22 ●●● Mouvement d'une bulle d'un jeu vidéo

Un jeu vidéo consiste à lancer des bulles qui viennent se coller à une figure d'autres bulles.

Si trois bulles de la même couleur se juxtaposent, elles éclatent.

Si la nouvelle bulle ne permet pas de compléter un groupe de trois, elle déséquilibre l'ensemble de la structure qui tourne autour de l'axe gris perpendiculaire au plan de la page avant de s'immobiliser.

On a ici lancé une bulle bleue. La vitesse de la bulle est constante jusqu'à ce qu'elle s'accroche à l'édifice.

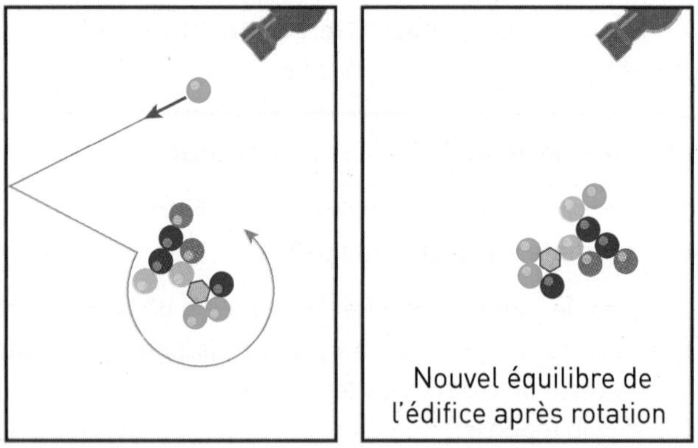

Nouvel équilibre de l'édifice après rotation

1. Expliquer pourquoi on peut distinguer trois phases dans le mouvement de la bulle bleue.

2. Nommer les mouvements qui correspondent aux deux premières phases.

3. Comparer les caractéristiques de la vitesse de la bulle durant ces deux premières phases.

4. Expliquer pourquoi la valeur de la vitesse de la bulle n'est pas constante durant la dernière phase de son mouvement.

5. Nommer le mouvement de la bulle durant la dernière phase.

Calculer une durée ou une distance à partir de la formule $v = \frac{d}{t}$

23 ●●● Exprimer une vitesse

1. Donner l'expression permettant de calculer la valeur de la vitesse d'un système.

2. Préciser le nom et les unités de chaque grandeur.

3. Donner l'expression permettant de calculer la valeur de la distance parcourue en fonction de la durée et de la vitesse.

Effectuer des conversions d'unités de distance et de durée

24 ●●● Vitesse du sang

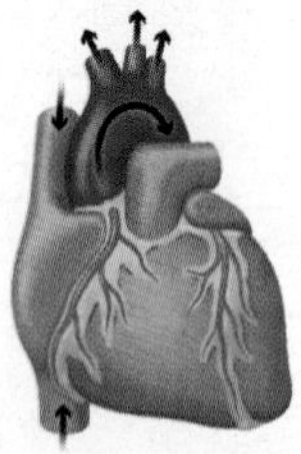

La fréquence cardiaque d'un adulte au repos est de 75 battements par minute. À chaque battement, un volume de 70 mL de sang est propulsé par le cœur.

1. Le volume sanguin d'un adulte est de 5 L.
Vérifier que, chaque minute, tout le sang de l'organisme passe par le cœur.

2. À proximité du cœur, la vitesse du sang dans l'aorte est de 0,7 m/s. Convertir cette valeur en km/h.

3. Dans les autres grosses artères, la vitesse du sang est de 0,36 km/h. Convertir cette valeur en m/s.

25 ●●● L'ascenseur de Saint-Louis-Arzviller (Moselle)

Sur le canal joignant la Marne au Rhin se trouve un dénivelé de 44,50 m.
Pour le franchir, un bateau entre dans un bac. Le bac monte ensuite le plan incliné de 104 m de longueur entre le canal inférieur et le canal supérieur.
Une péniche ou un bateau de plaisance peut ainsi franchir le dénivelé en 4 minutes.

1. Calculer en mètres par minute la vitesse moyenne du bateau le long du plan incliné.

2. Exprimer la valeur de cette vitesse en km/h.
Bien détailler le raisonnement suivi pour effectuer la conversion.

Problèmes

26 Les écluses

D4. Identifier des questions de nature scientifique.

Voici comment une écluse permet à un bateau de franchir un dénivelé :

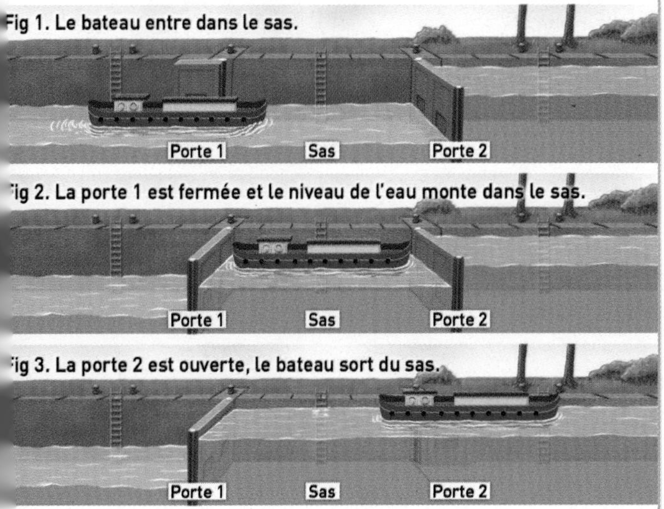

1. Un bateau entre dans le sas (fig. 1).
On ferme la porte 1 et le niveau de l'eau monte dans le sas (fig. 2). Pourquoi serait-il dangereux d'ouvrir aussitôt la porte 2 ?

2. Pourquoi peut-on supposer que le niveau de l'eau, et donc celui du bateau, s'élève à vitesse constante dans le sas ?

3. Décrire le mouvement du bateau dans le sas qui se remplit.
Nommer ce mouvement.

27 Le chronotachygraphe

D1.3. Lire et comprendre des documents scientifiques.

Le chronotachygraphe est un instrument de mesure et d'enregistrement de la distance parcourue en fonction du temps. Son usage est obligatoire sur les camions. Les données d'un conducteur de camion sont représentées sur le graphique suivant :

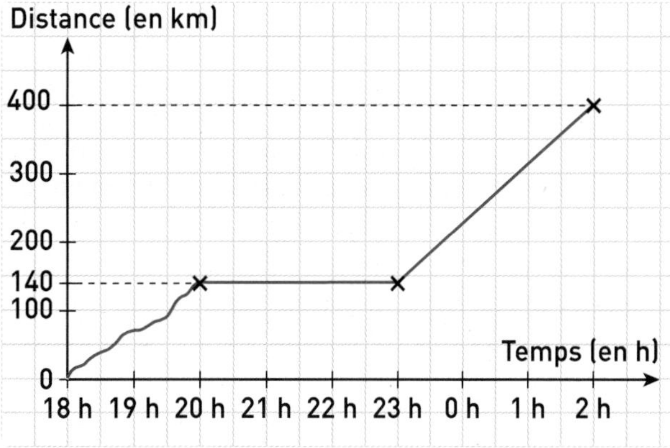

1. Combien de parties différentes observez-vous sur la représentation graphique ?

2. Commenter la vitesse du véhicule sur la première partie du trajet.

3. À quelle heure le conducteur a-t-il commencé sa pause ?

4. À quelle heure a-t-il repris la route ?

5. Quand le conducteur reprend la route, il enclenche son régulateur de vitesse. Quelle est la valeur de la vitesse enregistrée sur ce régulateur ?

28 Grande vitesse

D1.3. Passer d'une forme de langage scientifique à une autre.

La vitesse maximale d'exploitation d'un TGV est $v = 300$ km/h.

1. Calculer la distance parcourue par un train qui roule pendant 40 min à la vitesse maximale d'exploitation.

2. Le conducteur quitte la voie des yeux pendant 1,0 s pour regarder ses compteurs. Calculer puis exprimer en mètres la distance parcourue pendant cette durée.

3. Un dispositif de Protection de Travailleur Isolé (PTI) connu sous le nom de « Homme Mort » ou « veille automatique de contrôle et maintien d'appui » permet de tester la vigilance des conducteurs de trains : une à deux fois par minute, un signal sonore retentit et le conducteur doit relâcher une pédale avant de la ré-enfoncer ; s'il ne le fait pas, le train s'arrête. Sur certains TGV, le dispositif de veille automatique est réglé sur 30 secondes.
Calculer en kilomètres la distance parcourue en 30 s par le TGV lancé à la vitesse maximale d'exploitation.

4. Sur des trains dont la vitesse est moins grande, le dispositif peut être réglé sur 1 minute. Expliquer cette différence de réglage.

Problèmes

29 Immobile ou très rapide ?

D4. Mesurer des grandeurs physiques de manière directe ou indirecte.

Maria et Bertrand effectuent des missions scientifiques à Quito, capitale de l'Équateur, et au pôle Nord.

Lorsqu'ils sont assis, leur vitesse est normalement nulle mais est-ce vraiment certain ? Puisque la Terre tourne sur elle-même et autour du Soleil, elle « entraine » Bertrand au pôle Nord et Maria à Quito.

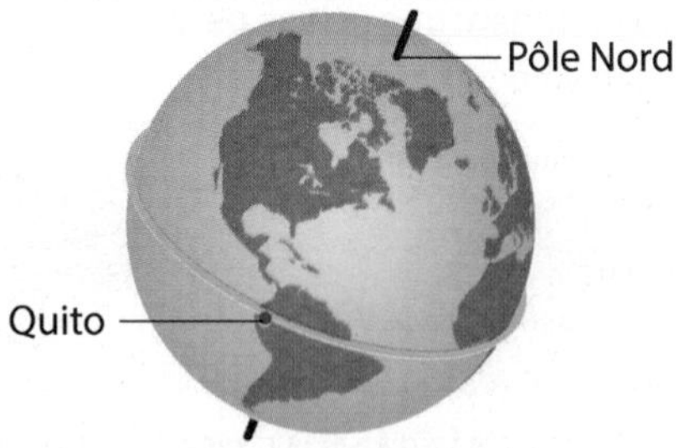

➡ Calculer les vitesses de Bertrand et Maria par rapport à l'axe de la Terre puis la vitesse de Bertrand par rapport au Soleil.

Données
- On appelle révolution de la Terre son mouvement de rotation autour du Soleil.
- On appelle rotation de la Terre son mouvement de rotation sur elle-même.
- Rayon de la Terre : $R_t = 6\,400$ km.
- La distance qui sépare la Terre du Soleil est de 150 millions de kilomètres.
- La Terre fait le tour du Soleil en 1 an, soit 365 jours. La Terre fait un tour sur elle-même en 1 jour.

RAPPEL
Périmètre du cercle :
$\mathcal{P} = 2\pi R$

Sciences MAG

30 Rentrer à pied depuis l'espace

Après l'accident de Challenger en 1986 (7 morts), le projet de navette européenne Hermès prévoit que, en cas de danger, les spationautes pourraient regagner la Terre grâce à un parachute. L'objectif est de pouvoir sauter depuis 38 km d'altitude. Le français Michel Fournier est sélectionné pour effectuer les tests mais le projet est finalement interrompu.

Michel Fournier continue alors l'aventure à titre privé : il finance lui-même son entrainement, la mise au point d'une combinaison spécifique et, surtout, la réalisation d'un immense ballon gonflé à l'hélium qui doit lui permettre de s'élever au-delà de l'atmosphère.
En 2010 cependant, son ballon se détache pendant le gonflage et il ne parvient pas à obtenir de nouveaux financements.
Depuis, grâce à ces recherches, le saut a pu être réalisé par d'autres.

! Ballon gonflé à l'hélium de Michel Fournier.

Dates clés

1986 : accident Challenger. Début du projet S38 pour le sauvetage des spationautes.

1989 : arrêt du projet.

2010 : dernière tentative de Michel Fournier.

2012 : Félix Baumgartner réussit le premier saut depuis la stratosphère (39 045 m).

2014 : Alan Eustace bat le précédent record (41 419 m).

➡ Réaliser une recherche documentaire pour décrire le mouvement de ce type de saut.

31 Comment choisir l'emplacement d'une caméra ?

30 min

Le réalisateur du nouveau Jane Blond prépare la scène 546 : il lui reste le plan n° 4 à mettre au point.
À l'aide de calculs simples, de ses connaissances et de sa sensibilité, répondre aux questions du réalisateur en argumentant les réponses et les choix.

DÉBUT, EXTÉRIEUR JOUR

N° 1 Plan large sur M. Doo au point A. M. Doo (le méchant) rentre le premier dans l'enclos de la piscine et ferme le portillon à clé derrière lui.

N° 2 Gros plan sur la serrure, puis sur la clé qui tombe dans la piscine. M. Doo donne un tour de clé et jette la clé dans la piscine.

N° 3 Plan sur le portillon (point A). M. Doo part en courant, Jane Blond arrive et saute par-dessus le portillon.

N° 4 Plan à mettre au point. M. Doo, au point B, commence à faire le tour de la piscine en longeant son bord et en renversant le transat n° 2 mais pas le n° 3, Jane Blond le suit.

N° 5 Gros plan sur le point E. M. Doo prend l'arme cachée sous le transat n° 4. Jane Blond le rattrape à ce moment-là et se jette sur M. Doo. Ils tombent ensemble dans la piscine.

FIN

1 Fin de la course poursuite.

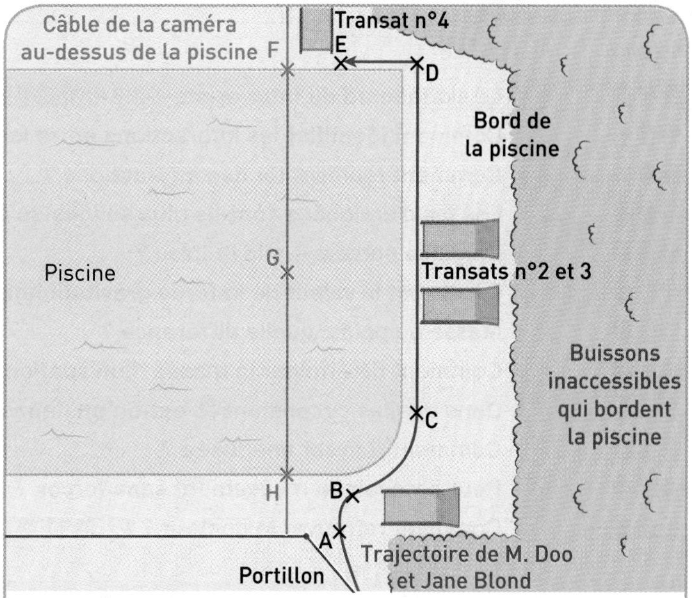

- Largeur de la piscine : 22 m environ.
- Hauteur du câble au-dessus de la piscine : 1 m.
- La trajectoire entre B et C est un arc de cercle.

2 Schéma de la scène vue de dessus.

- Une caméra ① est fixée au point G, à la même distance des points F et H.
- Une caméra ② se trouve sur le câble. Elle peut être en mouvement rectiligne à vitesse constante entre le point H et le point F (trois vitesses possibles : 1 m/s, 3 m/s et 6 m/s).

3 Position des caméras.

	Parcours approximatif	Durée approximative
Avant A	5 m	3 s
De A à B	3 m	1 s
De B à C	2,5 m	0,5 s
De C à D	20 m	7 s
De D à E	3 m	0,5 s

4 Durées prévues des trajets.

Questions

1. Sur le plan, M. Doo court « en rond » à vitesse constante autour de la piscine sur la portion de cercle de B à C. Comment nomme-t-on ce mouvement ?

2. a. Quel est le mouvement de la caméra ② quand elle va du point H au point F ?

b. Quelle doit être la vitesse de la caméra ② pour qu'elle suive à peu près M. Doo dans sa course autour de la piscine entre le point C et le point D, puis qu'elle arrive au point F presque au moment où M. Doo est au point D ?

3. Que choisir pour que la scène paraisse dynamique : la caméra ①, ou la caméra ② ?

CHAPITRE

8 Les forces

Sommaire

Zoom sur...

Les croisements entre thèmes

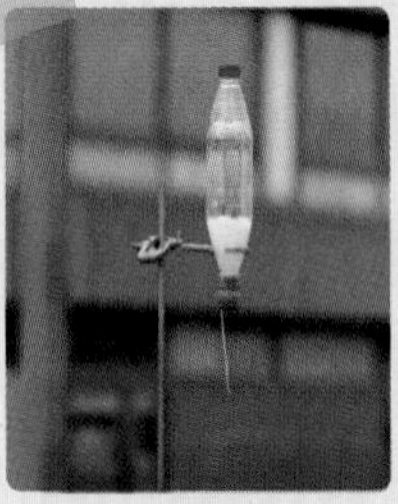

Dans l'activité 10, je fais le lien avec le chapitre 4 du thème A, **Organisation et transformations de la matière** (p. 94 du manuel).

L'interdisciplinarité

Dans l'activité 11, je fais le lien avec l'Éducation physique et sportive, **Adapter ses déplacements à des environnements variés**.

Une animation

Dans l'activité 5, je découvre de manière interactvie les forces et les mouvements.

Une vidéo

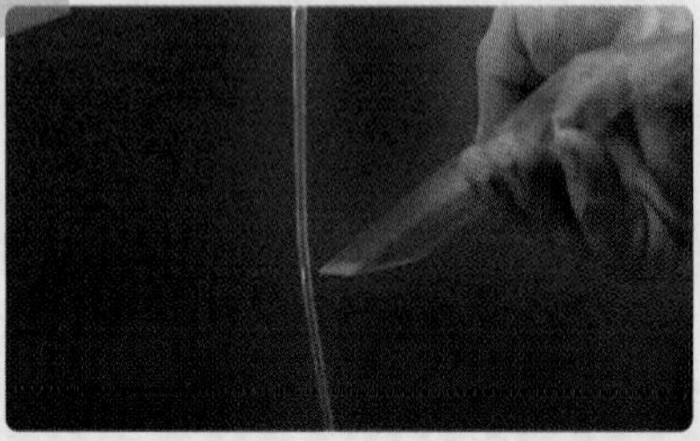

Dans l'exercice 18, je regarde une vidéo sur un filet d'eau dévié par une règle.

Qu'est-ce qui permet à cet homme de planer ?

Un parachutiste de l'extrême.

ans ce chapitre, je vais	Activités	Exercices
Identifier des interactions.	1 2	15 à 18
Construire un diagramme objet-interaction.	3	19 à 23
Prévoir les effets des forces.	10 11	24 à 27
Comprendre la notion de poids.	4 7 12	28 à 33
Comprendre la notion de gravitation.	6 8 9	34 à 37
Représenter une force.	5	38 à 41

INVESTIGATION

ACTIVITÉ 1

Le skateboard du futur existe-t-il ?

COMPÉTENCES ÉVALUABLES

D4. Proposer une ou des hypothèses pour répondre à une question scientifique.
D2. Utiliser des outils numériques pour mutualiser des informations sur un sujet scientifique.

Situation

Le skateboard du futur ne touchera plus le sol !

Skate-board volant.

Aéroglisseur sur la Volga (Russie).

Train à sustentation magnétique.

CONSIGNE

Faire une recherche pour savoir si un tel skateboard existe déjà et comment il pourrait fonctionner.

Besoin d'aide ?

▶ **Retrouvez des aides en fin d'ouvrage, p. 423.**

COMPÉTENCES ÉVALUABLES

D1.1 Lire et comprendre des documents scientifiques.

2 Comment identifier les interactions entre les objets ?

Quand deux objets agissent simultanément l'un sur l'autre on dit que ces deux objets sont en **interaction**. On distingue deux types d'interactions : les interactions à distance et les interactions de contact.

1 Interaction à distance.

Une interaction à distance ne nécessite pas de contact entre les deux objets considérés.

Interaction magnétique entre le globe et le socle.

2 Interactions de contact.

Une interaction de ce type n'existe que s'il y a contact entre les deux objets. L'interaction de contact peut être ponctuelle ou répartie.

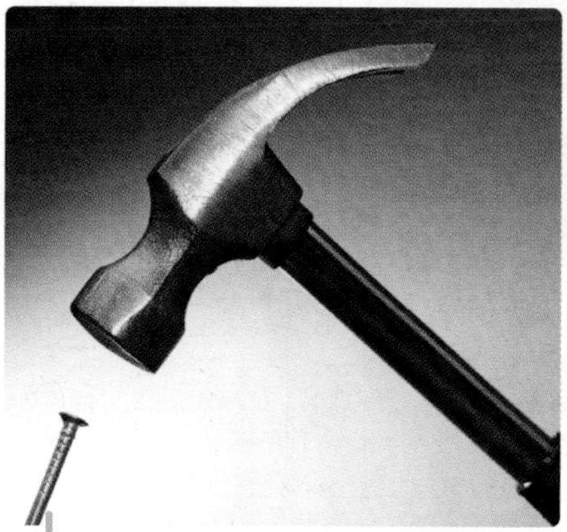

a Le clou et le marteau vont interagir au niveau de la tête du clou. L'interaction est ponctuelle.

b L'air et la voile interagissent sur toute la surface de la voile. Il s'agit d'une interaction répartie.

3 Exemples d'objets en interaction.

a

b

c

d

Questions

Docs 1. et 3. Identifier une interaction à distance parmi les exemples présentés dans le document 3.

Docs 2. et 3. Identifier une interaction de contact ponctuelle et une interaction de contact répartie parmi les exemples présentés dans le document 3.

Doc 3. Classer les autres interactions présentées selon leur nature. Si nécessaire, **discuter** le choix.

Pour aller plus loin Avec quoi les objets qui nous entourent interagissent-ils en permanence, quels que soient le lieu et l'heure ?

VOCABULAIRE

Ponctuelle : se dit d'une interaction qui se produit au niveau d'une surface si petite, qu'on peut considérer qu'il s'agit d'un point.

Répartie : se dit d'une interaction qui se produit sur une grande surface.

Discuter : envisager le pour et le contre ; examiner des éléments contradictoires.

ACTIVITÉ 3

Comment représenter des interactions ?

COMPÉTENCES ÉVALUABLES

D1.3 Passer d'une forme de langage scientifique à une autre.
D4. Développer des modèles simples pour expliquer des faits d'observation.

Pour représenter une interaction, on utilise un **diagramme objet-interaction** (DOI).
On place les « objets » dans des bulles et on les relie par des doubles flèches.
Il y a donc autant de bulles que d'objets.

1 Représentation de différentes interactions.

■ Deux élèves, Thao et Kévin, se tirent par la main. Il s'agit ici d'une interaction de contact : on la représente par une double flèche en trait plein.

■ La Lune est attirée par la Terre et elle attire elle-même la Terre (cela se manifeste par l'existence des marées). Il s'agit ici d'une interaction à distance, l'interaction gravitationnelle : on la représente par une double flèche en pointillé.

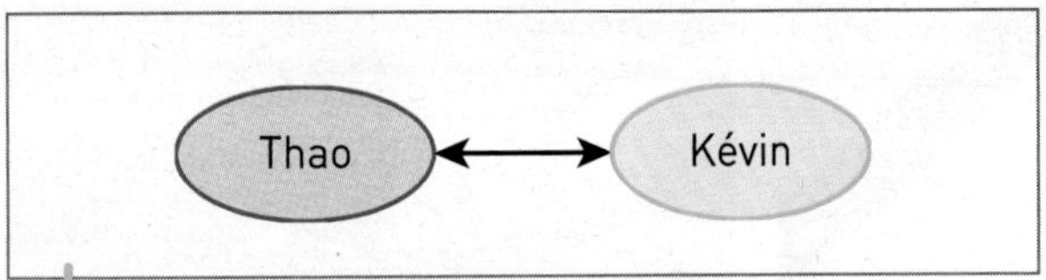

a Interaction de contact.

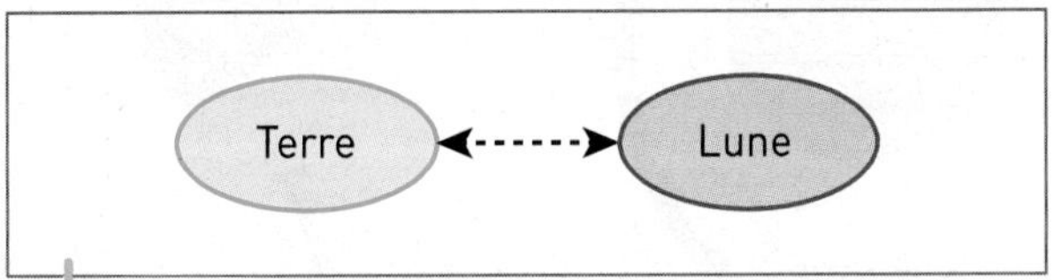

b Interaction à distance.

2 Diagramme objet-interaction de Thao.

Thao interagit avec Kévin, avec le sol et avec la Terre.

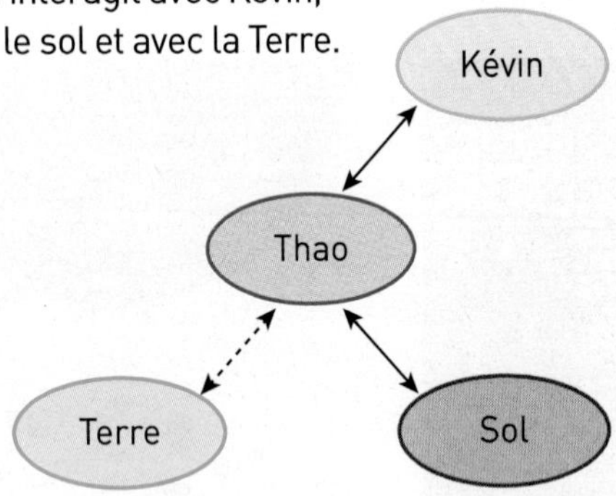

3 Au parc.

Questions

1 **Docs 1. à 3.** Identifier les objets avec lesquels une pomme du document 3 est en interaction. Préciser, dans chaque cas, s'il s'agit d'une interaction de contact ou d'une interaction à distance.

2 **Doc 3.** Le DOI de la pomme précédente est composé de trois bulles et deux doubles flèches. Le représenter.

3 **Docs 1. à 3.** Pourquoi le diagramme objet-interaction de la laisse du chien du document 3 contient-il quatre bulles ? Le représenter.

4 **Docs 1. à 3.** Identifier le ou les objet(s) avec le(s)quel(s) la balle du document 3 est en interaction et proposer un diagramme objet-interaction.

VOCABULAIRE

Interaction gravitationnelle : interaction à distance entre deux objets du fait de leur masse.

COMPÉTENCES ÉVALUABLES

D1.1 Lire et comprendre des documents scientifiques.
D1.3 Passer d'une forme de langage scientifique à une autre.

4 Les fils d'araignées sont-ils plus solides qu'un câble ?

On dit souvent que le fil d'araignée est le plus solide au monde.

1 Poids d'une bétonnière.

L'action de la Terre sur un objet est modélisée par la force **poids**.
- Point d'application : centre de l'objet*
- Direction : verticale
- Sens : vers le bas

* Ce point, appelé centre de gravité, sera défini plus précisément dans les classes supérieures.

2 Calcul de la valeur du poids de la bétonnière.

La valeur du poids d'un objet de masse m est donnée par la relation :

$$P = m \times g$$

avec :
- P, le poids, en newtons (N)
- m, la masse, en kg
- g = 9,8 N/kg, l'intensité de la pesanteur

Le poids d'une bétonnière de 120 kg est donc :

$$P = m \times g = 120 \times 9{,}8 = 1\,176 \text{ N}.$$

3 L'araignée au bout de son fil.

Le fil exerce sur l'araignée une action qui est modélisée par une force verticale dirigée vers le haut qui est appliquée au point de contact entre l'araignée et son fil.

Questions

1. **Doc 3.** Quels sont les objets avec lesquels l'araignée est en interaction ? Faire le diagramme objet-interaction correspondant.
2. **Docs 1. et 3.** Quelles sont les deux forces qui s'exercent sur l'araignée ?
3. **Docs 1. et 3.** Dessiner une araignée au bout de son fil. En faisant attention aux points d'application, représenter par une flèche le poids de l'araignée puis représenter par une autre flèche la force que le fil exerce sur elle.
4. **Doc 2.** La masse d'une araignée est de 2 g. Calculer son poids en faisant bien attention aux unités.
5. **Pour aller plus loin** La **section** d'un fil d'araignée est de l'ordre de 10^{-6} mm^2. Il peut supporter 2 g. La résistance d'un câble de grue est de 1 960 N/mm^2. Le fil d'araignée est-il plus résistant que le câble de grue ?

VOCABULAIRE

Bétonnière : machine qui permet de mélanger les constituants du béton.

Section : surface d'une coupure.

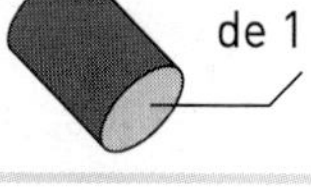
Section de 1 mm^2

ACTIVITÉ

5 L'aiguille percera-t-elle le tissu ?

COMPÉTENCES ÉVALUABLES

D1.1 Lire et comprendre des documents scientifiques.
D4. Développer des modèles simples pour expliquer des faits d'observations.

Régulièrement, de grandes marques retirent de la vente des vêtements très bon marché parce qu'ils ont été cousus par des enfants privés d'école.

1 Martin recoud son jean.

Martin a décidé d'acheter des habits un peu plus chers et de les entretenir : il recoud son jean.
Il a mal au doigt, l'aiguille se tord un peu, mais le tissu finit par se percer.

2 Du diagramme objet-interaction aux forces.

L'aiguille est en interaction avec le **tissu** et le **doigt**.
On néglige l'interaction avec la Terre.

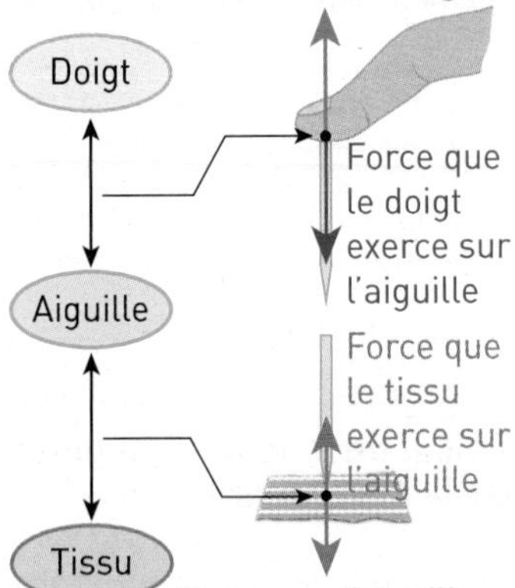

3 Détail des forces modélisant l'interaction entre l'aiguille et le doigt.

	Force que le doigt exerce sur l'aiguille	Force que l'aiguille exerce sur le doigt
Point d'application	haut de l'aiguille	haut de l'aiguille
Direction	verticale	verticale
Sens	vers le bas	vers le haut
Valeur	Les deux forces ont la même valeur.	
Représentation	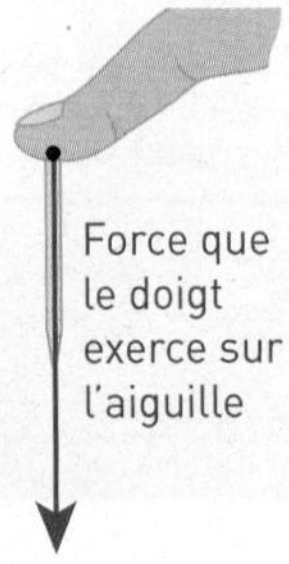	

4 Forces subies par l'aiguille.

Le système {aiguille} subit l'action du doigt et l'action du tissu.
Ces actions sont modélisées par deux forces.

Questions

ANI > Les forces et les mouvements

1. **Doc 2.** Dire ce que représente chacune des doubles flèches du diagramme objet-interaction
2. **Docs 1. et 3.** Quel est l'effet visible de l'action de l'aiguille sur le doigt de Martin s'il ne porte pas de **dé** et quel est l'effet visible de l'action du tissu sur l'aiguille s'il n'appuie pas assez fort sur l'aiguille ?
3. **Doc 4.** Les flèches représentant l'interaction entre le tissu et l'aiguille et l'interaction entre le doigt et l'aiguille n'ont pas la même longueur. Pourquoi ?
4. **Doc 4.** Quel est l'effet sur l'aiguille des deux forces représentées sur le document 4 ?
5. **Pour aller plus loin** Que doit-on modifier dans le document 2 si l'aiguille, au lieu de percer le tissu, rentre dans le doigt de Martin qui n'a pas mis de dé à coudre ?

VOCABULAIRE

Dé à coudre : objet métallique servant à protéger le doigt qui pousse l'aiguille.

ACTIVITÉ

6 Quelle est la valeur de la force gravitationnelle ?

COMPÉTENCE ÉVALUABLE

D1.3 Passer d'une forme de langage scientifique à une autre.

Isaac Newton publie sa loi de la gravitation universelle en 1687 : la même équation explique la chute d'une pomme et le mouvement de la Terre autour du Soleil !

1 Loi de la gravitation universelle.

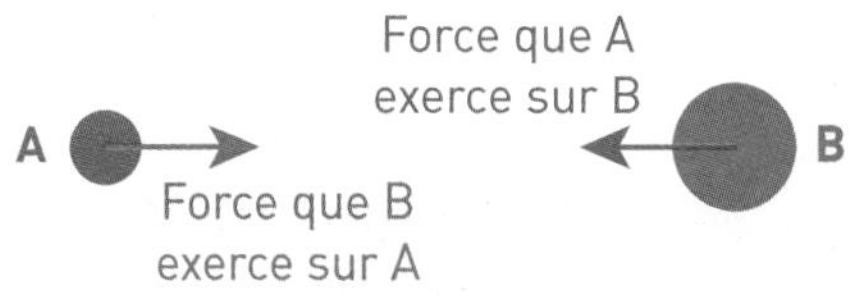

Deux corps A et B, de masses m_A et m_B, séparés par une distance d, s'attirent mutuellement.
La valeur de la force exercée par A sur B est égale à la valeur de la force exercée par B sur A.

La valeur de cette force est :

$$F = G \times \frac{m_A \times m_B}{d^2}$$

avec :

- G, la constante de gravitation universelle : $G = 6{,}67 \times 10^{-11}$ SI
- F, la valeur de la force (en newtons)
- d, la distance séparant les corps (en mètres)
- m_A et m_B, les masses des deux corps (en kilogrammes)

2 Comment déterminer « d » lorsque les objets ne sont pas ponctuels ?

d, en mètres, est la distance qui sépare les centres des deux corps.
L'ISS (Station spatiale internationale) est en orbite à 400 km au-dessus de la surface de la Terre.
Le rayon de la Terre est $R_T = 6\,400$ km.
$d = R_T + 400 = 6\,800$ km est la distance qui sépare l'ISS du centre de la Terre.

3 Données.

	Terre	Soleil	Lune	ISS
Masse (kg)	$5{,}97 \times 10^{24}$	$1{,}99 \times 10^{30}$	$7{,}4 \times 10^{22}$	$4{,}5 \times 10^{5}$

Distance Terre-Lune : $3{,}84 \times 10^8$ m

Distance Terre-Soleil : $149{,}6 \times 10^9$ m

4 Cahier d'un élève.

$$F_1 = 6{,}67 \times 10^{-11} \times \frac{5{,}97 \times 10^{24} \times 7{,}4 \times 10^{22}}{(3{,}84 \times 10^8)^2}$$

$$F_2 = 6{,}67 \times 10^{-11} \times \frac{1{,}99 \times 10^{30} \times 4{,}5 \times 10^5}{(6{,}4 \times 10^6)^2}$$

Questions

1 **Docs 1., 3. et 4.** Dire de quelle force F_1 est la valeur.

2 **Docs 1. à 4.** L'élève veut calculer la valeur de la force gravitationnelle qui s'exerce entre la Terre et l'ISS. Il applique la formule F_2. Cette formule contient deux erreurs, lesquelles ? Réécrire l'expression numérique correcte.

3 **Docs 1., 3. et 4.** Donner l'expression numérique de la valeur F_3 de la force que la Terre exerce sur le Soleil puis calculer F_3.

VOCABULAIRE

Corps : en physique, le mot corps désigne un objet.

Ponctuel : on peut supposer que le Soleil et la Terre sont des objets ponctuels car leurs diamètres sont très petits devant la distance Terre-Soleil.

ACTIVITÉ 7

Masse ou poids, quelle différence ?

COMPÉTENCES ÉVALUABLES

D4. Mesurer des grandeurs physiques de manière directe ou indirecte.
D1.3 Passer d'une forme de langage scientifique à une autre.

Dans la vie courante, nous confondons souvent le poids et la masse.

1 Rappels sur la masse.

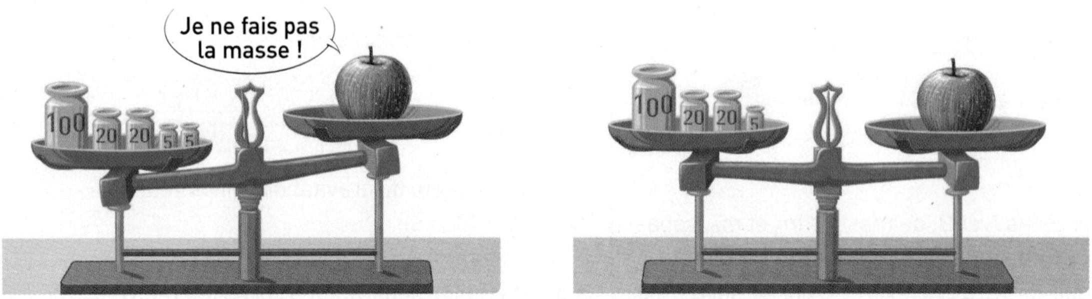

■ La masse d'un objet correspond à sa quantité de matière. Elle se mesure à l'aide d'une balance par comparaison avec des objets de masse connue, appelés masses marquées.
Sa valeur s'exprime en kilogrammes (kg). On utilise couramment les grammes (g) au laboratoire.

2 Un pèse bagages.

3 Le dynamomètre.

■ Le poids d'un objet, ou force de pesanteur, résulte de l'interaction gravitationnelle entre la Terre et l'objet.
Le poids se mesure avec un dynamomètre.
Il s'exprime en newtons (N).
Par exemple, le poids du trousseau de clés sur la photo est de 0,6 N.

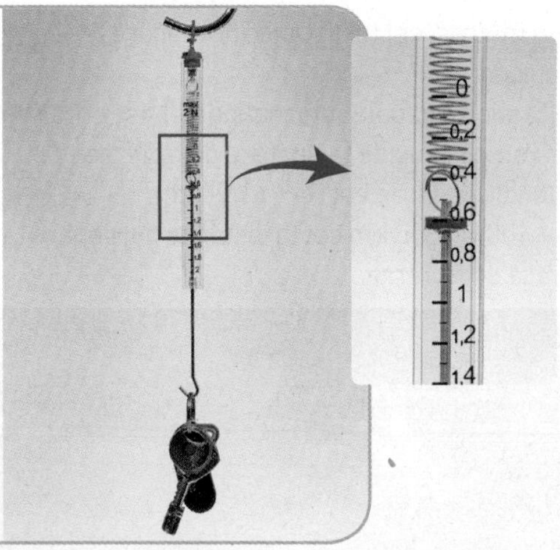

Questions

1 **Docs 1. et 3.** Rappeler avec quels instruments on mesure la masse puis le poids d'un objet.

2 **Doc 2.** Que mesure en réalité le pèse bagages ?

3 **Docs 1. et 3.** EXP Vous avez à votre disposition une balance de Roberval et un dynamomètre. Mesurer le poids et la masse de différents objets. Présenter les mesures dans un tableau.

4 EXP Construire le graphique représentant le poids en fonction de la masse.
▶ Voir fiche méthode, p. 414.

5 Retrouver la relation : $P = m \times g$ et la valeur de g (intensité de pesanteur exprimée en N/kg). En France g = 9,81 N/kg.

6 Pour aller plus loin Expliquer comment on peut facilement graduer en kg un dynamomètre pour qu'il affiche la valeur de la masse des valises.

ACTIVITÉ

TÂCHE COMPLEXE

8 Comment déterminer la masse d'un spationaute ?

COMPÉTENCES ÉVALUABLES

D1.1 Lire et comprendre des documents scientifiques.
D1.1 Utiliser la langue française en cultivant précision, richesse de vocabulaire et syntaxe.

Situation

La perte de masse est un risque auquel sont soumis ceux qui vivent en impesanteur. Une perte trop importante peut conduire à des problèmes de santé ce qui est particulièrement dangereux dans les conditions difficiles de l'espace.
Jules est un spationaute en mission sur la Lune depuis deux semaines. Le SLAMMD de son module dysfonctionne.

CONSIGNE En vous aidant des documents ci-dessous, **déterminer** si Jules n'a pas trop maigri.

1 Le poids sur la Lune.

Lors de son voyage sur la Lune, Neil Armstrong pouvait sauter sans difficulté alors qu'il portait une combinaison de 72 kg !
En effet, l'interaction gravitationnelle est moins importante sur la Lune que sur la Terre.
Au retour des missions longues, les astronautes doivent se réadapter à la pesanteur. En effet, malgré les exercices de musculation qu'ils accomplissent dans l'espace, ils fournissent beaucoup moins d'efforts que sur Terre pour effectuer les gestes quotidiens.

2 La fiche médicale de Jules.

NOM Prénom :	GOMES Jules
Taille :	1,80 m
Masse :	75 kg
Nationalité :	Française
Allergie :	Aucune
Port de lunettes :	Oui

Recommandations du médecin :
- boire 2,5 L d'eau par jour ;
- manger l'intégralité de vos rations quotidiennes ;
- surveiller votre masse : la perte sur l'ensemble de la mission ne doit pas excéder 4 kg.

3 Poids en fonction de la masse sur la Lune.

Durant sa mission, Jules a mesuré le poids et la masse de différents objets et tracé le graphique suivant :

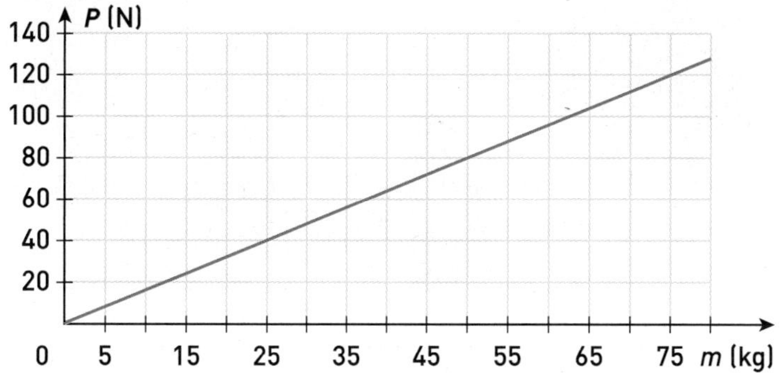

4 Le poids de Jules.

Au bout d'une semaine, Jules, qui ne peut utiliser le SLAMMD, a mesuré son poids sur la Lune avec un dynamomètre : sa valeur est P_L = 116,8 N.

Besoin d'aide ?

▶ **Retrouvez des aides en fin d'ouvrage, p. 423.**

VOCABULAIRE

SLAMMD : (*Space Linear Acceleration Mass Measurement Device*) système qui permet une mesure simple et rapide de la masse du spationaute.

TÂCHE COMPLEXE

ACTIVITÉ 9

Dans quelles circonstances est-on en impesanteur ?

COMPÉTENCES ÉVALUABLES

D1.1 Lire et comprendre des documents scientifiques.
D1.1 Utiliser la langue française en cultivant précision, richesse de vocabulaire et syntaxe.

Situation

Aliou adore faire du skateboard et du VTT l'été. Chaque fois qu'il passe une bosse en VTT, il a l'impression de voler et d'être en impesanteur.

CONSIGNE **Aliou peut-il vraiment être en impesanteur en VTT ?**

1 La sensation d'impesanteur.

2 Explication de l'impesanteur.

« Sur Terre, vous ressentez la pesanteur, c'est-à-dire l'attraction de la Terre vers le bas. Vous la ressentez quand vous êtes debout au travers de vos pieds. Pourquoi ? Parce qu'il y a un obstacle. Il y a le sol. C'est le sol qui vous fait sentir qu'il y a quelque chose qui vous empêche de tomber. À partir du moment où vous supprimez le sol, vous enlevez le sol, vous êtes en chute libre. Vous tombez. Et là vous êtes en impesanteur. On supprime la manifestation de la pesanteur. »

Gilles le Barzic, pilote de l'A300 ZéroG.

3 Définitions.

- **La pesanteur** est l'état ressenti lorsqu'on est conscient d'être soumis à son poids.
- **L'impesanteur** est le fait de ne pas ressentir les effets de l'attraction de la Terre.
- **L'apesanteur** est le fait de n'être soumis à aucune force de nature gravitationnelle.

4 Deux situations d'impesanteur.

a Thomas Pesquet à bord de l'ISS (station spatiale internationale), en orbite autour de la Terre.

b Des scientifiques à bord de l'A320 Zéro G. Le pilote peut placer son avion sur une trajectoire parabolique de telle sorte que, pendant quelques secondes, les passagers ne ressentent plus les effets de la gravité.

Besoin d'aide ?

▶ **Retrouvez des aides en fin d'ouvrage, p. 423.**

10 Comment réaliser une fusée ?

COMPÉTENCES ÉVALUABLES

D4. Expliquer les fondements des règles de sécurité en chimie.

Salima cherche à comprendre comment une fusée fait pour décoller et accélérer. Elle décide d'en réaliser une et de la faire décoller.

VIDÉO EXP > Décollage d'une fusée.

1 Le dispositif.

a La fusée.

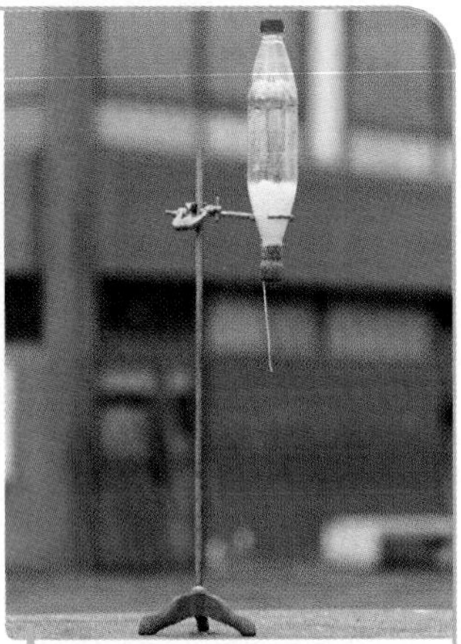

b La fusée retournée.

3 Les interactions mises en jeu.

L'interaction entre la fusée et les gaz est modélisée par deux forces de valeurs égales :

- la force exercée par la fusée sur les gaz (force d'éjection) ;
- la force exercée par les gaz sur la fusée (force de propulsion).

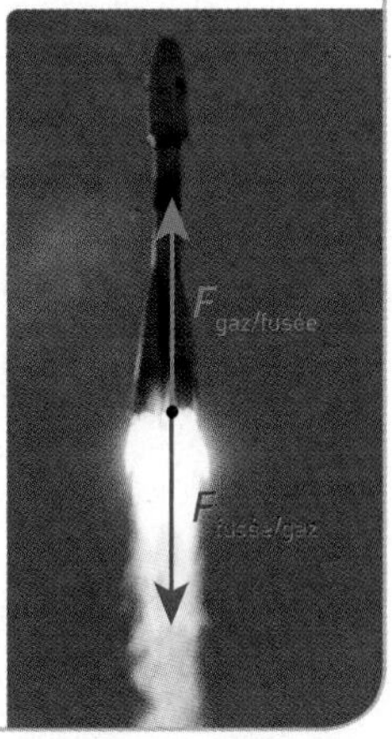

2 Le protocole.

- Verser dans une bouteille plastique 5 cL de vinaigre blanc.
- Envelopper quelques grammes de bicarbonate de sodium dans du papier toilette.
- Suspendre l'ensemble à l'intérieur de la bouteille à l'aide d'une ficelle coincée par un bouchon en liège.
- Couper une deuxième bouteille en deux pour fabriquer l'ogive.

Fixer l'ogive (partie supérieure) sur la partie inférieure de la première bouteille.

Positionner la fusée à la verticale et de façon stable.

Une potence, un tube ou un cône de chantier peuvent convenir.

Retourner la bouteille.

RECULER DE 5 MÈTRES

Mon cahier de labo

Matériel à disposition :

- 2 bouteilles de 50 cL.
- Bouchon en liège.
- Vinaigre.
- Bicarbonate de sodium.

4 Les forces ressenties par la fusée.

Lors du décollage, la fusée est en interaction avec la Terre et les gaz.

Les deux forces appliquées sur la fusée n'ont pas la même valeur. La vitesse de la fusée varie.

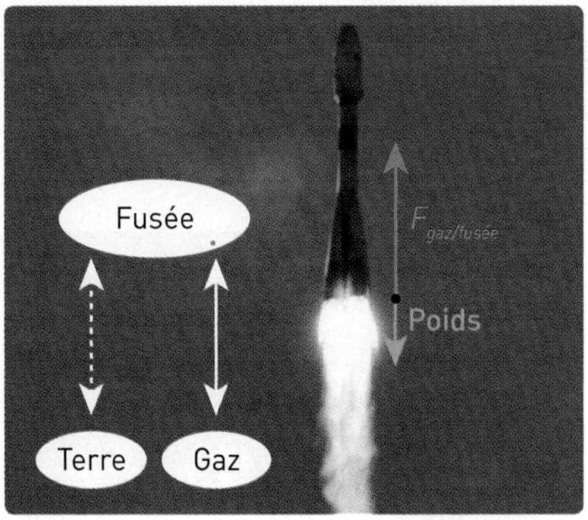

Questions

1. **Docs 1. et 2.** EXP Réaliser votre fusée et noter vos observations.
2. **Doc 4.** Rappeler avec quels objets la fusée est en interaction et préciser quelles sont les deux actions qui s'exercent sur elle.
3. **Docs 3. et 4.** Préciser le point d'application de chacune des forces qui s'exerce sur la fusée, leur direction et leur sens.
4. **Docs 3. et 4.** Préciser quelle est la force qui a la plus grande valeur lors du décollage et quel effet l'ensemble de ces forces a-t-il sur la fusée ?

VOCABULAIRE

Ogive : partie avant d'un projectile dont la forme est aérodynamique.

ACTIVITÉ 11 INVESTIGATION

Peut-il y avoir un mouvement sans forces ?

COMPÉTENCES ÉVALUABLES

D4. Interpréter des résultats expérimentaux, en tirer des conclusions.

Situation

Jade et Quentin habitent les Alpes, près d'un lac entièrement gelé en hiver. Ils adorent jouer au hockey.
QUENTIN : « Je suis sûr d'envoyer le palet d'ici jusqu'à la maison ! »
JADE : « C'est trop loin ! Et puis le palet va changer de direction pendant le trajet. »

Jade et Quentin sur le lac.

Position de la maison

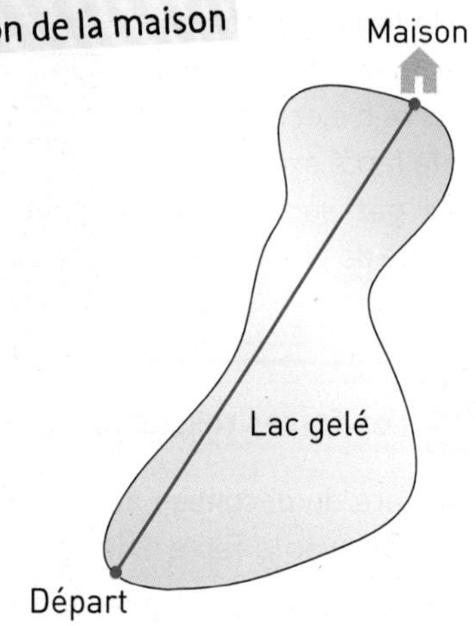

Principe d'inertie

Si un corps est soumis à des forces qui se compensent, il est au repos ou en mouvement rectiligne uniforme. Réciproquement, si un corps est au repos ou en mouvement rectiligne uniforme, il est soumis à des forces qui se compensent.

Expérience

On peut vérifier le principe d'inertie en lançant un glaçon sur une surface lisse de façon à ce qu'il suive une trajectoire rectiligne.

Frottements exercés sur une balle

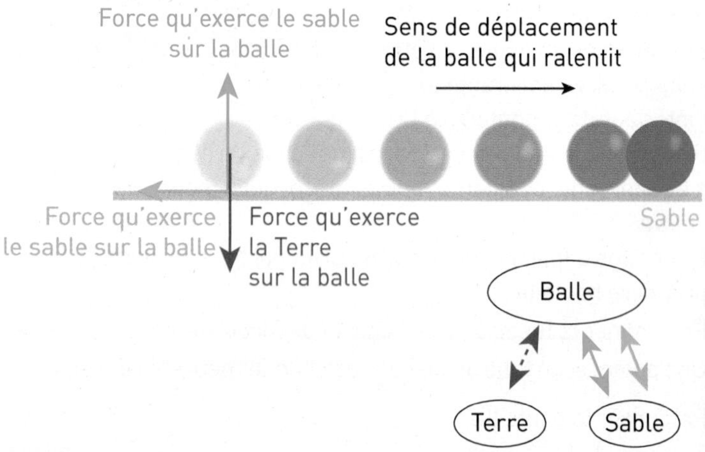

L'interaction entre la balle et le sable est décomposée en deux interactions car l'action du sable sur la balle a deux effets : la ralentir et l'empêcher de tomber.

CONSIGNE **Discuter** qui, de Quentin ou Jade, a raison.

Besoin d'aide ?

▶ **Retrouvez des aides en fin d'ouvrage, p. 423.**

VOCABULAIRE

Discuter : envisager le pour et le contre ; examiner des arguments contradictoires.

TÂCHE COMPLEXE

12 Comment retrouver le docteur ?

COMPÉTENCES ÉVALUABLES

D1.1 Lire et comprendre des documents scientifiques.
D1.1 Utiliser la langue française en cultivant précision, richesse de vocabulaire et syntaxe.

Situation

Nous sommes en 2251 et le docteur Hirimo reste introuvable dans le Système solaire.
Nous disposons de deux articles pour déterminer la planète sur laquelle il se situe.

CONSIGNE **Sur quelle planète du Système solaire le scientifique se trouve-t-il ?**

ACT lienmini.fr/pc-047 Version interactive

1 Données.

	Mercure	Vénus	Terre	Mars	Jupiter	Saturne	Uranus	Neptune
Astres								
g : intensité de la pesanteur (en N/kg)	3,7	8,9	9,8	3,7	24,8	10,44	8,9	11,2

2 Article paru dans *Économie magazine* - Mars 2250.

« **Les nouvelles pièces de monnaie sont arrivées !**
Nouvelles formes, nouvelles matières et nouvelles masses les pièces de l'an 2250 vont vous surprendre !
Ainsi la nouvelle pièce de 2 soleils est une pièce percée, la pièce de 0,20 soleil est triangulaire ! »

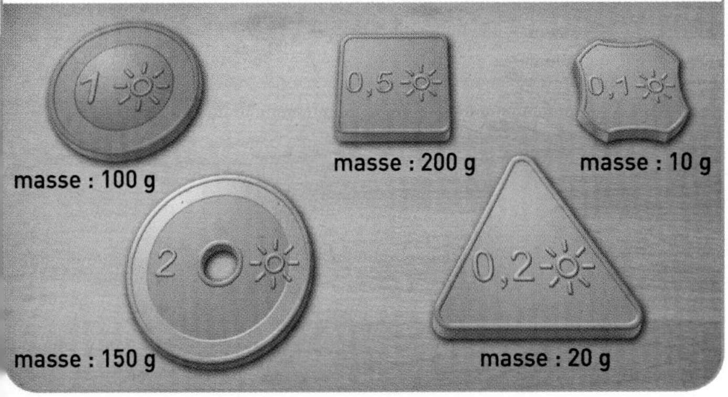

3 Article paru dans *Collège magazine* - Aout 2251.

« **On ne sait toujours pas sur quelle planète Hirimo se trouve… !**
La seule donnée que nous avons pour le localiser est cette expérience avec les nouvelles pièces de monnaie du Système solaire : il a mesuré le poids de trois pièces dont la valeur totale est 2,70 soleils. »

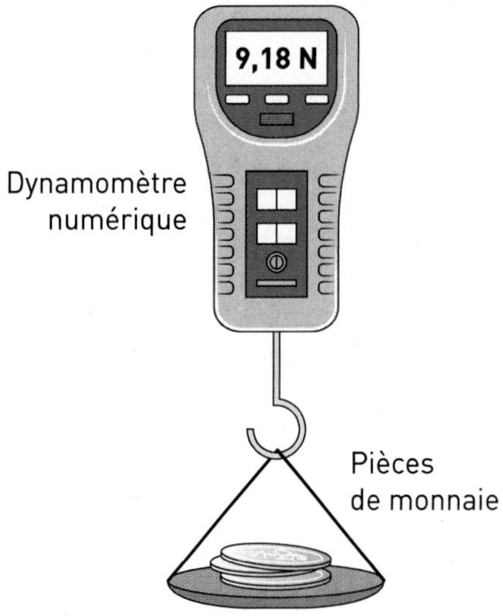

Besoin d'aide ?

▶ **Retrouvez des aides en fin d'ouvrage, p. 423.**

Les forces

▶ Retrouvez aussi **Le bilan de 5e** BILAN lienmini.fr/pc-048 **Le bilan de 4e** BILAN lienmini.fr/pc-049

1 L'action mécanique

▶ Activités 3 4 5 6 10 11

Une action mécanique peut avoir pour effet de **mettre en mouvement**.

Exemple

Un ballon de football, initialement immobile, se met en mouvement lorsqu'il est frappé par un joueur.

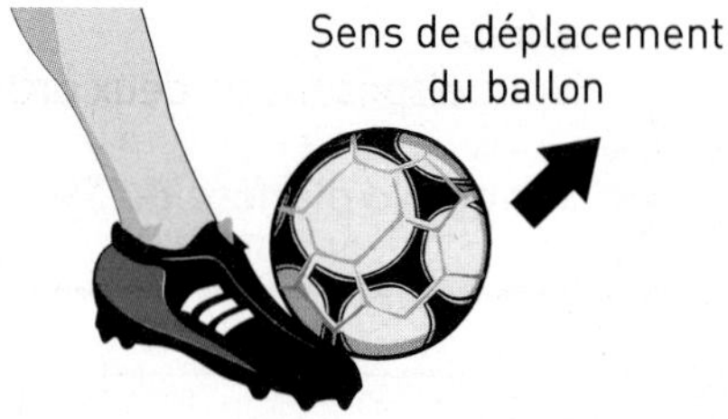

Une action mécanique peut également **modifier la trajectoire** ou **la vitesse** d'un objet ou encore **le déformer**.

2 Les diagrammes objet-interaction

▶ Activités 1 2 3 4

Un **diagramme objet-interaction** représente l'ensemble des interactions dans lesquelles est impliqué l'objet d'étude.

1. Choisir l'objet d'étude et placer son nom dans une bulle.

2. Faire l'inventaire des systèmes qui interagissent avec l'objet d'étude.

3. Relier l'objet d'étude aux systèmes par une double flèche.

Exemple

Diagramme objet-interaction d'un ballon frappé par un joueur de foot.

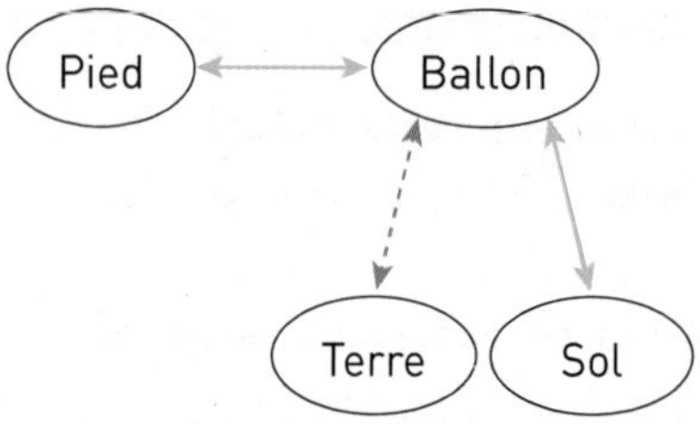

3 Les forces

▶ Activités 4 5 10 11

Lorsque l'on étudie un objet, on s'intéresse aux actions mécaniques qui s'exercent sur lui.

On représente ces actions mécaniques par des segments fléchés que l'on appelle **forces**.

Une force possède quatre caractéristiques :

- son point d'application
- sa direction
- son sens
- sa valeur

Exemple

Les force exercées sur un ballon (ci-contre).

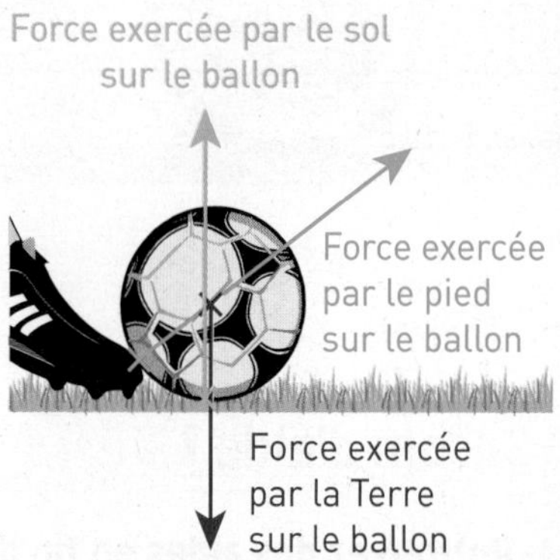

On mesure une force avec un **dynamomètre**.
La valeur d'une force s'exprime en **newtons** (N).

MOTS-CLÉS

Action	Interaction	Newton
Force	Masse	
Gravitation	Poids	

VOIR LEXIQUE P. 418

4 La gravitation

▶ Activités 6 8 9

Deux **corps** A et B, de masses m_A et m_B, séparés par une distance d, s'attirent mutuellement du fait de leur masse.

Cette interaction appelée **interaction gravitationnelle** est modélisée par deux forces de même direction (D) mais de sens opposés.

La valeur de la force exercée par A sur B est égale à la valeur de la force exercée par B sur A et vaut :

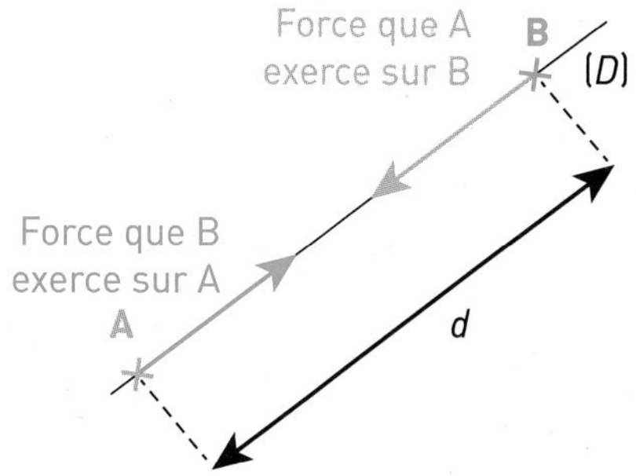

$$F = G \times \frac{m_A \times m_B}{d^2}$$

avec :
- G, la constante de gravitation universelle : $G = 6,67 \times 10^{-11}$ SI
- F, la valeur de la force (en newtons)
- d, la distance séparant les corps (en mètres)
- m_A et m_B, les masses des deux corps (en kilogrammes).

5 Le poids

▶ Activités 4 6 7 8 10 11

a Définition

La force qu'exerce un astre sur tout objet placé à proximité de sa surface s'appelle le **poids**.

b Caractéristiques

- Point d'application* : le point A
- Direction : la verticale
- Sens : vers le bas

$$P = m \times g$$

avec :
- P, le poids en newtons (N)
- m, la masse en kilogrammes (kg)
- g, l'intensité de la pesanteur sur l'astre considéré (N/kg)

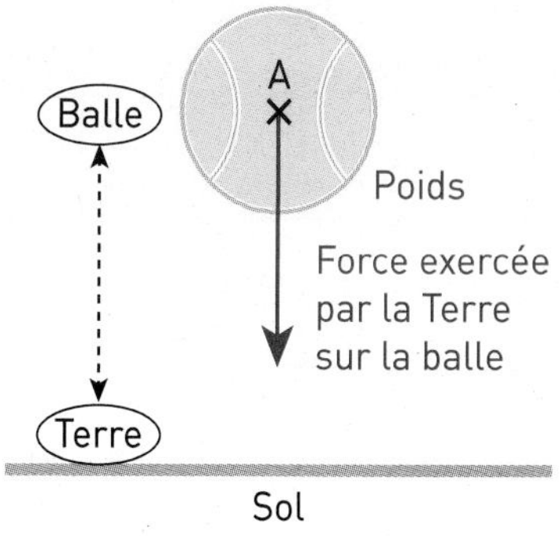

* La détermination de ce point n'est pas abordée au collège.

6 Différence entre poids et masse

▶ Activités 6 7 8 11

La masse de l'astronaute est la même sur Terre et sur la Lune.

Le poids de l'astronaute a une valeur plus élevée sur la Terre que sur la Lune.

Exemple

Un astronaute et son équipement ont une masse de 100 kg.

g_{Terre} = 9,81 N/kg

g_{Lune} = 1,62 N/kg

Sur la Terre
m = 100 kg
P = 981 N

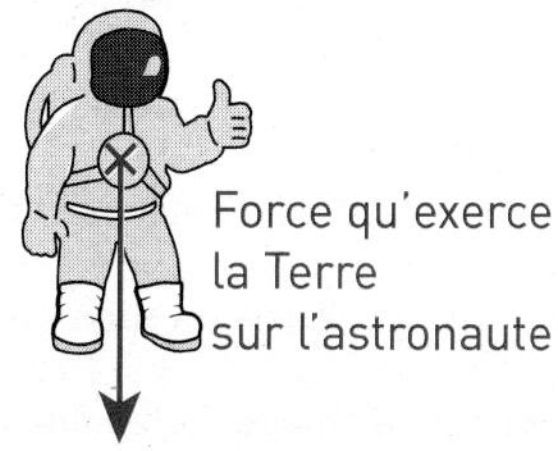

Sur la Lune
m = 100 kg
P = 162 N

L'essentiel

Les interactions

On néglige les effets de l'air.

	Interaction de contact	Interaction à distance
Situation	Une pomme accrochée à une branche est en interaction avec : • la branche • la Terre. 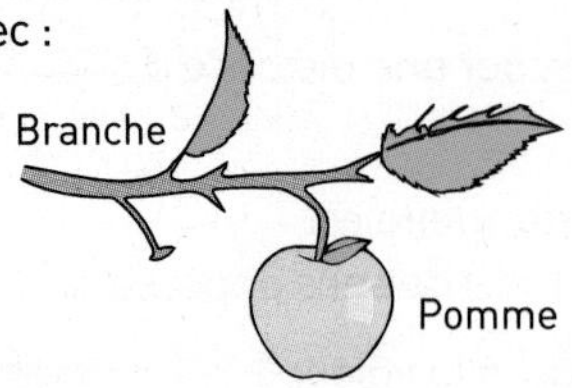	Une pomme qui tombe est en interaction avec : • la Terre. 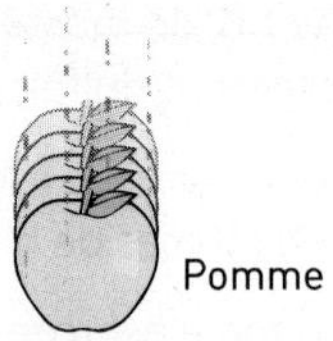
DOI	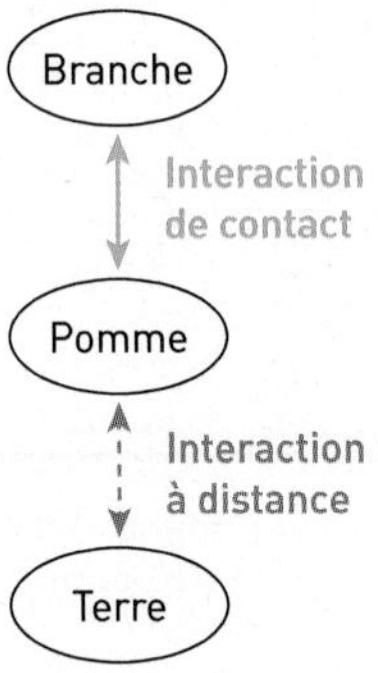	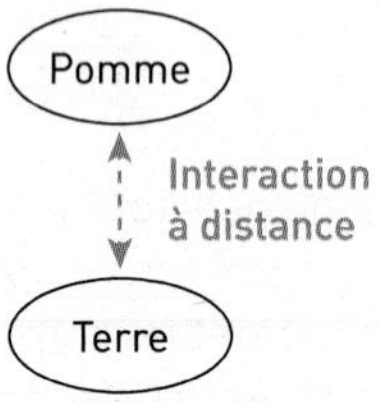
Forces	La pomme est immobile 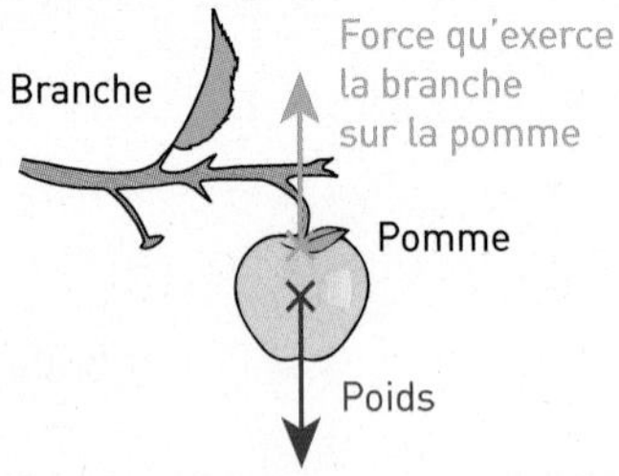	La pomme est en mouvement accéléré 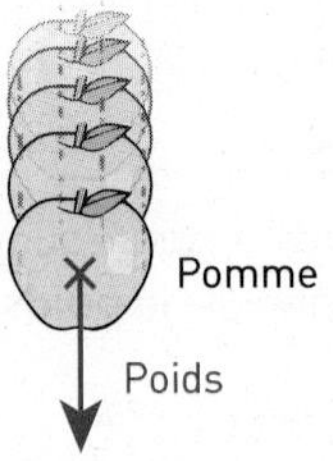

Socle commun

Domaines	Compétences	Activités	Problèmes
D1.1	Lire et comprendre des documents scientifiques.	2 4 5 8 9 12	
D1.1	Utiliser la langue française en cultivant précision, richesse de vocabulaire et syntaxe.	8 9 12	44 45
D1.3	Passer d'une forme de langage scientifique à une autre.	3 4 6 7	42 43 48 50 51 52
D2	Utiliser des outils numériques pour mutualiser des informations sur un sujet scientifique.	1	
D4	Proposer une ou des hypothèses pour répondre à une question scientifique.	1	49
D4	Développer des modèles simples pour expliquer des faits d'observation.	3 5	46 47 53
D4	Mesurer des grandeurs physiques de manière directe ou indirecte.	7	
D4	Expliquer les fondements des règles de sécurité en chimie.	10	
D4	Interpréter des résultats expérimentaux, en tirer des conclusions.	11	

Exercices

J'apprends à apprendre

Utilisable en AP

1 Apprendre sur le chemin du collège

L'objectif ici est d'identifier des interactions dans son quotidien.
Tous les jours de la semaine, Ahmed se lève, prend son petit-déjeuner et monte dans le bus pour se rendre au collège.

Au petit-déjeuner	Dans le bus	Devant le collège
• Les aimants peuvent être en **interaction à distance** avec le réfrigérateur. • Le grille-pain est en **interaction de contact** avec le plan de travail.	• Le Soleil brille. Ahmed se dit que le Soleil est en **interaction à distance** avec la Terre. • Les personnes assises dans le bus sont en **interaction de contact** avec les sièges.	• Sa professeure est en **interaction de contact** avec son sac. • Les gouttes d'eau qui tombent sont en **interaction à distance** avec la Terre.

➔ Comme Ahmed, repère dans ton quotidien les différentes interactions entre les objets et détermine leur nature.

J'apprends une méthode

Exercice résolu

Utilisable en AP

2 ●●● Construire un diagramme objet-interaction (DOI)

Énoncé Une cerise est accrochée à la branche d'un arbre.

➔ Construire le diagramme objet-interaction de la cerise.

Solution

Faire l'inventaire des objets qui sont en interaction avec la cerise et préciser si c'est une interaction de contact ou à distance.

	de contact	à distance
branche	×	
Terre		×

• Représenter les différents objets, en respectant le formalisme.

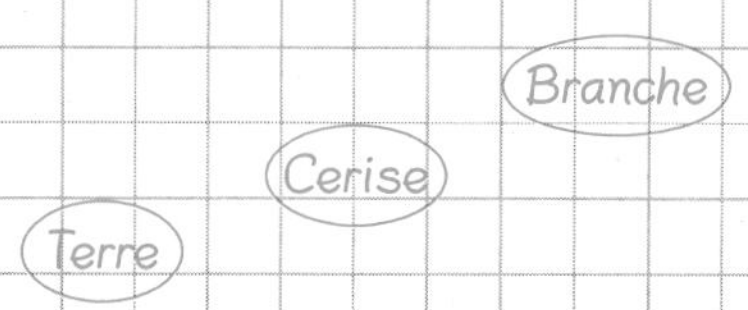

• Représenter les interactions entre ces objets, en respectant le formalisme.

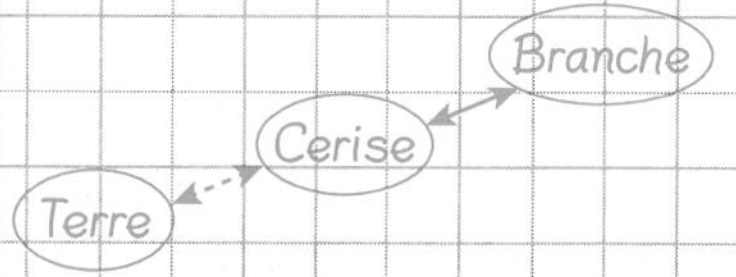

Exercices

Je me teste

EXO lienmini.fr/pc-050

3 ●●● Identifier les différentes interactions

Recopier les phrases en choisissant la bonne proposition.

a. La Lune est en interaction ***de contact / à distance*** avec la Terre.

b. Le doigt est en interaction ***de contact / à distance*** avec la punaise.

c. Un bateau est en interaction de contact ***ponctuelle / répartie*** avec l'eau.

d. Le stylet est en interaction de contact ***ponctuelle / répartie*** avec le TNI.

4 ●●● QCM Choisir la bonne réponse

La valeur de la force que la Terre exerce sur le Lune est :

a. égale à celle de la force exercée par la Lune sur la Terre.

b. supérieure à celle de la force exercée par la Lune sur la Terre.

5 ●●● QCM Représenter une interaction

Une trousse posée sur une table est en interaction à distance avec la Terre et en interaction de contact avec la table. Choisir le bon diagramme objet-interaction.

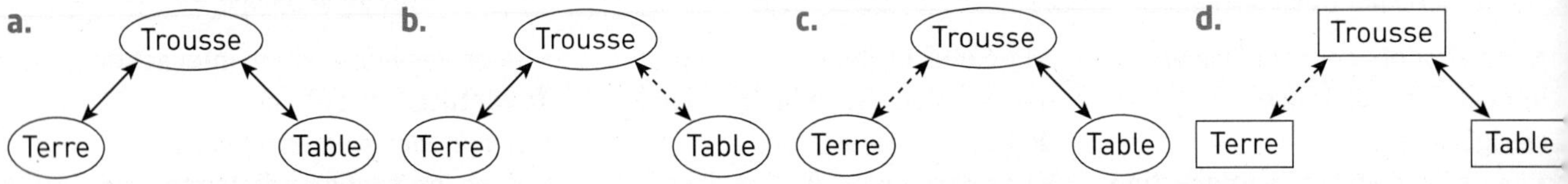

6 ●●● Représenter une force

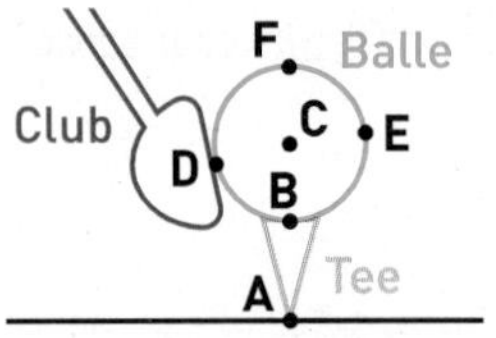

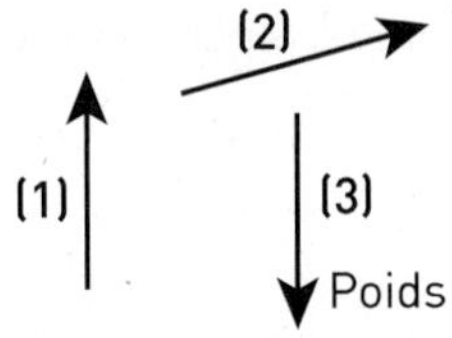

1. Relier chaque force à son nom.

(1) ●	● $F_{Support/balle}$
(2) ●	● $F_{Terre/balle}$
(3) ●	● $F_{Club/balle}$

2. Associer chaque force à son point d'application.

(1) ●	● A
	● B
(2) ●	● C
	● D
(3) ●	● E

7 ●●● Choisir la bonne unité et le bon outil

1. Relier chaque grandeur à la bonne unité.

Masse ●	● N
Poids ●	● g
Intensité de pesanteur ●	● N/kg

2. Recopier et compléter les phrases suivantes.

a. Pour mesurer le poids d'un objet j'utilise … .

b. Pour mesurer la masse d'un objet j'utilise … .

8 ●●● QCM Manipuler la formule du poids

Choisir la (les) relation(s) correcte(s).

a. $m = \frac{p^2}{g}$

b. $P = m \times g$

c. $m = \frac{P}{g}$

d. $m = P \times g$

e. $g = \frac{P}{m}$

f. $g = \frac{m}{P}$

VOIR CORRIGÉS P. 423

Je travaille des compétences

Pédagogie différenciée

Utilisable en AP

9 Passer d'une forme de langage scientifique à une autre.

Pour créer de l'émotion chez le spectateur, les funambules se mettent parfois dans des situations très impressionnantes. Celui-ci est en équilibre au bord d'un gratte-ciel ! Il n'y a pas de vent.

Consigne pour le groupe A

➡ Faire un schéma de la situation et représenter les forces qui s'exercent sur le funambule en équilibre.

Consignes pour le groupe B

Utiliser les aides pour représenter sur un schéma les forces qui s'exercent sur le funambule en équilibre.

1. Construire le diagramme objet-interaction.

2. Nommer les forces qui s'exercent sur le funambule et préciser leurs caractéristiques.

3. Représenter ces forces.

Consignes pour le groupe C

1. Quels objets sont en interaction avec le funambule ?

2. Compléter le diagramme suivant :

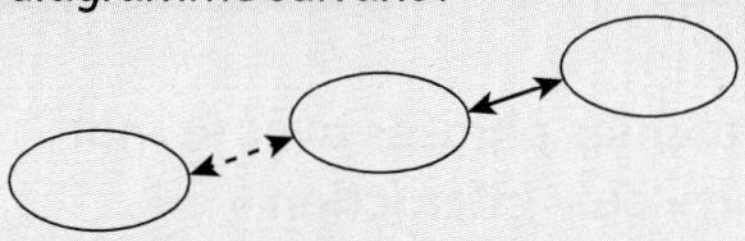

3. Compléter le tableau suivant :

	Point d'application	Direction	Sens
Force 1			
Force 2			

4. a. Faire un schéma de la situation sans représenter les forces.

b. Que se passerait-il si l'une des forces avait une plus grande valeur que l'autre ? Expliquer pourquoi les deux forces ont la même valeur.

c. Représenter les forces sur le schéma.

10 Utiliser une formule pour résoudre un problème

aul, 75 kg, en mission sur Mars, est hargé de prélever des échantillons matière afin d'en étudier la composition une fois rentré sur Terre.

onnées

g_{Terre} = 9,81 N/kg et g_{Mars} = 3,71 N/kg.

Consigne pour le groupe A

• Paul transmet les données suivantes à la Terre :
Mesure pour 1 litre d'eau : P = 3 710 N.
La réponse des scientifiques français ne se fait pas attendre : « Vous êtes bien sûr d'être sur Mars, Paul ? »

• Sachant qu'un litre d'eau a une masse de 1 000 g, calculer l'intensité de la pesanteur correspondant aux données émises par Paul et trouver l'erreur.

Consignes pour le groupe B

Paul récolte un échantillon de roche. Il utilise sur Mars son dynamomètre pour connaitre le poids de l'échantillon ; il lit : P = 0,19 N.

1. Relever les valeurs de g et P.

2. Écrire l'équation qui lie g, m et P. En déduire l'expression littérale de m.

3. Calculer la masse de l'échantillon.

Consignes pour le groupe C

1. Relever les valeurs de la masse m de Paul et de l'intensité de pesanteur g sur Terre.

2. Calculer le poids de Paul sur la Terre juste avant son départ.

Exercices

Je travaille des notions

Les bons mots pour le dire

Les bons mots pour le dire

11 ●●● **Choisir la proposition qui convient**

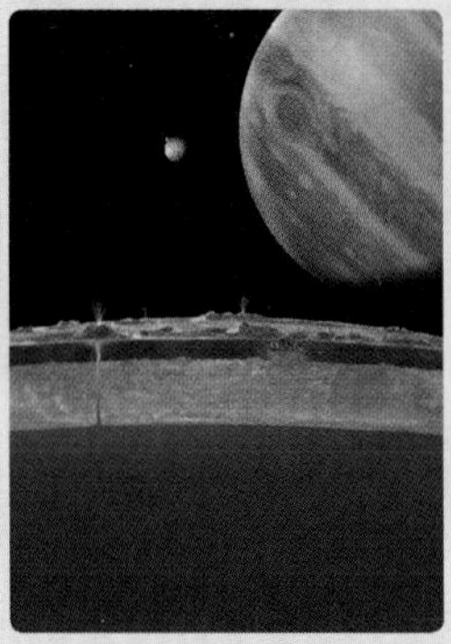

Sur la ***Lune / lune***, il n'y a pas de ***terre / Terre*** comme on peut en voir sur la ***terre / Terre*** mais une sorte de poussière grise.

Europe est une ***lune / Lune*** de Jupiter (voir photo) ; elle est recouverte de glace et l'on pense qu'elle contient davantage d'eau souterraine qu'il n'y a, sur **terre / Terre**, d'eau dans les océans.

12 ●●● **Compléter les phrases avec le mot « action » ou « interaction »**

Jessica exerce une ... sur le marteau ; elle aura des courbatures demain. Le marteau est en ... avec la Terre et avec Jessica. Le marteau et Jessica sont en .... Le marteau exerce une ... sur Jessica.

13 ●●● QCM **Choisir la bonne réponse**

1. Il n'y a que dans les livres de science-fiction qu'un héros peut être en état d'apesanteur.

a. Vrai **b.** Faux

2. Dans un musée scientifique, les enfants sautent le plus haut ou le plus loin possible. La durée pendant laquelle ils ne touchent pas le sol est mesurée et ils se voient remettre un certificat. Si Samia n'a pas touché le sol pendant 0,043 s, le certificat devra préciser : Samia est restée 4,3 centièmes de seconde en :

a. impesanteur. **b.** apesanteur.

14 ●●● **Décrire chaque force par une phrase**

Exemple : « La force 5 est la force que la main exerce sur B. »

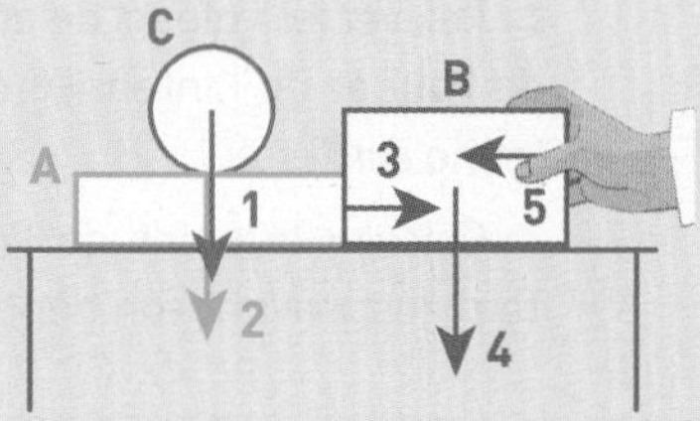

Identifier des interactions

15 ●●● **Interaction de contact**

Un scooter est en interaction avec la chaussée.

1. Le scooter est-il en contact avec le sol ?

2. Comment nomme-t-on ce type d'interaction ?

3. Observer la photo et identifier d'autres interactions de contact.

16 ●●● **Interaction à distance**

Un satellite est en interaction avec la Terre.

1. Le satellite est-il en contact avec la Terre ?

2. Comment nomme-t-on ce type d'interaction ?

17 ●●● **Reconnaitre des interactions**

a Utilisation d'une tablette.

b Lévitation magnétique

c Saut en parapente.

d Rotation d'une galaxie spira

1. Parmi ces situations, identifier trois interactions contact.

2. Parmi ces situations, identifier trois interactions distance.

18 ●●● Filet d'eau dévié par un bâton.

On frotte un bâton en plastique avec un pull en laine et on approche ce bâton d'un petit filet d'eau.

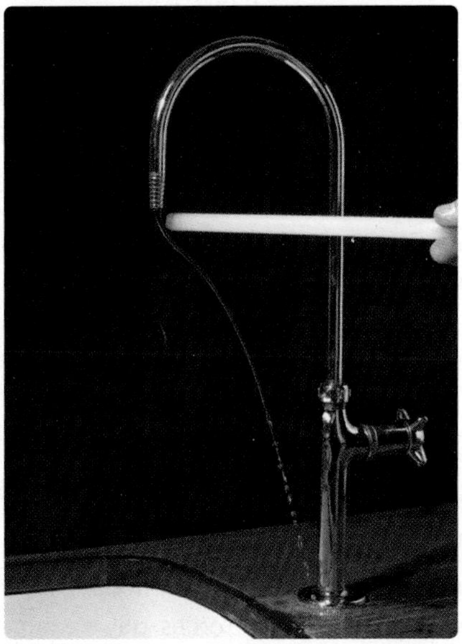

.. Quelles sont les deux principales interactions qui 'exercent sur ce filet d'eau ?

:. Préciser si ces interactions sont des interactions à dis-ınce ou des interactions de contact.

/IDEO lienmini.fr/pc-051
Filet d'eau dévié.

:onstruire un diagramme objet-interaction (DOI)

9 ●●● Reconnaitre un DOI

➡ Parmi les deux diagrammes objet-interaction ci-essous, lequel correspond à celui de la coupe ?

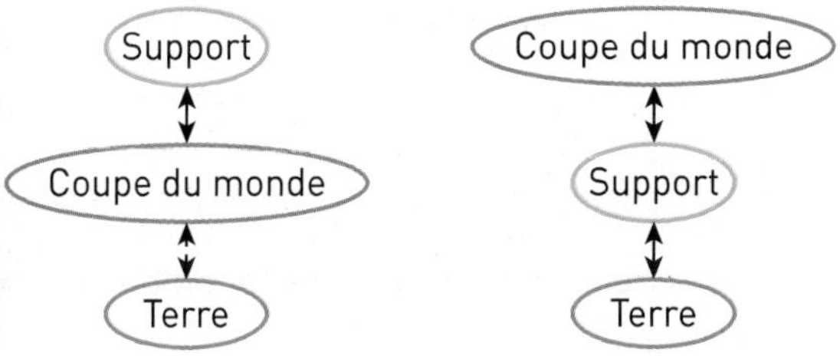

20 ●●● Un hamster haltérophile

1. Avec quels objets la barre de musculation est-elle en interaction ?

2. Proposer pour la barre un DOI représentant cette situation.

3. Reprendre les deux questions précédentes pour le hamster qui porte la barre.

21 ●●● Reconnaitre une situation

Identifier la photo qui correspond au diagramme ci-contre.

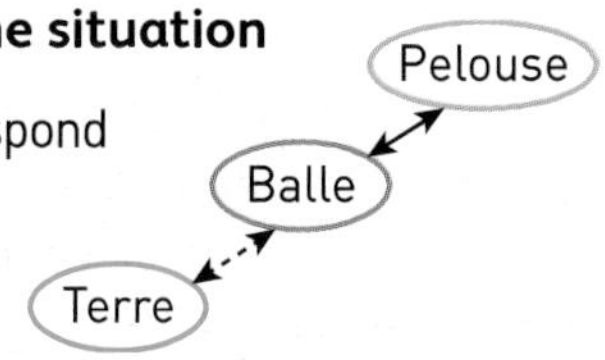

22 ●●● Retrouver une situation

➡ Pour chaque DOI, déterminer quelle est la situation décrite.

a.

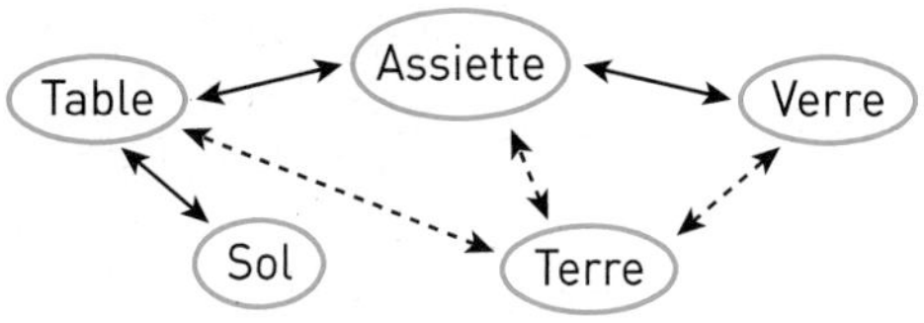

b.

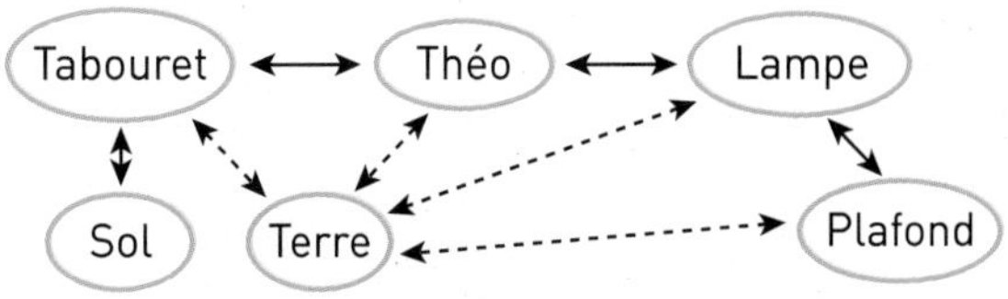

23 ●●● Construire un DOI

➡ Construire, dans l'ordre, le diagramme objet-interaction : de la tasse, du plongeur et de la voiture.

Exercices

Je travaille des notions

Prévoir les effets des forces

24 ●●● Le joueur de hockey

Lors d'un match de hockey, Mike se retrouve dans la situation suivante.

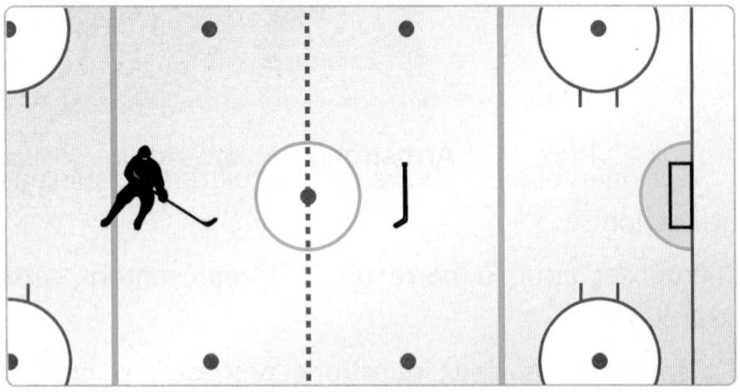

• Il est seul devant la cage, il lui suffit de tirer. Mais un autre joueur a perdu sa cross qui est restée en plein milieu.
• Mike ne sait pas encore tirer en faisant décoller le palet et les bords du terrain ne permettent pas le rebond.
• Un palet sur de la glace n'est soumis qu'à des forces qui se compensent.

➡ Mike peut-il trouver une façon de lancer le palet pour marquer ?

25 ●●● Vrai ou faux ?

a. Sur la photo, la balle n'est plus en interaction qu'avec la Terre et l'air qui la freine.

b. Le mouvement d'un objet qui n'est en interaction qu'avec la Terre est toujours rectiligne accéléré.

c. Dans l'espace, le mouvement d'un vaisseau spatial est rectiligne uniforme car il n'est soumis à aucune force.

26 ●●● La trousse qui ne tombe pas

Cet équilibre s'explique parce que la trousse est en interaction avec :

a. le classeur, le livre et la Terre.

b. le livre et la Terre.

c. le classeur le livre et la table.

27 ●●● Pourquoi ne bouge-t-il pas ?

Un cube est posé sur une table.

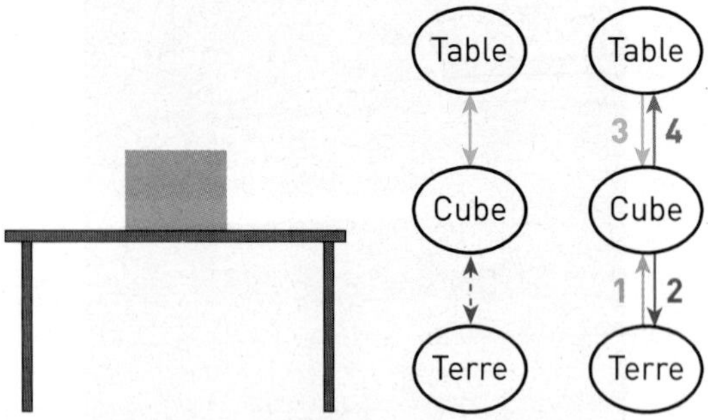

1. Nommer les forces 1, 2, 3 et 4.

2. Donner les caractéristiques des deux seules forces qu
s'exercent sur le cube.

3. Sachant que le cube est immobile, reproduire l
schéma et représenter les forces qui s'exercent sur l
cube.

Comprendre la notion de poids

28 ●●● Le sens de la formule

1. Donner la formule du poids.

2. Donner les grandeurs et unités associées à chaqu
élément de la formule.

29 ●●● Le bon instrument de mesure

1. Comment se nomme cet appareil ?

2. En quelle unité le cadran est-il gradué ?

3. Quelle grandeur permet-il de mesurer ?

4. Quelle valeur peut-on lire sur l'image ?

30 ●●● Étude de marché

Margot est une passionnée de vélo. Elle veut achet
une nouvelle paire de roues pour augmenter ses perfo
mances. Elle se renseigne sur des sites spécialisés.

Informations technique

- Jantes en aluminium
- Corps de roue-libre compatible 9/10/11 vitess
- Poids (fabricant) : 1,950

➡ Trouver l'erreur dans ce document et proposer une correction.

31 ●●● Le poids du cartable

Le cartable d'Antonin a une masse de 7 kg.

➡ Sachant que l'intensité de la pesanteur terrestre est de 10 N/kg, calculer le poids du cartable d'Antonin.

32 ●●● Poids et altitude

L'alpiniste Laurent G. part faire l'ascension de l'Everest. Il arrive à Katmandou en avion puis se rend au camp de base avant d'entamer son ascension.

Donnée

Masse de Laurent G. et de son équipement : 95 kg.

	Altitude	Valeur de g
Katmandou	1 400 m	9,809 3 N/kg
Camp de base	5 150 m	9,797 8 N/kg
Everest	8 850 m	9,786 4 N/kg

1. Calculer le poids de Laurent dans les différents lieux.

2. Comment pourrait-on expliquer les différentes valeurs de g à partir des données du tableau ?

Comprendre la notion de gravitation

33 ●●● Le bon d !

On cherche à calculer la valeur de la force gravitationnelle que la Terre exerce sur un satellite à partir de la formule :

$$F = 6{,}67 \times 10^{-11} \times \frac{5{,}97 \times 10^{24} \times m_2}{d^2}$$

.. Quelles sont les valeurs de m_2 et d ?

. Calculer la valeur de la force.

onnées

- $G = 6{,}67 \times 10^{-11}$ SI
- $M_{Terre} = 5{,}97 \times 10^{24}$ kg
- $R_{Terre} = 6\,400$ km

34 ●●● Vrai ou faux ?

La valeur de la force gravitationnelle qui s'exerce entre deux objets :

a. dépend de la masse des objets.

b. dépend de la distance qui sépare les objets.

c. peut-être répulsive ou attractive.

d. est toujours attractive.

35 ●●● Sur la Lune et sur la Terre

En juillet 1969, Neil Armstrong et Buzz Aldrin ont rapporté 21,7 kg d'échantillons de roche lunaire. La valeur de la force gravitationnelle d'un objet à la surface de la Lune est six fois plus faible qu'à la surface de la Terre.

1. Préciser la valeur de la masse totale des échantillons mesurée sur la Terre et sur la Lune.

2. Calculer la valeur de la force gravitationnelle subie par les échantillons quand ils étaient à la surface de la Lune.

3. Calculer la valeur de la force gravitationnelle subie par ces échantillons sur la Terre.

Données

- $G = 6{,}67 \times 10^{-11}$ SI
- $M_{Terre} = 5{,}97 \times 10^{24}$ kg
- $M_{Lune} = 7{,}4 \times 10^{22}$ kg
- $R_{Terre} = 6\,371$ km
- $R_{Lune} = 1\,737$ km

36 ●●● Apesanteur ou impesanteur ?

1. Parmi les photos ci-dessous, y a-t-il des situations où l'on n'est plus soumis à la force gravitationnelle ?

2. Y a-t-il des situations où l'on ne ressent plus les effets de la force gravitationnelle ?

a En se baignant

b En parapente

c En avion

d En marchant

Je travaille des notions

37 ••• La danseuse de l'opéra

En voyant un ballet, Kati s'est exclamée. « Ha ! cette danseuse, on aurait dit qu'elle est en impesanteur ! ». Sa mère lui a répondu : « Mais justement elle y est ! »

1. Que signifie l'expression « être en impesanteur » ?

2. Préciser ce qui fait que la danseuse est en impesanteur lors de tous ses sauts.

3. Si Kati fait un saut de biche pourra-t-on dire qu'elle est en impesanteur ?

Représenter une force

38 ••• Le grab

Au moment où le skateur « grab » (voir photo), il est en équilibre sur la rampe.

1. Combien de forces s'appliquent sur le skateur ?

a. 1 **b.** 3 **c.** 5

2. La direction de la force représentée en bleu est :

a. oblique. **b.** horizontale. **c.** verticale.

3. Le sens de la force représentée en rouge est :

a. vers la droite. **b.** vers le haut. **c.** vers le bas.

4. Le point d'application de la force représentée en vert est :

a. le « centre » du skateur.

b. le point de contact entre la main et la planche.

c. le point de contact entre le sol et la main.

39 ••• C'est trop lourd !

On cherche à représenter le poids du cartable de margot.

1. Faire un schéma de la situation.

2. Avec les caractéristiques données dans le tableau, représenter le poids du cartable.

Échelle : 1 cm ↔ 20 N

Point d'application	Direction	Sens	Valeur
Le centre de gravité	Verticale	Vers le bas	80 N

40 ••• C'est trop léger !

➡ À partir du dessin ci-dessous, donner toutes les caractéristiques de la force que le ballon exerce sur le garçon.

Échelle : 1 cm ↔ 2 N

41 ••• Le coup de marteau

Giselle pose du plancher. Elle cherche à comprendre ce que subit le clou lorsqu'on vient le frapper avec le marteau.

1. Établir le diagramme objet-interaction pour l'objet « clou ».

2. Schématiser la situation et représenter les forces qui s'exercent sur le clou.

3. Quel est l'effet de l'ensemble des actions mécaniques qui s'exercent sur le clou ?

Données

- $F_{marteau/clou}$ = 50 000 N ; $F_{planche/clou}$ = 5 000 N
- Échelle : 1 cm ↔ 10 000 N.

Problèmes

42 ●●● Shopping bag

D1.1. Passer d'une forme de langage scientifique à une autre.

The diagram below shows a 4 kg medecine ball placed on a table.

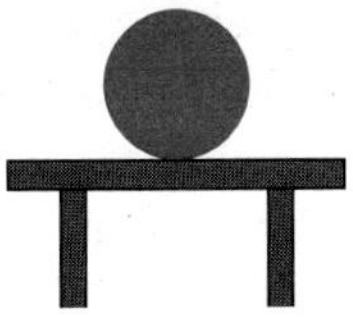

1. Complete the diagram to show the weight of the ball.

2. Add the contact force provided by the table on the ball.

3. Calculate the value of the weight of the ball.

Data g = 9,8 N/kg

43 ●●● Les pieds sur Terre

D1.3. Passer d'une forme de langage scientifique à une autre.

Maxime se demande comment les Australiens peuvent garder les pieds sur Terre.

1. Reproduire le schéma et représenter la force qu'exerce la Terre sur les personnes.

2. Répondre à Maxime.

44 ●●● Pourquoi la Lune ne cesse-t-elle pas de tomber ?

D1.1. Utiliser la langue française.

Charlotte se demande pourquoi la Lune ne tombe pas sur nous. Pour le lui expliquer, son professeur de physique lui montre une suite de dessins.

Voici ce qu'on observe quand on lance une balle :	Quand on la lance plus loin :	Et encore plus loin :	Tant et si bien que, comme la Lune, la balle pourrait ne jamais toucher le sol :
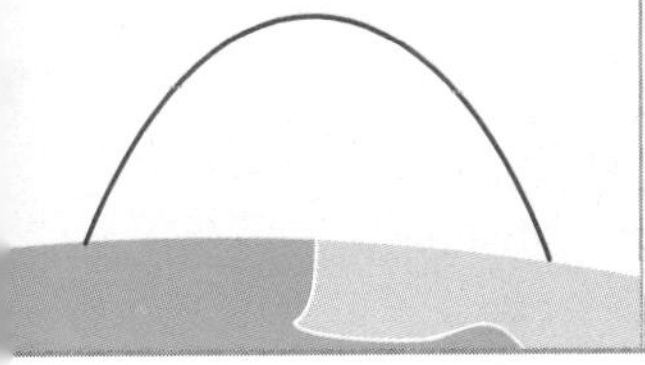	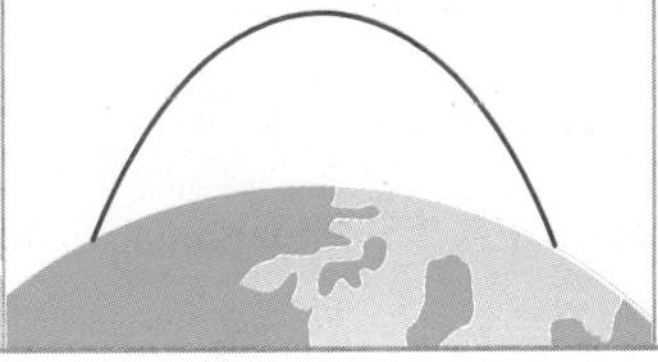		

1. Construire le diagramme objet-interaction de la Lune.

2. À partir des documents du professeur et du diagramme objet-interaction précédent, répondre à Charlotte.

45 ●●● Le ballon de baudruche et la voiture

D1.1. Utiliser la langue française.

aura gonfle le ballon de baudruche, puis lâche la voi-ure : le ballon se dégonfle et la voiture avance.

▶ Rédiger un texte pour expliquer son mouvement en tilisant, par exemple, les mots suivants : voiture, air, allon, réaction, expulse, action.

46 ●●● Immobile ou pas ?

D1.1. Développer des modèles simples.

Une bille est suspendue à un ressort.

Échelle : 1 cm ↔ 2,5 N

g_{Terre} = 9,8 N/kg

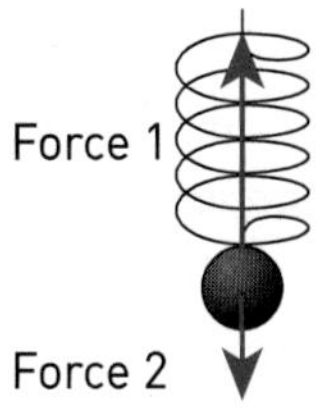

1. Donner les caractéristiques des deux forces représentées.

2. Par quoi chacune de ces forces est-elle exercée ?

3. Quel est l'effet de ces actions mécaniques sur la bille ?

4. Quelle est la force qu'il faut utiliser pour calculer la masse de la bille ? Déterminer sa valeur.

5. Quelle est la masse de la bille ?

47 ●●● Le curling

D4. Développer des modèles simples.

Le curling est l'équivalent de la pétanque : un palet est lancé sur une surface glacée et doit arriver le plus près possible d'une cible. Une fois lancé, les joueurs ne peuvent plus interagir avec le palet.

1. Construire le diagramme objet-interaction du palet au moment du tir.

2. Construire le diagramme objet-interaction du palet au milieu de sa course.

3. Peut-il y avoir un mouvement sans force ? Argumenter votre réponse.

48 ●●● La libellule : un équilibre qui interroge !

D1.3. Passer d'une forme de langage scientifique à une autre.

Laurence a rapporté une libellule en bois d'un voyage. Elle est fascinée : « On dirait qu'elle est en apesanteur ...»

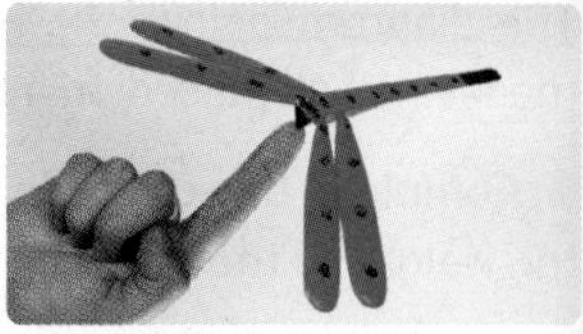

1. Le mot « apesanteur » est-il approprié ? Justifier.

2. Préciser les deux interactions qui s'exercent sur la libellule.

3. Construire le diagramme objet-interaction de la libellule.

4. Ce diagramme est-il différent de celui d'un objet posé sur une table ?

5. Avec 5 piques apéritif et un peu de pâte à modeler essayer de construire une libellule qui tienne en équilibre sur le doigt.

49 ●●● Le maniment du balai

D4. Proposer une ou des hypothèses pour répondre à une question scientifique.

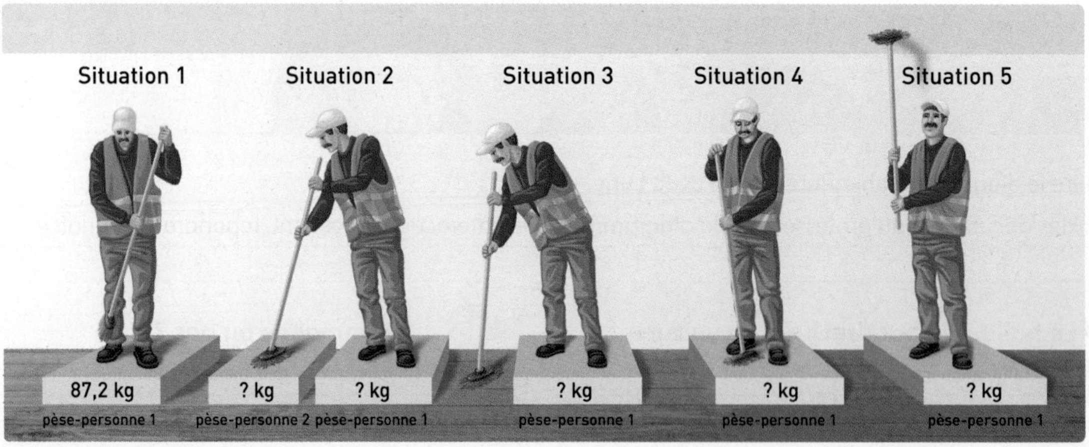

1. Comparer les indications qu'afficheraient les pèse-personnes dans les situations 2, 3 et 4 à ce qui est affiché dans la situation 1.

2. Que représente la valeur 87,2 ?

3. Dans la situation 2, comment les indications des deux pèse-personnes évoluent-elles au fur et à mesure que l'on appuie davantage sur son balai ?

4. Faire les diagrammes objet-interaction du balai puis du pèse-personne dans la situation 3.

5. Expliquer pourquoi l'indication du pèse-personne est modifiée dans la situation 3 par rapport à la situation 1.

6. Expliquer comment est modifiée l'indication du pèse-personne dans la situation 5 lorsque l'on appuie très fort sur le plafond.

7. Faire les expériences pour vérifier les réponses aux questions **5.** et **6.**

Problèmes

Données pour les problèmes 50, 51 et 52

Le graphique ci-dessous représente la variation du poids en fonction de la masse sur trois astres différents.

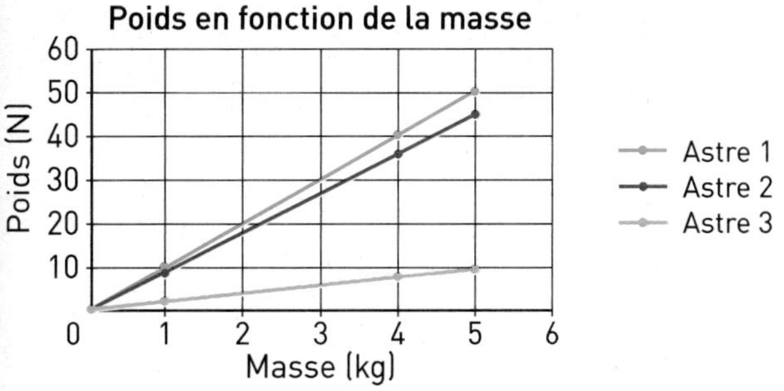

	Terre	Venus	Lune
Valeur de g (en kg/N)	9,81	8,9	1,7

50 Lecture graphique

D1.3. Passer d'une forme de langage scientifique à une autre.

1. Par lecture graphique, déterminer la valeur du poids d'un objet de masse *m* = 2,5 kg sur ces trois astres.
2. Comment expliquer qu'un même objet n'ait pas le même poids sur les trois astres ?
3. Quel est l'astre dont l'intensité de pesanteur *g* est la plus grande ?
4. Attribuer à chaque courbe son astre.

51 Analyse d'un graphique

D1.3. Passer d'une forme de langage scientifique à une autre.

On cherche à déterminer une intensité de la pesanteur à partir du graphique. On ne s'intéressera qu'à l'astre 2.

1. Rappeler la relation qui lie le poids, l'intensité de la pesanteur et la masse.
2. Sachant que la droite représente la variation du poids en fonction de la masse, quel est le lien entre le coefficient directeur de la droite et l'intensité de la pesanteur ?
3. Pour l'astre 2, déterminer ce coefficient directeur.
4. Vérifier à partir du tableau de données que l'astre 2 est bien Vénus.

52 Construction graphique

D1.3. Passer d'une forme de langage scientifique à une autre.

Le tableau de mesures ci-dessous indique les valeurs des poids et des masses de quelques objets.

Ces données nous permettent de déterminer l'intensité de pesanteur de la planète où ont été réalisées les mesures.

Objets	1	2	3	4	5	6	7	8	9	10
Masse (kg)	7	9	13	15	21	22	30	37	40	45
Poids (N)	69	88	128	147	206	216	294	363	392	441

1. Tracer le graphique représentant la variation du poids en fonction de la masse.
2. Quelle est la nature de cette courbe ?
3. Calculer le coefficient directeur de cette droite.
4. Rappeler le lien entre le coefficient directeur et l'intensité de pesanteur.
5. Sur quelle planète ces mesures ont-elles été réalisées ?

Problèmes

53 ●●● Un voilier qui avance

D4. Développer des modèles simples.

Armel Le Cléac'h a gagné le Vendée globe 2016 en faisant le tour du monde en 74 j 03 h 35 min 46 s, sur le bateau Banque populaire VIII.

1. Observer la photo du bateau et faire la liste des interactions en jeu.

2. Faire le diagramme objet-interaction du bateau.

3. Représenter les forces qui agissent sur le bateau lorsqu'il accélère.

4. Expliquer qu'un voilier puisse accélérer. On utilisera le mot « force ».

5. Le bateau entre dans une zone sans vent.

a. Le diagramme objet-interaction est-il modifié ?

b. Expliquer pourquoi le bateau ralenti.

Sciences MAG

54 Piézoélectricité

La piézoélectricité est un phénomène qui a été découvert et expliqué par les frères Curie, Jacques et Pierre, à la fin du XIXe siècle : lorsqu'un cristal piézoélectrique est comprimé, il apparait à ses bornes une tension qui est d'autant plus élevée que la force exercée sur sa surface est grande. C'est le phénomène qui est utilisée pour la lecture des disques vinyles, par exemple.

Les pèse-personnes les plus anciens étaient à ressorts : plus le poids de la personne qui est debout sur la balance est important, plus le ressort situé sous le plateau est comprimé. Aujourd'hui, la plupart des pèse-personnes sont piézoélectriques : plus le poids de la personne est important plus la tension qui apparait aux bornes du cristal piézoélectrique est élevée.

➡ Pierre Curie a reçu le prix Nobel en 1903. L'a-t-il reçu pour ses travaux sur la piézoélectricité ? Il a partagé son prix avec une autre personne : était-ce avec Jacques ? Rechercher d'autres applications de la piézoélectricité.

55 Le tube Newton

30 min

Le tube de Newton est un cylindre transparent. Il est possible d'en extraire l'air à l'aide d'une pompe à vide.
On peut ainsi l'utiliser pour comparer la chute des corps dans l'air (tube A) et dans le vide (tube B).

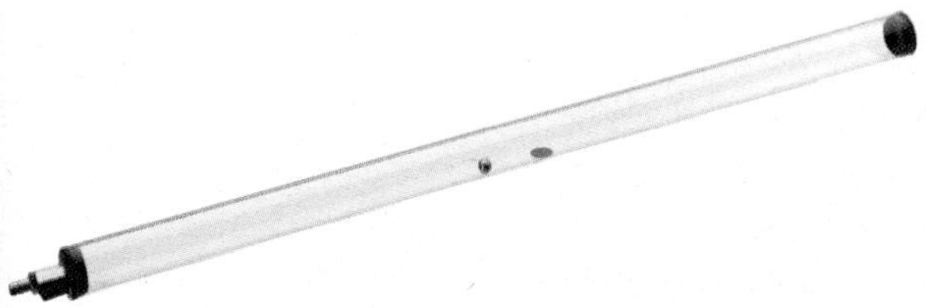

1 Un tube de Newton.

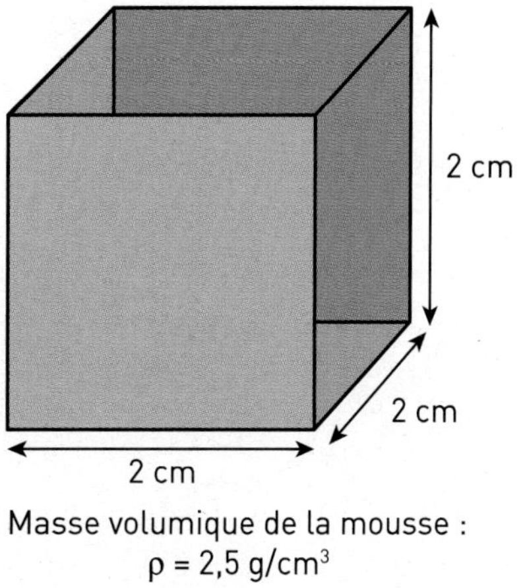

2 Le cube de mousse dont on étudie la chute.

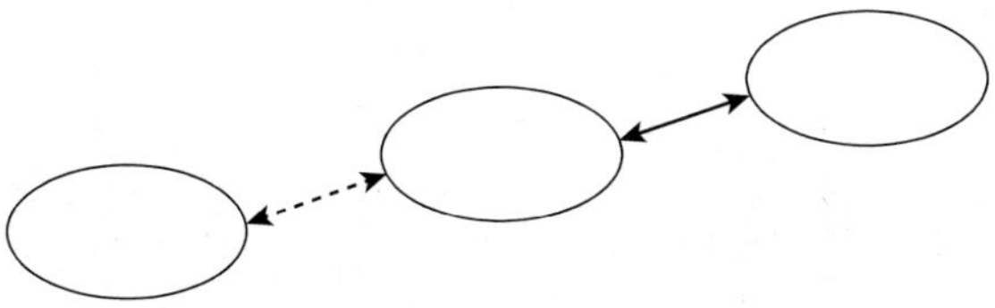

3 Diagramme objet-interaction.

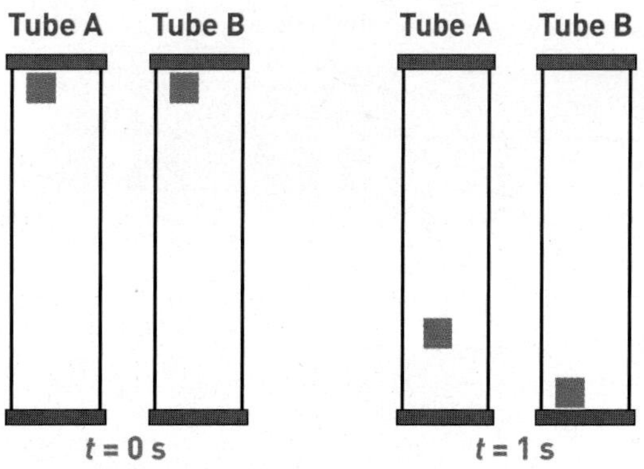

4 Résultat de l'expérience.

Questions

1. Vérifier que la masse du cube est de 20 g. Calculer le poids du cube.
2. Avec quel(s) objet(s) le cube à l'intérieur du tube A est-il en interaction ? Avec quel(s) objet(s) le cube à l'intérieur du tube B est-il en interaction ?
3. Compléter le diagramme objet-interaction (doc. 3) correspondant à la situation A.
4. Comment ce diagramme est-il modifié dans le cas du tube B ? Le représenter.
5. Dans quel milieu (air ou vide) l'objet tombe-t-il le plus vite ?
6. En vous aidant des diagrammes des questions **3** et **4**, expliquer la différence qu'il y a entre les situations A et B du document 4.

THÈME

C L'énergie et ses conversions

Lumières dans la ville et protection verte pour toit d'immeub

Attendus de fin de cycle 4

- **Identifier** les sources, les transferts, les conversions et les formes d'énergie.
- **Utiliser** la conservation de l'énergie.
- **Réaliser** des circuits électriques simples et exploiter les lois de l'électricité.

CHAPITRE

9 Sources et formes d'énergie

Sommaire

Niveaux — ACTIVITÉS

Zoom sur...

Les croisements entre thèmes

Dans l'**activité 7**, je fais le lien avec le chapitre 7 du thème B, **Mouvement et interactions** (p. 166 du manuel).

L'interdisciplinarité

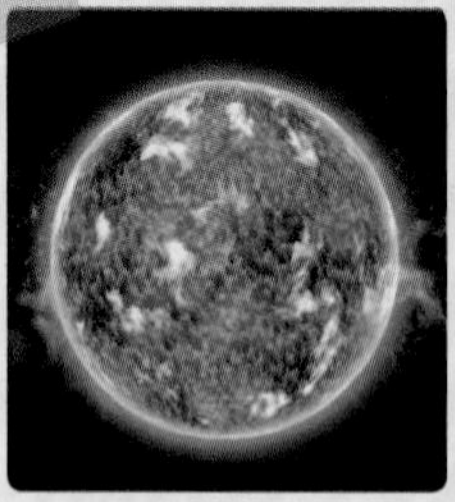

Dans les **activités 1 et 2**, je fais le lien avec les SVT, **La planète Terre, l'environnement et l'action humaine**.

Une animation

Dans l'**activité 8**, je découvre une animation sur l'énergie potentielle de position.

Une vidéo

Dans l'**exercice 14**, je regarde une vidéo de saut à la perche.

Quelles sont les différentes formes d'énergie que l'on peut reconnaitre ici ?

Coucher de Soleil à Wailua Falls (Hawaï, États-Unis).

Dans ce chapitre, je vais	Activités	Exercices
➡ Reconnaitre différentes formes d'énergie.	3 5 10 11	12 à 15
➡ Identifier différentes sources d'énergies.	2 8 9 10	16 à 20
➡ Calculer l'énergie cinétique.	5 6 7 11	21 et 22
➡ Calculer l'énergie potentielle de position.	6 8	23 à 25
➡ Identifier des transferts d'énergie.	1 4 10	26
➡ Identifier des conversions d'énergie.	5 6 7 8 11	27 et 28
➡ Utiliser la conservation de l'énergie.	2 6 7 8 11	29 à 33

ACTIVITÉ 1

Comment peut-on transférer de l'énergie ?

COMPÉTENCES ÉVALUABLES

D1.3 Passer d'une forme de langage scientifique à une autre.
D4. Développer des modèles simples pour expliquer des faits d'observations.

Un système peut échanger de l'énergie avec son environnement : on parle de **transferts d'énergie**.
On peut définir une multitude de systèmes mais il existe seulement 4 types de transfert d'énergie.

1 Les 4 types de transfert d'énergie.

Transfert électrique

La prise de courant **alimente** la lampe.

Transfert par rayonnement

Le Soleil **éclaire** la Terre.

Transfert mécanique

Le vent **entraine** l'éolienne.

Transfert thermique

Le radiateur **chauffe** la pièce.

2 Un exemple de transfert d'énergie pour comprendre.

a Dispositif.

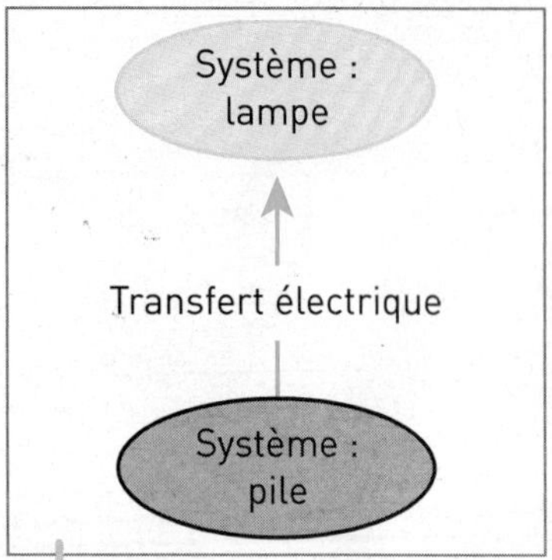

b Schéma.

3 Différentes situations de transferts d'énergie.

ⓐ

ⓑ

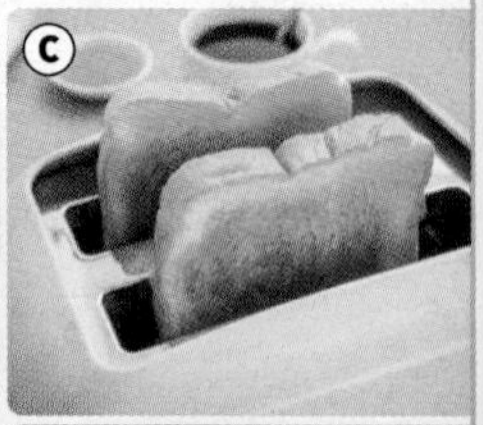

ⓒ

ⓓ

ⓔ

ⓕ

Questions

1 **Docs 1. à 3.** Pour chacune des situations ⓐ à ⓕ du document 3 :
a. Choisir un système.
b. À l'aide du document 1, identifier le(s) type(s) de transfert d'énergie entre ce système et l'extérieur.
c. À l'aide du document 2, construire le schéma correspondant.

2 Pour aller plus loin Pour la situation ⓔ identifier tous les systèmes et tous les transferts mis en jeu. Essayer de construire le bilan d'énergie correspondant.
▶ **Voir chapitre 12, p. 309**

2 Quelles sont les différentes sources d'énergie ?

COMPÉTENCE ÉVALUABLE

D1.1 Lire et comprendre des documents scientifiques

Au Moyen Âge, la majorité des moulins avaient pour fonction de moudre les grains de céréales. Au cours des siècles, la fonction de certains moulins a évolué.

1 Des sources d'énergie.

2 Deux moulins producteurs d'énergie électrique.

a Grand Moulin des Places à Saint-Mars-du Désert (44) fonctionnant avec le vent.

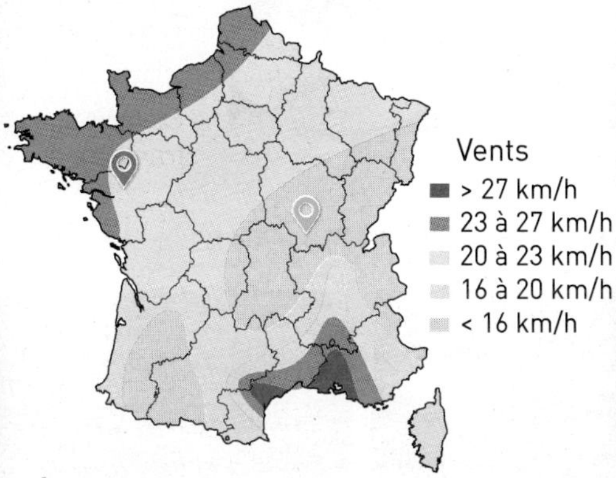

b Carte de France des vents moyens à 50 m du sol.

c Moulin de Lugny-lès-Charolles (71) fonctionnant avec l'eau.

Questions

Doc 1. Nommer les sources d'énergie. En existe-t-il d'autres ? Si oui, donner des exemples.

Doc 2. Nommer la source d'énergie exploitée par le Grand moulin des Places. Même question pour le moulin de Lugny-lès-Charolles.

Doc 2. Justifier le positionnement géographique de chaque moulin.

Doc 1. Trier les sources en deux catégories : les sources d'énergie renouvelables et non-renouvelables.

Pour aller plus loin Le gouvernement français a mis en place des soutiens financiers aux structures (maison, transport, industrie) qui favorisent le développement des énergies renouvelables. Quel est l'intérêt de développer ces soutiens ?

VOCABULAIRE

Renouvelables : sources inépuisables à l'échelle humaine.

Non-renouvelables : sources qui ne peuvent pas se renouveler à l'échelle humaine de temps.

ACTIVITÉ 3

Comment produire de l'électricité ?

COMPÉTENCE ÉVALUABLE

D1.1 Lire et comprendre des documents scientifiques.

On rencontre différentes formes d'énergie dans la vie quotidienne.

1 Les formes d'énergies.

■ Exemples de formes d'énergie :

ÉNERGIE NUCLÉAIRE

Énergie qui se manifeste lors d'une réaction nucléaire.

Exemple : lors des réactions au cœur du Soleil de l'énergie nucléaire est transformée en énergie de rayonnement.

ÉNERGIE CHIMIQUE

Énergie qui se manifeste lors d'une réaction chimique.

Exemple : la combustion du charbon transforme de l'énergie chimique en énergie thermique.

ÉNERGIE CINÉTIQUE

Énergie qui est liée à la vitesse d'un corps.

Exemple : une voiture qui roule à une certaine vitesse possède de l'énergie cinétique.

ÉNERGIE POTENTIELLE DE POSITION

Énergie liée à la masse et à l'altitude.

Exemple : une personne qui se tient sur une échelle possède une énergie potentielle de position.

ÉNERGIE THERMIQUE

Énergie qui peut être transférée d'un corps chaud à un corps froid.

Exemple : un bon chocolat chaud nous transfère de l'énergie thermique.

■ Exemples de formes sous lesquelles l'énergie peut être transférée :

ÉNERGIE DE RAYONNEMENT

Énergie transmise par un rayonnement. Lorsque le rayonnement est dans le domaine du visible, on parle d'énergie lumineuse.

Exemple : le Soleil transmet de l'énergie par rayonnement.

ÉNERGIE ÉLECTRIQUE

Énergie dont l'effet se manifeste lors du passage d'un courant électrique.

Exemple : un éclair nait lorsque de l'énergie électrique se transforme en énergie lumineuse.

Questions

1. **Docs 1. et 2.** Préciser la forme d'énergie que convertit chaque centrale.
2. **Doc 2.** Quelle est la forme d'énergie la plus exploitée en France pour produire de l'électricité ?
3. **Docs 1. et 2.** Quelle est la forme d'énergie qui n'est actuellement presque plus exploitée en France ?
4. **Pour aller plus loin** **TICE** Certaines formes d'énergie sont dites « propres ». Lesquelles ? Rechercher ces informations sur internet.

2 Production d'électricité en France.

■ L'énergie électrique est très utilisée dans notre société.
La plupart des appareils de notre quotidien fonctionnent avec de l'électricité (télévision, téléphone, réfrigérateur, éclairage, tramway…).

■ Dans les centrales, on convertit l'énergie disponibles sur Terre pour obtenir de l'énergie électrique.

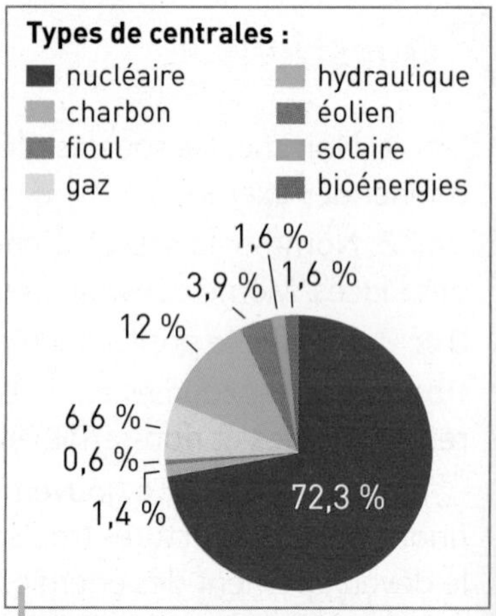

Répartition de la production d'électricité en 2016.

COMPÉTENCE ÉVALUABLE

D1.1 Utiliser la langue française en cultivant précision, richesse de vocabulaire et syntaxe.

4 Comment fonctionnent les centrales électriques ?

En France, plusieurs types de centrales électriques permettent d'alimenter l'ensemble des usagers, par exemple les centrales hydrauliques et les parcs d'éoliennes.

1 Fonctionnement d'une éolienne.

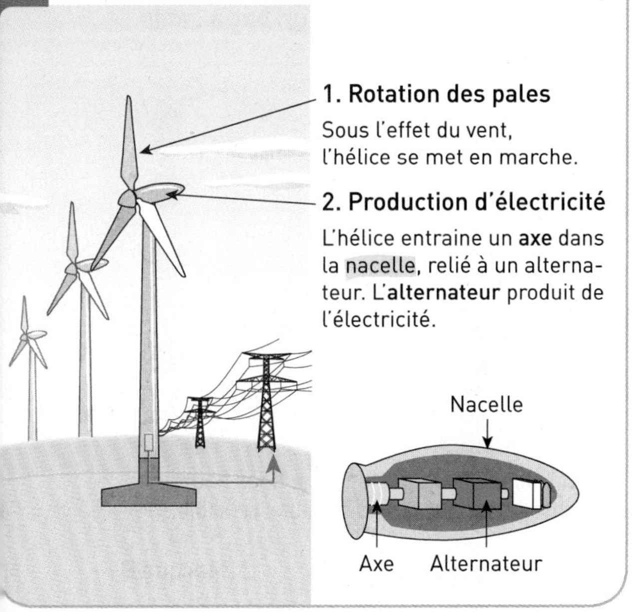

2 Fonctionnement d'une centrale hydraulique.

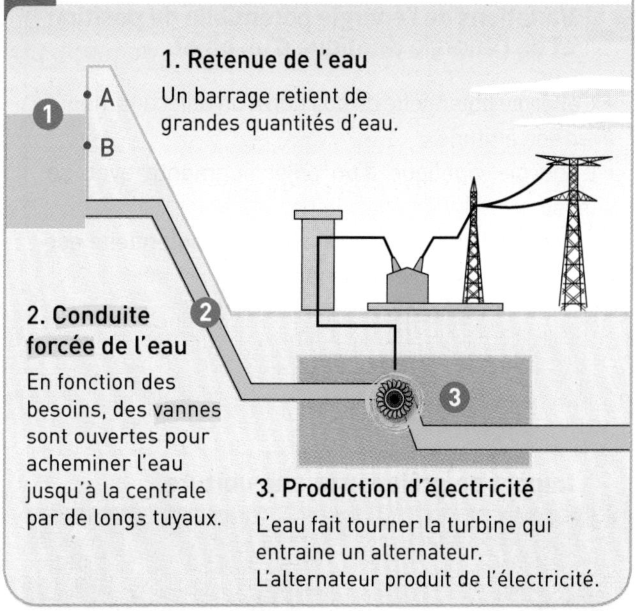

3 D'autres types de centrales.

■ La combustion du charbon ou la transformation de l'uranium dégagent de l'énergie thermique qui permet de vaporiser l'eau. La vapeur d'eau entraine les turbines reliées à l'alternateur.

a Centrale thermique à flamme.

b Centrale thermique nucléaire.

Questions

Docs 1. et 2. Quelle est la source d'énergie exploitée par chaque centrale ?

Docs 1. et 2. Quelle forme d'énergie associe-t-on aux pales lorsqu'elles tournent ? à l'eau retenue par un barrage ?

Docs 1. à 3. Quel est le dispositif commun aux quatre centrales ?

Docs 1. à 3. Quelle est la forme d'énergie transférée aux usagés à travers le réseau électrique ?

VOCABULAIRE

Conduite forcée : tuyau dans lequel l'eau est contrainte de passer.

Nacelle (de l'éolienne) : ensemble des éléments mécaniques installés en haut du mât de l'éolienne.

Vanne : robinet adapté à un grand débit d'eau.

ACTIVITÉ 5

De petits grêlons peuvent-ils faire de gros dégâts ?

COMPÉTENCES ÉVALUABLES

D4. Interpréter des résultats expérimentaux, en tirer des conclusions.
D4. Proposer une hypothèse pour répondre à une question scientifique.

Un grêlon est un petit morceau de glace qui se forme à la traversée d'un nuage. Lors d'une pluie de grêlons, les dégâts occasionnés peuvent parfois être très importants.

1 Variations de l'énergie potentielle de position et de l'énergie cinétique d'un objet.

- L'énergie potentielle de position d'un objet augmente avec son altitude.
- L'énergie cinétique d'un objet augmente avec sa vitesse.
- Au cours d'une chute libre, l'énergie potentielle est convertie en énergie cinétique.

2 Impact de grêlons sur une voiture.

3 Chute d'une balle dans un bac à sable.

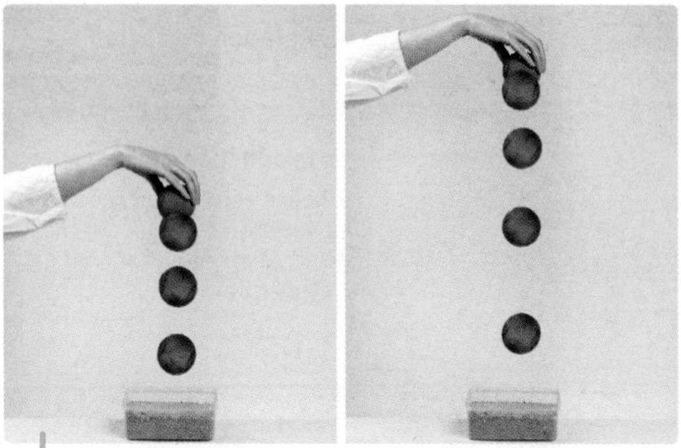

a On lâche une même balle de deux hauteurs différentes au-dessus d'un bac de sable.

Marque A **Marque B**

b On a retiré la balle pour observer les marques laissées dans le sable après chaque chute.

Questions

1. **Docs 1. et 3.** Décrire comment l'énergie cinétique et l'énergie potentielle de position évoluent pendant la chute.
2. **Docs 1. et 3.** Sous quelles formes la balle possède-t-elle de l'énergie à mi-parcours ?
3. **Doc 3.** Comment nomme-t-on le phénomène qui se produit entre l'énergie potentielle de position et l'énergie cinétique au cours de la chute ?
4. **Doc 3.** À quoi l'énergie cinétique de la balle est-elle transférée à la fin de la chute ?
5. **Docs 2. et 3.** Comparer les effets de la chute de la balle sur le bac à sable dans les deux expériences.
Expliquer qu'un grêlon de quelques grammes puisse faire d'importants dégâts.
6. **Pour aller plus loin** Que devient l'énergie cinétique des grêlons qui a été transférée au pare-brise ?

ACTIVITÉ

6 Comment un pot de fleurs peut-il devenir dangereux ?

COMPÉTENCE ÉVALUABLE

D4. Interpréter des résultats expérimentaux.

Monsieur Doo habite au deuxième étage d'un immeuble et il a posé un petit pot de basilic sur le bord de son balcon. Un voisin lui fait la remarque que, si le pot venait à tomber, il pourrait blesser gravement quelqu'un.

1 Les jardinières sur les balcons.

Plus le pot de fleurs est situé en étage élevé, plus son énergie de potentielle de position est grande et plus les dégâts occasionnés lors de la chute sont importants.

C'est pourquoi il faut placer les jardinières à l'intérieur des garde-corps.

2 Expressions de l'énergie cinétique et de l'énergie potentielle de position.

L'énergie cinétique est donnée par :

$$E_c = \frac{1}{2}mv^2$$

avec :

- E_c : l'énergie cinétique en J,
- m : la masse de l'objet en mouvement en kg,
- v : la vitesse de l'objet en mouvement en m/s.

L'énergie potentielle de position est donnée par :

$$E_p = mgh$$

avec :

- E_p : l'énergie potentielle de position en J,
- m : la masse de l'objet en altitude en kg,
- g : l'intensité de la pesanteur en N/kg (généralement sur Terre elle vaut $g = 9{,}81$ N/kg),
- h : l'altitude de l'objet en m.

3 Quelques données.

a Masse du pot de basilic : 0,4 kg.

b Hauteur du balcon du deuxième étage de l'immeuble : 6 m.

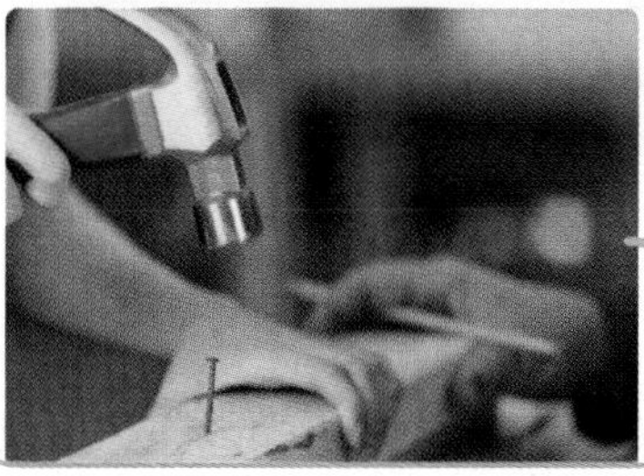

c Vitesse d'un marteau de 0,300 kg au moment où il va frapper un clou : 12 m/s.

Questions

1 Doc 1. Préciser de quel côté doit être placée une jardinière sur un balcon. Expliquer pourquoi.

2 Docs 2. et 3. Calculer l'énergie potentielle de position du pot de basilic de Monsieur Doo.

3 Docs 2. et 3. Calculer l'énergie cinétique d'un marteau de 300 g au moment où il va frapper un clou. Comparer cette valeur à la réponse de la question précédente.

4 Docs 1. à 3. Expliquer pourquoi le voisin de Monsieur Doo a raison de s'inquiéter.

VOCABULAIRE

Garde-corps : barrière qui permet d'éviter les chutes. Il existe de nombreux dispositifs qui permettent d'accrocher des pots de fleurs au garde-corps.

ACTIVITÉ 7

Un tableau peut-il illustrer l'énergie cinétique ?

COMPÉTENCES ÉVALUABLES

D1.1 Utiliser la langue française en cultivant précision, richesse de vocabulaire et syntaxe.
D1.3 Passer d'une forme de langage scientifique à une autre.

Comme l'énergie potentielle de position, l'énergie cinétique n'est visible que lorsqu'elle se transforme.

1 Un tableau futuriste.

Luigi RUSSOLO, *Automobile in Corsa*, 1913 (composition Dynamisme d'une automobile) huile sur toile (106 × 140 cm), © Archivio Luigi Russolo Côme (Italie), musée national d'art moderne centre Georges Pompidou, Paris.

2 Un crash test.

3 Le futurisme.

Le futurisme est un mouvement littéraire et artistique né au début du XXe siècle. Inspiré du cubisme par ses formes géométriques, il se fonde sur une vision dynamique du monde moderne. Ainsi, il met l'accent sur la civilisation urbaine, la vitalité, l'énergie, les machines, la vitesse.

4 Expression de l'énergie cinétique.

C'est la forme d'énergie que possède un objet en mouvement.
Elle est donnée par l'expression :

$$E_c = \frac{1}{2}mv^2$$

avec :
- E_c : l'énergie cinétique en joules (J).
- m : la masse de l'objet en kilogrammes (kg).
- v : la vitesse du véhicule en mètres par seconde (m/s).

Questions

1. **Docs 1. et 2.** Rechercher des points communs et des différences entre le tableau et le crash-test.
2. **Doc 2.** Proposer au moins deux modifications à apporter pour que la voiture fasse moins de dégâts sur le mur.
3. **Docs 1. et 3.** Préciser pourquoi le tableau appartient au mouvement futuriste.
4. **Doc 1.** Préciser pourquoi ce tableau parle aussi d'énergie cinétique.
5. **Doc 4.** Calculer l'énergie cinétique d'une voiture de 800 kg qui roule à 10 km/h.
6. **Pour aller plus loin** La voiture de la question précédente possède-t-elle plus ou moins d'énergie cinétique qu'un scooter de 150 kg qui roule à 45 km/h ? Répondre à la question sans faire le calcul dans un premier temps, puis discuter les résultats après avoir fait le calcul.

RAPPEL

Comment convertir des km/h en m/s en utilisant les unités de mesures ?

Dans le calcul, on fait une conversion des kilomètres en mètres et une conversion des heures en secondes avant de faire la division.

Exemple : $\frac{20\,\text{km}}{1\text{h}} = \frac{20\,000\,\text{m}}{3\,600\,\text{s}} = 5{,}5\,\text{m/s}$.

▶ Voir chapitre 7, p. 170.

VOCABULAIRE

Mouvement littéraire et artistique : cette expression fait référence aux points communs qui peuvent exister entre différentes formes d'expression artistique à une époque donnée.

COMPÉTENCES ÉVALUABLES

D1.1 Lire et comprendre des documents scientifiques.
D1.3 Passer d'une forme de langage à une autre.

8 Qu'est-ce que l'énergie potentielle de position ?

Comme l'énergie cinétique, l'énergie potentielle de position n'est visible que lorsqu'elle est convertie en une autre énergie.

ANI > Énergie potentielle

1 Extrait d'une lettre écrite par G.W. Leibniz à Pierre Bayle en 1702.

Histoire des sciences

Gottfried Wilhelm Leibniz (1646-1716)

« Il faut autant [d'énergie] pour élever un corps A d'une masse d'une livre à la hauteur de quatre toises, que d'élever un corps B de quatre livres à la hauteur d'une toise. »

1 livre = 489,5 grammes.
1 toise = 1,949 mètres.

2 Schéma pour expliquer l'expérience de Leibniz.

L'**opérateur** transfère la même énergie à deux corps A et B, avec :

- $m_A = 500$ g,
- $m_B = 2$ kg.

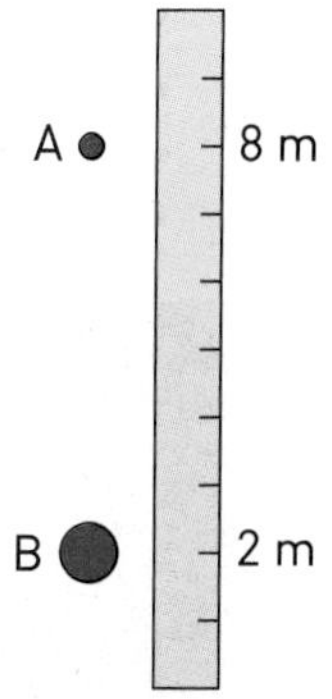

3 Définition de l'énergie potentielle de position.

L'énergie potentielle de position est définie par :

$$E_p = mgh$$

avec :

- E_p, l'énergie potentielle de position en J,
- m, la masse en kg,
- h, la hauteur en m,
- g, l'intensité de la pesanteur. Sur Terre $g = 9{,}81$ N/kg.

4 Transfert d'énergie de deux corps A et B à deux corps identiques C et D.

Si et seulement si on lâche les corps A et B du doc. 2 sans vitesse initiale sur une bascule, ils transfèrent leur énergie potentielle à **deux corps C et D identiques** sur lesquels ils produisent le même effet.
Les deux corps s'animent du même mouvement.
En particulier, ils s'élèvent à la même altitude.

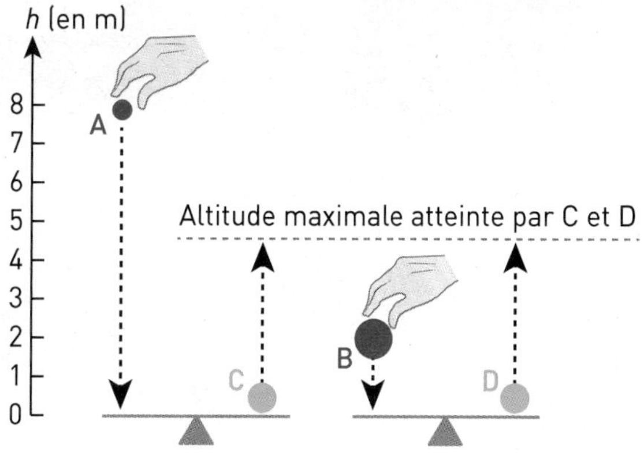

Questions

1. **Docs 1. et 2.** Justifier les valeurs de masses et d'altitudes précisées sur le schéma explicatif.
2. **Docs 2. et 3.** **a.** Calculer l'énergie potentielle de position du corps A, notée $E_p(A)$ avant que l'opérateur ne le lâche. Même question pour le corps B.
   b. Les résultats sont-ils **cohérents** avec les écrits de Leibniz ?
3. **Docs 3. et 4.** Calculer l'énergie potentielle de position des corps A et B lorsqu'ils touchent la bascule. Qu'est devenue leur énergie potentielle de position ?
4. **Doc 4.** On suppose que l'énergie cinétique des corps C et D est nulle à leur altitude maximale. Quelle est l'énergie potentielle de position du corps C à l'altitude 4,5 m ?
5. **Pour aller plus loin** Calculer la masse du corps C.

VOCABULAIRE

Cohérent : conforme à, qui est en accord avec.

Opérateur : la personne qui réalise l'expérience.

INVESTIGATION

ACTIVITÉ 9

Comment devenir ambassadeur le temps d'un exposé ?

COMPÉTENCES ÉVALUABLES

D2. Planifier une tâche, garder des traces des étapes suivies et des résultats obtenus.
D5. Réinvestir ses connaissances ainsi que celles sur les ressources et l'énergie pour agir de façon responsable.

Situation

Vous êtes l'ambassadeur de l'un des pays suivants :
la France, l'Allemagne, le Portugal, l'Italie, l'Algérie, la Tunisie, la Chine, le Pakistan, les Émirats Arabes unis, les États-Unis…
Vous connaissez bien les caractéristiques énergétiques de votre pays, en particulier :
- ses différentes sources d'énergie,
- sa consommation totale en énergie,
- la proportion de ses différentes sources d'énergie dans l'utilisation globale d'énergie,
- ses énergies renouvelables et pourquoi on les appelle ainsi.

CONSIGNE

Préparer un exposé de 5 minutes sur les ressources énergétiques de votre pays et **indiquer** les choix que vous feriez pour l'avenir en matière d'énergie.

Besoin d'aide ?

▶ **Retrouvez des aides en fin d'ouvrage, p. 423.**

●● TÂCHE COMPLEXE

10 L'énergie d'un pendule peut-elle vraiment se perdre ?

COMPÉTENCES ÉVALUABLES

D1.1 Lire et comprendre des documents scientifiques.
D4. Développer des modèles simples pour expliquer des faits d'observations.

Situation

Anaïs a reçu un pendule de Newton pour son anniversaire.
Elle regarde comment il fonctionne. Au bout d'un certain temps, les mouvements s'arrêtent. Anaïs se demande alors si l'énergie du pendule se perd réellement.
Elle a donc apporté son pendule au collège et son professeur de physique lui a proposé une analogie avec une poignée de sable.

CONSIGNE **Aider Anaïs à comprendre pourquoi son pendule s'arrête en expliquant l'analogie qui existe entre le pendule et la poignée de sable.**

1 Fonctionnement d'un pendule de Newton.

■ À chaque choc, l'énergie de la bille rouge qui a été bougée est transmise à travers les autres billes orange, jaune et verte, à la bille bleue qui se trouve à l'autre extrémité du pendule.
Cette bille s'écarte à son tour puis revient frapper l'ensemble des quatre billes verte, jaune, orange et rouge.

2 Poignée de sable et conservation de l'énergie.

■ On prend une poignée de sable dans la main gauche. On transfère cette poignée de sable à la main droite puis on la remet dans la main gauche.
On refait ce transfert plusieurs fois.
Petit à petit, on voit qu'il y a de moins en moins de sable dans chaque poignée.

3 Modèle particulaire de l'air.

■ L'air est un gaz constitué de différentes particules. Si quelque chose traverse l'air, ses molécules en sont bousculées et leur mouvement change.

▶ **Voir chapitre 1. p. 19**

La mise en mouvement de la porte entraine un déplacement d'air qui éteint la bougie.

Besoin d'aide ?

▶ **Retrouvez des aides en fin d'ouvrage, p. 423.**

VOCABULAIRE

Pendule de Newton : ensemble de 5 billes suspendues à des fils. Les 5 billes peuvent se balancer au bout des fils.

TÂCHE COMPLEXE

ACTIVITÉ 11

Quel élastique choisir pour un saut ?

COMPÉTENCE ÉVALUABLE

D4. Interpréter des résultats expérimentaux.

Situation

Justine et Martin souhaitent sauter à l'élastique. Ils ont choisi le viaduc de la Souleuvre, dans le Calvados, pour leur premier saut.

CONSIGNE

En tant que responsable du saut, choisir le bon élastique pour que les sauts de Justine et Martin se déroulent avec le maximum de sécurité.

ACT lienmini.fr/pc-053 Version interactive

1 Viaduc de la Souleuvre à La Ferrière-Harang (Calvados).

• Hauteur du viaduc : 61 m. • Vitesse maximale de saut atteinte : 108 km/h.

2 Taille des élastiques et conditions de saut.

■ Les élastiques sont choisis en fonction de la hauteur de chute.

Il existe deux types d'élastiques :

• d'allongement 100 % c'est-à-dire que l'élastique multiplie sa taille par deux lors du saut.

• d'allongement 200 % c'est-à-dire que l'élastique est capable de tripler sa taille lors du saut.

Allongement	Longueur des élastiques (en m)
100 %	15 ; 18 ; 23 ; 30
200 %	15 ; 18 ; 23 ; 30

■ Pour qu'un saut soit à la fois sécurisé et optimisé pour obtenir un maximum de sensations, la distance entre le sol et le sauteur en fin de chute doit être comprise entre 3 m et 7 m.

3 Résistance des élastiques.

■ Les élastiques sont fabriqués à partir de fils souples de latex réunis ensemble dans une gaine de tissu.

Le nombre de fils joue sur la résistance de l'élastique.

■ Le tableau suivant précise les énergies maximales que peuvent supporter les élastiques.

Type d'élastique	Énergie maximale (en J)
①	25 000
②	35 000
③	45 000
④	55 000

4 Caractéristiques des sauteurs.

Nom : Martin
Taille : 1,65 m
Masse : 63 kg

Nom : Justine
Taille : 1,85 m
Masse : 83 kg

5 Les différentes phases du saut.

- **Phase 1 :**
Chute libre, l'élastique n'est pas tendu.
- **Phase 2 :**
L'élastique commence à se tendre progressivement mais le sauteur continue d'accélérer.
- **Phase 3 :**
L'élastique se tend de plus en plus pour atteindre sa longueur maximale, le sauteur ralentit.
- **Phase 4 :**
L'élastique se détend et le sauteur remonte.

6 Diagramme d'énergie.

■ Le diagramme suivant présente les différentes formes d'énergies que possède le sauteur au départ et au moment où l'élastique commence à se tendre.

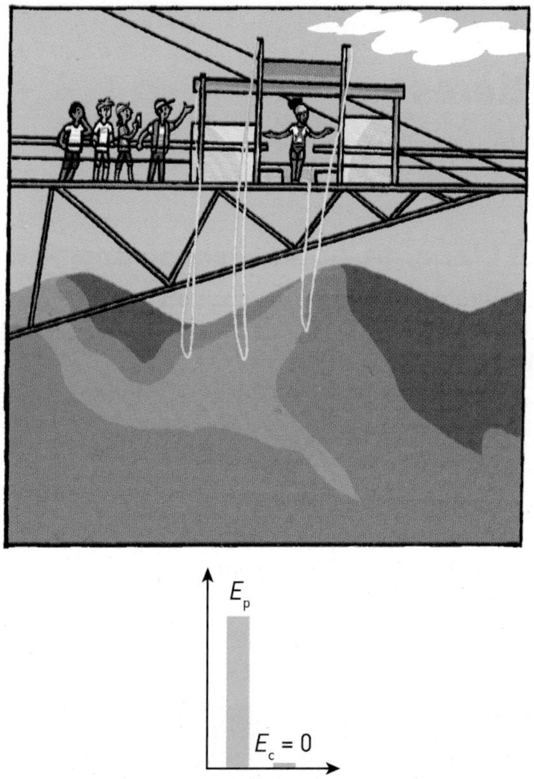

a Justine possède de l'énergie potentielle de position due à sa position élevée par rapport au sol mais pas d'énergie cinétique puisque sa vitesse est nulle.

b Justine possède moins d'énergie potentielle de position due à la perte d'altitude mais, comme sa vitesse est beaucoup plus élevée, son énergie cinétique a augmenté.

■ L'énergie potentielle de position s'est convertie en énergie cinétique durant la chute libre.

Besoin d'aide ?

▶ **Retrouvez des aides en fin d'ouvrage, p. 423.**

Bilan de cycle 4

Sources et formes d'énergie

▶ Retrouvez aussi **Le bilan de 5e** BILAN lienmini.fr/pc-054 **Le bilan de 4e** BILAN lienmini.fr/pc-055

1 Sources d'énergie

▶ Activités 2 4 9

L'être humain a besoin d'énergie pour vivre, se chauffer, se déplacer, s'éclairer, etc. Il la puise dans des sources d'énergie : aliments, bois, charbon, pétrole, gaz, uranium, vent eau…

Les sources d'**énergie renouvelables** sont des sources inépuisables à notre échelle.

Exemples : l'eau, le vent, le Soleil ou la Terre (géothermie).

Les sources d'**énergie non-renouvelables** sont des sources qui ne peuvent pas se renouveler à l'échelle humaine de temps (plusieurs milliers d'années).

Exemples : le pétrole, le charbon, l'uranium, le gaz naturel…

2 Deux formes d'énergies particulières

▶ Activités 3 4 5 6 7 8 11

L'énergie se présente sous différentes formes : l'énergie thermique, l'énergie mécanique, etc.

On distingue plusieurs formes d'énergie mécanique, en particulier :

a L'énergie cinétique

L'**énergie cinétique** est l'énergie que possède un objet en mouvement. Elle dépend de la masse et de la vitesse. L'énergie cinétique est donnée par :

$$E_c = \frac{1}{2}mv^2$$

avec :
- E_c : l'énergie cinétique en J,
- m : la masse de l'objet en kg,
- v : la vitesse en m/s.

Exemple : la voiture possède de l'énergie cinétique.

b L'énergie potentielle de position

L'**énergie potentielle de position** est l'énergie que possède un objet du fait de sa position. Elle dépend de la masse et de l'altitude.
L'énergie potentielle de position est donnée par :

$$E_p = mgh$$

avec :
- E_p : l'énergie potentielle en J,
- m : la masse de l'objet en kg,
- h : la hauteur de l'objet en m.
- g = 9,81 N/kg : l'intensité de la pesanteur sur Terre.

Exemple : le ballon de basket possède une énergie potentielle de position plus élevée qu'au sol.

MOTS-CLÉS

Conversion d'énergie · Énergie cinétique · Énergie potentielle de position · Forme d'énergie · Joules · Source d'énergie · Source d'énergie renouvelable · Transfert d'énergie

VOIR LEXIQUE P. 418

3 Transferts et conversions d'énergie

▶ Activités 1 4 5 6 8 10 11

a Transferts d'énergie

L'énergie peut être transférée d'un système à un autre.

Exemple : il y a **transfert** d'énergie thermique de la lave vers l'eau de la mer.

b Conversions d'énergie

L'énergie peut être convertie d'une forme dans une autre. La conversion s'effectue dans un objet ou un système que l'on nomme alors un convertisseur.

Exemple : Un sèche-cheveux est un convertisseur d'énergie qui **convertit** (on dit parfois aussi qui transforme) l'énergie électrique en énergie cinétique et en énergie thermique.

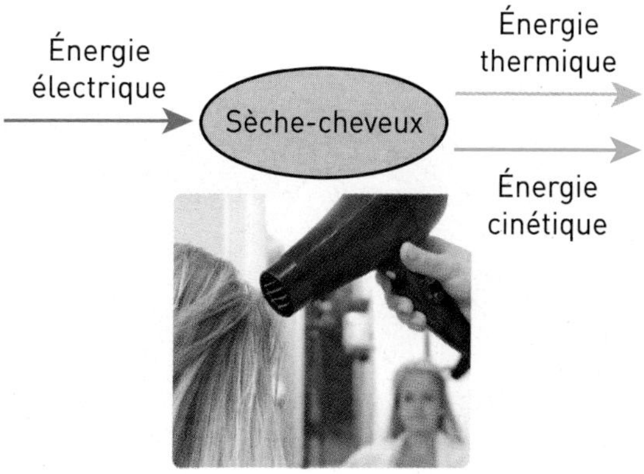

4 Autres formes d'énergies

▶ Activité 3

Énergie **cinétique**	Énergie **potentielle de position**	Énergie **chimique**	Énergie **thermique**	Énergie **nucléaire**	Énergie de **rayonnement**	Énergie **électrique**
Une voiture de masse *m* animée d'une vitesse *v* **possède** de l'énergie cinétique.	Du fait de sa position, une cueilleuse **possède** de l'énergie potentielle de position qui peut être convertie en énergie cinétique lorsqu'elle tombe.	Le bois **possède** de l'énergie chimique qui lors de la combustion est convertie en énergies lumineuse et thermique.	Un chocolat chaud **possède** de l'énergie thermique qui peut être transférée à celui qui le boit.	L'uranium **possède** de l'énergie nucléaire qui peut être convertie en énergie thermique dans les centrales.	Le Soleil **transmet** par rayonnement de l'énergie qui nous réchauffe et qui fait pousser les plantes.	La pile transmet par le courant électrique l'énergie électrique qui fait tourner le moteur.
				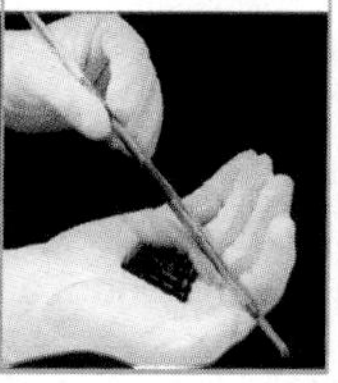		

L'essentiel

L'être humain a besoin d'énergie pour vivre, se chauffer, se déplacer, s'éclairer, etc.
Il la puise dans des **sources** d'énergie : aliments, bois, charbon, pétrole, gaz, uranium, vent eau…

- Le soleil est une source d'énergie **renouvelable**.

- Le pétrole est une source d'énergie **non-renouvelable**.

L'énergie ne peut être créée ni disparaitre ; elle peut seulement être :

- transférée

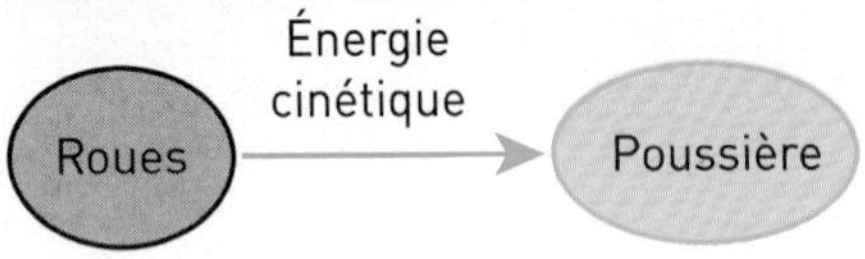

ou

- convertie d'une **forme** dans une autre dans un convertisseur d'énergie

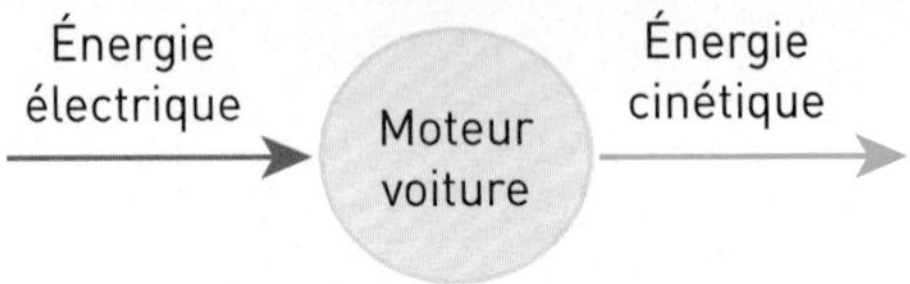

Socle commun

Domaines	Compétences	Activités	Problèmes
D1.1	Lire et comprendre des documents scientifiques.	2 3 8 10	36
D1.1	Utiliser la langue française en cultivant précision, richesse de vocabulaire et syntaxe.	4 7	
D1.3	Passer d'une forme de langage scientifique à une autre.	1 7 8	34
D2	Planifier une tâche, garder des traces des étapes suivies et des résultats obtenus.	9	
D4	Développer des modèles simples pour expliquer des faits d'observation.	1 10	
D4	Interpréter des résultats expérimentaux, en tirer des conclusions.	5 6 11	37
D4	Proposer une hypothèse pour répondre à une question scientifique.	5	35
D5	Réinvestir ses connaissances ainsi que celles sur les ressources et l'énergie pour agir de façon responsable.	9	

Exercices

J'apprends à apprendre

Utilisable en AP

1 Apprendre une formule mathématique

En Physique-Chimie, on a régulièrement recours aux mathématiques.

➡ L'objectif est ici de mémoriser la formule

$$E_c = \frac{1}{2}mv^2$$

avec :
- E_c : l'énergie cinétique en J.
- m : la masse de l'objet en kg.
- v : la vitesse en m/s.

1re étape : aller dans une pièce silencieuse.

2e étape : analyser l'écriture de la formule.

$E = \frac{1}{2}mv^2$ *peut aussi s'écrire* $\frac{1}{2} \times m \times v^2$

3e étape : s'interroger.

- De quelles grandeurs l'énergie cinétique dépend-elle ?

L'énergie cinétique dépend de la masse : si je ne peux pas casser une noisette avec une pierre, je prends alors une plus grosse pierre.

L'énergie cinétique dépend de la vitesse : si je ne peux pas casser la noisette au premier essai, je donne davantage de vitesse à la pierre que j'ai dans la main.

- Quelles sont les unités de ces grandeurs ? *Une masse s'exprime en kg, une vitesse en m/s.*
- Que signifie le petit chiffre 2 ? *Cela signifie que la vitesse est au carré.*

4e étape : mémoriser un exemple simple.

Si la vitesse est multipliée par 2 alors l'énergie est multipliée par 4 (c'est-à-dire 2^2).

J'apprends une méthode

Exercice résolu

Utilisable en AP

2 ●●● Bien répondre à la question posée

Énoncé Expliquer quelles sont les transformations d'énergie qui ont lieu dans un radiateur électrique soufflant.

Solution

- Lire la question et noter ou surligner les mots ou groupes de mots importants.

Mots ou groupes de mots à repérer : « expliquer » « quelles » « transformations d'énergie qui ont lieu dans », « un radiateur », « soufflant »

- Chercher à comprendre de quoi il s'agit et ce qui est demandé.

« Expliquer » signifie dire pourquoi on donne telle réponse ; ce n'est pas citer, donner, dire...
« quelles » est au pluriel, il faut donc identifier au moins deux transformations d'énergie.
« Transformations d'énergie qui ont lieu dans » : de l'énergie est transformée d'une forme dans une autre, cette transformation se fait dans un appareil.
« radiateur » : appareil qui « chauffe » et qui transfère de l'énergie thermique à l'extérieur.
« soufflant » : appareil qui possède un ventilateur, c'est-à-dire un moteur.

- Se représenter l'objet étudié, se rappeler ce sur quoi porte la question pour la reformuler avec ses propres mots.

On s'intéresse à un radiateur qui souffle de l'air chaud ; la question porte sur les transformations d'énergie ; il faut trouver les transformations qui ont lieu dans le radiateur et donc préciser la forme sous laquelle est l'énergie avant et après chaque transformation.

- Commencer par répondre au brouillon.

Un radiateur électrique soufflant a deux fonctions : c'est un radiateur donc il transforme de l'énergie électrique en énergie thermique ; c'est un ventilateur donc il transforme de l'énergie électrique en énergie cinétique.

- Recopier la réponse en vérifiant que l'on a bien répondu à toute la question.

Exercices

Je me teste

EXO lienmini.fr/pc-056

3 ●●● Distinguer différentes sources d'énergie

Recopier les deux colonnes suivantes et relier chaque source à la forme sous laquelle elle stocke l'énergie.

Un jet de vapeur à 100 °C •	• Énergie cinétique
Un jet d'eau •	• Énergie chimique
Une pomme •	• Énergie électrique
Le Soleil •	• Énergie de rayonnement
Le vent •	• Énergie thermique
Du pétrole •	
Du bois •	

4 ●●● Distinguer différentes formes d'énergie

Relier chaque objet à la forme d'énergie qu'il possède, puis à l'objet ou à la personne dont il peut satisfaire un besoin.

Objet pouvant transférer de l'énergie	Forme d'énergie	Objet ou personne ayant besoin d'énergie
Moteur d'une moto •	• Énergie lumineuse •	• Collégien après la piscine
Radiateur •	• Énergie thermique •	• Grotte à explorer
Lampe •	• Énergie cinétique •	• Chambre trop froide
Brioche •	• Énergie chimique •	• Roues d'une moto

5 ●●● QCM Utiliser des formules

Choisir la bonne réponse.

1. Pour calculer l'énergie cinétique on utilise la formule :

a. $E_c = \frac{1}{2} m\, v$ **b.** $E_c = mgv$

c. $E_c = \frac{1}{2} m^2 v$ **d.** $E_c = \frac{1}{2} m\, v^2$ **e.** $E_c = mgh$

2. On veut calculer l'énergie cinétique d'un scooter en mouvement. La masse doit être exprimée en :

a. grammes. **b.** kilos. **c.** kilogrammes. **d.** hectogrammes.

3. On veut calculer l'énergie cinétique d'un scooter en mouvement. La vitesse doit être exprimée en :

a. m/s. **b.** km/h. **c.** m·s. **d.** km·h.

4. Pour calculer l'énergie potentielle de position, on utilise la formule :

a. $E_p = \frac{1}{2} m\, v$ **b.** $E_p = mgv$

c. $E_p = \frac{1}{2} m^2 v$ **d.** $E_p = \frac{1}{2} m\, v^2$ **e.** $E_p = mgh$

6 ●●● Vrai ou faux ?

1. Quand une lampe brille toute l'énergie électrique consommée est convertie en d'autres formes d'énergie.

2. Quand une lampe brille toute l'énergie électrique qu'elle consomme est convertie en énergie thermique.

3. Quand on mange un sandwich avant un cross toute son énergie chimique est convertie en énergie cinétique.

4. Quand on fait circuler de l'eau dans des roches chaudes puis dans des habitations une partie de son énergie thermique est transférée à l'environnement.

5. Quand on fait circuler de l'eau dans des roches chaudes puis dans des habitations toute son énergie thermique finit par être transférée à l'environnement.

6. Quand on chauffe des aliments, il s'agit d'une conversion d'énergie thermique en énergie de rayonnement.

VOIR CORRIGÉS P. 423

Je travaille des compétences

Pédagogie différenciée

7 Utiliser la conservation de l'énergie

Une quinzaine de plongeurs s'affrontent tout au long de l'année sur des plongeoirs d'une hauteur d'environ 88,5 feet. Ils sont notés à la fois sur la difficulté et sur la bonne réalisation de leurs sauts.
Gary Hunt et David Colturi font partie des meilleurs mondiaux !

Données :

- Masse de Gary = 80 kg.
- Masse de David = 77 kg
- 1 foot (pluriel : feet) = 0,304 8 m
- g_{Terre} = 10 N/kg

Consigne pour le groupe A

➡ Calculer la vitesse de Gary Hunt lorsqu'il arrive dans l'eau.

Consignes pour le groupe B

1. Expliquer pourquoi l'énergie cinétique de Gary lorsqu'il arrive dans l'eau est égale à son énergie potentielle de position en haut du plongeoir.

2. Calculer l'énergie potentielle de position de Gary en haut du plongeoir de 88,5 ft de haut et utiliser la question précédente pour en déduire sa vitesse lorsqu'il arrive dans l'eau.

Consignes pour le groupe C

1. Exprimer en mètres la valeur de la hauteur du plongeoir de 88,5 ft

2. Calculer l'énergie potentielle de position de Gary en haut de la plateforme.

3. L'énergie potentielle de position de Gary sur la plateforme est égale à son énergie cinétique lorsqu'il touche l'eau.
Y a-t-il transfert ou conversion d'énergie durant sa chute ?

4. L'énergie cinétique de Gary lorsqu'il touche l'eau est d'environ 22 kJ. Exprimer cette valeur en joules puis calculer la valeur de sa vitesse.

8 Identifier des questions scientifiques

Sam aime beaucoup les caramels et il vient d'en manger 6. Hend s'exclame : « Il faut vraiment que tu arrêtes, tu as au moins mangé l'équivalent de 2 grosses cuillères de beurre ! »

Données

- 1 caramel ⇔ 8 g
- 1 caramel ⇔ 35 kcal
- 1 g de beurre ⇔ 29 kJ
- 1 kcal = 4,18 kJ
- 1 cuillère de beurre ⇔ 15 g

Consigne pour le groupe A

➡ Rechercher la composition des caramels et discuter l'affirmation de Hend.

Consignes pour le groupe B

1. Expliquer pourquoi les données utilisent deux signes différents : ⇔ et =.

2. Calculer l'énergie apportée par 6 caramels puis l'énergie apportée par 2 cuillères de beurre. Comparer les deux valeurs.

Consignes pour le groupe C

1. Calculer en kcal l'énergie apportée par 6 caramels puis convertir cette valeur en joules.

2. Calculer en joules l'énergie apportée par deux cuillères de beurre.

3. Comparer ces deux valeurs.

Exercices

Je travaille des notions

Les bons mots pour le dire

9 Utiliser le bon vocabulaire

Recopier les phrases suivantes en choisissant l'expression correcte :

1. L'expression *m g h* est *l'expression littérale / littéraire* de l'énergie potentielle.

2. Un moteur qui convertit l'énergie électrique en énergie cinétique est *un convertisseur d'énergie / un convertible d'énergie.*

3. Le vent est *une énergie renouvelable / une énergie renouvelée.*

10 Améliorer un texte

Les mots soulignés sont incorrects ou peu appropriés. Recopier le texte en les remplaçant par un mot ou une expression plus adaptés :

1. Pour <u>faire le calcul de</u> l'énergie potentielle <u>d'un poids</u> de 4 kg situé à 2 mètres <u>de par-terre</u> on <u>prend</u> l'expression $E_P = m g h$.

2. Dans une centrale hydraulique, <u>l'alternatif</u> transforme de <u>l'eau</u> en énergie électrique. <u>Le turbo</u> est la pièce qui ressemble à une roue de moulin et que l'eau fait tourner.

3. Sur le toit de sa maison, Monsieur Divert a installé des panneaux <u>photométriques</u> qui transforment le <u>Soleil</u> en énergie électrique.

11 Conversion d'énergie

Remettre les étiquettes dans l'ordre en ajoutant les majuscules et la ponctuation si nécessaire.

je passe ma main rapidement sur mon bras | si | je ressens l'effet d'un apport d'énergie | or | thermique | donc | cinétique | de l'énergie | est | mon bras possède de l'énergie cinétique | thermique | transformée | en énergie

Reconnaitre différentes formes d'énergie

12 Nommer les formes d'énergies

Recopier et compléter les phrases suivantes.

1. Une lampe qui éclaire fournit de l'énergie ... .

2. Une barre de céréale possède de l'énergie ... .

3. De l'uranium utilisé dans les centrales possède de l'énergie ... .

4. Un avion qui vole possède de l'énergie ... .

5. Un café chaud possède de l'énergie ... .

6. Une pile fournit de l'énergie ... .

13 Quel est l'intrus ?

CHIMIQUE – LUMINEUSE – NUCLÉAIRE – ÉLECTRIQUE – VENT – THERMIQUE

14 Énergie cinétique ou énergie potentielle de position ?

Visionnez la vidéo, qui est au ralenti, ci-contre : VIDEO lienmini.fr/pc-057

1. À chacun des temps suivants expliquer si l'énergie cinétique et l'énergie potentielle de position du sauteur sont nulles ou non. On suppose que le sol est à l'altitude 0.

a. Chrono : 05 secondes.

b. Chrono : 10 secondes.

2. À quel(s) moment(s) l'énergie cinétique du sauteu est-elle la plus grande ?

3. À quel(s) moment(s) son énergie potentielle de position est-elle la plus importante ?

15 Centrale hydraulique

1. Préciser quelle est la source d'énergie exploitée po une centrale hydraulique.

2. Identifier la forme d'énergie de l'eau au point A.

3. Sous quelles formes l'eau possède-t-elle d l'énergie en B ?

Identifier différentes sources d'énergie

16 ●●● Énergie renouvelable ou non renouvelable ?

1. Rappeler la définition d'une source d'énergie renouvelable.

2. Classer les sources suivantes dans la bonne catégorie : source énergie renouvelable ou source d'énergie non renouvelable.
Uranium – Eau d'une cascade – Charbon – Gaz naturel – Vent – Soleil – Pétrole – Chaleur du sous-sol.

17 ●●● QCM

1. Le charbon, l'eau en mouvement ou l'uranium sont :
a. des formes d'énergie.
b. des sources énergies.
c. des énergies renouvelables

2. L'eau, le Soleil et le vent sont des sources d'énergie :
a. renouvelables.
b. non renouvelables.
c. épuisables.

3. l'énergie potentielle de position dépend de :
a. la vitesse. **b.** la masse. **c.** la hauteur.

18 ●●● Forme et source d'énergie

1. Dans chaque cas, préciser quelle est la forme d'énergie convertie et sous quelle forme l'énergie est disponible après la conversion.

1 Lampe de bureau.

2 Centrale nucléaire.

3 Four solaire.

. Quelles sont les sources d'énergie utilisées dans les cas **2** et **3** ?

19 ●●● Centrale thermique à flamme

Une centrale thermique « à flamme » est une centrale où un combustible est brulé pour produire de la chaleur et vaporiser de l'eau.

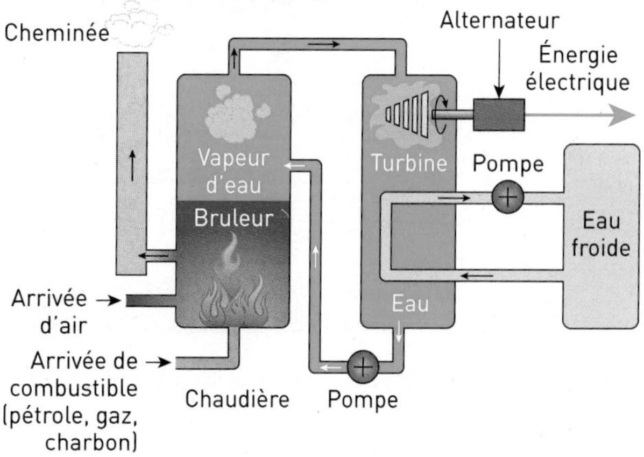

1. Quelle est la source d'énergie exploitée par une centrale thermique ?

2. Sous quelle forme les sources fournissent-elles de l'énergie à la centrale thermique à flamme ?

3. Sous quelle forme l'énergie est-elle produite par la centrale puis redistribuée au réseau EDF ?

4. À partir des réponses précédentes, réaliser la chaine d'énergie de la centrale thermique.
Préciser quels sont les réactifs de la transformation chimique qui a lieu dans la chaudière.

20 ●●● Développement durable TICE

Pour contribuer au développement durable, des dispositifs permettent de produire de l'énergie électrique tout en respectant l'environnement.
C'est le cas des panneaux photovoltaïques.

1. Quelle est la source d'énergie utilisée ? Pourquoi place-t-on les panneaux photovoltaïques sur le toit ?

2. Quels avantages y a-t-il à utiliser les panneaux photovoltaïques pour produire de l'énergie électrique plutôt qu'à consommer l'électricité produite par une centrale thermique à charbon.

3. Rechercher sur internet pourquoi il n'y a plus d'usine ni de centrale à charbon en France.

Exercices

Je travaille des notions

Calculer l'énergie cinétique

21 ●●● **Le saut en longueur**

Éric et Daline pratiquent en EPS le saut en longueur. Éric possède une masse supérieure à celle de Daline. Il constate que, lors de son saut, Daline laisse la même marque que lui dans le sable.

1. L'impact laissé dans le sable est lié à l'énergie cinétique de l'élève.
Rappeler la formule de l'énergie cinétique.

2. Que devient l'énergie cinétique de Daline au moment où elle laisse sa marque dans le sable ?

3. Proposer une explication à l'observation d'Éric.

22 ●●● **Comparer des énergies cinétiques**

1. Rappeler l'expression littérale de l'énergie cinétique.

2. Associer de façon intuitive une valeur de l'énergie cinétique à chaque véhicule.

E_c = 400 kJ ●	● Scooter : m = 150 kg et v =10 m/s
E_c = 7,5 kJ ●	● Voiture : m = 1 000 kg et v= 30 m/s
E_c = 450 kJ ●	● Camion : m = 8 000 kg et v = 10 m/s

3. Calculer la valeur de l'énergie cinétique du camion puis celle de la voiture

4. Préciser si les associations intuitives de la question 2 sont correctes.

Calculer l'énergie potentielle de position

23 ●●● **La plume et le ballon**

On élève à la même hauteur deux objets : une plume et une balle. On lâche ces deux objets depuis un support élevé à une très grande hauteur.

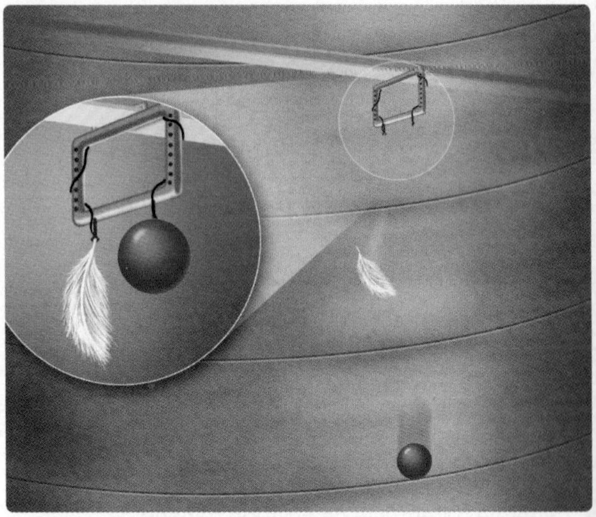

1. Écrire la formule de l'énergie potentielle de position E
puis donner la signification de chaque grandeur.

2. On voit sur le dessin que la plume et la balle sont à l
même hauteur. Lequel des deux objets possède la plu
grande énergie potentielle de position ?

24 ●●● **Un monte-charge sur le port**

L'activité de transport de marchandises est importante dans de nombreux ports. Le fret utilise aujourd'hui des conteneurs universels qui s'emboitent comme des briques de Lego®. Des grues et des ponts roulants chargent et déchargent ces conteneurs sur les navires.

1. Lors d'une manutention, un conteneur voit son éne
gie potentielle de position varier. Des deux grandeurs q
interviennent dans l'expression de l'énergie potentie
de position, quelle est celle qui ne varie pas ? Quelle e
celle qui varie ?

2. Indiquer dans quelle position le conteneur possède
plus grande énergie potentielle de position.
Justifier.

25 ●● Calculer des valeurs d'énergie potentielle de position

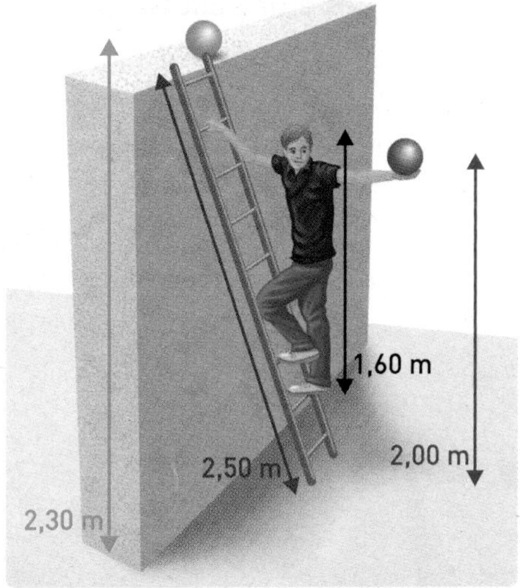

Choisir la bonne réponse.

1. Pour calculer l'énergie potentielle de position du ballon rouge, on utilise l'expression littérale suivante :

a. $E_p = m g h$ b. $E_p = m v h$ c. $E_p = m \times g \times h$

2. Pour calculer l'énergie potentielle de position du ballon rouge, on effectue le calcul suivant :

a. $E_p = 500 \times 9{,}81 \times 1{,}5$

b. $E_p = 0{,}5 \times 9{,}81 \times 2$

c. $E_p = 0{,}4 \times 9{,}81 \times 2{,}5$

3. Pour calculer l'énergie potentielle de position du ballon vert, on effectue le calcul suivant :

a. $E_p = 0{,}5 \times 9{,}81 \times 2{,}5$

b. $E_p = 0{,}4 \times 9{,}81 \times 2{,}5$

c. $E_p = 0{,}4 \times 9{,}81 \times 2{,}3$

Données

masse du ballon rouge : 500 g = 0,5 kg
masse du ballon vert : 400 g = 0,4 kg
g = 9,81 N/kg

Identifier des transferts d'énergies

26 ● Quels transferts d'énergies ?

Relier les données de la colonne de gauche à celles de la colonne de droite.

Le radiateur chauffe la pièce ●	● Transfert électrique
Le chargeur alimente le smartphone ●	● Transfert mécanique
Le vent entraine le voilier ●	● Transfert thermique
Les phares éclairent la route ●	● Transfert par rayonnement

Identifier des conversions d'énergies

27 ● La pile Wonder

1. Préciser sous quelle forme l'énergie est fournie à l'usager par les piles de ce type.

2. Proposer un autre slogan pour cette publicité.

3. Quels usages peut-on faire de la pile ?

4. Préciser quelles sont les conversions d'énergie lorsque la pile est utilisée pour alimenter une lampe torche en énergie.

5. Expliquer le slogan.

28 ● La bougie

Dany adore regarder bruler les bougies, il est fasciné par leurs petites flammes qui semblent si fragiles.

1. Sous quelle forme l'énergie est-elle stockée dans une bougie ? Où est-elle stockée ?

2. L'énergie convertie lors de la combustion d'une bougie est-elle renouvelable ? Expliquer.

3. Des conversions d'énergie ont lieu lors de la combustion de la bougie. Lesquelles ?

Utiliser la conservation de l'énergie

29 ● Une montre révolutionnaire

Noam vient d'acheter une nouvelle montre. Il la présente à son amie Lisa et lui dit : « Regarde ! Elle n'a pas de pile à l'intérieur et ne s'arrête jamais, son mécanisme est à mouvement perpétuel. »

Lisa, qui s'y connait en montres, rit et répond :
« Tu dis n'importe quoi, ce mécanisme n'utilise pas l'énergie d'une pile mais l'énergie mécanique lorsque ton bras bouge !! Si tu la poses dans un coin tu verras qu'elle finira par s'arrêter. »

➡ Qui a raison ?

Exercices

Je travaille des notions

30 ●●● Distinguer transfert et conversion d'énergie

Recopier en supprimant les propositions fausses.

1. Les phares de la voiture éclairent la route.
Il s'agit *d'un transfert d'énergie de rayonnement / d'un transfert d'énergie électrique.*

2. Le vent entraine le cerf-volant vers le soleil.
Il s'agit *d'un transfert d'énergie cinétique / d'un transfert d'énergie thermique.*

3. La batterie alimente l'ordinateur.
Il s'agit *d'un transfert d'énergie électrique / d'une conversion d'énergie chimique en énergie électrique.*

31 ●●● À la recherche de l'origine de l'accident d'un drone

Un drone vendu dans le commerce possède les caractéristiques suivantes :
- dimensions (en mm) : 180 × 185 × 40
- masse (en g) : 63
- portée du capteur : jusqu'à 4 m à la verticale.

Donnée : g = 9,81 N/kg

1. Rappeler l'expression de l'énergie potentielle de position E_p en précisant les unités de chaque grandeur.

2. Le capteur fixé sur le drone reçoit les signaux envoyés par le pilote.
On veut calculer l'énergie potentielle de position du drone lorsqu'il est à l'altitude maximale à laquelle le pilote peut communiquer avec lui.
Calculer cette valeur au centième.

3. Le moteur a soudainement cessé de fonctionner et le drone s'est écrasé.
Les experts pensent que lorsqu'il a touché le sol sa vitesse était de 10 m/s.
a. Proposer une cause possible à l'accident.
b. Vérifier par le calcul si l'hypothèse peut être retenue.

32 ●●● Les risques d'une chute

Anaïs et Jessica sont sœurs.
Elles n'ont pas la même masse.
La masse d'Anaïs est de 50 kg tandis que celle de Jessica est de 60 kg.

1. Anaïs et Jessica calculent quelles seraient leurs énergies potentielles de position si elles montaient en haut du mur de 2 m qui clôt leur jardin.
Quel est le résultat de leurs calculs ?

2. Comme l'énergie potentielle de position de Jessica est plus élevée que celle d'Anaïs, elles pensent qu'en cas de chute Anaïs se fera moins mal car sa vitesse sera moins élevée en arrivant au sol. Pourquoi ont-elles tort ?

33 ●●● L'énergie sur Terre TICE

➡ Rechercher en quoi ce montage photographique peut permetttre d'illustrer la conservation de l'énergie sur Terre.

Problèmes

34 ●●● Fonctionnement d'une centrale hydraulique

D1.3. Passer d'une forme de langage scientifique à une autre.

Antoine explique le fonctionnement d'une centrale hydraulique grâce au dessin suivant :

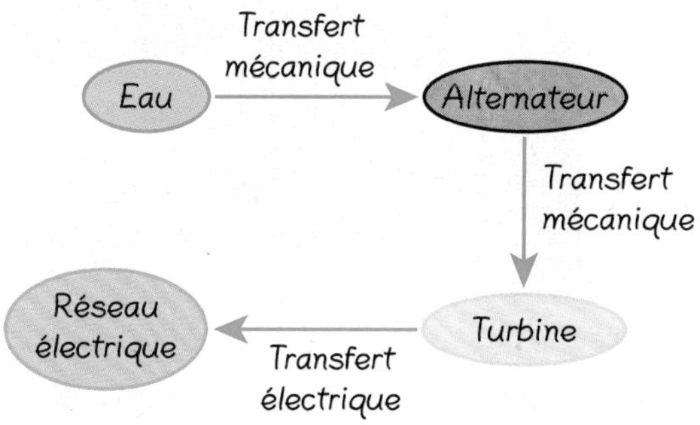

/oici son commentaire :

« ***Le barrage utilise l'eau comme forme d'énergie pour pro-uire de l'énergie électrique. C'est l'alternateur qui, en tournant, onvertit l'énergie hydraulique en énergie électrique.*** »

➜ Rechercher quelles sont les erreurs qu'Antoine a pu aire en schématisant le fonctionnement de la centrale t en rédigeant son commentaire. Reproduire le schéma t le commentaire en corrigeant ces erreurs.

35 ●●● Le rugby, un sport de vitesse ?

D4. Proposer une hypothèse pour répondre à une question scientifique.

On dit souvent que le rugby est un sport de combat collectif. Le plaquage en est bien la preuve ! Les entraineurs disent souvent aux joueurs : « ***L'importance lors d'un plaquage ce n'est pas la taille mais la vitesse !*** ».

Uini Atonio pèse 155 kg et sa vitesse maximale est de 25 km/h alors qu'Hillal ne fait que 80 kg.

1. Convertir la vitesse d'Uini Atonio en m/s.

2. Calculer l'énergie cinétique d'Uini Atonio.

3. Vérifier par un calcul que Hillal peut avoir une vitesse qui lui permet d'avoir la même énergie cinétique que Uini.

36 ●●● La production d'énergie mondiale

D1.1. Lire et comprendre des documents scientifiques.

e tableau montre l'évolution, de la production énergie des dix premiers pays, en millions de tonnes quivalent pétrole (Mtep), à partir d'une source non renouvelable.

	Pays	2005	2015	Variation entre 2015 et 2005	% de variation en 2015
1	États-Unis	186,3	189,9	+ 2 %	32,6%
2	France	102,2	99,0	– 3 %	17,0 %
3	Russie	33,4	44,2	+ 32 %	7,6 %
4	Chine	12,0	38,6	+ 222 %	6,6 %
5	Corée du Sud	33,2	37,3	+ 12 %	6,4 %
6	Canada	20,7	23,6	+ 14 %	4,0 %
7	Allemagne	36,9	20,7	– 44 %	3,6 %
8	Ukraine	20,1	19,8	– 1,5 %	3,4 %
9	Royaume-Uni	18,5	15,9	– 14 %	2,7 %
10	Suède	16,6	12,9	– 22 %	2,2 %
otal des 10 premiers		479,9	501,9	+ 5 %	86,1 %
otal mondial		626,4	583,1	– 7 %	100 %

1. Quelle est la forme d'énergie associée à cette source ?

2. Quel est le deuxième pays producteur mondial en 2015 ?

3. Quel pays était le troisième producteur mondial en 2005 ?

4. Quel pays a le plus augmenté sa production ces 10 dernières années ?

5. Quel pays a considérablement diminué sa production à partir de cette source pendant ces 10 dernières années ?

Problèmes

37 ●●● Airbags, ceintures et crashs tests

D4. Interpréter des résultats expérimentaux, en tirer des conclusions.

On peut lire dans un magazine en ligne :

« **Lors d'un choc violent, la vitesse d'un véhicule chute brutalement. La dissipation quasi instantanée de l'énergie cinétique provoque une déformation du véhicule, qui peut être entièrement détruit. Plus la vitesse est élevée, plus les dégâts sont importants. <u>Un véhicule roulant 2 fois plus vite occasionne 4 fois plus de dégâts.</u>** »

Afin d'étudier les déformations d'un véhicule lors d'un choc et d'améliorer son comportement ainsi que ses équipements, on réalise des crash-tests.

Un véhicule, comportant des mannequins équipés de capteurs, est projeté sur un obstacle. Les ingénieurs peuvent ainsi étudier les dégâts à la fois sur le véhicule et sur les passagers. À partir de données récoltées par les capteurs, ils élaborent des systèmes de protections.

1. Quelle est la conversion d'énergie qui explique la déformation du véhicule ?

2. Lorsque le journaliste écrit « 4 fois plus de dégâts » il semble faire allusion à une grandeur qui est 4 fois plus élevée lorsque la vitesse double. Quelle est cette grandeur ? Proposer une autre formulation de la phrase soulignée.

3. À quel moment un airbag entre-t-il en action : avant ou après que le passager ait pris de la vitesse par rapport à la voiture ?

4. Quel est le rôle de l'airbag au moment du choc ?

5. Citer un autre système de protection dans une voiture. Pourquoi est-ce important qu'il entre en action avant l'airbag ?

6. L'énergie cinétique des deux voitures est différente. Pourtant, l'un des paramètres est identique pour les deux voitures durant le test. Lequel ?

7. En déduire quel est le paramètre qui explique sans doute la différence de dégâts observés lors du test.

8. Si la grosse voiture avait heurté une boule de métal de même masse et de même vitesse que la petite voiture, n'aurait-elle pas subi davantage de dégâts ? Expliquer quel paramètre est également très important dans la conception des voitures.

Lors d'un crash-test, une petite voiture très « smart » et une grosse cylindrée sont lancées à la même vitesse : les dégâts sont différents sur chaque véhicule.

Sciences MAG

38 ●●● La maison de la Radio

Depuis la construction de la Maison de la Radio à Paris en 1963, la source d'énergie nécessaire à son fonctionnement est la Terre. De l'eau à 27 °C était puisée à 600 m de profondeur et rejetée à 7 °C. L'énergie thermique ainsi « pompée » pouvait être convertie en d'autres formes d'énergie. En 2008, un nouveau système a été mis en place avec des forages moins profonds de 45 m.

Actuellement, de nouvelles techniques permettent d'utiliser comme source d'énergie des sous-sols dont la température est peu élevée en faisant circuler de l'eau dans de longues canalisations.

➡ Rechercher quelles sont les autres villes de France où la géothermie est utilisée pour chauffer des habitations.

39 L'expérience de Joule

30 min

1

L'inventeur de l'effet Joule.

James Prescott Joule (1818-1889)
Joule est un physicien anglais qui a particulièrement travaillé sur les liens entre énergie mécanique et énergie thermique. On raconte qu'il passa une grande partie de sa lune de miel dans les Alpes à étudier une chute d'eau, établissant que la température de l'eau mesurée au pied de la chute est supérieure à la température mesurée en haut de la chute.

Questions

1. En haut d'une cascade, l'eau possède de l'énergie potentielle de position et de l'énergie cinétique.
En bas de la cascade, la température de l'eau est plus élevée qu'en haut de la cascade.
Choisir entre les deux propositions :

a. À la fin de la chute, une partie de l'énergie cinétique a été transformée en énergie thermique.

b. À la fin de la chute, toute l'énergie potentielle de position a été transformée en énergie thermique.

2 Joule a également mis en évidence l'effet qui porte son nom : le dégagement de chaleur par une résistance traversée par un courant électrique.

Le « poids » (de masse m = 25 kg) fait tourner l'hélice dans l'eau par l'intermédiaire des poulies. Le thermomètre mesure l'élévation de température qui en résulte.

Il faut transférer une quantité d'énergie thermique de 4 187 J à une masse de 1 kg d'eau pour l'élever de 1 °C.

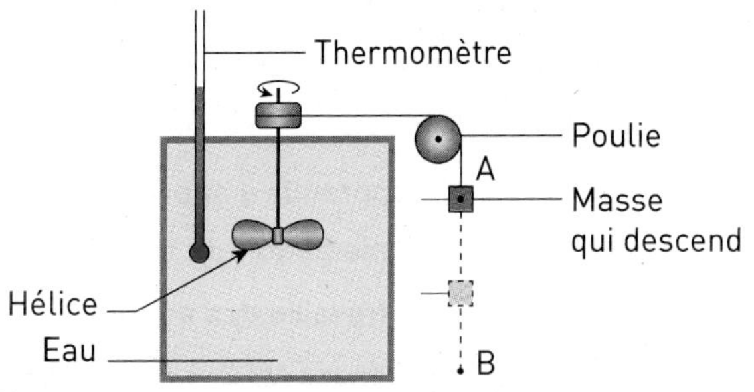

Expérience de Joule reproduite au laboratoire.

Questions

2. Sous quelle forme la masse possède-t-elle de l'énergie lorsqu'elle est en A ?

3. Le point A est situé 2 mètres au-dessus de B.
On va faire tomber la masse plusieurs fois de A en B.

a. Quel est le nom et le symbole de l'unité d'énergie ?

b. Rappeler quelle est l'expression de l'énergie potentielle de position et calculer celle de la masse lorsqu'elle est en A. On donne g = 10 N/kg.

c. Combien de fois faut-il faire tomber la masse de A en B pour élever la température de 1 kg de 1 °C ?

4. Tandis que la masse tombe, l'hélice tourne et la température de l'eau s'élève.

a. Préciser les trois formes d'énergies mises en jeu dans cette expérience. Justifier que, dans chaque cas, l'énergie est bien sous la forme citée.

b. Proposer une représentation des transferts et conversions d'énergie entre la masse, l'hélice et l'eau.

3

> ***« Dès la fin du XVIIIe siècle, on a fait l'hypothèse que la température mesure l'agitation des particules qui constituent la matière. Plus l'agitation des particules est grande, plus la température est élevée. »***

Interprétation microscopique de la température.

Questions

5. a. Rappeler quelle est la représentation microscopique de l'eau liquide. On peut faire un schéma.

b. Expliquer si l'expérience de Joule illustre le lien entre température et agitation des particules constituant la matière.

CHAPITRE

10 Circuits, tension et intensité

Sommaire

Zoom sur...

Les croisements entre chapitres

Dans l'activité 2, je fais le lien avec le chapitre 13, **Énergie et puissance électriques** (p. 328 du manuel).

L'interdisciplinarité

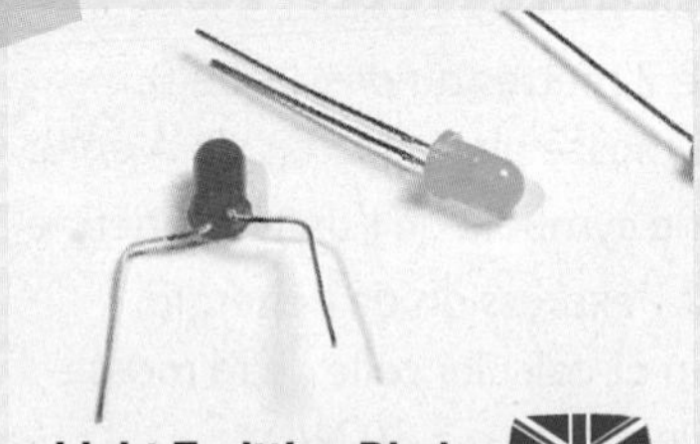

Light Emitting Diode

Dans l'activité 5, je fais le lien avec l'Anglais.

L'histoire des sciences

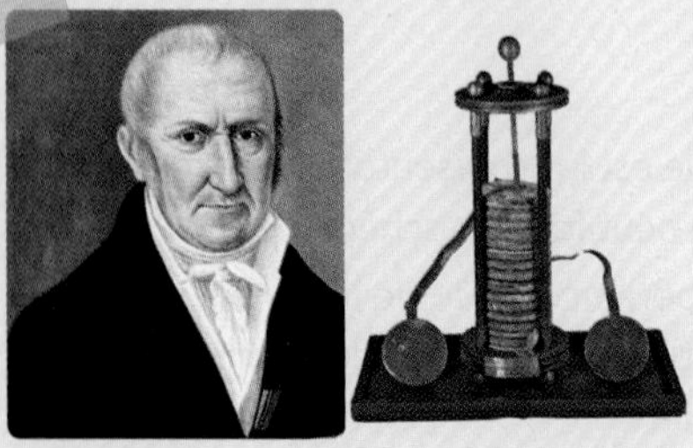

Dans l'activité 7, je découvre la pile du physicien Alessandro Volta.

Une vidéo

Dans l'exercice 44, je regarde une vidéo sur un duel au fleuret.

Quel circuit a été réalisé pour cet éclairage festif ?

Oxford Street à Londres.

Dans ce chapitre, je vais	Activités	Exercices
Connaitre les dangers en électricité.	2	28 et 29
Comprendre le fonctionnement d'un circuit électrique.	1 3 5 9	17 à 19
Identifier le sens du courant électrique.	5	26 et 27
Connaitre les circuits électriques : série et avec dérivations.	3 4 6	20 à 25
Connaitre et mesurer des grandeurs électriques : tension et intensité.	7 8 9	30 à 36

INVESTIGATION

ACTIVITÉ 1

Comment trier les piles et les lampes ?

COMPÉTENCES ÉVALUABLES

D3. S'impliquer dans un projet ayant une dimension citoyenne.
D4. Concevoir une expérience.
D4. Réaliser un dispositif d'observation.

Situation

Parmi les piles et les lampes à disposition, certaines fonctionnent et d'autres ne fonctionnent pas.
Quelles sont les lampes à jeter ?
Quelles sont les piles à déposer dans un bac de collecte ?

Faites le tri !

Piles et lampes à disposition.

Bac à piles usagées.

CONSIGNE **Réaliser** des expériences, puis **rédiger** un texte court pour expliquer les différentes étapes du tri.

Besoin d'aide ?

▶ **Retrouvez des aides en fin d'ouvrage, p. 423.**

2 La chasse aux insectes est-elle dangereuse ?

COMPÉTENCES ÉVALUABLES

D1.1 Lire et comprendre des documents scientifiques.
D3. Expliquer les fondements des règles de sécurité en électricité.

Lorsque l'on utilise une raquette électrique pour se débarrasser des insectes volants, on observe qu'au contact de la raquette en fonctionnement, l'insecte brule.

1 Risque électrique.

Il y a risque électrique lorsque le corps d'une personne est accidentellement parcouru par le courant électrique.
La personne électrisée peut être victime de brulures internes ou externes ; elle risque l'électrocution.
Souvent, le contact n'est pas direct avec la « source » de courant ; la personne a touché un objet qui était sous tension.

Attention : il ne faut pas réparer ou intervenir sur des objets sous tension.

2 Mode d'emploi de la raquette électrique.

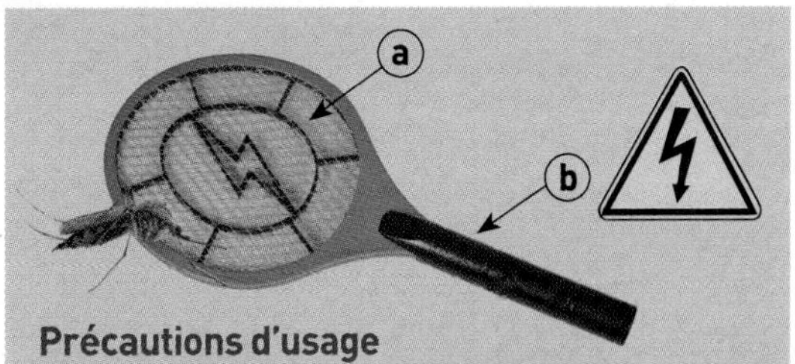

Précautions d'usage
- Saisir la raquette par la poignée en plastique.
- Ne pas toucher le tamis en métal lorsque la raquette est en état de fonctionnement.

3 Test de conductivité des matériaux.

L'expérience est réalisée en utilisant un générateur dont la tension est suffisamment faible pour ne présenter aucun risque.

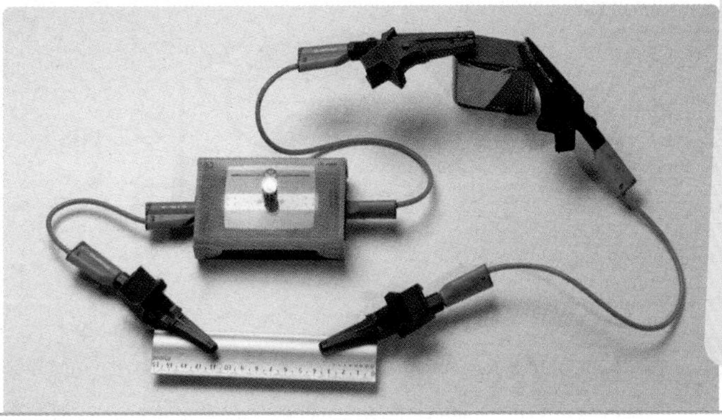

Mon cahier de labo

Matériel à disposition :
- 1 pile de 4,5 V.
- 1 lampe.
- 3 fils électriques.
- 4 pinces crocodile.
- *Objets à tester* : règle métallique, papier, buvard mouillé, gomme.

Questions

1 **Doc 1.** D'où provient le risque électrique ?

2 **Doc 1.** Donner la différence entre une électrisation et une électrocution.

3 **Doc 3.** EXP Réaliser la même expérience que celle du document 3 et remplacer la règle par des objets à tester tels que papier, buvard… Préciser pour chaque objet testé s'il est **isolant** ou **conducteur**. Justifier la réponse.

4 **Doc 2.** Donner la légende de la raquette à partir du mode d'emploi.

5 Rédiger quelques lignes pour expliquer pourquoi la raquette électrique est réalisée en différents matériaux.

6 **Pour aller plus loin** Comme une raquette électrique, un flash d'appareil photographique est alimenté en basse tension (3 V à 7 V), mais contient un dispositif qui permet de stocker, puis de libérer très rapidement de l'énergie (la tension est alors de 300 V). Que risque-t-on quand on active le flash de son appareil photographique ?

VOCABULAIRE

Électrocution : électrisation entrainant la mort.

Sous tension : mot utilisé dans le langage courant, se dit d'un objet relié à une source de courant.

Isolant : qui ne laisse pas passer le courant.

Conducteur : qui laisse passer le courant.

ACTIVITÉ 3

Quelles sont les conditions nécessaires au fonctionnement d'un circuit ?

COMPÉTENCES ÉVALUABLES

D4. Proposer une ou des hypothèses pour répondre à une question scientifique.
D4. Réaliser un dispositif d'observation.

La professeure a demandé à quatre élèves de dessiner un circuit qui permet de faire briller une lampe.

1 Dessins de circuits d'élèves.

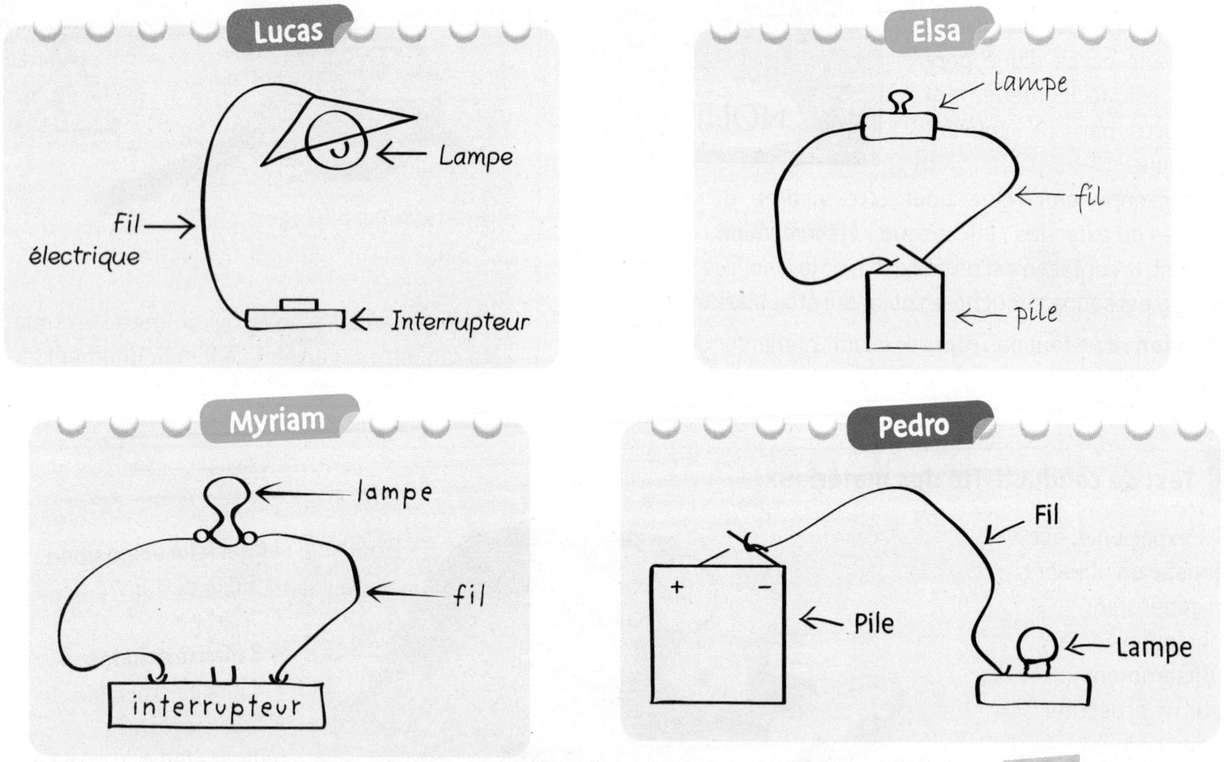

Circuit	La lampe brille-t-elle ?		Interprétation
	Hypothèse	Observation	
Lucas	OUI-NON	OUI-NON	
Elsa	OUI-NON	OUI-NON	
Myriam	OUI-NON	OUI-NON	
Pedro	OUI-NON	OUI-NON	

Mon cahier de labo

Matériel à disposition :

- 1 pile plate.
- 1 lampe.
- Des fils électriques.
- 2 pinces crocodile.
- 1 interrupteur.

Questions

1. **Doc 1.** Observer chaque dessin, puis **émettre une hypothèse** sur l'état de la lampe.
2. **Doc 1.** Recopier le tableau, puis entourer la réponse correspondant à l'hypothèse émise.
3. **Doc 1.** **EXP** Réaliser successivement les circuits correspondant aux différents dessins.
4. **Doc 1.** Noter le résultat des observations en entourant la bonne réponse dans la colonne « Observation ». Compléter ensuite la colonne « Interprétation ».
5. Donner les deux conditions nécessaires au fonctionnement d'un dipôle dans un circuit.

VOCABULAIRE

Émettre une hypothèse : faire une supposition.

4 Comment schématiser un circuit électrique ?

COMPÉTENCES ÉVALUABLES

D1.3 Passer d'une forme de langage à une autre.
D4. Interpréter des résultats expérimentaux.

Aurélia, Heykel et Najète réalisent des circuits électriques. Ces trois élèves disposent tous du même matériel. Tous ne choisissent pas d'utiliser l'ensemble des dipôles électriques.

1 Schéma de circuit électrique.

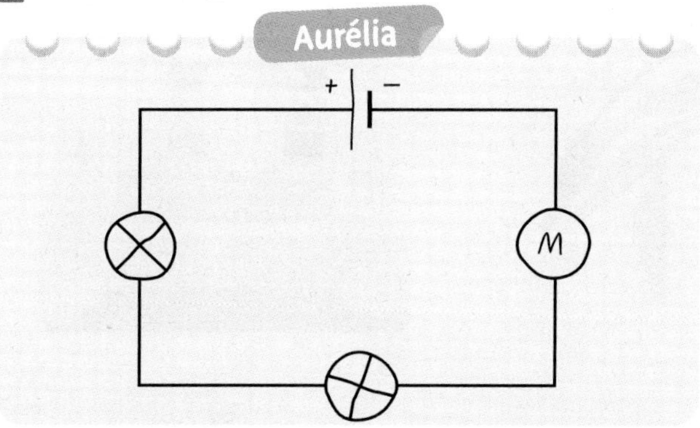

2 Montage électrique.

■ Heykel utilise une seule lampe.

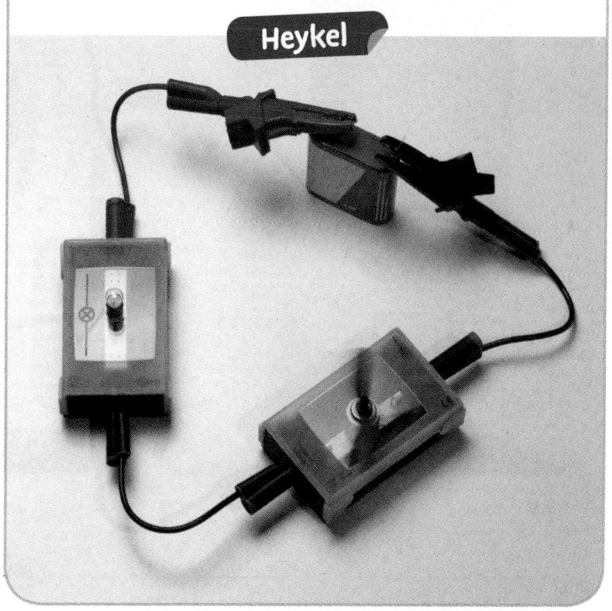

3 Début de schéma de circuit électrique.

■ Najète a réalisé son montage avec les mêmes dipôles électriques qu'Aurélia. Elle observe que les lampes brillent avec le même éclat que celles d'Aurélia.
Ici, tel qu'il est présenté, son schéma est incomplet.

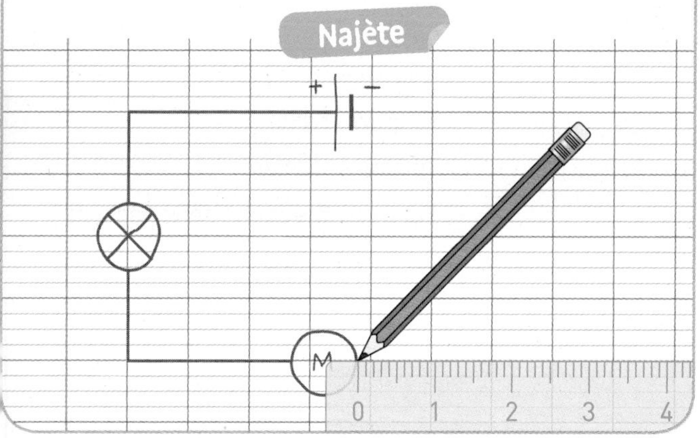

Mon cahier de labo

Matériel à disposition :

- 1 pile plate.
- 2 lampes identiques.
- Des fils électriques.
- 2 pinces crocodile.
- 1 moteur.

Questions

1 **Doc 1.** Faire la liste du matériel utilisé par Aurélia.

2 **Docs 1. et 3. a.** Nommer les deux outils nécessaires pour tracer un schéma.
Doc 2. b. Schématiser le circuit de Heykel.

3 **Doc 3.** Recopier et terminer le schéma du circuit de Najète.

4 **Docs 1. et 3. a.** Quelle différence y a-t-il entre le schéma du circuit d'Aurélia et celui de Najète ?
b. En déduire si dans de tels circuits, l'ordre des dipôles est important.

5 **Pour aller plus loin** **EXP** Réaliser le circuit d'Aurélia, puis celui de Heykel. Noter et interpréter ce qui a été observé.

VOCABULAIRE

Dipôle électrique : composant du circuit qui possède deux bornes.

▶ **Voir page 435.**

ACTIVITÉ

5 Des fils de différentes couleurs : pourquoi ?

COMPÉTENCES ÉVALUABLES

D4. Interpréter des résultats expérimentaux, en tirer des conclusions.
D4. Réaliser un dispositif d'observation.

On sait que, par convention, le courant circule du pôle + vers le pôle – dans un circuit électrique. On parle de sens conventionnel du courant.

1 Matériel mis à disposition.

a

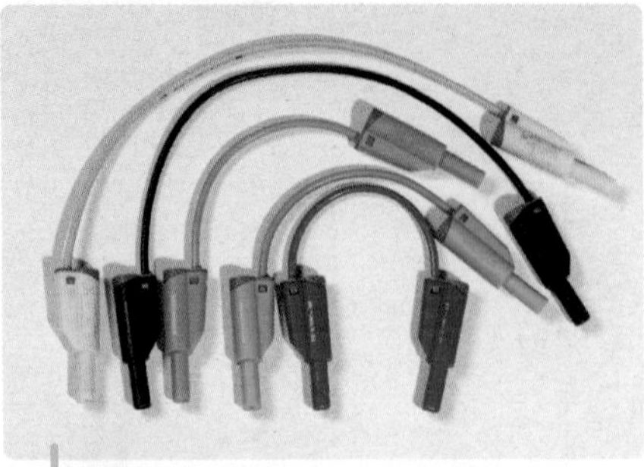

b

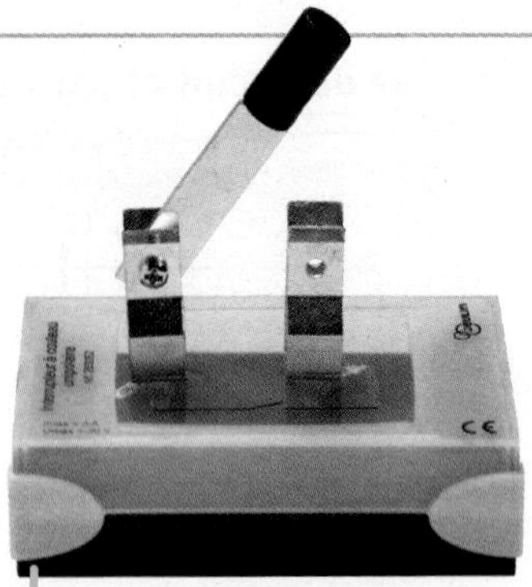

c

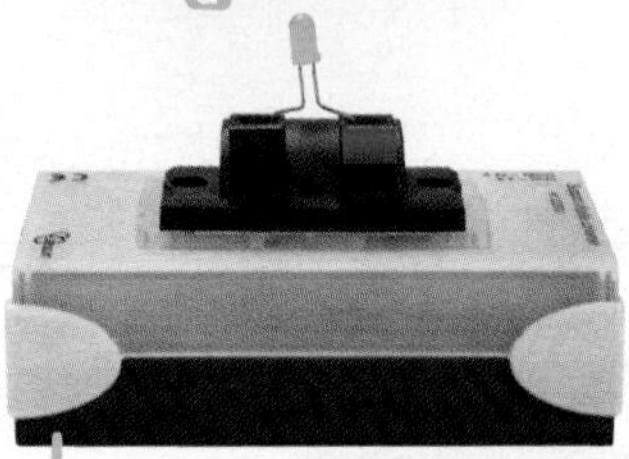

d

e

f

2 La Diode ÉlectroLuminescente (DEL).

A diode allows current to pass in one direction only.
A LED (Light Emitting Diode) **glows** when electricity passes through it.
When put in the circuit backwards, the LED prevents the current from **flowing**. So, the LED doesn't glow.
A diode is represented as a triangle which points to the **forward direction**.

DICO

To glow : briller.

To flow : circuler.

Forward direction : sens passant du courant.

Questions

1 **Doc 1.** EXP Réaliser un circuit avec deux fils électriques, une pile et un moteur.

2 Inverser les branchements aux bornes de la pile. Noter ce qui est observé.

3 Préciser l'effet du sens de circulation du courant sur le fonctionnement du moteur. (Utiliser les expressions « borne + de la pile » et « borne – de la pile » pour rédiger la réponse.)

4 **Doc 1.** Identifier la DEL parmi le matériel disponible.

5 **Docs 1. et 2. a.** EXP Réaliser un circuit avec deux fils, une pile et une DEL.
b. Schématiser le circuit lorsque la DEL est allumée et indiquer les bornes de la pile sur le schéma.
c. Permuter les fils aux bornes de la pile. La DEL reste-t-elle allumée ?
d. Expliquer pourquoi il peut être pratique d'utiliser deux couleurs différentes de fils pour les deux bornes du générateur et les deux bornes d'une diode.

VOCABULAIRE

Convention : ce dont on est convenu, ce que l'on a décidé.

Sens passant : sens dans lequel le courant électrique peut traverser une diode.

ACTIVITÉ

6 Qu'est-ce qu'un circuit avec dérivations ?

COMPÉTENCES ÉVALUABLES

D1.3 Passer d'une forme de langage à une autre.
D4. Interpréter des résultats expérimentaux.

Audrey et Karim réalisent un montage électrique : un circuit avec dérivations.

1 Analogie entre circuits électriques et colliers.

■ Le courant électrique peut se diviser entre différentes branches du circuit. On peut faire une analogie avec un collier à une ou à deux boucles.

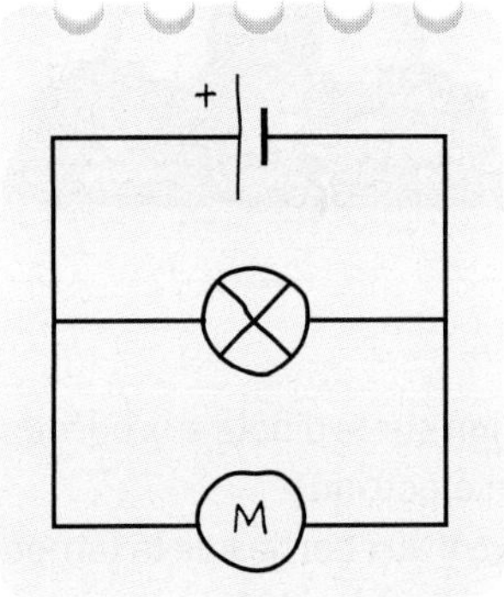

Circuit avec dérivations.

a La fleur rouge et le palet bleu sont sur deux boucles différentes.

b La fleur rouge et le palet bleu sont sur la même boucle.

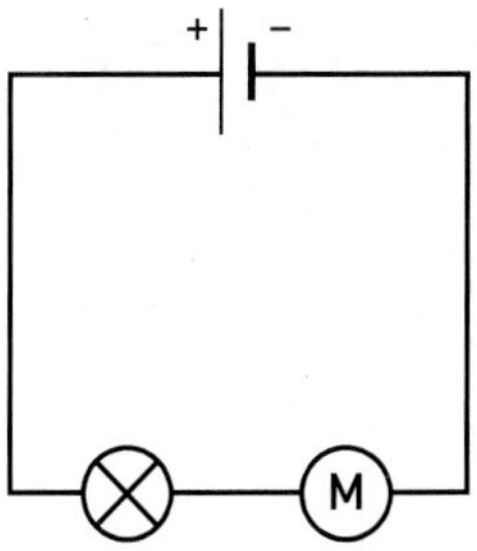

Circuit série.

2 Circuit avec dérivations : deux montages équivalents.

Audrey

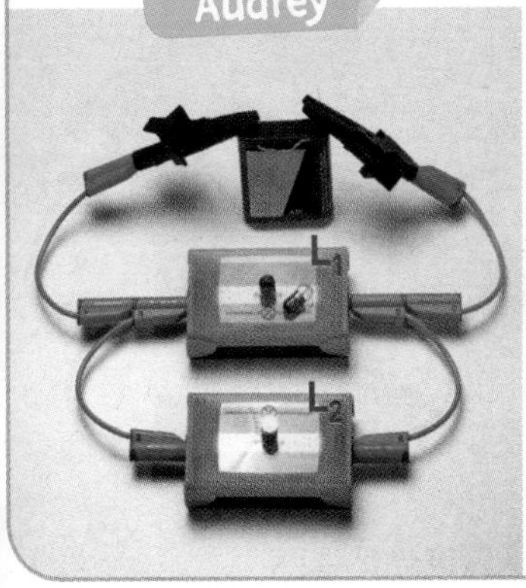

Karim

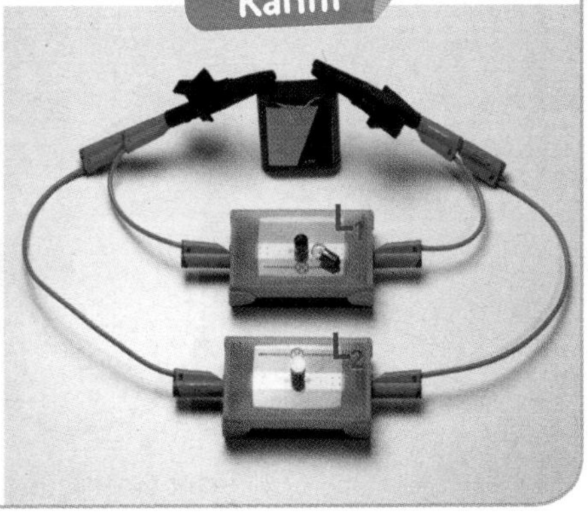

3 Circuit série.

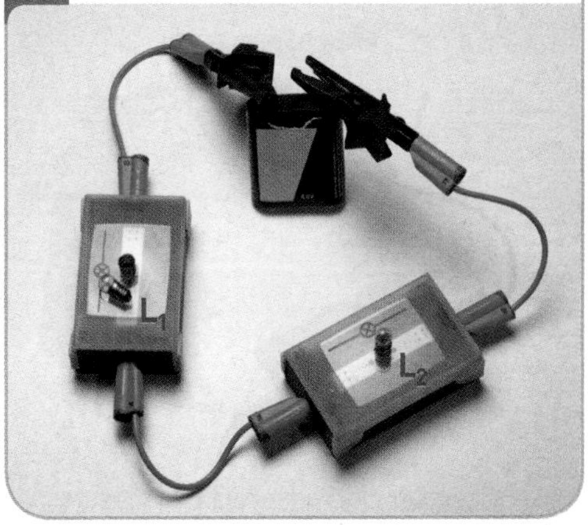

Questions

1 **Doc 1.** Combien de branche(s) y a-t-il sur le schéma d'Audrey ? Justifier la réponse.

2 **Doc 2.** Rechercher et noter les ressemblances et différences entre les circuits réalisés par Audrey et Karim.

3 **Docs 2. et 3.** Observer l'état des lampes pour chaque montage, puis interpréter.

4 **Doc 2.** a. Schématiser l'un des deux circuits lorsque la lampe L_1 est vissée.
b. Sur ce schéma, repasser en rouge une branche, puis en bleu l'autre branche.

5 **Doc 2.** Expliquer pourquoi ces deux montages sont équivalents.

6 **Pour aller plus loin** À la maison, un lave-linge et un four sont-ils montés en série ou en dérivations ? Justifier la réponse.

VOCABULAIRE

Analogie/Faire une analogie : faire une comparaison.

Branche : partie de circuit située entre deux nœuds.

Nœud : point de connexion.

ACTIVITÉ 7

Comment mesurer une tension électrique ?

COMPÉTENCES ÉVALUABLES

D1.1 Lire et comprendre des documents scientifiques.
D1.3 Passer d'une forme de langage à une autre.
D4. Mesurer des grandeurs.

1 Volta et la tension.

Histoire des sciences

■ En 1800, Alessandro Volta, physicien italien, présenta sa pile à Bonaparte et offrit à l'École Polytechnique une pile composée de 600 éléments.
En hommage à ce scientifique, le nom *volt* a été choisi pour désigner l'unité de la tension électrique.

La tension se mesure à l'aide d'un voltmètre. Son symbole est ***U*** et son unité est le volt, noté **V**.
Le symbole normalisé du voltmètre est :

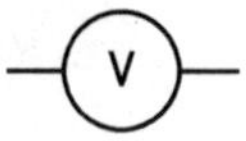

2 Mesure d'une tension.

■ Le multimètre en fonction **voltmètre** permet de mesurer la tension électrique.

■ Le voltmètre se branche **en dérivation** sur le dipôle aux bornes duquel on souhaite mesurer la tension électrique.
On lit ici une valeur de la tension de 3,46 V aux bornes de la lampe (pour un calibre de 20 V). ▶ **Voir fiche méthode, p. 408.**

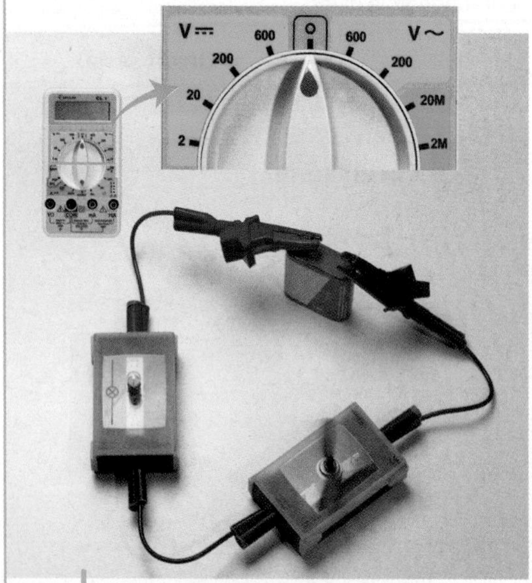

a Circuit électrique avant la mesure.

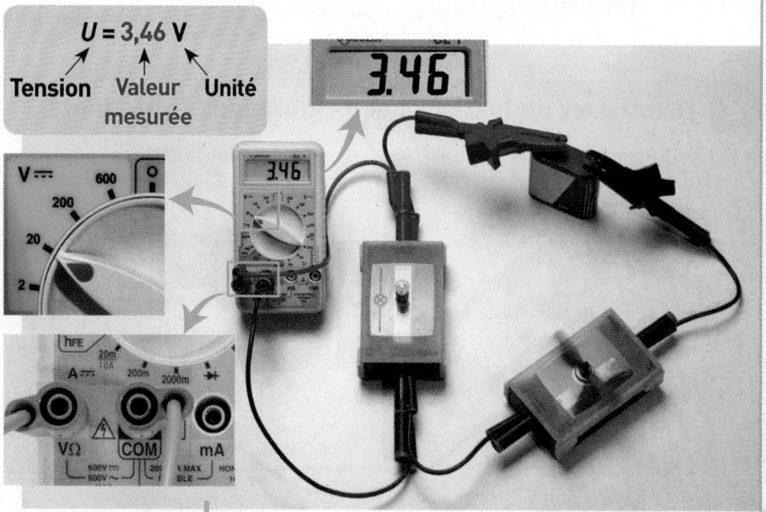

b Circuit électrique pendant la mesure.

Questions

1 **Doc 1.** Préciser quelle est la grandeur mesurée par un voltmètre. Donner le symbole du voltmètre.

2 **Docs 1. et 2.** Donner la signification des symboles *U* et V dans l'écriture *U* = 3,46 V.

3 **Doc 2.** a. Combien de fils supplémentaires utilise-t-on pour réaliser la mesure de la tension ?
b. Est-il nécessaire d'ouvrir le circuit pour brancher le voltmètre ? Justifier la réponse.

4 **Doc 2.** a. **EXP** Mesurer la tension aux bornes du moteur.
b. Écrire le résultat de la mesure en respectant l'écriture *U* = … V.

5 **Pour aller plus loin** Peut-on justifier le nom de *pile* ?

ACTIVITÉ

8 Comment mesurer une intensité électrique ?

COMPÉTENCES ÉVALUABLES

D1.1 Lire et comprendre des documents scientifiques.
D1.3 Passer d'une forme de langage à une autre.
D4. Mesurer des grandeurs.

1 A.-M. Ampère et l'intensité.

Histoire des sciences

André-Marie Ampère est un physicien français du XVIIIe siècle.
En hommage à ce scientifique, le nom *ampère* a été choisi pour désigner l'unité de l'intensité électrique.

L'intensité se mesure à l'aide d'un ampèremètre. Son symbole est ***I*** et son unité est l'ampère, noté **A**.
Le symbole normalisé de l'ampèremètre est :

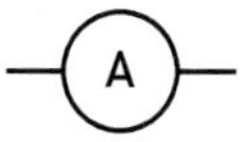

2 Mesure d'une intensité.

Le multimètre en fonction **ampèremètre** permet de mesurer l'intensité électrique.

L'ampèremètre se branche **en série** dans le circuit. On lit ici une valeur de l'intensité de 128,3 mA (pour un calibre de 200m).
▶ **Voir fiche méthode, p. 408.**
mA signifie milliampère.

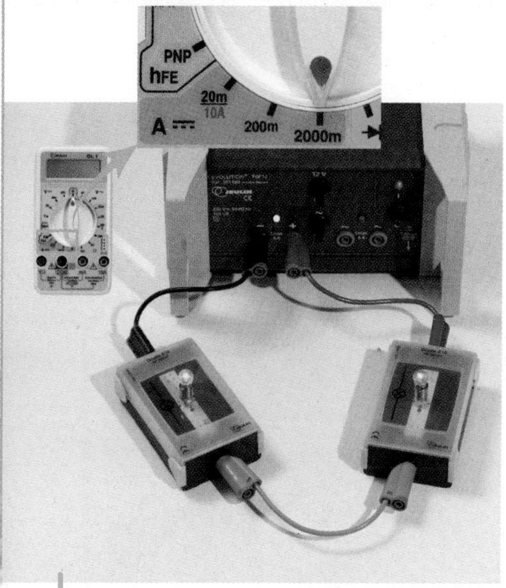

a Circuit électrique avant la mesure.

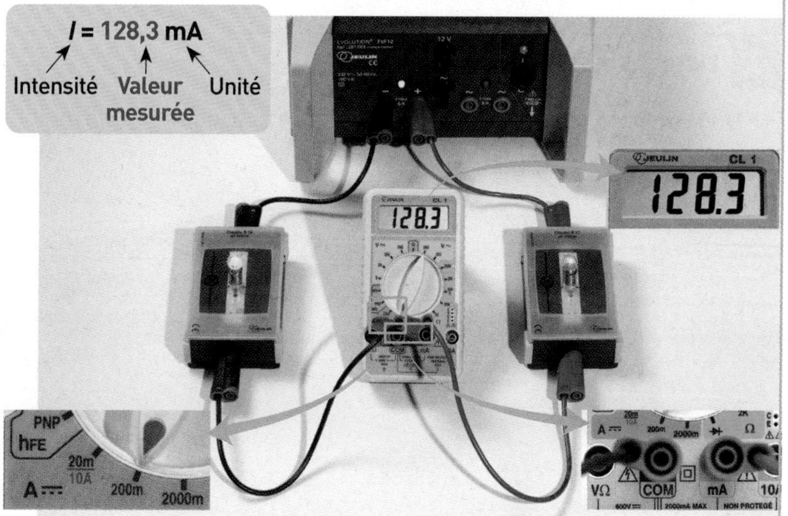

b Circuit électrique pendant la mesure.

Questions

1 **Doc 1.** Préciser quelle est la grandeur mesurée par un ampèremètre. Donner le symbole de l'ampèremètre.

2 **Doc 1.** Donner l'unité de cette grandeur et son symbole.

3 **Doc 2.** a. Combien de fils supplémentaires utilise-t-on pour réaliser la mesure de l'intensité ?
b. Est-il nécessaire d'ouvrir le circuit pour brancher l'ampèremètre ? Justifier la réponse.

4 **Doc 2.** EXP Mesurer l'intensité du circuit, puis écrire le résultat de cette mesure.

5 **Pour aller plus loin** Convertir la valeur 128,3 milliampères en ampères, puis comparer cette valeur à 0,12 qui est la valeur affichée lorsque l'on utilise le calibre 10A. Commenter.

TÂCHE COMPLEXE

ACTIVITÉ 9

Pourquoi la lampe ne fonctionne-t-elle pas ?

COMPÉTENCES ÉVALUABLES

D2. Planifier une tâche expérimentale, garder des traces des étapes suivies et des résultats obtenus.
D4. Concevoir une expérience pour la tester.
D4. Réaliser un dispositif d'observation.

Situation

Tout est bien branché, pourtant la lampe ne brille pas !
On dispose de matériel de laboratoire ainsi que de différentes notes prises par des élèves pendant les heures de cours.
On cherche à comprendre pourquoi la lampe ne brille pas.

CONSIGNE **Tester** plusieurs hypothèses pour **expliquer** pourquoi la lampe ne fonctionne pas et conclure.

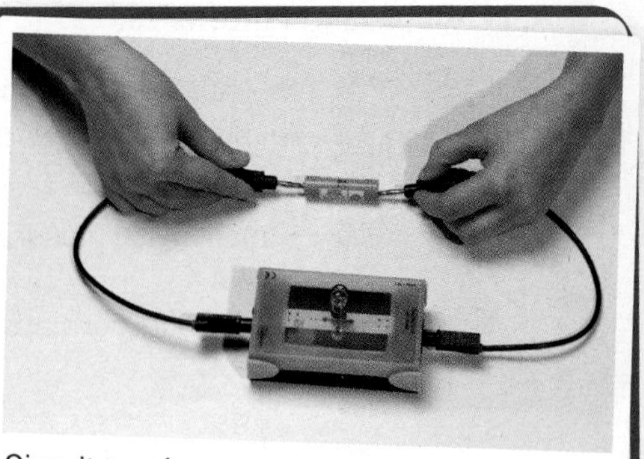

Circuit testé.

ACT lienmini.fr/pc-059
Version interactive

1 Liste de matériel à disposition.

- Une lampe.
- Une pile à 1,5 V.
- Des fils électriques.
- Un multimètre.

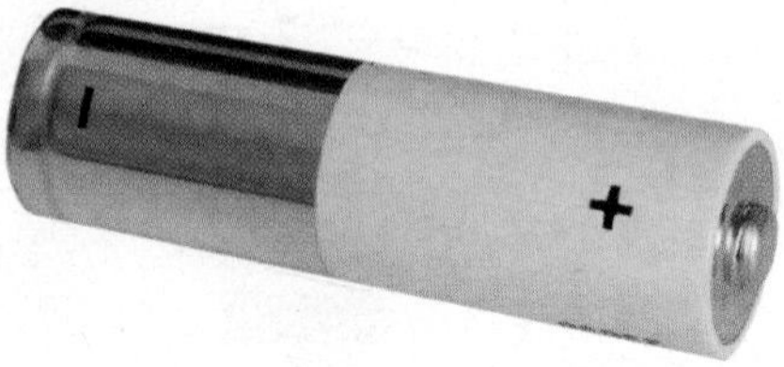

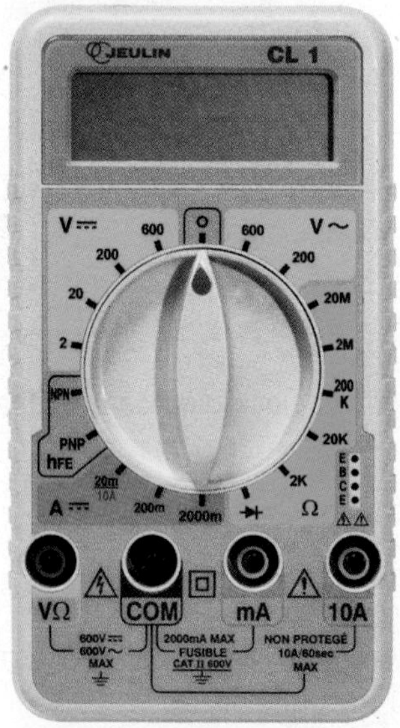

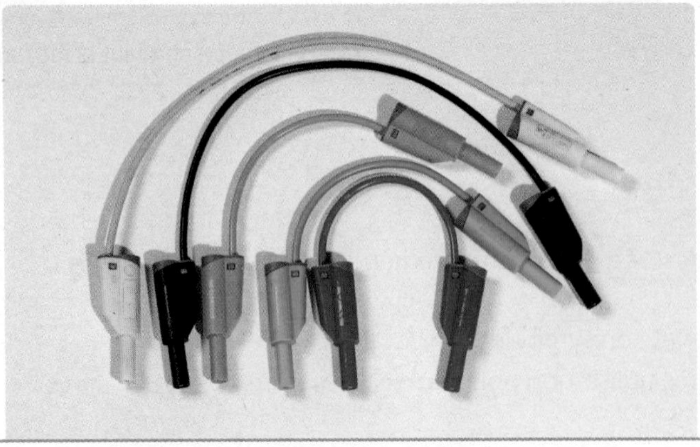

Besoin d'aide ?

▶ **Retrouvez des aides en fin d'ouvrage, p. 423.**

2 Notes de cours de différents élèves.

1

Une lampe « grillée » est une lampe qui a quelque chose de cassé à l'intérieur. Le courant ne peut plus passer dans la lampe, donc l'intensité qui la traverse est égale à 0 A.

2

Pour mesurer la tension aux bornes d'une lampe, on réalise le circuit suivant :

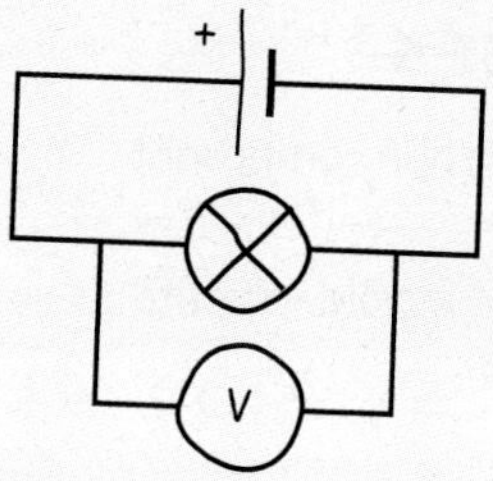

3

Une pile usée ne joue plus son rôle. Elle a donc une tension très faible ou proche de 0 V.

4

Pour mesurer l'intensité qui traverse la lampe, on réalise ce circuit :

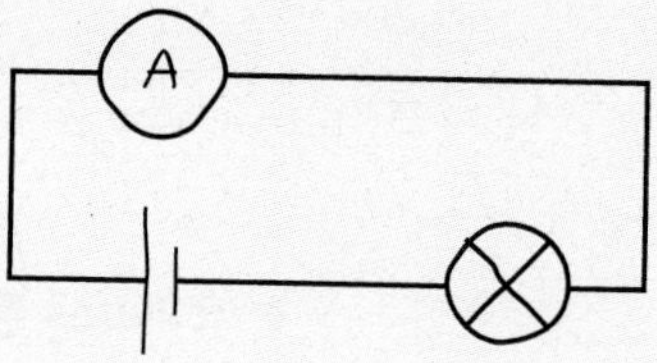

5

Une pile qui fonctionne bien, a une tension à ses bornes qui est proche de la valeur inscrite dessus. On parle de tension nominale de la pile.

6

Pour mesurer la tension aux bornes d'une pile, on réalise le circuit ci-dessous.

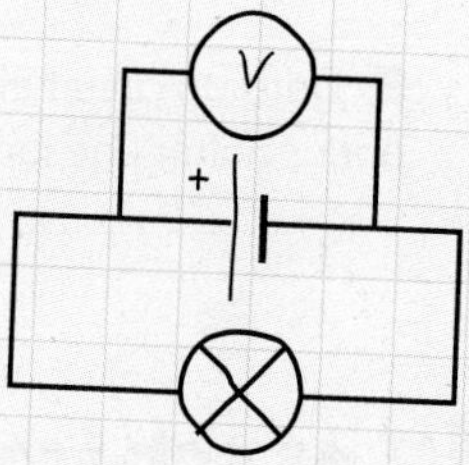

7

La tension nécessaire au fonctionnement d'une lampe est la **tension nominale** de la lampe. On dit que la pile est adaptée à la lampe ou que la lampe est adaptée à la pile si elles ont toutes les deux la même tension nominale.

8

- Si la tension mesurée aux bornes de la lampe est supérieure à sa tension nominale, alors la lampe est en **surtension**. La lampe brille très fortement et elle risque de « griller » très vite.
- Si la tension mesurée aux bornes de la lampe est inférieure à sa tension nominale, alors la lampe est en **sous-tension**. La lampe peut alors briller très faiblement ou ne pas briller du tout.

9

La tension nominale est indiquée sur les appareils électriques.

10

La tension nominale d'une lampe est la tension nécessaire pour que la lampe fonctionne bien.
La tension nominale d'une pile ou d'une lampe est la tension qui y est inscrite.

Bilan de cycle 4 — Circuits, tension et intensité

▶ Retrouvez aussi **Le bilan de 5e** BILAN lienmini.fr/pc-060 **Le bilan de 4e** BILAN lienmini.fr/pc-061

1 Les dipôles électriques

▶ Activités 1 4

■ Dans un circuit électrique, un **dipôle** est un composant électrique qui possède deux **bornes**.

Exemple : les deux bornes de la pile sont le pôle **+** (petite languette) et le pôle **–** (grande languette).

■ Il existe deux types de dipôles.

- Les **générateurs** : ils transfèrent l'énergie électrique au circuit électrique.

Exemples : *pile, batterie, accumulateur, photopile…*

- Les **récepteurs** : ils reçoivent l'énergie électrique.

Exemples : *lampe, moteur, interrupteur, fils électriques…*

■ Dans un circuit électrique, un générateur est nécessaire pour éclairer une lampe ou faire tourner un moteur.

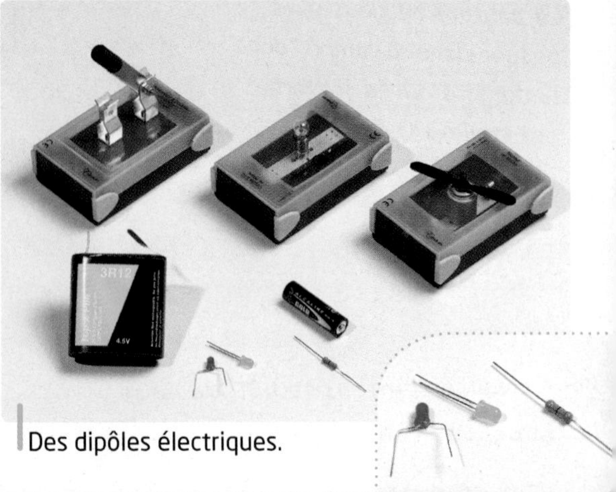

Des dipôles électriques.

2 Les schémas et les symboles

▶ Activités 3 4

■ Pour représenter un circuit électrique, on utilise **le schéma** et non le dessin.

Dans un schéma, chaque élément du circuit est représenté par **son symbole normalisé.**

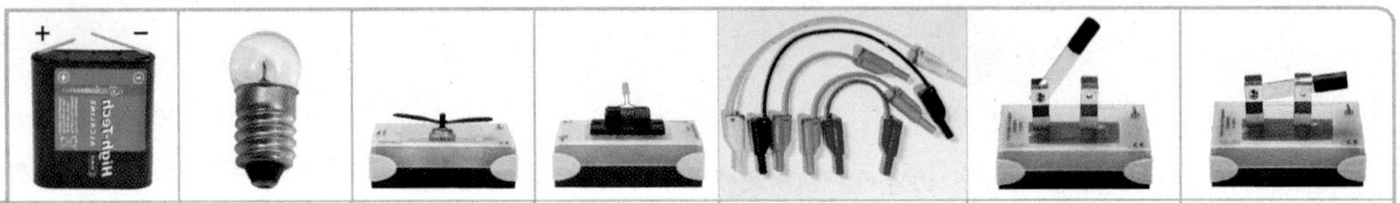

Dipôle électrique	Pile	Lampe	Moteur	DEL*	Fils électriques	Interrupteur ouvert	Interrupteur fermé
Symbole normalisé							

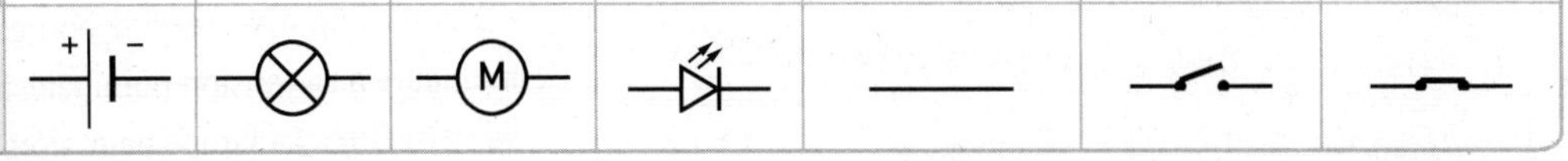

* Diode électroluminescente

▶ **Symboles électriques : voir page 435.**

3 Le circuit électrique

▶ Activités 4 5

■ Pour que le courant circule dans un circuit, celui-ci doit être **fermé** et comporter un **générateur**.

■ Dans un circuit, le courant **circule** de la borne **+** à la borne **–** du générateur.

La diode électroluminescente permet de mettre en évidence le sens du courant électrique : elle émet de la lumière lorsqu'elle est traversée par un courant et celui-ci ne peut la traverser que dans un seul sens.

■ Pour que les appareils domestiques (lampe, moteur…) fonctionnent, la tension à leurs bornes doit être celle recommandée par le constructeur.

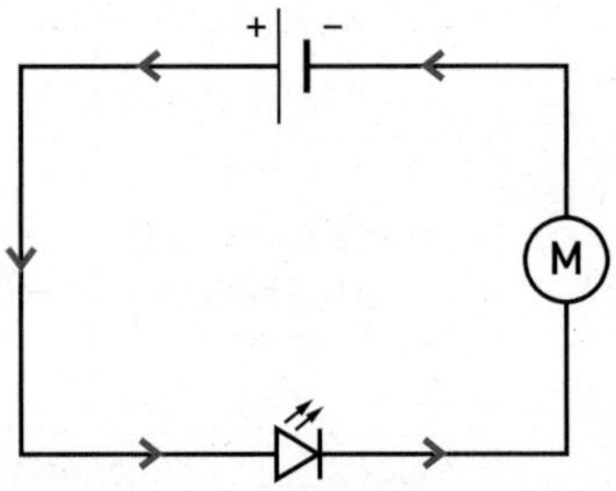

> Sens du courant électrique

MOTS-CLÉS

Bornes · Circuit série · Intensité · Tension
Circuit électrique · Dipôles · Pile
Circuit avec dérivations · Générateurs · Sens du courant

VOIR LEXIQUE P. 418

4 Les dipôles dans les circuits

▶ Activité 6

Il existe deux types de circuits : le **circuit série** et le **circuit avec dérivations**.

Dans un circuit série, les dipôles sont reliés et disposés **les uns à la suite des autres**, on dit qu'ils sont montés en série.

Dans un circuit avec dérivations, il y a au moins deux **branches en parallèle**.
Des branches en parallèle relient les mêmes nœuds (points de connexion entre au moins trois fils).

Exemples

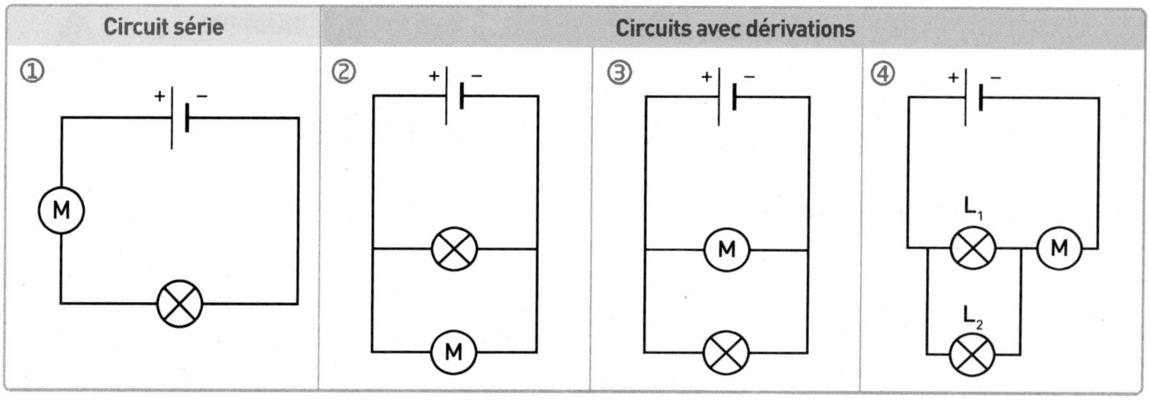

- Dans l'exemple ②, la lampe et le moteur sont montés **en parallèle**.
- Les circuits ② et ③ sont équivalents.
- Dans l'exemple ④, la lampe L_1 est montée **en dérivation** sur la lampe L_2.

5 Des grandeurs électriques mesurables

▶ Activités 7 8 9

L'**intensité** et la **tension** sont deux grandeurs électriques que l'on mesure à l'aide d'un **multimètre**.

Grandeur	Intensité	Tension
Symbole	I	U
Unité et symbole	ampère (A)	volt (V)
Instrument de mesure et symbole normalisé	Ampèremètre —(A)—	Voltmètre —(V)—
Branchement du dipôle	En série	En dérivation

Exemples

① « L'intensité d'une lampe vaut 250 milliampères » s'écrit : I **= 250 mA.**

② « La tension d'une pile vaut 1,5 volt » s'écrit : U **= 1,5 V.**

6 Les dangers en électricité

▶ Activité 2

Le corps humain est **conducteur**, il existe donc un **risque électrique**. Il est important de ne pas utiliser les prises du secteur lors des manipulations en laboratoire. Souvent, le contact n'est pas direct avec la « source » de courant : la personne électrisée a touché un objet qui était **sous tension**.

Les risques varient selon la durée du passage du courant et son intensité en traversant le corps humain.

L'essentiel

Le circuit électrique

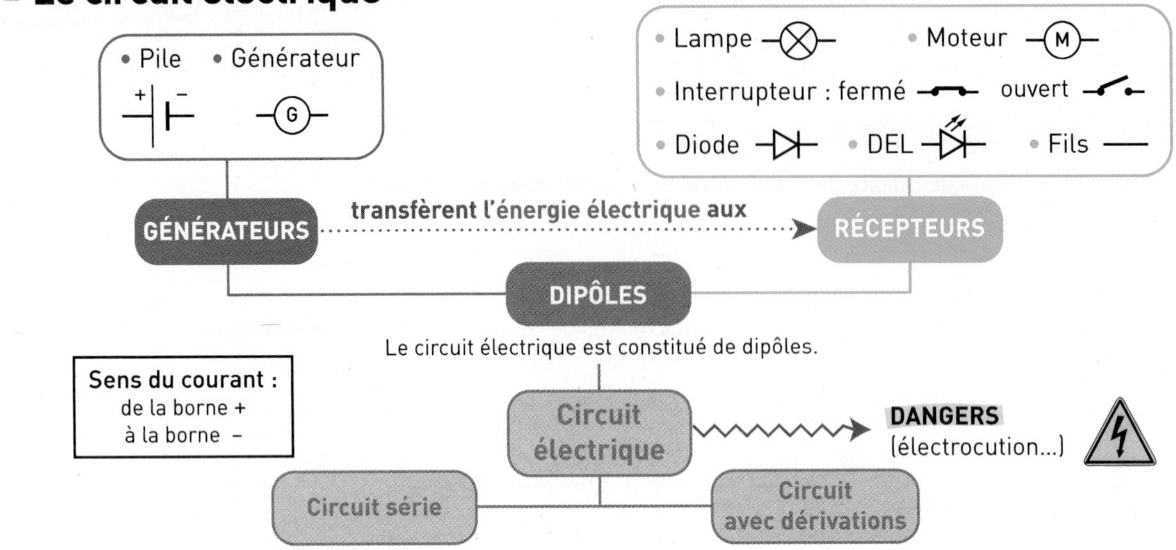

L'intensité et la tension

L'intensité
- Symbole : ***I***
- Unité : ampère (A)
- Instrument de mesure : ampèremètre branché **en série**

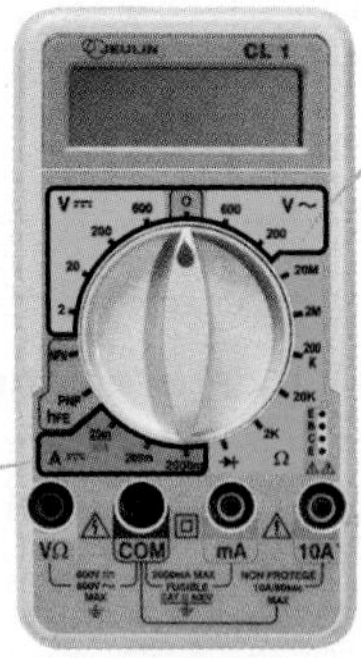

La tension
- Symbole : ***U***
- Unité : volt (V)
- Instrument de mesure : voltmètre branché **en dérivation**

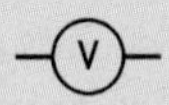

Socle commun

Domaines	Compétences	Activités	Problèmes
D1.1	Lire et comprendre des documents scientifiques.	2 7 8	39
D1.3	Passer d'une forme de langage à une autre.	4 6 7 8	38
D2	Planifier une tâche expérimentale, garder des traces des étapes suivies et des résultats obtenus.	9	
D3	S'impliquer dans un projet ayant une dimension citoyenne.	1	
D3	Expliquer les fondements des règles de sécurité en électricité.	2	42
D4	Concevoir une expérience (pour la tester).	1 9	
D4	Concevoir ou réaliser un dispositif de mesure ou d'observation.	1 3 5 9	40 41 44
D4	Proposer une ou des hypothèses pour répondre à une question scientifique.	3	
D4	Interpréter des résultats expérimentaux (et en tirer des conclusions).	4 5 6	43
D4	Mesurer des grandeurs physiques de manière directe.	7 8	

Exercices

J'apprends à apprendre

Utilisable en AP

1 Apprendre en observant un appareil

➡ L'objectif est de réaliser, à partir de la photographie fournie ici, une présentation légendée de l'appareil de mesure qui pourrait servir à produire une notice.

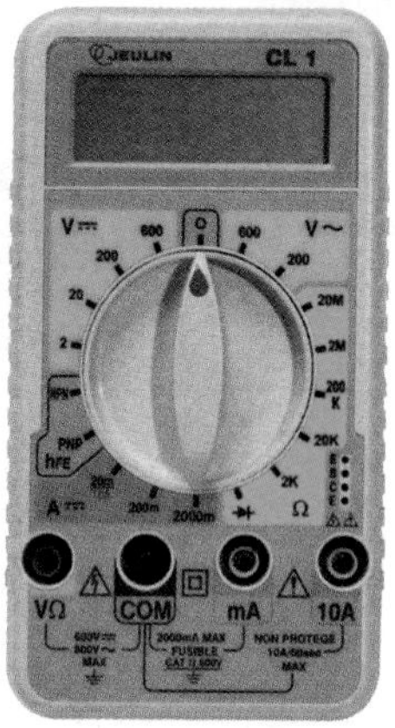

1. a. Rechercher la signification des termes anglais AC (Alternatif Current) et DC (Direct Current).

b. Repérer leur symbole sur le multimètre.

2. Identifier les différents **symboles** et **lettres** sur le multimètre, puis donner leur signification.

3. Quelle est la couleur de la zone utilisée lorsque l'on veut utiliser le multimètre comme :

a. un ampèremètre ? **b.** un voltmètre ?

4. Repérer les bornes du multimètre utilisées lorsque le multimètre est en fonction ampèremètre, puis lorsqu'il est en fonction voltmètre.

J'apprends une méthode

Exercice résolu

Utilisable en AP

2 ●●● Transformer une donnée en équation

Énoncé Jeanne a noté sur son cahier de cours que la tension électrique aux bornes d'une prise en France est de 230 volts.

Sa correspondante canadienne lui a dit que la tension aux bornes des prises dans son pays est de 110 volts

➡ Écrire ces deux informations en n'utilisant que des symboles et des chiffres.

Solution

• Identifier la grandeur électrique nommée dans l'énoncé.
Écrire le symbole que l'on utilise généralement pour désigner cette grandeur.
La grandeur électrique est la tension. Son symbole est U.

• Choisir des indices pour ces symboles qui permettent de différencier les deux informations.
Il y a deux tensions différentes évoquées dans l'énoncé, l'une concerne la France, l'autre le Canada.
On peut choisir les indices F pour France et C pour Canada.

• Relever l'unité de la grandeur électrique, puis donner son symbole.
L'unité de la tension est le volt, de symbole V.

• Écrire les deux informations de l'énoncé en respectant ce modèle :
[Symbole de la grandeur] = **Valeur numérique** [Symbole de l'unité]
$U_F = 230$ V et $U_C = 110$ V.

Exercices

Je me teste

EXO lienmini.fr/pc-062

3 ●●● QCM Déterminer si un matériau est conducteur

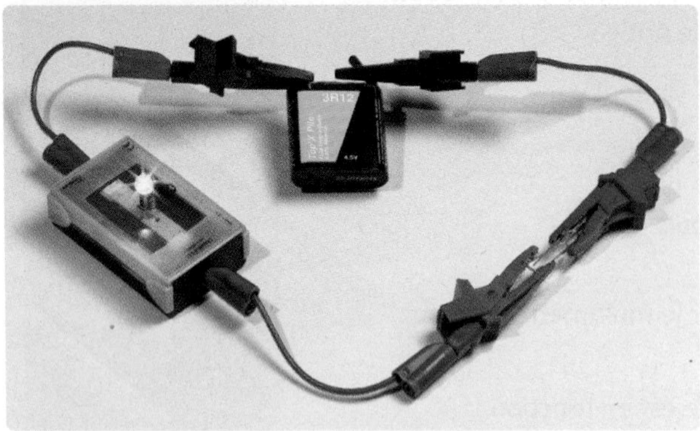

1. Dans le circuit électrique ci-dessus, le trombone est :
a. isolant.
b. isolation.
c. conductance.
d. conducteur.

2. Car :
a. le trombone laisse passer le courant électrique.
b. le trombone ne laisse pas passer le courant électrique.

4 ●●● QCM Déterminer les conditions de fonctionnement d'un circuit

Pour qu'un courant électrique puisse circuler dans un circuit :
a. le circuit doit être fermé.
b. le circuit doit être ouvert.
c. un interrupteur est nécessaire.
d. un générateur est nécessaire.

5 ●●● QCM Définir un dipôle

Un dipôle électrique possède :
a. trois fils.
b. trois bornes.
c. deux bornes.
d. deux fils.

6 ●●● QCM Reconnaitre un symbole normalisé

 Ce symbole représente :
a. un générateur.
b. un interrupteur ouvert.
c. une DEL.
d. un interrupteur fermé.

7 ●●● QCM Le dipôle DEL

Dans le circuit électrique ci-dessus, la DEL est allumée. Donc elle est branchée dans :
a. le sens passant.
b. le sens bloquant.

8 ●●● QCM Donner le sens du courant électrique

Dans un circuit, le courant électrique circule :
a. de la borne – à la borne + du générateur.
b. de la borne + à la borne – du générateur.

9 ●●● QCM Différencier circuit série et circuit avec dérivations

Lorsqu'un circuit électrique possède deux ou plusieurs boucles, on parle :
a. de circuit série.
b. de circuit avec dérivations.

10 ●●● QCM Sélectionner une fonction du multimètre

Pour mesurer une tension électrique, on utilise :
a. un voltmètre.
b. un ohmmètre.
c. un ampèremètre.
d. un tensiomètre.

11 ●●● QCM Écrire le résultat d'une mesure

Voici l'écran d'affichage d'un ampèremètre :

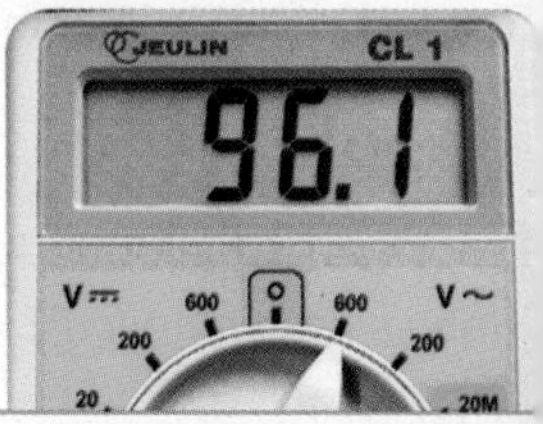

La mesure affichée s'écrit :
a. U = 96,1 mA.
b. mA = 96,1 I.
c. I = 96,1 V.
d. I = 96,1 mA.

VOIR CORRIGÉS P. 423

Je travaille des compétences

Pédagogie différenciée

Utilisable en AP

12 Réaliser un circuit à partir d'un schéma

Les élèves, répartis par groupes de 2 ou 3, disposent de six enveloppes numérotées de (1) à (6). Sur chaque enveloppe est représenté le schéma d'un circuit à réaliser.

DOC > Téléchargez le matériel nécessaire à l'exercice.

À l'intérieur de l'enveloppe se trouve une photographie du montage. Celle-ci permet de vérifier que le montage réalisé est bien celui qui est attendu.

Un premier élève du groupe commence par le circuit (1), puis c'est au tour d'un autre élève de faire le circuit (2), etc.

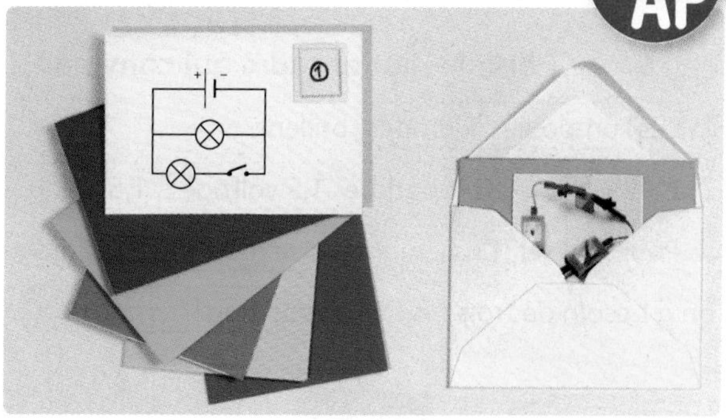

Consigne pour le groupe A

➡ Pour chaque enveloppe, réaliser le circuit électrique à partir du schéma figurant sur l'enveloppe.

Un élève découvre le schéma du premier circuit et réalise seul le montage. Le groupe ouvre l'enveloppe et ensemble, les élèves déterminent si le montage est correct.

Consignes pour le groupe B

Utiliser les aides 1 à 3 ci-dessous pour réaliser le montage.

1 Un des élèves du groupe (élève *X*) découvre le schéma du premier circuit et réalise seul le montage.

2 Un autre élève du groupe (élève *Y*) observe le travail de l'élève *X* et dit si le montage est correct. Si nécessaire, l'élève *Y* donne des indications orales pour aider l'élève *X* à améliorer le montage.

3 Le groupe ouvre l'enveloppe et ensemble, les élèves déterminent si le montage est correct.

Consignes pour le groupe C

1. Identifier et écrire le nom des dipôles du circuit à réaliser.
2. Réunir le matériel nécessaire au montage.
3. Réaliser ensemble le montage correspondant au schéma.
4. Ouvrir ensemble l'enveloppe et déterminer si le montage est correct.

13 Réaliser le schéma d'un circuit à partir d'une photographie

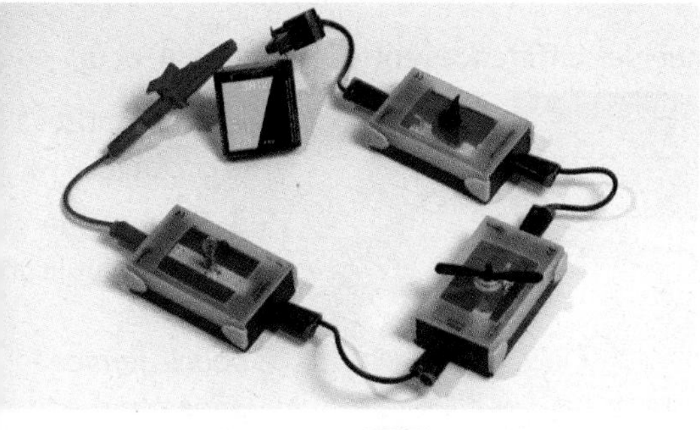

Consigne pour le groupe A

➡ Réaliser le schéma du circuit de la photo.

Consignes pour le groupe B

Utiliser les aides 1 à 3 ci-dessous pour schématiser le circuit de la photo.

1 Repérer les différents dipôles du circuit.

2 Vérifier de bien connaitre les symboles.

3 Tracer tous les traits à la règle.

Consignes pour le groupe C

Voici trois schémas réalisés à partir de la photo de l'énoncé :

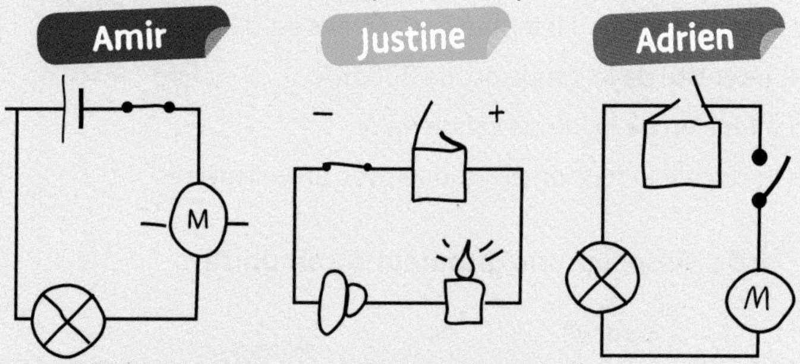

1. Recopier et compléter le tableau ci-dessous.

Schéma	Ce qui est schématisé correctement	Ce qu'il faut améliorer
Amir		
Justine		
Adrien		

2. Schématiser le circuit de la photo.

Je travaille des notions

Les bons mots pour le dire

14 Choisir le mot encadré qui convient

1. Les [ampoules] [lampes] brillent.

2. L'indication 1,5 V signifie [1,5 voltage] [1,5 volt].

3. Pour réaliser [l'assemblage] [le montage] ci-dessous, on a besoin de trois fils de [conduction] [connexion].

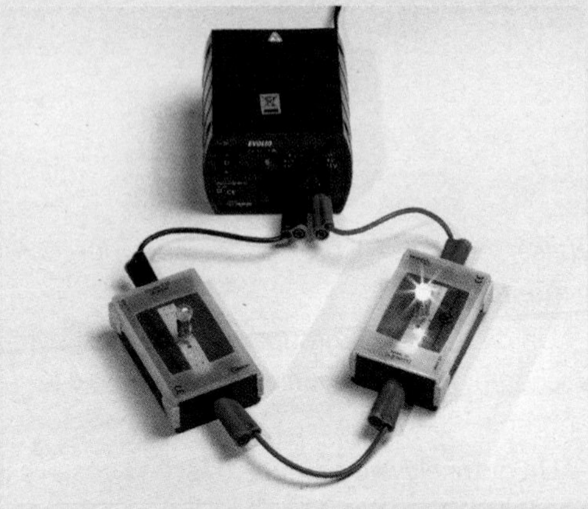

4. Le circuit photographié ci-dessus est [fermé] [ouvert].

15 Corriger ou améliorer la phrase

La phrase peut comporter une ou plusieurs erreurs.

1. Le plastique ne conduit pas le courant électrique : c'est une isolation.
2. La victime de l'électrocution a heureusement pu être ranimée.
3. La lampe marche, l'intensité à ses bornes est de 230 mA.
4. L'intensité de la lampe est de 300 mA.
5. La tension de la lampe est de 4,2 V.
6. On calcule la tension électrique avec un voltmètre.

16 Associer une grandeur à son unité

tension • ampère • énergie • joule • intensité • longueur • seconde • volt • temps • mètre

1. Recopier les mots, puis entourer les grandeurs en bleu et les unités en rouge.
2. Relier chaque grandeur à son unité.

Comprendre le fonctionnement d'un circuit électrique

17 Les symboles normalisés des dipôles

1. Représenter le symbole normalisé de chacun des dipôles suivants.

a. Lampe. b. Générateur.
c. Pile. d. Diode.

2. Donner à chaque schéma ci-dessous le nom du dipôle correspondant.

a. 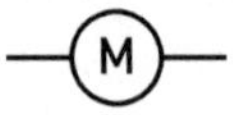

b. 
c. 

18 Déterminer le dipôle manquant

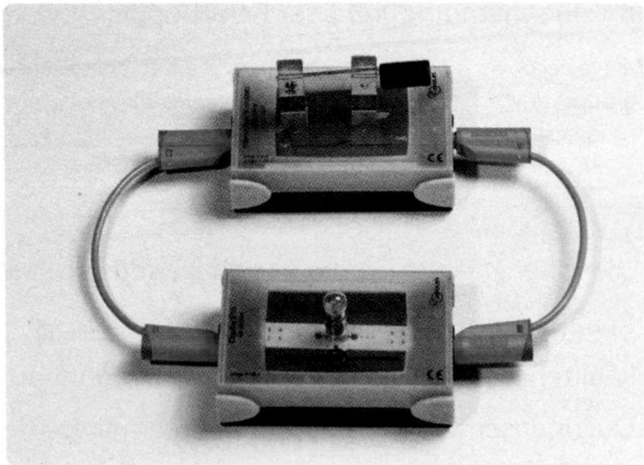

➡ Expliquer pourquoi la lampe ne brille pas.

19 Interrupteur dans un circuit

1. Donner les différences entre les circuits ⓐ et ⓑ.

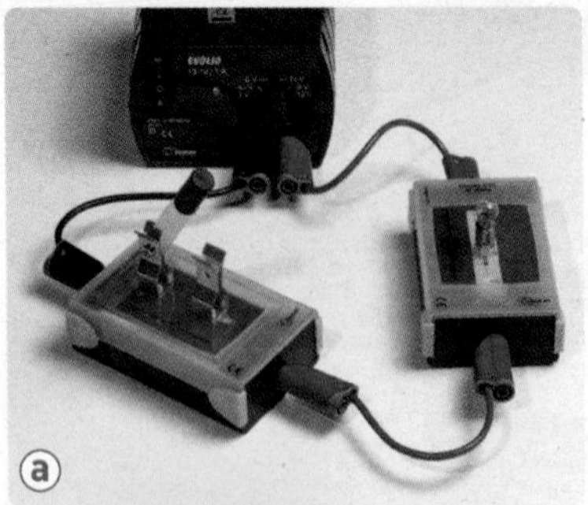
ⓐ

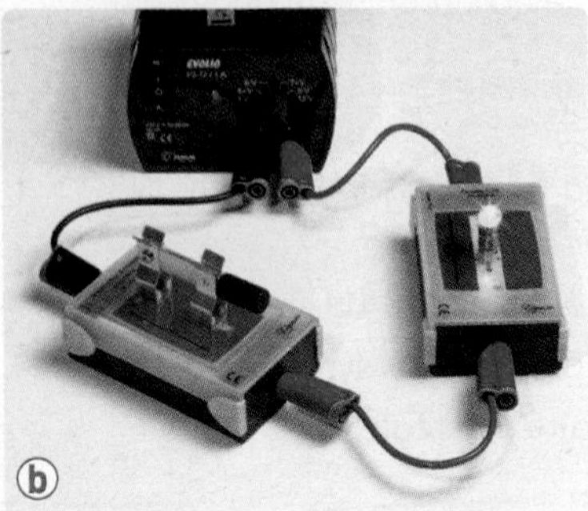
ⓑ

2. Schématiser le circuit ⓑ.

3. Rédiger une phrase en utilisant ces *mots* : *boucle fermée – générateur – circuit électrique.*

Connaitre les circuits électriques : série et avec dérivations

20 ● ● ● Étudier des schémas de circuits

1. Quels circuits sont avec dérivations ? Justifier la réponse.

(a)

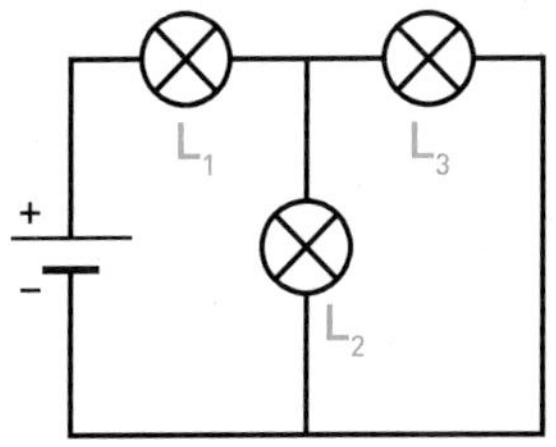

(b)

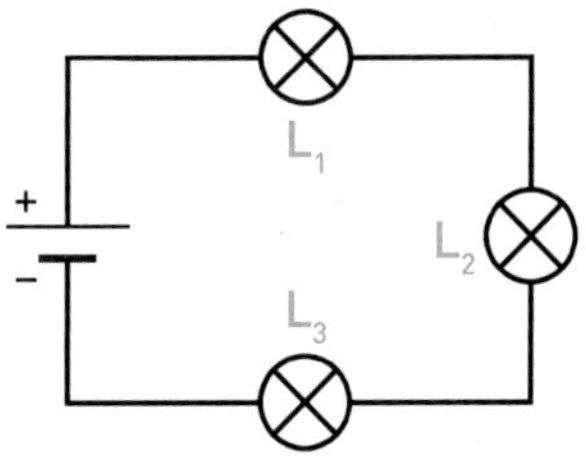

(c)

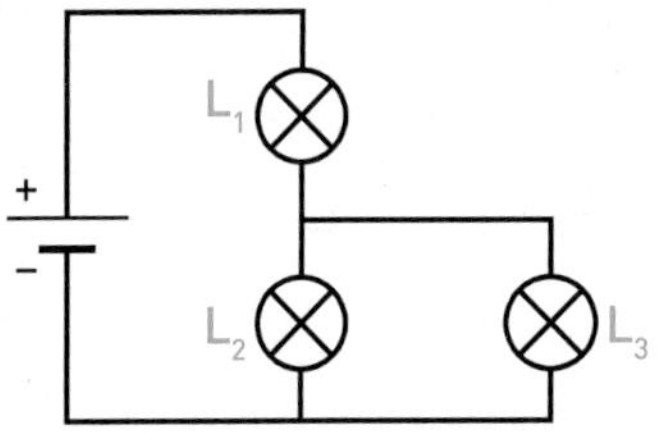

(d)

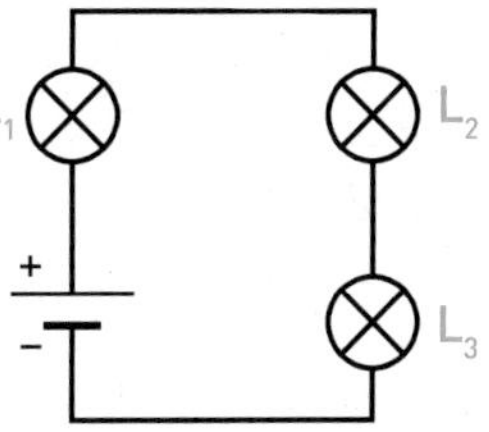

2. Faire la liste du matériel nécessaire pour réaliser les circuits (b) et (d). Que peut-on constater ?

21 ● ● ● Circuit avec dérivations

1. Faire la liste du matériel nécessaire pour réaliser le circuit (a) puis le circuit (b). Que peut-on constater ?

2. Est-ce le même circuit ?

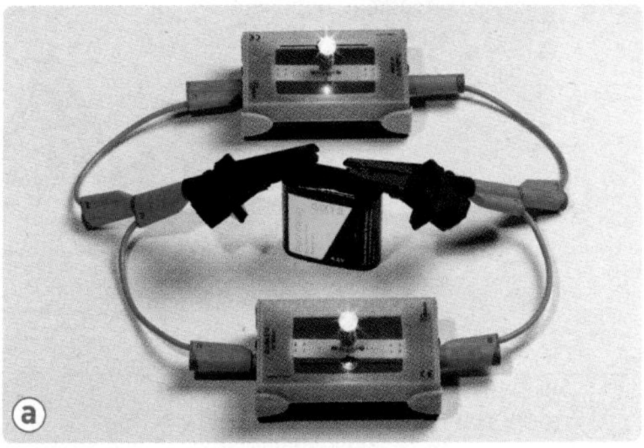

(a)

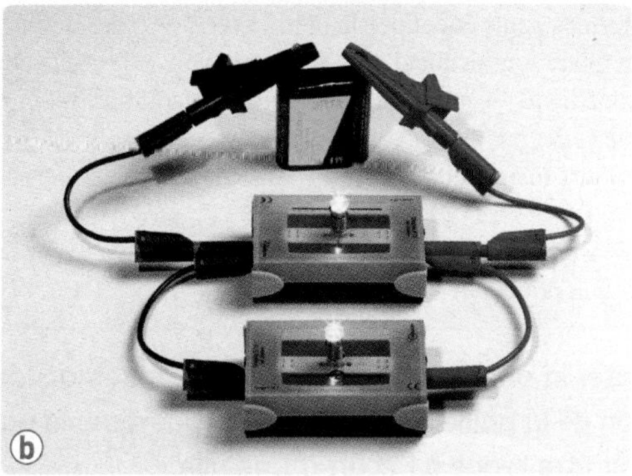

(b)

22 ● ● ● Nécessité du générateur

1. Pour chaque circuit, nommer tous les dipôles présents.

(a)

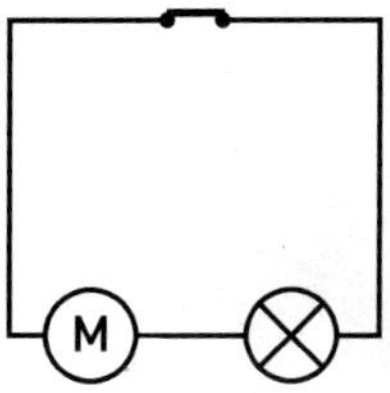

(b)

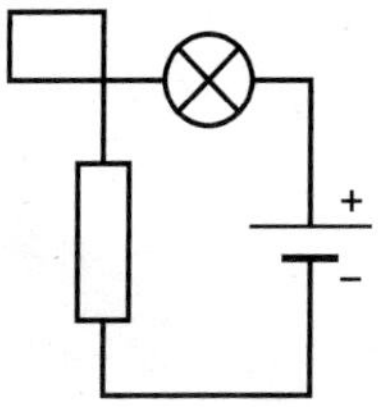

(c)

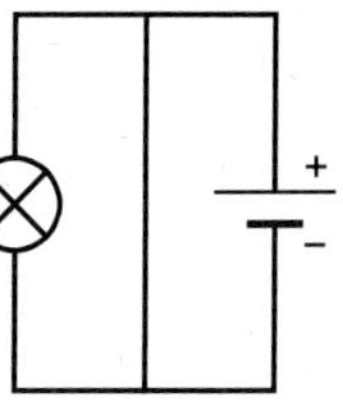

2. Dans quel circuit la lampe est-elle allumée ? Justifier la réponse.

23 ● ● ● Le nombre de dipôles dans un circuit série

Le circuit (c) est réalisé en ajoutant un moteur au (a).

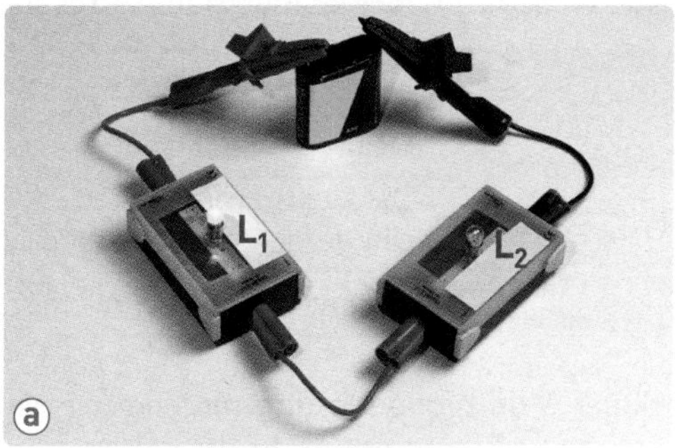

(a)

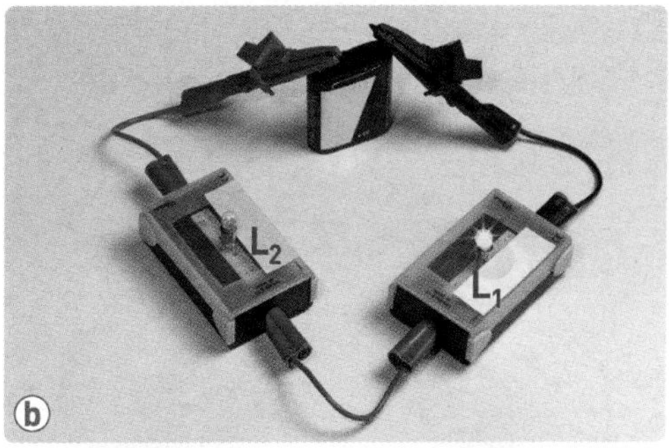

(b)

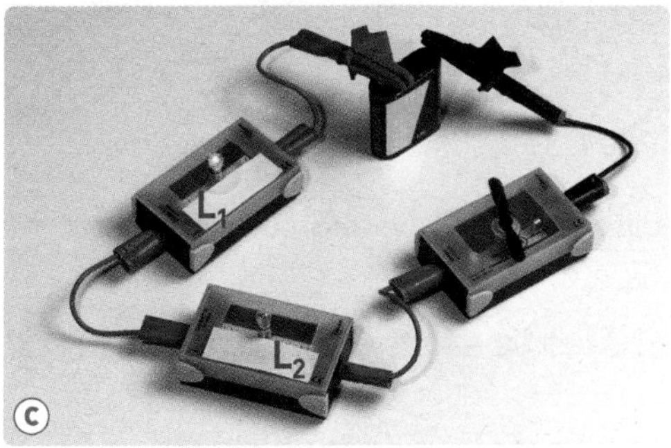

(c)

1. Donner les différences entre les circuits (a) et (b).

2. Comparer l'éclat des lampes L_1 et L_2 entre les circuits (a) et (b), puis les circuits (a) et (c).

3. En déduire si le nombre et l'ordre des dipôles ont une influence dans un circuit série.

Exercices

Je travaille des notions

24 ● ● ● Matériaux : isolant ou conducteur ?

Le montage ci-dessous permet de tester des matériaux. À chaque test, on observe l'état de la lampe.

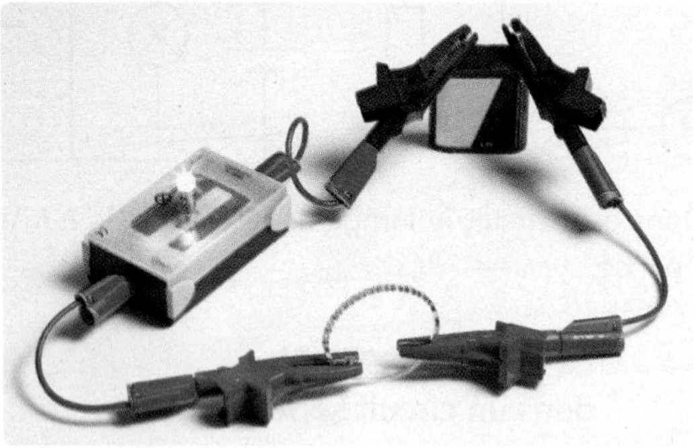

1. Classer en deux groupes les matériaux testés suivants.

Matériau	Allumette	Trombone	Papier
État de la lampe	Éteint	Allumé	Éteint

Matériau	Laine de fer	Règle métallique
État de la lampe	Allumé	Allumé

2. Attribuer à un groupe le titre *matériaux isolants* et l'autre *matériaux conducteurs*. Justifier la réponse.

25 ● ● ● Schématiser un circuit avec dérivations

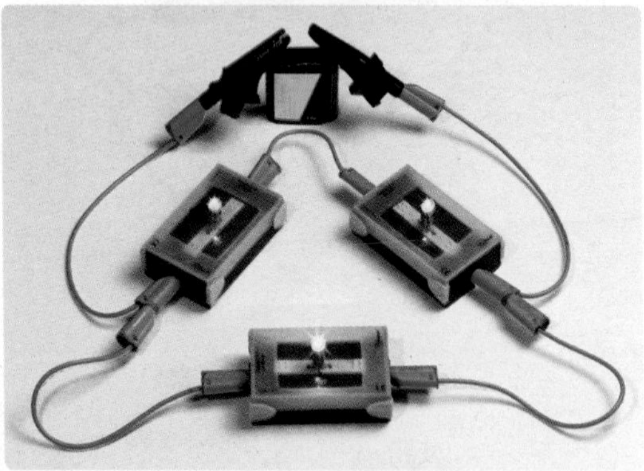

➡ Réaliser le schéma de ce circuit électrique.

Identifier le sens du courant électrique

26 ● ● ● Le moteur dans un circuit

Ali réalise un circuit série comprenant une pile, un interrupteur et un moteur.

1. Schématiser ce circuit lorsque le moteur tourne.

2. Ali inverse les branchements aux bornes de la pile. Que va-t-il observer ? Justifier la réponse.

27 ● ● ● Le sens du courant électrique

1. Rappeler le sens conventionnel du courant électrique.

2. Recopier les trois schémas ci-dessous et indiquer le sens du courant électrique dans chaque circuit.

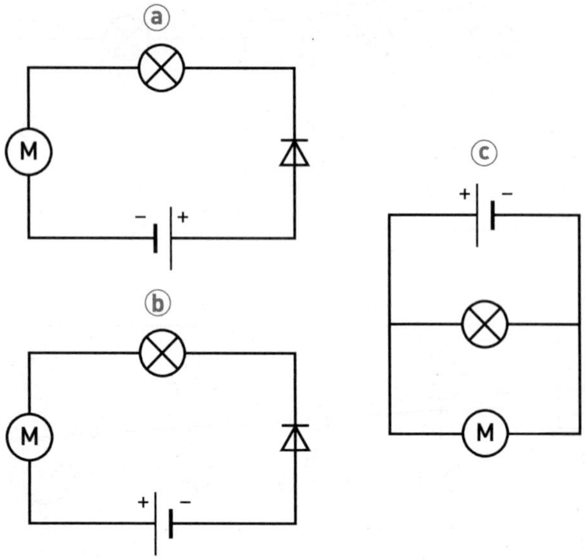

3. Déterminer dans quel circuit la lampe est allumée. Justifier la réponse.

Connaitre les dangers en électricité

28 ● ● ● La paille de fer

PRÉCAUTIONS IMPORTANTES :
Pour éviter tout risque de coupure (qualités n° 0 et n° 2), portez des gants et coupez la paille avec une paire de ciseaux.
Pour éviter tout risque d'auto-inflammation de la paille de fer :
– tenez-les à l'écart de toute source de courant, même très faible (pile, par ex.) ;
– stockez-les à l'abri de l'air (dans un sac plastique ou une boite) ;
– déposez la paille usagée dans un sac plastique avant de les jeter à la poubelle.

➡ Noter la phrase qui alerte sur un danger lors de l'ut lisation de la paille de fer. Expliquer pourquoi la paille d fer doit être tenue à l'écart d'une pile.

29 ●●● Fils électriques dénudés

➡ Préciser les parties de ces fils qui ne présentent pas de risque électrique.

Connaitre et mesurer des grandeurs électriques : tension et intensité

30 ●●● Lire des grandeurs

L'adaptateur allume-cigare-USB permet de charger un smartphone dans une voi-ture. Ceci est utile lorsque l'on utilise un smartphone comme GPS.

➡ Identifier les deux grandeurs indiquées sur l'adaptateur.

31 ●●● Mesurer une tension électrique

Dans l'un des deux circuits suivants, le voltmètre est correctement branché.

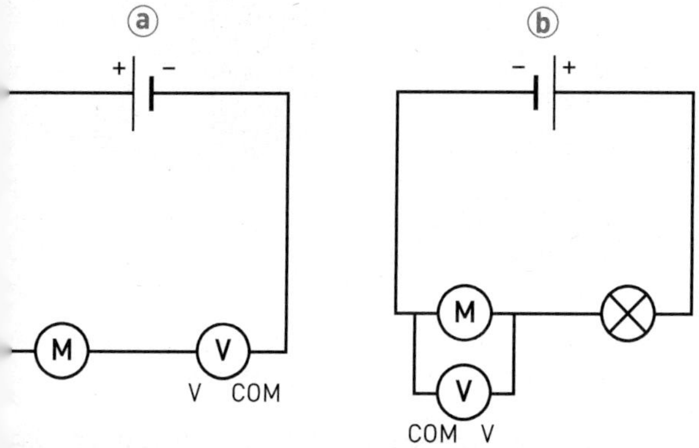

➡ Quel schéma correspond au circuit qui permet de mesurer une tension électrique ? Justifier la réponse.

32 ●●● Mesurer une intensité électrique

Dans l'un des deux circuits suivants, l'ampèremètre est correctement branché.

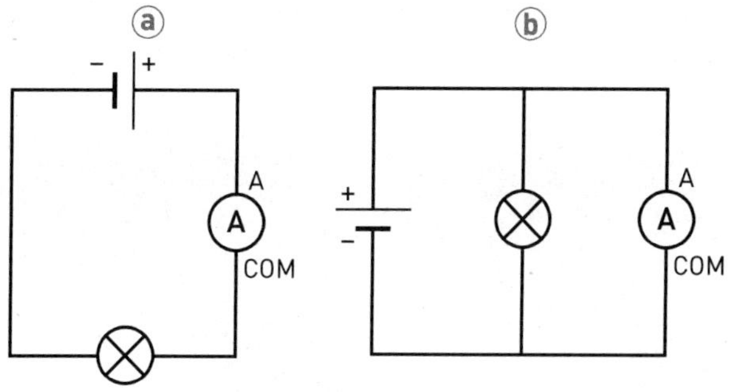

➡ Quel schéma correspond au circuit qui permet de mesurer une intensité électrique ? Justifier la réponse.

33 ●●● Symbole et unité

1. Quel est le symbole de :

a. la tension électrique ? **b.** l'intensité électrique ?

2. Quelle est l'unité de :

a. la tension électrique ? **b.** l'intensité électrique ?

3. « La **tension électrique** aux bornes de la pile est de 3,5 volts.

Le résultat de la mesure s'écrit : U = 3,5 V. »

Recopier la phrase suivante, puis entourer en bleu la grandeur et en vert l'unité.

« L'intensité du courant qui circule dans le circuit est de 0,25 ampère. »

4. Écrire le résultat de la mesure de la phrase précédente.

34 ●●● Les bornes de l'ampèremètre

1. Indiquer la borne commune aux deux mesures.

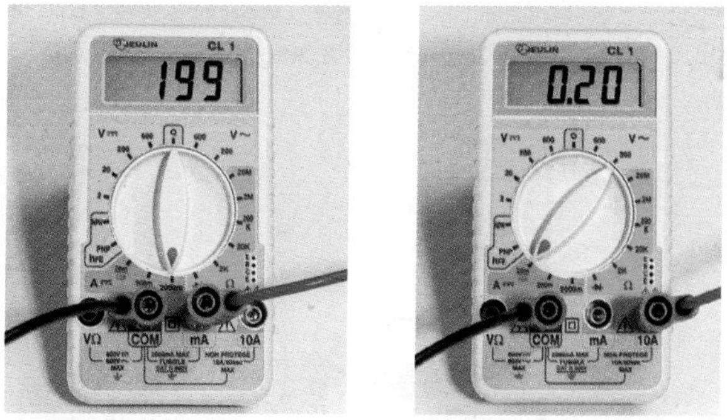

ⓐ Mesure aux bornes mA et COM.

ⓑ Mesure aux bornes 10A et COM.

2. Déterminer la borne qui permet d'effectuer des mesures en milliampères.

3. Écrire le résultat de la mesure ⓐ.

4. Convertir ce résultat en ampères au centième (deux chiffres après la virgule). Que constate-t-on ?

Je travaille des notions

35 ●●● Grandeurs – Écrire le résultat de mesures

En utilisant un multimètre, on obtient les mesures affichées ci-dessous.

ⓐ

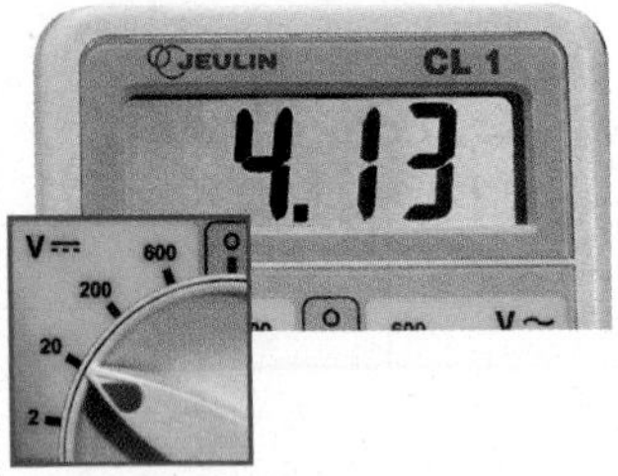

ⓑ

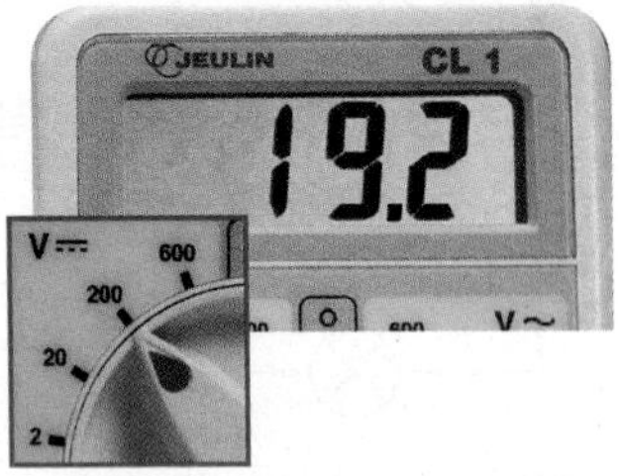

ⓒ

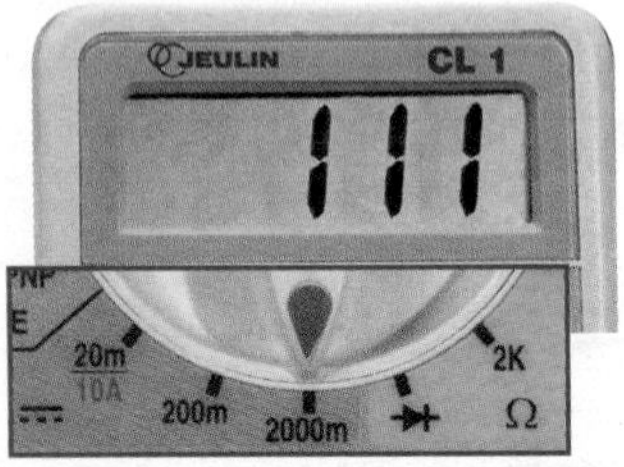

ⓓ

1. D'après ces photographies d'écrans, préciser les grandeurs mesurées par le multimètre.

2. Donner le symbole de chacune des grandeurs mesurées.

3. Sachant que les mesures ont pour unités le volt et le milliampère, écrire les mesures en respectant la méthodologie suivante :

......	=	......	......
Symbole de la grandeur		Valeur numérique	Symbole de l'unité

36 ●●● Récepteur ou générateur ?

Chloé mesure la tension aux bornes de différents dipôles.

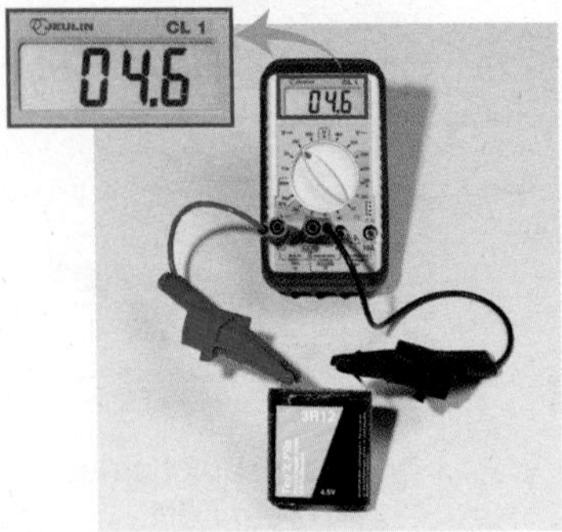

ⓐ Mesure aux bornes d'une pile plate.

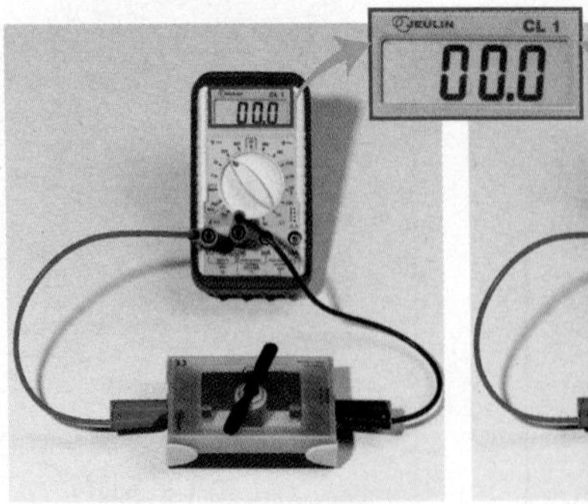

ⓑ Mesure aux bornes d'un moteur.

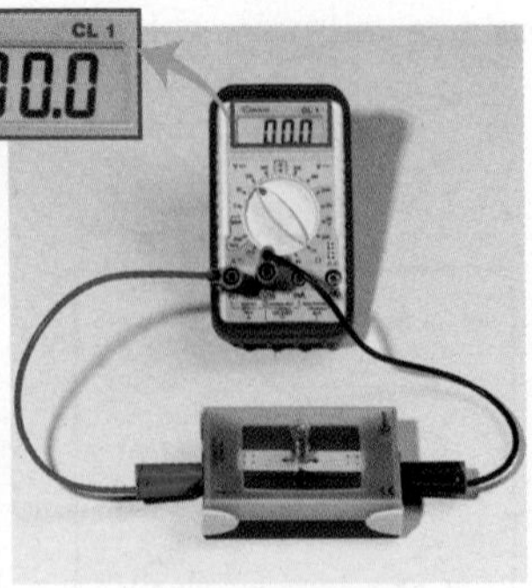

ⓒ Mesure aux bornes d'une lampe.

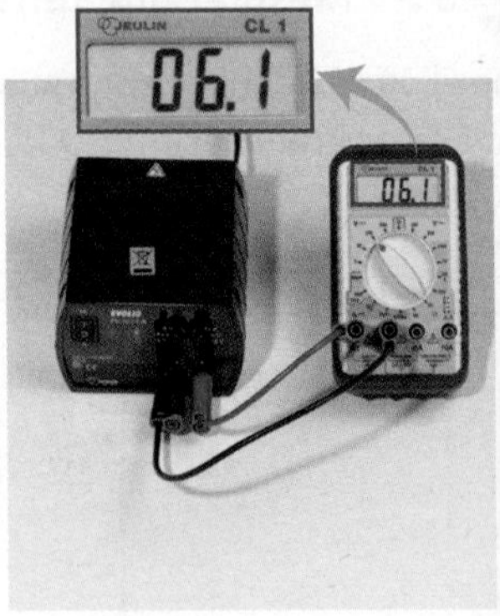

ⓓ Mesure aux bornes d'un générateur.

1. Écrire le résultat de la mesure de tension dans chaque cas. Que constate-t-on ?

2. Un générateur possède une tension non nulle à ses born
Parmi les quatre dipôles, quels sont les générateurs ?

3. En déduire quels sont les récepteurs.

37 ●●● Identifier la fonction du multimètre

Voici deux montages :

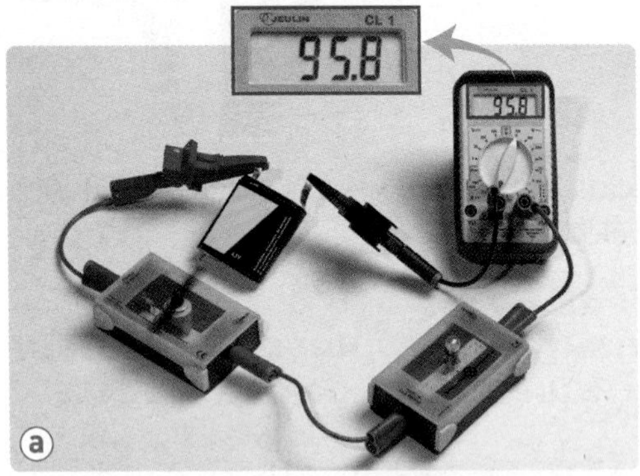

ⓐ

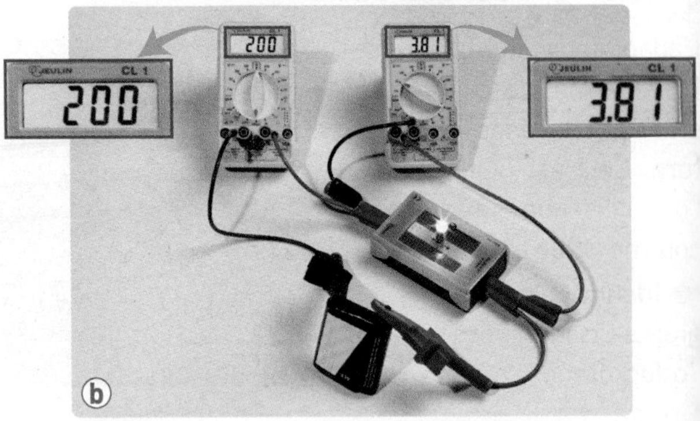

ⓑ

Montage ⓐ 1. Comment le multimètre est-il branché ?

2. En déduire s'il est utilisé comme ampèremètre ou comme voltmètre.

Montage ⓑ 3. Identifier l'ampèremètre et le voltmètre
Justifier la réponse.

4. Écrire le résultat de chaque mesure sachant que l
tension s'exprime en volts et l'intensité en milliampères

Problèmes

38 ●●● Corriger des schémas

D1.1. Passer d'une forme de langage à une autre.

Léa et Mehdi ont réalisé le schéma du même circuit. Le professeur leur signale des erreurs.

Léa

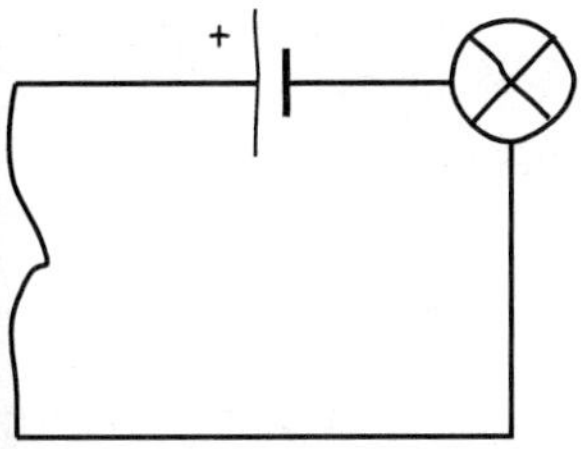

Mehdi

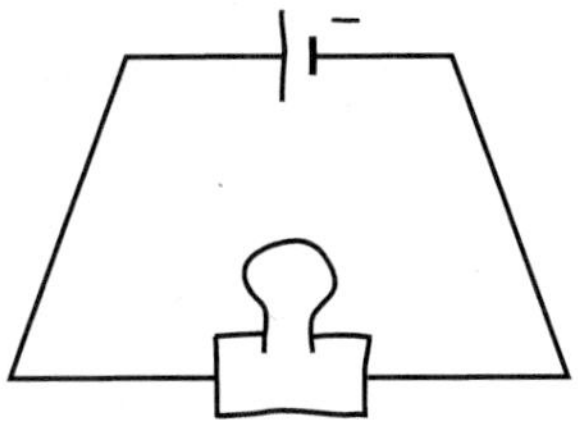

1. Faire la liste du matériel à partir des schémas.

2. Quels conseils peut-on donner à Léa et Mehdi pour corriger leur schéma ?

3. Proposer un schéma corrigé.

39 ●●● Circuits avec dérivations et sens du courant

D1.1. Lire et comprendre des documents scientifiques.

1. Pour chaque circuit, dans quelle boucle le courant cir-
:ule-t-il ? Justifier la réponse.

ⓐ

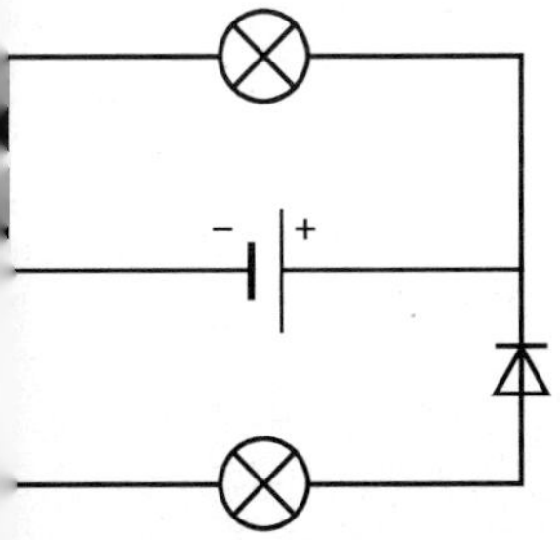

ⓑ

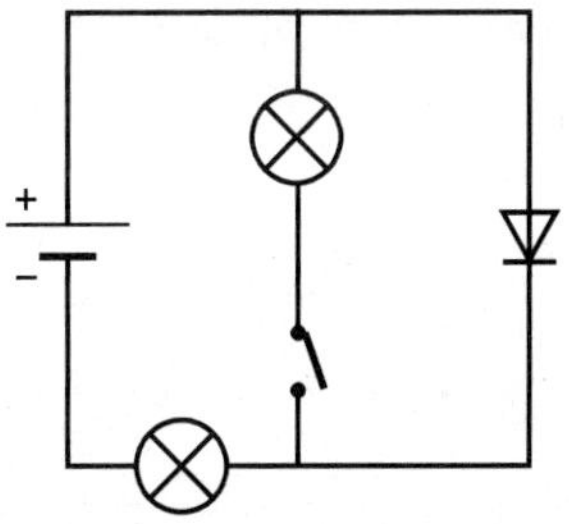

:. Recopier les schémas des circuits et indiquer le sens
u courant.

0 ●●● La multiprise

D4. Concevoir un dispositif d'observation.

Sachant que l'on représente le ventilateur par un
ıoteur, l'écran d'ordinateur par une lampe, le chargeur
'un smartphone par une DEL, la prise électrique par
ne pile et que les dipôles fonctionnent indépendam-
ıent les uns des autres, proposer un schéma du circuit
e la multiprise qui alimente tous ces appareils.

41 ●●● Éclairage de véhicules

D4. Concevoir un dispositif d'observation.

1. Expliquer pourquoi les phares d'un véhicule fonctionnent indépendamment l'un de l'autre.

2. Proposer un schéma du circuit électrique d'alimentation des phares avant d'une voiture.

3. *On cherche à schématiser le circuit électrique des 4 phares (2 avant et 2 arrière) d'une voiture. Pour cela, on donne les informations suivantes.*
« Chaque phare fonctionne indépendamment des autres.
Les 2 phares avant sont commandés par un même interrupteur différent de celui des phares arrière.
Les 2 phares arrière sont commandés par un autre interrupteur différent de celui des phares avant. »
Proposer un schéma du nouveau circuit.

42 ●●● Le court-circuit

D3. Expliquer les fondements des règles de sécurité en électricité.

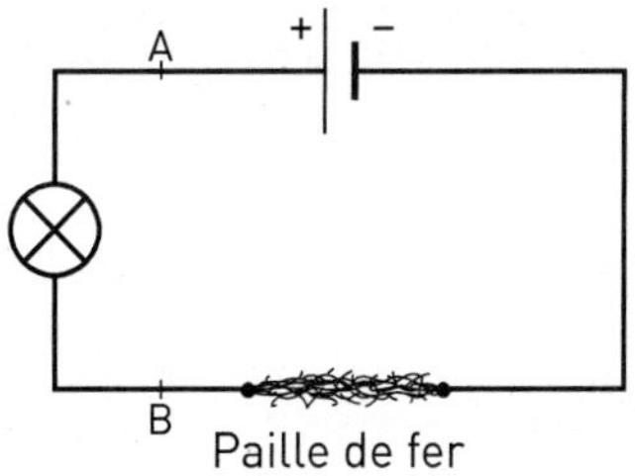

Paille de fer

1. Recopier le schéma ci-dessus en indiquant le sens du courant électrique.

2. La paille de fer est un matériau conducteur.
Quelle observation permet de le confirmer ?

3. Lorsque l'on relie les points A et B par un fil de connexion, la lampe s'éteint et la paille de fer devient incandescente : il y a **un court-circuit**.
Représenter le fil de connexion sur le schéma recopié.

4. Expliquer si le courant électrique circule dans la lampe ou dans le fil de connexion durant le court-circuit.

5. Expliquer en quelques lignes le danger que peut présenter un court-circuit, en particulier à la maison.

Problèmes

43 Les bornes de l'ampèremètre

D4. Interpréter des résultats expérimentaux.

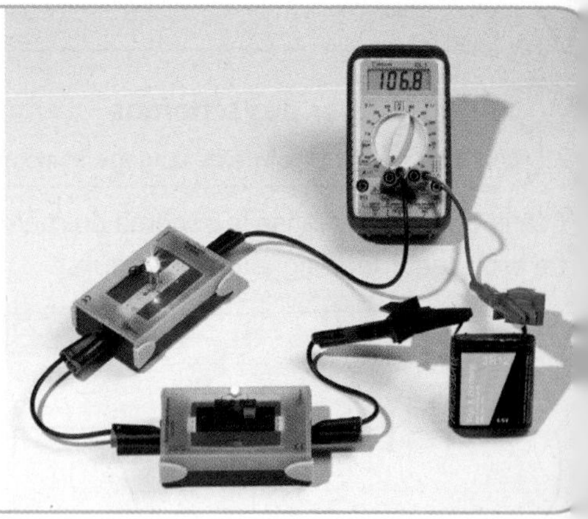

1. Schématiser le circuit ci-contre et indiquer le sens du courant électrique.

2. Placer sur le schéma la borne A et la borne COM de l'ampèremètre.

3. Lorsque l'on inverse les branchements aux bornes de l'ampèremètre, l'écran affiche la valeur ci-contre. Qu'a-t-elle de particulier ?

4. S'aider des réponses précédentes pour proposer une explication à cet affichage.

En lien avec EPS

44 Escrime au fleuret

D4. Concevoir ou réaliser un dispositif de mesure ou d'observation.

VIDEO lienmini.fr/pc-064

Pendant une compétition d'escrime, les joueurs sont équipés d'une combinaison électrifiée.

Lorsqu'un escrimeur touche avec son fleuret une des parties gagnantes de l'escrimeur adversaire, un voyant lumineux s'allume sur son casque.

La partie gagnante s'appelle ***aire de touche***.

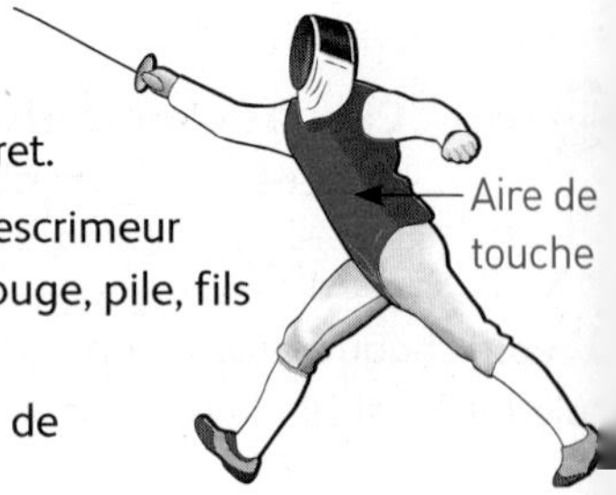

1. Préciser quels sont les éléments conducteurs d'électricité de l'équipement d'un escrimeur au fleuret.

2. On peut modéliser l'équipement électrique de l'escrimeur par un circuit constitué des dipôles suivants : DEL rouge, pile, fils de connexion, interrupteur.

a. Schématiser le circuit et indiquer le sens du courant lorsque le fleuret touche la jambe de l'adversaire.

b. Quel est, dans l'équipement de l'escrimeur, l'élément modélisé par l'interrupteur ?

Sciences MAG

45 Pourquoi appelle-t-on Paris *la Ville Lumière* ?

Le surnom de *Ville Lumière* a été donné à Paris bien avant l'apparition de l'électricité.

Grâce aux travaux de Philippe Lebon (1767-1804), l'éclairage public est développé à partir de 1820 afin de lutter contre la criminalité nocturne dans les ruelles.

Les habitants de la ville contribuent également à cette lutte en plaçant des bougies ou des lampes à huile aux bords de leurs fenêtres.

En 1830, la ville comptait 12 000 éclairages publiques.

De nos jours, on estime à environ 50 000 le nombre de lampadaires et réverbères à Paris.

Le célèbre pont Alexandre III, l'un des 37 ponts au-dessus de la Sein

➡ Réaliser une recherche sur la technologie utilisée par Philippe Lebon pour l'éclairage urbain du XVIIe siècle.

30 min

46 Quel circuit réaliser pour représenter la constellation d'Orion ?

Dans le cadre d'un EPI de Technologie, Mathématiques, Latin et Physique Chimie, les élèves réalisent différentes maquettes de constellations grâce à un circuit électrique.

1 Caroline et Imad réalisent la maquette de la constellation d'Orion avec ses sept étoiles principales. Voici ce que les élèves ont à leur disposition :

- Une pile.
- Sept DEL vertes.
- Un rouleau de fil électrique.
- Un interrupteur.
- Une plaque en bois pré-percée de sept trous et peinte en noir.

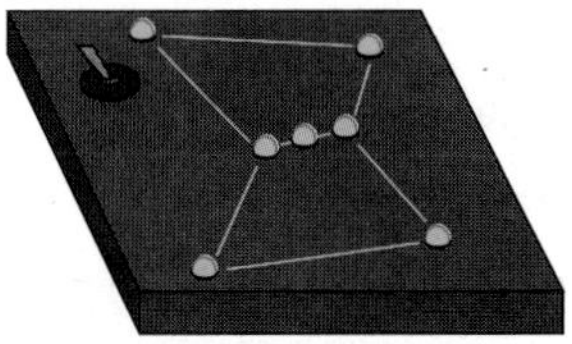

Liste du matériel et dessin de la maquette.

- On voudrait un circuit constitué de deux boucles de courant dont l'une contient cinq DEL.
- L'interrupteur doit permettre à toutes les DEL de s'allumer en même temps.

Cahier des charges.

Questions

1. Rappeler quel est le sens du courant électrique dans un circuit, puis indiquer parmi les deux schémas proposés ci-contre, celui pour lequel la DEL fonctionne.

2. Quel dipôle indispensable au fonctionnement d'un circuit électrique n'est pas visible sur le dessin de la maquette ?

ⓐ

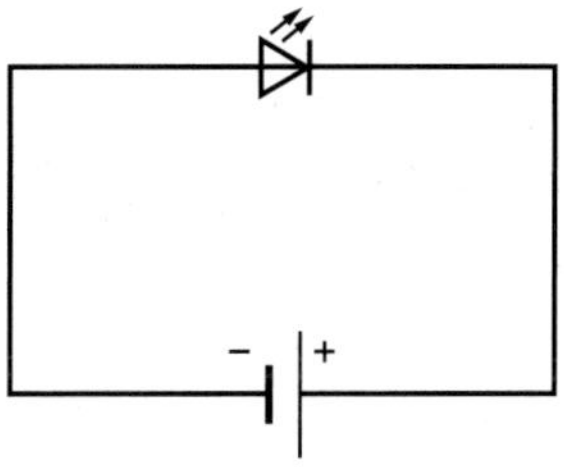

ⓑ

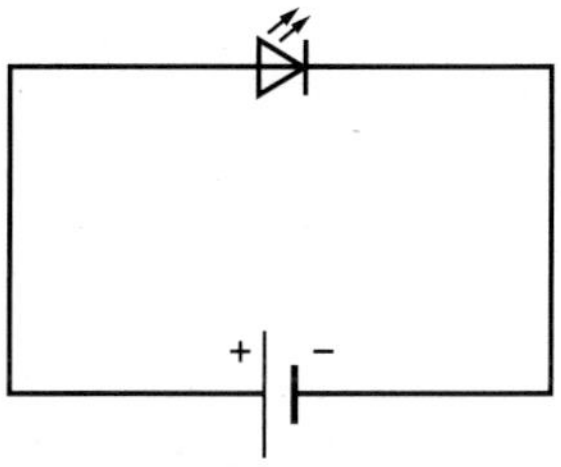

2 Lors de l'assemblage des DEL à la maquette, Caroline et Imad retirent une partie de la gaine en plastique des fils pour réaliser leurs soudures.

Questions

3. Quelle différence y a-t-il entre un matériau conducteur et un matériau isolant ?

4. Expliquer pourquoi Caroline et Imad retirent une partie de la gaine en plastique pour réaliser leurs soudures.

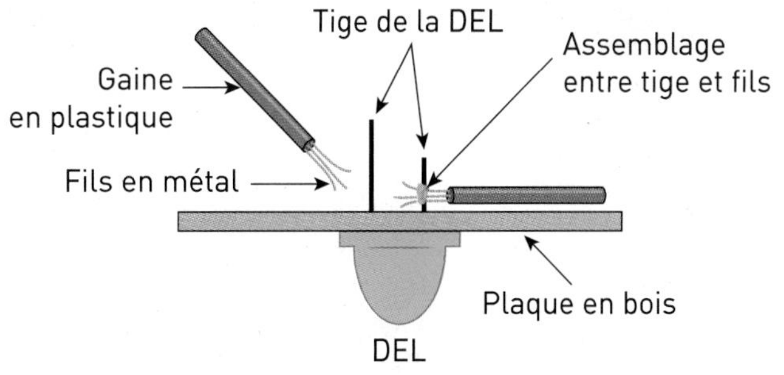

Vue de profil de l'assemblage d'une DEL à la maquette.

3 Lorsque l'on ferme l'interrupteur, les sept DEL représentant les sept étoiles principales s'allument. Le câblage sous la plaque en bois n'est pas visible.

Questions

5. a. Proposer un schéma du circuit électrique de la maquette de la constellation d'Orion qui respecte toutes les conditions du cahier des charges fourni.

b. Préciser s'il s'agit d'un circuit série ou avec dérivations.

6. Recopier le dessin de la maquette et ajouter les fils électriques qui permettront de réaliser la maquette.

CHAPITRE 11

Les lois en électricité

Sommaire

Zoom sur...

Les croisements entre chapitres

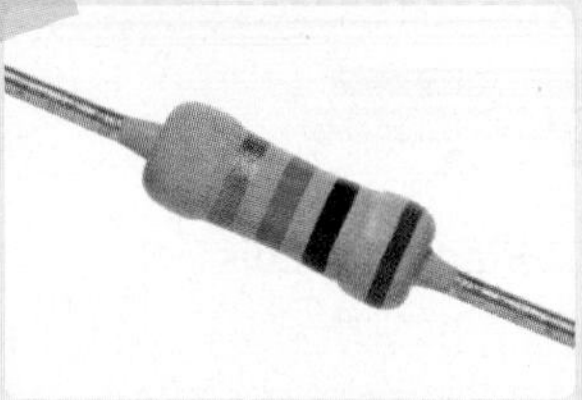

Dans l'activité 6, je fais le lien avec le chapitre 13 du thème D, **Énergie et puissance électriques** (p. 328 du manuel).

L'interdisciplinarité

Dans l'activité 9, je fais le lien avec la Technologie, **Assurer le confort dans une maison**.

Une animation

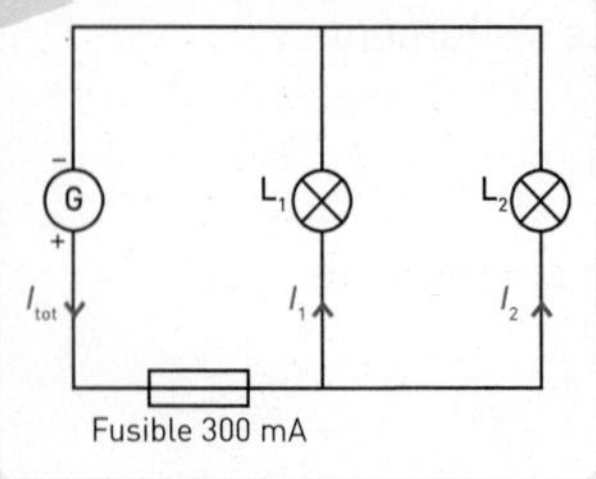

Dans l'activité 4, je découvre une animation sur la loi des intensités avec dérivations.

Une vidéo

Dans l'activité 7, je regarde une vidéo sur les dangers liés à la surintensité.

Peut-on reconnaitre les résistances dans ce circuit ?

Un circuit imprimé.

Dans ce chapitre, je vais

	Activités	Exercices
➡ **Exploiter les lois en intensité.**	1 4 5	20 à 24
➡ **Exploiter les lois en tension.**	2 3	16 à 19
➡ **Effectuer une mesure précise : utiliser les calibres.**	1 2 5	14 et 15
➡ **Relever la tension nominale d'un appareil électrique.**	7 9	12 et 13
➡ **Décrire l'effet d'une résistance électrique dans un circuit électrique.**	6 8	25 à 27
➡ **Exploiter la loi d'Ohm.**	8 9	28 à 31
➡ **Mettre en relation les lois en électricité et la sécurité.**	7 9	

COMPÉTENCE ÉVALUABLE

D4. Interpréter des résultats expérimentaux.

ACTIVITÉ 3

Quelles sont les lois du circuit avec dérivations ? (1)

On dispose d'un générateur de 6 V, de deux lampes L_1 et L_2 et d'un moteur.

1 Montage 1.

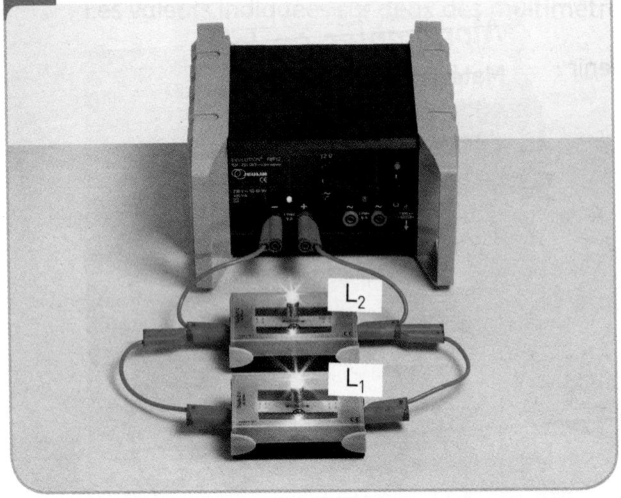

2 Montage 2.

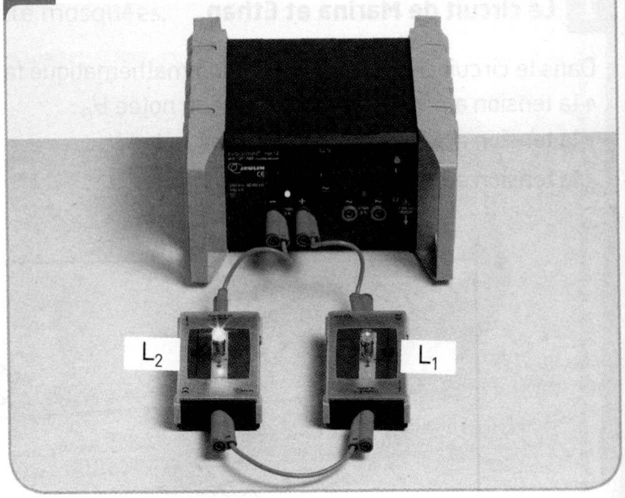

3 Montage 3.

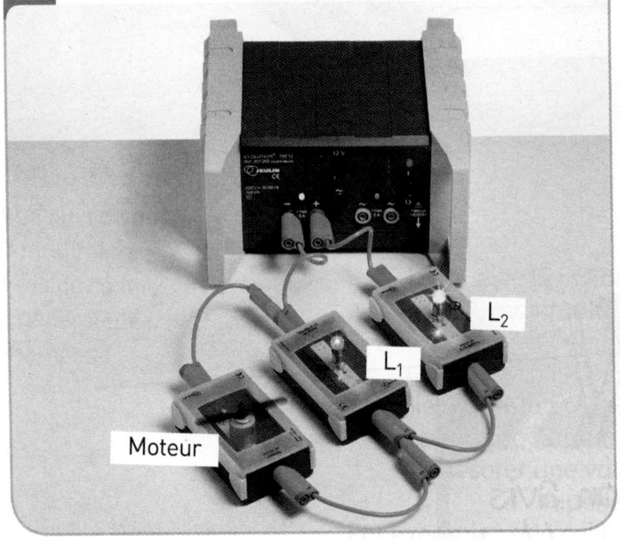

4 Tensions mesurées aux bornes des différents dipôles.

Tension (en V)	Montage 1	Montage 2	Montage 3
$U_{Générateur}$	6	6	6
U_{L_1}	6	2	2,5
U_{L_2}	6	4	3,5
U_{moteur}	–	–	2,5

Questions

1 **Docs 1. et 2.** Pour chaque montage, préciser si les lampes sont montées en série ou **en parallèle**.

2 **Doc 3.** Comment le moteur est-il branché par rapport à la lampe L_1 ?

3 **Doc 4.** Comparer les valeurs des tensions aux bornes des trois dipôles.

4 **Docs 1. à 4.** Quelle conclusion peut-on formuler à propos des tensions aux bornes de deux récepteurs montés en parallèle ?

5 **Pour aller plus loin** Schématiser chaque circuit en ajoutant les appareils qui permettent d'obtenir les valeurs du tableau du document 4.

VOCABULAIRE

En parallèle : dans un circuit avec dérivations, deux dipôles (ou deux branches) sont en parallèle si leurs deux bornes (ou extrémités) sont reliées aux mêmes points.

4 Quelles sont les lois du circuit avec dérivations ? (2)

COMPÉTENCES ÉVALUABLES

D1.1 Lire et comprendre des documents scientifiques.
D4. Interpréter des résultats expérimentaux.

Pour réaliser une affiche sur la loi des intensités, Yasmine a pris des photos des écrans des multimètres.

1 Schéma du circuit de Yasmine.

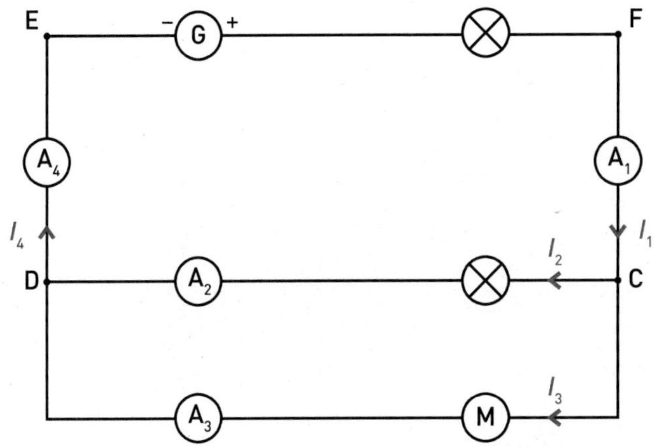

2 Énoncé de la loi d'additivité des intensités.

■ Dans un circuit avec dérivations, la somme des intensités des courants qui arrivent à un nœud est égale à la somme des intensités des courants qui repartent de ce nœud.

ANI > Cliquez pour retrouver une animation sur la loi des intensités avec dérivations.

3 Valeurs d'intensité mesurées en milliampères.

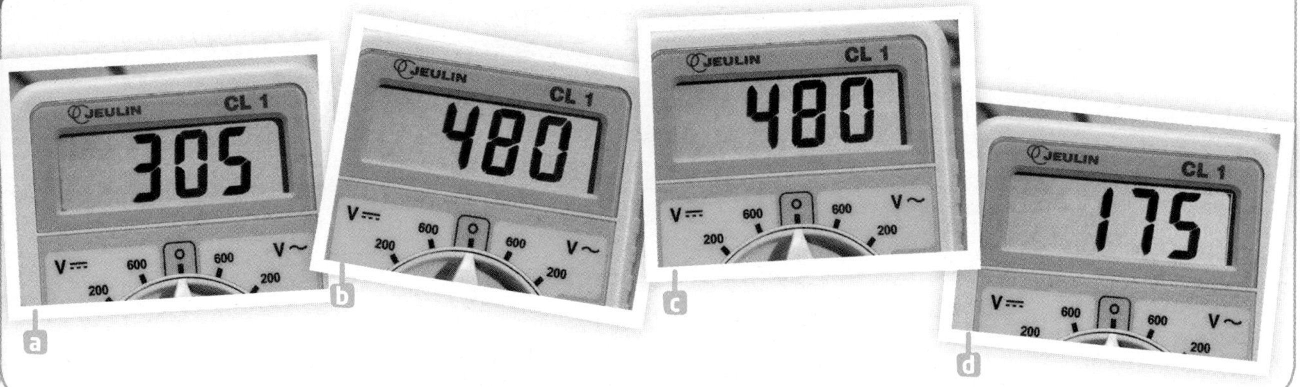

Questions

1 **Doc 1.** Préciser, pour chaque intensité, l'ampèremètre qui permet de la mesurer.

2 **Doc 1.** Identifier les nœuds du circuit. Le point F est-il visible lorsqu'on réalise l'expérience ?

3 **Doc 1.** Que peut-on dire de I_1 et I_4 ?

4 **Doc 2.** Quelle est l'opération mathématique évoquée dans l'énoncé de la loi ?

5 **Docs 1. à 3.** Sachant que $I_3 > I_2$, attribuer chaque photo au bon ampèremètre. Justifier par un calcul.

6 **Docs 1. à 3.** Donner l'expression littérale de la loi et expliquer son nom.

VOCABULAIRE

Expression littérale : expression mathématique dans laquelle n'apparaissent que les symboles des grandeurs et non leur valeur.

Nœud : point du circuit où se rejoignent au moins trois fils.

INVESTIGATION

ACTIVITÉ 5

Une lampe peut-elle en priver une autre de courant ?

COMPÉTENCES ÉVALUABLES

D2. Planifier une tâche expérimentale.
D4. Mesurer des grandeurs physiques de manière directe ou indirecte.

Situation

Basile et Laura ont réalisé en classe le circuit électrique ci-dessous.

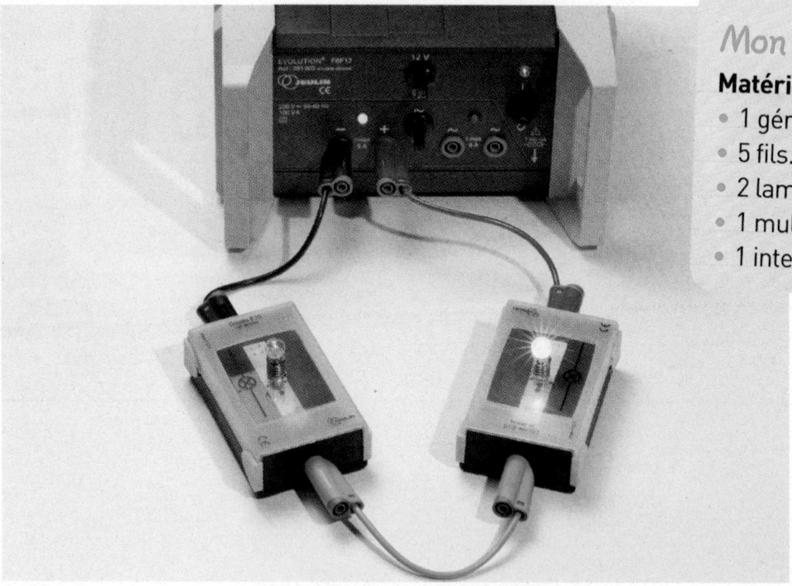

Mon cahier de labo

Matériel à disposition :

- 1 générateur.
- 5 fils.
- 2 lampes différentes.
- 1 multimètre.
- 1 interrupteur.

CONSIGNE **Réaliser** une expérience permettant de vérifier l'hypothèse de Basile, puis rédiger un compte-rendu.

Besoin d'aide ?

▶ **Retrouvez des aides en fin d'ouvrage, p. 423.**

6 Quel est l'effet d'une résistance dans un circuit ?

COMPÉTENCES ÉVALUABLES

D1.3 Passer d'une forme de langage scientifique à une autre.
D4. Réaliser un dispositif de mesure.

Gaspard cherche à connaitre l'influence d'une résistance dans un circuit électrique.

1 La grandeur résistance et sa mesure.

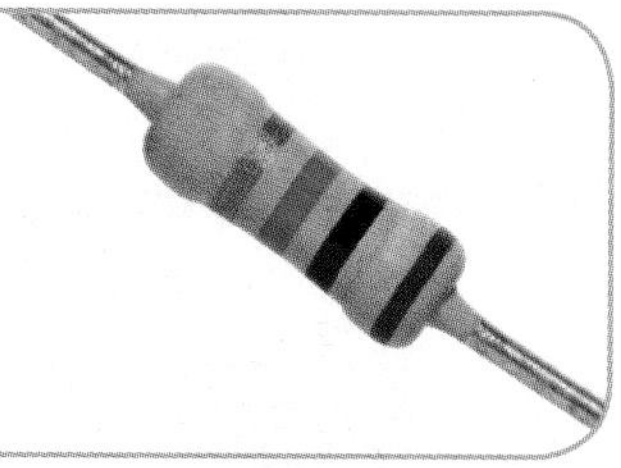

Une résistance est un dipôle caractérisé par une grandeur également appelée résistance.
La grandeur résistance a pour symbole *R* et se mesure en ohm (symbole Ω).
Cette grandeur se mesure hors-circuit, en branchant le dipôle entre les bornes Ω et COM d'un multimètre en fonction ohmmètre ▶ **voir fiche méthode, p. 408.**

2 Circuit réalisé par Gaspard.

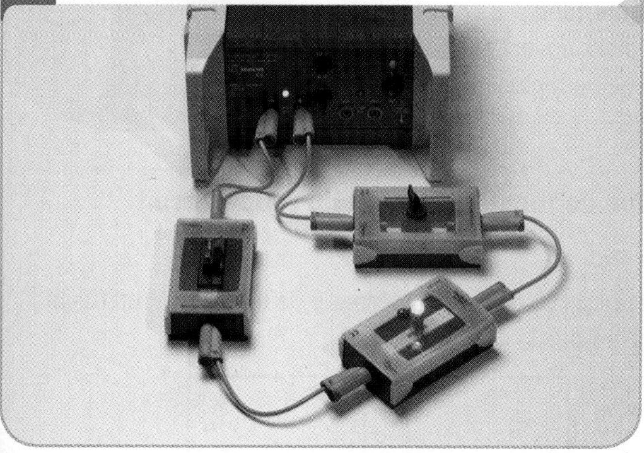

Mon cahier de labo

Matériel à disposition :

- 1 générateur.
- 1 lampe.
- 1 multimètre.
- 1 interrupteur.
- 1 résistance.
- 5 fils de connexion.

3 Mesures réalisées.

Résistance (en Ω)	0	27	68	R_1 = …
Intensité (en mA)	250	190	120	…

4 Compte-rendu de Gaspard.

J'ai utilisé 3 valeurs de résistance différentes (0 Ω ; 27 Ω ; et 68 Ω). J'ai observé que plus la résistance est faible, plus la lampe brille fortement.
J'ai alors choisi de mesurer l'intensité du courant électrique.

Questions

1. **Docs 1. et 3.** Choisir un dipôle résistance parmi ceux à disposition puis vérifier sa valeur à l'aide du multimètre. Écrire le résultat de la mesure sous la forme : R_1 = … Ω.
2. **Doc 2.** Schématiser le circuit électrique.
3. **Doc 2.** **EXP** Réaliser le circuit électrique en ajoutant un ampèremètre pour mesurer l'intensité qui parcourt le circuit.
4. **Doc 3.** Recopier puis compléter le tableau des résultats des mesures.
5. **Docs 3. et 4.** Indiquer comment varie l'éclat de la lampe puis conclure sur les effets d'une résistance dans un circuit.
6. **Pour aller plus loin** Proposer un protocole pour mettre en évidence l'**effet Joule** dans la résistance.

VOCABULAIRE

Effet Joule : conversion d'énergie électrique en énergie thermique dans une résistance.
▶ Voir chapitre 13, p. 333.

ACTIVITÉ 7

Comment concevoir un coupe-circuit ?

COMPÉTENCES ÉVALUABLES

D1.1 Lire et comprendre des documents scientifiques.
D3. Expliquer les fondements des règles de sécurité en électricité.

Surcharger une multiprise présente des risques (incendie, surchauffe de la prise…). Afin de protéger le circuit électrique d'une surintensité, un système appelé coupe-circuit peut être mis en place.

VIDEO lienmini.fr/pc-065

1 Description du coupe-circuit.

Le coupe-circuit est ici une petite tige de métal (conductrice) contenue dans un tube de verre dans lequel le vide a été fait. Ce dispositif est connu sous le nom de **fusible**.

2 Principe de fonctionnement du coupe-circuit.

Lorsque le courant électrique qui passe dans la tige métallique dépasse la valeur indiquée sur le fusible, la tige métallique chauffe par effet Joule, fond et se rompt : le circuit est alors ouvert et le courant électrique ne peut plus passer.

3 Indications sur les culots de lampes.

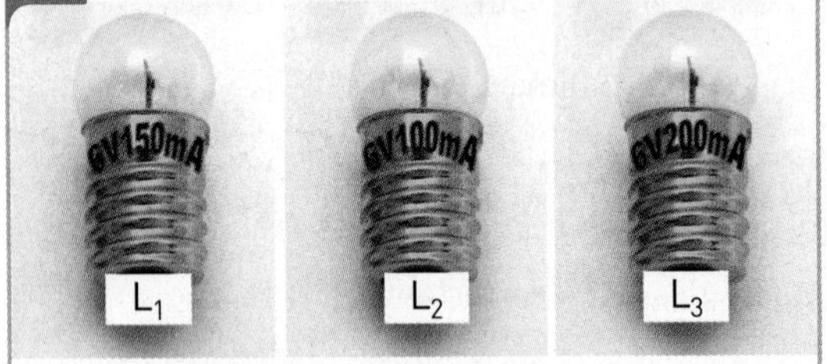

Lorsque la tension aux bornes d'une lampe est égale à sa tension nominale (6 V pour la lampe L_1), l'intensité du courant circulant dans la branche est égale à l'intensité indiquée sur le culot de la lampe (150 mA pour L_1).

4 Principe de fonctionnement du coupe-circuit.

Étape 1

On réalise un circuit avec un générateur de tension 6 V, un fusible et les deux lampes L_1 et L_2 du doc 3.

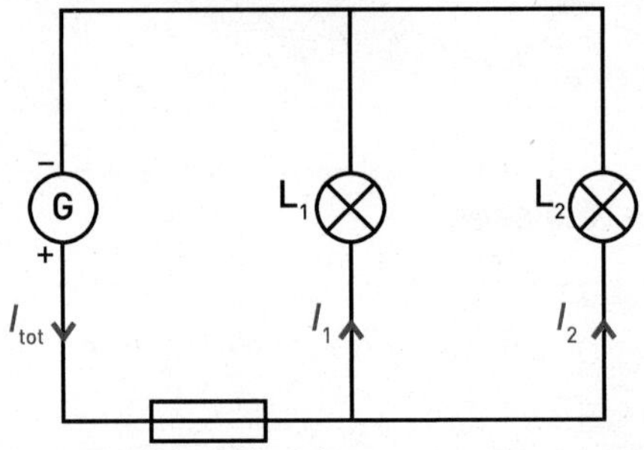

Étape 2

On rajoute la lampe L_3 en dérivation aux bornes de L_2.
Observation : le fusible se rompt.

Questions

1. **Docs 1. et 2.** À quel dipôle peut-on assimiler le fusible lorsque la tige s'est rompue ? Justifier.
2. **Docs 3. et 4.** Appliquer la loi des intensités dans un circuit avec dérivations. Calculer la valeur de I_{tot} puis comparer cette valeur à celle qui peut être supportée par le fusible.
3. **Doc 4.** Dans le circuit, la lampe L_3 est ajoutée en dérivation. Schématiser le circuit et placer I_3.
4. **Docs 3. et 4.** Calculer la nouvelle valeur de I_{tot}. Expliquer pourquoi le fusible se rompt.
5. **Pour aller plus loin** Chercher l'étymologie du mot « fusible ».

VOCABULAIRE

Effet Joule : conversion d'énergie électrique en énergie thermique dans une résistance.

Surintensité : passage d'un courant électrique trop important dans un circuit.

ACTIVITÉ

8 Qu'est-ce que la loi d'Ohm ?

COMPÉTENCES ÉVALUABLES

D1.3 Passer d'un langage scientifique à une autre.
D4. Interpréter des résultats expérimentaux.
D4. Réaliser un dispositif de mesure.

Histoire des sciences

1 Georg Simon Ohm.

Georg Simon Ohm (1789-1854) was a German scientist. He gave a complete theory of electricity, suggesting current flows because of an interaction between 'contiguous particles'. Nowadays, it is considered that electric current can be modeled by bouncing electrons.
Ohm is famous for the law he gave his name for, the *Ohm's law*, wich links voltage, current and resistance.

Mon cahier de labo

Matériel à disposition :
- R_1 (118 Ω).
- 2 multimètres.
- 1 générateur.
- 5 fils de connexion.

2 Photo du circuit.

3 Tableau des valeurs mesurées.

Dans le circuit réalisé au document 2 avec la résistance R_1 de valeur 118 Ω, on fait varier la tension délivrée par le générateur.
On mesure ensuite les valeurs des intensités.
Voici les résultats :

U (en V)	0	3	...	12
I (en A)	0	...	...	...
$\frac{U}{I}$	X	...	...	...

4 Proportionnalité dans un graphique.

En Physique et en Chimie, la proportionnalité est souvent utilisée pour modéliser des lois physiques.
En mathématiques, la courbe qui traduit la relation de proportionnalité entre deux grandeurs est une droite passant par l'origine.

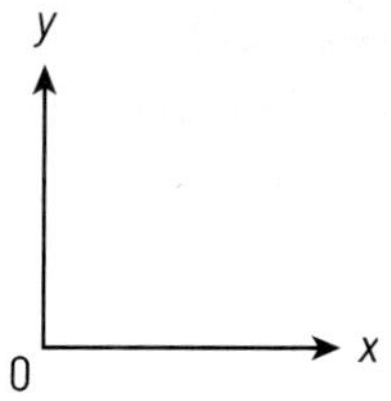

L'équation de la droite s'écrit : $y = ax$.
- x est l'abscisse.
- y est l'ordonnée.
- a, coefficient de proportionnalité entre x et y, est aussi le coefficient directeur de la droite.
- 0 est l'origine.

Questions

1 **Docs 1. et 4.** What did Georg Simon Ohm discover?

2 **Docs 2. et 3.** **EXP** Faire l'expérience et noter les valeurs de I dans le tableau.
Calculer les valeurs de $\frac{U}{I}$.

3 **Docs 3. et 4.** Tracer un graphique dont le titre sera *Représentation de la variation de la tension aux bornes de la résistance en fonction de l'intensité qui la traverse* (voir échelle ci-contre).

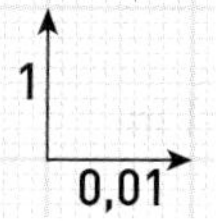

4 **Doc 4.** À quelle grandeur mesurée correspond x ? et y ?

5 **Docs 3 et 4.** Écrire l'équation de la droite.

6 **Doc 3.** Mesurer la valeur de la résistance R_1 et la comparer à la dernière ligne du tableau. Conclure en écrivant la loi reliant les grandeurs U, I et R.

DICO

Bouncing: qui rebondit.

Contiguous: adjacent, en contact étroit.

To model: modéliser.

Bilan de cycle 4 — Les lois en électricité

▶ Retrouvez aussi **Le bilan de 5e** BILAN lienmini.fr/pc-067 **Le bilan de 4e** BILAN lienmini.fr/pc-068

1 Les lois dans un circuit série

▶ Activités 2 3

Dans un circuit série, l'intensité du courant électrique est la même en tout point du circuit :
c'est **la loi d'unicité des intensités.**

$$I = I_1 = I_2$$

Dans un circuit série, la tension aux bornes du générateur est égale à la somme des tensions aux bornes des autres dipôles :
c'est **la loi d'additivité des tensions**.

$$U_G = U_{L_1} + U_{L_2}$$

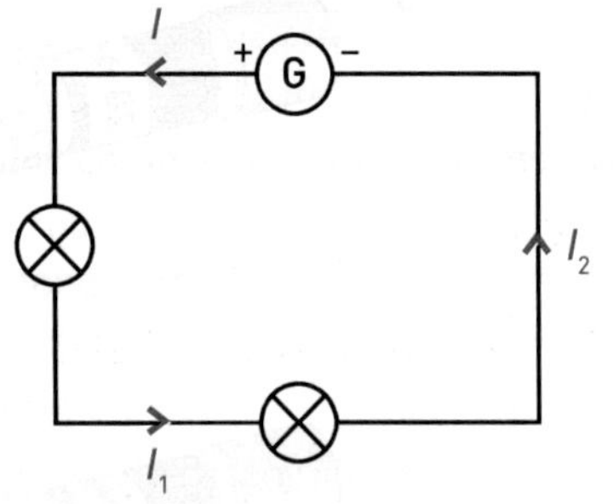

- U_G tension aux bornes du générateur
- U_{L_1} tension aux bornes de L_1
- U_{L_2} tension aux bornes de L_2

2 Les lois dans un circuit avec dérivations

▶ Activités 4 5

Dans un circuit avec dérivations, la somme des intensités des courants qui arrivent en un nœud est égale à la somme des intensités des courants qui repartent de ce nœud :
c'est **la loi d'additivité des intensités.**

$$I = I_1 + I_2$$

Dans un circuit avec dérivations, les tensions aux bornes des branches montées en parallèles sont égales :
c'est **la loi d'unicité des tensions.**

$$U_G = U_{L_1} = U_{L_2}$$

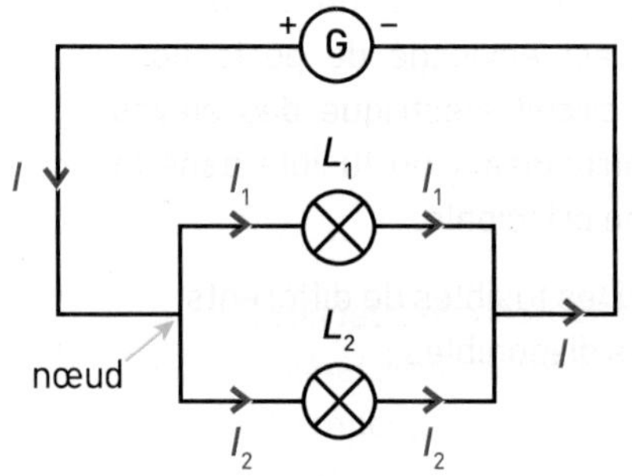

- U_G tension aux bornes du générateur
- U_{L_1} tension aux bornes de L_1
- U_{L_2} tension aux bornes de L_2

3 La résistance

▶ Activités 1 6

a La grandeur

Tout dipôle peut être caractérisé par une valeur appelée résistance, qui peut être mesurée hors circuit avec un **ohmmètre.**

La résistance a pour **symbole *R***, son unité est l'**ohm (symbole Ω).**

Plus la résistance du dipôle est grande, plus l'intensité qui le traverse est faible.

Symboles normalisés	
Résistance	**Ohmètre**

b Le dipôle

Un code couleur permet de connaitre la résistance du dipôle appelé « résistance ». Celle-ci peut aussi être mesurée hors circuit avec un ohmmètre.

c La résistance dans un circuit

Plus la résistance est grande plus l'intensité du courant diminue.

En raison de sa résistance, tout dipôle chauffe quand il est traversé par un courant : c'est l'**effet Joule**.

▶ **Voir chapitre 13, p. 333.**

MOTS-CLÉS

Loi d'additivité des tensions	Loi d'unicité des tensions	Sous-tension
Loi d'additivité des intensités	Loi d'unicité des intensités	Surtension
Loi d'Ohm	Résistance	Tension nominale

VOIR LEXIQUE PAGE 418

4 La loi d'ohm

▶ Activité 8

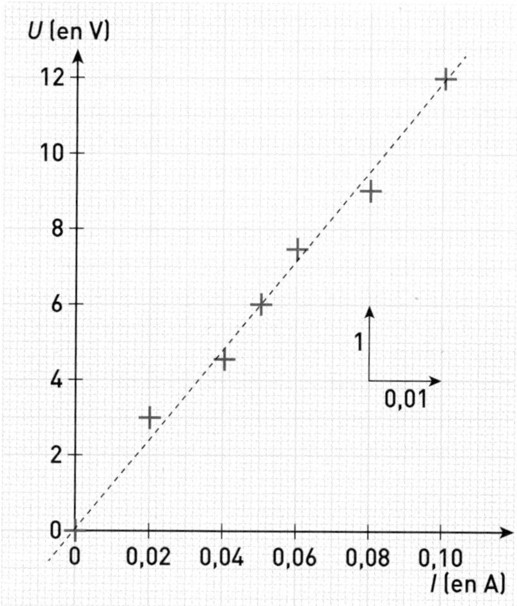

Tension *U* mesurée aux bornes de la résistance en fonction de l'intensité *I*.

Il existe une relation mathématique de proportionnalité entre la valeur de la tension aux bornes d'une résistance et la valeur de l'intensité qui la traverse : c'est la **loi d'ohm**.

La courbe qui en rend compte est une droite qui passe par l'origine.

La loi d'ohm s'écrit :

$$U = R \times I$$

Tension (en V) → U ; Intensité (en A) → I ; Résistance (en Ω) → R

Dans cette formule, la résistance *R* représente le **coefficient de proportionnalité** entre U et I. C'est le **coefficient directeur** de la droite.

5 La tension et l'intensité nominales

▶ Activité 7

Les valeurs de tension et d'intensité indiquées sur un appareil électrique sont les valeurs de la **tension nominale** et de l'**intensité nominale**.

Un appareil électrique fonctionne normalement lorsque la tension à ses bornes et l'intensité qui le traverse sont égales aux **valeurs nominales**.

Dans le cas où la tension aux bornes d'un dipôle est **inférieure** à la tension nominale, on parle de **sous-tension**.

Dans le cas où la tension aux bornes d'un dipôle est **supérieure** à la tension nominale, on parle de **surtension**.

Lorsque l'intensité du courant est trop importante, le fusible se rompt et ouvre le circuit, évitant alors les risques d'incendie dus à la surintensité.

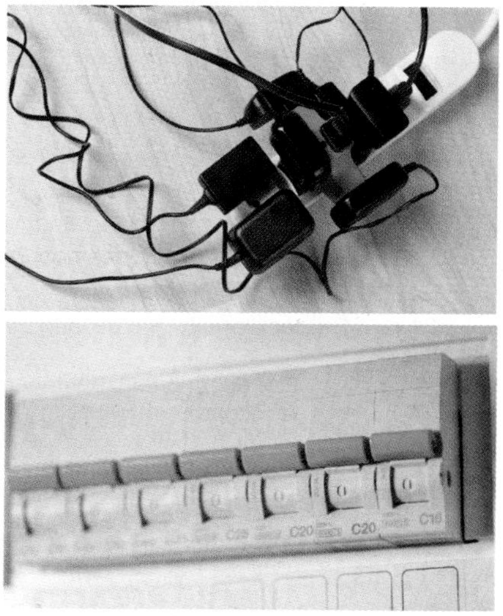

Exemple : risques de surintensité pouvant entrainer un départ de feu. Le dispositif de sécurité va couper le courant.

L'essentiel

Retenir les lois en électricité dans les différents circuits

lois en électricité

- Série → Loi d'unicité des intensités $I = I_1 = I_2$; Loi d'additivité des tensions $U = U_1 + U_2$
- Dérivation → Loi d'unicité des tensions $U = U_1 = U_2$; Loi d'additivité des intensités $I = I_1 + I_2$
- Aux bornes de la résistance → Loi d'Ohm $U = R \times I$

Comprendre la grandeur résistance

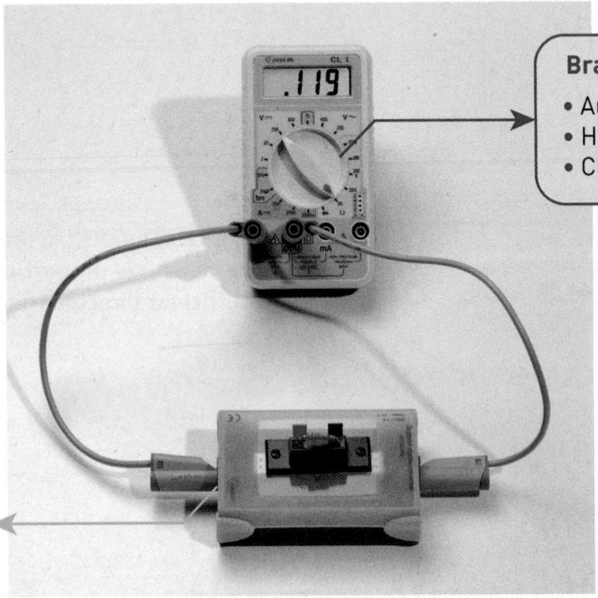

Branchement de l'ohmmètre
- Aux bornes VΩ et COM
- Hors-circuit
- Choisir le calibre (ici 2K Ω)

La résistance
- Symbole : R
- Unité : ohm (Ω)
- Symbole normalisé :

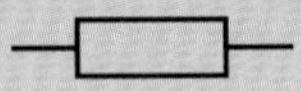

Socle commun

Domaines	Compétences	Activités	Problèmes
D1.1	Lire et comprendre des documents scientifiques.	4 7	32
D1.3	Passer d'une forme de langage scientifique à une autre.	6 8	34
D2	Planifier une tâche expérimentale, garder des traces des étapes suivies et des résultats obtenus.	5 9	
D3	Expliquer les fondements des règles de sécurité en électricité.	7	35
D4	Concevoir ou réaliser un dispositif de mesure ou d'observation.	6 8 9	
D4	Interpréter des résultats expérimentaux.	2 3 4 8	33
D4	Proposer une ou des hypothèses pour répondre à une question scientifique.	1	
D4	Mesurer des grandeurs physiques de manière directe ou indirecte.	1 2 5	

Exercices

J'apprends à apprendre

Utilisable en AP

1 Apprendre en réalisant une carte mentale

➡ L'objectif ici est de construire une carte mentale à partir des notions du chapitre.

- **Étape 1 :** recopier la liste des mots-clés ci-contre.
- **Étape 2 :** faire un groupe A en sélectionnant les mots qui sont liés à l'intensité du courant électrique.
- **Étape 3 :** faire un groupe B en vérifiant que les mots restants sont liés à la tension électrique.
- **Étape 4 :** sur une feuille au format paysage, poursuivre l'arborescence à partir du cœur de la carte mentale ci-dessous :

- **Étape 5 :** étoffer la carte en y ajoutant par exemple des étiquettes pour la grandeur « résistance », les schémas de circuit électrique, les expressions littérales des lois…

Unité : V

Lois des intensités

Symbole : –(V)–

Se mesure avec un ampèremètre

Se mesure avec un voltmètre

Loi d'additivité des intensités

Symbole : –(A)–

Unité : A ou mA

Loi d'additivité des tensions

Loi d'unicité des intensités

Lois des tensions

Loi d'unicité des tensions

J'apprends une méthode

Exercice résolu

Utilisable en AP

2 ●●● Écrire la loi des intensités en un nœud

Énoncé Soit le schéma du circuit ci-contre :

➡ Écrire l'expression littérale de la loi d'additivité des intensités appliquée au nœud A.

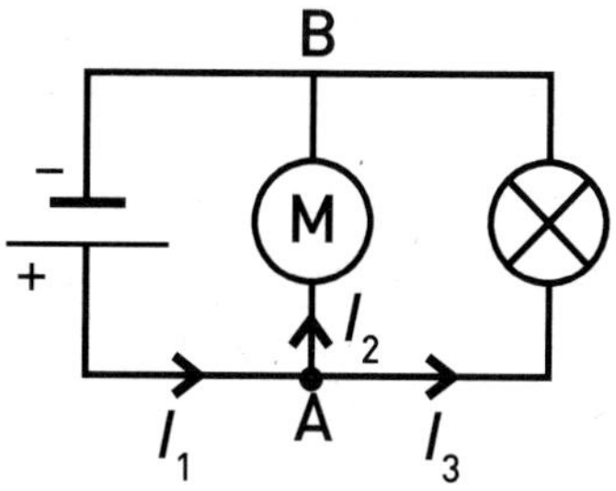

Solution

- Représenter le nœud A en respectant le sens des courants d'intensité I_1, I_2, I_3 puis préciser quelles sont les intensités entrant et sortant de ce nœud.

’intensité entrant dans le nœud A est I_1 et les intensités qui en sortent sont I_2 et I_3.

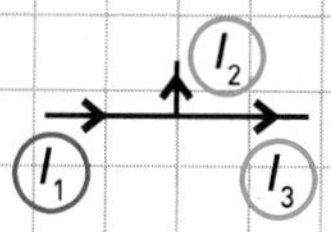

- Écrire l'expression de la loi qui s'applique au nœud A en respectant l'égalité suivante : « somme des $I_{entrant}$ = somme des $I_{sortant}$ »

a loi d'écrit : $I_1 = I_2 + I_3$

Je me teste

EXO lienmini.fr/pc-069

3 ●●● QCM Utiliser un multimètre

1. Pour utiliser la fonction ampèremètre d'un multimètre, il faut utiliser les bornes :

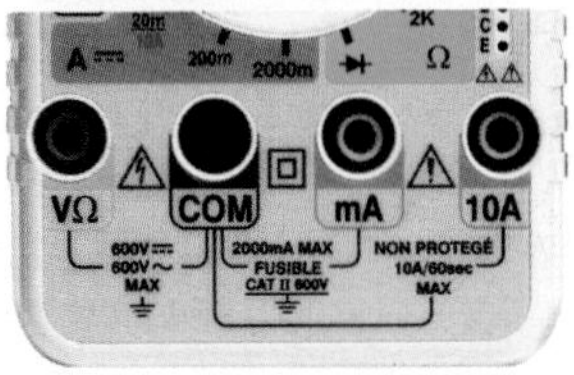

a. V et 10 A.
b. COM et 10 A.
c. V et COM.

2. Pour mesurer une résistance électrique :
a. un voltmètre suffit.
b. un ohmmètre suffit.
c. un ampèremètre suffit.

3. Après avoir réalisé la mesure dont le résultat est affiché sur l'écran du multimètre, on écrit :

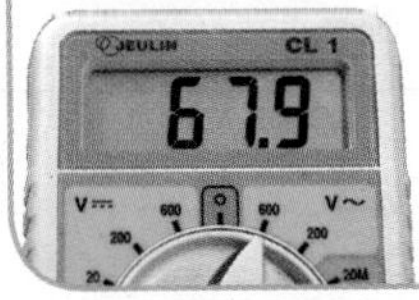

a. ohm = 67,9 R
b. R = 67,9 COM
c. R = 67,9 Ω

4 ●●● Choisir le calibre

Relier chaque valeur de tension au calibre correspondant :

2 V — 4,5 V — 1,53 V

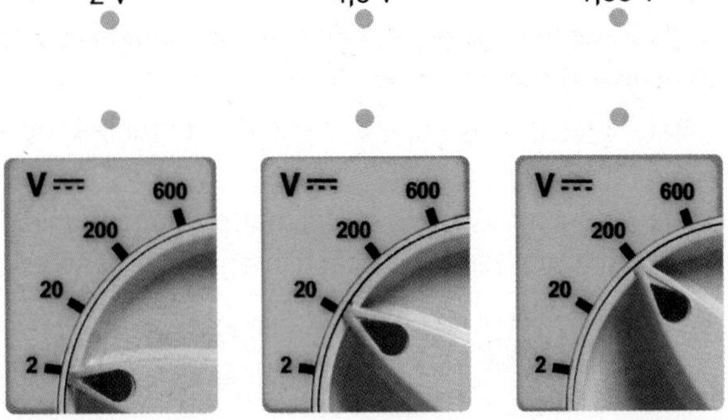

5 ●●● Appliquer les lois de l'électricité à un circuit

Dans ce circuit, les lampes L_1 et L_2 sont identiques. Remettre les mots suivants dans le bon ordre pour retrouver les lois de l'électricité qui s'y appliquent.

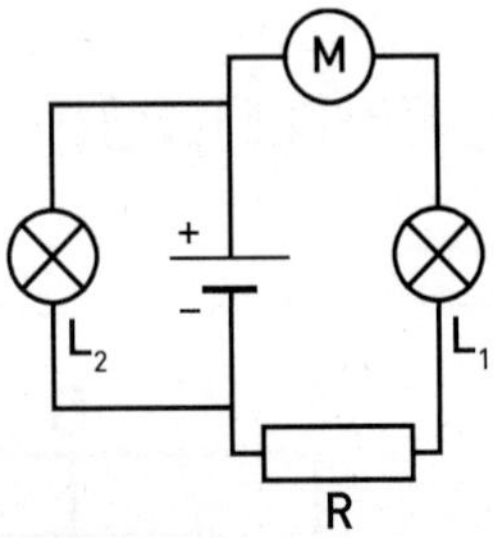

a. le moteur. / qui traverse / L'intensité du courant / la lampe L_1 / la même que celle / est / qui traverse

b. la pile / aux bornes de / aux bornes de / la lampe L_2. / est égale à / la tension mesurée / La tension mesurée

6 ●●● Repérer une erreur

À quel circuit le professeur se réfère-t-il quand il dit : « *N'y aurait-il pas une étourderie ? Êtes-vous certains de vos mesures ?* »

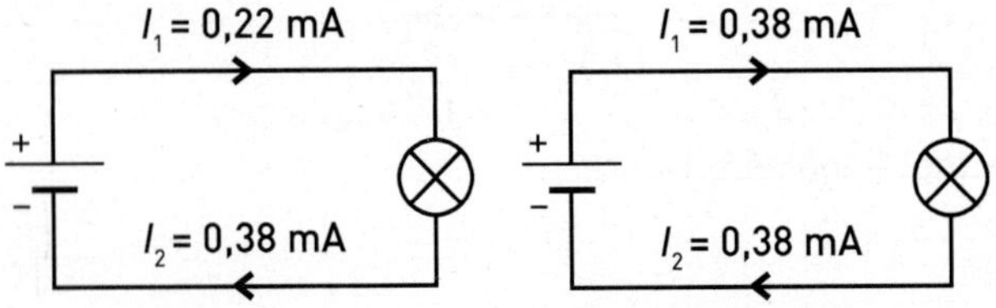

Groupe A — Groupe B

7 ●●● Exploiter un graphique

Le graphique suivant est obtenu en faisant varier la tension aux bornes d'une résistance et en mesurant l'intensité du courant qui la traverse. L'expérience a été réalisée pour deux résistances, R_1 et R_2.

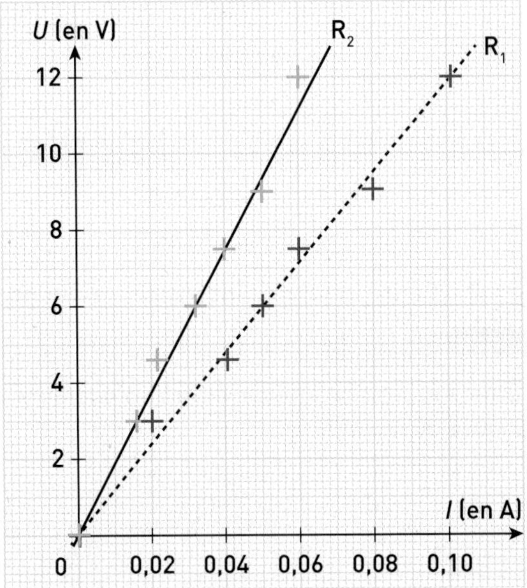

1. Quelle loi est ainsi vérifiée ?
a. la loi d'additivité des tensions dans un circuit série.
b. la loi d'unicité des intensités dans un circuit avec dérivation.
c. la loi d'Ohm.

2. La relation qui existe entre les grandeurs U, I et R est
a. $U = R \times I$ **b.** $R = U \times I$ **c.** $I = R \times U$

3. L'observation des deux droites permet de conclure que
a. $R_1 < R_2$ **b.** $R_1 > R_2$

VOIR CORRIGÉS P. 423

Je travaille des compétences

Pédagogie différenciée

Utilisable en AP

Matériel à disposition :
- 1 générateur 6 V.
- 1 lampe (6 V ; 100 mA).
- 1 multimètre.
- 4 fils de connexion.

8 Choisir un calibre

Delphine a réalisé un circuit série en utilisant le matériel de la liste ci-contre.
Elle veut mesurer la tension aux bornes du générateur.

Consigne pour le groupe A

➡ Rédiger un protocole expérimental permettant à Delphine d'obtenir la valeur la plus précise possible lors de la mesure.

Consignes pour le groupe B

Utiliser les étapes suivantes pour rédiger le protocole expérimental de Delphine.

- Étape 1 : sélection de la fonction du multimètre (ampèremètre ou voltmètre).
- Étape 2 : réalisation du circuit électrique et mesure.
- Étape 3 : réglage du calibre.

Consignes pour le groupe C

1. a. Pour mesurer une tension électrique, utilise-t-on un voltmètre ou un ampèremètre ?

b. Rappeler comment se branche l'appareil qui permet de mesurer une tension.

c. Pour réaliser la mesure, quelles sont les bornes du multimètre à utiliser ?

2. Réaliser le schéma du circuit.

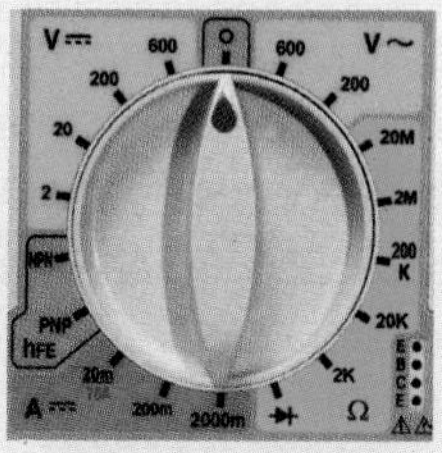

3. a. Recopier l'axe puis y placer (par ordre croissant) les valeurs des calibres visibles sur la photo ci-contre :

b. Placer sur l'axe la valeur affichée à l'écran.

c. Identifier les deux valeurs de calibre qui encadrent la mesure puis sélectionner le plus grand de ces deux calibres pour réaliser la mesure la plus précise possible.

9 Exploiter un graphique et un tableau de valeurs

À partir du tableau, on trace le graphique représentant la variation de la tension aux bornes de la résistance R_1 en fonction de l'intensité du courant la traversant.

U (en V)	0	2	3,5	5	7,5	12
I (en mA)	0	50	200	100	150	250

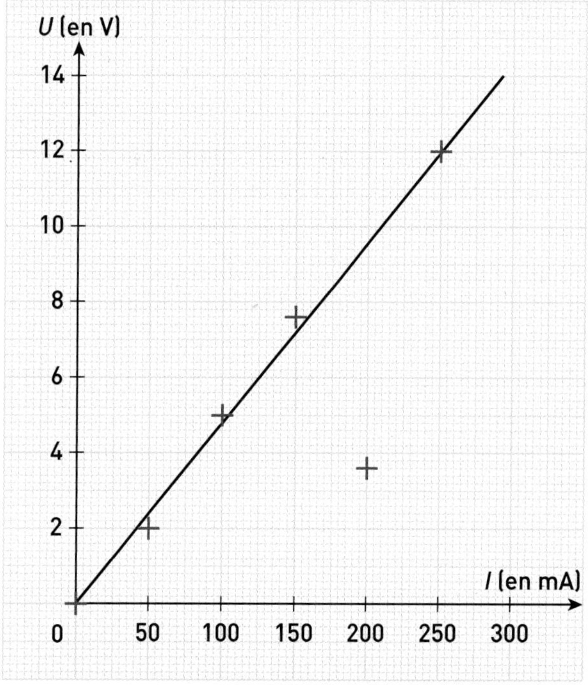

Consigne pour le groupe A

➡ Repérer le point inexploitable de la courbe et déterminer quelle est la valeur de I pour cette tension.

Consignes pour le groupe B

1. Déterminer graphiquement la valeur de la tension aux bornes de la résistance pour une intensité du courant de 150 mA.

2. Comparer la valeur relevée à celle du tableau.

Consignes pour le groupe C

➡ Déterminer la valeur de l'intensité électrique lorsque la tension aux bornes de la résistance vaut 6 V.

Exercices

Je travaille des notions

Les bons mots pour le dire

10 ●●● **Circuit avec dérivations**

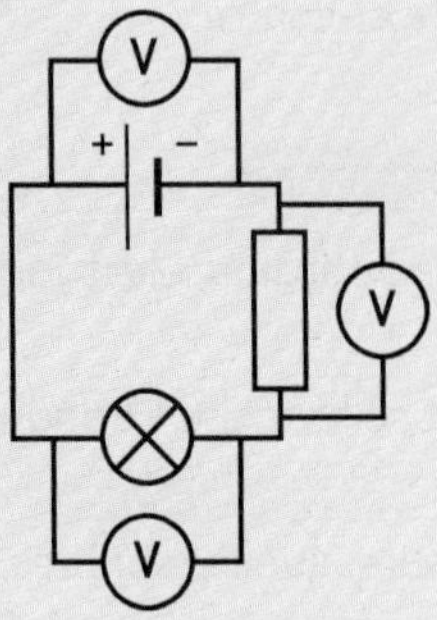

Pierre doit répondre à la question : « Quelle est la loi que ce montage permet de vérifier ? »

➡ Pour l'aider à rédiger sa réponse, compléter le texte à l'aide des mots suivants : *parce que / donc / or / est / cependant / n'est pas / série / avec dérivation*

Le circuit schématisé ci-contre … un circuit avec dérivation … les fils, la lampe, la résistance et la pile sont montés de façon à former une seule boucle.

La loi que l'on vérifie en mesurant les tensions aux bornes des trois dipôles … … la loi d'additivité des tensions pour un circuit …

11 ●●● **Énoncer les lois**

Lou doit résoudre l'exercice suivant : « $I_R = 280$ mA ; $I_L = 210$ mA. Déterminer les valeurs de I_M et $I_{R'}$ ».

Elle ne sait plus très bien le nom des différentes lois.

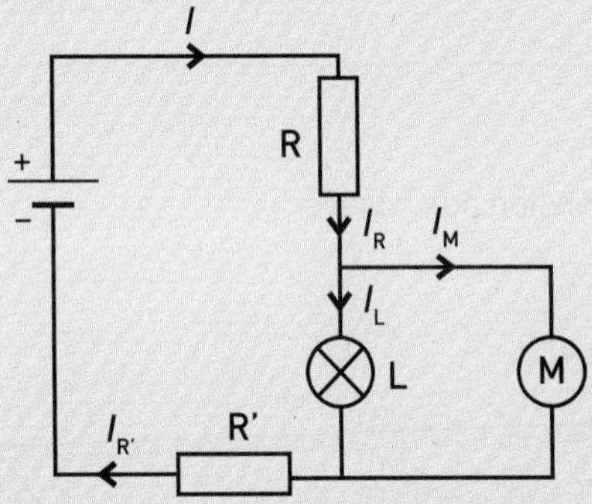

1. Lou se souvient que les mots « additivité » et « unicité » sont utilisés pour énoncer les lois. Dire à quels opérateurs mathématiques ces deux mots se rapportent.

2. Dans chacune des phrases suivantes, choisir ce que Lou peut écrire pour retrouver l'énoncé mathématique des lois :

a. Le courant électrique qui traverse R traverse *L et M / soit L soit M*, donc $I_R = I_L + I_M$ / $I_R = I_L = I_M$.

b. La valeur de l'intensité du courant électrique qui rentre dans la résistance *R* est *plus faible / la même / plus élevée* que celle du courant qui sort de *R*.

c. La valeur de l'intensité du courant électrique qui rentre dans la pile est *plus faible / la même / plus élevée* que celle du courant qui sort de la pile, donc $I = I_R = I_{R'}$ / $I = I_R + I_{R'}$ / $I_{R'} = I_R - I_M$.

La tension nominale

12 ●●● **Tension nominale d'une prise électrique**

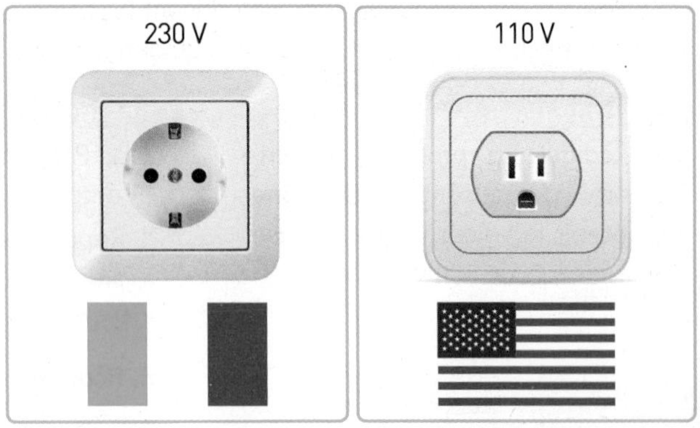

En préparation de son voyage aux États-Unis, Caroline achète un adaptateur pour pouvoir brancher ses appareils électriques en toute sécurité.

1. Comparer les tensions électriques délivrées par les prises des deux pays.

2. Caroline risque-t-elle d'endommager son chargeur ?

3. Rechercher quelle est la différence entre un adaptateur et un transformateur.

13 ●●● **Dispositif DAAF**

Pour prévenir les risques d'incendie, « Tout lieu d'habitation (appartement, maison) doit être équipé d'au minimum un détecteur de fumée normalisé. » (extrait de www.service-public.fr, janvier 2016).

Le Détecteur Avertisseur Autonome de Fumée, appelé DAAF, doit être fixé au plafond. Il est alimenté par une pile.

1. Quelle est la tension nominale du DAAF ? Justifier le choix de la pile.

2. Quel risque court-on si on utilise une pile de tension inférieure à la tension nominale de l'appareil ou bien une pile presque usée ?

Le calibre

▶ Voir fiche méthode 3, p. 408.

14 ●●● Choix du calibre

Mélina mesure une tension électrique aux bornes d'une pile. Elle réalise trois photographies de la même mesure en changeant le calibre du voltmètre :

1. Quelle est la valeur la plus précise ? Quelle est la valeur la moins précise ?

2. Quel calibre permet d'obtenir la mesure la plus précise ?

3. Remettre la phrase suivante dans l'ordre :
il faut choisir le calibre / Pour effectuer la mesure / directement supérieur à la valeur affichée. / la plus précise,

15 ●●● Mesure la plus précise

1. Sur le multimètre ⓐ ci-contre, quel est le calibre sélectionné ?

2. La valeur du calibre est-elle directement supérieure à la valeur de la mesure ?

ⓐ

3. Quel calibre doit-on sélectionner pour effectuer la mesure la plus précise ?

4. Répondre aux questions **1.** à **3.** pour la mesure réalisée ci-contre :
(Les bornes utilisées pour réaliser la mesure ⓑ sont mA et COM.)

ⓑ

Les lois en tension

16 ●●● Application de la loi des tensions dans un circuit en série

On donne les valeurs des tensions U_R et U_L mesurées aux bornes de la lampe et de la résistance du circuit ci-contre.

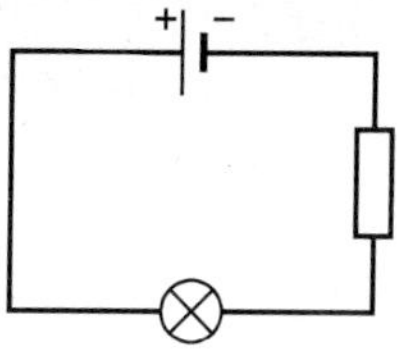

$U_R = 1{,}5$ V
$U_L = 2{,}5$ V

1. Recopier le schéma du circuit puis ajouter un voltmètre permettant de mesurer la tension aux bornes de la pile.

2. Énoncer la loi concernant les tensions qui s'applique au circuit.

3. Déterminer U_{pile}.

17 ●●● Alimentation d'une télécommande

Dimensions $l \times L \times h$ **(en cm) :**
4,8 × 18 × 2,5
Masse : 112 g
Distance de fonctionnement du capteur : 10 m
Alimentation : 2 piles type AAA (1,5 V)
Tension nominale : 3 V

1. Observer l'un des circuits schématisés dans le manuel et dire laquelle des deux phrases suivantes est correcte :
a. Dans une pile, le courant va du pôle + vers le pôle –.
b. Dans une pile, le courant va du pôle – vers le pôle +.

2. En déduire quels sont les deux câblages possibles du boitier de piles.

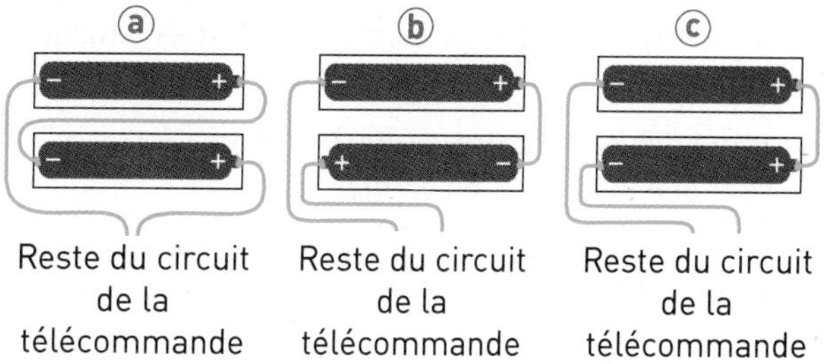

18 ●●● Application de la loi des tensions dans un circuit avec dérivation.

1. Quelle est la tension mesurée par le voltmètre ?

2. Quelle est la valeur de la tension mesurée aux bornes de la lampe L_1 ?
Justifier la réponse.

3. Si on ajoute une lampe L_3 en parallèle sur la lampe L_2 et que la tension aux bornes du générateur reste la même, quelle sera la valeur de la tension aux bornes de la lampe L_3 ?

Exercices

Je travaille des notions

19 Reconnaitre une loi à partir d'une photographie

1. Faire le schéma du circuit photographié.

2. Comment la lampe et le moteur sont-ils branchés dans le circuit ?

3. Cette expérience illustre une loi de l'électricité. Laquelle ? Montrer que la loi est bien vérifiée ici.

Les lois en intensité

20 Appliquer une loi en électricité

Soit le circuit ci-contre :

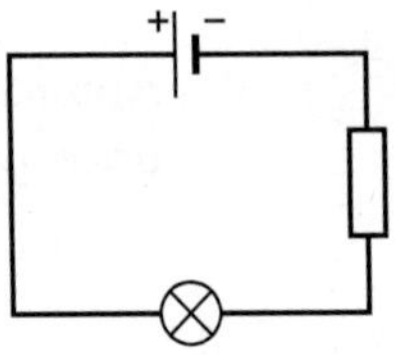

1. Recopier le schéma en ajoutant l'ampèremètre qui permet de mesurer la valeur de l'intensité I_1 du courant circulant entre la pile et la lampe.

2. Sur le schéma, représenter I_1 et indiquer l'emplacement des bornes 10 A et COM de l'ampèremètre.
On lit une intensité I_1 = 0,140 A.

3. Où peut-on également placer l'ampèremètre pour mesurer deux autres intensités de même valeur que I_1 ? Représenter ces intensités I_2 et I_3 sur le schéma.

4. Quelle est la loi que l'on vérifie en effectuant ces trois mesures ?

21 Intensité et nœud

1. Rappeler la définition d'un nœud dans un circuit électrique.

2. Énoncer la loi d'additivité des intensités puis écrire, pour chaque nœud, l'expression littérale de la loi :

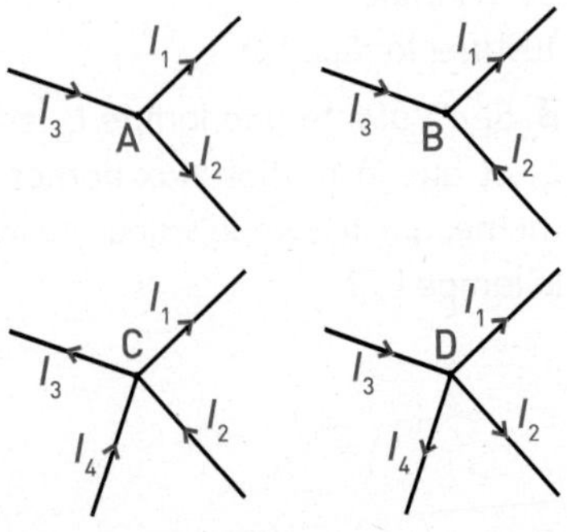

22 La loi d'additivité des intensités

Dans ce circuit, I_1 = 0,44 A et I_2 = 0,26 A.

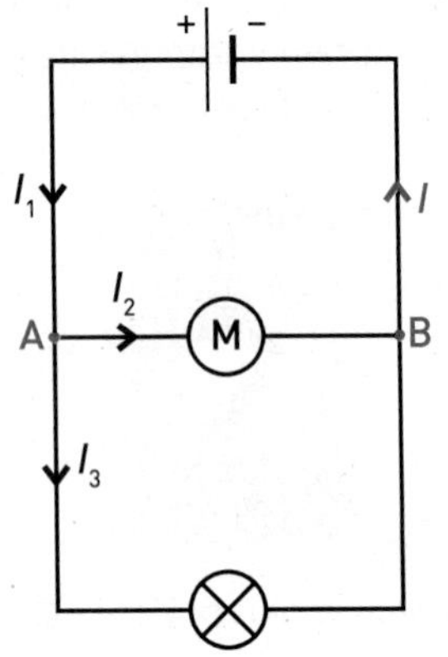

1. Quelle est la loi vérifiée au point A ?

2. Donner l'expression littérale de I_3 en fonction de I_1 et I_2.

3. Calculer I_3.

4. Calculer I en utilisant la loi vérifiée au point B.

5. Pourquoi est-il normal de trouver que $I = I_1$?

23 Reconnaitre une loi en électricité à partir d'une photographie

1. Que constate-t-on à la lecture des mesures des mult mètres ?

2. Quelle loi est ici mise en évidence ?

3. Les indications des appareils seront-elles les mêmes on inverse les positions des deux lampes ?

24 La loi d'additivité et d'unicité des intensités

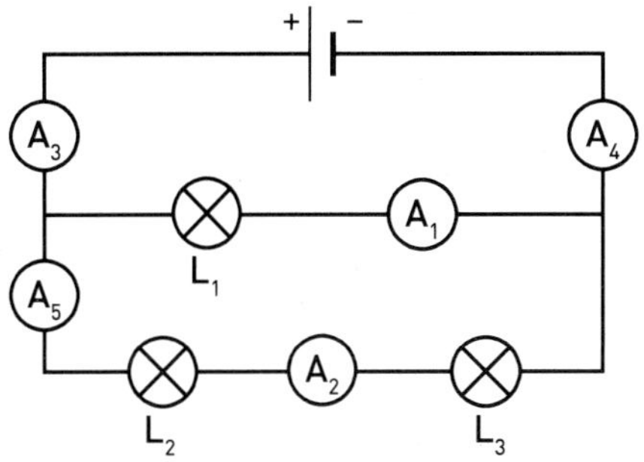

L'ampèremètre A_1 indique une intensité égale à 300 mA, et l'ampèremètre A_2 une intensité de 100 mA.

1. Recopier le schéma puis repérer par des points rouges les nœuds du circuit. Combien y a-t-il de branches dans ce circuit ?

2. Surligner chaque branche du circuit d'une couleur différente.

3. Expliquer pourquoi l'ampèremètre A_3 est inutile.

4. Expliquer pourquoi l'ampèremètre A_5 est inutile.

5. Expliquer pourquoi l'intensité du courant mesurée par A_4 est de 200 mA.

La résistance

25 Luminosité d'un écran d'ordinateur

Il est possible de régler la luminosité d'un écran d'ordinateur. Pour illustrer le principe de cette fonction de l'écran, on réalise un circuit électrique avec une résistance variable puis on photographie l'éclat de la lampe :

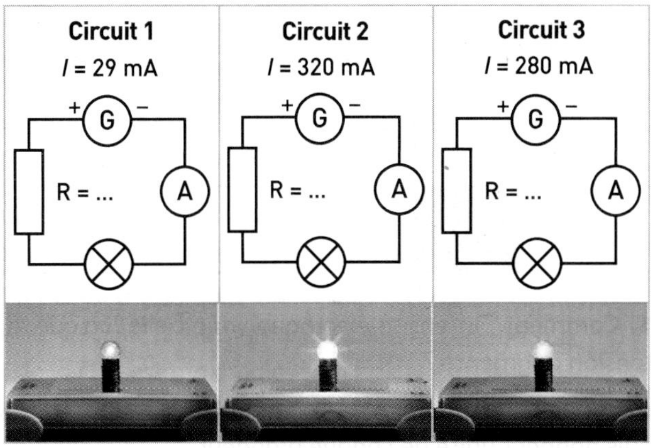

1. Rappeler comment varie l'intensité lumineuse d'une lampe lorsque la résistance augmente.

2. Associer une valeur de résistance à chaque schéma :
a. R = 25 Ω **b.** R = 18 Ω **c.** R = 205 Ω

3. Expliquer pourquoi insérer une résistance variable dans le circuit d'allumage d'un écran permet de faire varier sa luminosité.

26 Décoder le code couleur d'une résistance

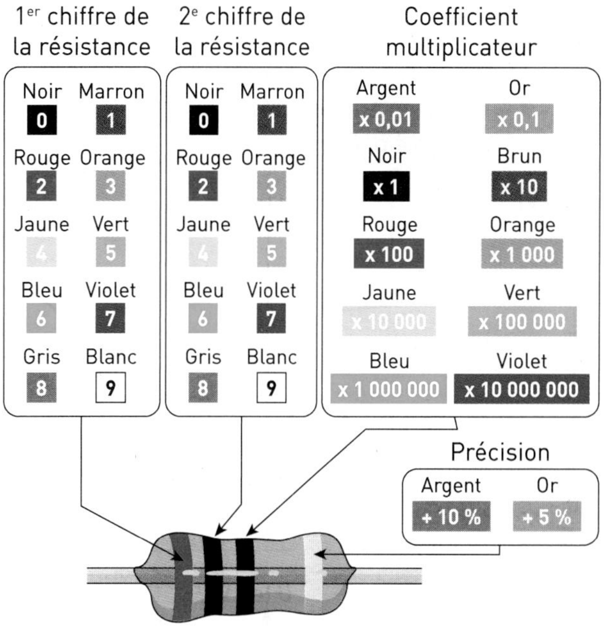

La valeur de la résistance de cet exemple est R = 20 Ω.

➡ Donner la valeur des résistances suivantes :

a.

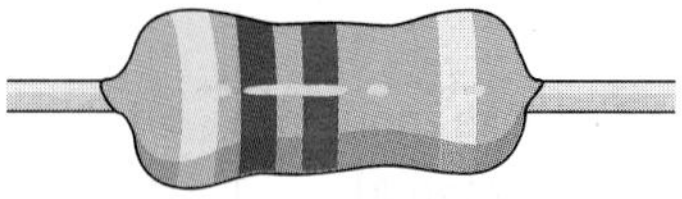

b.

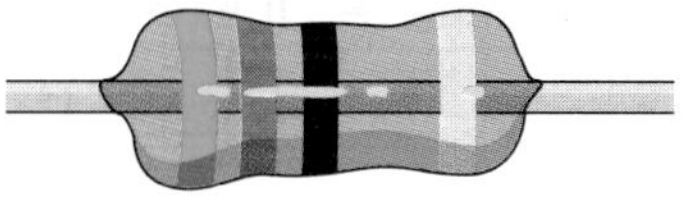

27 Mesurer une résistance

1. Rappeler quelle fonction du multimètre permet de mesurer directement une résistance électrique.

2. Donner l'unité de la grandeur résistance.

3. Écrire le résultat de la mesure ci-dessous sachant que le calibre est 2k.

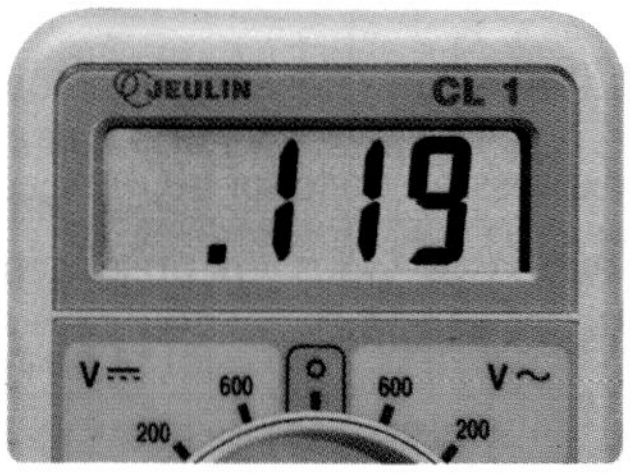

35 ●●● Coupe-circuit et loi des intensités

D3. Expliquer les fondements des règles de sécurité en électricité.

VIDÉO EXP

On réalise le circuit en série suivant constitué d'un générateur, d'une lampe et d'un morceau de laine de fer. On ajoute ensuite successivement en parallèle sur la lampe une lampe L_2 puis une lampe L_3.

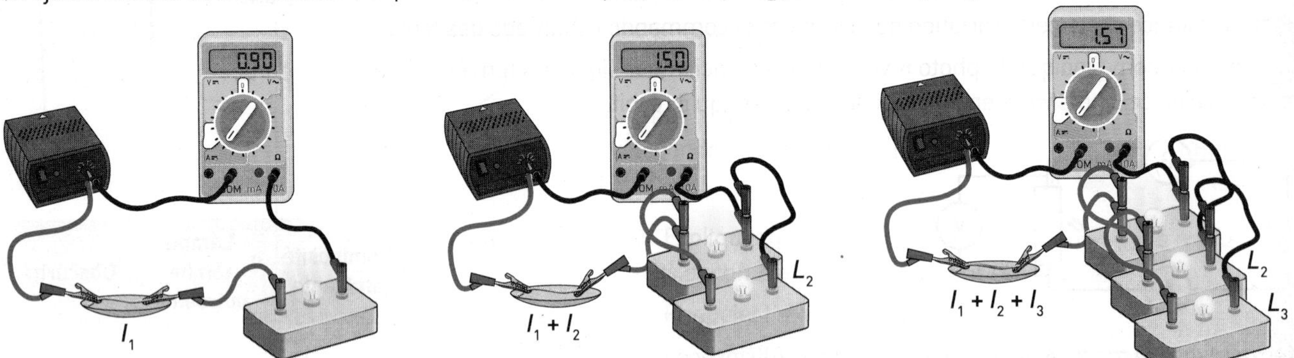

1. Comment l'intensité du courant varie-t-elle dans la branche contenant le générateur lorsqu'on ajoute une lampe en dérivation ?

2. Qu'observe-t-on au niveau de la laine de fer lorsqu'on branche 3 lampes en parallèle aux bornes du générateur ?

L'échauffement d'un conducteur traversé par un courant électrique porte le nom d'effet Joule (▶ **Voir chapitre 13, p. 333**). Il peut être utilisé pour concevoir un coupe-circuit, dispositif qui ouvre le circuit lorsque l'intensité est trop élevée.

3. Que pourrait-il se passer au niveau de la laine de fer si on ajoutait une ou deux lampes supplémentaires ? Expliquer pourquoi on aurait ainsi réalisé un coupe-circuit.

4. Certains fusibles se présentent sous la forme d'un dipôle constitué d'un fil protégé par un tube en verre.

a. Fusible signifie « qui peut fondre ». Remettre les mots suivants dans le bon ordre : *coupe ainsi / Lorsque / fond et / le fusible / le circuit. / est trop élevée, / l'intensité*

b. Une prise électrique murale peut être considérée comme les deux bornes d'un générateur 230 V. Si un fusible ne supportant pas le passage d'une intensité supérieure à 16 A protège la prise, combien peut-on brancher en parallèle de lampes d'intensité nominale 3,1 A ?

Sciences MAG

36 Dégâts sur les réseaux électriques

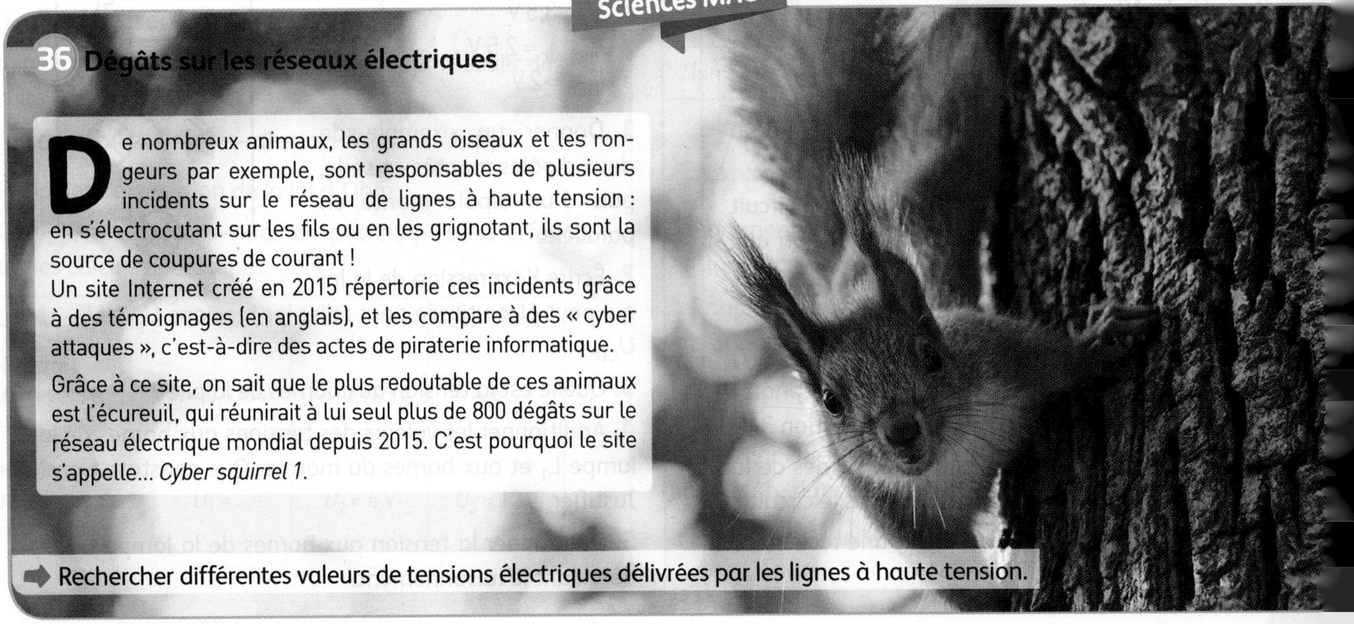

De nombreux animaux, les grands oiseaux et les rongeurs par exemple, sont responsables de plusieurs incidents sur le réseau de lignes à haute tension : en s'électrocutant sur les fils ou en les grignotant, ils sont la source de coupures de courant !

Un site Internet créé en 2015 répertorie ces incidents grâce à des témoignages (en anglais), et les compare à des « cyber attaques », c'est-à-dire des actes de piraterie informatique.

Grâce à ce site, on sait que le plus redoutable de ces animaux est l'écureuil, qui réunirait à lui seul plus de 800 dégâts sur le réseau électrique mondial depuis 2015. C'est pourquoi le site s'appelle… *Cyber squirrel 1*.

➡ Rechercher différentes valeurs de tensions électriques délivrées par les lignes à haute tension.

37 Ordinateur en panne ?

30 min

Camille est inquiète : son ordinateur portable génère des bruits étranges.

Un jour, il se met à surchauffer et il ralentit tellement que Camille ne peut presque plus s'en servir.

1

Hornelly @Experte informatique Profil Suivre

@Camille Le ventilateur de ton ordinateur doit être HS. J'imagine qu'il a fait un bruit bizarre avant de rendre l'âme ? À mon avis si tu ne trouves pas un moyen de le refroidir, ton portable restera trop lent et tu ne pourras plus l'utiliser.

Essaie d'augmenter la circulation d'air avec un ventilateur extérieur.

Répondre Partager Favoris

Un ordinateur est alimenté en énergie électrique par un transformateur, ou directement par sa batterie interne. Une partie non négligeable de cette énergie est convertie en énergie thermique dans les puces électroniques, mais comme celles-ci ne supportent pas bien la chaleur, il faut en permanence les refroidir lorsque l'ordinateur fonctionne.

Batterie

1 Conseils trouvés sur Internet.

Question

1. Quel est le rôle du ventilateur sur un ordinateur ? Celui de Camille est-il définitivement inutilisable ?

2

Camille trouve un câble USB et le ventilateur d'un ancien ordinateur portant l'inscription 3,5 V et dont les extrémités des fils sont dénudées.

Après une nouvelle recherche sur Internet, elle coupe l'une des extrémités du câble USB. En effet, ce dernier est composé de quatre fils dont certains peuvent être soudés au moteur du ventilateur.

En branchant l'autre extrémité sur un port USB de son ordinateur, elle peut ainsi alimenter le ventilateur.

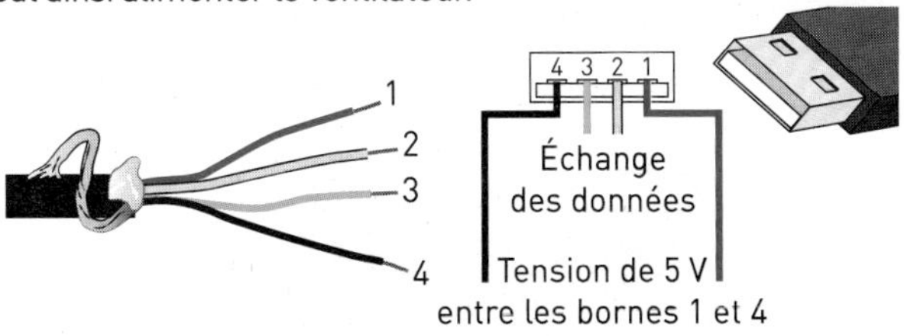

2 Ventilateur et câble USB de Camille.

Questions

2. Quels sont les fils que Camille doit utiliser si elle veut alimenter le moteur du ventilateur ?

3. Quelle sera alors la tension d'alimentation du ventilateur ?

4. On représente l'alimentation USB par le symbole d'un générateur, et le ventilateur de tension nominale 3,5 V par le symbole d'un moteur. Proposer le schéma normalisé du montage électrique que pourrait réaliser Camille.

5. Camille peut-elle réaliser ce montage sans dommages pour le moteur du ventilateur ? Expliquer.

3

Questions

6. Proposer le schéma complet du montage qu'a finalement réalisé Camille.

7. Calculer la valeur de la tension U_R aux bornes de la résistance.
En déduire la valeur de la résistance R que Camille a introduite dans le circuit.

Afin d'alimenter le moteur avec une tension convenable, Camille ajoute une résistance en série dans le circuit.
Elle a donc finalement monté en série un générateur 5 V, une résistance et un moteur. Elle mesure l'intensité I du courant dans le circuit ainsi que la tension U_M aux bornes du moteur du ventilateur. Elle trouve I = 200 mA et U_M = 3,5 V.

3 Ajout d'une résistance de protection.

CHAPITRE 12

Conservation de l'énergie

Sommaire

Zoom sur...

Les croisements entre chapitres

Dans l'activité 3, je fais le lien avec le chapitre 13, **Énergie et puissance électriques** (p. 328 du manuel).

L'interdisciplinarité

Dans l'activité 9, je fais le lien avec les SVT, **Besoins nutritionnels**.

L'histoire des sciences

Dans l'activité 4, je découvre l'origine de l'unité « cheval vapeur ».

Une animation

Dans l'activité 1, je découvre de manière interactive différentes formes d'énergie.

Sous quelle forme l'énergie de rayonnement du Soleil est-elle transformée ?

• Voitures à l'ombre des arbres solaires, vision futuriste du designer néerlandais Neville Mars.

Dans ce chapitre, je vais	Activités	Exercices
Identifier les sources et les formes d'énergie d'un système.	1	13
Utiliser la relation liant puissance, énergie et durée.	2 3 4 9	14 à 16
Identifier les transferts et les conversions d'énergie.	5 6	17
Utiliser la conservation de l'énergie.	5 9	18
Établir un bilan d'énergie pour un système simple.	6 7	19 à 23
Reconnaitre les pertes d'énergie, les gaspillages d'énergie.	8	24 et 25

INVESTIGATION

ACTIVITÉ 1

Utilise-t-on de l'énergie en camping ?

COMPÉTENCES ÉVALUABLES

D2. Effectuer des recherches bibliographiques.
D2. Produire des documents scientifiques grâce à des outils numériques.

Situation

L'illustration ci-dessous présente différentes formes d'énergie du quotidien.
On y voit un groupe de campeurs qui discutent.
Que peut-on penser de l'échange entre deux de ces campeurs ?

ANI

CONSIGNE

Réaliser une affiche sur l'une des formes d'énergie présente sur l'illustration.

Une mise en commun des affiches de tous les élèves au cours d'une exposition permettra de départager les deux campeurs.

L'affiche

Elle doit comporter :

- un **titre** qui renseigne sur la forme d'énergie choisie.
- une **photographie** ; indiquer la source* de cette photographie en précisant le nom du site ou le nom de la revue ou de l'ouvrage, le nom du photographe, etc.
[*Attention : la source ne peut être un moteur de recherche.]
- **trois encadrés** différents pour donner les informations suivantes :
  Comment l'énergie a-t-elle été obtenue sous cette forme ?
  Avantages de cette forme d'énergie
  Inconvénients de cette forme d'énergie

Besoin d'aide ?

▶ **Retrouvez des aides en fin d'ouvrage, p. 423.**

2 S'agit-il de puissance ou d'énergie ?

COMPÉTENCES ÉVALUABLES

D1.1 Utiliser la langue française en cultivant précision et richesse de vocabulaire et syntaxe.
D1.1 S'exprimer à l'oral lors d'un débat scientifique.

On confond souvent les notions de puissance et d'énergie.

1 S'éclairer à la flamme d'une bougie.

2 Cracheuse de feu à une fête de village.

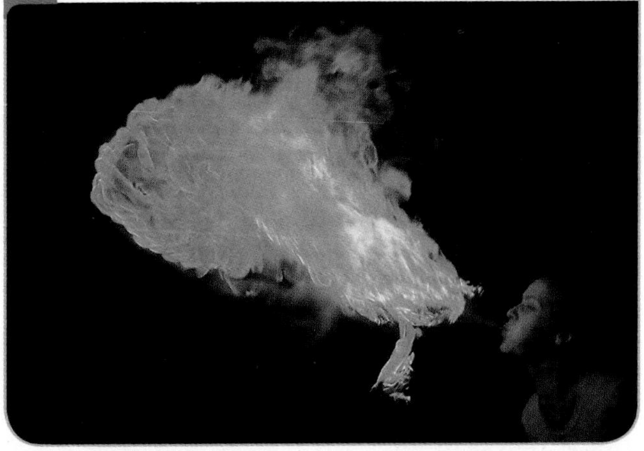

3 Veilleuse de nuit de chambre d'enfant.

4 Flash d'un appareil photographique en studio.

Questions

1. **Docs 1. et 2.** Indiquer spontanément qui, de la bougie ou de la cracheuse de feu, produit :
   a. le feu le plus puissant ; b. le feu qui transfère le plus d'énergie.
2. **Docs 3. et 4.** Reprendre les questions 1 pour la veilleuse de nuit et le flash d'un appareil photographique.
3. S'appuyer sur les questions 1 et 2 pour différencier les mots *puissance* et *énergie*.
4. Mettre en commun les propositions et les **discuter**.
5. Indiquer à quelle condition la bougie peut transférer plus d'énergie lumineuse à l'environnement que la cracheuse de feu.
6. **Pour aller plus loin** Des deux phénomènes (la flamme de la bougie et celle de la cracheuse de feu), lequel dure le plus longtemps ? En quoi la durée du phénomène est importante ?

VOCABULAIRE

Discuter : envisager le pour et le contre, examiner des arguments contradictoires.

COMPÉTENCE ÉVALUABLE

D4. Mesurer des grandeurs physiques de manière indirecte.

ACTIVITÉ 3

Quelle est l'énergie consommée par le robot ?

Marc s'interroge :
« Le quatre-quarts que j'ai fabriqué, m'apporterait-il davantage d'énergie si j'utilisais un gros robot pâtissier pour monter les blancs d'œufs en neige ? »

1 Recette du quatre-quarts d'un blog culinaire.

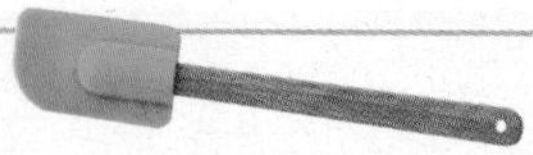

Accueil | Mes recettes | Mes vidéos | Rechercher

Recette du gâteau

Ingrédients

250 g de farine
250 g de sucre
250 g de beurre
5 œufs

Énergie chimique totale apportée par le gâteau : 17 138 kJ

Quatre-quarts

- Séparer les jaunes d'œufs des blancs.
- Mélanger le sucre et les jaunes d'œufs, puis le beurre fondu.
- Incorporer la farine petit à petit.
- Monter les blancs en neige pendant 5 min.
- Puis les incorporer au mélange précédent avec une cuillère en bois ou une spatule.
- Mettre la pâte obtenue dans un moule beurré et enfourner 45 min à 160 °C.

J'aime cette Page | Inscription

2 Robot pâtissier de puissance 300 W.

$$E = P \times t$$

E : énergie en joules (J)	P : puissance en watts (W)	t : durée en secondes (s)

3 Battre les œufs en neige, Hervé This.

Pour obtenir des blancs en neige, c'est tout simple : il suffit d'introduire des bulles d'air dans des blancs d'œufs. Progressivement, le fouet qui introduit les bulles divise celles qui sont déjà présentes et dont le diamètre diminue. Finalement, une mousse ferme est obtenue quand les bulles d'air sont suffisamment tassées pour ne plus bouger facilement dans l'eau des blancs.

Source : http://www.espace-sciences.org

Questions

1 **Doc 1.** Exprimer en joules la valeur de l'énergie E_g cédée par le gâteau.

2 **Docs 1. à 3.** **a.** Calculer l'énergie E_r dépensée par le robot.
b. Cette énergie est-elle transférée aux œufs ? Expliquer.

3 Comparer E_g et E_r.

4 **Doc 3.** **a.** Un blanc d'œuf monté en neige retombe au bout d'un certain temps. Proposer une explication à ce phénomène.
b. Sous quelle forme l'énergie transmise par le robot aux blancs en neige est-elle transformée ?

5 **Conclure** : Rédiger quelques lignes pour répondre à Marc.

VOCABULAIRE

Quatre-quarts : un gâteau contenant quatre ingrédients en quantités égales en masse.

Énergie chimique : énergie mise en jeu lors d'une réaction chimique, ici lors de la digestion du gâteau.

Incorporer : ici, mélanger délicatement.

4 Quelle voiture permet le meilleur démarrage ?

COMPÉTENCE ÉVALUABLE

D4. Interpréter des résultats, en tirer des conclusions et les communiquer en argumentant.

Avant d'acheter une voiture, on pense au prix, à l'aspect, à la puissance du moteur et à la consommation en carburant ou en électricité. On compare ici deux modèles de voitures.

1 Fiches techniques de deux voitures.

Voiture A
- Couleur : rouge
- Option : siège en cuir
- Masse : 1 000 kg
- Boite de vitesse : automatique
- Puissance du moteur : 60 ch

Voiture B
- Couleur : gris métallisé
- Option : climatisation
- Masse : 1 500 kg
- Boite de vitesse : automatique
- Puissance du moteur : 75 ch

2 Les chevaux vapeur.

Histoire des sciences

Donnée : 1 ch = 735,5 W.

Le cheval vapeur est une unité de puissance qui ne fait pas partie du système international.
Les premières machines à vapeur servaient à effectuer des tâches auparavant accomplies par des chevaux.
À la fin du XVIIIe siècle, l'Écossais James Watt établit une équivalence entre la puissance des machines et le nombre de chevaux qu'elle permettait de remplacer.

3 Énergie, puissance et accélération.

Un moteur reçoit de l'énergie électrique ou de l'énergie thermique (par combustion d'un carburant). Il transforme cette énergie en énergie cinétique.
La puissance du moteur correspond à l'énergie maximale qu'il peut fournir en une seconde.
On dit qu'un moteur est puissant lorsqu'il permet à une voiture d'accroitre rapidement son énergie cinétique, donc sa vitesse.
Si $E_{c\ fin}$ est l'énergie cinétique de la voiture en fin d'accélération, t la durée de l'accélération et P_M la puissance du moteur, on peut écrire :

$$E_{c\ fin} = P_M \times t, \quad \text{donc} \quad P_M = \frac{E_{c\ fin}}{t}.$$

RAPPEL
- 1 h = 60 min = 3 600 s
- 1 km = 1 000 m
- $E_c = \frac{1}{2} \times m \times v^2$

E_c : énergie cinétique, en J
m : masse de l'objet, en kg
v : vitesse de l'objet, en m/s

Questions

1. **Docs 1. et 2.** Sans calcul, dire quelle voiture passe le plus rapidement de 0 km/h à 50 km/h.
2. **Docs 1. et 2.** Convertir en watts la puissance P_A de la voiture A.
3. **Docs 1. et 3.** Calculer l'énergie cinétique $E_{c\ A}$ de la voiture A lorsqu'elle roule à une vitesse de 50 km/h.
4. **Docs 1. à 3.** Déterminer la durée t nécessaire à la voiture A pour passer de 0 km/h à 50 km/h.
5. **Docs 1. à 3.** Reprendre les questions 2, 3 et 4 pour la voiture B.
6. La réponse apportée sans calcul à la question 1 était-elle correcte ?
7. **Pour aller plus loin** Sans calcul, indiquer quelle voiture consomme le plus de carburant au démarrage.

VOCABULAIRE

Énergie cinétique : énergie liée à la vitesse de la voiture.

ACTIVITÉ 5

Comment un skateur prend-il de la vitesse ?

COMPÉTENCE ÉVALUABLE

D4. Interpréter des résultats expérimentaux, en tirer des conclusions et les communiquer en argumentant.

Hugo effectue pour la première fois un passage en skate sur une rampe. Il a expérimenté ce passage avec des capteurs de vitesse et d'altitude.

1 Énergie cinétique - Énergie potentielle de position.

- Plus un objet avance vite, plus son énergie cinétique E_c (énergie de mouvement) est élevée.
- Plus un objet est situé en altitude, plus son énergie potentielle de position E_p est élevée.

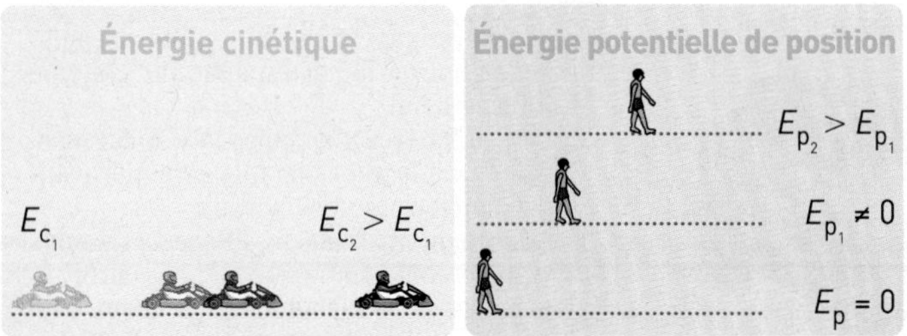

2 Témoignage de Hugo après son premier passage en skate.

« Waouh ! Le kiff ! J'avais tellement peur au départ, c'était trop haut… On prend très rapidement de la vitesse, c'est impressionnant comme on va vite en bas. J'espère que les capteurs que j'avais, ont bien fonctionnés et vont m'apporter beaucoup d'informations. Tout s'est bien passé, je suis trop content et j'ai envie de recommencer ! »

3 Informations fournies grâce aux capteurs.

- Les capteurs que portait Hugo ont permis d'avoir les courbes suivantes.

La courbe rouge correspond aux informations fournies par les capteurs de vitesse et renseigne sur l'**énergie cinétique E_c**.

La courbe bleue correspond aux informations fournies par les capteurs d'altitude et renseigne sur l'**énergie potentielle de position E_p**.

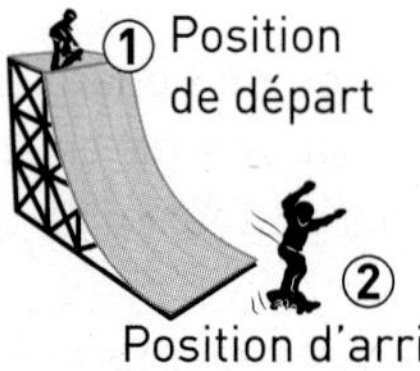

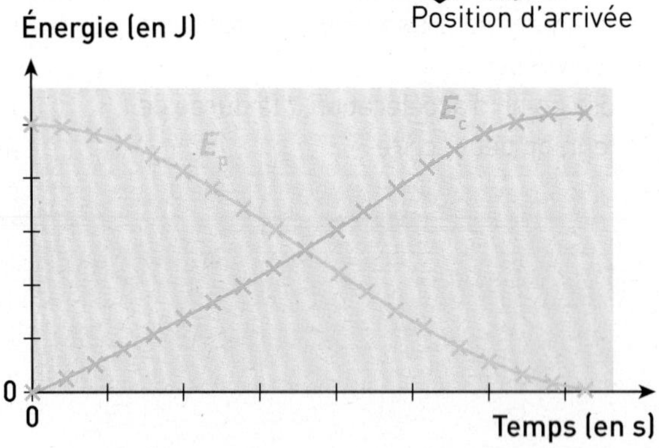

4 Note de cours de Hugo.

• Lorsqu'une forme d'énergie est transformée par un système en une autre forme d'énergie, on parle de conversion d'énergie.

• Les transformations d'une forme d'énergie en une autre n'empêchent pas qu'il y ait conservation de l'énergie, c'est-à-dire que la somme de toutes les formes d'énergie mises en jeu reste constante.

Questions

1 **Docs 1. à 3.** Quelle forme d'énergie Hugo possède-t-il :

a. avant de s'élancer, en position ① ?

b. en arrivant en bas de la rampe, en position ② ?

2 **Doc 3.** Comment évolue chacune des deux formes d'énergie lors de la descente ?

3 **Docs 3. et 4.** Quel lien y a-t-il entre l'énergie cinétique et l'énergie potentielle de position lors d'une telle descente ?

VOCABULAIRE

Rampe : module qui, dans les skates parcs, permet au skater de prendre de la vitesse.

6 Qu'est-ce qu'un bilan d'énergie ?

COMPÉTENCE ÉVALUABLE

D4. Développer des modèles simples pour expliquer des faits d'observations et mettre en œuvre des démarches propres aux sciences.

La conservation de l'énergie peut être représentée par des diagrammes en bâtons.

1 Deux lieux de conversion d'énergie.

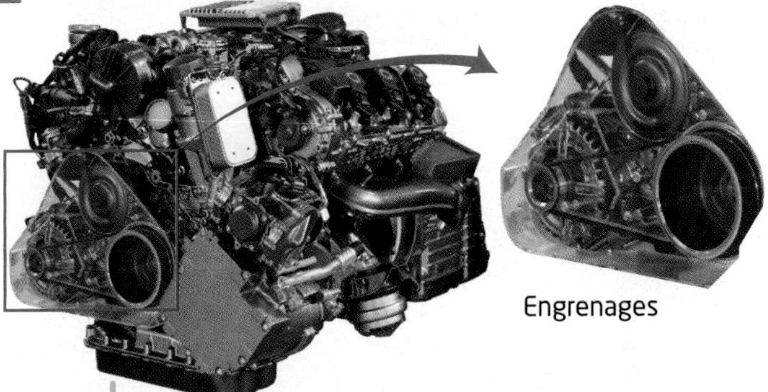

a Moteur de voiture.

b Lampe de bureau.

2 Chaine d'énergie du moteur.

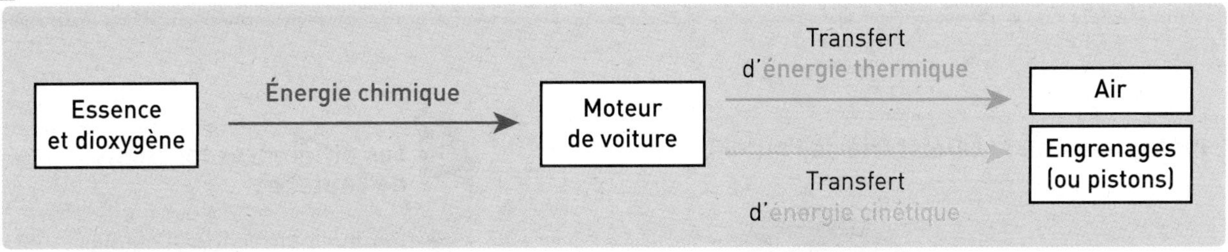

3 Représentation des bilans d'énergie.

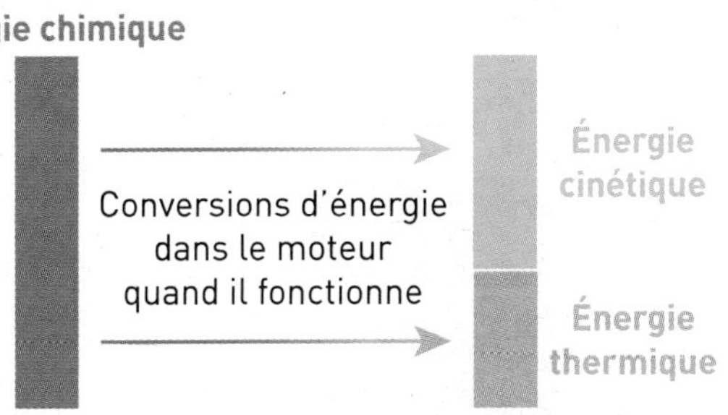

a Moteur de voiture.

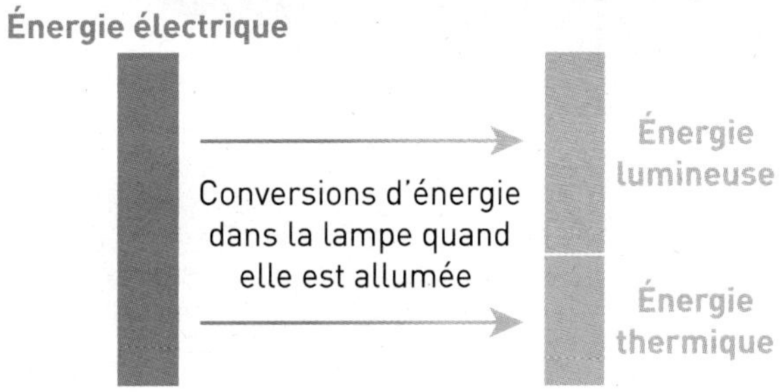

b Lampe de bureau.

Questions

1 **Doc 3.** a. Recopier les documents **a** et **b**, puis souligner en rouge le système étudié.
b. Entourer en bleu ce qui représente la quantité d'énergie au départ et en vert, ce qui représente la quantité d'énergie à la fin de la conversion.

2 **Doc 3.** Préciser la raison pour laquelle les bâtons avant la conversion et après la conversion sont globalement de dimensions identiques.

3 **Docs 1. à 3.** a. Préciser le rôle et l'intérêt d'un bilan d'énergie.
b. Noter les différences avec la chaine d'énergie du document 2, étudiée en cycle 3.

TÂCHE COMPLEXE

ACTIVITÉ 7

Quel est le bilan d'énergie d'une autolib' ?

COMPÉTENCE ÉVALUABLE

D4. Développer des modèles simples pour expliquer des faits d'observations et mettre en œuvre des démarches propres aux sciences.

Situation

Anaëlle et Mehdi voient passer à Paris une autolib'qui attire leur attention par son originalité.
Ils se demandent comment cette voiture peut faire aussi peu de bruit et pourquoi elle n'a pas de pot d'échappement.
On cherche à comprendre comment une autolib' fonctionne.

CONSIGNE

Établir en groupe classe le bilan d'énergie de l'autolib' pour mieux comprendre le fonctionnement de cette voiture.

1 Inscriptions sur la carrosserie de l'autolib'.

- ZÉRO ODEUR
- 100 % ÉLECTRIQUE
- COOL
- SOYEZ LIBRE COMME L'AIR
- LA VOITURE QUI FAIT CHUUUT AU LIEU DE FAIRE WROOM
- FAITES PASSER

2 Les différentes fonctions de l'autolib'.

■ Comme toute voiture, l'autolib' :
- fait tourner ses roues pour avancer ;
- éclaire le paysage pour voir la nuit ;
- permet le chauffage de l'air de l'habitacle.

3 Pot d'échappement.

Par un pot d'échappement s'échappent les fumées et les gaz produits par la combustion de l'essence.

Besoin d'aide ?

▶ **Retrouvez des aides en fin d'ouvrage, p. 423.**

VOCABULAIRE

Habitacle : intérieur d'un véhicule.

8 « Perte » ou « Gaspillage » d'énergie ?

COMPÉTENCES ÉVALUABLES

D1.1 Lire et comprendre des documents scientifiques.
D5. Réinvestir ses connaissances ainsi que celles sur les ressources et sur l'énergie, pour agir de façon responsable.

Justine entend régulièrement ces expressions.
Elle se demande s'il y a une différence entre pertes et gaspillages…

Quel gaspillage !

Trop d'aliments jetés !

Que de pertes dans les habitations !

1 Qu'est-ce qu'un gaspillage d'énergie ?

Dans la vie courante, on parle de « perte » d'énergie lorsque l'on observe un transfert d'énergie ou une transformation qui n'est pas souhaitable, ce qui entraine une plus grande consommation d'énergie.
Par exemple, un four mal isolé transforme plus d'énergie électrique en énergie thermique qu'un four bien isolé car une partie de l'énergie thermique est transférée non pas aux aliments à cuire mais à la pièce.
Lorsque ces « pertes » peuvent être évitées au moins en partie, on va parler de gaspillage.

2 Les frottements avec le sol.

Lorsque l'on roule en voiture, il y a frottement entre les pneus et la route : on parle d'adhérence.
Une adhérence suffisante est indispensable pour que les pneus ne patinent pas au démarrage ou encore pour que le véhicule ne dérape pas.

Ces frottements nécessaires entre les pneus et la route correspondent à une diminution ou « perte » de l'énergie cinétique qui est transformée en énergie thermique.

Pour conserver la même vitesse, le conducteur doit donc déclencher un nouvel apport d'énergie en appuyant sur l'accélérateur de la voiture.

Pneu classique.

Pneu neige.

3 Le mode veille.

Une télévision est en moyenne allumée 4 heures par jour et reste en **mode veille** une vingtaine d'heures.
Un tiers de l'énergie électrique consommée se fait en mode veille.
La télévision n'est pas le seul appareil doté d'un mode veille. On peut imaginer le gain d'énergie si on évitait ce gaspillage pour l'ensemble des appareils électroménagers utilisés au quotidien.

Questions

1 **Doc 2.** Y a-t-il réellement de l'énergie perdue parce qu'il y a frottement entre la route et une voiture ? Pourquoi parle-t-on de perte ?

2 **Docs 1. et 2.** a. Quelle différence d'aspect y a-t-il entre des pneus neige et des pneus classiques ?
b. Les pneus neige font consommer davantage de carburant. Pourquoi ?
c. Est-ce du gaspillage de rouler avec des pneus neige en été ? et en hiver ?

3 **Docs 1. et 3.** Pourquoi parle-t-on de gaspillage d'énergie lorsque la télévision est en mode veille ?

4 **Pour aller plus loin** Faire une liste des appareils domestiques qui possèdent un mode veille.

VOCABULAIRE

Mode veille : arrêt temporaire de certaines fonctions d'un appareil pour consommer moins d'énergie, par exemple un écran d'ordinateur qui s'éteint.

TÂCHE COMPLEXE

ACTIVITÉ 9

Quel menu choisir en vue d'une randonnée ?

COMPÉTENCES ÉVALUABLES

D1.1 Lire et comprendre des documents scientifiques.
D4. Mesurer des grandeurs physiques de manière indirecte.

Situation

Allison se prépare pour partir dix jours en randonnée.
Pour la première journée, elle a déjà prévu ses repas du petit-déjeuner et du diner.
Mais il lui faut compléter son menu.
Allison doit trouver une idée de repas pour le déjeuner.
Elle a une contrainte : son sac ne doit pas être trop lourd à porter !

CONSIGNE

Aider Allison à choisir des aliments pour constituer son déjeuner et à **déterminer** la quantité de chaque aliment.

ACT lienmini.fr/pc-071 Version interactive

1 Les incontournables avant la randonnée.

■ Lorsque l'on part en randonnée, il faut penser à bien préparer son voyage : emporter une tente, des affaires de rechange, une trousse de premier secours et bien sûr, de quoi manger et boire.

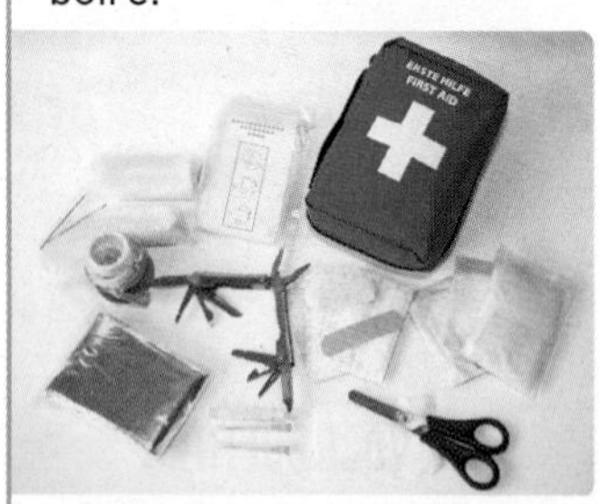

Sauf que si on emporte trop de nourriture, le sac peut devenir très lourd. On veille donc à n'emporter que le strict nécessaire.

■ Le plus simple est de prévoir si possible des repas similaires chaque jour (même petit-déjeuner, etc.). Il faut aussi bien sûr éviter de manger la même chose deux fois dans la même journée. Le menu doit par ailleurs comprendre au moins trois aliments différents dont un laitage.

2 Les dépenses énergétiques.

■ Lors d'une randonnée, la dépense énergétique d'un individu dépend de plusieurs paramètres :
- l'âge ;
- le poids ;
- le sexe ;
- la vitesse de marche.

Elle dépend aussi de la difficulté du parcours.

■ Une femme de la corpulence d'Allison développe en marchant une puissance de 145 W.
Cette valeur tient compte des étapes de repos et correspond à la moyenne sur une journée entière.

3 Les aliments disponibles pour composer le déjeuner d'Allison.

Aliments	Apport énergétique (par 100 g)	
	en kcal	en kJ
 Céréales	391	1 638
 Chips	538	2 254
 Saucisson	458	1 919
 Comté	417	1 747
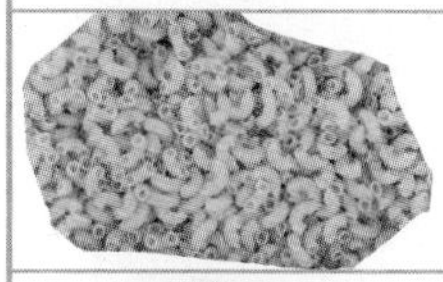 Pâtes aux œufs	371	1 554
 Chorizo	454	1 902

Aliments	Apport énergétique (par 100 g)	
	en kcal	en kJ
 Semoule de blé	360	1 508
 Soupe déshydratée	90 par sachet	377 par sachet
 Mimolette	321	1 345
 Noisettes	656	2 749
 Chocolat noir	530	2 221
 Mélange de fruits secs	424	1 776

4 Menu d'Allison de la première journée.

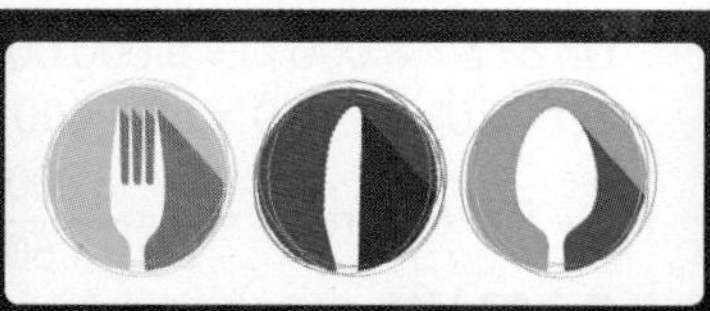

Petit-déjeuner
- Céréales 160 g
- Eau

Déjeuner
???

Diner
- Noisettes 40 g
- Chorizo 20 g
- Semoule de blé 120 g
- Soupe (un sachet)
- Mimolette 50 g
- Eau

Grignotage
- Mélange de fruits secs 100 g
- Eau

Besoin d'aide ?

▶ **Retrouvez des aides en fin d'ouvrage, p. 423.**

VOCABULAIRE

Soupe déshydratée : soupe en poudre que l'on doit réhydrater pour la consommer.

Conservation de l'énergie

▶ Retrouvez aussi **Le bilan de 5e** BILAN lienmini.fr/pc-072 **Le bilan de 4e** BILAN lienmini.fr/pc-073

1 Énergie et puissance

▶ Activités 2 3 4 9

■ L'**énergie** E consommée par un récepteur pendant une durée t est donnée par la relation ci-contre où P est la puissance du récepteur.

$$E = P \times t$$

L'énergie E est exprimée en joules (J), la puissance P en watts (W) et la durée t en secondes (s).

■ On peut déterminer la **puissance** P d'un récepteur à partir de l'énergie E qu'il consomme pendant une durée t à partir de la relation ci-contre.

$$P = \frac{E}{t}$$

Exemples

① On dit que la puissance d'un randonneur est de l'ordre de 200 W.

L'énergie E qu'il dépense pendant une randonnée de 4 heures, exprimée en kilojoules, vaut donc :

$$\mathbf{E = 2\,880\ kJ}$$

On a : P = 200 W et t = 4 h = 4 × 3 600 = 14 400 s.

$E = P \times t = 200 \times 14\,400 = 2\,880\,000$ J

$\mathbf{E = 2\,880\ kJ}$

② Un four à bois transforme une énergie de 8 000 kJ pendant les 10 minutes de cuisson d'une pizza.

La puissance P du four, exprimée en kilowatts, vaut donc :

$$\mathbf{P \approx 13\ kW}$$

On a : E = 8 000 kJ = 8 000 000 J

et t = 10 min = 10 × 60 = 600 s.

$E = P \times t$ donc $P = \frac{E}{t} = \frac{8\,000\,000}{600} = 13\,333$ W

$\mathbf{P \approx 13\ kW}$

2 Notion de « perte » d'énergie

▶ Activités 5 8

a Conservation de l'énergie

L'énergie se convertit (ou se transforme) d'une forme dans une autre.
L'énergie se transfère d'un système à un autre.
L'énergie ne disparait pas. Si elle semble disparaitre, c'est qu'une **conversion** ou un **transfert** non attendu s'est produit.

Exemple

La bille ne roule pas indéfiniment sur le sol ; elle s'arrête au bout d'un moment.

L'énergie de la bille n'a pas disparu. Du fait des frottements, elle s'est convertie en énergie thermique qui a été transférée à l'air ambiant et au sol.

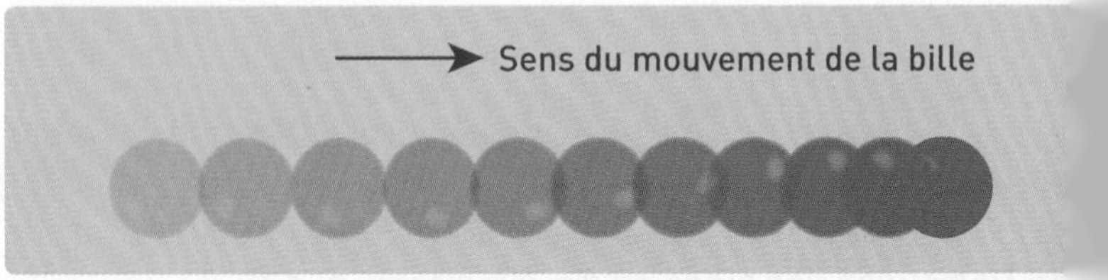

MOTS-CLÉS

Bilan d'énergie	Formes d'énergie	Puissance
Conversion d'énergie	Gaspillage	Sources d'énergie
Énergie	Perte	Transfert d'énergie

VOIR LEXIQUE P. 418

b « Perte » d'énergie

Les conversions et les transferts d'énergie sont souvent étudiés dans le contexte de la réponse à un besoin de l'individu (se déplacer, se chauffer…).
Or ces conversions ou transferts ne sont jamais complets. La différence entre l'énergie mobilisée et l'énergie qui satisfait effectivement le besoin est alors interprétée comme une **perte**.
Une partie de l'énergie convertie ou transférée est « perdue », c'est-à-dire qu'elle n'a pas répondu au besoin de l'individu. Mais il n'y a pas véritablement de « perte » d'énergie.

Exemple

• Pendant la combustion du bois, dans un four à pizza, on attend que :
– toute l'énergie chimique soit convertie en énergie thermique ;
– toute cette énergie thermique soit transférée à la pizza pour la cuire.

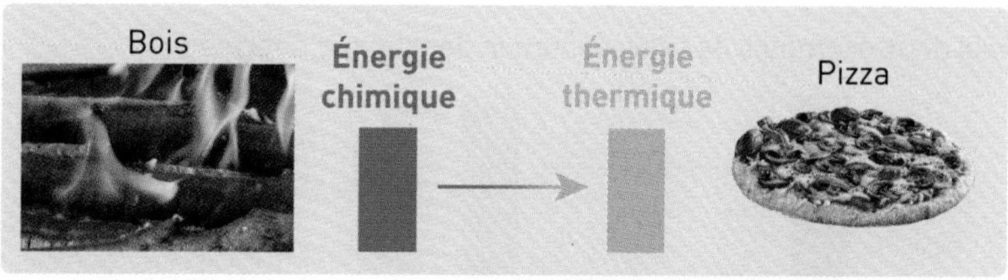

Ce qui est attendu

• ***Dans la réalité :***
– une partie de l'énergie chimique est convertie non seulement en énergie thermique, mais aussi en énergie lumineuse qui éclaire la pizza, le four et son environnement ;
– l'énergie thermique n'est pas seulement transférée à la pizza, mais aussi au four et à son environnement.

L'énergie lumineuse transmise à la pizza, l'énergie thermique et l'énergie lumineuse transmises à son environnement correspondent à des « pertes ». Il s'agit d'énergie « perdue », c'est-à-dire qu'elle n'a pas servi à chauffer la pizza.

c « Gaspillage » d'énergie

On parle de « **gaspillage** » lorsque tout n'est pas mis en œuvre pour limiter les pertes d'énergie.

3 Bilan d'énergie

▶ Activités 1 5 6 7

Le **bilan d'énergie** rend compte de la **conservation de l'énergie**.

■ L'énergie ne change pas de forme au cours d'un transfert.

Exemple : la résistance d'une bouilloire possède de l'énergie thermique qu'elle transfère à l'eau.

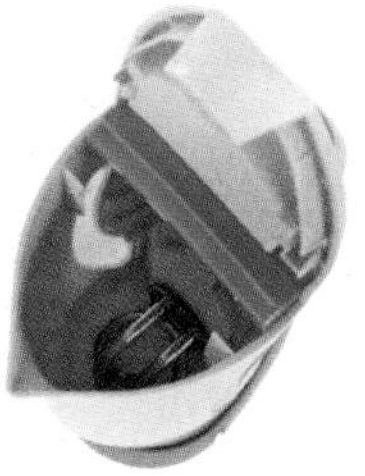

■ L'énergie change de forme au cours d'une conversion (parfois appelée aussi transformation).

Exemple : la résistance de la bouilloire convertit de l'énergie électrique en énergie thermique.

■ Un bilan d'énergie peut prendre la forme d'un diagramme où l'on représente les conversions et les transferts d'énergie.

Exemple : le batteur à œufs comprend un moteur qui sert à transformer de l'énergie électrique en énergie mécanique.

Toute l'énergie électrique n'est pas transformée en énergie mécanique ; l'appareil est en effet chaud après utilisation.
La conservation de l'énergie est apparente parce que le bâton représentant l'énergie électrique disponible a la même surface que l'ensemble des deux bâtons représentant l'énergie mécanique et l'énergie thermique.

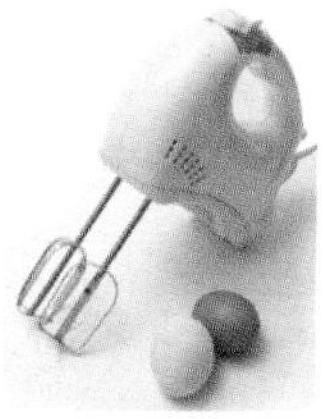

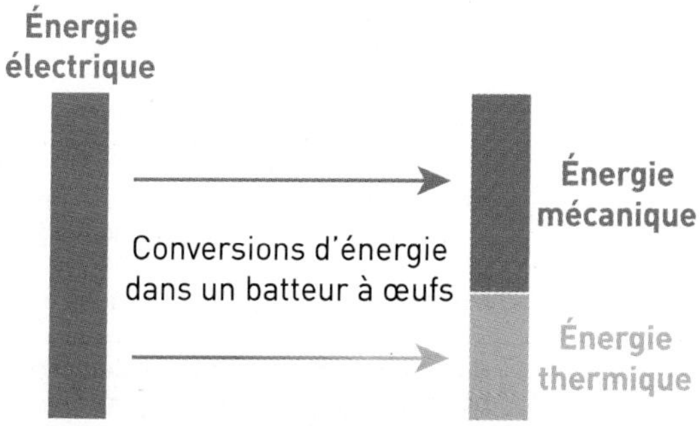

L'essentiel

Énergie et puissance

$$E = P \times t$$

- Énergie en joules (J)
- Puissance en watts (W)
- Durée en secondes (s)

Bilan d'énergie

Voici deux exemples de représentation de bilans d'énergie :

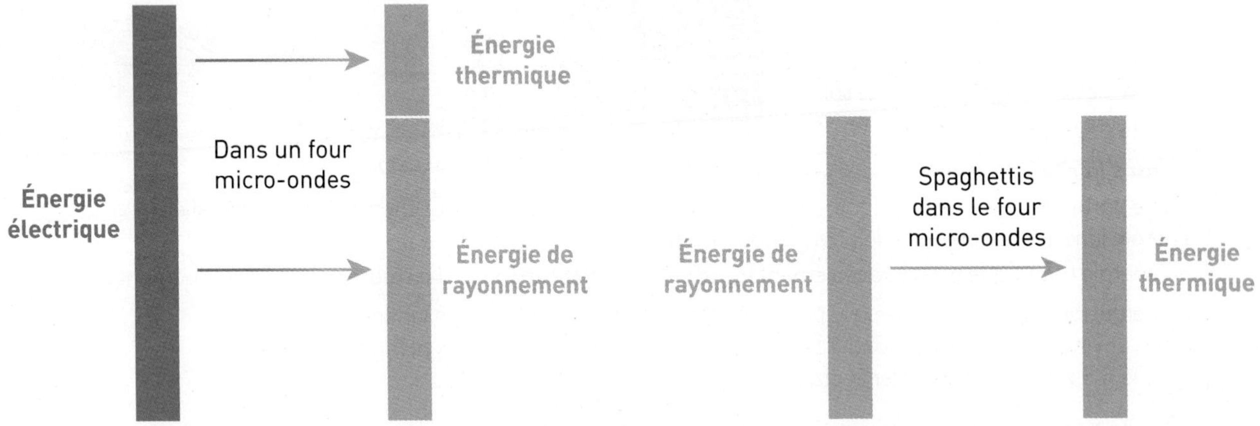

Socle commun

Domaines	Compétences	Activités	Problèmes
D1.1	Lire et comprendre des documents scientifiques.	8 9	
D1.1	Utiliser la langue française en cultivant précision, richesse de vocabulaire et syntaxe.	2	30
D1.1	S'exprimer à l'oral lors d'un débat scientifique.	2	
D2	Effectuer des recherches bibliographiques.	1	
D2	Produire des documents scientifiques grâce à des outils numériques.	1	
D4	Interpréter des résultats expérimentaux, en tirer des conclusions et les communiquer en argumentant.	4 5	26
D4	Développer des modèles simples pour expliquer des faits d'observations et mettre en œuvre des démarches propres aux sciences.	6 7	
D4	Mesurer des grandeurs physiques de manière indirecte.	3 9	28 29
D5	Réinvestir ses connaissances ainsi que celles sur les ressources et sur l'énergie, pour agir de façon responsable.	8	27

Exercices

J'apprends à apprendre

Utilisable en AP

1 Apprendre à l'aide d'un jeu

Sophie et Abdoulaï ont inventé un jeu pour distinguer transfert et conversion d'énergie.

➡ L'objectif ici est d'apprendre à faire la différence entre transfert d'énergie et conversion d'énergie.

Règles

Sophie donne le nom d'un appareil ou d'un objet de leur quotidien.
Abdoulaï cite la forme d'énergie reçue et la (ou les) forme(s) d'énergie cédée(s) par l'appareil ou l'objet.
Il précise ensuite s'il s'agit d'un transfert ou d'une conversion d'énergie.
C'est ensuite au tour d'Abdoulaï d'interroger Sophie.
Exemples : Sophie propose « radiateur de chauffage central » et Abdoulaï « grill électrique ».

① Radiateur de chauffage central

Forme d'énergie : *énergie thermique.*
Le radiateur ***transfère*** *l'énergie thermique de l'eau qui circule dans les tuyaux à la pièce qu'il chauffe.*

② Grill électrique

Formes d'énergie : *énergie électrique, énergie lumineuse, énergie thermique.*
Le grill ***convertit*** *l'énergie électrique en énergie lumineuse et en énergie thermique.*

J'apprends une méthode

Exercice résolu

Utilisable en AP

2 ●●● Établir le bilan d'énergie d'un appareil

Énoncé

➡ Établir le bilan d'énergie d'un grill électrique.

Solution

• Préparer les éléments graphiques du bilan.
L'énergie se conserve : les deux bâtons sont identiques.

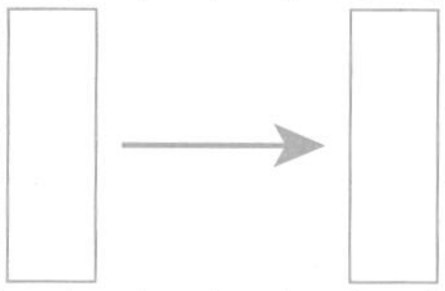

• Légender ces éléments graphiques.
– La flèche représente l'objet étudié.
– Le bâton de gauche représente l'énergie reçue par l'objet.
*Un grill électrique a besoin d'**énergie électrique**.*
– À droite est représentée l'énergie convertie par l'appareil.

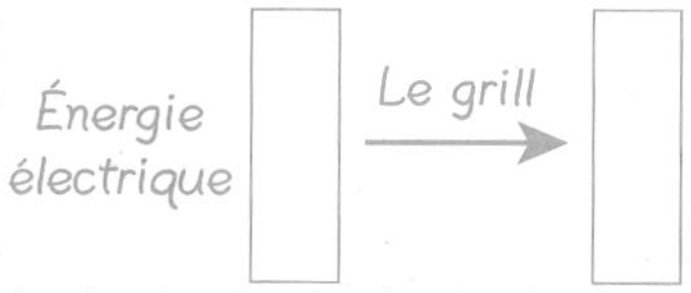

– On détermine les formes sous lesquelles le grill cède de l'énergie, puis on évalue la part de chacune de ces formes d'énergie.
*Le grill est chauffé au rouge, donc il dégage de l'**énergie lumineuse**.*

*L'environnement du grill chauffe, donc le grill fournit de l'**énergie thermique**.*
Le grill est un appareil de cuisson : la part de l'énergie thermique est plus grande que la part de l'énergie lumineuse.

• Pour faciliter la compréhension, on peut subdiviser la flèche et colorer le schéma.

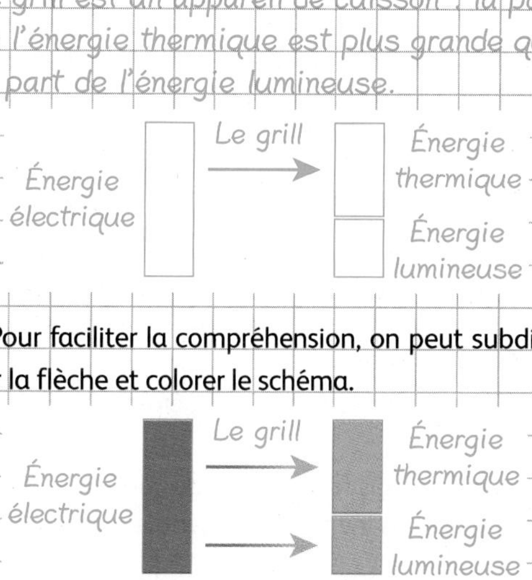

Conversion de l'énergie dans le grill

Exercices

Je me teste

EXO lienmini.fr/pc-074

3 Utiliser la relation reliant la puissance et l'énergie

Le 100 m est l'épreuve reine de l'athlétisme.

Un sprinteur met en moyenne 10 s pour parcourir cette distance.

1. Déterminer (en m/s) la vitesse moyenne d'un sprinteur sur 100 m.

2. Déterminer (en kW) la puissance fournie par un sprinteur qui dépense une énergie E = 130 kJ pendant cette course.

4 Déterminer les conversions d'énergie

➡ Dans la liste ci-dessous, choisir les objets ou appareils qui convertissent l'énergie.

Une lampe éteinte • Un alternateur de centrale électrique • Un moteur de voiture stationnée dans un parking • Une prise électrique dans laquelle est branché un ventilateur en fonctionnement.

5 Utiliser la conservation d'énergie

Les propositions suivantes sont-elles vraies ou fausses ?

Il existe des situations où :

a. de l'énergie peut disparaitre.

b. un objet peut recevoir de l'énergie.

c. un objet peut créer de l'énergie.

d. un objet peut perdre de l'énergie thermique.

6 Distinguer pertes et gaspillages d'énergie

Indiquer dans chaque cas s'il s'agit d'une perte d'énergie difficile à éviter ou d'un gaspillage d'énergie.

a. On ouvre la fenêtre pour fermer les volets.

b. On ouvre la fenêtre car le thermostat du radiateur est resté trop longtemps en position maximale et a été réglé sur une température trop élevée.

c. On ouvre la porte du réfrigérateur pour sortir trois yaourts.

d. On ouvre trois fois la porte du congélateur au fur et à mesure que les invités choisissent leur parfum de glace.

VOIR CORRIGÉS P. 423

7 Déterminer les transferts et les conversions d'énergie

➡ Recopier et associer chaque proposition au transfert ou à la conversion d'énergie qui convient.

Un fil électrique •	• convertit de l'énergie de rayonnement.
Une lampe •	• convertit de l'énergie chimique.
Un moteur de voiture •	• transfère de l'énergie électrique.
Une hélice •	• convertit de l'énergie cinétique.
Une éolienne •	• transfère de l'énergie cinétique.
Un panneau solaire •	• convertit de l'énergie électrique.
Une fibre optique •	• transfère de l'énergie de rayonnement.

8 QCM Établir un bilan d'énergie pour un système simple

Choisir le (ou les) bilan(s) d'énergie correct(s).

Un batteur électrique est utilisé pour fouetter de la crème et la monter en chantilly.

a.

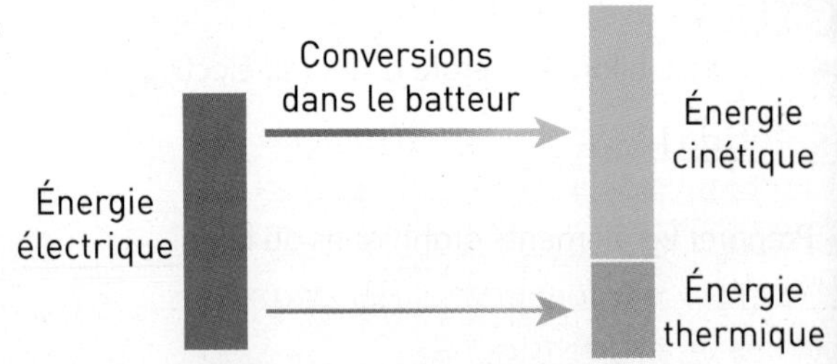

b.

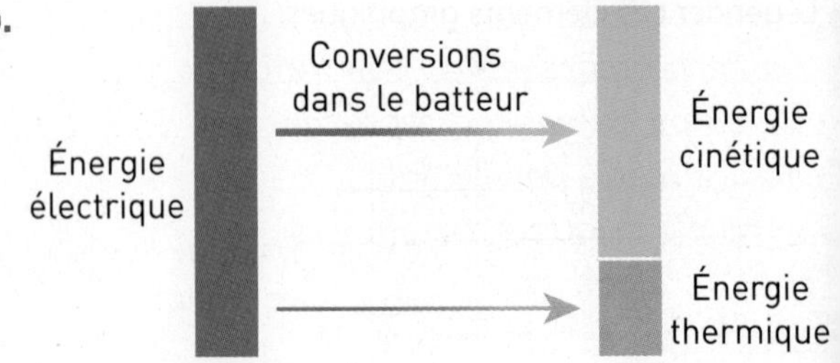

c.

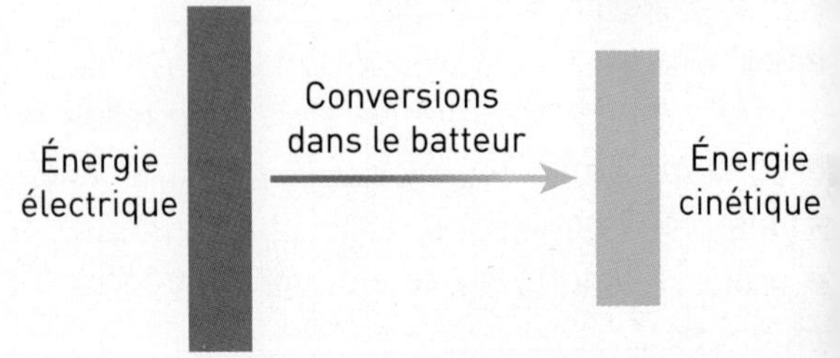

Je travaille des compétences

Pédagogie différenciée

Utilisable en AP

9 Construire une chaine d'énergie

Une femme se déplace de nuit à vélo.

La roue de son vélo entraine la petite roue de la dynamo qui produit de l'électricité, la lampe éclaire par conséquent son chemin.

Consigne pour le groupe A

➡ Construire une chaine d'énergie correspondant à la situation.

Consigne pour le groupe B

➡ Construire une chaine d'énergie correspondant à la situation en utilisant les *mots* ci-dessous :

lampe, énergie de rayonnement, roue, énergie cinétique, femme, énergie électrique, chemin, dynamo.

Consignes pour le groupe C

1. Recopier la chaine d'énergie ci-dessous.

[...] —...→ [...] —...→ [...] —...→ [...] —...→ [...]

2. Compléter cette chaine en légendant les cadres et les flèches avec ces *mots* :

lampe, énergie de rayonnement, roue, énergie cinétique, femme, énergie électrique, chemin, dynamo.

10 Établir le bilan d'énergie d'un ordinateur

Au collège, l'ordinateur du professeur de Physique-Chimie est relié à plusieurs périphériques.

Consigne pour le groupe A

➡ Établir le bilan d'énergie de l'ordinateur et de ses périphériques lorsque l'on regarde un extrait de vidéo.

Consigne pour le groupe B

➡ Établir le bilan d'énergie d'une des prises USB et le bilan d'énergie de l'imprimante.

Consigne pour le groupe C

➡ Établir le bilan d'énergie du haut-parleur.

Exercices

Je travaille des notions

Les bons mots pour le dire

11 ●●● **Choisir le *mot* qui convient**

1. Une lampe réalise *une conversion / un convertissement* de l'énergie électrique en énergie lumineuse.

2. Le radiateur d'une installation de chauffage urbain réalise un *transfère / transfert* d'énergie thermique. Il *transfère / transfert* l'énergie thermique de l'eau vers la pièce.

3. Lorsque l'on réalise un bilan d'énergie, il faut faire attention à ce que les deux bâtons qui représentent l'énergie *sont / soient* les mêmes.

4. Si l'énergie reçue par un appareil a la même forme que l'énergie cédée par cet appareil, on *conclut / conclue* que l'appareil n'est pas un *convertisseur / converseur*.

12 ●●● **Chaleur ou énergie thermique ?**

Le mot *chaleur* est très employé dans la vie quotidienne.

La chaleur désigne l'énergie thermique transférée d'un objet à un autre objet plus froid.

Un objet possède de l'énergie thermique, il ne peut pas avoir de la chaleur. Cet objet peut cependant transférer de l'énergie thermique sous forme de chaleur.

Pendant le mélange, le thé transfère de la chaleur au lait.

➡ À l'aide du texte ci-dessus, recopier et choisir les groupes de *mots* qui conviennent. (Choisir le mot chaleur chaque fois que c'est possible.)

« Sarah a sorti la boite de glace au chocolat pour le dessert. Tout le monde est servi ; et elle la remet ensuite au congélateur.

La glace au chocolat est encore très froide, mais cela ne l'empêche pas d'avoir de *l'énergie thermique / la chaleur*.

La glace de la boite transmet de *l'énergie thermique / la chaleur* aux autres produits surgelés dont *l'énergie thermique / la chaleur* augmente un peu tandis que celle de la glace au chocolat diminue. »

Identifier les sources et les formes d'énergie d'un système

13 ●●● **La production d'électricité française**

Le document suivant renseigne sur les sources d'énergie utilisées en 2015 pour produire de l'électricité.

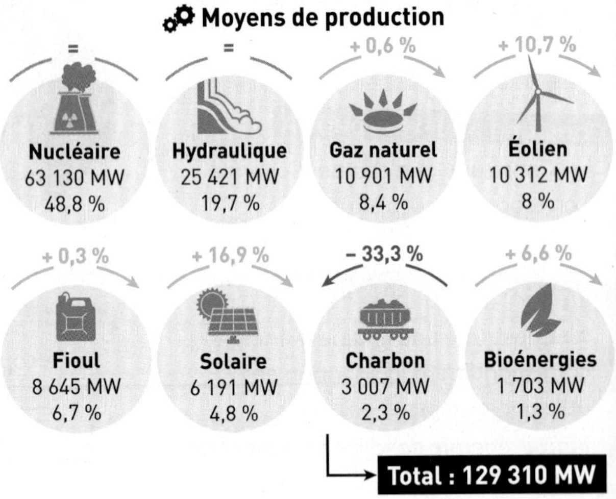

1. Quelle est, pour chacune de ces sources, la forme d'énergie disponible ?

2. Quelle est la source d'énergie la plus utilisée en 2015 ? Justifier la réponse.

3. Quelle était en 2015 la source d'énergie renouvelable la plus utilisée ? Pourquoi sa part n'a-t-elle pas varié ?

4. Quelles sont les sources d'énergie chimique ?

5. Quelle est la source d'énergie qui permet de faire fonctionner une éolienne ?

6. À quoi correspond la grandeur qui vaut 129 310 MW ?

Utiliser la relation liant puissance, énergie et durée

14 ●●● **La lampe oubliée allumée**

1. Ce matin, M. Pigas est parti de chez lui à 7 h en oublian d'éteindre la lampe de sa chambre, une vieille lampe d 60 W. Il n'est rentré chez lui qu'à 18 h.

Quelle quantité d'énergie M. Pigas a-t-il gaspillée ?

2. Mme Dietouré, elle aussi, a laissé sa lampe allumé pendant son absence de 8 h à 19 h. Mais, contrairemer à M. Pigas, elle n'utilise que des lampes basse consommation.

Sa lampe éclaire autant que celle de M. Pigas pour une puissance électrique de 15 W.

Quelle quantité d'énergie Mme Dietouré a-t-elle gaspillée ?

15 ●●● L'éolienne

La puissance moyenne d'une éolienne terrestre est de 3 MW.
Une habitation consomme en moyenne 16 000 kW.h par an.

1. Exprimer en joules l'énergie consommée en moyenne chaque année par cette habitation.

2. Une éolienne ne fonctionne pas à son maximum toute l'année. Expliquer pourquoi.

3. Une éolienne fonctionne en moyenne 2 200 heures par an. Calculer l'énergie ainsi produite.

4. En déduire le nombre d'habitations que peut alimenter une éolienne.

Donnée

1 MW = 1×10^6 W.

16 ●●● Un maximum de tablettes de chocolat !

Romain Bardet, cycliste français, est connu pour ses ascensions rapides en haute montagne.

Lors du Tour de France 2015, la performance de Romain Bardet dans la montée de l'Alpes d'Huez était de 42,34 min – 394 watts.

1. Exprimer en secondes la durée de l'ascension de Romain Bardet.

2. Calculer l'énergie dépensée par le cycliste lors de cette ascension.

3. Convertir cette énergie en calories.

4. Combien l'énergie consommée par Romain Bardet représente-t-elle de carrés de chocolat noir ?

Données

- 4 180 J = 1 Cal.
- Énergie représentée par un carré de chocolat noir : 25 Cal.

Identifier les transferts et les conversions d'énergie

17 ●●● Des jeux de plage

Expliquer en quoi chacun des jeux suivants peut illustrer soit une conversion, soit un transfert d'énergie.

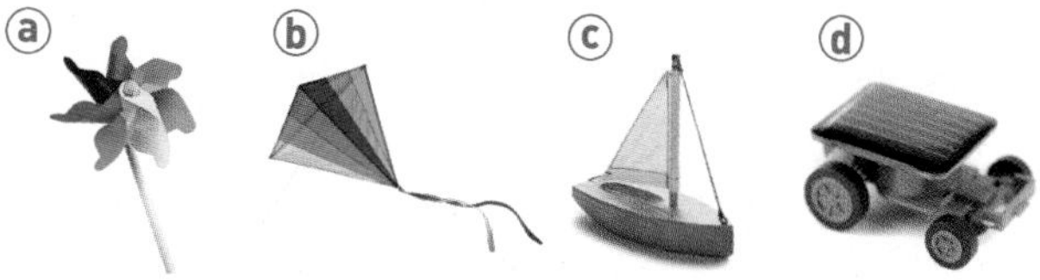

Utiliser la conservation de l'énergie

18 ●●● Le record du monde de Renaud Lavillenie

Lorsqu'il saute à la perche, Renaud Lavillenie (1,76 m ; 69 kg) convertit de l'énergie cinétique liée à un mouvement horizontal en de l'énergie cinétique liée à un mouvement vertical puis en énergie potentielle de position.

À la fin de sa course d'élan, tenant une perche de 3 kg, il atteint une vitesse de 10 m/s.

1. a. Calculer la masse totale de Renaud Lavillenie et de sa perche.

b. Calculer l'énergie cinétique E_c de Renaud Lavillenie muni de sa perche à la fin de la course d'élan.

2. Si l'on représentait Renaud Lavillenie par un point, ce point ne serait pas sur le sol pendant la course, mais environ à 1,10 m du sol.

Le 15 février 2014 à Donetsk, en Ukraine, le record de Renaud Lavillenie était de 6,16 m au-dessus du sol.

À quelle altitude au-dessus de la droite (*d*) le *recordman* se trouvait-il lorsqu'il a battu le record du monde ?

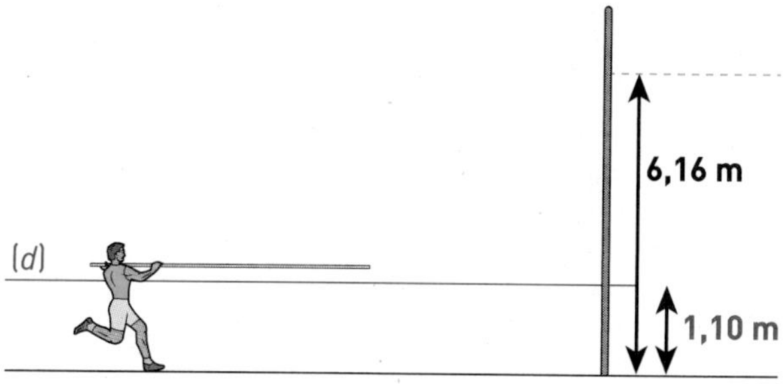

3. À quelle altitude au-dessus de la droite (*d*) Renaud Lavillenie peut-il monter si toute son énergie cinétique est convertie en énergie potentielle ?

4. On dit que le record ne pourra pratiquement plus être amélioré. Expliquer pourquoi.

Exercices

Je travaille des notions

Établir un bilan d'énergie pour un système simple

19 Trouver les erreurs

La professeure de Physique Chimie demande aux élèves d'établir le bilan d'énergie du moteur électrique du laboratoire.

Voici les réponses de trois élèves :

Aline

1 erreur

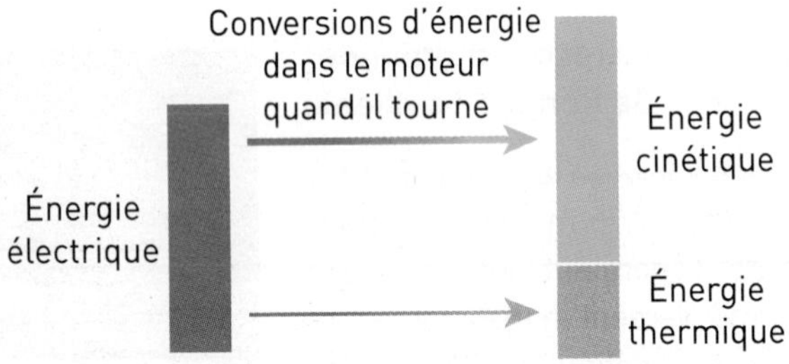

Selma

1 erreur

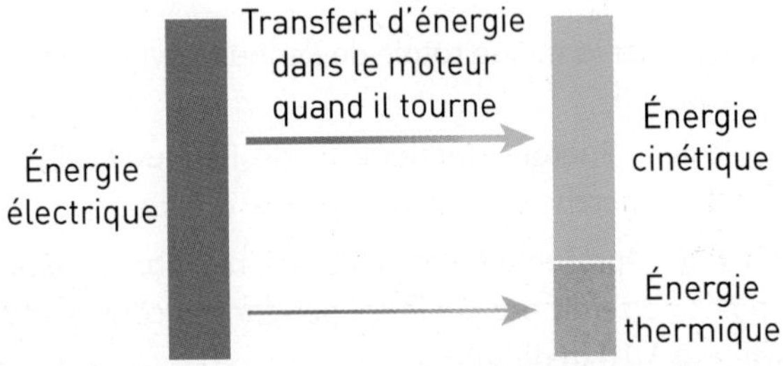

Cassandre

2 erreurs

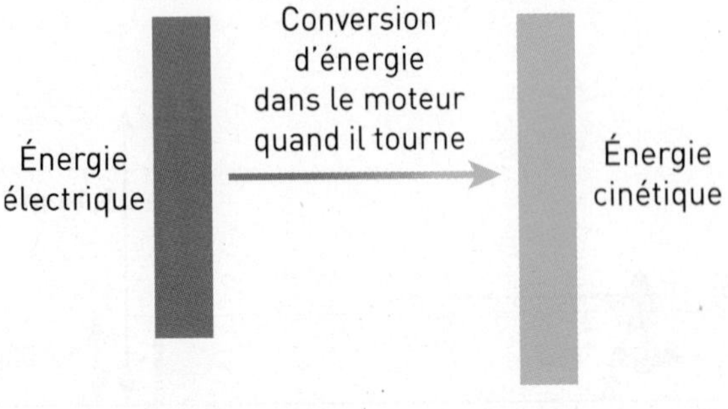

1. En comparant leur bilan, les trois élèves voient bien qu'ils sont différents.
La professeure constate qu'aucun bilan n'est correct.
Trouver l'erreur ou les erreurs de chaque bilan d'énergie.

2. Établir le bilan d'énergie du moteur en fonctionnement.

20 Le ventilateur solaire

Voici les bilans d'énergie associés à un ventilateur solaire que l'on fixe sur une casquette :

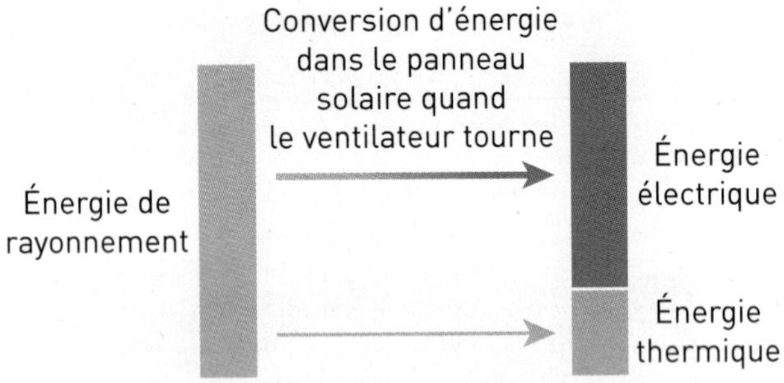

ⓐ Bilan d'énergie des panneaux solaires.

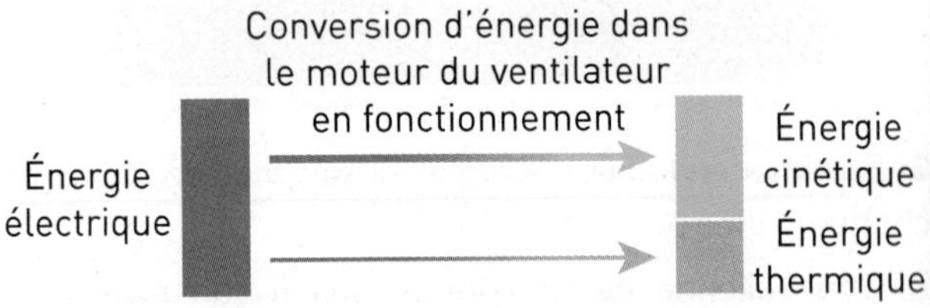

ⓑ Bilan d'énergie du moteur du ventilateur.

1. Quelle est la forme d'énergie utilisée pour faire fonctionner le ventilateur solaire ?

2. Quelles sont les formes d'énergie fournies par les panneaux solaires ?

3. Sous quelle forme le ventilateur en fonctionnement fournit-il de l'énergie ?

4. Pourquoi les bâtons représentant l'énergie totale mise en jeu sont-ils plus petits dans le bilan d'énergie du moteur que dans celui des panneaux solaires ?

5. Que devient l'énergie thermique qui apparait sur les deux bilans d'énergie ?

21 Une lampe dynamo

Une lampe dynamo est une lampe qui fonctionne grâce à une manivelle que l'on fait tourner.

1. Préciser la forme d'énergie apportée à la lampe par l'usager.

2. Sous quelles formes la lampe convertit-elle l'énergi[e] reçue ?

3. Recopier et compléter le bilan d'énergie de cette lamp[e]

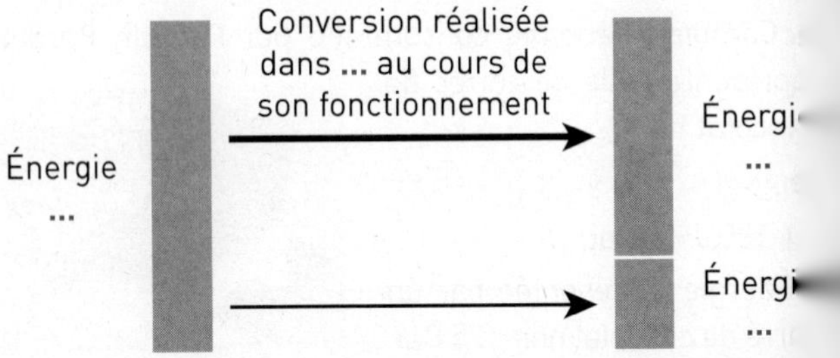

22 ●●● Une petite lampe à incandescence

Voici la copie de Tiago :

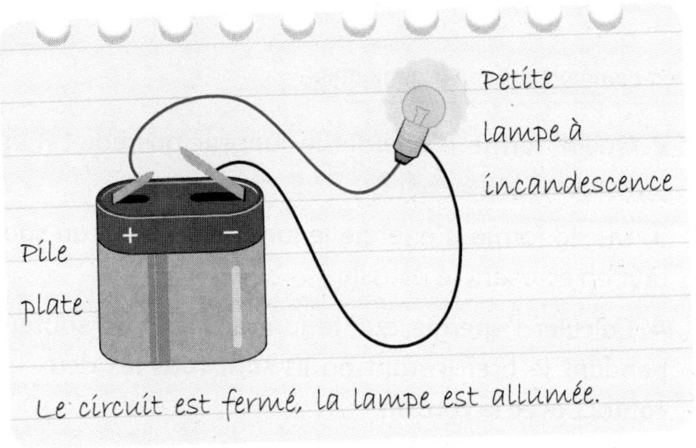

1. Quelle est la forme d'énergie qui permet d'obtenir le fonctionnement de la lampe ?

2. Quelle(s) est (sont) la (les) forme(s) d'énergie produite(s) par la lampe ?

3. Dans quel cas la conversion de l'énergie se produit-elle ?

4. Établir le bilan d'énergie de la lampe.

23 ●●● Un jeu d'eau

Lilian a construit un moulin à eau pour jouer dans le jardin avec sa petite sœur. À l'aide d'une bouteille, il fait couler de l'eau qui entraine le moulin.

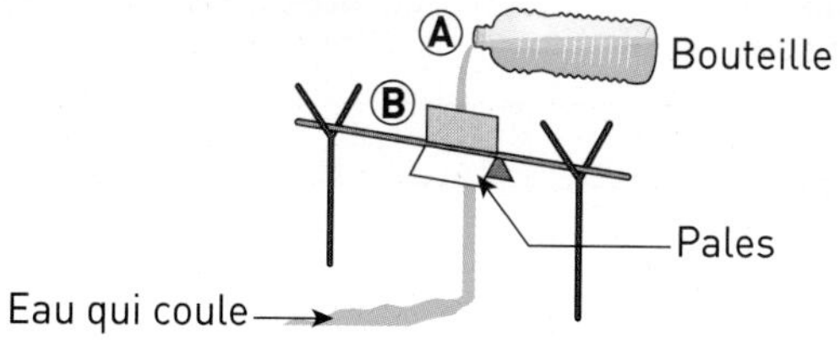

. Comparer les formes sous lesquelles une goutte d'eau ossède de l'énergie dans les positions A et B.

. Sous quelle forme le moulin acquiert-il de l'énergie rsque la goutte d'eau atteint les pales ?

. Nommer le phénomène énergétique qui se produit :

. pendant la chute d'une goutte d'eau.

. au niveau des pales du moulin après la chute.

. Qu'observeraient Lilian et sa sœur s'ils faisaient tomer l'eau depuis une plus grande hauteur ?

La roue du moulin acquiert de l'énergie cinétique et eau transmet de l'énergie.

ediger quelques lignes pour expliquer que le bilan obal d'énergie pour l'eau et la roue montre qu'il y a en conservation de l'énergie.

La conservation de l'énergie est-elle toujours rifiée si la roue du moulin frotte sur son axe et tourne al ?

Reconnaitre les pertes d'énergie, les gaspillages d'énergie

24 ●●● La télévision

Voici les bilans d'énergie d'une télévision :

- **En fonctionnement**

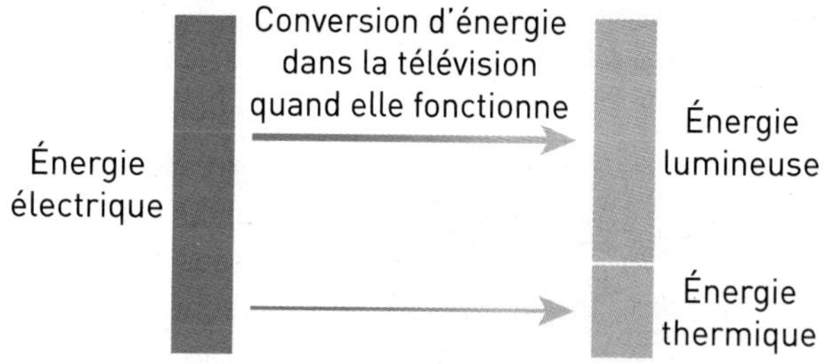

- **En mode veille**

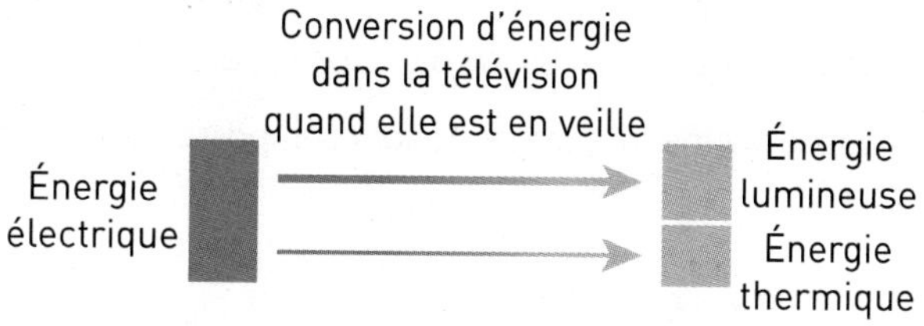

Télévision en fonctionnement

1. Dans quelle(s) condition(s) peut-on considérer que l'énergie électrique consommée correspond à un gaspillage d'énergie ?

2. Expliquer si l'énergie thermique cédée par la télévision à l'extérieur est une perte ou un gaspillage d'énergie.

Télévision en mode veille

3. L'énergie lumineuse émise par la télévision correspond-elle à un gaspillage d'énergie ? En discuter.

4. L'énergie thermique émise par la télévision correspond-elle à un gaspillage d'énergie ?

25 ●●● Une lampe de chevet de bébé

Un site commercial sur Internet vend des lampes à LED économiques en énergie.

***Lucide* Lampe de chevet LED** **40,30 €**
La veilleuse *Lucide* offre une lumière douce pour la chambre des enfants.
Sa lumière LED est économe en énergie et ne chauffe pas. Elle peut donc briller toute la nuit sur la table de chevet. Pour ne plus avoir peur du noir.

1. Relever les arguments de vente développés dans la description de la lampe LED.

2. Dans le descriptif, il est dit que la lampe LED est économe en énergie. Que veut dire le vendeur ? Quels sont très certainement ses arguments ?

3. Proposer un bilan d'énergie pour cette lampe LED.

Problèmes

26 ●●● *Jump* à coussin d'air

D4. Interpréter des résultats expérimentaux, en tirer des conclusions et les communiquer en argumentant.

Un lanceur L saute d'une plateforme située 10 m au-dessus d'un coussin gonflé à l'air.

Lorsque le lanceur arrive sur le coussin, le sauteur S qui y est installé « décolle ».

Les masses du sauteur et du lanceur sont identiques : elles valent 70 kg chacun.

On pourrait s'attendre à ce que le sauteur saute jusqu'à l'altitude de la plateforme. Pourtant le sauteur ne « décolle » pas aussi haut que la plateforme de laquelle part le lanceur.

1. Quelle forme d'énergie le lanceur possède-t-il avant de s'élancer ?

2. Quelle forme d'énergie le lanceur possède-t-il en arrivant sur le coussin ?

3. Quelle forme d'énergie le lanceur cède-t-il au sauteur en écrasant le coussin ?

4. Calculer l'énergie que le lanceur cède au sauteur pendant le bref instant où ils sont tous les deux en contact avec le coussin.

Donnée : $g = 10$ N/kg.

5. Utiliser les dessins ci-dessous pour expliquer pourquoi le sauteur devrait s'élever à la même hauteur que le lanceur.

6. Quelles hypothèses peut-on émettre pour expliquer que le sauteur ne s'élève pas aussi haut que le lanceur ?

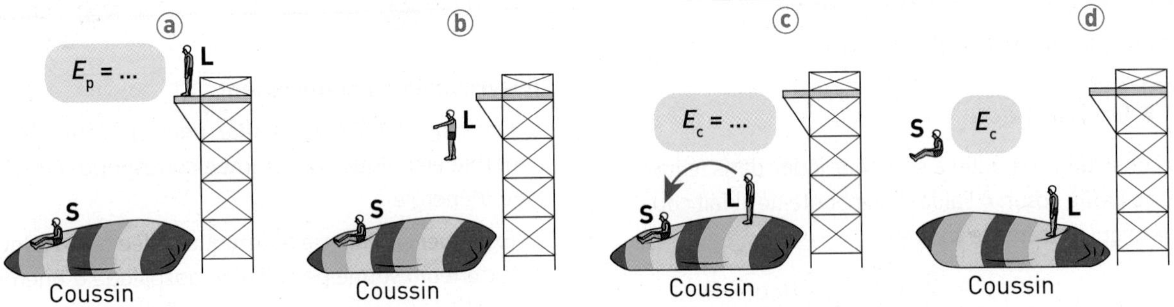

27 ●●● Apport énergétique d'une canette de soda

D5. Réinvestir ses connaissances ainsi que celles sur les ressources et sur l'énergie, pour agir de façon responsable.

1. Déterminer l'apport énergétique (en J et en kcal) d'une canette de soda de 33 cL.

2. Déterminer la dépense énergétique d'un homme de 80 kg pendant une marche d'une heure.

3. Pendant combien de temps cet homme doit-il marcher pour dépenser l'énergie que lui apporte une canette de soda ?

Donnée : 1 cal = 4,18 J.

INFORMACIÓN NUTRICIONAL POR :

	100 ml	350 ml	(%*)
Valor energético :	180 kJ/42 kcal	630 kJ/147 kcal	(7 %)
Grasas :	0 g	0 g	(0 %)
de las cuales saturadas :	0 g	0 g	(0 %)
Hidratos de carbono :	10,6 g	37 g	(14 %)
de los cuales azúcares :	10,6 g	37 g	(41 %)
Proteínas :	0 g	0 g	(0 %)
Sal :	0 g	0 g	(0 %)

*Ingesta de referencia de un adulto medio (8.400 kJ/2.000 kcal).

ⓐ Étiquette espagnole d'une canette de soda.

Homme de 80 kg

- En marche rapide : **360 W**
- En courant : **966 W**

ⓑ Consommation énergétique.

28 ●●● Une séance de rameur

D4. Mesurer des grandeurs physiques de manière indirecte.

À la suite d'un entrainement au rameur, Pauline obtient les résultats du tableau ci-contre. Elle se demande si elle peut en déduire la correspondance entre les calories et les joules.

Puissance	Énergie dépensée	Durée	Distance parcourue
146 W	269 Cal	20 min	4 523 m

Un rameur est une machine que l'on trouve dans de nombreuses salles de sport.
Pour optimiser son entrainement, l'utilisateur dispose d'un écran regroupant plusieurs informations comme la durée de son effort, l'énergie dépensée, ou encore la puissance fournie par le sportif.

ⓐ Le rameur.

La calorie est une ancienne unité de mesure de l'énergie.
La « grande calorie » est notée Cal, par opposition à la « petite calorie » de symbole cal.
Une grande calorie représente l'énergie thermique qu'il faut fournir à un kilogramme d'eau pour élever sa température d'un degré.
On utilise encore souvent cette unité dans le domaine de la nutrition pour indiquer la quantité d'énergie chimique contenue dans un aliment.

ⓑ La calorie.

1. Préciser quelle est la source d'énergie dans laquelle Pauline a puisé pour cette séance d'entrainement.

2. Sous quelle forme Pauline cède-t-elle de l'énergie au rameur ? Y a-t-il une autre forme sous laquelle elle dépense son énergie ?

3. En supposant que les résultats de l'entrainement tiennent compte de toutes les conversions d'énergie qui ont eu lieu dans le corps de Pauline, calculer en joules la quantité d'énergie qu'elle a convertie en utilisant la valeur de la puissance donnée dans le tableau.

4. Comparer la valeur trouvée à celle de l'énergie dépensée donnée dans le tableau. En déduire la valeur en joules de 1 calorie.

5. Rechercher la correspondance joules-calories.

6. L'hypothèse formulée à la question **3** est-elle vérifiée ?

29 ●●● Puissance d'un haltérophile

D4. Mesurer des grandeurs physiques de manière indirecte.

L'haltérophilie est une discipline olympique consistant principalement à soulever des haltères selon des mouvements précis, comme l'arraché.

ⓐ L'arraché de l'haltérophilie.

Lorsque l'on soulève un objet de masse m d'une hauteur 0 à une hauteur h, la valeur de son énergie potentielle de position passe de 0 à $E_p = mgh$.

ⓑ Énergie potentielle de position.

Avec 215 kg à l'arraché, le jeune géorgien Lasha Talakhadze a établi un nouveau record du monde dans la catégorie des plus de 105 kg lors de la finale olympique en 2016 à Rio.

ⓒ Médaille d'or en Haltérophilie à Rio.

1. Déterminer l'énergie que Lasha Talakhadze a fournie pendant la première phase du mouvement.

2. En déduire la puissance de l'athlète lors de ce mouvement.

Donnée : g = 10 N/kg.

Problèmes

30 ●●● Un véhicule dans une voie de détresse

D1.1. Utiliser la langue française en cultivant précision, richesse de vocabulaire et syntaxe.

Une voie de détresse est une voie qu'un véhicule peut emprunter pour ralentir si ses freins ne fonctionnent plus. Le véhicule s'enlise dans le sable et son énergie cinétique diminue.

RAPPEL

Le mot *chaleur* est très employé dans la vie quotidienne. Il désigne l'énergie thermique transférée d'un objet à un autre objet plus froid.

Un objet possède de l'énergie thermique, il ne peut pas avoir de chaleur.

1. Recopier et compléter le texte suivant en utilisant les connaissances acquises.
« L'énergie cinétique du véhicule est … aux grains de sable qui vont se frotter les uns contre les autres. Leur température s'élève : ils … de l'énergie cinétique en énergie … .
Les grains de sable transfèrent ensuite sous forme de … de l'énergie thermique à l'air ambiant. »

2. La représentation ci-dessous est une interprétation énergétique du freinage.

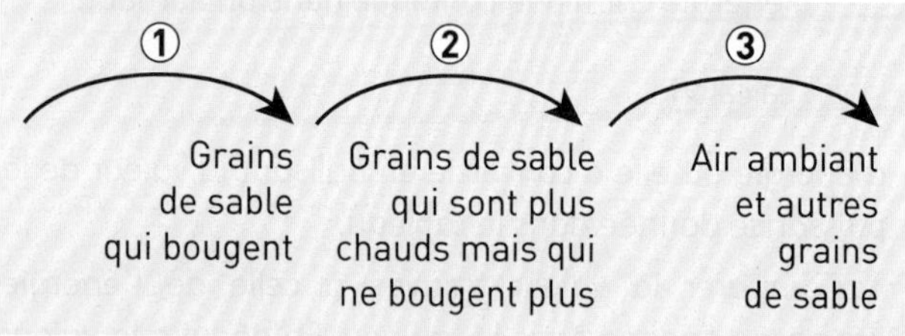

a. Pour chaque flèche, choisir une légende parmi cette liste : *transfert d'énergie cinétique / transfert d'énergie thermique / conversion d'énergie cinétique en énergie thermique / conversion d'énergie thermique en énergie cinétique.*

b. Quelle est la flèche qui pourrait aussi être légendée *chaleur* ?

c. Proposer une interprétation énergétique de ce que devient l'énergie cinétique d'une voiture de course qui freine.

Sciences MAG

31 La bioluminescence pour les futurs éclairages publics

Qui est *Glowee* ?
Glowee est une start-up française qui propose une alternative à la lumière électrique en utilisant une lumière d'origine biologique prête à s'intégrer dans le paysage urbain : bâtiments, signalétique, décoration, mobilier urbain…

Qu'est-ce que la bioluminescence ?
« La bioluminescence est une réaction chimique régie par un gène, qui permet à certains organismes vivants de produire de la lumière.
90 % des organismes marins, algues, méduses, calamars, poissons, ou encore crevettes, sont ainsi capables de bioluminescence. »

La technologie
« Nous utilisons des gènes codant pour la bioluminescence chez des bactéries symbiotiques du calamar. Ces gènes sont insérés dans des bactéries communes, non pathogènes et non toxiques. Une fois ingénieurées et cultivées, ces bactéries sont encapsulées dans une coque transparente, aux côtés d'une solution nutritive contenant tout ce dont elles ont besoin pour vivre et produire leur lumière. »
Aucun raccordement ni apport supplémentaire d'énergie ou de matière n'est nécessaire pour mettre en application la bioluminescence.

Source : http://www.glowee.fr

! Projet d'éclairage dans un paysage urbain.

glowee c'est la mer qui nous éclaire

➡ Rechercher les avantages d'un éclairage public utilisant la bioluminescence.

32 Les centrales hydroliennes

30 min

Les courants marins représentent une source d'énergie intéressante puisque contrairement aux vents, les courants sont souvent constants et prévisibles. Les hydroliennes utilisent l'énergie cinétique de ces courants pour produire de l'électricité.

L'hydrolienne est composée d'une hélice fixée à un alternateur qui produit un courant électrique alternatif. Elle est située sous l'eau, au milieu du courant marin.

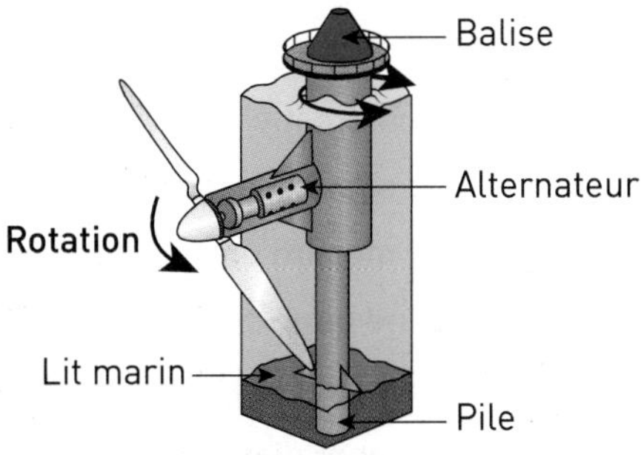

1 Hydrolienne.

L'énergie des courants marins dépend de l'amplitude des marées.
Plus l'amplitude est grande, plus le courant est fort et plus l'énergie cinétique de l'eau est importante.
Pour qu'une hydrolienne produise suffisamment d'énergie, il faut bien choisir son emplacement en tenant compte de la vitesse des courants.
La carte ci-contre donne la vitesse des courants dans la Manche.

Vitesse des courants (en nœuds/seconde)
- Plus de 7 n/s
- De 5 à 7 n/s
- De 4 à 5 n/s
- De 3 à 4 n/s
- De 2 à 3 n/s
- Moins de 2 n/s

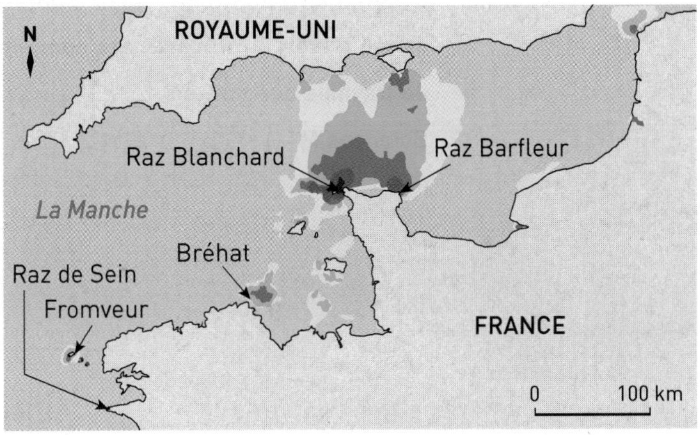

2 Les courants marins.

Questions

Fonctionnement d'une hydrolienne

1. Quelle est la source d'énergie utilisée par une hydrolienne ?

2. À quel autre type de centrale les hydroliennes sont-elles souvent comparées ?

3. Expliquer le rôle de l'alternateur. Y a-t-il des pertes d'énergie ?

4. Construire le bilan d'énergie d'une centrale hydrolienne.

Ordres de grandeur

5. Calculer l'énergie cinétique de 1 m^3 d'eau dans un courant qui a une vitesse de 15 km/h.

Donnée : 1 m^3 d'eau a une masse de 1 000 kg.

6. On fournit l'énergie calculée précédemment à un radiateur de 1 000 W.
Pendant combien de temps peut-il fonctionner avec cette énergie ?

Recherche d'un site pour installer une centrale hydrolienne

7. Choisir un site dans la Manche et argumenter ce choix.

CHAPITRE 13

Énergie et puissance électriques

Sommaire

Zoom sur...

Les croisements entre chapitres

Dans l'activité 7, je fais le lien avec le chapitre 9, **Sources et formes d'énergie** (p. 222 du manuel).

L'interdisciplinarité

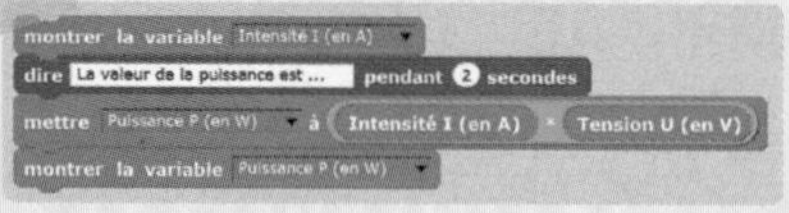

Dans l'activité 1, je fais le lien avec les mathématiques, **Algorithmique et programmation**.

Une animation

Dans l'activité 3, je découvre une animation sur le fonctionnement d'un compteur électrique.

Une vidéo

Dans l'activité 5, je regarde une vidéo qui explique comment comprendre sa facture électrique.

Quels sont les appareils qui consomment de l'énergie électrique ?

Appareils en fonctionnement dans un salon.

Dans ce chapitre, je vais	Activités	Exercices
➡ **Découvrir la notion de puissance électrique.**	1 2	14
➡ **Calculer une puissance électrique.**	1	15 à 18
➡ **Calculer une consommation d'énergie électrique.**	2 3 5 6 7	19 à 23
➡ **Définir la consommation électrique.**	3 5	24 à 25
➡ **Comprendre les notions de perte et de gaspillage.**	4 6	26 à 27

ACTIVITÉ 1

Comment mesurer la puissance électrique d'un dipôle ?

COMPÉTENCES ÉVALUABLES

D2. Utiliser des outils d'acquisition et de traitement de données.
D2. Planifier une tâche expérimentale.

Les lampes ont été mélangées après les dernières manipulations réalisées en classe et les indications portées sur le culot des lampes sont illisibles.
Inès réalise une expérience pour les trier.

1 L'expérience d'Inès.

Inès réalise le circuit ci-contre.
Elle allume le générateur puis relève la valeur *U* de la tension aux bornes de la lampe et la valeur de l'intensité *I* qui la traverse.
Elle reproduit l'expérience avec toutes les lampes et note ses résultats dans un tableau de mesure avant de faire ses calculs.

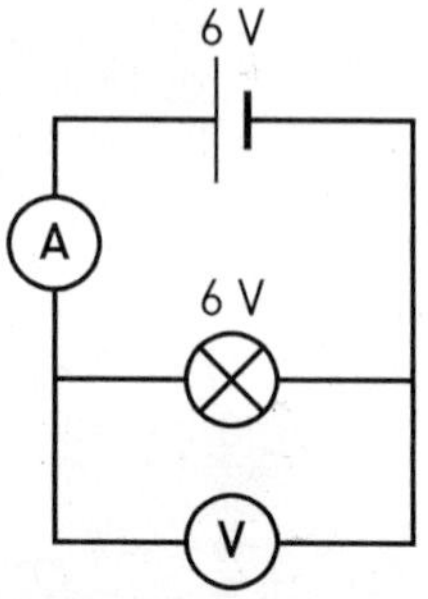

Mon cahier de labo

Matériel à disposition :
- Un générateur.
- Différentes lampes.
- Des fils électriques.
- Deux multimètres.

2 Les lampes mélangées.

3 Le tableau de mesures d'Inès.

Dipôles	Tension *U* (en V)	Intensité *I* (en A)	Puissance *P* (en W)
Générateur			
Lampe ①			
Lampe ②			
…	…	…	…

4 Expression de la puissance.

$$P = U \times I$$

avec :
- *P*, la puissance, en watts (W)
- *U*, la tension, en volts (V)
- *I*, l'intensité, en ampères (A)

5 Le programme Scratch d'Inès.

```
montrer la variable [Intensité I (en A) ▾]
dire [La valeur de la puissance est ...] pendant (2) secondes
mettre [Puissance P (en W) ▾] à ((Intensité I (en A)) * (Tension U (en V)))
montrer la variable [Puissance P (en W) ▾]
```

Questions

1. **Docs 1. à 3.** **EXP** Réaliser l'expérience d'Inès et noter au fur et à mesure les valeurs de *U* et *I* dans le tableau.
2. **Docs 3. à 5.** **TICE** Réaliser le programme Scratch pour faire les calculs.
3. **Pour aller plus loin** **EXP** Déterminer la puissance reçue par un moteur alimenté par un générateur de 6V.

VOCABULAIRE

Culot : partie métallique de la lampe située sous le globe de verre.

2 Que signifie la mention « 2 100 W » sur un appareil ?

COMPÉTENCES ÉVALUABLES

D1.1 Lire et comprendre des documents scientifiques.
D5. Réinvestir ces connaissances ainsi que celles sur les ressources et sur l'énergie, pour agir de façon responsable.

Olivier a acheté une table à induction à double foyer. La puissance totale est de 3 000 W ; le premier foyer a une puissance de 2 100 W, le second une puissance de 900 W. Il se demande si la différence entre les deux foyers est aussi importante que le lui a dit le vendeur.

1 Table de cuisson à deux foyers.

La table de cuisson est constituée de deux foyers indépendants qui sont donc chacun reliés indépendamment au secteur (220V). Les foyers transforment l'énergie électrique en énergie thermique.
Sur le premier foyer, réglé au maximum, l'eau atteint l'ébullition en 1 min 50 s.
Sur le second foyer, réglé au maximun, l'eau atteint l'ébullition en 3 min 58 s.

2 Choix de lampes dans un magasin.

Les lampes transforment l'énergie électrique en énergie lumineuse.
Les indications des présentoirs des magasins permettent de mieux choisir les lampes selon ses besoins.
Une lampe du commerce est fabriquée de telle sorte que plus sa puissance est importante, plus elle éclaire.

3 Expression de l'énergie.

$$E = P \times t$$

avec :
- P, la puissance, en watts (W)
- E, l'énergie, en joules (J)
- t, la durée d'utilisation, en secondes (s)

Questions

1 **Doc 1.** Préciser les conditions expérimentales qui peuvent permettre à Olivier de comparer les deux foyers.
2 **Doc 1.** Quel avantage y a-t-il à utiliser le foyer le plus puissant pour chauffer de l'eau ?
3 **Docs 2. et 3.** Quels sont l'avantage et l'inconvénient de choisir une lampe plus puissante ?
4 **Docs 1. et 3.** Expliquer pourquoi on ne peut pas faire d'économie d'énergie en choisissant l'un des foyers plutôt que l'autre pour faire bouillir de l'eau.
5 **Pour aller plus loin** Convertir en secondes les valeurs 1 min 50 s et 3 min 58 s puis calculer l'énergie consommée par chaque foyer de la cuisinière. Proposer au moins une explication à la différence constatée.

ANI > La différence entre puissance et énergie

VOCABULAIRE

Foyer : emplacement de la source de chaleur sur une plaque de cuisson.

ACTIVITÉ 3

Que mesure un compteur électrique ?

COMPÉTENCES ÉVALUABLES

D1.1 Lire et comprendre des documents scientifiques.
D1.1 Utiliser la langue française en cultivant précision, richesse de vocabulaire et syntaxe.

Le compteur électrique est un appareil qui indique la consommation électrique à facturer au client par le fournisseur.

1 Relevé d'un compteur électrique en début et en fin de mois.

Le compteur électrique se présente sous la forme d'un boitier qui affiche en continu l'énergie utilisée depuis sa mise en service. Pour déterminer sa consommation mensuelle, c'est-à-dire l'énergie électrique reçue et « consommée » pendant le mois, un habitant peut noter la valeur indiquée sur le compteur au début et à la fin du mois.

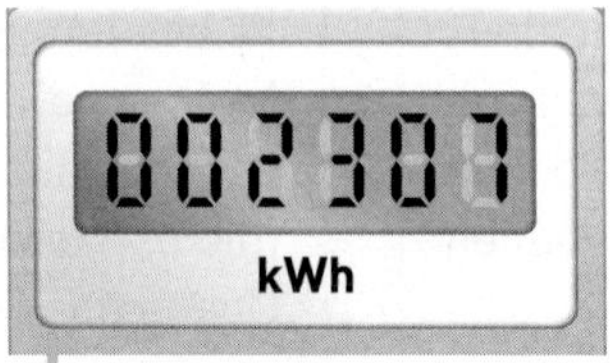

a Relevé du compteur électrique en début de mois.

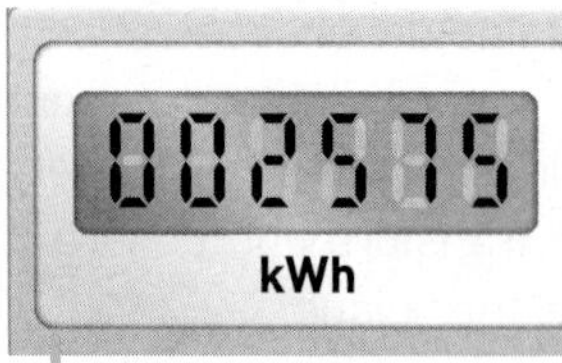

b Relevé du compteur électrique en fin de mois.

2 Définition du kilowattheure.

Le kilowattheure (kW.h) est l'unité d'énergie utilisée par les fournisseurs d'électricité, comme EDF, pour mesurer l'énergie qu'ils fournissent au consommateur.
Pour calculer l'énergie en kW.h, la puissance doit être exprimée en kilowatts et la durée d'utilisation en heures.

Exemples

- Si l'on utilise un appareil de puissance $P = 1$ kW pendant une durée $t = 1$ h, il consomme l'énergie $E = 1$ kW.h.
- Si l'on utilise un appareil de puissance $P = 1\ 200$ W pendant 30 min, soit une demi-heure, il consomme l'énergie (1,200 kW) × (0,5 h) = 0,600 kW.h.

3 Puissances d'appareils électroménagers.

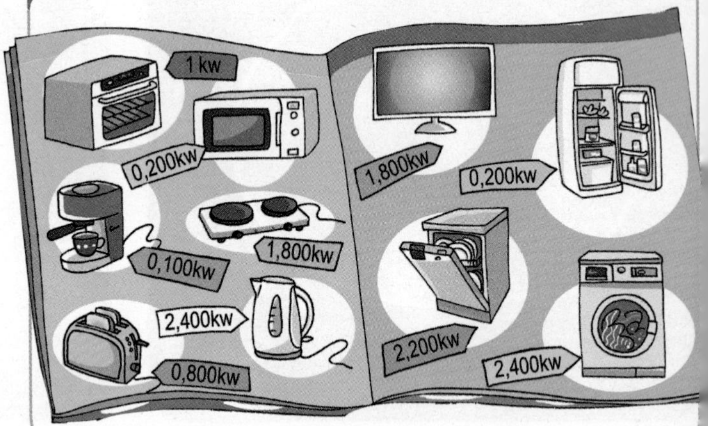

ANI > Fonctionnement d'un compteur électrique

Questions

1 **Doc 1.** Que mesure le compteur électrique ? Qu'entend-on par « consommation d'énergie électrique » puisqu'il y a conservation de l'énergie ?

2 **Docs 1. et 2.** Que signifie le symbole « kWh » présent sur le compteur ? Que lirait-on à la place si le fournisseur d'électricité utilisait les unités du Système international ?

3 **Doc 3.** Relever chez soi ou sur le document 3 des valeurs de puissances d'appareils ménagers courants. Quel est l'ordre de grandeur de ces puissances ? Quel est l'ordre de grandeur des durées d'utilisation de ces appareils ?

4 **Doc 1.** Déterminer la consommation d'énergie mesurée par le compteur.

5 **Pour aller plus loin** On sait que 1 kW.h = $3{,}6 \times 10^6$ J (1 kilowattheure = 3 600 000 joules)
Convertir l'énergie calculée à la question précédente en joules. En déduire pourquoi les fournisseurs d'énergie et les consommateurs préfèrent utiliser le kilowattheure plutôt que le joule.

●● TÂCHE COMPLEXE

4 Quand parle-t-on de pertes d'énergie pour un appareil ?

COMPÉTENCES ÉVALUABLES

D1.1 Lire et comprendre des documents scientifiques.
D4. Proposer une ou des hypothèses pour répondre à une question scientifique.

Situation

Sonia veut acheter une perceuse. Le vendeur lui dit que le modèle qu'elle a choisi a une puissance absorbée de 1 000 W et une puissance restituée de 700 W.

CONSIGNE **Aider** le vendeur à expliquer ce que ces indications signifient.

1 Conséquences des frottements.

■ Lors d'un freinage de voiture, une mâchoire métallique vient pincer les disques de freins. Les frottements font monter les disques à très haute température : l'énergie cinétique de la voiture est convertie en énergie thermique. La voiture ralentit.

■ Dans des machines industrielles, les pièces métalliques en rotation frottent les unes sur les autres et s'échauffent. On cherche à diminuer les frottements en polissant les pièces et en lubrifiant les rouages pour diminuer la consommation énergétique des machines.

a Effet positif des frottements pour un freinage de voiture.

b Effet négatif des frottements pour une machine industrielle.

2 Conséquences de l'effet Joule.

■ L'énergie thermique d'un appareil électrique augmente par effet Joule car il contient toujours des résistances.
Cet effet est recherché dans un radiateur, mais on cherche au contraire à le minimiser lorsqu'il risque d'endommager les composants d'un ordinateur ou d'un téléphone.

a Effet positif de l'effet Joule pour un radiateur.

b Effet négatif de l'effet Joule pour un téléphone.

VOCABULAIRE

Effet Joule : échauffement d'une résistance parcourue par un courant électrique.

Lubrifier : rendre glissant.

Rouage : ensemble des pièces mobiles d'une machine.

Besoin d'aide ?

▶ **Retrouvez des aides en fin d'ouvrage, p. 423.**

ACTIVITÉ 5

COMPÉTENCE ÉVALUABLE

D1.1 Lire et comprendre des documents.

Comment comprendre une facture d'électricité ?

Monsieur et Madame Coléo ont reçu leur facture d'électricité dont le modèle a changé par rapport aux années précédentes.

1 Détail de la facture d'électricité de la famille Coléo.

Détail de la facture du 22/08/2017 N° 12345678910 — *Document à conserver 5 ans*

Votre contrat d'électricité
« Tarif Bleu » - 06 kVA - option base compteur électromécanique n°041

	Prix €HT/mois	Montant €HT	TVA
Abonnement			
Base - 06 kVA - du 22/08/16 au 31/10/16	5,87	7,57	5,5 %
Base - 06 kVA - du 01/08/16 au 22/08/16	6,50	4,61	5,5 %
Base - 06 kVA - du 23/08/16 au 22/10/16	6,50	13,00	5,5 %
Base - Déduction - Base - 06 kVA - du 22/06/17 au 22/08/17	5,87	– 11,74	5,5 %
Total abonnement (dont acheminement 8,33 €)		**13,44**	

	Relevée début	Relevée fin	Conso kWh	Prix €HT/kWh	Montant €HT	TVA
Consommation						
Base - 06 kVA - du 22/06/16 au 22/08/16	68920 (ERDF)	70004 (estimé)	1084	0,0916	99,30	20,0 %
Total consommation (dont acheminement 37,67 €)			1084		**99,30**	

Taxe et contributions	Conso kWh	Prix €HT/kWh	Montant €HT	TVA
Taxe sur la Consommation Finale d'Électricité (TCFE)	1084	0,00958	10,38	20,0 %
Contribution au Service Public d'Électricité (CSPE)	1084	0,02250	24,39	20,0 %
Contribution Tarifaire d'Acheminement Électricité (CTA)			2,25	5,5 %
Total Taxes et Contributions			37,02	
Total électricité hors TVA			**149,76**	

En conclusion

Total facture hors TVA du 22/06/2017	149,76 €
TVA 20,00 % sur un montant total de 134,07 €	26,81 €
TVA 5,50 % sur un montant total de 15,89 €	0,86 €
Total facture TTC du 22/06/2017	**177,43 €**

Montant total **177,43 €** TTC

VIDEO lienmini.fr/pc-076
Mieux comprendre sa facture électrique

Questions

1. **Doc 1.** Expliquer pourquoi le kVA utilisé pour définir le tarif bleu est une unité de puissance.
2. **Doc 1.** Préciser la puissance maximale dont peut disposer la famille Coléo.
3. **Doc 1.** Relever la valeur de la consommation d'énergie de la famille Coléo.
4. **Doc 1.** Préciser le prix hors taxes du kW.h.
5. **Doc 1.** Préciser ce que doit payer la famille Coléo en plus de sa consommation d'énergie.
6. **Doc 1.** Vérifier que la famille Coléo doit bien payer 99,30 € pour sa consommation.
7. **Pour aller plus loin** Sur une facture d'électricité, la quantité d'énergie électrique consommée est donnée en kW.h ; convertir 1 kW.h en joules puis convertir la consommation de cette facture en joules. En déduire une raison pour laquelle la quantité d'énergie a pour unité le kW.h et non le joule.

ACTIVITÉ

INVESTIGATION

6 Comment diminuer le montant de sa facture d'électricité ?

COMPÉTENCE ÉVALUABLE

D5. Réinvestir ses connaissances ainsi que celles sur les ressources et sur l'énergie pour agir de façon responsable.

Situation

Monsieur et Madame Coléo ont compris comment lire leur facture d'électricité ▶ **Voir p. 334.**
La famille compte deux adultes et deux enfants, Elsa et Johan, que l'on peut voir utiliser différents appareils électroménagers tout au long de la journée.

Cuisine, le matin.

Salle de bain, le matin.

Chambre d'Elsa, le matin.

Cuisine, la journée.

Cuisine, le soir.

Chambre des parents, le soir.

Chambre de Johan, le soir.

CONSIGNE

Faire des recherches pour estimer quelles sommes la famille Coléo pourrait économiser chaque jour puis en une année en évitant les gaspillages.

Besoin d'aide ?

▶ **Retrouvez des aides en fin d'ouvrage, p. 423.**

TÂCHE COMPLEXE

ACTIVITÉ 7

Comment obtenir l'appellation BEPOS pour une maison ?

COMPÉTENCES ÉVALUABLES

D4. Proposer une ou des hypothèses pour répondre à une question scientifique.
D5. Réinvestir ses connaissances ainsi que celles sur les ressources et sur l'énergie pour agir de façon responsable.

Situation

La famille Coléo souhaite transformer sa maison en bâtiment à énergie positive (BEPOS).

CONSIGNE

Déterminer quelle surface de panneaux solaires la famille Coléo doit faire installer sur le toit de sa maison. Cette valeur vous parait-il raisonnable ? Quelles solutions peut-on proposer pour réduire cette surface ?

ACT lienmini.fr/pc-077 Version interactive

1 Les bâtiments à énergie positive (BEPOS).

Les bâtiments BEPOS produisent plus d'énergie qu'ils n'en consomment pour leur fonctionnement.
Pour pouvoir prétendre à cette appellation, un bâtiment doit donc produire de l'énergie. Il s'agit presque systématiquement de production d'électricité à l'aide de panneaux solaires. Il faut également que la maison soit très économe en énergie. Pour cela, on joue principalement sur l'isolation thermique avec, par exemple, la pose de triples vitrages sur les fenêtres.

2 Le diagnostic de performance énergétique (DPE).

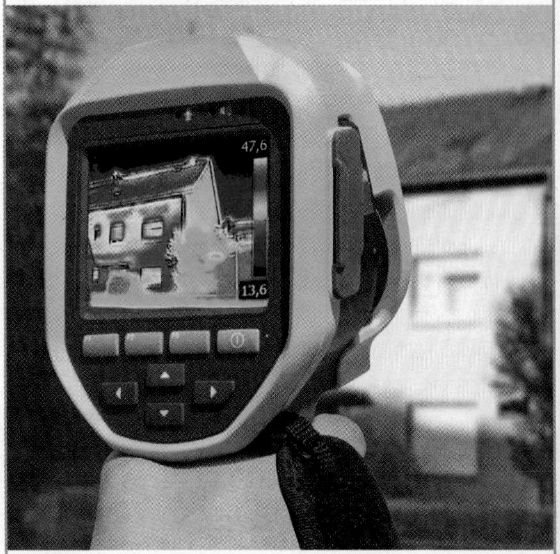

Le diagnostic de performance énergétique renseigne sur la performance énergétique d'un logement ou d'un bâtiment, en évaluant sa consommation d'énergie et son impact en terme d'émission de gaz à effet de serre. Il s'inscrit dans le cadre de la politique énergétique définie au niveau européen afin de réduire la consommation d'énergie des bâtiments et de limiter les émissions de gaz à effet de serre.

3 Étiquette énergie.

L'étiquette énergie permet de calculer une consommation d'énergie. Les valeurs sont données en kW.h/m²/an.
1 kW.h/m²/an correspond à l'énergie utilisée par un mètre carré d'habitation chaque année. Pour calculer la consommation totale annuelle d'une habitation, il faut multiplier cette valeur par la surface totale.

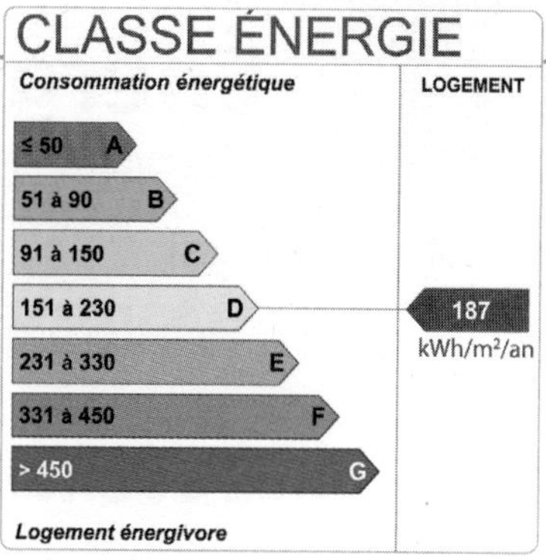

4 Durée d'utilisation et consommation de quelques appareils électroménagers.

	Téléviseur	Console de jeux	Lave-linge	Lave-vaisselle	Aspirateur	DEL
Appareil						
Utilisation	5 h 30 par jour	2 h par jour	220 cycles[1] par an	280 cycles[2] par an	1 h par semaine	5 h / jour
Puissance	72 W	115 W	2 100 W	1 500 W	1 900 W	1,6 W

1. Un cycle de lave-linge consomme en moyenne 1,2 kW.h.
2. Un cycle de lave-vaisselle consomme en moyenne 0,8 kW.h.

5 Les panneaux solaires.

Les panneaux solaires sont composés de cellules photovoltaïques, capables de convertir l'énergie lumineuse en énergie électrique.
Un panneau solaire permet de disposer en moyenne d'une puissance par mètre carré $P = 20$ W/m².
Une surface S de panneaux produira donc une puissance totale $P_T = S \times P$.

6 Caractéristiques de la maison de monsieur Coléo.

- Surface : 100 m².
- Surface du jardin : 150 m².
- Année de construction : 2016.
- DPE : catégorie A (25 kW.h/m²/an).
- Type de vitrage : double.

Besoin d'aide ?

▶ **Retrouvez des aides en fin d'ouvrage, p. 423.**

Bilan de cycle 4 — Énergie et puissance électriques

▶ Retrouvez aussi Le bilan de 5e Le bilan de 4e

BILAN lienmini.fr/pc-078 BILAN lienmini.fr/pc-079

1 Puissance et énergie électriques

▶ Activités 1 2 3 4 7

a Définition de la puissance

La **puissance** d'un appareil électrique est le quotient de l'énergie consommée par la durée d'utilisation.

$$P = \frac{E}{t}$$

avec :
- P, la puissance, en watts (W)
- E, l'énergie, en joules (J)
- t, la durée d'utilisation, en secondes (s)

Exemple

Si un grille-pain consomme une énergie E = 60 000 J pour faire griller durant t =1 min = 60 s deux tartines d'un petit-déjeuner alors la puissance du grille-pain vaut :

$$P = \frac{60\,000}{60} = 1\,000 \text{ W}$$

Pour la même durée d'utilisation, un appareil plus puissant qu'un autre consommera davantage d'énergie.

La puissance électrique d'un appareil peut aussi être calculée en faisant le produit de la valeur de l'intensité électrique I qui le traverse par la valeur de la tension U à ses bornes :

$$P = U \times I$$

avec :
- P, la puissance, en watts (W)
- U, la tension, en volts (V)
- I, l'intensité, en ampères (A)

b Calculs de puissance et d'énergie

On peut calculer l'énergie à partir de la puissance avec l'expression suivante :

$$E = P \times t$$

avec :
- P, la puissance, en watts (W)
- E, l'énergie, en joules (J)
- t, la durée du phénomène, en seconde (s)

c D'autres unités de puissance et d'énergie

Pour calculer des consommations, les fournisseurs d'électricité utilisent plutôt les unités suivantes :
- le kilowatt (kW) pour la puissance,
- le kilowattheure (kW·h) pour l'énergie,
- l'heure (h) pour la durée.

Exemple

Si on fait fonctionner un fer à repasser de puissance P = 2 000 W durant une durée t =1 h alors l'énergie consommée vaut E = 2 × 1 = 2 kW·h.

Pour convertir des joules en kilowattheures :
- 1 J = (1 W) × (1 s) = 1 W·s
- 1 W·h = (1 W) × (1 h) = (1 W) × (3 600 s) = 3 600 W·s = 3 600 J
- 1 kW·h = 1 000 W·h = 3 600 000 J

MOTS-CLÉS

Consommation d'énergie	Gaspillage	Puissance électrique
Effet Joule	Kilowattheure	Watt
Énergie électrique	Pertes	

VOIR LEXIQUE P. 418

2 L'effet Joule

▶ Activité 4

Lorsqu'il fonctionne, tout appareil électrique convertit une partie de l'**énergie électrique** qu'il reçoit en **énergie thermique** qu'il transfère à l'air qui est autour.

Ce phénomène a pour nom « effet Joule» car il a été étudié par le physicien anglais James Prescott Joule. L'effet Joule nait dans les résistances. Il est recherché lorsqu'on a besoin de construire un radiateur. La puissance d'un radiateur constitué d'une résistance R est :

$$P = U \times I = U \times \left(\frac{U}{R}\right) = \frac{U^2}{R}$$

3 Perte et gaspillage d'énergie électrique

▶ Activités 4 6 7

a Conservation d'énergie

L'énergie totale **se conserve** c'est-à-dire qu'elle ne disparait jamais.

b Les pertes d'énergie électrique

L'effet Joule constitue généralement une **perte** que les concepteurs d'appareils cherchent à diminuer mais qui ne peut être complètement supprimée. Il est parfois possible de récupérer cette énergie.

Exemple

La piscine du centre aquatique de Bailly-Romainvilliers est chauffée par l'énergie thermique dégagée par les ordinateurs d'une grande banque du quartier de Val d'Europe (94).

c Le gaspillage d'énergie électrique

On utilise souvent le mot de **gaspillage** pour désigner une perte qui pourrait être évitée mais qui résulte de la négligence de l'utilisateur.

C'est une partie de l'énergie qui est consommée par l'utilisateur mais ne sert pas à répondre à un de ses besoins.

Il est possible de réduire les gaspillages d'énergie en faisant preuve de davantage de vigilance.

Exemple

Deux lampes allumées dans une pièce inoccupée et bien éclairée par la lumière du jour constituent un gaspillage d'énergie.

L'essentiel

Énergie consommée par un dipôle

$E = U \times I \times t$ et $P = U \times I$ avec
- U, la tension aux bornes du dipôle (en V)
- I, l'intensité qui traverse le dipôle (en A)
- t, la durée d'utilisation (en s)
- P, la puissance du dipôle (en W)

Consommation, pertes et gaspillages

Puissance électrique de l'ordinateur
donnée en watts (W)

Ici :
- 400 W quand il fonctionne.
- 0,3 W quand il est en veille.
- 0 W quand il est éteint.

$E = P \times t$

avec :
- P, la puissance en W ou kW
- E, l'énergie en J ou kW.h
- t, la durée d'utilisation en s ou en h

Énergie électrique utilisée par l'ordinateur

quand il fonctionne durant $t = 1$ h $= 3\,600$ s
- en joules :
  $E = 400 \times 1 \times 3\,600 = 1\,440\,000$ J
- en kilowattheures :
  $E = 0{,}400 \times 1 = 0{,}4$ kW·h

Fonctionnement d'un ordinateur

Pertes d'énergie électrique

L'ordinateur chauffe.
Une partie de l'énergie électrique est donc convertie en chaleur au lieu de servir au fonctionnement des composants de l'ordinateur.

Gaspillage d'énergie électrique

En veille pendant 10 h l'ordinateur consomme :
$E = 0{,}3 \times 10 \times 3\,600$
$E = 10\,800$ J

Cette énergie est dépensée inutilement.

Socle commun

Domaines	Compétences	Activités	Problèmes
D1.1	Lire et comprendre des documents scientifiques.	2 3 4 5	28
D1.1	Utiliser la langue française en cultivant précision, richesse de vocabulaire et syntaxe.	3	
D2	Utiliser des outils d'acquisition et de traitement de données.	1	
D2	Planifier une tâche expérimentale.	1	30
D4	Proposer une ou des hypothèses pour répondre à une question scientifique.	4 7	33
D5	Réinvestir ses connaissances ainsi que celles sur les ressources et sur l'énergie, pour agir de façon responsable.	2 6 7	29 31 32

Exercices

J'apprends à apprendre

Utilisable en AP

1 ●●● Apprendre avec des objets du quotidien

L'objectif ici est de déchiffrer les plaques signalétiques d'appareils ménagers.
La plupart des appareils sont alimentés en courant alternatif : indication AC ou pictogramme ~
Ce courant, non étudié au collège, est caractérisé par sa fréquence (50 Hz).

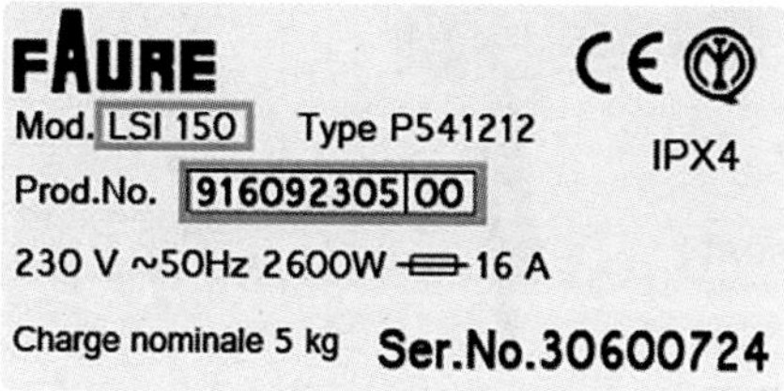

Les unités permettent d'identifier les grandeurs : W (watt) ou kW pour la puissance, V (volt) pour la tension, etc.
La valeur de l'intensité du courant qui travers l'appareil est parfois précisée. Exemple : 10 A.

➡ S'exercer à retrouver ces indications sur les plaques signalétiques des appareils de la maison.

J'apprends une méthode

Exercice résolu

Utilisable en AP

2 ●●● Construire une argumentation

La lampe à incandescence de 60 W du séjour de Dimitri vient de griller. Il veut la remplacer de la façon la plus économique possible. Le vendeur lui dit que « pour la lumière, 60 W c'est à peu près l'équivalent de 700 lumens ».

➡ Préparer une argumentation pour conseiller Dimitri dans son achat. ▶ **Voir fiche méthode p. 416**

	Lampe L_1	Lampe L_2	Lampe L_3	Lampe L_4
Type de lampe	LED	LED	Fluorocompacte	Fluorocompacte
Puissance (en watts)	9	14,5	12	15
Durée de vie (heures)	30 000	30 000	8 000	8 000
Flux lumineux (en lumens)	710	1 340	710	930
Prix	20,90 €	15,50 €	6,90 €	6,90 €

Solution

• Rédiger une phrase qui explique avec ses propres mots l'objectif de cette argumentation.

Il faut expliquer à Dimitri quelle lampe il doit acheter.

• Repérer les éléments de l'énoncé ou les connaissances du cours utiles à l'argumentation.

Énoncé : pour un éclairage équivalent à celui de l'ancienne lampe, le flux lumineux est d'environ 700 lumens. Dimitri doit donc choisir entre L_1 et L_3 dont le flux lumineux est de 710 lumens.

Cours : à durée d'utilisation égale, plus la puissance d'une lampe est grande et plus elle consomme d'énergie. Dimitri va donc plutôt choisir L_1 (9 W).

Énoncé : L_1 coute 20,90 € alors que L_3 coute 6,90 €.

Dimitri ne devrait-il pas acheter L_3 ?

• Poursuivre le raisonnement en utilisant bien toutes les données de l'énoncé.

L_1 consomme moins et dure 30 000 h alors que L_3 consomme davantage et ne dure que 8 000 h. Pour une durée d'utilisation équivalente à celle de L_1, Dimitri devra acheter quatre L_3. Il sera donc finalement plus économique d'acheter L_1.

Exercices

Je me teste

EXO lienmini.fr/pc-080

3 Vrai ou faux ?

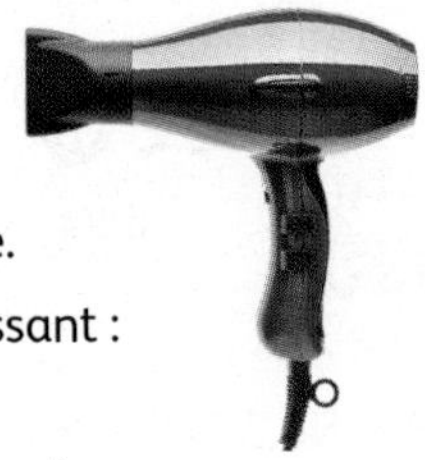

1. La puissance d'un sèche-cheveux :

a. dépend de sa durée d'utilisation.

b. est liée à l'énergie qu'il consomme.

2. Plus le phare d'une voiture est puissant :

a. plus sa durée de vie est courte.

b. plus il consomme d'énergie par minute d'utilisation.

4 QCM Calculer une puissance électrique

Sur un lot de lampes, seules les valeurs 6 V et 300 mA sont indiquées par le fabricant.

1. Quelle relation mathématique lie la puissance, la tension et l'intensité du courant électrique ?

a. $P = U / I$ **b.** $P = U \times I$ **c.** $P = I \times U$ **d.** $P = U - I$

2. Dans les expressions précédentes, quelle est la lettre qui désigne la puissance électrique ?

a. P **b.** U **c.** I

3. Quels sont le nom et le symbole de l'unité de puissance dans le Système international ?

a. Joule (J) **b.** Watt par heure (W/h)

c. Watt (W) **d.** Wattheure (W.h)

4. Quels sont le nom et le symbole de l'unité de l'intensité du courant ?

a. Volt (V) **b.** Ampère (A) **c.** Ohm (Ω)

5. La valeur de la puissance nominale de la lampe, exprimée en unité du système international est :

a. 1 200 **b.** 1,8 **c.** 50 **d.** 2

5 QCM Calculer une énergie et une durée

Choisir la ou les bonne(s) réponse(s).

1. L'énergie consommée par une lampe de 9 W fonctionnant pendant 10 min est :

a. 54 W.h **b.** 5,4 kJ **c.** 90 kW.h **d.** 0,9 W.h

2. La durée au bout de laquelle une lampe de 12 W a consommé 120 W.h est :

a. 600 min **b.** 60 min **c.** 10 h **d.** 10 J

VOIR CORRIGÉS P. 423

6 Reconstituer les relations mathématiques

À partir des étiquettes, reconstruire les relations mathématiques qui permettent de calculer la puissance d'un appareil et l'énergie qu'il consomme.

a. I P U = **b.** = E P t **c.** = E t I U

7 QCM Manipuler les unités

1. Si l'énergie est exprimée en joules et la durée d'utilisation en secondes, alors la puissance est exprimée en :

a. W.h **b.** W/h **c.** W **d.** J.s

2. Même si ce n'est pas habituel, on peut exprimer une énergie en :

a. W.s **b.** W/min **c.** J/h **d.** kg.(m/s)^2

3. Un wattheure c'est :

a. l'énergie consommée par une lampe de puissance 2 W en 30 minutes.

b. l'énergie consommée par un petit moteur de 1 W en une heure.

c. l'énergie consommée par un radiateur de 1 kW en un peu moins de 4 secondes.

d. 3 600 joules.

8 Vrai ou faux ?

1. Constance est en train de téléphoner à Gustave avec un téléphone portable en charge. Elle sent sa joue chauffer.

a. Cette chaleur correspond à un gaspillage d'énergie.

b. L'énergie thermique qu'elle reçoit lui sera facturée par le fournisseur d'électricité.

c. La chaleur dégagée par un appareil électrique correspond toujours à une perte.

2. Une famille a remplacé la lampe de 20 W de la pièce où les enfants travaillent par deux lampes de 9 et 11 W.

a. Pour faire des économies, ils doivent allumer seulement la lampe de 9 W.

b. Pour faire des économies, ils doivent allumer une ou deux lampes selon les besoins.

c. Pour éviter le gaspillage, ils ne doivent jamais allumer les lampes tant que les enfants arrivent à lire leur livre.

Je travaille des compétences

Pédagogie différenciée

Utilisable en AP

9 Faire des recherches sur Internet

Réduire sa consommation d'énergie permet de faire des économies et de limiter son impact sur l'environnement. Il est donc essentiel de savoir trouver les bonnes informations pour parvenir à cette réduction.

Consigne pour le groupe A

➡ Faire des recherches sur Internet pour trouver au moins quatre moyens de réduire sa consommation électrique.

Consignes pour le groupe B

➡ Consulter les sites internet de la liste fournie par le professeur puis, après mise en commun des idées avec le reste du groupe, présenter quatre moyens de réduire sa consommation électrique.

Consignes pour le groupe C

1. Consulter individuellement les sites internet de la liste fournie par le professeur.

2. Évaluer individuellement leur fiabilité :
- Sérieux.
- Peu fiable non publicitaire.
- Peu fiable publicitaire.

Essayer de justifier.

3. Après mise en commun des idées avec le reste du groupe, présenter quatre moyens de réduire sa consommation électrique.

10 Faire un choix argumenté

Deux relations mathématiques font intervenir la puissance : $P = U \times I$ et $E = P \times t$. On ne sait pas toujours laquelle utiliser.
Voici les caractéristiques de divers appareils électriques lorsqu'ils fonctionnent :

	Console de jeux	Téléphone portable en charge	Tablette en charge	Enceinte bluetooth	Fer à lisser	Sèche-cheveux
Puissance	90 W	5 W	15 W	8 W	1 200 W	2 100 W
Tension d'alimentation	230 V	230 V	230 V	230 V	230 V	230 V

Consigne pour le groupe A

➡ À partir du tableau de données, construire un ou des exercices qui pourront être donnés au reste de la classe et dont la solution fait intervenir l'une des deux relations précédentes. Rédiger le corrigé.

Consignes pour le groupe B

1. Rappeler la signification de chacune des lettres dans la relation : $P = U \times I$.

2. Rappeler la signification de chacune des lettres de la relation $E = P \times t$.

3. Choisir l'un des appareils et calculer sa consommation pour une utilisation de 3 h.

4. Utiliser la question 3 pour construire un exercice qui pourra être proposé au reste de la classe et dont la solution fait intervenir l'une des deux relations. Rédiger le corrigé.

Consignes pour le groupe C

1. Rappeler la signification de chacune des lettres dans la relation : $P = U \times I$.

2. Rappeler la signification de chacune des lettres de la relation $E = P \times t$.

3. Choisir l'un des appareils et calculer l'intensité qui le traverse quand il fonctionne.

4. Utiliser la question 3 pour construire un exercice qui pourra être proposé au reste de la classe et dont la solution fait intervenir la relation $P = U \times I$.
Rédiger le corrigé.

Exercices

Je travaille des notions

Les bons mots pour le dire

11 ●●● **Choisir la phrase correcte**

a. La puissance est une grandeur mesurée en watts. / La grandeur de la puissance est le watt.

b. Une puissance est le produit d'ampères par des volts. / Une puissance est le produit d'une intensité par une tension.

c. L'énergie est le produit de la puissance par la durée d'utilisation. / L'énergie est le produit de la puissance par le temps d'utilisation.

d. Toutes les pertes sont du gaspillage. / Certaines pertes ne peuvent pas être évitées.

12 ●●● **Choisir la(les) bonne(s) réponse(s)**

On a calculé l'énergie consommée (E) par une lampe de 20 W pour différentes durées d'utilisation (t) et on a tracé la courbe suivante :

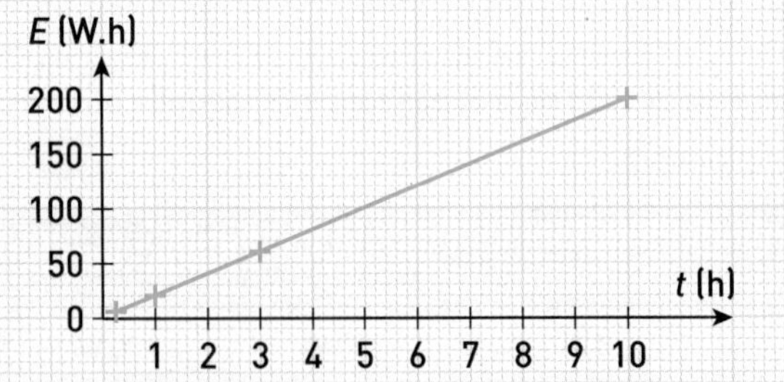

1. L'axe horizontal est :

a. l'abscisse. **b.** l'ordonnée.

2. Pour expliquer que la droite passe par zéro, il vaut mieux écrire :

a. les points paraissent alignés et quand on trace la droite, on voit qu'elle passe par zéro.

b. aucune énergie n'est consommée si la durée d'utilisation est nulle.

3. On peut écrire :

a. comme $E = P \times t$, l'énergie consommée est proportionnelle à la durée d'utilisation.

b. la proportionnalité entre E et t vaut P.

c. P est le coefficient de proportionnalité entre E et t.

13 ●●● **Choisir la bonne expression**

1. a. 1 kW.h = 0,14 €. **b.** 1 kW.h coute 0,14 €.

2. a. L'énergie dépensée dépend de la durée d'utilisation.

b. L'énergie consommée dépend de la durée d'utilisation.

Notion de puissance électrique

14 ●●● **La multiprise**

Une multiprise comporte trois prises permettant de faire fonctionner trois appareils de manière indépendante. Sa plaque signalétique indique : puissance maximale 3,5 kW.

On veut faire fonctionner simultanément une lampe de bureau de 35 W, un ordinateur de 300 W et un radiateur d'appoint de 1 700 W.

1. Peut-on faire fonctionner simultanément tous ces appareils sur cette multiprise ? Justifier.

2. Que risque-t-il de se produire si, par grand froid, on ajoute un second radiateur d'appoint ?

Calculer une puissance électrique

15 ●●● **Calculer la puissance électrique**

Amir doit changer la lampe avant de son vélo. Il sait que les lampes avant et arrière du vélo sont les mêmes mais les inscriptions se sont effacées avec le temps. Chaque lampe est branchée sur une pile de 4,5 V ; il mesure au laboratoire du collège que l'intensité qui traverse la lampe qui fonctionne encore vaut 100 mA.

1. Quelle relation mathématique Amir doit-il utiliser pour calculer la puissance de la lampe ? Préciser le nom et les unités.

2. Quelle est la puissance de la lampe qu'Amir va acheter pour remplacer à l'identique celle qui ne fonctionne plus ?

16 ●●● TICE **Le disjoncteur**

L'ensemble de l'installation électrique d'une cuisine alimentée en 230 V est protégé par un disjoncteur de 20 A. L'équipement électrique se compose d'un éclairage de 60 W, d'un lave-vaisselle de 2,5 kW et d'un four de 900 W. Une prise électrique permet de brancher un équipement supplémentaire.

1. Montrer qu'il est possible d'utiliser simultanément l'ensemble des appareils sans que le disjoncteur ne coupe le courant.

2. Quelle est la puissance maximale de l'équipement supplémentaire que l'on pourrait ajouter sur la prise ?

17 ●●● Puissance et intensité

Léo a acheté un grille-pain de 1 800 watts. Il se demande s'il peut le brancher sur une prise 230 V qu'il sait être protégée par un disjoncteur.

➡ Si l'installation prévoit la coupure du courant à 15 A peut-il utiliser son grille-pain ?

18 ●●● Fusibles

Voici le schéma d'une portion d'une installation électrique.

➡ Expliquer si les fusibles F_1, F_2 et F_3 sont adaptés aux appareils qu'ils protègent.

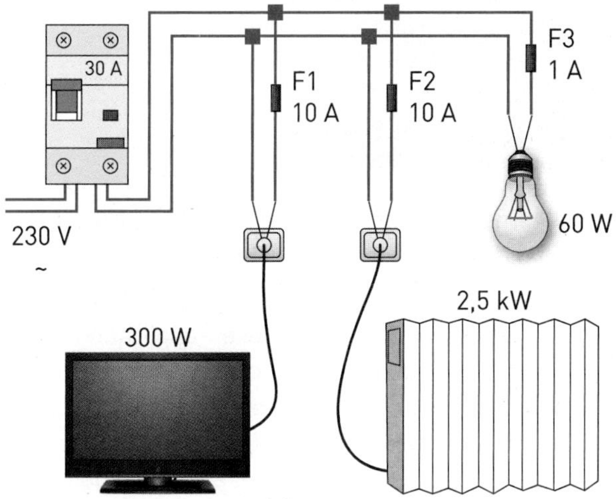

Calculer une consommation d'énergie électrique

19 ●●● Le réfrigérateur

En consultant la facture d'électricité de l'année écoulée, les parents de Lisa ont constaté qu'ils avaient consommé 15 600 kW.h.

1. Calculer l'énergie moyenne consommée chaque mois.

2. Leur réfrigérateur a une puissance de 300 W.
En supposant que le compresseur du réfrigérateur fonctionne en moyenne 6 h par jour, discuter l'importance de la consommation annuelle d'électricité de cet appareil par rapport à la consommation totale de cette famille.

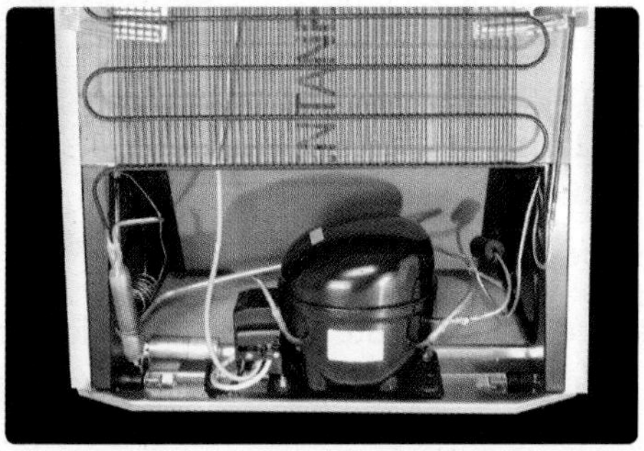

20 ●●● Comparaison de deux lampes

Ornella vient de changer la lampe de sa salle de bain. L'ancienne était une lampe de 7 W et la nouvelle est une lampe de 11 W. Les usagers de la salle de bain l'occupaient 45 minutes tous les matins.

➡ Si les colocataires ne veulent pas augmenter leur consommation, à quelle durée doivent-ils réduire l'occupation matinale de la salle de bain ?

21 ●●● Que de lampes !

On remplace une lampe à incandescence (230 V-100 W), par une lampe compacte (230 V-20 W) qui produit la même énergie lumineuse.

1. Calculer en wattheures puis en joules l'économie d'énergie réalisée pour une durée de fonctionnement de 100 heures.

2. En moyenne, une famille consommait annuellement 900 kilowattheures pour s'éclairer avec des lampes à incandescence. Quelle est à présent la consommation avec des lampes compactes ? Conclure.

22 ●●● La durée d'un film

Adrien vient de regarder le film « Titanic ». Durant ce film, son téléviseur a consommé une énergie E = 233 W.h.

1. Le téléviseur consomme $2{,}5 \times 10^5$ J par heure de fonctionnement. Quelle est sa puissance ?

2. Calculer la durée du film.

23 ●●● Cafetière ou machine à expresso ?

Laurent utilise une cafetière « expresso » de 1 450 W qui fonctionne deux minutes pour produire une tasse de café.

Marie préfère sa cafetière familiale de 550 W ; il lui faut dix minutes pour préparer l'équivalent de dix tasses.

1. Calculer l'énergie électrique consommée par la cafetière « expresso » pour préparer un seul café. Exprimer le résultat en joules puis en kilowattheures.

2. Calculer l'énergie électrique consommée par la cafetière familiale pour faire dix cafés. Exprimer le résultat en joules puis en kilowattheures.

3. Le kilowattheure étant approximativement facturé 14 centimes d'euro, calculer le cout énergétique de la préparation d'une tasse de café dans chacun des cas.

Exercices

Je travaille des notions

Définir la consommation électrique

24 ●●● **Charger son téléphone**

Une batterie de capacité 1 Ah est déchargée lorsqu'elle a débité un courant d'une intensité de un ampère pendant une heure.

Utiliser la plaque signalétique de la batterie de téléphone pour répondre aux questions suivantes.

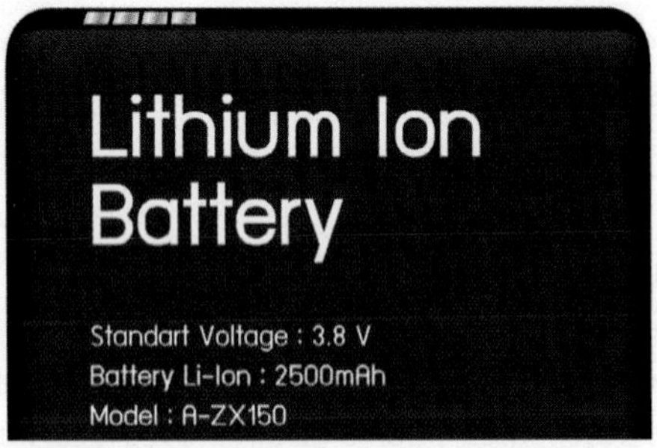

1. Quelle est la capacité de cette batterie ?

2. Quelle est la tension aux bornes de la batterie ?

3. Quelle est, en W.h, l'énergie stockée à chaque recharge ?

4. Le téléphone est en moyenne rechargé une fois tous les deux jours. Quelle est l'énergie consommée en une année ?

5. Combien coute à l'année la recharge de ce téléphone ?

Donnée 1 kW.h coute 0,14 €.

25 ●●● **Consommation au cours de l'année**

L'histogramme suivant représente la consommation mensuelle moyenne d'énergie électrique d'une famille, telle que la donne le compteur électrique du domicile.

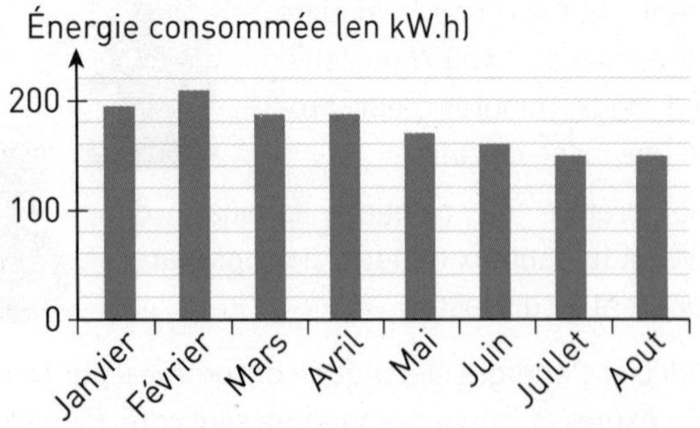

1. Quelle est l'utilité du compteur électrique pour un fournisseur d'électricité.

2. Repérer le mois où cette famille a consommé le plus d'énergie électrique. Proposer une interprétation.

3. Repérer les mois où cette famille a consommé le moins d'énergie électrique. Proposer une interprétation.

Comprendre les notions de perte et de gaspillage

26 ●●● **L'effet Joule**

Dans la vie de tous les jours, on peut constater qu'un appareil électrique en fonctionnement s'échauffe : ce phénomène est appelé effet Joule, du nom du scientifique James Prescott Joule.

Ce phénomène lié à la résistance des dipôles est général, car tout dipôle possède une résistance. De ce fait, il fournit au milieu extérieur de l'énergie thermique.

L'effet joule trouve de nombreuses applications lorsqu'il s'agit de se chauffer. Il est cependant bien souvent indésirable et, pour diminuer les conséquences d'une surchauffe sur les appareils électriques qui ne sont pas dédiés au chauffage, ils sont souvent équipés de ventilateurs : c'est le cas des vidéoprojecteurs et des ordinateurs.

1. Quelle forme d'énergie est à l'origine de l'effet Joule ? Sous quelle forme d'énergie se manifeste cet effet ?

2. Donner deux exemples de l'effet Joule dans la vie quotidienne.

3. Expliquer l'intérêt d'installer des ventilateurs dans certains appareils.

4. Dans quels cas l'effet Joule n'est-il pas une perte ?

27 ●●● **Prix du thé**

Donatien veut faire du thé. Il fait fonctionner durant 10 min une bouilloire branchée sur le réseau 230 V et dont la résistance chauffante est de 15 Ω. Le prix du kW.h est de 0,14 €.

Le sachet de thé coute 0,20 €.

➡ Qu'est-ce qui lui coute le plus cher : le sachet de thé ou l'énergie consommée pour préparer la boisson ? (Utiliser la loi d'Ohm.)

Problèmes

28 ●●● Efficacité énergétique d'une lampe

D1.1. Lire et comprendre des documents scientifiques.

La valeur du « flux lumineux » est précisée sur les emballages des lampes et certains sites permettent au consommateur de comparer « l'efficacité énergétique » des lampes.

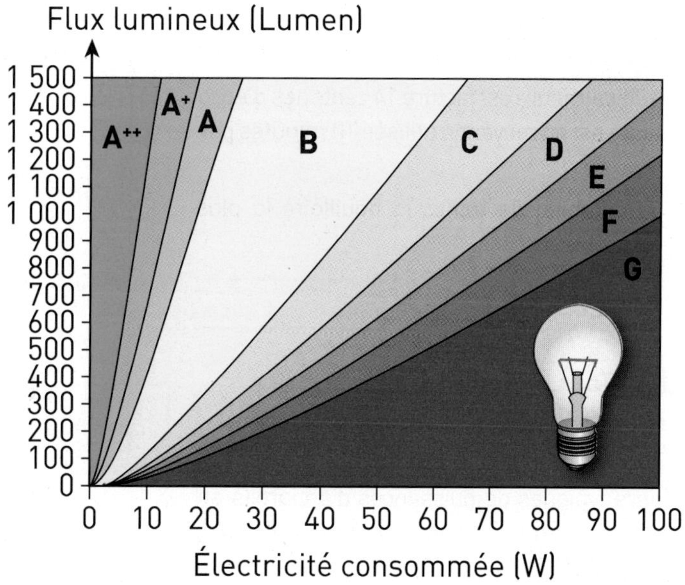

L'efficacité énergétique

1. Si l'on devait expliquer ce qu'est le flux lumineux d'une lampe, on pourrait dire que :

a. plus le flux lumineux est important, plus la lampe éclaire.

b. plus le flux lumineux est important, plus il y a de fuites, plus il y a de pertes d'énergie.

2. Expliquer si ce qui est appelé « électricité consommée » est une puissance ou une énergie.

3. On a besoin d'une lampe de 710 lumens. Extraire du document des valeurs numériques qui permettent de comparer des lampes de classes différentes.

4. Si l'on devait expliquer ce qu'est l'efficacité énergétique, on pourrait dire que, pour rendre le même service :

a. plus l'efficacité énergétique est grande moins l'appareil consomme.

b. moins l'efficacité énergétique est grande moins l'appareil consomme.

29 ●●● TICE Smartphones

D5. Réinvestir ses connaissances ainsi que celles sur les ressources et sur l'énergie, pour agir de façon responsable.

Lorsqu'on charge un smartphone, on constate que le « chargeur » chauffe car toute l'énergie électrique n'est pas convertie en énergie chimique. Ce phénomène s'observe aussi lorsque la batterie est complètement chargée.

1. Établir le bilan d'énergie d'un smartphone en charge.

2. Établir le bilan d'énergie d'un smartphone dont la batterie est déjà complètement chargée mais qui est toujours branché.

3. Qualifier l'énergie thermique qui apparait dans ces bilans.

4. Faire une recherche sur Internet pour lister les problèmes environnementaux causés par les batteries des smartphones.

30 ●●● Déterminer une puissance

D2. Planifier une tache expérimentale.

L'an dernier, Léonie avait fabriqué une décoration pour sa chambre avec une pile, deux petites lampes identiques du type de celle qu'elle utilise en cours de sciences physiques au collège, des fils et un abat-jour en papier ignifugé. L'une des lampes a grillé ce matin. Avant d'en acheter une autre, elle cherche la puissance de la lampe grillée mais l'inscription sur le culot des deux lampes est illisible.

Comment faire pour retrouver expérimentalement la puissance de la lampe grillée ?

Léonie dispose d'un multimètre.

➡ Proposer un protocole de l'expérience qu'elle peut réaliser pour déterminer la puissance des deux lampes utilisées pour réaliser sa décoration lumineuse. Illustrer le protocole d'au moins un schéma.

Problèmes

31 Acheter une bouilloire

D5. Réinvestir ses connaissances ainsi que celles sur les ressources et sur l'énergie, pour agir de façon responsable.

On veut comparer deux bouilloires : la bouilloire 1 (2,1 kW-230 V) coute 30 € et la bouilloire 2 (830 W-230 V) coute 15 €.

On sait qu'un kilowattheure est facturé 14 centimes d'euro et que la bouilloire est en moyenne utilisée 10 minutes par jour.

➡ Au bout de combien de temps la bouilloire la plus chère est-elle rentable ?

32 TICE Tous en veille !

D5. Réinvestir ces connaissances ainsi que celles sur les ressources et sur l'énergie, pour agir de façon responsable.

Voici des valeurs typiques de puissances d'appareils en veille : chaine hi-fi (5 W) télévision à écran plat (0,5 W), ancienne télé à tube (3 W), lecteur DVD (1,5 W), console de jeux (4 W), ordinateur et imprimante (8 W), four à micro-onde (1,5 W), téléphone sans fil (4 W), grille-pain (1 W), machine à café (3 W), lave-vaisselle (1 W), lave-linge (1,5 W), chargeurs de téléphone portable laissés branchés (1 W).

1. Une famille est équipée de l'ensemble de ces appareils. Quelle est la puissance totale de tout cet équipement en veille ?

2. En déduire l'énergie en kW.h consommée en une année par les seuls appareils en veille.

3. Cette consommation est-elle nécessaire ?

4. En faisant une recherche Internet, proposer une ou plusieurs solutions simples permettant de réduire cette consommation d'énergie. Préciser les sources.

33 Consommation d'une console de jeux

D4. Proposer une ou des hypothèses pour répondre à une question de nature scientifique.

Les consoles de jeux dernière génération sont de plus en plus puissantes... et consomment donc de plus en plus d'énergie, y compris lorsqu'elles sont en veille.

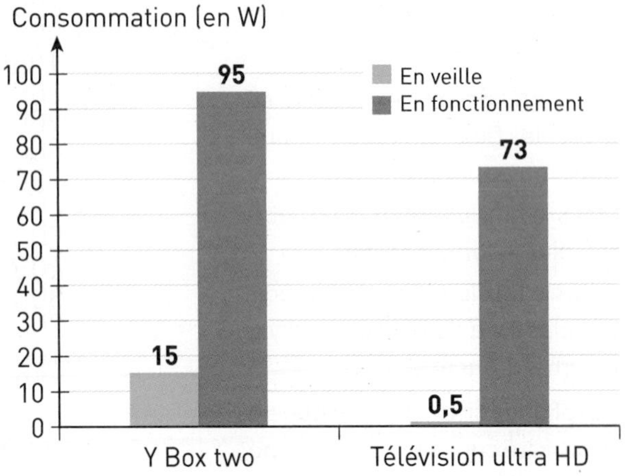

1. Calculer l'énergie E_1 en kW.h consommée si on joue 2 h.

2. On joue 2 h par jour pendant un an. Calculer l'énergie E_2 consommée puis le cout annuel C_1 en euros. Commenter le résultat.

3. 13 millions de Français jouent 2 h/jour. En déduire le cout de l'énergie consommée. Commenter le résultat.

4. La console et la télévision sont en veille le reste du temps. Calculer l'énergie E_{veille} consommée en un an par la console et la télévision en veille.

Comparer le résultat à celui de la question **2.**

Donnée

Prix moyen de l'électricité en France : 0,14 €/kW.h.

Sciences MAG

34 Du chauffage gratuit grâce aux ordinateurs !

Les composants électroniques d'un ordinateur s'échauffent pendant qu'ils calculent. Ainsi dit-on que les ordinateurs utilisés pour la réalisation du film d'animation Shrek 4 ont produit l'énergie thermique correspondant au chauffage annuel de 2 000 personnes ! Plusieurs start up se sont récemment intéressées à la possibilité de convertir cette énergie thermique en électricité ou de la transférer directement à l'eau d'un système de chauffage. C'est ce dernier procédé qui est utilisé pour chauffer le bassin intérieur de la piscine de la Bute aux Cailles à Paris.

➡ Expliquer pourquoi certaines entreprises proposent à des particuliers d'installer chez eux de mini-centres de calcul.

35 À la recherche de nouvelles sources d'énergie…

30 min

1 On voit actuellement dans certaines gares des passagers attendre leur train en pédalant. Ils sont en train de recharger leur portable.

En attendant leur train, Alice (A) et Patrick (P) discutent tandis que Bruno (B), pédale pour recharger son portable.

Questions

1. Décrire le mouvement d'Alice et Patrick par rapport à Bruno.

2. Si un autre passager vient s'installer en face de Bruno et qu'il pédale à vitesse constante, quelle sera la nature du mouvement de son pied par rapport au point B ?

3. Compléter la chaine d'énergie ci-dessous :

....	Transfert .... →	Bruno	Énergie .... →	Alternateur	Énergie .... →	Téléphone

2 Alors que chaque année, il tombe environ un million d'éclairs sur la France métropolitaine, des chercheurs s'intéressent à l'énergie libérée lors des orages.
La tension aux bornes du dipôle que constitue l'air est estimée à 100 millions de volts. L'éclair correspond à un courant de 20 000 ampères qui s'établit entre le sol et le ciel mais la durée du phénomène est très courte : un millième de seconde.

Questions

4. Vérifier que la puissance d'un éclair est de l'ordre de 2 000 milliards de watts.

5. Comparer cette valeur à la puissance de la centrale nucléaire du Bugey (540 MW). Commenter.

6. Calculer l'énergie électrique transmise par l'éclair à l'environnement.

7. Une batterie de portable peut emmagasiner une énergie de 8 W.h. Expliquer ce qu'est l'unité de symbole W.h puis exprimer cette valeur en joules.

8. Combien d'habitants d'une ville comme Lyon (500 000 habitants) pourraient-ils recharger leur téléphone portable grâce à un éclair ? On utilisera le résultat de la question 6.

THÈME

D

Des signaux pour observer et communiquer

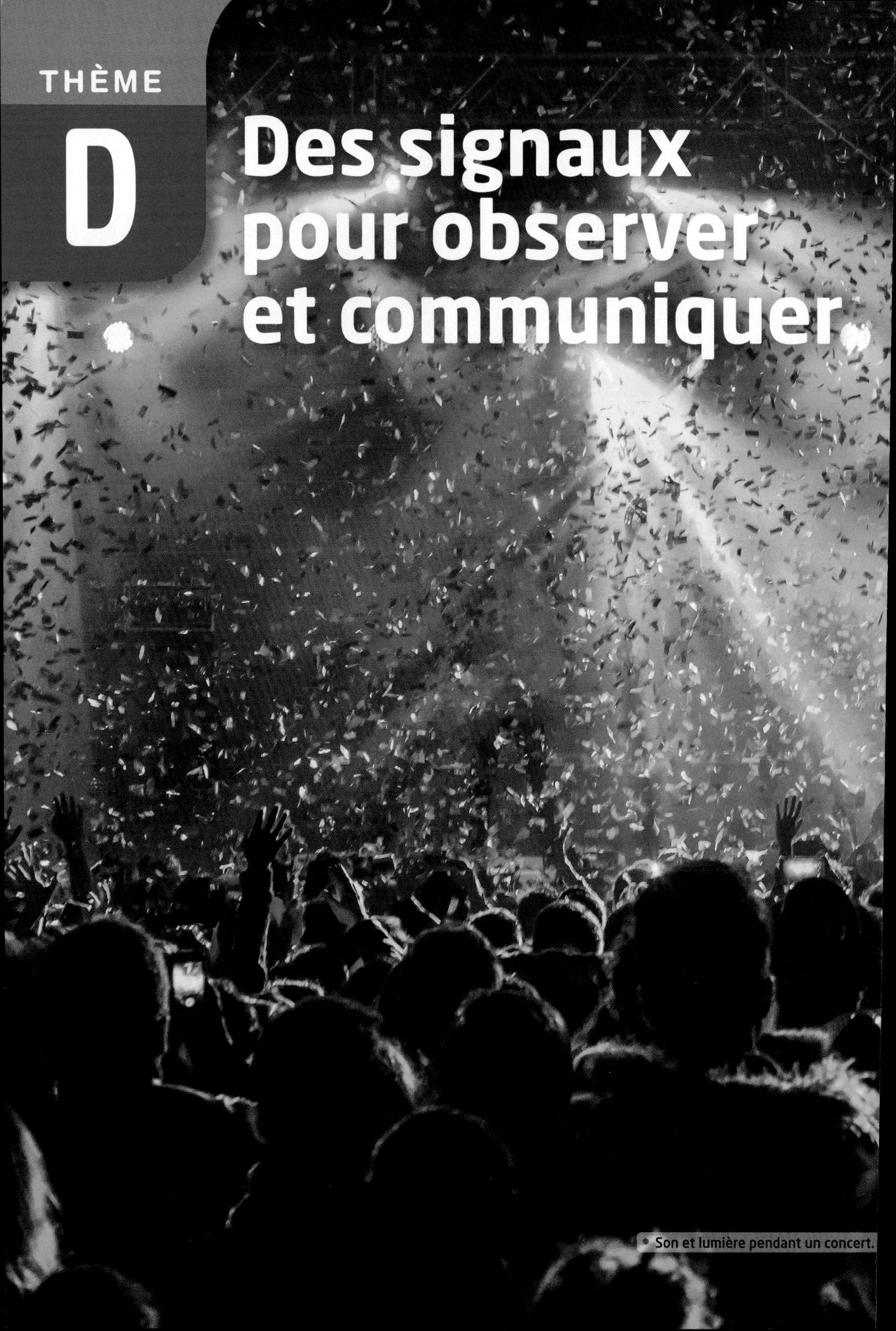

Son et lumière pendant un concert.

Attendus de fin de cycle 4

- **Caractériser** différents types de signaux (lumineux, sonores, radio…).
- **Utiliser** les propriétés de ces signaux.

CHAPITRE 14

Signal et information

Sommaire

Niveaux ACTIVITÉS

Zoom sur...

Les croisements entre thèmes

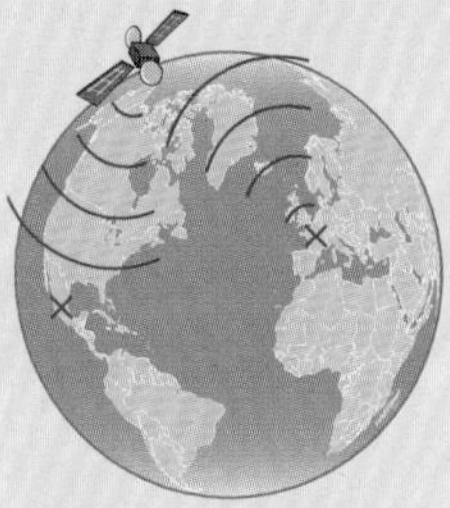

Dans l'activité 6, je fais le lien avec le chapitre 6 du thème A, **Organisation et transformation de la matière** (p. 140 du manuel).

L'interdisciplinarité

Dans l'activité 3, je fais le lien avec l'Histoire, **L'Europe et le monde au XIXe siècle**.

L'interdisciplinarité

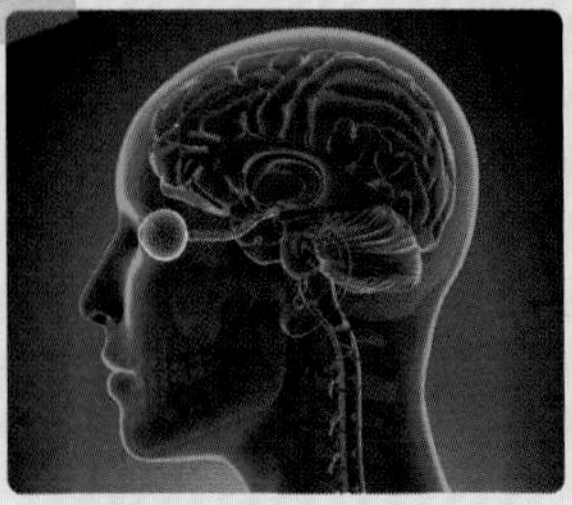

Dans l'activité 7, je fais le lien avec la SVT, **Le corps humain et la santé**.

L'interdisciplinarité

Dans l'exercice 31, je fais le lien avec l'ASSR.

Comment un cycliste peut-il informer de sa présence et assurer sa sécurité en ville ?

• Un cycliste à Melbourne, Australie.

Dans ce chapitre, je vais

	Activités	Exercices
➡ **Distinguer les différents types de signaux.**	1 6 7	13 à 14
➡ **Donner les informations transmises.**	1 6	15 à 17
➡ **Construire et lire une chaine d'information.**	2 4 7	18 à 19
➡ **Coder l'information.**	5	20 à 22
➡ **Comprendre la transmission d'un signal.**	1 2 3 6 7	23 à 25
➡ **Reconnaitre un signal analogique et un signal numérique.**	4 7	26 à 28

ACTIVITÉ 1

De quels types sont les signaux qui nous entourent ?

COMPÉTENCE ÉVALUABLE

D4. Identifier des questions de nature scientifique.

Romain et Marianne se promènent dans les rues de New York et observent les différents signaux qui les entourent.

1 Les différents signaux repérés par Romain et Marianne.

Questions

1. **Doc 1.** Comment un conducteur sait-il qu'il doit s'arrêter à un feu tricolore ?
2. **Doc 1.** Comment un piéton sait-il qu'il peut traverser la route ?
3. **Doc 1.** Comment un policier signale-t-il à un piéton ou à un automobiliste l'obligation de s'arrêter ?
4. **Doc 1.** Comment un passant sait-il qu'il passe devant une boulangerie et non devant une poissonnerie ? Donner deux éléments de réponses.
5. **Doc 1.** Identifier la nature des différents signaux évoqués dans le document 1 et remplir le tableau ci-dessous.

Type de signal	Lumineux	Sonore	Olfactif	Radio
Exemple(s) du document 1.				

VOCABULAIRE

Olfactif : qui relève de l'odorat.

2 Comment transmettre un signal internet dans un bâtiment ?

COMPÉTENCES ÉVALUABLES

D1.1 Lire et comprendre des documents scientifiques.
D1.3 Passer d'une forme de langage scientifique à une autre.

Kenneth souhaite disposer d'une connexion internet dans sa chambre.

1 Principe du CPL.

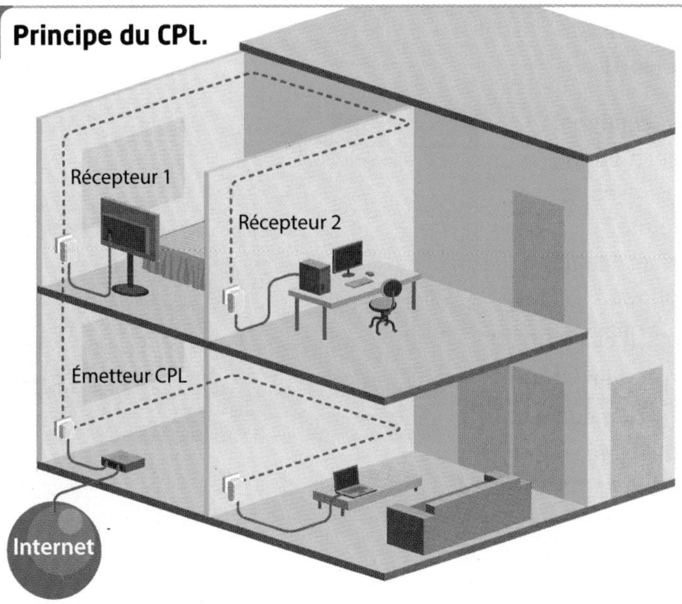

■ Le courant porteur en ligne (CPL) est un dispositif qui se compose d'un émetteur et d'un ou plusieurs récepteurs. Cette technologie utilise les câbles électriques installés dans le bâtiment. Une pièce éloignée du boitier internet peut ainsi disposer d'une connexion par transmission filaire.

- L'émetteur, relié au boitier internet et à une prise électrique, transmet le signal *via* les câbles électriques.
- Les récepteurs, branchés aux prises électriques des autres pièces, permettent aux « objets connectés » d'avoir une connexion internet (ordinateurs, console de jeux, télévision...).

2 Chaine d'information du Wi-Fi.

Émetteur Wi-Fi → Transmission aérienne → **Récepteur** Ordinateur portable, smartphone, tablette, ...

■ Le Wi-Fi est une technologie qui permet à un ou plusieurs appareils d'être reliés à une connexion internet sans fil. Des ondes électromagnétiques assurent la transmission du signal sans fil.
L'amortissement du signal augmente avec la distance à l'émetteur et dépend de la présence d'obstacles tels que des murs.

Questions

1. **Docs 1. et 2.** Préciser comment le dispositif CPL transmet un signal internet. Même question pour la technologie Wi-Fi.
2. **Docs 1. et 2.** Construire la chaine d'information reliant l'émetteur et le récepteur CPL n° 1.
3. **Doc 2.** Kenneth remarque que son ordinateur portable ne reçoit pas dans sa chambre la connexion Wi-Fi émise depuis le salon. Proposer une explication.
4. **Doc 1.** Expliquer en quelques lignes comment Kenneth pourrait obtenir une connexion internet dans sa chambre.

VOCABULAIRE

Amortissement : diminution de l'intensité d'un signal au cours de sa propagation.

Transmission filaire : transmission par un fil.

COMPÉTENCE ÉVALUABLE

D5. Expliquer, par l'histoire des sciences et des techniques, comment les sciences évoluent et influencent la société.

ACTIVITÉ 3

Quelle technologie pour transporter l'information ?

De nos jours, les échanges d'informations sont quotidiens et peuvent s'étendre d'un continent à un autre.

1 Les câbles entre l'Europe et l'Amérique du Nord.

Les premiers câbles qui reliaient l'Europe au continent américain dès le XIXe siècle étaient en métal. Ils permettent, encore aujourd'hui, la transmission d'informations avec un gain de temps par rapport à la transmission par satellite.

Installé en 2002, le câble Apollo est le premier câble transatlantique utilisant la technologie de la fibre optique.

RAPPEL

« k » signifie « kilo » (= 10^3)

« M » signifie « méga » (= 10^6)

« G » signifie « giga » (= 10^9)

2 Les technologies haut débit et très haut débit.

Un boitier internet relié à une prise téléphonique permet d'établir une connexion avec un ordinateur portable :

- soit par le **Wi-Fi** qui établit une connexion par transmission sans fil à haut débit (de l'ordre de 1 Mbit/s) ;
- soit par **un câble éthernet** qui établit une connexion à haut débit (de l'ordre de 100 Mbit/s).

Plusieurs appareils peuvent être connectés au réseau simultanément.

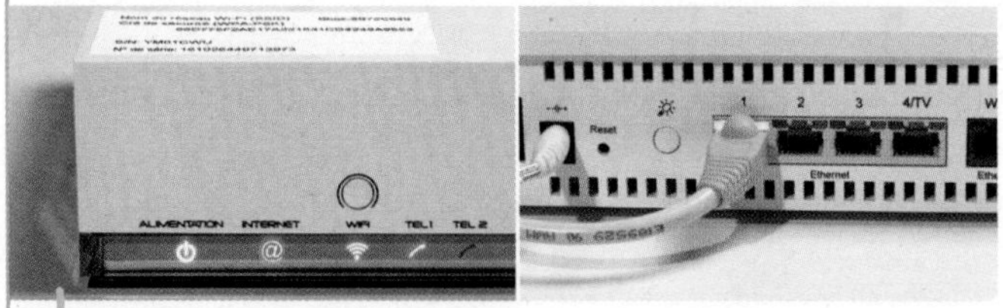

a Le Wi-Fi et le câble éthernet.

De nos jours, l'accès au très haut débit (THD) est de plus en plus répandu grâce à la fibre optique. Un signal lumineux est transmis : la lumière se **propage** dans le cœur de la fibre par réflexions successives sur la gaine. Le débit d'une connexion par fibre optique est de l'ordre de 1Gbit/s.

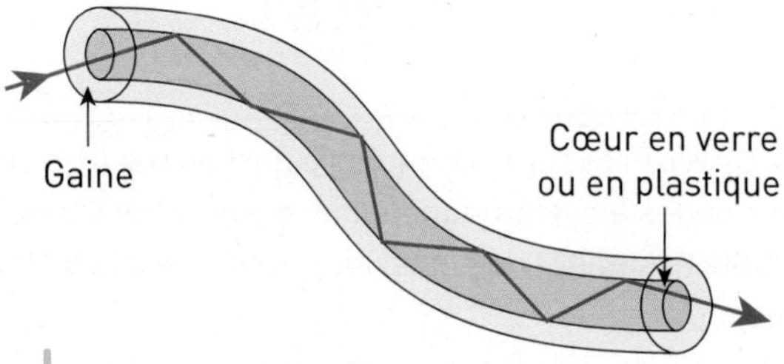

b La fibre optique.

Questions

1 **Doc 1.** De nos jours, quelle technologie utilise-t-on pour communiquer entre les deux continents ?

2 **Doc 2.** Donner l'unité du débit.

3 **Docs 1. et 2.** Relever toutes les valeurs de débit données dans les documents et les convertir en bit/s puis les classer par ordre croissant.

4 **Docs 1. et 2.** Expliquer pourquoi, sur de longues distances, le câble Apollo utilise la technologie de la fibre optique.

5 **Pour aller plus loin** **TICE** Expliquer pourquoi le débit d'une connexion Wi-Fi délivrée par un même boitier internet est inférieur à celui du câble éthernet.

VOCABULAIRE

Débit : quantité de données transmises par unité de temps.

Bit : unité en laquelle se mesure la quantité de données.

4 Qu'est-ce qu'un signal analogique ?

COMPÉTENCES ÉVALUABLES

D1.1 Lire et comprendre des documents scientifiques.
D1.3 Passer d'une forme de langage scientifique à une autre.

Evrard sait qu'il existe des signaux numériques et des signaux analogiques.
Il se demande ce qui les différencie.

1 Le signal sonore.

La vibration des cordes vocales produit un son qui est capté par un microphone relié à un oscilloscope.
Lorsque le microphone reçoit le signal sonore, sa membrane vibre. À partir de cette vibration, le microphone génère un signal électrique **analogue** à son mouvement, puis l'envoie à l'oscilloscope.
On visualise ainsi les mouvements de la membrane du microphone en fonction du temps sur l'écran.

2 La chaine d'information du son.

Cordes vocales —(Signal sonore)→ Microphone —(Signal électrique)→ Oscilloscope

3 Du signal analogique au numérique.

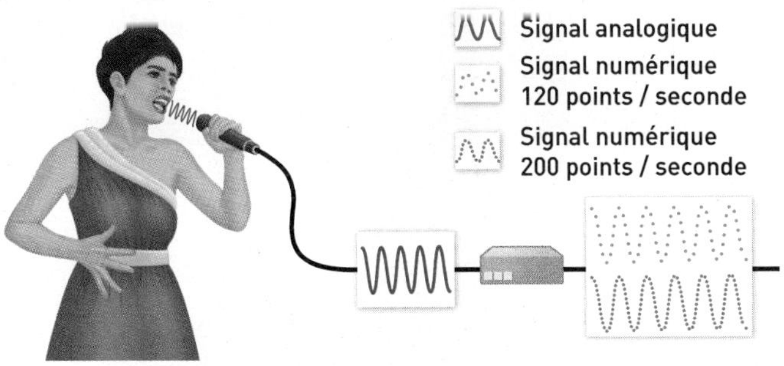

Représentation très simplifiée de l'échantillonnage réalisé par un convertisseur analogique numérique (CAN).

La courbe rouge représentant le signal électrique analogique généré par le microphone est constituée d'une infinité de points.
Pour transmettre ce message sur Internet ou pour le stocker sur un support numérique, il est indispensable de l'échantillonner.
Seuls quelques points du signal analogique sont prélevés et on leur associe un nombre. Ce sont ces nombres qui sont ensuite stockés ou transmis.
La qualité de l'échantillonnage dépend du nombre de points sélectionnés par seconde.

Questions

1. **Docs 1. et 2.** Sur la photo du document 1, quel est l'émetteur du signal sonore ? Quel est le récepteur ?
2. **Doc 1.** Préciser la nature du signal visualisé par l'oscilloscope.
3. **Doc 3.** Quel est le rôle du CAN ?
4. **Doc 3.** À l'aide du vocabulaire et du document 3, justifier le choix du mot « échantillonnage » pour nommer l'opération effectuée par un CAN.
5. **Doc 3.** Expliquer pourquoi le signal à 120 points par seconde utilise moins de place sur un support CD que le signal à 200 points par seconde.

VOCABULAIRE

Échantillon : morceau prélevé sur une marchandise (par exemple du tissu).

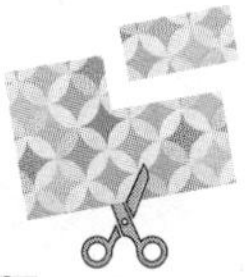

Nature du signal : analogique ou numérique.

INVESTIGATION

ACTIVITÉ 5

Comment coder un signal ?

COMPÉTENCES ÉVALUABLES

D4. D5. Concevoir et réaliser un dispositif d'observation.
D5. Expliquer, par l'histoire des sciences et des techniques, comment les sciences évoluent et influencent la société.

Situation

Adèle et Yann discutent après leur cours d'histoire. Ils se demandent comment les résistants lors de la Seconde Guerre mondiale pouvaient communiquer avec un avion pour demander un largage de matériel.

A	• —	U	• • —
B	— • • •	V	• • • —
C	— • — •	W	• — —
D	— • •	X	— • • —
E	•	Y	— • — —
F	• • — •	Z	— — • •
G	— — •		
H	• • • •		
I	• •		
J	• — — —		
K	— • —	1	• — — — —
L	• — • •	2	• • — — —
M	— —	3	• • • — —
N	— •	4	• • • • —
O	— — —	5	• • • • •
P	• — — •	6	— • • • •
Q	— — • —	7	— — • • •
R	• — •	8	— — — • •
S	• • •	9	— — — — •
T	—	0	— — — — —

L'alphabet en morse, apparu au XIXe siècle avec l'invention de la télégraphie.

A – Alpha	**N** – Novemb
B – Bravo	**O** – Oscar
C – Charlie	**P** – Papa
D – Delta	**Q** – Quebec
E – Echo	**R** – Roméo
F – Fox trot	**S** – Sierra
G – Golf	**T** – Tango
H – Hotel	**U** – Unifor
I – India	**V** – Victor
J – Juliet	**W** – Whisky
K – Kilo	**X** – X-ray
L – Lima	**Y** – Yankee
M – Mike	**Z** – Zoulou

L'alphabet aéronautique.

Une lampe torche.

Des talkies-walkies.

CONSIGNE

Se mettre dans la peau d'un résistant pour **envoyer** le message suivant à un avion : « Larguez le colis ». **Préciser** le code et le matériel utilisés.

Besoin d'aide ?

▶ **Retrouvez des aides en fin d'ouvrage, p. 423.**

ACTIVITÉ

6 Comment les moyens de communication ont-ils évolué ?

COMPÉTENCE ÉVALUABLE

D5. Expliquer, par l'histoire des sciences et des techniques, comment les sciences évoluent et influencent la société.

Les moyens d'aujourd'hui permettent de communiquer très rapidement.

1 Le télégraphe électrique.

Dans ce roman de Jules Verne de 1875, les naufragés sur « l'ile mystérieuse » ont installé un fil électrique entre Granite House, leur habitation principale, et le Corral, la ferme qu'ils ont établie dans une autre partie de l'ile. Ils peuvent ainsi envoyer des signaux électriques qui se déplacent dans le fil à la vitesse de 200 000 km/s. Le 15 octobre de la troisième année de leur séjour sur l'ile mystérieuse, les naufragés sont tous réunis à Granite House quand ils reçoivent un message du Corral : « Venez au Corral en toute hâte ». Qui a pu envoyer ce message ? Ils vont enfin découvrir l'énigme de l'ile...

2 Le téléphone par satellite.

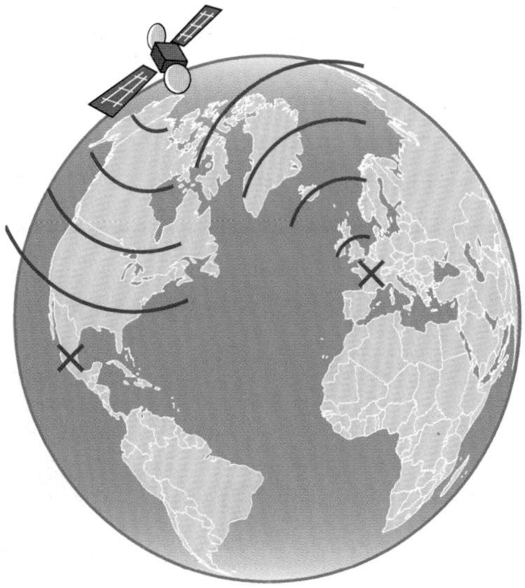

Pour la communication téléphonique à grande distance on peut utiliser le téléphone par satellite.
Lorsque Raphaël téléphone de Paris à son ami Albert en séjour au Mexique, ils ont parfois du mal à se parler car il y a un décalage entre l'émission et la réception. C'est que, même si leurs échanges sont transmis à la vitesse de la lumière, ils passent par un satellite relais.

RAPPEL

Vitesse de la lumière : 3×10^8 m/s

3 Le talkie-walkie.

Lors d'un sauvetage en montagne, les pisteurs secouristes utilisent un dispositif de communication utilisant deux émetteurs-récepteurs mobiles : le talkie-walkie.
Ce dispositif utilise les ondes radios qui se déplacent à la vitesse de la lumière.

Questions

1 **Doc 1.** Dans le roman de Jules Verne, quel objet assure la communication entre Granite House et le Corral ? Quel est le message transmis et sous quelle forme ?

2 **Docs 2. et 3.** Dire à quelle vitesse un signal se déplace quand on utilise un talkie-walkie ou un téléphone par satellite.

3 **Docs 1. à 3.** Comparer la vitesse précédente à celle du signal du document 1.

4 **Pour aller plus loin** **TICE** Faire une recherche sur l'altitude du satellite SPOT et déterminer la durée d'un aller-retour d'un signal émis depuis la Terre.

VOCABULAIRE

Télégraphe : dispositif qui transmet un message codé.

Satellite : objet qui tourne autour d'un corps céleste, ici la Terre.

TÂCHE COMPLEXE

ACTIVITÉ 7

Quel est le principe de Face-Time ?

COMPÉTENCES ÉVALUABLES

D1.1 Lire et comprendre des documents scientifiques.
D1.3 Passer d'une forme de langage scientifique à une autre.

Situation

Britney, arrivée depuis peu en France, communique avec sa famille qui habite Austin (Texas) aux États-Unis par Face-Time. C'est une scientifique en herbe et elle se demande comment son image peut arriver à l'autre bout du monde.

CONSIGNE

Expliquer à Britney toutes les étapes par lesquelles passe le signal entre elle et sa famille. Pour chaque étape, préciser le type et la nature du signal. Discuter si nécessaire.

ACT lienmini.fr/pc-083 Version interactive

1 Principe simplifié de Face-Time.

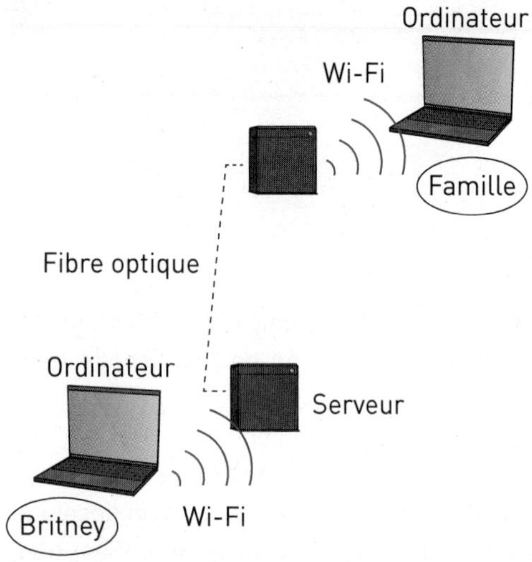

2 La caméra CCD.

■ Une caméra, ou détecteur, CCD convertit un signal analogique lumineux en un signal analogique électrique. Ce signal est ensuite transmis à un microprocesseur.

3 Le pixel.

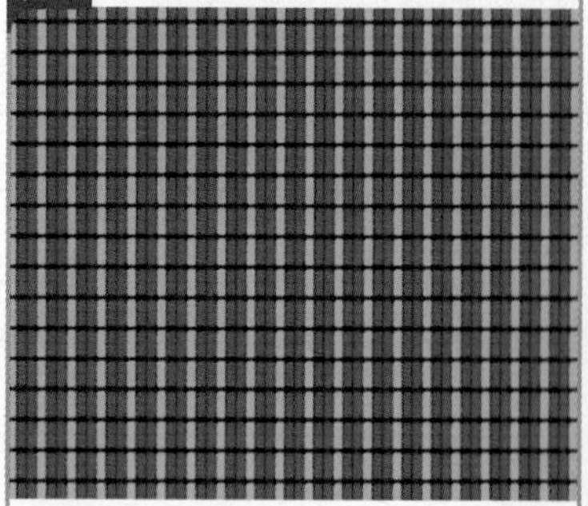

■ Un pixel est composé de trois lampes qui s'allument selon la commande du microprocesseur. Plus il y a de pixels meilleure est la qualité de l'image.

4 Internet sous les océans.

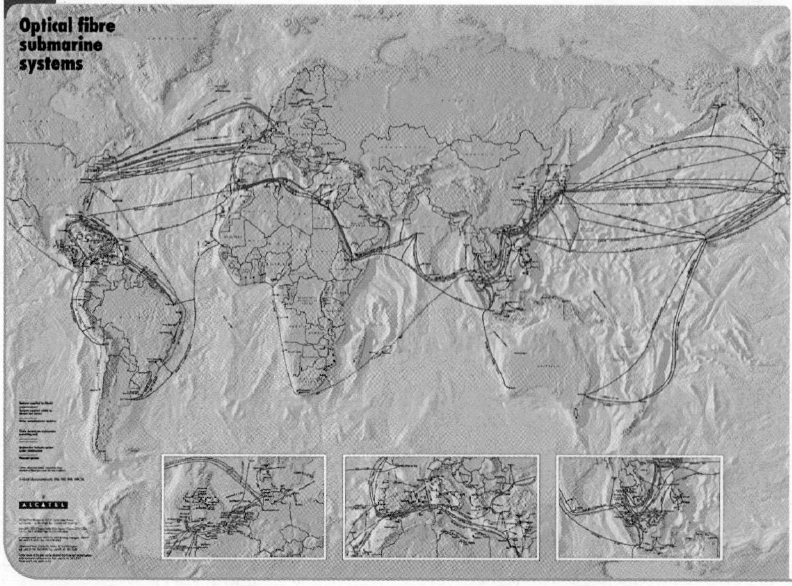

■ Lorsqu'il s'agit de connexion transatlantique, les informations sont échangées par fibre optique. Vidéos, photos, emails, Face-Time parcourent un long chemin sous l'eau, dans les câbles sous-marins. La fibre optique TAT-1 relie les États-Unis au Danemark en passant par la Grande-Bretagne, la France, les Pays-Bas et l'Allemagne.

5 La vision.

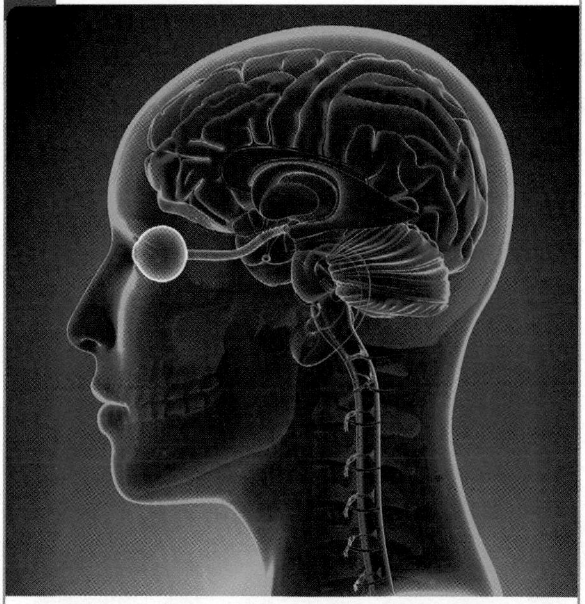

Les yeux sont des capteurs qui transforment un signal analogique lumineux en un signal analogique électrique qui, à travers les nerfs, est transmis au cerveau. Le cerveau décode l'information portée par ce signal analogique électrique.

6 Émetteur et récepteur Wi-Fi.

L'émetteur et le récepteur Wi-Fi permettent de transmettre un signal numérique grâce à des ondes électromagnétiques entre deux appareils.

7 La fibre optique.

Une fibre optique transmet les informations par le biais d'un signal lumineux. Elle offre un débit d'informations nettement supérieur aux autres systèmes.

8 Le microprocesseur.

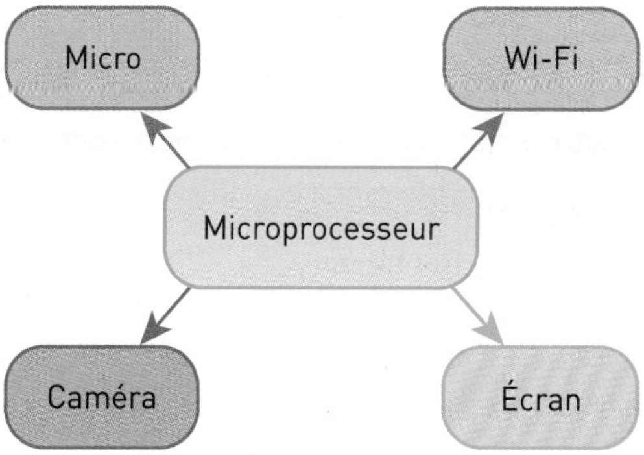

Un microprocesseur ne fonctionne qu'avec des signaux numériques électriques.
Un signal analogique entrant doit donc être converti en un signal numérique électrique par un CAN (convertisseur analogique numérique) et un signal numérique sortant peut être converti en analogique par un CNA (convertisseur numérique analogique). Le microprocesseur fait le lien entre les différents dispositifs d'un ordinateur.

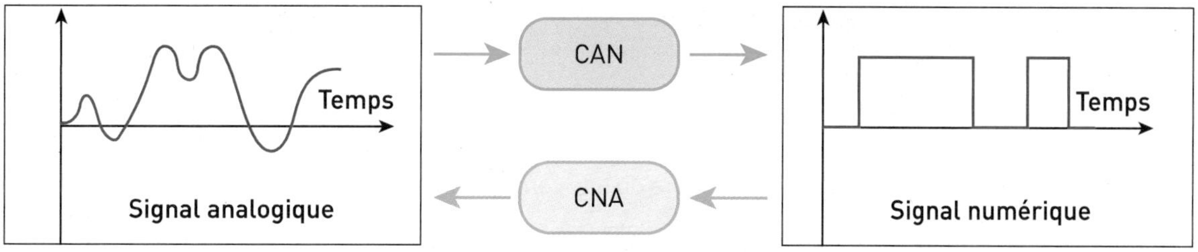

Besoin d'aide ?

▶ **Retrouvez des aides en fin d'ouvrage, p. 423.**

Bilan de cycle 4 — Signal et information

▶ Retrouvez aussi **Le bilan de 5e** BILAN lienmini.fr/pc-085 **Le bilan de 4e** BILAN lienmini.fr/pc-086

1 Type de signal

▶ Activités 1 6 7

Il existe différents **types** de signaux :
- signal lumineux ;
- signal sonore ;
- signal radio ;
- signal électrique ;
- etc.

Exemple

Par des signaux lumineux (gyrophare) et sonore (hautparleur), le camion de pompier avertit les autres véhicules et les piétons de sa présence.

2 Transmission d'un signal

▶ Activités 2 4 7

L'information d'un signal est transmise depuis un émetteur jusqu'au récepteur selon le schéma suivant :

Il y a deux transmissions possibles selon le type de signal :
- **la transmission filaire** par un câble électrique ou une fibre optique ;

Exemple

Voici la chaine de transmission d'une fibre optique :

- **la transmission sans fil** pour un signal sonore ou une connexion internet par le Wi-Fi.

L'unité de la quantité d'information transmise est le **bit**.

MOTS-CLÉS

Analogique — Nature d'un signal — Type de signal
Bit — Numérique
Conversion — Transmission

VOIR LEXIQUE P. 418

3 Nature d'un signal

▶ Activités 4 7

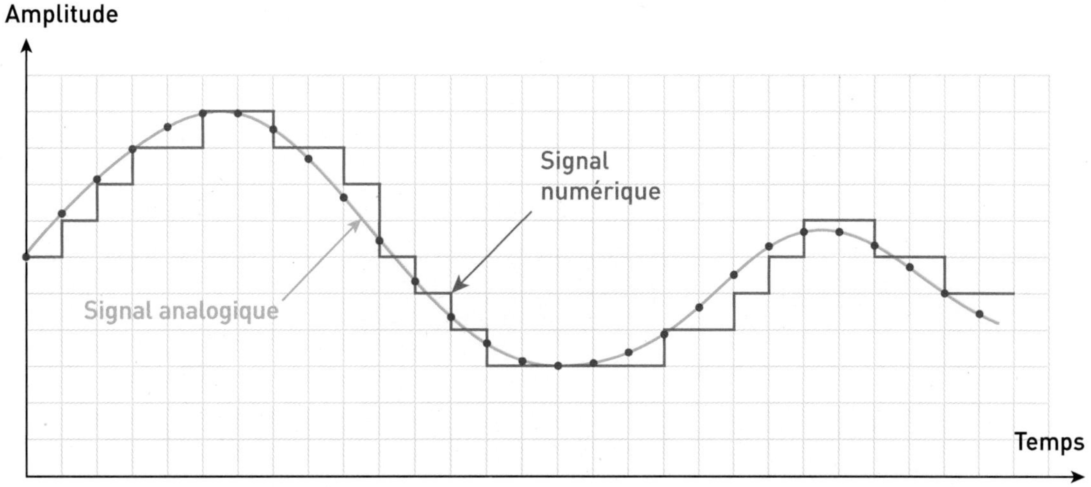

• Le **signal analogique** est un signal « **analogue** » au signal d'origine. Ce signal contient une **infinité** d'informations. Sa représentation et constituée d'une infinité de points.

• Le **signal numérique** est un signal logique dont chaque valeur est codée par une **combinaison de 0 et de 1**. Ce signal contient une **quantité finie** d'information, inférieure à celle du signal analogique.
Sa représentation est constituée d'un nombre fini de segment de droite

4 Codage-décodage

▶ Activité 5

■ Une information peut être codée.

Plusieurs langages codés existent (morse, braille, etc.)

Exemple

Le braille est un système d'écriture tactile composé de points en relief. Il est utilisé par les personnes malvoyantes.

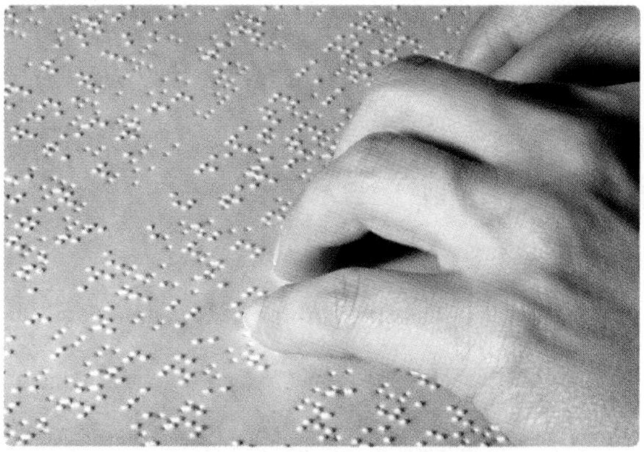

L'essentiel

Chaine d'information

Émetteur —— Transmission ——> Récepteur

Exemple : un microphone transmet un signal analogique électrique.

Nature d'un signal

Analogique

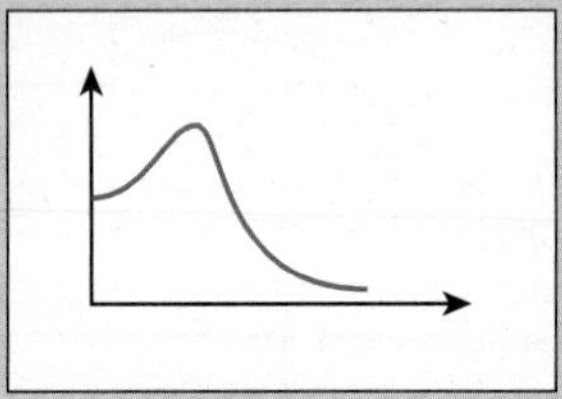

Signal non codé

ou

Numérique

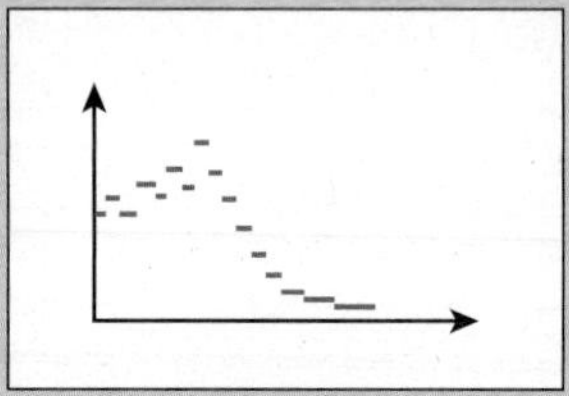

Signal codé

Différents types de signaux

Lumineux — Sonore — Radio — Électrique — Olfactif — etc.

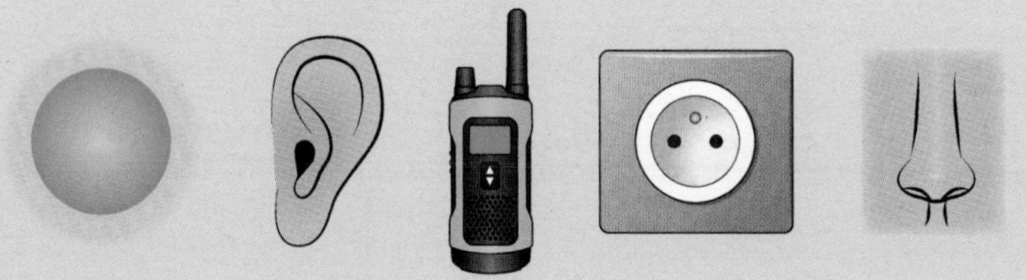

Socle commun

Domaines	Compétences	Activités	Problèmes
D1.1	Lire et comprendre des documents scientifiques.	2 4 7	29 33 34
D1.3	Passer d'une forme de langage scientifique à une autre.	2 4 7	30 31 35
D4 D5	Concevoir et réaliser un dispositif d'observation.	5	
D4	Identifier des questions de nature scientifique.	1	
D5	Expliquer, par l'histoire des sciences et des techniques, comment les sciences évoluent et influencent la société.	3 5 6	32

Exercices

J'apprends à apprendre

Utilisable en AP

1 Apprendre en remettant en forme un texte

➡ L'objectif est ici de corriger et de mettre en forme un texte pris sous forme de notes.

Énoncé Les équipes de basketball de deux collèges s'affrontent en finale régionale. Voici les notes écrites durant le match par Sandrine, une élève rédactrice de la rubrique sportive du journal du collège :

« deux équipes de basket-ball s'affrontent en finale régionale le score affiché sur l'écran lumineux est de 35-31 il reste encore cinq minutes de match à jouer la joueuse n° 41 tente de marquer un panier elle entend le coup de sifflet de l'arbitre signalant une faute commise sur une joueuse adversaire dans cette situation deux types de signaux permettent d'informer les joueurs le signal lumineux qui indique le score le signal sonore de l'arbitre qui avertit les joueuses d'une pénalité les récepteurs des signaux sont les yeux et les oreilles des joueuses »

Recopier les notes manuscrites de Sandrine en les tapant sur ordinateur puis remettre en forme le texte en plaçant des ponctuations ou des mots de liaison (lorsque, mais, et....) aux bons endroits.

J'apprends une méthode

Exercice résolu

Utilisable en AP

2 ● ● ● Réaliser une chaine d'information

Énoncé Julien est en train d'écrire son rapport de stage sur ordinateur. Il observe qu'en appuyant sur la touche « verrouillage de majuscule » (en anglais *caps lock*), un voyant lumineux s'allume sur le clavier.

➡ Réaliser la chaine d'information de la situation ci-dessus et préciser l'information transmise.

Solution

- Identifier le type de signal transmis à Julien.

Le signal transmis à Julien est un signal lumineux.

- Préciser quel est l'émetteur et quel est le récepteur du signal.

L'émetteur est le voyant lumineux et le récepteur est l'œil de Julien.

- Placer l'émetteur et le récepteur de part et d'autre d'une flèche qui indique le sens de la transmission du signal et préciser au-dessus de la flèche le type de signal transmis.

On obtient la chaine suivante.

Voyant lumineux —— *Signal lumineux* ——→ *Œil de Julien*

- Préciser, comme l'énoncé le demande, l'information transmise par le signal.

Le signal lumineux informe l'utilisateur que la touche du clavier verrouillage de majuscule est activée.

Je me teste

EXO lienmini.fr/pc-087

3 ●●● QCM Maitriser les mots du bilan

1. Un signal est émis par un :

a. récepteur.

b. émetteur.

2. Vrai ou faux ?

a. Par définition, un signal transmet de l'information.

b. Seul un mot ou une phrase peuvent constituer une information.

4 ●●● QCM Mode de transmission d'un signal

Un smartphone reçoit une connexion internet par :

a. transmission sans fil.

b. transmission filaire.

5 ●●● QCM Reconnaitre la nature d'un signal

La nature du signal ci-dessous est :

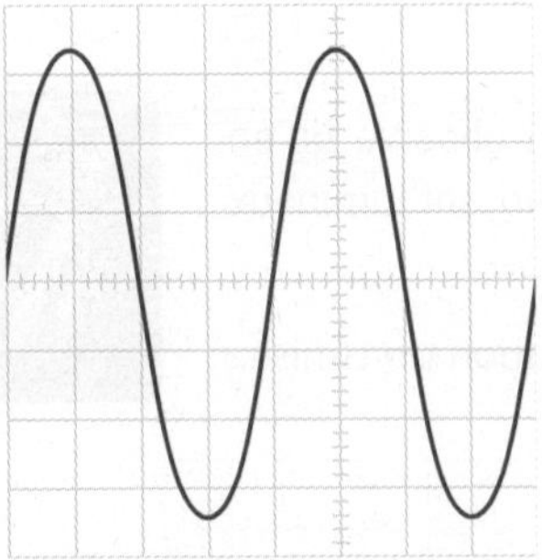

a. analogique car le signal est continu.

b. numérique car sa représentation est faite de segments.

6 ●●● QCM Identifier la nature d'un signal

Lorsqu'un signal ne peut prendre que deux valeurs possibles, il s'agit d'un signal :

a. bilingue **b.** binaire **c.** unitaire

7 ●●● QCM Réaliser une chaine d'information

1. Choisir la (ou les) bonne(s) réponse(s).

a. L'émetteur est l'oreille du piéton.

b. Le récepteur est l'oreille du piéton.

c. le signal est transmis du feu bicolore jusqu'à l'œil du piéton.

2.

La chaine d'information correcte est :

a. Écouteur → Signal sonore → Oreille

b. Oreille → Signal sonore → Écouteur

VOIR CORRIGÉS P. 423

Je travaille des compétences

Pédagogie différenciée

Utilisable en AP

8 Rédiger des phrases à partir d'une chaine d'information

Les phares sont souvent présents en bord de mer. Malgré les possibilités de géolocalisation, ils restent utiles pour signaler le littoral aux bateaux durant la nuit.

Voici la chaine d'information associée à l'action du capitaine de bateau :

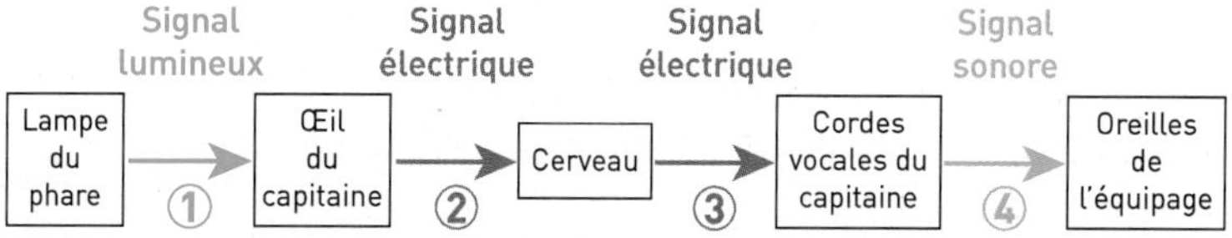

Consigne pour le groupe A

➡ Utiliser le vocabulaire du chapitre pour rédiger un texte pouvant expliciter ou remplacer la chaine.

Consignes pour le groupe B

1. Recopier les mots-clés du bilan.

2. Identifier dans la chaine proposée les trois étapes de transmission des différents types de signaux.

3. Rédiger une phrase en utilisant les mots clés pour chacune des étapes de la transmission de la chaine.

Consignes pour le groupe C

1. Pour l'étape ① de la chaine d'information :

a. indiquer l'émetteur et le récepteur du signal lumineux.

b. recopier la phrase suivante en la complétant.

« *Le signal lumineux émis par ... est reçu par ...* »

2. Pour les étapes ② et ③ de la chaine d'information :

a. quel est le type du signal transmis ?

b. recopier la phrase suivante en la complétant.

« *L'œil du capitaine transmet via le nerf optique un signal ... au cerveau qui transmet à son tour un signal ... aux cordes vocales du capitaine.* »

3. Pour l'étape ④ de la chaine d'information, s'inspirer des étapes précédentes pour rédiger une phrase qui précise la nature de l'émetteur et du récepteur ainsi que le type de signal.

9 Produire des documents d'informations scientifiques

Dans le cadre du parcours citoyen, les élèves du collège souhaitent équiper l'établissement de dispositifs permettant le recyclage de différents objets.

L'objectif est de réaliser un prospectus d'information à partir du travail de chaque groupe.

Consigne pour le groupe A

1. Répertorier les différentes rubriques du prospectus (texte et contenu, photos et images).

2. Proposer en format numérique une maquette du prospectus et de son contenu.

Consignes pour le groupe B

1. Faire l'inventaire des dispositifs de collecte présents dans l'établissement.

2. En chercher des nouveaux pour les installer aux collèges.

Consignes pour le groupe C

1. Chercher les consignes d'utilisation pour chaque dispositif de collecte.

2. Réaliser une étiquette d'information qui sera affichée chacun des dispositifs.

Je travaille des notions

Les bons mots pour le dire

10 ●●● Choisir le bon adjectif

Une station émet des ondes qui vont être reçues par ce qu'on appelle communément une radio. Il s'agit ici :

a. d'une station émetteuse ou émettrice ?

b. d'une radio récepteuse ou réceptrice ?

11 ●●● Deviner le sens d'un texte

Ilona et Arnaud ont visité un musée au bord de la mer. Voici le poster qu'ils pensent réaliser pour illustrer le cours de physique-chimie.

Asma leur fait remarquer qu'il sera peut-être difficile à comprendre par les élèves qui n'ont pas fait la visite.

a. Proposer trois phrases qui expliquent ce que sont une vigie, un équipage et un récif.

b. Recopier la chaine d'information en remplaçant les mots « lumière » et « son » par l'expression habituelle (« signal.... »).

12 ●●● Émettre, transmettre ou retransmettre ?

On réserve habituellement le mot *émettre* à la source. Les autres éléments de la chaine d'information transmettent une information qui existait déjà. Pour les transmissions suivantes, on parle de *retransmission*.

Recopier la phrase suivante en la complétant.

« Pendant les jeux olympiques de Rio, la télévision brésilienne a .... des reportages qui étaient ... en direct en France pendant la nuit. Souvent, ils étaient aussi .... le lendemain par les chaines de télévision françaises. »

Distinguer les différents types de signaux

13 ●●● DEL de notification d'un smartphone

Certains smartphones sont équipés d'une DEL (diode électroluminescente) qui se met à clignoter et informe l'utilisateur qu'il a reçu un message.

1. Quels sont les différents types de signaux émis par un smartphone équipé d'une DEL lors de la réception d'un message ?

2. Expliquer l'intérêt d'utiliser une DEL.

14 ●●● Le phonographe

Le phonographe a fait ses premières apparitions au XIXe siècle. L'étymologie du préfixe *phono* est grecque (*phônê* : voix) de même que celle du suffixe *(graphein : écrire)*.

Cet objet, dont l'un des inventeurs est Thomas Edison, permet de reproduire un morceau musical (la voix) enregistré (écrit ou plutôt gravé) sur un cylindre. Un mécanisme à manivelle permet à la tête de lecture de suivre la gravure du cylindre, ce qui produit un faible son qui fait entrer le pavillon en résonance.

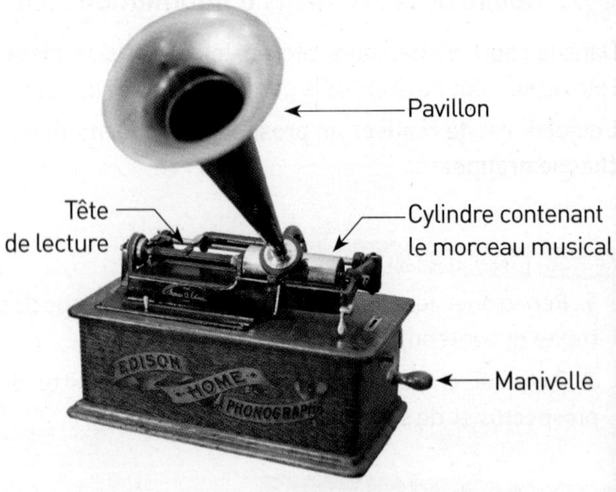

1. Quelle est la fonction du phonographe ?

2. En déduire le type de signal émis par un phonographe.

3. Proposer une chaine d'information qui explique comment le phonographe fonctionne.

Donner les informations transmises

15 ●●● Reconnaitre les pictogrammes de sécurité

➡ Donner la signification de chaque pictogramme et préciser les précautions à prendre lors de la manipulation de substances chimiques dont l'emballage porte ces pictogrammes.

▶ **Voir pictogrammes de sécurité, p. 431.**

16 ●●● TICE Logos sur les emballages

Différents logos sont présents sur les emballages.

Logos	Nom du logo	Information
	Point vert	L'entreprise commercialisant un produit sur l'étiquette duquel figure ce logo adhère au dispositif de valorisation des emballages.
	Triman	L'emballage possède une ou des consignes de tri.
	DEEE*	Ne pas jeter les objets dans les poubelles ménagères mais dans des conteneurs adaptés.

* Déchets d'Équipement Électriques et Électronique

1. Comment donner facilement et rapidement une information sur un emballage ?

2. Identifier les logos présents sur cet emballage.

3. Quelles sont les consignes de tri de cet emballage ?

4. Le logo point vert signifie-t-il que l'emballage a été ou sera recyclé ?

5. Donner un exemple de bac de collecte.

17 ●●● Une montre connectée

De nombreux coureurs utilisent une montre qui donne plusieurs informations sur leur course.

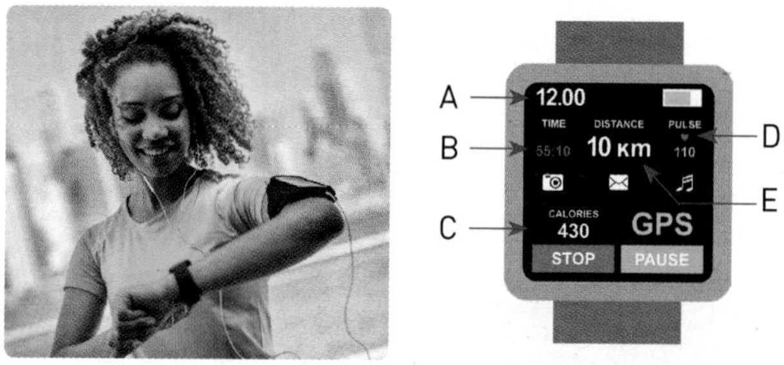

➡ Attribuer à chaque légende A, B, C, D, E de la montre, l'une des informations suivantes.

① Distance parcourue depuis le départ.

② Heure.

③ Nombre de calories dépensées depuis le départ.

④ Fréquence cardiaque.

⑤ Durée de la course depuis le départ.

Construire et lire une chaine d'information

18 ●●● Avertir de sa présence à vélo

De nombreuses pistes cyclables existent en ville et à la campagne. Elles sont souvent situées dans des zones piétonnes où la communication entre promeneurs est importante.

1. Lorsqu'un cycliste avertit un piéton de sa présence, quel est l'émetteur du signal sonore ?

2. Quel est le récepteur de ce signal sonore ?

3. À partir des réponses précédentes, construire la chaine d'information correspondant à cette situation.

19 ●●● Le feu tricolore

Voici une chaine d'information.

1. Quel est le type de signal transmis par le feu tricolore ?

2. Préciser quel est l'émetteur et quel est le récepteur de la chaine d'information.

3. Proposer une phrase qui explicite la chaine d'information.

Exercices

Je travaille des notions

Coder l'information

20 ●●● **Code barre**

Un code barre est une alternance de bandes claires et sombres. Il est souvent présent sur des produits vendus dans le commerce ou sur des colis qui sont transportés puis livrés.

8 465009 506120

Ligne de scan

1. Comment reconnait-on un code barre ?

2. Lorsque l'appareil de lecture du code barre ne fonctionne pas, quel autre code peut-on utiliser ? Où le trouve-t-on ?

21 ●●● **Le QR Code**

Un professeur de physique-chimie souhaite que ses élèves puissent accéder rapidement en classe à son site internet *via* une tablette possédant une application de scan adaptée.

Pour cela, il crée un QR Code qui contient l'adresse du site internet.

Le QR Code utilise le même principe que le code barre mais il est plus complexe car la lecture n'est pas linéaire.

Zone de scan

1. TICE Que veut dire QR :

a. quick rallye ?

b. quite red ?

c. quest response ?

d. quick response ?

2. Donner la différence entre un code barre et un QR Code.

3. Quelle est l'information codée dans le QR Code du professeur ?

4. Dire en quoi scanner un QR Code est plus pratique que de rentrer manuellement une adresse url.

22 ●●● **Le braille**

Dans un hôpital, Capucine sent, lorsqu'elle place sa main sur la rambarde, des petits points en relief, à chaque étage. C'est du braille.

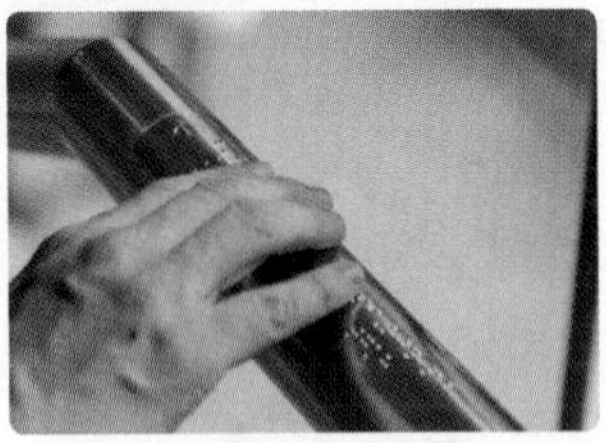

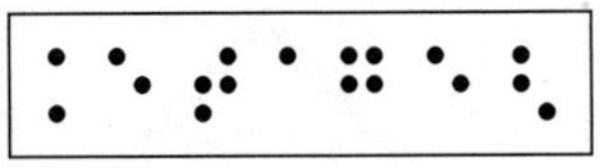

1. Quelle est la signification des deux premiers points de l'inscription reproduite à droite de la photo ?

2. Traduire cette inscription à l'aide du code suivant.

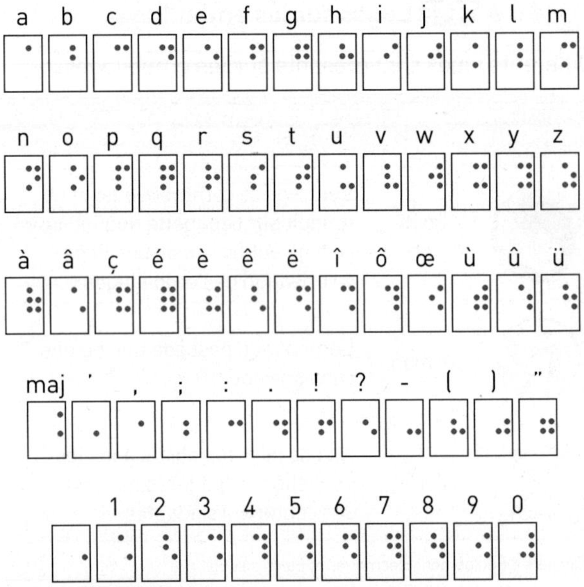

Transmission d'un signal

23 ●●● **Transmission d'informations chez les fourmis**

Les fourmis communiquent entre elles en émettant des phéromones.

1. TICE Rechercher ce que signifie le mot « phéromone »

2. Expliquer comment les fourmis peuvent communique entre elles pour, par exemple, se prévenir d'un danger.

24 ●●● Manettes de jeux vidéos

Pour jouer à la console avec sa sœur Félicie, Mathieu doit acheter une manette. Après une recherche sur Internet, il a le choix entre deux modèles.

Modèle 1

Modèle 2

1. Le rôle de la manette est de communiquer des informations à la console. Comparer les modes de transmission de données des deux manettes.

2. Donner un avantage et un inconvénient de chacun de ces deux modes de transmission.

25 ●●● Envoyer un MMS à l'autre bout du monde

Carlos est en voyage à Marseille et envoie *via* son smartphone une photo des calanques à Sofia qui est restée à Mexico.

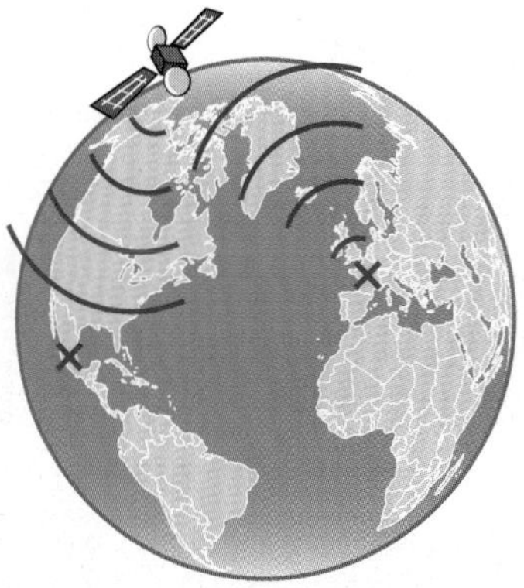

1. S'agit-il d'une transmission filaire ou aérienne ?

2. La transmission du MMS se fait-elle directement de l'émetteur au récepteur ? Expliquer

Reconnaitre un signal analogique et un signal numérique

26 ●●● Signal numérique et codage binaire

Un signal numérique est codé par une association de 0 et 1 : les bits.

1. Donner les deux valeurs possibles du codage binaire.

2. TICE Rechercher comment on nomme une association de 8 bits.

1	0	0	0	1	0	1	0

27 ●●● Analogique ou numérique ?

Deux signaux correspondant aux mêmes données sont représentés sur le graphe suivant :

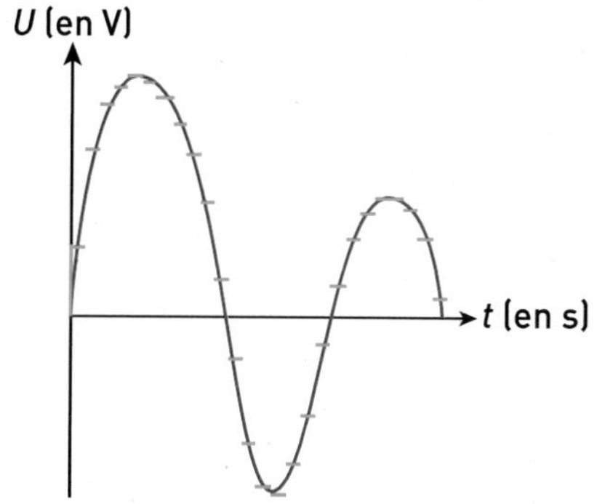

1. Préciser quelle est la différence entre les deux signaux.

2. On souhaite transmettre rapidement les données. Lequel des deux signaux permet la transmission la plus facile ? Pourquoi ?

3. Expliquer quel est le signal analogique et quel est le signal numérique.

28 ●●● Lecture d'un code barre

Un lecteur optique permet la lecture d'un code barre. L'un des composants du lecteur est une photorésistance.

Grâce à ce dipôle électrique, le signal numérique obtenu peut prendre seulement 2 valeurs :

$U = 0$ V (pointage vers une partie noire : pas de lumière) ou $U \neq 0$ V (pointage vers une partie claire ayant diffusé de la lumière).

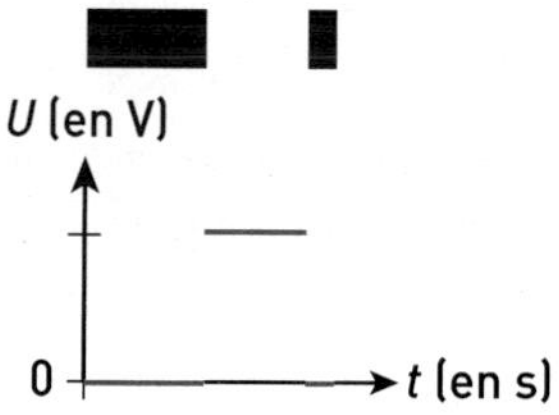

1. Comment appelle-t-on le codage réalisé par le lecteur ?

2. Observer le code barre ci-dessous. Relever le numéro des bandes qui correspondent à une tension nulle.

3. Recopier le schéma ci-dessous puis réaliser le tracé du signal électrique correspondant au code barre.

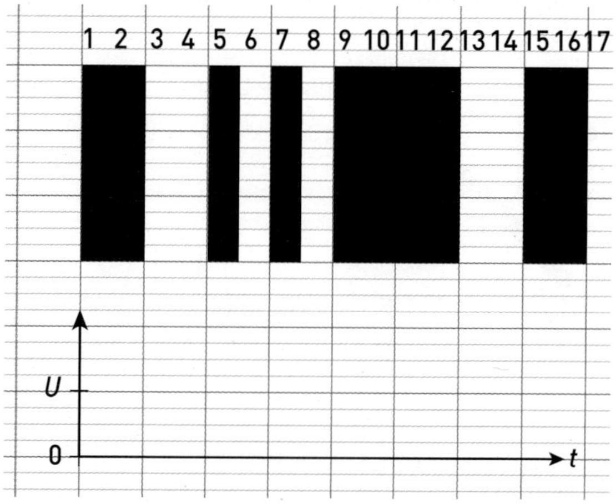

29 Nombre d'échantillons d'un signal

D1.1. Lire et comprendre des documents scientifiques.

Juliette et Gaétan réalisent la même expérience : ils relèvent des valeurs de tensions aux bornes d'un GBF (Générateur Basse Fréquence) à intervalles de temps réguliers.

① Graphique de Gaétan

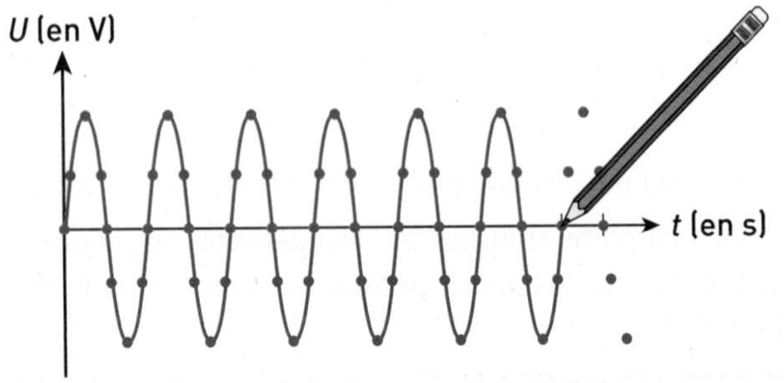

② Graphique de Juliette

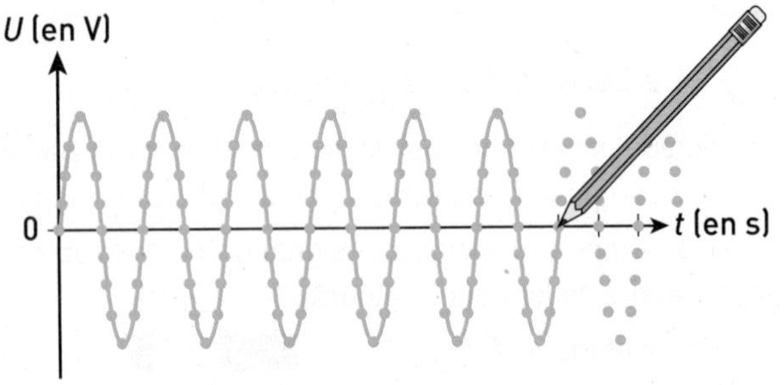

1. Les graphiques représentent-ils un signal analogique ou numérique ? Justifier la réponse.

2. Juliette et Gaétan ont-ils choisi le même intervalle de temps entre deux mesures successives ?

3. Si on considère qu'un point est un échantillon du signal, lequel des deux élèves a utilisé le plus grand nombre d'échantillons du signal ?

4. Lenny a relevé encore moins de valeurs de la tension. Il a déjà à moitié effacé une première courbe. Il hésite avant d'en tracer une seconde. Pourquoi ? L'échantillonnage est-il correct ?

③ Graphique de Lenny

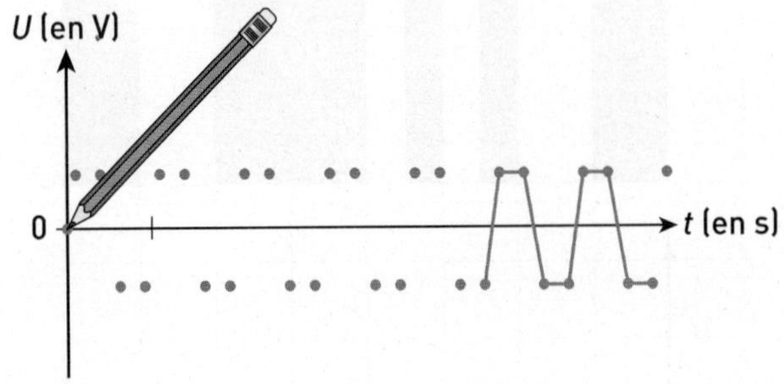

30 Volet roulant automatique

D1.3. Passer d'une forme de langage scientifique à une autre.

Les volets de Malo sont automatiques. Ils se ferment et s'ouvrent seuls en fonction de la luminosité. Un capteur équipe donc le dispositif. Malo cherche à compléter l'algorithme qui permet l'automatisation de ses volets.

1. Quel type de signal le capteur reçoit-il ?

2. Identifier l'émetteur et le récepteur du signal puis réaliser la chaine d'information.

3. Décrire l'algorithme de l'automate permettant la commande des volets sous deux formes :

a. en rédigeant quelques phrases ;

b. en réalisant un schéma.

En lien avec ASSR

31 Les cyclistes

D1.3. Passer d'une forme de langage scientifique à une autre.

1. Quelle est l'information transmise à un cycliste lorsqu'il rencontre ce panneau ?

2. Quel est le type de signal qui informe un cycliste qu'il doit s'arrêter ?

3. Quels sont les différents équipements du cycliste qui lui permettent d'informer de sa présence :

a. un piéton en plein jour ?

b. un automobiliste en pleine nuit ?

32 ●●● Le télégraphe électrique

D5. Expliquer par l'histoire des sciences et des techniques.

Le télégraphe électrique était un moyen de communication très utilisé lors de la ruée vers l'or au XIXe siècle.

À l'époque un shérif pouvait envoyer un message à un marshall pour l'informer du transfert par train d'un prisonnier. Un shérif de l'époque envoie alors ce message : « Arrivée des Caldon à 15 h 15 ».

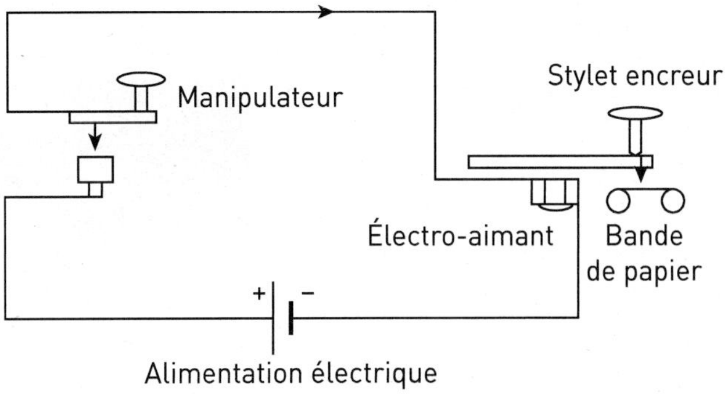

1. TICE Faire les recherches en s'aidant du schéma pour expliquer le fonctionnement du télégraphe.

a. Qu'est-ce que le manipulateur ?

b. Qu'est-ce que l'opérateur ?

c. Qu'est-ce qu'un marshall ?

d. À quelle condition le stylet encreur métallique peut-il être attiré par l'électroaimant ?

2. Quel est le type du signal émis par le télégraphe ?

3. Quel code utilise-t-on pour communiquer cette information ?

33 ●●● Principe du DAAF optique

D1.1. Lire et comprendre des documents scientifiques.

Un détecteur autonome avertisseur de fumée (DAAF) avertit de la présence de fumée, lors d'un incendie, par exemple.

Ce dispositif est équipé :

- d'une DEL, (diode électroluminescente) qui émet en permanence un faisceau lumineux ;
- d'un composant électrique (cellule photoélectrique), sensible à la lumière, qui permet de déclencher l'alarme.

En absence d'incendie, les rayons infrarouges n'atteignent pas la cellule photoélectrique.

Durant un incendie, les fumées pénètrent à l'intérieur du détecteur de fumée. Les particules de la fumée diffusent la lumière et celle-ci peut atteindre la cellule photoélectrique qui va alors produire un courant électrique qui va déclencher l'alarme.

1. Préciser quels sont l'émetteur et le récepteur du signal lumineux.

2. Quel est le type de signal qui est transmis à l'alarme par la cellule photo-électrique ?

3. Quel est le type de signal qui est émis par une alarme ? Quel est le récepteur de ce signal ?

4. Représenter la chaine d'information qui relie les dispositifs suivants : « DEL », « alarme », « oreille », « cellule photoélectrique ».

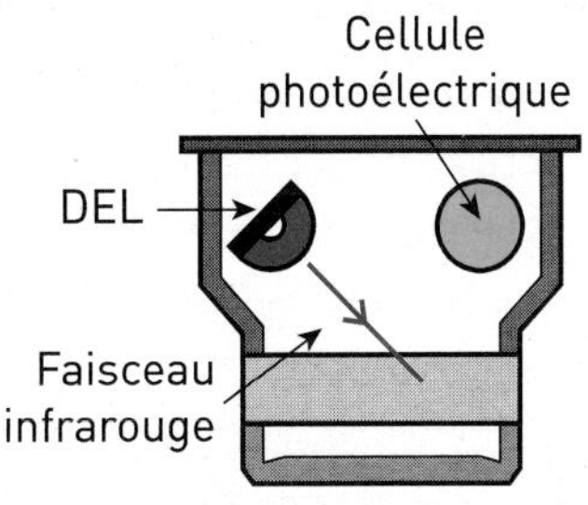

ⓐ En l'absence de fumée, la cellule n'est pas éclairée.

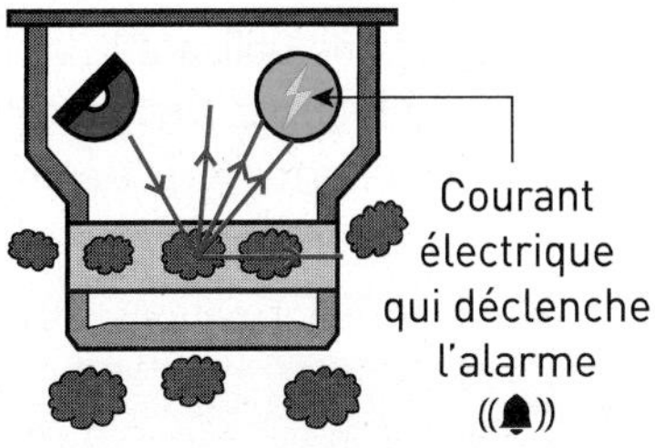

ⓑ La fumée diffuse la lumière, la cellule est éclairée.

Problèmes

34 ●●● Stockage de l'information

D1.1. Lire et comprendre des documents scientifiques.

Un CD, un DVD et un Blu-ray sont tous les trois gravés le long d'une spirale appelée sillon : de la matière a été enlevée à des endroits précis tout au long du sillon.

Dans chacune de ces trois technologies, au moment de la lecture, un faisceau de lumière éclaire la surface du disque et le lecteur détecte les passages d'un « creux » à un « plein » ou d'un « plein » à un « creux » ce qui constitue une information de type binaire. Lorsque le support tourne, le faisceau suit la totalité du sillon.

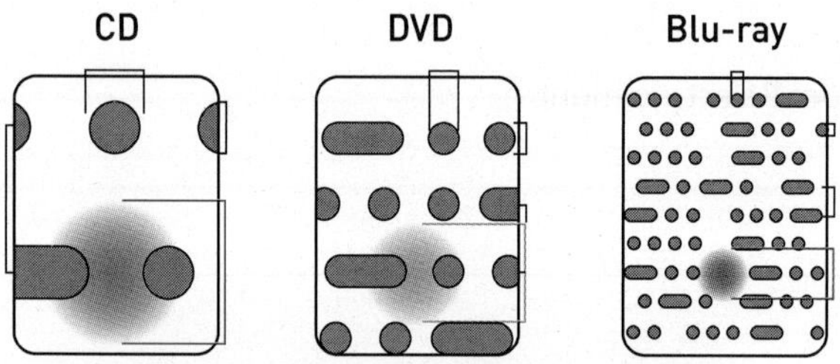

Support	Capacité de stockage
CD	700 Mo
DVD	4,7 Go
Blu-ray	27 Go

1. Les trois schémas sont à la même échelle. Comparer la taille des faisceaux de lumière puis la taille des sillons.

2. Donner la signification de l'unité Go et Mo. Convertir 1 Go en Mo.

3. Expliquer pourquoi le Blu-ray permet de stocker beaucoup plus d'informations que le CD ou le DVD.

35 ●●● La taille d'un fichier numérique

D1.3. Passer d'une forme de langage scientifique à une autre.

L'octet est l'unité qui permet de mesurer la taille d'un fichier.

Unité	Valeur	Permet de retranscrire
Octet (o)	8 bits	une lettre de l'alphabet
Kilooctet (ko)	1 000 octets	une page de texte
Mégaoctet (Mo)	1 million d'octets	une image
Gigaoctet (Go)	1 milliard d'octets	un film vidéo

Un ordinateur fonctionne à partir de tensions électriques ne pouvant prendre que deux valeurs. Il manipule des informations binaires, les bits, pouvant prendre l'une des deux valeurs : 0 et 1.

Si avec 1 bit on peut avoir 2 états, avec 2 bits on peut avoir (2×2) soit 4 états : (00, 01, 10, 11). Avec 8 bits on peut avoir $(2 \times 2 \times 2 \times 2 \times 2 \times 2 \times 2 \times 2) = 256$ états.

On attribue une lettre ou un caractère à chacune de ces 256 combinaisons. C'est ce qu'on appelle le code ASCII étendu.

1. Rechercher un tableau ASCII étendu sur Internet. À quoi correspondent les états 90 et 110 ?

2. Expliquer pourquoi un octet suffit pour transmettre à un ordinateur toutes les lettres de l'alphabet.

3. Une page de texte de ce manuel scolaire compte environ 400 mots composés en moyenne de quatre lettres. On considère qu'un octet permet de coder une lettre de l'alphabet.
Calculer la taille du fichier qui contient les informations relatives à une page de ce manuel.

Sciences MAG

36 La réalité augmentée

Les applications utilisant la réalité augmentée sont de plus en plus nombreuses. Cette technologie permet de lier monde réel et monde virtuel grâce à un smartphone ou une tablette.

Par exemple, si on filme ce lieu avec une tablette, on peut accéder à des informations sur les différents bâtiments.

➡ Rechercher d'autres exemples d'utilisation de la réalité augmentée.

37 Que s'est-il passé à bord du Titanic ?

30 min

Dans la nuit du 14 au 15 avril 1912, le Titanic, alors le plus grand paquebot du monde, heurte un iceberg lors de sa traversée de l'Atlantique. Le choc est si brutal qu'en **quelques heures** à peine, le géant des mers coule. Pour sauver un maximum de passagers, le capitaine du navire Edward Smith et son équipe envoient des messages radiotélégraphiques pour tenter d'alerter les navires présents aux alentours.

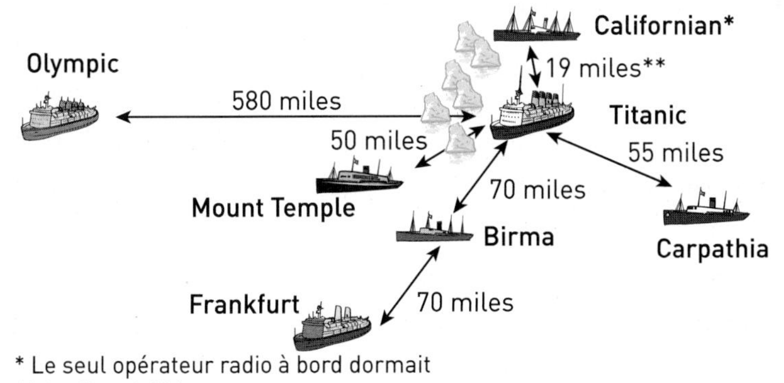

1 Quelques navires présents dans l'Atlantique Nord au moment du naufrage du Titanic.

A	•–	J	•–––	S	•••
B	–•••	K	–•–	T	–
C	–•–•	L	•–••	U	••–
D	–••	M	––	V	•••–
E	•	N	–•	W	•––
F	••–•	O	–––	X	–••–
G	––•	P	•––•	Y	–•––
H	••••	Q	––•–	Z	––••
I	••	R	•–•		

2 Alphabet morse.

3 Le télégraphe à bord du Titanic.

Questions

1. Les messages radio émis par le Titanic sont-ils filaires ou aériens ?

2. La société Marconi, qui avait équipé de son émetteur le Titanic, garantissait une portée de 400 km en toutes conditions atmosphériques. Quels sont les navires qui ont effectivement reçu les messages radio du Titanic ?

3. Voici l'un des derniers messages envoyés par le Titanic :

•–– •– –• –	•• –– –– • –•• •• •– – •	•– ••• ••• •• ••• – •– –• –•–• •

Traduire ce message en français.

4. L'orchestre du Titanic a continué à jouer lors du naufrage.

La chorale du collège a décidé d'enregistrer en studio le dernier morceau joué par l'orchestre à bord du Titanic. Voici l'une des notes jouée par le collégien flutiste et enregistrée par un micro.

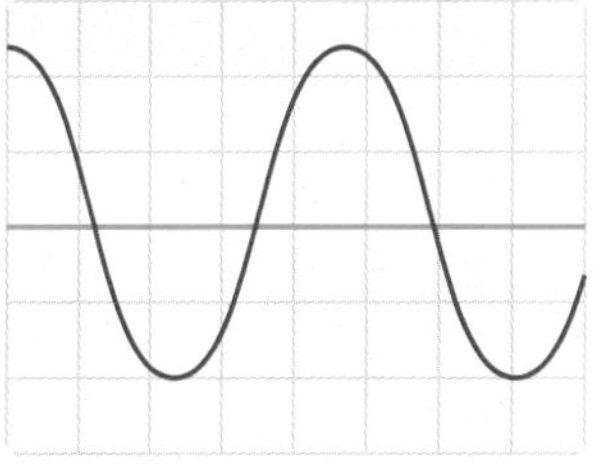

Le signal à la sortie du micro est un signal analogique. Justifier cette affirmation.

5. L'ordinateur qui servira à faire le montage ne peut traiter que des signaux numériques. Expliquer ce qu'est un signal numérique.

6. Un CAN (convertisseur analogique numérique) permet de transformer le signal analogique correspondant au chant de la chorale en un signal numérique compris par l'ordinateur. Certains mélomanes, partisans de l'analogique, regrettent que les morceaux vendus dans le commerce soient numériques. Donner un argument qui pourrait conforter leur opinion.

CHAPITRE

15 Signaux sonores et lumineux

Sommaire

Zoom sur...

Les croisements entre thèmes

Dans l'activité 3, je fais le lien avec le chapitre 6 du thème A, **Organisation et transformation de la matière** (p. 140 du manuel).

L'interdisciplinarité

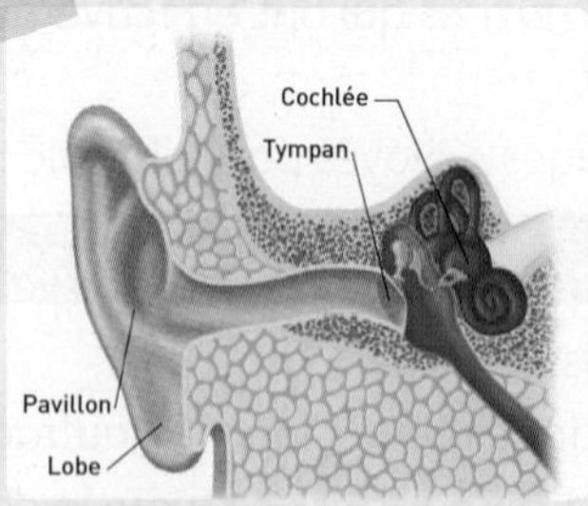

Dans l'activité 5, je fais le lien avec la SVT, **Le corps humain et la santé**.

Une vidéo

Dans l'exercice 29, je regarde une vidéo sur la vibration d'un diapason.

Une vidéo

Dans l'activité 2, je regarde une vidéo sur la propagation du son et de la lumière.

Quels types de signaux peut-on identifier sur cette photo ?

Mixage du son lors d'un concert.

Dans ce chapitre, je vais	Activités	Exercices
➡ **Identifier les milieux de propagation des signaux.**	2	14 à 16
➡ **Distinguer une source primaire d'un objet diffusant.**	1 3	17 à 20
➡ **Utiliser le modèle du rayon lumineux pour expliquer des observations.**	1 4 7	21 à 25
➡ **Expliquer comment se forment les ombres.**	4	26 à 28
➡ **Savoir qu'un son correspond à une vibration.**	5	29 à 31
➡ **Utiliser la notion de fréquence.**	6	32 à 33
➡ **Utiliser la vitesse de propagation du son et de la lumière.**	9 10 11	34 à 37
➡ **Identifier les risques liés au son et à la lumière.**	7 8	38 à 40

INVESTIGATION

ACTIVITÉ 1

Voit-on la lumière ?

COMPÉTENCE ÉVALUABLE

D4. Proposer une ou des hypothèses pour répondre à une question scientifique.

Situation

La professeure pose sur son bureau une boite contenant une lampe électrique dont les parois intérieures sont entièrement noires. Une des parois possède une petite ouverture. La professeure place à l'intérieur de la boite une lampe éteinte puis un cache devant l'ouverture. Elle allume la lampe et ferme le couvercle de la boite.

Disposition de la classe.

À l'intérieur de la boite.

On ferme la boite.

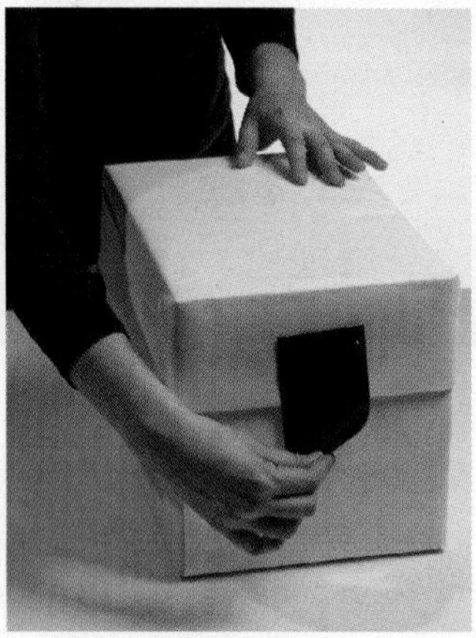

On retire le cache.

CONSIGNE

De sa place, un élève peut-il voir quelque chose à l'intérieur de la boite une fois le cache retiré ? Expliquer la réponse.

Besoin d'aide ?

▶ **Retrouvez des aides en fin d'ouvrage, p. 423.**

COMPÉTENCES ÉVALUABLES

D1.1 Lire et comprendre des documents scientifiques
D4. Interpréter des résultats expérimentaux, en tirer des conclusions et les communiquer en argumentant.

2 Dans quels milieux un signal sonore ou lumineux peut-il se propager ?

En regardant un film de science-fiction, Anna et Joseph se demandent comment des astronautes pourraient communiquer et négocier avec des extraterrestres ayant pris position sur la Lune et se préparant à attaquer la Terre.

1 Composition de l'environnement proche de la Terre et de la Lune.

■ La Terre possède une atmosphère composée de matière, principalement à l'état gazeux :
~ 78 % de diazote ;
~ 21 % de dioxygène ;
~ 1 % d'autres gaz.

■ La Lune ne possède pas d'atmosphère car la valeur de la force gravitationnelle qu'elle exercerait sur une particule de gaz en mouvement désordonné ne serait pas suffisante pour la retenir à son voisinage.

2 Coupe de profil d'une fenêtre double vitrage.

■ Une fenêtre à double vitrage permet essentiellement d'assurer l'isolation thermique et phonique d'un bâtiment. Une telle fenêtre se compose généralement de deux plaques de verre (les vitres) entre lesquelles un vide partiel a été réalisé.

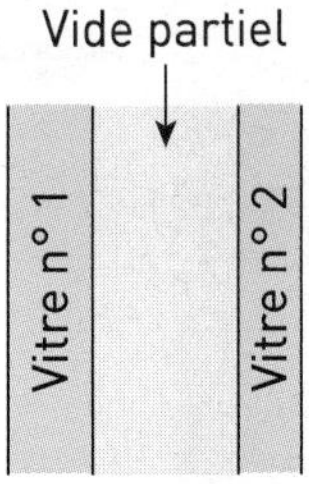

3 Dispositif expérimental.

■ On place un téléphone dans une cloche à vide. On met en marche la pompe qui va aspirer l'air contenu dans la cloche alors que le téléphone diffuse un film.

VIDEO EXP > Propagation du son et la lumière.

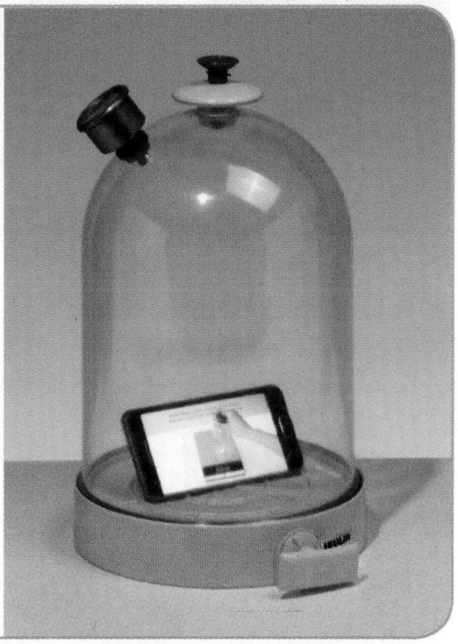

Questions

1 **Doc 1.** Donner la différence entre l'environnement proche de la Terre et celui de la Lune.

2 **Doc 2.** Pourquoi les fenêtres des habitations proches des aéroports sont-elles généralement équipées de double vitrage ?

3 **Doc 3.** EXP Après avoir réalisé l'expérience du document 3, dire si un signal lumineux ou sonore se propage ou non dans l'air et/ou dans le vide. Préciser la fonction de la pompe.

4 **Docs 1. à 3.** Proposer à Anna et Joseph des moyens de communication permettant d'entamer des négociations avec des extraterrestres malintentionnés installés sur la Lune.

5 **Pour aller plus loin** Y a-t-il un autre type signal qui se propage entre l'extérieur et le téléphone ?

VOCABULAIRE

Vide partiel : expression courante qui caractérise un espace dans lequel on a enlevé la quasi-totalité de la matière.

Cloche à vide : objet en verre très résistant ayant la forme d'une cloche et dans lequel on peut faire le vide.

ACTIVITÉ 3

Comment éclairer un objet ?

COMPÉTENCES ÉVALUABLES

D4. D5. Concevoir et réaliser un dispositif de mesure ou d'observation.
D4. Interpréter des résultats expérimentaux, en tirer des conclusions et les communiquer en argumentant.

Achille part se promener en famille mais la nuit tombe rapidement.
Il se demande comment, alors que le Soleil est couché, il peut encore voir le chemin.

1 Le chemin.

2 La surface lunaire.

La Lune est recouverte d'une couche de poussière gris clair épaisse de plusieurs centimètres.

3 Le matériel à disposition.

ANI > Comment éclaire un objet.

Questions

1 **Doc 1.** Quel est, dans le Système solaire, l'astre qui produit lui-même de la lumière ?

2 **Doc 2.** La Lune produit-elle sa propre lumière ? ▶ **Voir chapitre 6, p. 140.**

3 **Doc 3.** EXP Utiliser le matériel proposé sur le document 3 pour trouver une disposition qui permette d'éclairer le chemin sans bouger la lampe.

4 **Doc 3.** Identifier, dans cette expérience, la ou les source(s) primaire(s), le ou les objet(s)diffusant(s).

5 **Docs 1. à 3.** Écrire quelques lignes pour expliquer à Achille pourquoi il voit suffisamment le chemin pour le suivre.

VOCABULAIRE

Source primaire : objet qui produit de la lumière.

Objet diffusant : objet qui renvoie, dans toutes les directions, la lumière qu'il reçoit.

ACTIVITÉ

4 Où doit être placée la télévision du salon ?

COMPÉTENCE ÉVALUABLE

D4. D5. Concevoir et réaliser un dispositif de mesure ou d'observation.

Un soir, Maïlo, qui n'a pas sommeil, veut regarder la télévision depuis sa chambre, sans éveiller les soupçons de ses parents.

1 Plan de l'appartement de Maïlo.

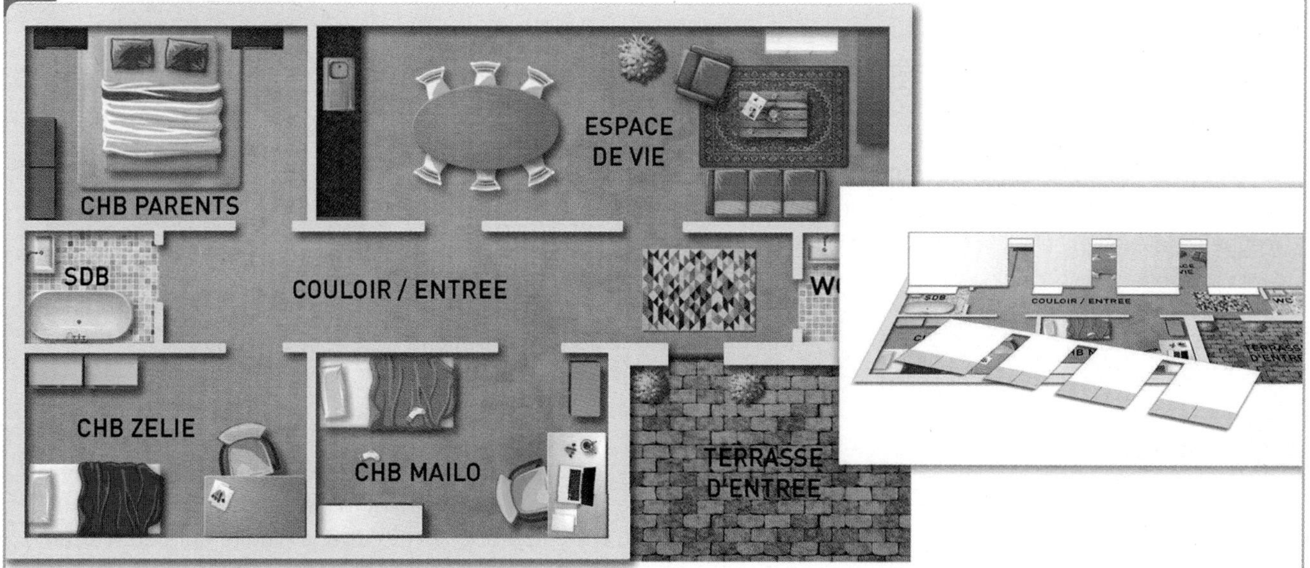

La chambre de Maïlo donne, par une porte, sur un couloir qui lui-même donne sur le salon.

2 Représentation de quelques-uns des rayons émis par un pixel.

■ La surface de l'écran d'une télévision est composée d'un grand nombre de pixels qui émettent chacun de la lumière vers la pièce, dans toutes les directions. On modélise cette situation en disant qu'une infinité de rayons partent de chacun des pixels.
Un rayon est une droite orientée qui modélise la propagation de la lumière.

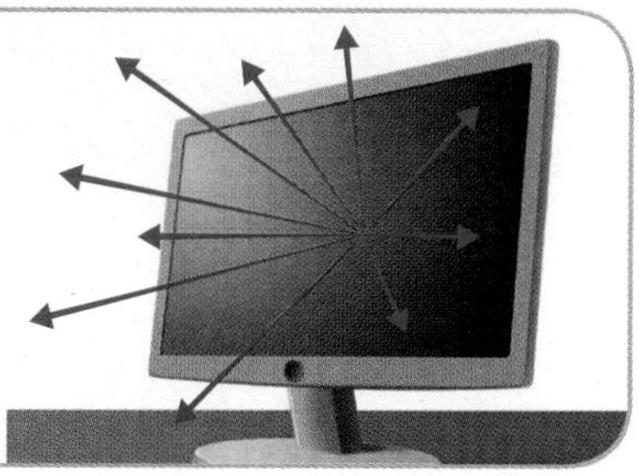

Questions

1 **Doc 1.** Dans la situation présentée, quelle serait la source primaire de lumière ?

2 **Doc 1.** Reproduire le plan de la maison et les murs ou télécharger le document à, découper : DOC >Plan et murs à découper.

3 **Docs 1. et 2.** Proposer et mettre en œuvre un protocole d'expérience pour déterminer où doit être placée la télévision pour que Maïlo puisse l'apercevoir de sa chambre.

4 **Doc 1.** Schématiser la situation et tracer quelques rayons lumineux.

5 Pour aller plus loin Maïlo a une petite sœur, Zélie, qui elle aussi aimerait profiter du film. Peut-elle regarder la télévision de sa chambre et en même temps que son frère ? Justifier la réponse par un deuxième tracé sur le plan de la maison.

●●● ACTIVITÉ 5

Qu'est-ce que le son ?

COMPÉTENCE ÉVALUABLE

D1.1 Lire et comprendre des documents scientifiques.

Mia discute avec son grand-père et se rend compte qu'il n'entend pas bien ce qu'elle dit. En revanche, il semble mieux entendre ce que lui dit le papa de Mia.

1 Le son, une vibration.

■ Un hautparleur est une source sonore. Il contient une membrane dont les vibrations produisent un son. Le son se propage dans toutes les directions en faisant vibrer les particules constitutives de l'air et des autres matériaux qu'il rencontre.

■ Un son est caractérisé par sa fréquence, exprimée en hertz (Hz). Un son de faible fréquence est grave, les vibrations sont lentes, et un son d'une fréquence élevée est aigu, la membrane vibre rapidement.

VIDEO EXP > Vibration d'un diapason.

La membrane d'un hautparleur est très fragile, elle se déchire facilement.

2 Comment entend-on ?

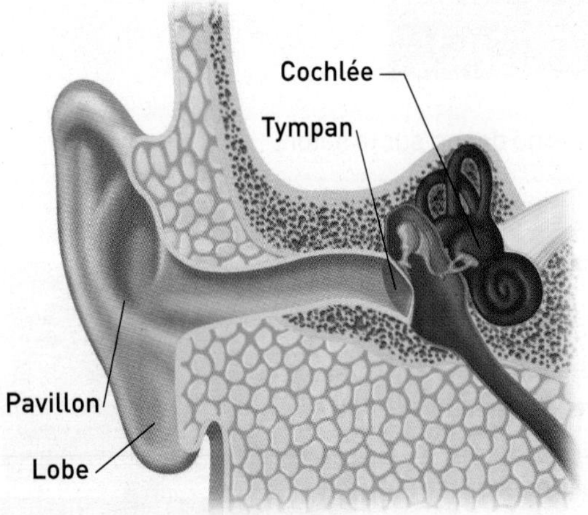

Schéma de l'oreille en coupe frontale.

■ Les sons qui atteignent notre oreille se propagent jusqu'au tympan : une membrane fragile qui peut vibrer à son tour.

Si le son qui frappe le tympan a une fréquence de 8 000 Hz, le tympan vibrera à la même fréquence, soit 8 000 fois par seconde.

Ces vibrations sont communiquées à la cochlée puis un signal est transmis au cerveau.

Avec l'âge, le système auditif est moins performant ; en particulier le tympan perd de son élasticité et de sa capacité à vibrer à de hautes fréquences.

Questions

1 **Doc 1.** Quel est l'effet du mouvement de la membrane d'un hautparleur sur les molécules constitutives de l'air ?

2 **Doc 2.** Nommer la délicate membrane qui absorbe l'énergie sonore et vibre à la même fréquence que le son.

3 **Doc 2.** Si un tympan vibre 880 fois par seconde, quelle est la fréquence du son entendu ?

4 **Docs 1. et 2.** Donner au moins une raison pour laquelle le grand-père de Mia n'entend pas bien sa petite fille.

5 Pour aller plus loin TICE À quelle note correspond le son de la fréquence de la question 3. ?

VOCABULAIRE

Fréquence : grandeur correspondant à un nombre de vibrations par seconde.

ACTIVITÉ

6 Comment les animaux communiquent-ils entre eux ?

COMPÉTENCES ÉVALUABLES

D4. Mesurer des grandeurs physiques de manière directe ou indirecte.
D4. Interpréter des résultats expérimentaux, en tirer des conclusions et les communiquer en argumentant.

James regarde un reportage animalier sur le chant des baleines. Le commentateur précise qu'on ne peut pas entendre ce chant avec toute sa richesse et James se demande pourquoi.

RAPPEL
1 kHz = 1 000 Hz.

1 Déterminer une fréquence graphiquement.

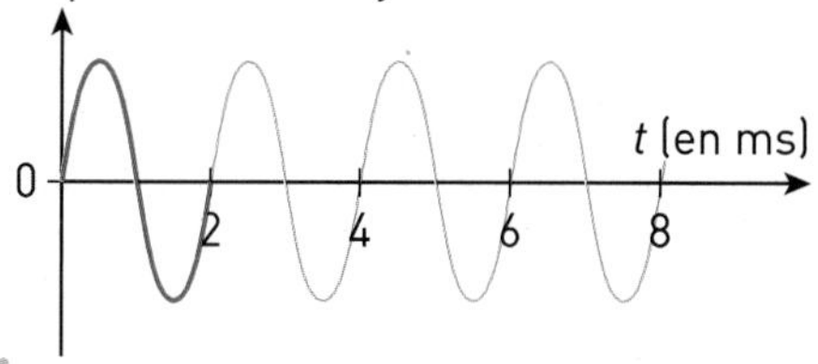

Graphique représentant le déplacement du système émetteur autour de la position d'équilibre en fonction du temps.

■ La fréquence (symbole *f*) d'un son est le nombre de fois où le système émetteur (peau d'une timbale, corde vocale, etc.) vibre autour de sa position d'équilibre en une seconde. L'unité de la fréquence est le hertz, noté Hz.
Dans cet exemple, le motif surligné en rouge se répète 4 fois en 8 ms, cela correspond à 500 vibrations complètes en 1 seconde. On écrit : $f = 500$ Hz.

2 Les sons émis par les animaux.

■ La chauvesouris est un mammifère nocturne. Elle émet des ultrasons (20 kHz < *f* < 120 kHz) qui lui permettent de se déplacer sans risque et de chasser par écholocalisation.
■ La cigale émet un son audible pour attirer la femelle. (300 Hz < *f* < 1 000 Hz).

3 Gammes de fréquence du son.

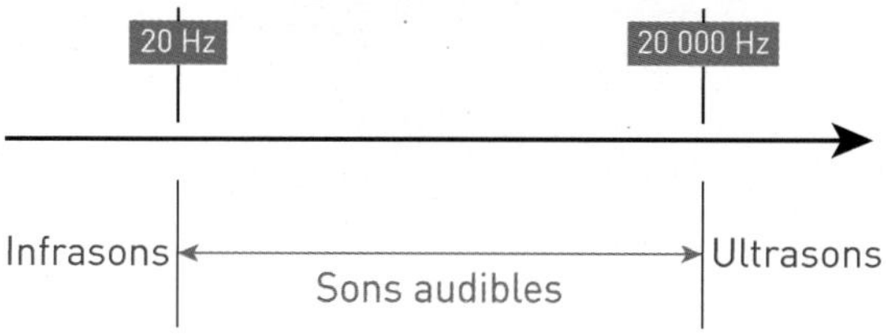

4 Signal électrique correspondant à un son émis par une baleine au cours de son chant.

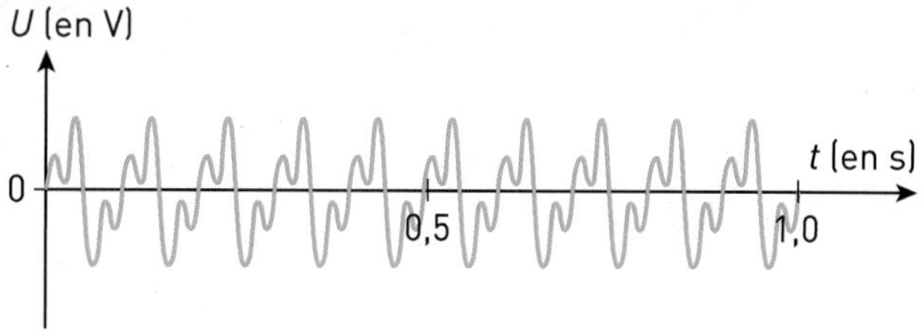

Questions

1 **Docs 1. et 2.** Relever les intervalles de fréquences auxquels appartiennent les signaux émis par la chauvesouris et par la cigale.

2 **Docs 2. et 3.** Les sons émis par les cigales et les chauvesouris sont-ils audibles ?

3 **Docs 1. et 4.** Reproduire le motif qui se répète sur le document 4 et compter le nombre de fois qu'il se répète en une seconde. En déduire la fréquence f_B du signal sonore de la baleine en respectant l'écriture : $f_B = \ldots$ Hz.

4 **Docs 3. et 4.** Le son émis par la baleine est-il audible par l'oreille humaine ? Justifier.

VOCABULAIRE

Écholocalisation : certains animaux comme les chauvesouris émettent des ultrasons qui se réfléchissent (écho) sur les obstacles alentour et leur permettent de les repérer (localisation).

Audible : son que l'oreille humaine peut percevoir.

ACTIVITÉ 7

Voit-on toujours un rayon laser ?

COMPÉTENCES ÉVALUABLES

D4. Expliquer les fondements des règles de sécurité en acoustique.
D4. D5. Concevoir et réaliser un dispositif de mesure ou d'observation.

Manon cherche à protéger sa vie privée de ses deux curieux grands frères, Thibault et Florian. Elle achète une alarme laser. Elle met des piles neuves dans l'émetteur mais ne voit rien…

1 Fonctionnement de l'alarme laser achetée par Manon.

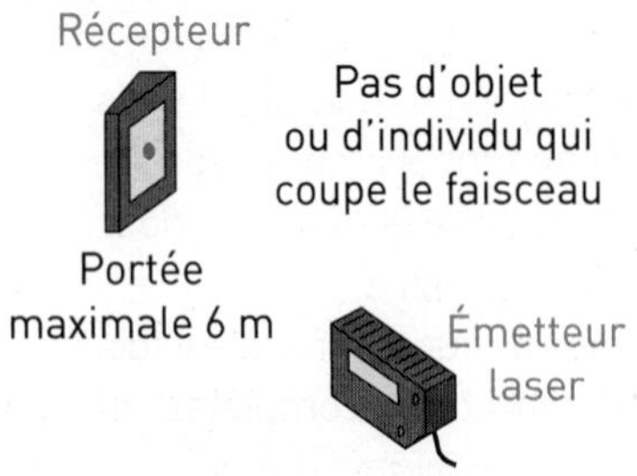

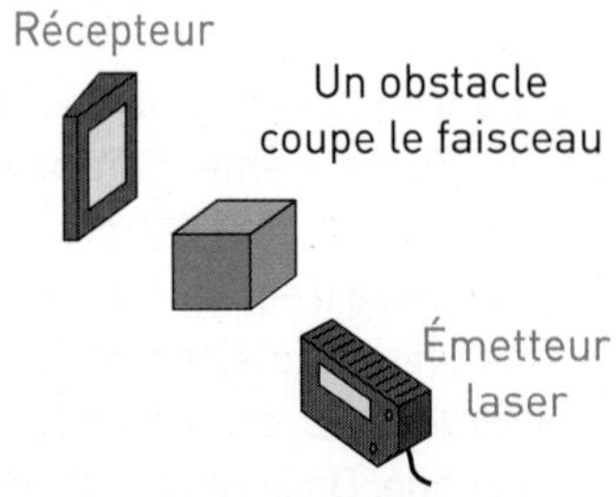

Un bruit retentit dès que le signal lumineux envoyé par l'émetteur laser ne peut plus rejoindre le récepteur, par exemple lorsqu'une personne se place sur le trajet du rayon de lumière.
Grâce à leur ventouse amovible, l'émetteur et le récepteur peuvent se fixer sur un mur.

2 Consigne de sécurité d'utilisation d'un laser.

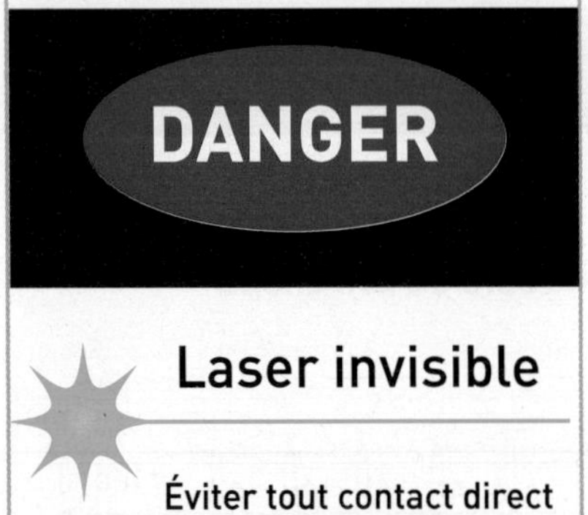

3 Plan de la chambre de Manon.

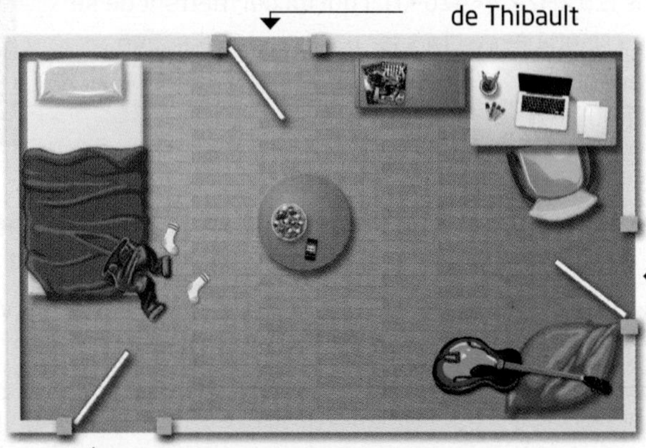

Questions

1. **Docs 1. et 2.** À votre avis, pourquoi Manon ne voit-elle pas de rayon lumineux entre l'émetteur et le mur ?
2. **EXP** Proposer et réaliser une expérience pour mettre en évidence le rayon lumineux du laser sur une partie de son trajet.
3. **Doc 2.** Expliquer pourquoi Manon doit placer son émetteur et son récepteur à 30 cm au-dessus du sol.
4. **Doc 3.** Recopier le plan de la chambre de Manon et indiquer où elle doit placer son émetteur et son récepteur pour protéger son bocal à bonbons. Représenter le rayon émis par le laser.
5. **Pour aller plus loin** **TICE** Le père de Manon préfère qu'elle installe une alarme à infrarouge. Pourquoi ?

VOCABULAIRE

Laser : appareil qui peut éclairer une toute petite surface en y concentrant beaucoup d'énergie lumineuse.

Rayon de lumière : pour représenter un rayon lumineux, on trace une droite sur laquelle on positionne une flèche qui indique le sens de propagation de la lumière.

COMPÉTENCE ÉVALUABLE

D4. Expliquer les fondements des règles de sécurité en acoustique.

8 Quels sont les dangers des fortes intensités lumineuses et sonores ?

Il est important de protéger ses yeux du Soleil mais il est tout aussi important de protéger ses oreilles et de ne pas trop « monter le volume » dans des écouteurs : les déficits auditifs sont de plus en plus nombreux chez les jeunes.

1 Anatomie de l'oreille et de l'œil.

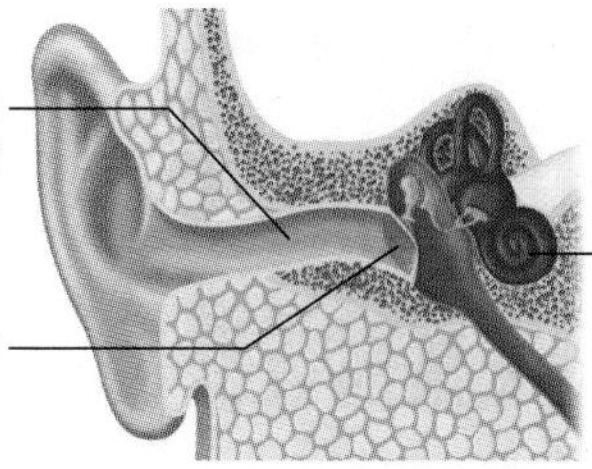

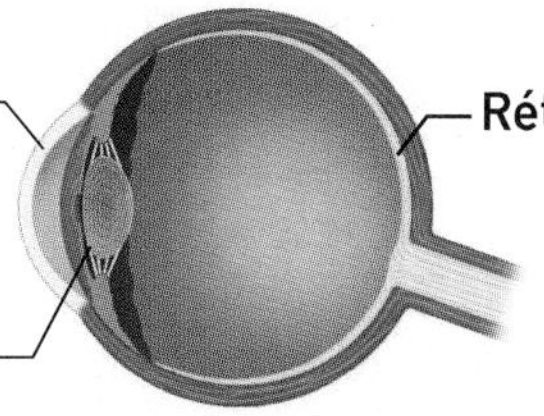

2 Deux situations ou le port de lunettes de protection est obligatoire.

■ Le rayon laser peut bruler la rétine comme il brule le métal pour une découpe de précision. Le métal chauffé émet une lumière intense.

■ Le rayonnement solaire, réfléchi par la neige, brule les cellules de la cornée.

a Exposition à un laser.

b En montagne.

3 Dangers du son.

■ L'utilisation d'un marteau-piqueur expose l'oreille à un bruit très intense.

■ Lors d'un concert, les sons peuvent par moments atteindre l'intensité sonore de ceux d'un marteau-piqueur et sont, le reste du temps, suffisamment intenses pour engendrer au fil des soirées une lésion irréversible des cellules sensitives de la cochlée.

Questions

1 **Docs 1. et 2.** Une personne qui effectue une découpe au laser court deux dangers, lesquels ? Préciser les parties de l'œil exposées.

2 **Docs 1. et 3.** Quel est le danger que court une personne exposée à des sons intenses ? Préciser les parties de l'oreille exposées.

3 **Docs 1. à 3.** Donner les moyens de protection obligatoires lors de l'utilisation du laser et du marteau-piqueur.

4 **Pour aller plus loin** **TICE** Préciser le niveau sonore à partir duquel l'écoute de la musique est dangereuse.

VOCABULAIRE

Intensité sonore : l'expression courante « monter le volume » signifie augmenter l'intensité sonore.

Lésion irréversible : après une lésion irréversible, le sujet ne pourra plus jamais entendre comme avant.

ACTIVITÉ

9 Comment déterminer la distance qui sépare la Terre de la Lune ?

COMPÉTENCES ÉVALUABLES

D4. Mesurer des grandeurs physiques de manière directe ou indirecte.
D5. Expliquer, par l'histoire des sciences et des techniques, comment les sciences évoluent et influencent la société.

Le premier réflecteur lunaire, de fabrication française, a été installé par le robot soviétique lunokhod en 1970. Ses coordonnées avaient été tenues secrètes à l'époque de la guerre froide.

Histoire des sciences

1 Aristarque de Samos.

Au IIIe siècle av. J.C., l'astronome grec Aristarque de Samos avait estimé, en observant des éclipses de Lune, que la distance Terre-Lune équivalait à 19 fois le rayon terrestre.

▶ Voir EPI.

2 Le catadioptre.

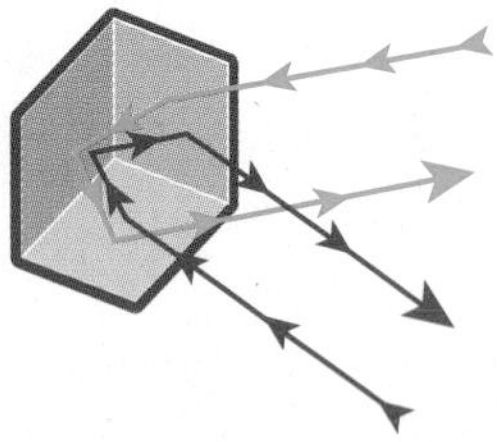

La surface des panneaux de signalisation ou des bandes grises sur les gilets jaunes sont constitués de catadioptres microscopiques en forme de demi-sphère ou de demi-cube. La particularité des catadioptres est de renvoyer la lumière qu'ils reçoivent dans la direction de la source qui l'a émise.

3 Expérience permettant de déterminer la distance Terre-Lune.

L'un des cinq réflecteurs déposés sur la Lune.

Pour déterminer précisément la distance Terre-Lune, on utilise un laser en envoyant des impulsions lumineuses qui se déplacent à la vitesse de 300 000 000 m/s.
Elles se réfléchissent sur l'un des réflecteurs équipés de catadioptres déposés à différents endroits du sol lunaire. De la mesure de la durée d'un aller-retour d'une impulsion, on déduit la distance qui sépare la Terre de la Lune : cette technique de mesure est appelée télémétrie.

Questions

1 **Doc 1.** À l'époque d'Aristarque, on ne connaissait pas la valeur du rayon terrestre (6 400 km). Exprimer en kilomètres l'estimation de la distance Terre-Lune d'Aristarque.

2 **Docs 2. et 3.** Préciser la fonction des catadioptres d'un réflecteur situé sur le sol lunaire.

3 **Doc 3.** À l'observatoire de la Côte d'Azur, des ingénieurs ont mesuré qu'une impulsion lumineuse met 2,556 s pour faire l'aller-retour entre la Terre et la Lune. Calculer la distance Terre-Lune en mètres puis en kilomètres ▶ Voir chapitre 7, p. 166.

4 **Docs 1. et 3.** Comparer le résultat de la question précédente à la valeur estimée par Aristarque de Samos.

5 **Pour aller plus loin** Retrouver l'évaluation d'Aristarque (doc. 1) à partir de la donnée suivante : la Lune reste 4 heures dans l'ombre de la Terre et met 700 heures (1 mois) à faire le tour de la Terre.

VOCABULAIRE

Impulsion lumineuse : le laser envoie une très grande intensité lumineuse en une durée très courte (un dixième de milliardième de seconde).

ACTIVITÉ

10 Comment fonctionne un sonar ?

COMPÉTENCES ÉVALUABLES

D4. Mesurer des grandeurs physiques de manière directe ou indirecte.
D5. Expliquer, par l'histoire des sciences et des techniques, comment les sciences évoluent et influencent la société.

Le SONAR (acronyme de *SOund, NAvigation and Ranging*) fut mis au point par Paul Langevin pour détecter les sous-marins ennemis pendant la Première Guerre mondiale. Il est également utilisé pour des applications civiles.

1 Principe de fonctionnement du sonar.

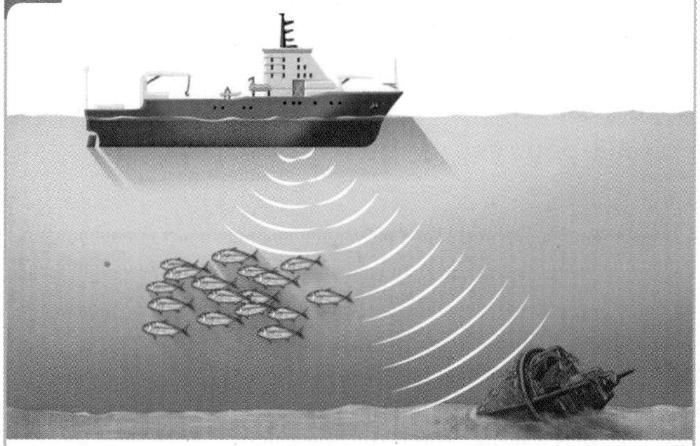

Les navires équipés d'un sonar envoient un signal ultrasonore dans l'eau. Le « son » se propage dans l'eau jusqu'à ce qu'il rencontre un obstacle. Une partie du son traverse l'obstacle, l'autre est réfléchie vers le navire.
Les chalutiers modernes sont souvent équipés de sonar à ultrasons pour détecter les bancs de poisson.

2 Le naufrage du City of Cairo.

Un soir de novembre 1942, au large de la Namibie, un sous-marin allemand a torpillé un navire de fret anglais, le City of Cairo. Une centaine de passagers ont péri et près de cent tonnes de pièces d'argent ont fini au fond de l'océan ; une cargaison estimée à plus de 50 millions de dollars et qui pendant cinquante ans a été recherchée par de nombreux chasseurs de trésors.

3 La découverte de l'épave du City of Cairo.

En 2013, des océanographes franco-britanique ont découvert l'épave du City of Cairo.
La durée du trajet aller-retour du signal sonore émis par le sonar du navire de recherche était de 3,41 s.

Questions

1. **Doc 1.** Observer le dessin du document 1 puis expliquer comment, au fur et à mesure que le bateau avance, le sonar peut détecter le banc de poisson puis le distinguer de l'épave.
2. **Docs 2. et 3.** Sachant que la vitesse du son dans l'eau de mer vaut 1 500 m/s, déterminer à quelle profondeur se trouvait le trésor du City of Cairo découvert par les océanographes.
3. **Pour aller plus loin** Rechercher si le City of Cairo gît à une profondeur plus importante que le Titanic. ▶ Voir EPI.

VOCABULAIRE

Se réfléchir : être renvoyé dans une autre direction. Le son se réfléchit sur une paroi pour former l'écho comme un rayon lumineux se réfléchit sur un miroir.

ACTIVITÉ 11 — TÂCHE COMPLEXE

Vont-ils arriver avant la fin du feu d'artifice ?

COMPÉTENCES ÉVALUABLES

D1. Lire et comprendre des documents scientifiques.
D4. Mesurer des grandeurs physiques de manière directe ou indirecte.

Situation

Martin assiste au feu d'artifice de Salers en Auvergne. Dans le village voisin, ses amis Igor et Sacha entendent vers 22 h une détonation. Ils reçoivent alors un message de Martin qui s'étonne de ne pas les voir et les invite à le rejoindre. Ils ont oublié le feu d'artifice ! Igor dit à Sacha : « Je connais un raccourci pour aller tout droit rejoindre Martin. Partons tout de suite, nous verrons le bouquet final ! ».

CONSIGNE

Après avoir vérifié que Martin respecte la distance de sécurité pour observer le feu d'artifice, déterminer si ses amis pourront le rejoindre à temps.

ACT lienmini.fr/pc-089 Version interactive

1 Un feu d'artifice.

2 Les artifices utilisés.

Les artificiers utilisent régulièrement un artifice nommé « bombe ».
Il en existe de plusieurs sortes mais deux sont plus fréquemment utilisées :
- la bombe de 75 mm monte à une hauteur de 75 m et éclate sur un diamètre de 75 m ;
- la bombe de 100 mm monte à une hauteur de 100 m et éclate sur un diamètre de 100 m.

3 Schéma de l'ouverture d'une « bombe ».

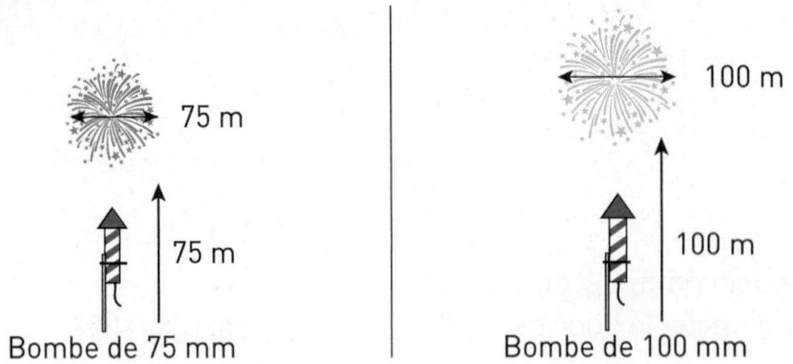

4 La position de Martin lors du bouquet final (bombes de 100 mm).

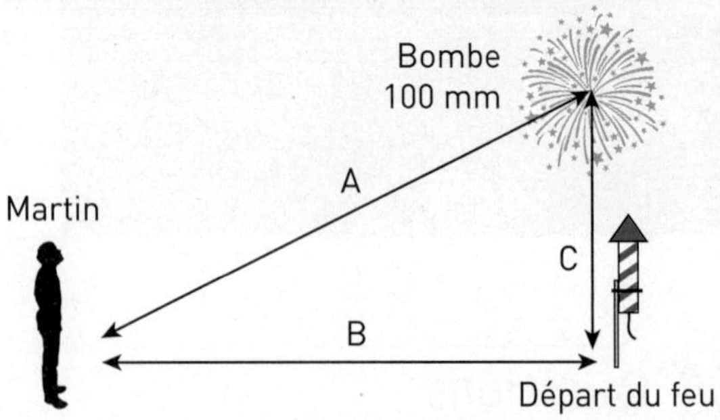

Il s'écoule 0,6 s entre le moment où Martin voit la lumière et le moment où il entend la détonation.

5 **Étiquette d'une bombe 100 mm.**

BOMBE d'ARTIFICE ↑ HAUT (sens d'éjection)

BOMBE 100 mm : DOUBLE CONTRE
BOMBE ROUGE ARGENT/VERT ARGENT
Réf. H8544002a
Groupe K4 — N° d'agrément : A D/BB/64580
CALIBRE : 100 mm — M.A. : 610 G
DISTANCE MINIMALE DE SÉCURITÉ A RESPECTER
PAR RAPPORT AU PUBLIC : 160 mètres
ARTIFICE D'EXTÉRIEUR – **vente aux mineurs interdite**
Ne pas laisser à la portée des enfants

6 **Affiche du feu d'artifice.**

7 **Vitesses de quelques moyens de transport.**

Moyen de transport	Vitesse moyenne (en km/h)
Pédestre	5
Vélo	13
Voiture	40
Bus	50
Train	100
Avion	500

RAPPEL

Vitesse de la lumière : $c = 3{,}00 \times 10^8$ m/s

Vitesse du son dans l'air : $v_{son} = 340$ m/s

8 **Plan des environs de Salers.**

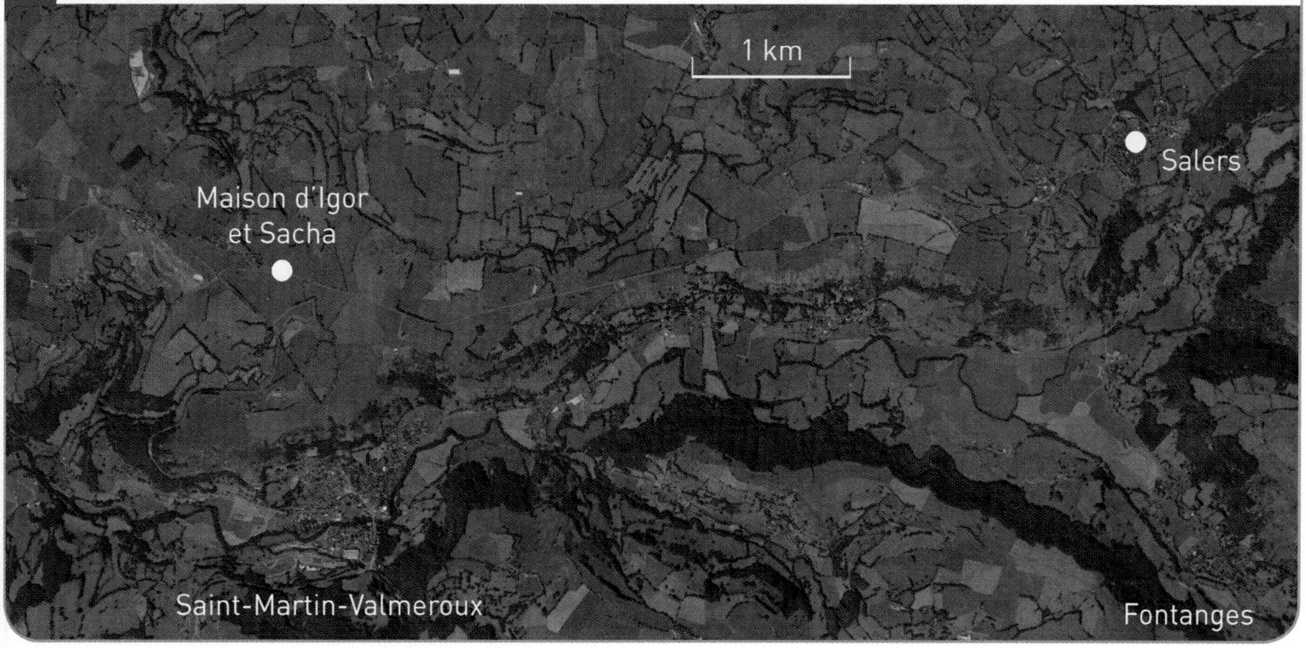

Besoin d'aide ?

▶ **Retrouvez des aides en fin d'ouvrage, p. 423.**

Signaux sonores et lumineux

▶ Retrouvez aussi **Le bilan de 5e** BILAN lienmini.fr/pc-090 **Le bilan de 4e** BILAN lienmini.fr/pc-091

1 Signal lumineux

▶ Activités 1 2 3 4 7 11

a Milieu de propagation

La lumière se propage dans un **milieu matériel** et dans le **vide**.

b Source primaire, objet diffusant et condition de visibilité

■ Un objet qui produit de la lumière est une **source primaire** (ou un objet lumineux).

Exemples

Le Soleil, une lampe.

■ Un objet qui ne produit pas de lumière mais ne fait que renvoyer une partie ou la totalité de la lumière qu'il reçoit est un **objet diffusant**.

Exemples

La Lune, un livre, un élève, une feuille de papier, un écran de cinéma.

■ Pour voir un objet, il faut que l'œil reçoive la lumière émise ou diffusée par l'objet.

c Modèle du rayon lumineux

■ Dans un milieu transparent et homogène (l'air, le vide), la lumière se propage en **ligne droite**. On modélise la **propagation rectiligne** de la lumière par le tracé d'un **rayon lumineux** : une droite sur laquelle une flèche indique le **sens de propagation de la lumière**.

■ Un **faisceau** de lumière est un ensemble de rayons lumineux provenant d'une même source.

Remarque : un rayon peut être considéré comme un faisceau de lumière extrêmement fin. C'est pourquoi l'on parle parfois, par abus de langage, de rayon laser et non de faisceau laser.

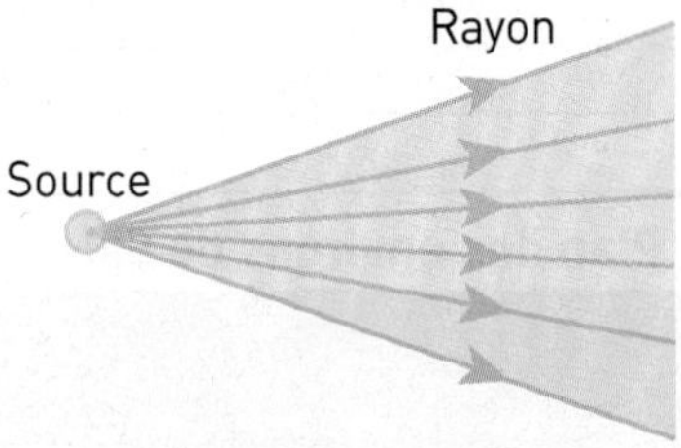

Modélisation d'un faisceau par des rayons lumineux

■ Les objets opaques ne laissent pas passer la lumière. Lorsqu'ils sont placés sur le trajet d'un faisceau lumineux, ils empêchent en partie la propagation de la lumière. Les zones non éclairées sont appelées **ombres**.

Exemple

Le trajet de trois rayons : le rayon 1 parvient jusqu'à l'écran ; les rayons 2 et 3 sont arrêtés par les doigts qui sont opaques.

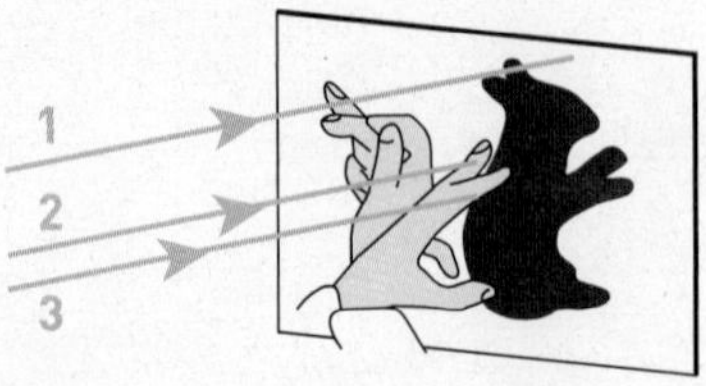

d Vitesse de propagation

■ La lumière se propage à une **vitesse de 300 000 000 ou 3×10^8 mètres par seconde** (m/s).

MOTS-CLÉS

Danger	Objet diffusant	Source primaire
Fréquence	Ombres	Vitesse de propagation
Milieux de propagation	Rayon lumineux	

VOIR LEXIQUE P. 418

2 Signal sonore

▶ Activités 2 5 6 11

a Milieu de propagation

Le son se propage uniquement dans un **milieu matériel**, c'est-à-dire dans la matière.

Exemple : le son ne se propage pas dans l'espace intersidéral.

b Le son, une vibration

- Le son correspond à **une vibration**.
- La **vitesse de propagation** du son dépend du milieu.

Milieu	Vitesse du son
Air	$340\ m \cdot s^{-1}$
Eau	$1\ 480\ m \cdot s^{-1}$
Acier	$\sim 5\ 600\ m \cdot s^{-1}$

c La fréquence

- La **fréquence** d'un son, exprimée en hertz, correspond au nombre de vibrations de la source sonore autour de sa position d'équilibre en 1 seconde.

Exemple : une corde qui émet la note *La* du diapason vibre 440 fois par seconde autour de sa position d'équilibre ; le tympan qui reçoit la note, vibre à cette même fréquence.

Grandeur	Symbole	Unité (symbole)
Fréquence	f	Hertz (Hz)

- Gamme de fréquences du son perçues par l'oreille humaine :

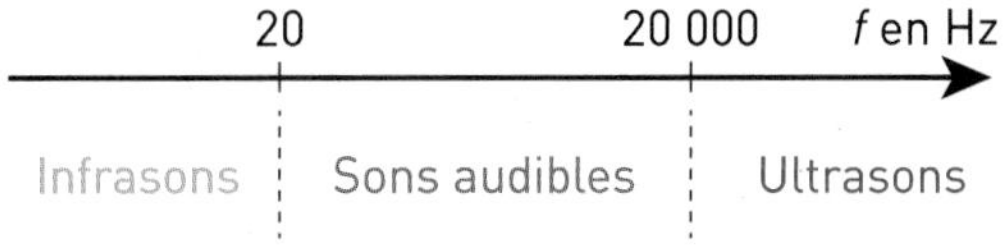

3 Les applications et les dangers

▶ Activités 7 8 9 10 11

a Déterminer une distance

- La **vitesse de propagation** du son ou de la lumière étant connue, il est possible de déterminer une **distance** à partir de la mesure de la **durée de propagation** d'un son ou d'une impulsion lumineuse,
- Cette technique de mesure est la télémétrie (mesure : mètrie ; de loin : télé).

Exemple : un randonneur crie vers une montagne. Le son « revient » au bout de 1,52 s. La vitesse du son dans l'air est $v_{son} = 340$ m/s. La longueur de l'aller-retour est :
$d = 340 \times 1{,}52 = 518$ m. Donc le randonneur se trouve à environ 259 m de la paroi rocheuse.

b Les dangers de la lumière et du son

L'intensité des signaux sonores et lumineux peut provoquer des **dommages irréversibles** de l'œil ou du tympan.

- Il faut se protéger de la lumière du Soleil et respecter des consignes de sécurité très strictes lors de l'usage d'un laser : son faisceau peut subir des réflexions accidentelles et pénétrer dans l'œil sans avoir perdu de son intensité.
- Il ne faut pas écouter de la musique trop « forte » car cela engendre une perte de l'audition.

L'essentiel

Milieu de propagation et vitesse des signaux

	Signal lumineux	Signal sonore
Propagation	• Milieu transparent • Vide	• Milieu matériel
Vitesse de propagation	Dans le vide et dans l'air : $c = 3 \times 10^8$ m/s	Dans l'air : $v_{son} = 340$ m/s

Signal lumineux

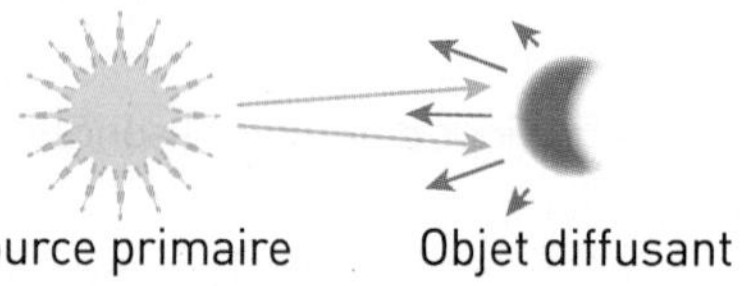

Signal sonore

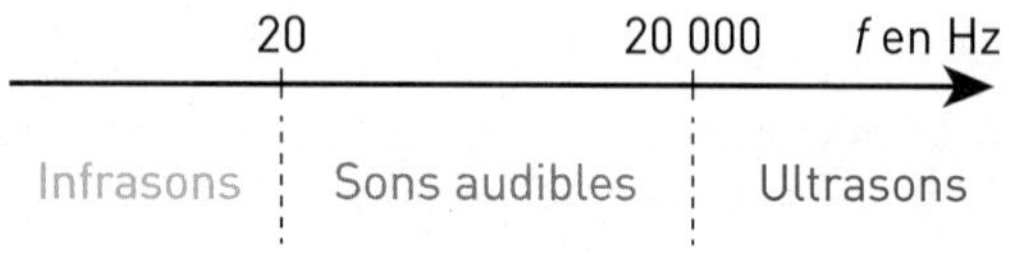

Utiliser la vitesse de la lumière et du son pour calculer une distance

$$v = \frac{d}{t} \longrightarrow d = v \times t$$

Socle commun

Domaines	Compétences	Activités	Problèmes
D1.1	Lire et comprendre des documents scientifiques.	2 5 11	43
D4	Proposer une ou des hypothèses pour répondre à une question scientifique.	1	
D4	Interpréter des résultats expérimentaux, en tirer des conclusions et les communiques en argumentant.	2 3 6 7	
D4. D5	Concevoir et réaliser un dispositif de mesure ou d'observation.	3 4 7	41
D4	Mesurer des grandeurs physiques de manière directe ou indirecte.	6 9 10 11	44 45
D4	Expliquer les fondements des règles de sécurité en acoustique.	7 8	42
D5	Expliquer, par l'histoire des sciences et des techniques, comment les sciences évoluent et influencent la société.	9 10	

J'apprends à apprendre

Utilisable en AP

1 Apprendre en rédigeant des questions

➡ L'objectif ici est de rédiger, à partir des réponses de Pauline, les questions de l'exercice.

Les réponses de Pauline :

Exercice 4

1. Les sources primaires sont les spots lumineux.
2. Les objets diffusants de la scène sont l'artiste, les enceintes, la guitare, la batterie.
3. Voici ci-contre, le tracé d'un rayon lumineux entre un spot lumineux (source primaire) et l'artiste (objet diffusant).

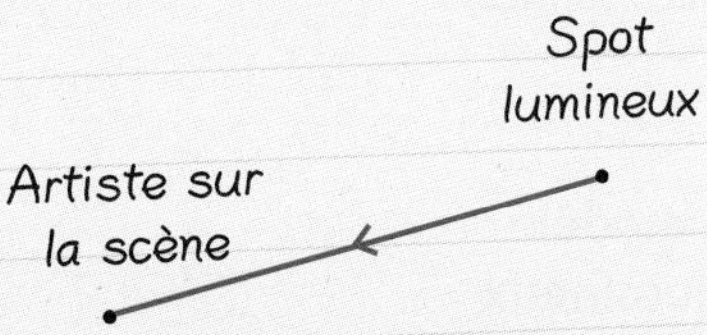

4. La lumière du spot lumineux se propage jusqu'à l'artiste qui diffuse la lumière qu'il reçoit dans toutes les directions, notamment jusqu'à l'œil du spectateur.

J'apprends une méthode

Exercice résolu

Utilisable en AP

2 ●●● Déterminer une fréquence

Énoncé Avant une compétition, un médecin du sport réalise un examen appelé ECG (électrocardiogramme) sur un sportif. Il obtient un graphique représentant l'activité électrique du cœur en fonction du temps.

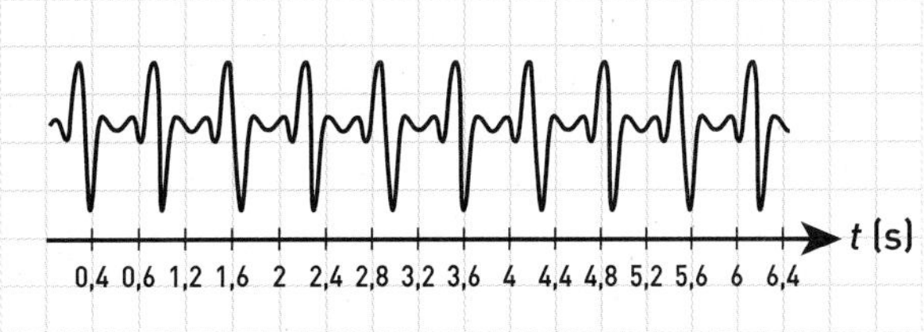

➡ Déterminer en hertz la fréquence cardiaque de ce sportif.

Solution

• Identifier un motif élémentaire du battement de cœur. On choisit comme début du motif élémentaire un point bien repérable de la courbe : par exemple une « pointe » (figure 1) ou un « creux » (figure 2). Dans tous les cas le motif aura la même durée.

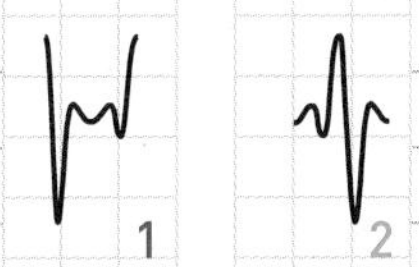

• Mesurer la durée de plusieurs motifs élémentaires pour avoir plus de précision.

Que l'on ait choisi le motif 1 ou le motif 2, la durée de 5 motifs est de 3,2 s.

• Déterminer le nombre de battements par seconde.

En déduire la fréquence f en hertz.

Il y a 5 : 3,2 = 1,6 battement par seconde ce qui correspond à une fréquence : f = 1,6 Hz.

5 motifs	3,2 s
?	1 s

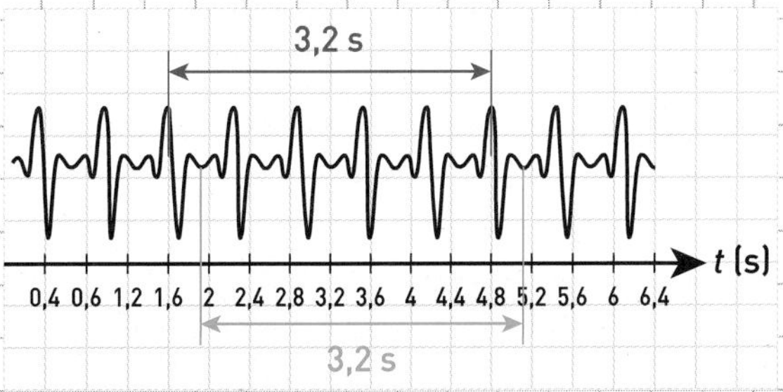

Je me teste

EXO lienmini.fr/pc-093

3 QCM Connaitre les milieux de propagation

1. Dans quel(s) milieu(x) la lumière peut-elle se propager ?

a. Le vide. **b.** Les milieux transparents.

c. Les milieux non transparents.

2. Dans quel(s) milieu(x) le son peut-il se propager ?

a. Le vide. **b.** Les gaz.

c. Les liquides. **d.** Les solides.

4 QCM Utiliser le modèle du rayon lumineux

1. Pour voir un objet il faut :

a. que l'œil envoie de la lumière sur l'objet.

b. que l'objet envoie de la lumière jusqu'à l'œil.

c. que l'objet émette sa propre lumière.

2. Dans un milieu homogène comme l'air, le schéma qui représente le mieux la propagation de la lumière est :

a.

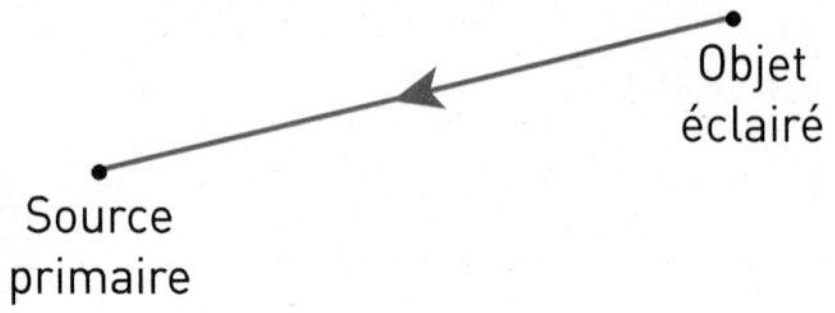

b.

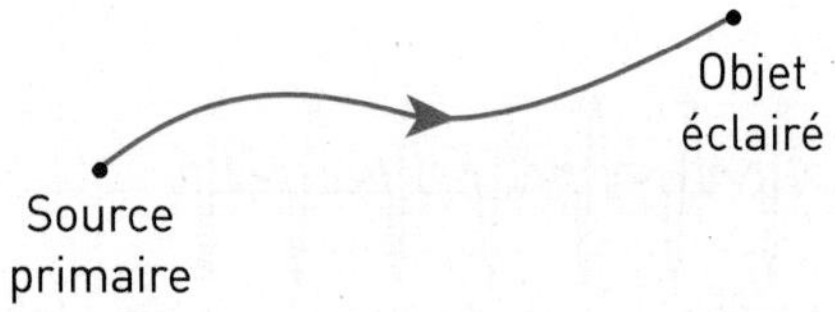

c.

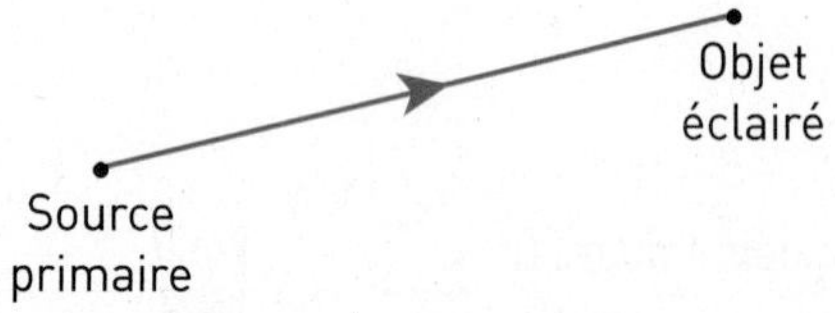

5 QCM Situer la fréquence des sons audibles

Quelle est la gamme de fréquences des sons audibles ?

a. 2 Hz-20 Hz

b. 20 Hz-20 000 Hz

c. 20 000 Hz-200 000 Hz

6 QCM Distinguer une source primaire d'un objet diffusant

1. Dans la liste suivante, quelle sont les sources primaires de lumière ?

a. Une photo.

b. Un écran allumé.

c. Le Soleil.

d. Un livre.

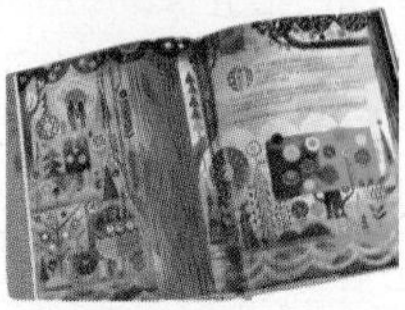

2. Les objets qui ne sont pas des sources primaires de lumière peuvent être vus parce qu'ils :

a. diffusent la lumière. **b.** réfléchissent la lumière.

c. absorbent la lumière.

7 QCM Identifier les risques liés à la lumière

Un rayonnement intense comme celui émis par un laser peut provoquer :

a. une brulure de la peau.

b. une perforation des tympans.

c. une brulure de la rétine.

8 QCM Identifier un motif

Sélectionner le bon motif pour chaque courbe.

1.

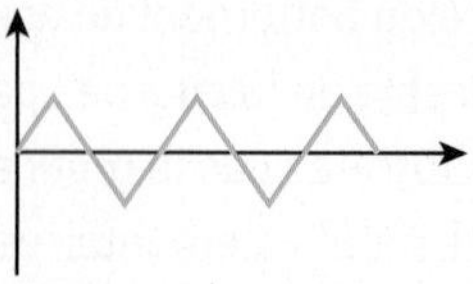

a.

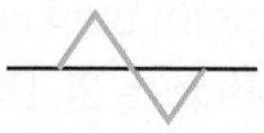

b.

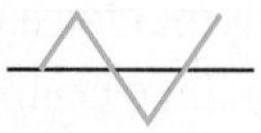

2.

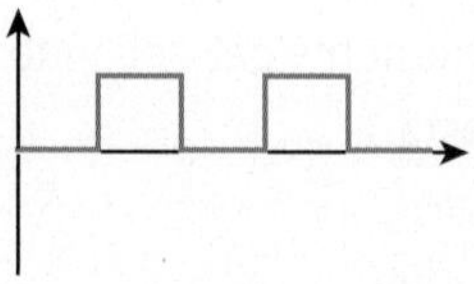

a.

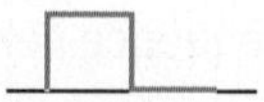

b.

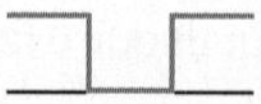

VOIR CORRIGÉS P. 423

Je travaille des compétences

Pédagogie différenciée

Utilisable en AP

9 Analyser un dispositif

Pour comprendre le fonctionnement de l'écholocalisation, on réalise deux expériences : on place un ensemble émetteur/récepteur à ultrason à deux endroits différents au-dessus d'un objet. On envoie une impulsion d'ultrasons vers l'objet et on capte l'écho. Les signaux sont visualisés à l'oscilloscope, en voie A pour l'émission et en voie B pour la réception.

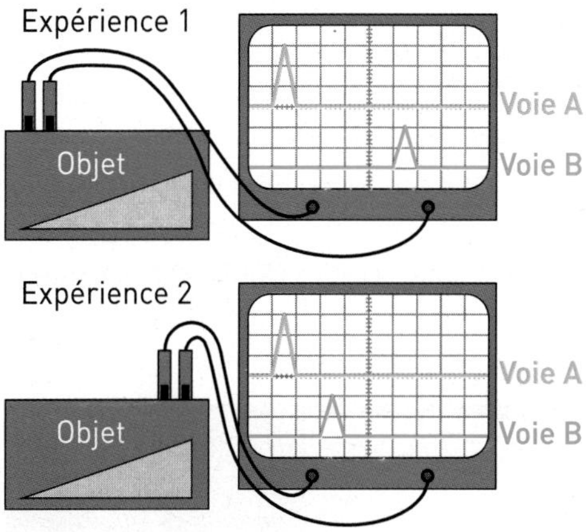

Consigne pour le groupe A

➡ Expliquer comment les oscillogrammes renseignent sur la forme de l'objet.

Consignes pour le groupe B

➡ Utiliser les aides pour expliquer comment les oscillogrammes renseignent sur la forme de l'objet.

1. Rappeler quelle est la grandeur portée en abscisse sur les oscillogrammes.

2. Quelle différence peut-on observer entre les deux oscillogrammes ?

3. Comment peut-on expliquer cette différence ?

4. En déduire les renseignements que l'on peut en tirer quant à la forme de l'objet.

Consignes pour le groupe C

1. Rappeler quelle est la grandeur portée en abscisse sur les oscillogrammes.

2. Dans quelle expérience l'écho met-il le plus de temps à revenir dans le récepteur ?

3. Comment le voit-on sur l'oscillogramme ?

4. Utiliser les réponses précédentes pour expliquer comment les oscillogrammes renseignent sur la forme de l'objet.

10 Adopter un comportement éthique et responsable

Pour préparer les portes ouvertes du collège, une classe souhaite réaliser des posters sur les dangers liés à une écoute prolongée de musique très forte.

Consigne pour le groupe A

➡ Réaliser un poster à partir de recherches personnelles et de ses connaissances.

Consignes pour le groupe B

1. Rédiger un paragraphe sur le son en s'aidant des mots-clés du bilan.

2. Chercher des illustrations à insérer dans le poster.

3. Rédiger un paragraphe sur les précautions à prendre lorsqu'on écoute de la musique avec des écouteurs.

Consignes pour le groupe C

1. Le son a-t-il besoin d'un milieu matériel pour se propager ?

2. Rappeler quelle partie de l'oreille vibre lorsqu'elle perçoit un son puis préciser la gamme de fréquence audible par l'oreille humaine.

3. Rechercher quelles sont les précautions à prendre pour écouter de la musique sans risque en utilisant les mots du bilan ou les mots « son » « niveau sonore », « dangers »…

4. Chercher des illustrations à insérer dans le poster.

5. Réaliser le poster.

Exercices

Je travaille des notions

Les bons mots pour le dire

11 ● Question de bon sens

1. On peut dire : « dans le ballon il y a de l'air ». Mais il vaut mieux dire « la cloche est vide » que « dans la cloche il y a du vide ». Pourquoi ?

2. En cours, on dit selon les circonstances, qu'un faisceau est limité par deux ou une infinité de rayons.
Quand dit-on qu'un faisceau est limité par deux rayons ? Quand dit-on qu'il est limité par une infinité de rayons ? Qu'en est-il dans la réalité ?

12 ● Utiliser le mot « vide »

1. Une pompe à air d'aquarium envoie de l'air dans l'eau sous forme de bulles. Peut-on dire qu'une pompe à vide « envoie du vide » dans la cloche à vide ?

2. On peut conserver des aliments dans des sachets sous vide. Peut-on dire qu'un tel sachet « contient du vide » ?

13 ● Compléter les phrases avec :

Depuis / Vers / toutes les directions / tous les sens / droites / segments de droite / le sens / la direction / quelques / tous les

… la source, la lumière se propage en ligne droite dans … .

Sur un schéma on peut représenter … rayons d'un faisceau par des … .

On utilise des flèches pour indiquer … de propagation.

Identifier les milieux de propagation des signaux

14 ●● Milieux matériel ou non

a. 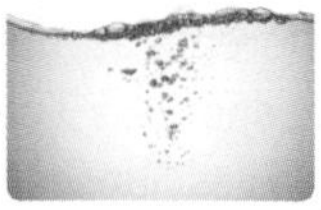 b. 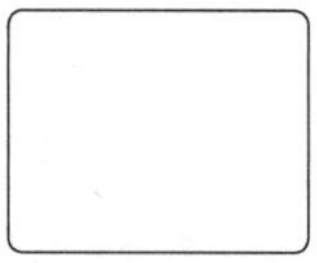 c. 

d.  e.  f. 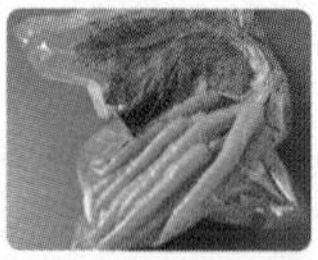

Quelles sont, parmi ces situations, celles qui pourraient illustrer la notion de vide ? Expliquer pourquoi.

a. L'eau
b. Le cadre vide
c. Le ballon
d. La barre de métal
e. Le ciel d'été
f. Les aliments « sous vide »

15 ●● Expérience de la cloche à vide

Lucas place un réveil qui sonne et une lampe torche allumée dans une cloche à vide.

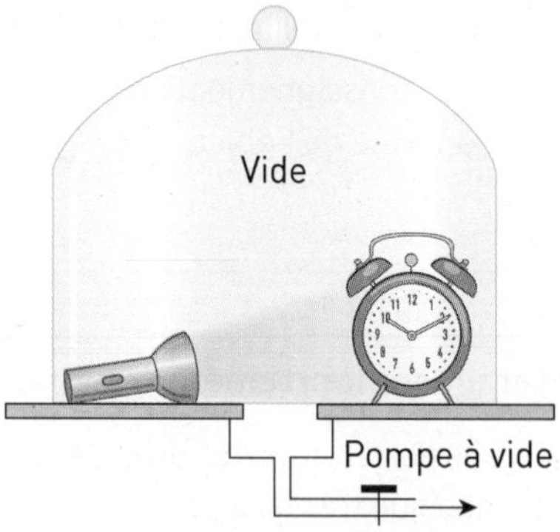

1. Rappeler ce que signifie l'expression « faire le vide ».

2. Qu'entend et que voit Lucas lorsque la pompe a « fait le vide » à l'intérieur de la cloche ?

3. Qu'est-ce qu'un milieu matériel ?

4. En déduire quel type de signal se propage uniquement dans un milieu matériel.

16 ●● Affiche de cinéma

« Dans l'espace personne ne vous entendra crier. »

➡ Expliquer en quoi la phrase d'accroche de l'affiche du film est scientifiquement correcte.

Distinguer une source primaire d'un objet diffusant

17 ● ● ● Objets diffusants

➡ Quels sont, parmi les illustrations, les objets diffusants ? Justifier la réponse.

18 ● ● ● Conditions de visibilité d'un objet

Dans les expériences ci-dessous, la balle et la lampe sont immobiles.

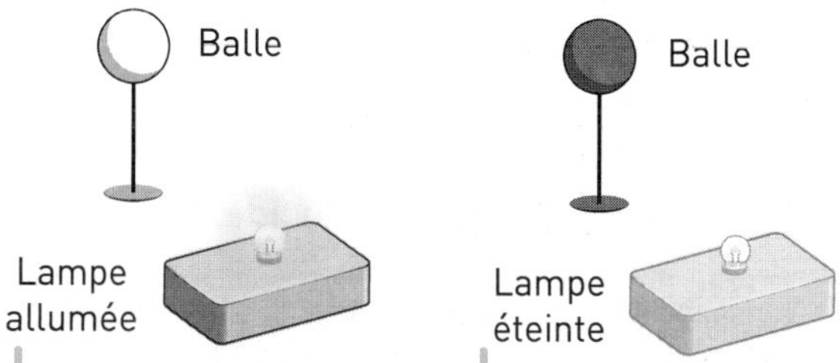

a La lampe est allumée. b La lampe est éteinte.

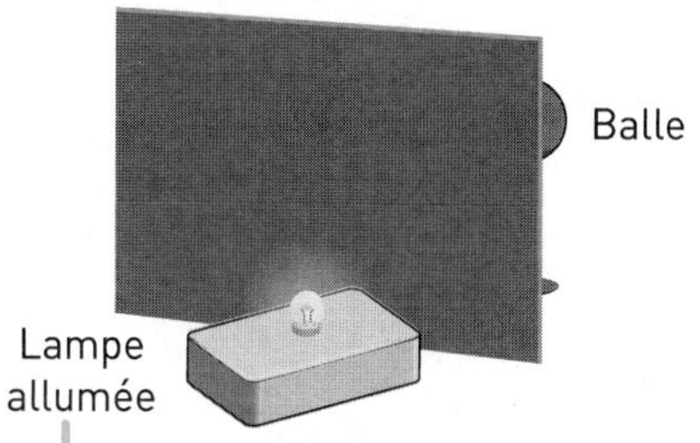

c La lampe est allumée et un cache est placé entre la balle et la lampe.

1. Dans quelle situation voit-on l'objet ?

2. Dans les autres situations, expliquer pourquoi on ne voit pas l'objet.

19 ● ● ● Reformuler

➡ Mettre dans le bon ordre les groupes de mots pour former des phrases.

par une source primaire de lumière. celui-ci doit diffuser une lumière émise doit parvenir à des yeux. Pour voir un objet, Cette lumière réémise

20 ● ● ● Lumières et spectacle

De nombreux spectacles de lumière utilisent des spots de lumière colorée et parfois des lasers (dont l'intensité lumineuse ne présente pas de risque).

Lorsque des lasers sont allumés on fait simultanément produire de la fumée par des fumigènes.

1. La fumée produite par un fumigène est-elle une source primaire ou un objet diffusant ?

2. Pourquoi le fumigène est-il indispensable ?

Utiliser le modèle du rayon lumineux pour expliquer des observations

21 ● ● ● Voit-on la lumière ?

➡ Que voit-on réellement : la lumière ou les particules en suspension dans l'air qui diffusent la lumière ? Justifier la réponse.

22 ● ● ● Télécommande

La télécommande permet de contrôler l'allumage de la télévision ou la sélection d'une chaine en émettant un faisceau de lumière invisible à l'œil nu.

David et Élodie ne désirent pas regarder la même émission télévisée. Élodie se place devant le capteur (ou récepteur) de la télécommande.

➡ Donner au moins deux raisons qui expliquent pourquoi David ne peut pas allumer la télévision.

Exercices

Je travaille des notions

23 ●●● Le sens de propagation

➡ Dans quel cas le sens de propagation de la lumière est-il correct ? Justifier la réponse.

24 ●●● Voir un opéra

L'opéra Faust est donné dans une salle dont la configuration est la suivante :

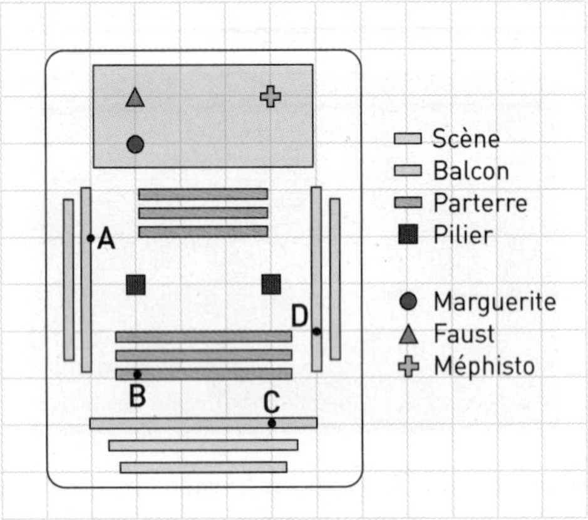

Durant l'acte III, les spots lumineux éclairent les personnages Faust, Marguerite et Méphisto qui sont sur la scène.

1. Recopier uniquement les positions des personnages de l'opéra, des piliers et les spectateurs A, B, C et D.

2. Quels spectateurs voient Marguerite ?

3. Quels spectateurs voient Faust ?

4. Quel spectateur ne voit pas Méphisto ?

5. Quel est le spectateur le mieux situé ? Justifier la réponse en traçant les rayons.

25 ●●● Voir l'arrêt de bus depuis sa chambre

Avant de partir au collège, Aminata vérifie par la fenêtre que le bus n'a pas d'avance.

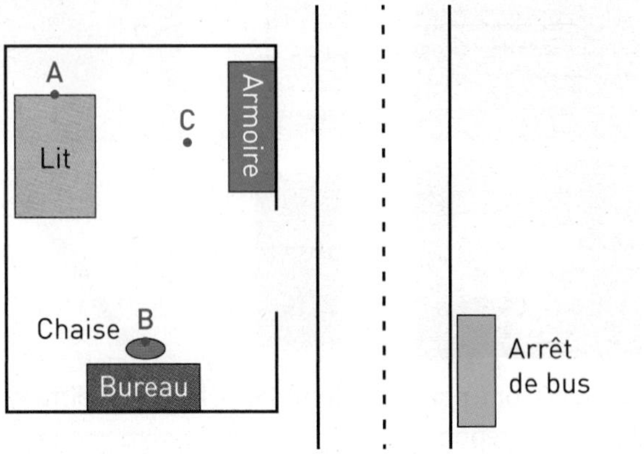

1. Rappeler comment se propage la lumière.

2. En déduire où Aminata doit se placer pour voir l'arrêt de bus.

Expliquer comment se forment les ombres

26 ●●● Objet opaque, translucide, transparent

Transparent	Translucide	Opaque

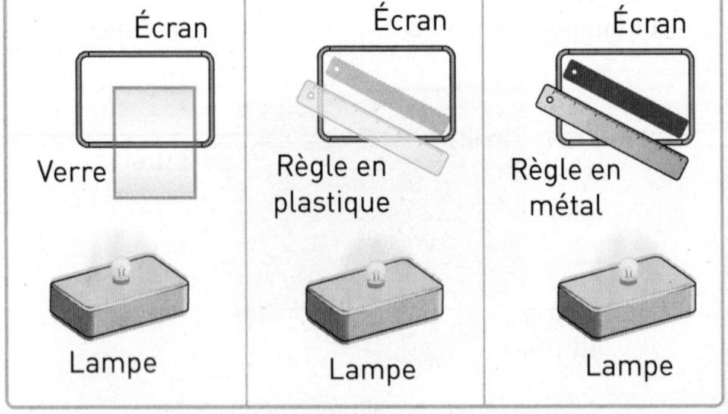

1. TICE Rechercher la différence entre un objet transparent et un objet translucide.

2. Expliquer pourquoi les ombres, lorsqu'on les observe, ont des aspects différents ?

27 ●●● Forme de l'ombre

Voici les ombres d'une bouteille de lait opaque formées sur un écran :

➡ Expliquer pourquoi Sara peut affirmer : « Ces ombres peuvent être obtenues à partir du même objet ».

28 ● Taille de l'ombre

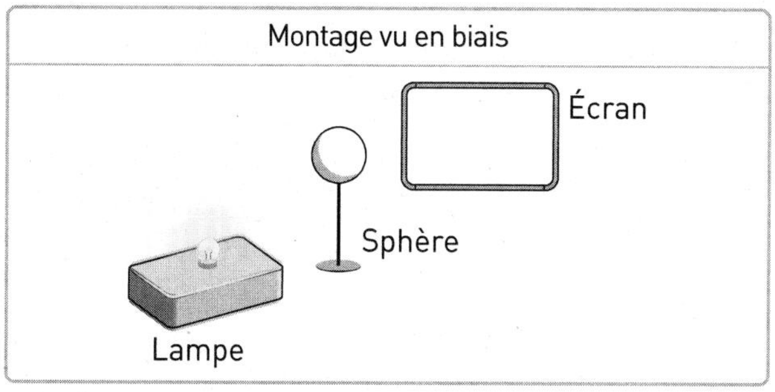

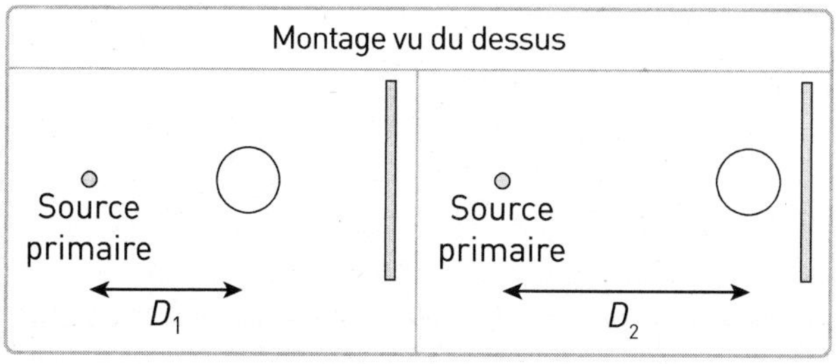

1. Dans quel cas la taille de l'ombre sur l'écran est-elle la plus grande ? Justifier la réponse.

2. Comment varie la taille de l'ombre en fonction de la distance *D*, source primaire-objet diffusant ?

3. Avec le même matériel, proposer une autre expérience qui permet d'obtenir une ombre encore plus grande.

Savoir qu'un son correspond à une vibration

29 ● Vibration du diapason

VIDEO EXP > Vibration d'un diapason.

Lorsqu'on frappe un diapason, ses branches vibrent et émettent un son qui correspond à une note.

➡ Expliquer quel est le phénomène qui est à l'origine des éclaboussures.

30 ● Vibration d'une corde

1. Que faut-il faire pour produire un son avec une guitare ?

2. Détailler la façon dont le son se propage depuis la guitare jusqu'au tympan de l'auditeur.

31 ● Fonctionnement d'un micro

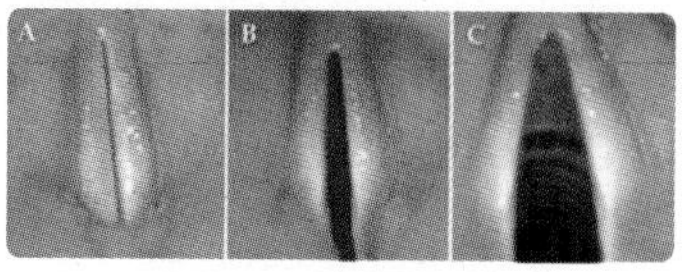

Les cordes vocales.

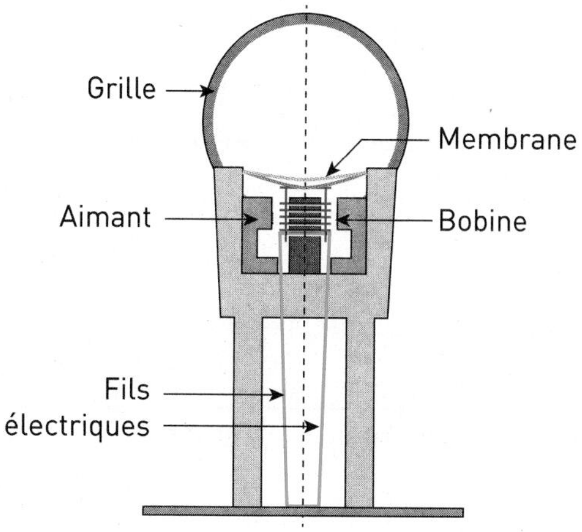

Un micro.

➡ Faire une phrase expliquant la propagation des vibrations du son produit par les cordes vocales de Michael jusqu'au micro.

Utiliser la notion de fréquence

32 ● Son audible, ultrasons ou infrasons ?

En Lorraine, pour éviter des accidents entre les voitures et le gibier, des automobilistes ont installé sur leurs rétroviseurs des sifflets qui émettent un son d'une fréquence de l'ordre de 27 kHz.

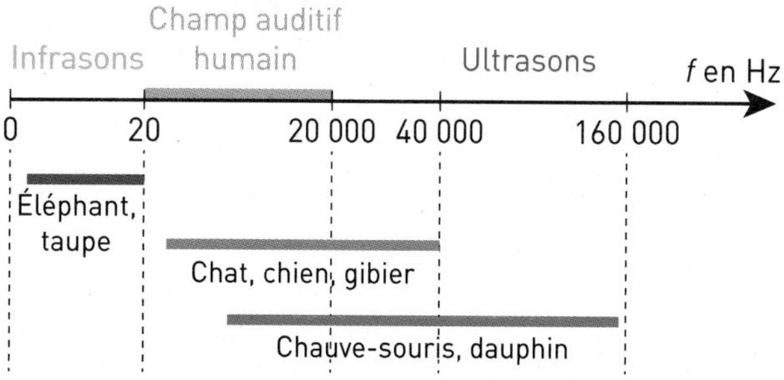

1. Que signifie le symbole « kHz » ? Convertir 27 kHz en Hz.

2. Le son émis par le sifflet est-il entendu par les occupants de la voiture ? Justifier la réponse.

3. Le son émis par le sifflet est-il entendu par les animaux qui vivent dans les forêts lorraines ?

4. En déduire pourquoi ce sifflet permet d'éviter des accidents.

Exercices

Je travaille des notions

33 Une même note jouée par deux instruments

ⓐ Analyse du *La* du diapason

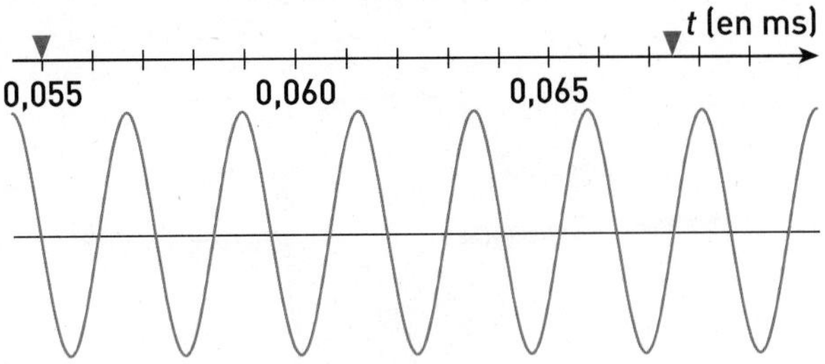

ⓑ Analyse d'un *La* joué par une guitare

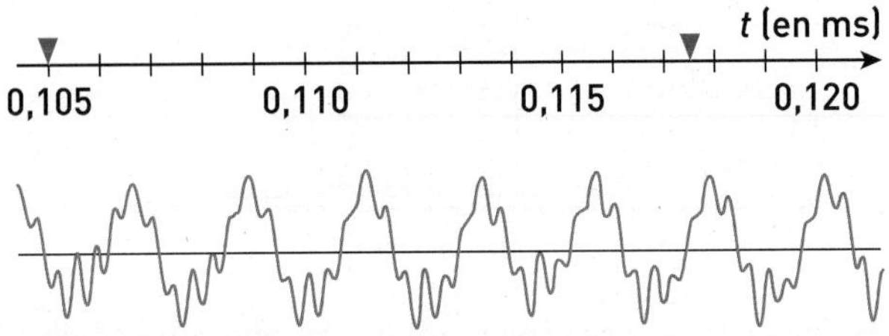

ⓒ Analyse d'un *Si* joué par une guitare

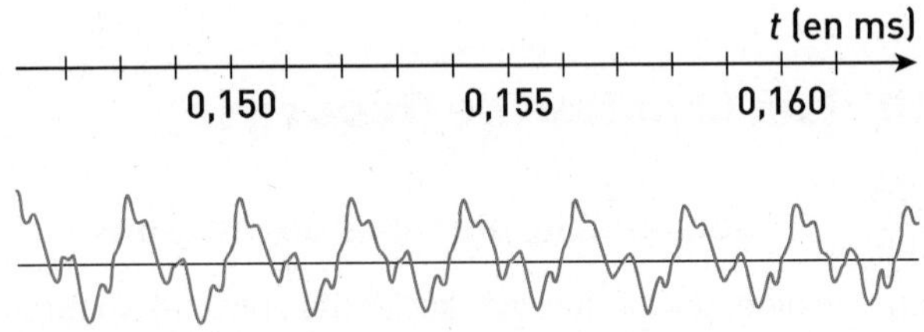

1. Qu'y a-t-il de commun entre les courbes des trois enregistrements ?

2. a. Observer successivement les enregistrements ⓐ et ⓑ. Pour chacun d'eux, identifier puis reproduire le motif qui se répète.

b. Sur chaque enregistrement, compter le nombre de motifs observables entre les deux repères ▼. Que constate-t-on ?

3. Recopier et compléter le tableau suivant.

Enregistrement	a	b	c
Nombre de motifs observables en 12,5 ms			6,15
Nombre de motifs en 1 s			
Fréquence	f = ... Hz		
Note jouée	La		Si

4. Proposer une phrase de conclusion en utilisant les termes ***fréquence*** et ***note de musique***.

Utiliser la vitesse de propagation du son et de la lumière

34 Vitesse du son dans l'eau

Histoire des sciences

En 1827, Jean-Daniel Colladon et Charles Strum reçoivent le Grand Prix de l'Académie des sciences pour leurs travaux donnant une estimation de la vitesse du son dans l'eau.

Pour réaliser cette expérience, les deux scientifiques suisses utilisent deux bateaux sur le lac Léman. À l'instant t_1 un ingénieux système commande l'émission simultanée d'un signal lumineux sur le pont du premier bateau et d'un signal sonore (un marteau frappe une cloche) sous ce bateau. À l'instant t_2 le son est reçu dans l'eau en dessous du second bateau.

Dispositif expérimental

L'expérience donne les résultats suivant : pour une distance de 13 km entre les deux bateaux, la durée séparant les instants t_1 et t_2 est de 9,1 s.

➡ Déterminer la valeur de la vitesse du son dans l'eau à partir de ces mesures historiques. Détailler le raisonnement puis commenter le résultat.

35 Lumière solaire

La lumière du Soleil met seulement 8 minutes et 13 secondes pour parvenir jusqu'à la Terre.

1. Exprimer en secondes la durée t du trajet de la lumière entre le Soleil et la Terre.

2. Quelle est la valeur de la vitesse de la lumière ?

3. Retrouver la valeur de la distance Terre-Soleil par le calcul.

36 ●●● Vitesse du son dans les solides

Les brigands du Far West à l'affut d'un train à piller collaient leur oreille au rail pour l'entendre arriver.

Données

- Vitesse du son dans l'air : $v_{air} = 340$ m/s.
- Vitesse du son dans le fer : $v_{fer} = 5\,500$ m/s.

1. Comparer les vitesses données dans l'énoncé.

2. Calculer le temps de parcours du son dans le rail puis dans l'air lorsqu'un train est à une distance de 4 km.

3. Expliquer comment est transmis le signal sonore et pourquoi les brigands préfèrent écouter à travers le rail.

37 ●●● Attraper une proie

Les baleines à bosse, les dauphins et d'autres mammifères marins utilisent l'écholocalisation pour repérer leurs proies. Pour cela, ils émettent des ultrasons qui, lorsqu'ils rencontrent l'obstacle que constitue la proie, se réfléchissent sur cet obstacle. Les ultrasons se déplacent dans l'eau à 1 500 m/s environ et se propagent aussi dans le sable ou à travers les algues, ce qui permet la détection de poissons biens cachés.

1. Expliquer à l'aide d'un schéma le principe de l'écholocalisation du dauphin lorsqu'il détecte une proie. Tracer le trajet du signal sonore émis puis reçu par le dauphin.

2. Un signal envoyé par un dauphin revient au bout de 0,2 s. À quelle distance se trouve-t-il du poisson ?

Identifier les risques liés au son et à la lumière

38 ●●● L'ophtalmie des neiges

Le Soleil peut être dangereux pour la vue, même si on ne le regarde pas directement.

L'*ophtalmie des neiges* (kerato-conjonctivite) est une pathologie de l'œil que l'on a en montagne. Cette ophtalmie est due à la réflexion de la lumière sur la neige. L'œil est agressé par les rayons UV qui ont une double origine : la diffusion par l'atmosphère et la réflexion sur la neige.

➡ Que peut dire un guide de montagne à ses clients pour les persuader de la nécessité de bien protéger leurs yeux ?

39 ●●● Le trajet de la lumière

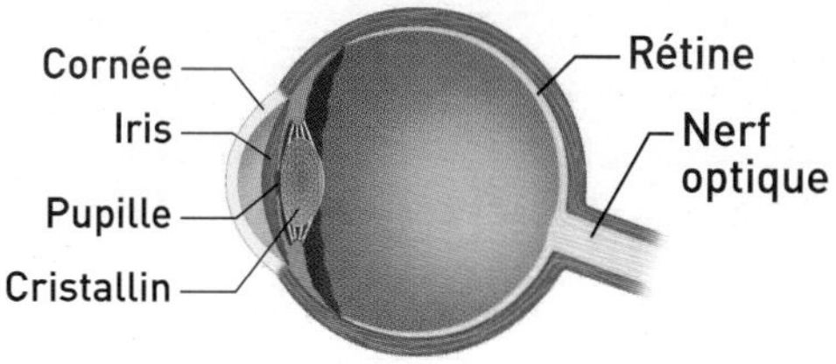

1. Décrire le trajet de la lumière dans l'œil en utilisant les termes anatomiques.

2. En déduire quelle(s) partie(s) de l'œil peut(vent) être endommagée(s) si la lumière est trop intense.

3. **TICE** Rechercher quels sont les risques pour les yeux lors d'une éclipse solaire. Quelle partie de l'œil peut subir des lésions irréversibles ?

40 ●●● Agent de piste (marshaller)

Un avion peut au décollage émettre un son d'un niveau sonore de 150 décibels.

1. Relever l'unité du niveau sonore.

2. **TICE** Rechercher le symbole de l'unité du niveau sonore ainsi que la valeur du niveau sonore à partir duquel l'oreille est exposée à un danger.

3. Justifier l'équipement de cet agent de piste.

Problèmes

41 ●●● Les phases de la Lune

D4. D5. Concevoir et réaliser un dispositif de mesure ou d'observation.

ANI > Les phases de la Lune.

Pour comprendre ce qu'on appelle « les phases de la Lune » on peut réaliser l'expérience suivante.

1. La sphère représentée ci-dessus est éclairée par une source lumineuse. On observe successivement la sphère depuis les positions 1, 2, 3 et 4.

Recopier puis compléter le tableau en représentant l'aspect de la sphère selon la position d'observation.

Position de l'œil de l'observateur	1	2	3	4
Représentation de ce que voit l'observateur				

2. La sphère éclairée par la source à la question précédente peut être comparée à la Lune.
Le schéma ci-dessous rend compte du mouvement de la Lune autour de la Terre en 28 jours.
Chaque nuit, l'observateur O va essayer de voir la Lune.

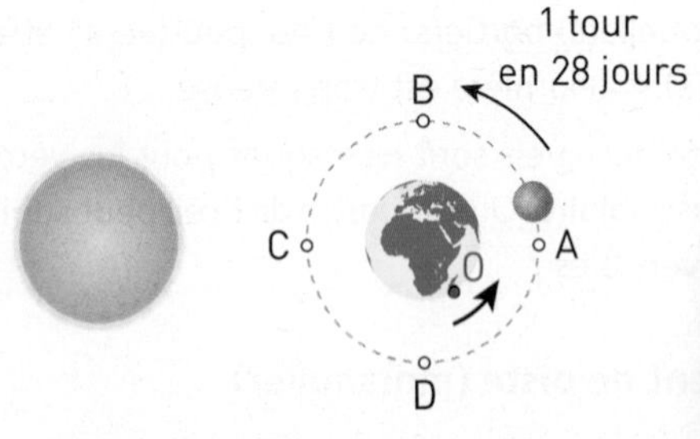

Jour 1 : la Lune est en C	Jour 8 : la Lune est en D	Jour 15 : la Lune est en A	Jour 22 : la Lune est en B
La nuit, O est comme dans la situation 3.	La nuit, O est comme dans la situation	La nuit, O est comme dans la situation	La nuit, O est comme dans la situation ....

a. Le premier jour, la Lune est en C. Expliquer à partir du schéma pourquoi l'observateur O ne voit pas la Lune la nuit.

b. Le 8e jour, la Lune est en D. L'observateur O voit-il la Lune au début ou à la fin de la nuit ? Expliquer pourquoi la situation de l'observateur est celle du cas 2 de la première question.

c. Le 15e jour, la Lune est en A. En réalité, il est très rare que la Lune soit exactement alignée avec le Soleil et la Terre. Expliquer pourquoi l'observateur O voit la Lune pendant toute la nuit.

d. Utiliser les réponses aux questions précédentes pour compléter le tableau.

e. Réunir trois boules (jaune, blanche, bleue) et concevoir un protocole qui permette de simuler la situation.

Problèmes

42 Des relais pour les aigus en concert

D4. Expliquer les fondements des règles de sécurité en acoustique.

Les fréquences élevées sont plus absorbées par l'air que les basses.

Ainsi, lors des concerts en plein air, par exemple dans un stade, les spectateurs situés loin du podium ne peuvent pas percevoir certaines fréquences.

1. Quelles sont les fréquences des sons qui ne parviennent pas aux spectateurs situés loin de la scène ? Correspondent-elles aux aigus ou aux graves ?

Pour remédier à ce problème les organisateurs mettent un hautparleur à 30 mètres de la scène qui ne retransmet que les sons dont les fréquences sont absorbées par l'air.

2. Quel problème se pose si le hautparleur émet le son sans décalage avec la scène ?

3. On veut déterminer avec quel retard sur les enceintes situées au bord de la scène ce hautparleur doit diffuser le son.

a. Rappeler la valeur de la vitesse du son dans l'air.

b. Combien de temps le son met-il pour parcourir les 30 mètres ? Exprimer le résultat en millisecondes.

c. Avec quel retard sur les musiciens le hautparleur qui relaie les aigus doit-il diffuser les sons ?

4. Expliquer pourquoi il est préconisé de porter des bouchons d'oreilles durant un concert de musique fortement sonorisé.

43 Décrypter les premières notes d'une chanson

D1.1. Lire et comprendre des documents scientifiques.

On analyse sur Audacity (un logiciel musical) les six premières notes d'un morceau de musique joué au piano dont voici l'allure :

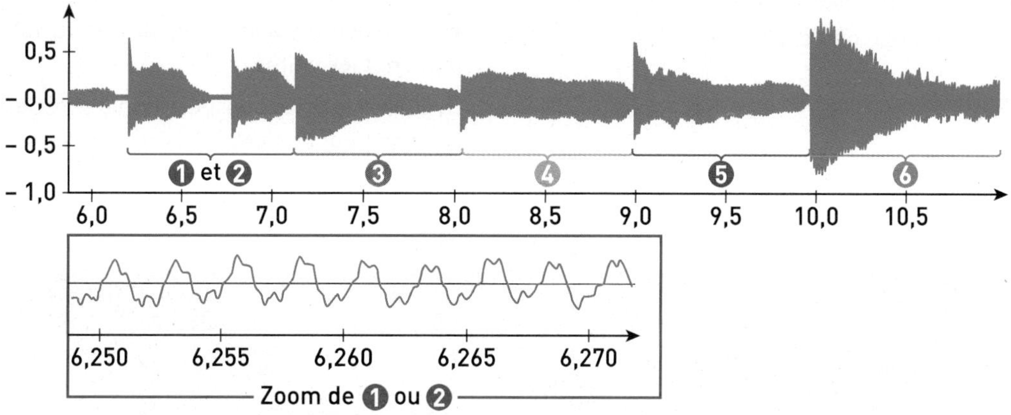

1. Pour les notes 1 et 2, on compte 8 motifs élémentaires en 20,4 ms. Déterminer la fréquence $f_{1\text{-}2}$ des deux notes (arrondir à l'unité).

2. Expliquer pourquoi on peut en déduire que les notes 1 et 2 sont jouées par la même touche du piano.

Le logiciel permet de déterminer une fréquence à un intervalle de temps sélectionné. Voici les fréquences obtenues respectivement pour les notes 3, 4, 5 et 6 : $f_3 = 440$ Hz, $f_4 = 392$ Hz, $f_5 = 523$ Hz, $f_6 = 494$ Hz.

3. Comparer les valeurs de $f_{1\text{-}2}$ et f_4. Que peut-on en déduire ?

4. À l'aide du tableau ci-dessous, reconstituer les 6 premières notes du morceau.

Note de musique	Fa	Sol	La	Si	Do	Ré	Mi	Fa
f (en Hz)	349	392	440	494	523	587	659	698

5. TICE Rechercher quel est ce morceau.

Problèmes

44 Une trace de Jules ?

D4. Mesurer des grandeurs physiques de manière indirecte.

En l'an 44 avant J.-C., quelque temps après la mort de Jules César, une comète très brillante est apparue dans le ciel pendant sept jours. Auguste, futur empereur de l'Empire Romain et fils adoptif de César, affirma à l'époque que c'était l'âme de Jules César qui traversait le ciel.

1. Pourquoi est-il possible de voir une comète se déplacer mais pas de l'entendre ?

2. a. Une autre comète célèbre et très spectaculaire, la comète de Halley se trouvera vers 2061 à 5 581 800 000 000 km de la Terre. Combien de temps mettra la lumière solaire renvoyée par la comète pour atteindre la Terre ? Exprimer le résultat en heures.

La comète de Halley.

b. La lumière met un peu plus de 8 minutes pour parcourir la distance qui sépare le Soleil de la Terre. En 2061, la comète de Halley sera-t-elle plus éloignée ou plus proche de la Terre que ne l'est le Soleil ?

Comète : petit corps céleste constitué de glace et de poussière.

45 A thunder on Angkor

D4. Mesurer des grandeurs physiques de manière indirecte.

Navann is visiting Angkor. As she is admiring Angkor Wat monument, she feels there is thunder in the air. Suddenly, a lightning bolt seems to strike the ground in the distance. She counts up to 9 and there, comes the thunder. The next day, she is told that lighting struck Ta Prohm monument.

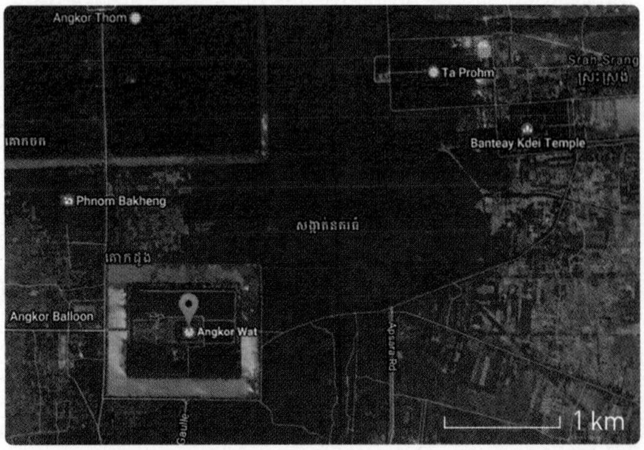

1. À quoi correspond la durée de 9 secondes évaluée par Navann ?

2. Rappeler la valeur de la vitesse du son dans l'air en précisant les unités.

3. Utiliser la carte pour déterminer si l'éclair qu'a observé Navann peut être celui qui est tombé sur le monument.

Sciences MAG

46 Lab on a chip

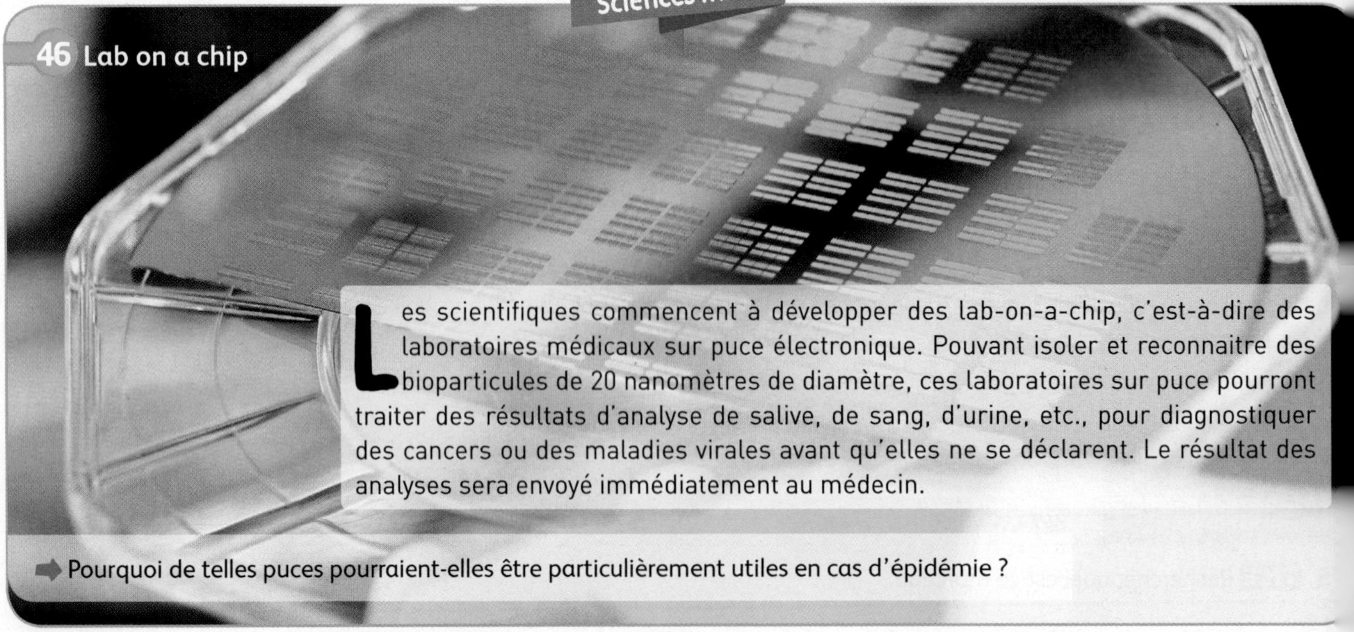

Les scientifiques commencent à développer des lab-on-a-chip, c'est-à-dire des laboratoires médicaux sur puce électronique. Pouvant isoler et reconnaitre des bioparticules de 20 nanomètres de diamètre, ces laboratoires sur puce pourront traiter des résultats d'analyse de salive, de sang, d'urine, etc., pour diagnostiquer des cancers ou des maladies virales avant qu'elles ne se déclarent. Le résultat des analyses sera envoyé immédiatement au médecin.

➡ Pourquoi de telles puces pourraient-elles être particulièrement utiles en cas d'épidémie ?

47 Sonar

30 min

À l'occasion de la Fête de la science, Albert présente le principe du sonar appliqué à la recherche de ruines sous-marines : au fond d'un très grand aquarium plein d'eau il a placé un objet dont il faut déterminer la nature.

Au-dessus de l'aquarium se trouve un rail sur lequel peut glisser un ensemble émetteur/récepteur d'ultrasons.

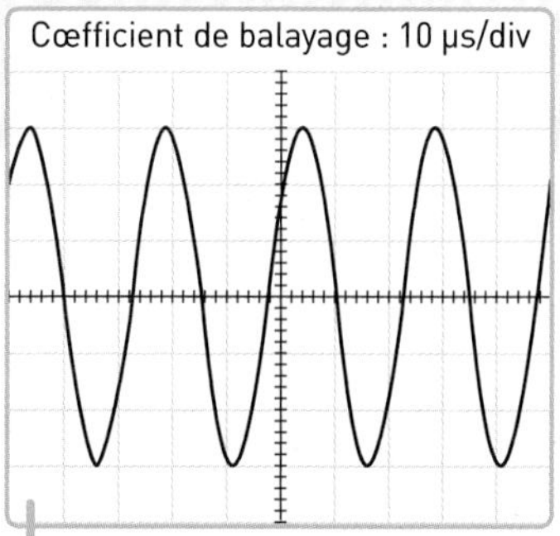

Oscillogramme des ultrasons.

1 Exploitation de l'oscillogramme des ultrasons.

Questions

1. Déterminer la durée de trois motifs du signal utilisé.

2. La fréquence d'un signal correspond au nombre de motifs par seconde. Calculer la valeur de la fréquence du signal. Préciser son unité.

3. Albert utilise-t-il bien des ultrasons ? Justifier.

2 Albert branche l'émetteur (E) sur la voie A d'un oscilloscope, et le récepteur (R) sur la voie B.

Questions

4. Expliquer pourquoi le décalage temporel entre les deux signaux correspond à la durée de l'aller-retour de l'impulsion.

5. Déterminer ce décalage en détaillant le calcul.

6. En déduire la durée de propagation de l'ultrason entre le fond et le récepteur.

7. Vérifier que la vitesse de propagation des ultrasons dans l'eau est bien 1 500 m/s.

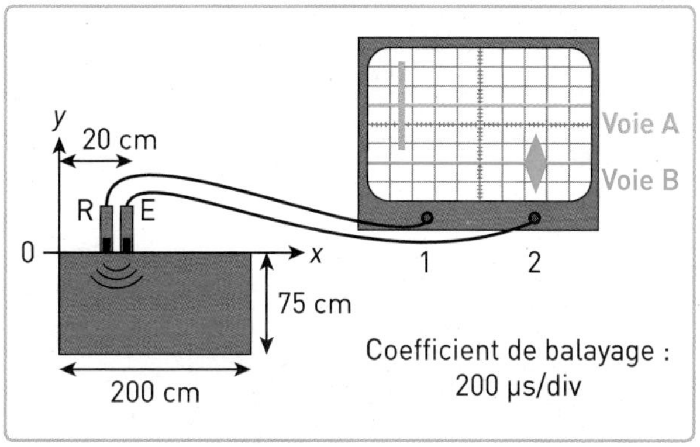

3 Pour une position donnée *x* du couple émetteur-récepteur, on détermine la valeur *t* de l'aller-retour du signal et on calcule la profondeur *y* à laquelle se trouve la surface qui a réfléchi l'ultrason.

Position x de l'émetteur récepteur (cm)	0	20	40	60	80	100	120	140	160	180	200
Durée de l'aller-retour des ultrasons (ms)				0,47	0,35	0,20	0,35	0,47			
Position verticale y de l'obstacle (cm)	– 75	– 75	– 75			– 15			– 75	– 75	– 75

Questions

8. La vitesse de propagation des ultrasons dans l'eau est de 1 500 m/s. Effectuer les calculs nécessaires pour compléter la dernière ligne du tableau.

9. Placer sur le graphe les points représentant l'objet.

10. Un visiteur pense que l'objet placé au fond de l'aquarium est une maison, un autre une pyramide. Qu'en pensez-vous ?

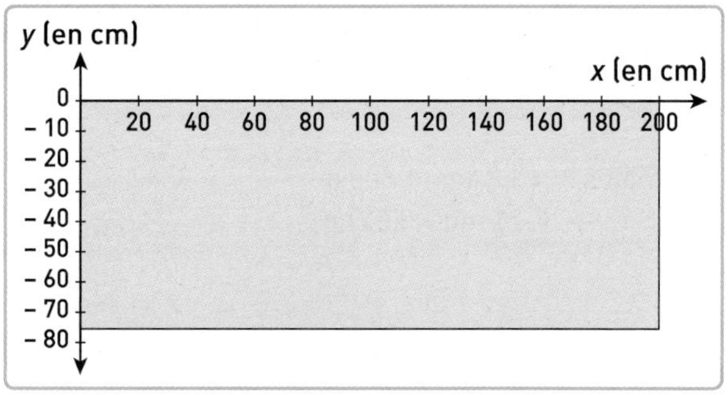

Fiche méthode 1 Mesurer une masse

Utilisable en AP

Tableau de grandeurs

Grandeur	Unité	Appareil de mesure
masse (m)	gramme (g) kilogramme (kg)	balance

Utiliser une balance

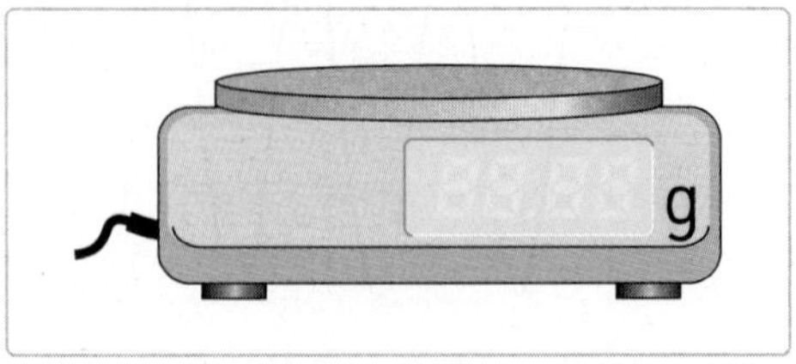

1. Mettre la balance en fonctionnement en appuyant sur le bouton ON.

Recommandations à suivre

- Poser la balance sur une surface plane.
- Attendre l'affichage du zéro avant de déposer quoi que ce soit sur la balance.
- Noter l'unité affichée.

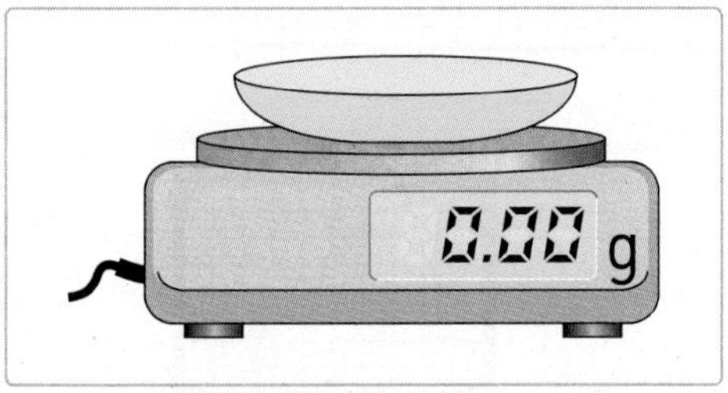

2. Poser le récipient sur la balance.
3. Une fois l'affichage stabilisé, appuyer sur le bouton TARE pour le remettre à 0.

4. Déposer la substance (solide ou liquide) dans le récipient et lire la valeur affichée sur l'écran.

Recopier le résultat de la mesure : m = 27,8 g.

Conversions des unités

L'unité de masse du système international est le kilogramme.

←	kg	hg	dag	g	dg	cg	mg	→
	1	8	0	0				
				0	0	2	1	

Exemples : 1,8 kg = 1 800 g
21 mg = 0,021 g

Fiche méthode 2 Mesurer le volume d'un liquide

Utilisable en AP

Tableau de grandeurs

Grandeur	Unité	Appareil de mesure
volume (V)	millilitre (mL) litre (L) mètre cube (m^3)	éprouvette graduée

Utiliser une éprouvette graduée

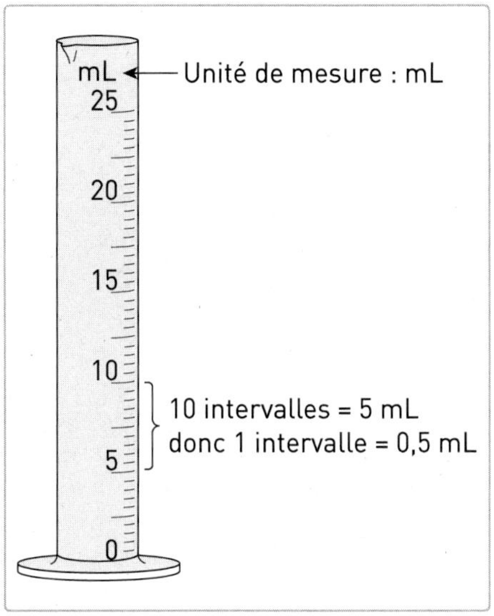

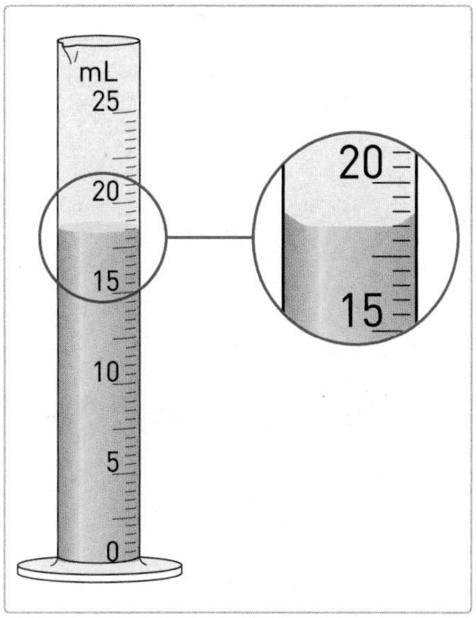

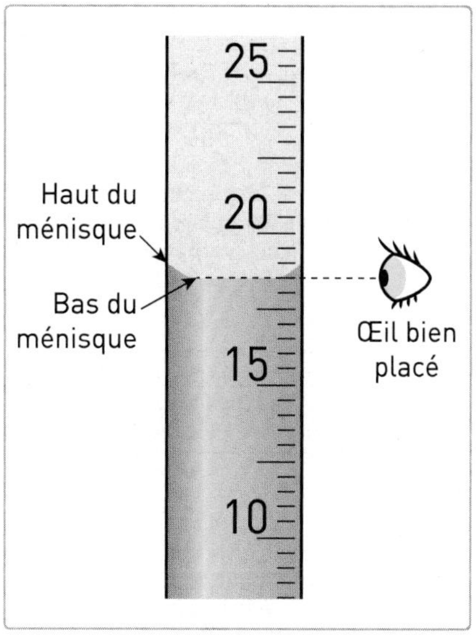

1. Observer l'éprouvette graduée.

2. Repérer l'unité et la valeur d'un intervalle.

3. Verser le liquide.

4. Observer le ménisque à la surface libre du liquide.

5. Positionner son œil au niveau du bas du ménisque.

Recommandations à suivre

- Repérer la valeur de l'intervalle entre deux graduations.
- Repérer l'unité indiquée en haut de l'éprouvette.
- Lorsqu'on verse un liquide dans une éprouvette, celle-ci doit être posée sur une surface plane.
- Pour lire le volume, l'œil de l'observateur doit être placé au niveau du bas du ménisque.
- Au collège, si le produit n'est pas dangereux, l'observateur peut se baisser pour lire la valeur du volume.

Recopier le résultat de la mesure : V = 18,5 mL.

Conversions des unités

L'unité de volume du système international est le mètre cube.

←	m^3	dm^3			cm^3			→
←	kL	hL	daL	L	dL	cL	mL	→

Fiche méthode 3 Utiliser un multimètre

Utilisable en AP

Le multimètre est un appareil qui permet de mesurer plusieurs grandeurs électriques selon la fonction sélectionnée : **intensité du courant**, **tension** et **résistance**.

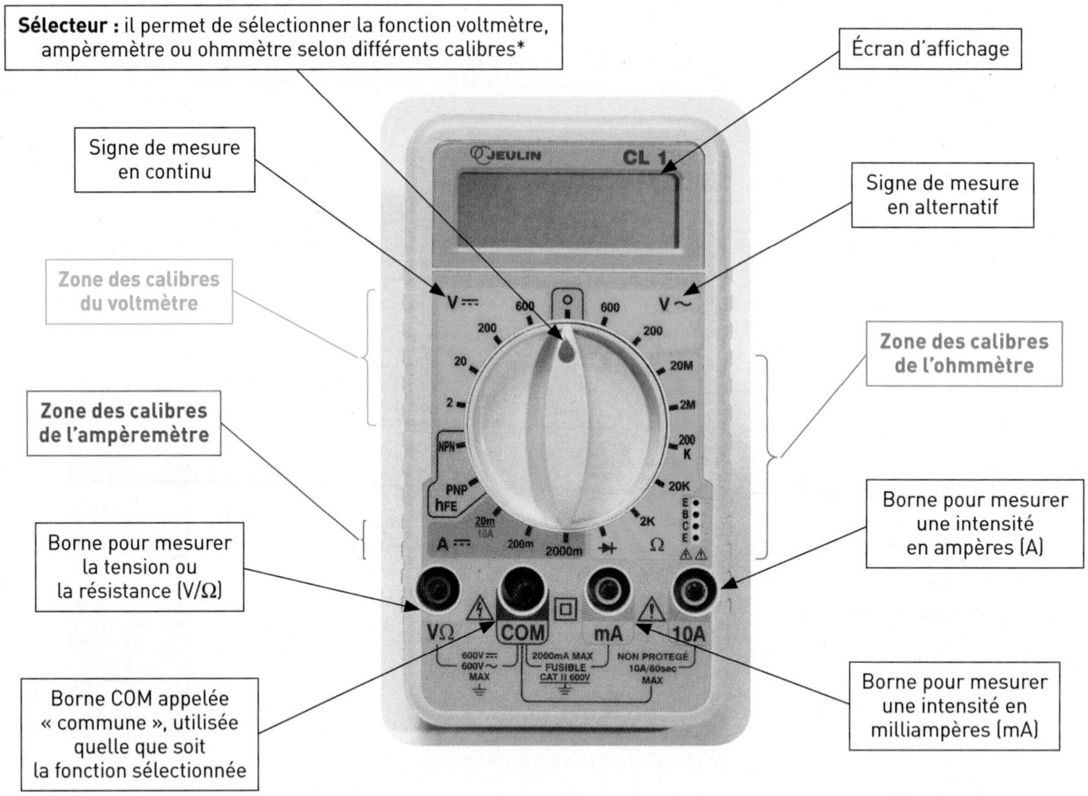

(* valeur maximale que peut mesurer l'appareil)

Utiliser un voltmètre

Grandeur (symbole)	Unité (symbole)	Instrument de mesure
tension (U)	volt (V)	voltmètre —(V)—

1. Réaliser le circuit.
2. Bien lire la consigne pour identifier le dipôle aux bornes duquel on souhaite mesurer la tension.
3. Placer le sélecteur dans la zone voltmètre sur le plus grand calibre.
4. Brancher le voltmètre **en dérivation** en utilisant les bornes V et **COM** du multimètre. La borne **V** est reliée à la borne du dipôle la plus proche de la borne **+** du générateur et la borne **COM** est reliée à la borne du dipôle la plus proche de la borne **–** du générateur.
5. Lire la valeur de la tension mesurée aux bornes du dipôle.
6. Pour augmenter la précision de la mesure, placer le sélecteur sur le **calibre** immédiatement supérieur à la valeur de la tension mesurée précédemment.

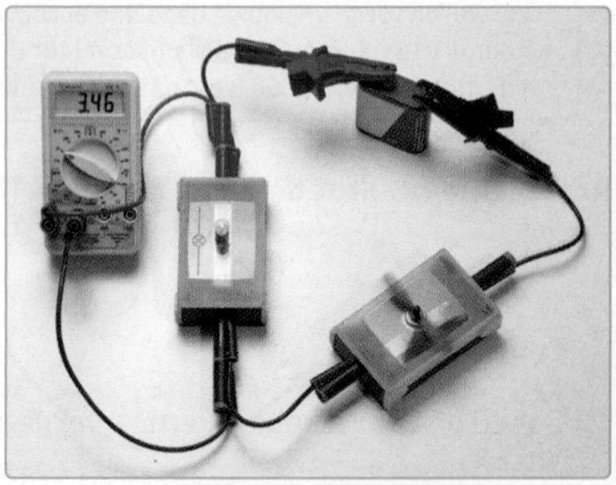

Écrire le résultat de la mesure : U = 3,46 V.

Utiliser un ampèremètre

Grandeur (symbole)	Unité (symbole)	Instrument de mesure
intensité (*I*)	ampère (A) *ou* milliampère (mA)	ampèremètre 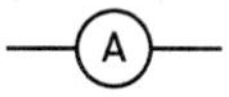

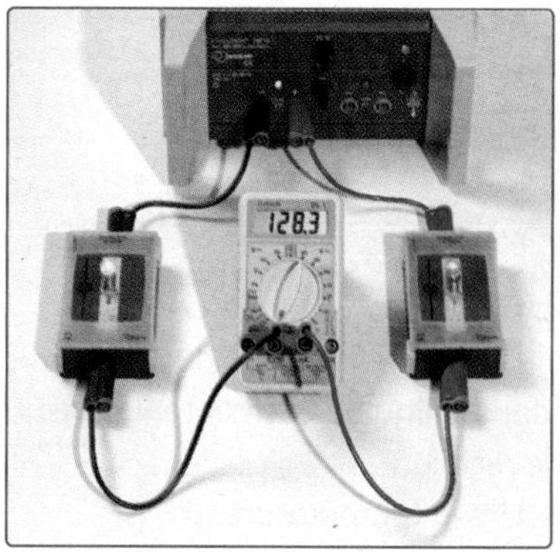

1. Réaliser le circuit.
2. Repérer dans la consigne où placer l'ampèremètre.
3. Placer le sélecteur dans la **zone ampèremètre** sur le calibre **10 A**.
4. Ouvrir le circuit puis brancher l'ampèremètre **en série** en utilisant les bornes **10 A** et **COM**. La borne **10 A** est reliée à la borne du dipôle la plus proche de la borne **+** du générateur et la borne **COM** est reliée à la borne du dipôle la plus proche de la borne **–** du générateur.
5. Fermer le circuit.
6. Lire la valeur de l'intensité du courant mesurée.
7. Pour augmenter la précision de la mesure, utiliser la borne **mA** puis placer le sélecteur sur le **calibre** immédiatement supérieur à l'intensité mesurée précédemment.

Écrire le résultat de la mesure : I = 128,3 mA.

Utiliser un ohmmètre

Grandeur (symbole)	Unité (symbole)	Instrument de mesure
résistance (*R*)	ohm (Ω)	ohmmètre 

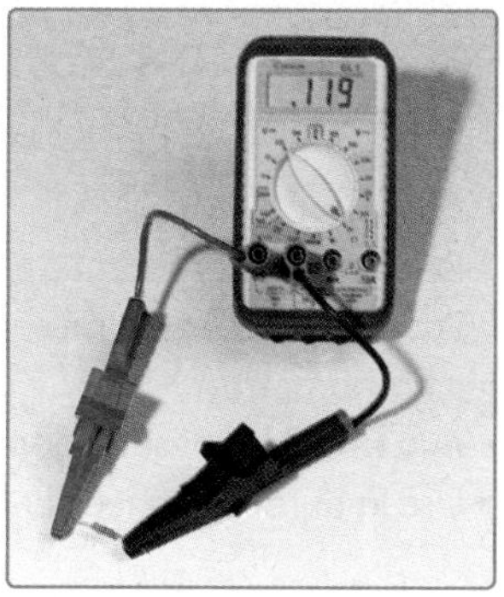

1. Réaliser la mesure **hors-circuit**.
2. Placer le sélecteur dans la **zone ohmmètre** sur le plus grand calibre.
3. Brancher l'ohmmètre aux bornes de la résistance en utilisant les bornes Ω et **COM**.
4. Lire la valeur de la résistance mesurée.
5. Pour augmenter la précision de la mesure, placer le sélecteur sur le **calibre** immédiatement supérieur à la valeur de la résistance mesurée précédemment.

Écrire le résultat de la mesure : R = 0,119 kΩ soit 119 Ω.

Quelques erreurs à éviter :

- Inverser les branchements si, pendant la mesure, l'écran affiche : 
- Augmenter le calibre car l'appareil pourrait être endommagé si, pendant la mesure, l'écran affiche : 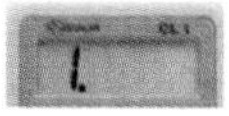
- Veiller à éteindre le générateur avant et après la mesure pour éviter tout risque électrique.

Tableau de conversions

←	kA			A			mA	→
	kV			V			mV	
	kΩ			Ω			mΩ	

Fiche méthode 4 Utiliser un thermomètre et un chronomètre

Utilisable en AP

Tableau de grandeurs

Grandeur	Unité	Appareil de mesure
température (*T*)	degré Celsius (°C)	thermomètre
temps (*t*)	heure (h), minute (min), seconde (s)	chronomètre

Thermomètre

Utilisation

- Introduire la sonde du thermomètre électronique, ou le thermomètre à alcool, dans le liquide et maintenir l'instrument de telle sorte qu'il ne touche pas le récipient.
- Lire la température.

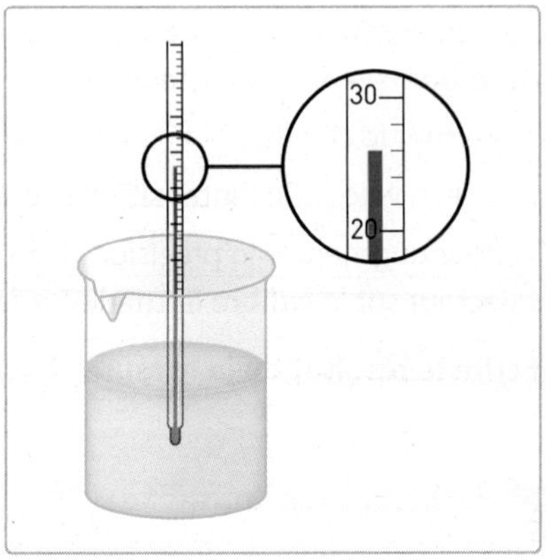

Recommandation d'utilisation

- Attendre que la valeur affichée se stabilise avant de lire la température.
- Pour un thermomètre à alcool, veiller à déterminer l'intervalle de température entre deux graduations.

Recopier le résultat de la mesure : *T* = 26 °C.

Chronomètre

Utilisation

- Remettre le chronomètre à zéro en appuyant sur RESET.
- Pour commencer la mesure, appuyer sur START afin de déclencher le chronomètre.
- À la fin de la mesure, appuyer sur STOP pour arrêter le chronomètre.
- Lire la durée affichée sur le chronomètre.

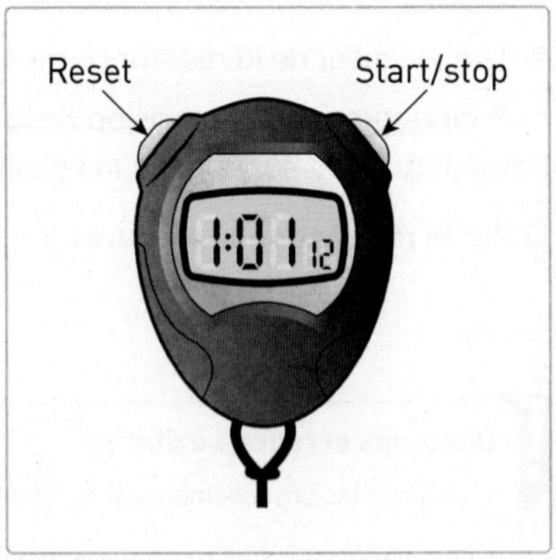

Recommandation d'utilisation

- Veiller à ce que le chronomètre soit remis à zéro avant d'effectuer une nouvelle mesure.

Recopier le résultat de la mesure : *t* = 1 min 1 s.

Fiche méthode 5 Utiliser un mètre ruban et un dynamomètre

Utilisable en AP

Tableau de grandeurs

Grandeur	Unité	Appareil de mesure
distance (*d*)	mètre (m)	règle, mètre ruban
poids (*P*)	Newton (N)	dynamomètre

Mètre ruban

Utilisation

- Placer le zéro du mètre ruban à l'une des extrémités de l'objet ou de la distance à mesurer ;
- dérouler le mètre ruban et lire la valeur de la longueur.

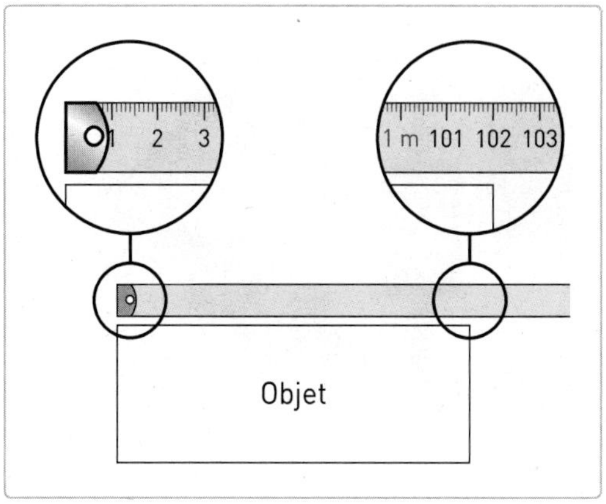

Recommandation d'utilisation

- Identifier la graduation zéro.
- Repérer la façon dont sont affichés les mètres et les centimètres.
- Déterminer l'intervalle de longueur entre deux graduations.
- Veiller à ce que le mètre ruban soit tendu.

Recopier le résultat de la mesure : *L* = 1,02 m.

Dynamomètre

Utilisation

- Vérifier que l'index est sur le zéro.
- Suspendre le dynamomètre à une potence.
- Suspendre l'objet au dynamomètre par le crochet.
- Lire la valeur du poids.

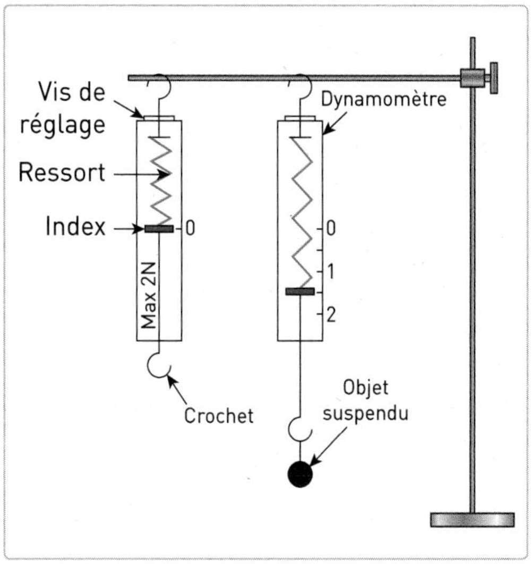

Recommandation d'utilisation

- Veiller à ce que l'index du dynamomètre soit sur la graduation zéro (à défaut, régler le zéro).
- Déterminer l'intervalle de poids entre deux graduations.
- Attendre que l'ensemble soit immobile avant d'effectuer la lecture.

Recopier le résultat de la mesure : *P* = 1,5 N.

Fiche méthode 6 Le schéma en électricité

Utilisable en AP

Du montage au schéma

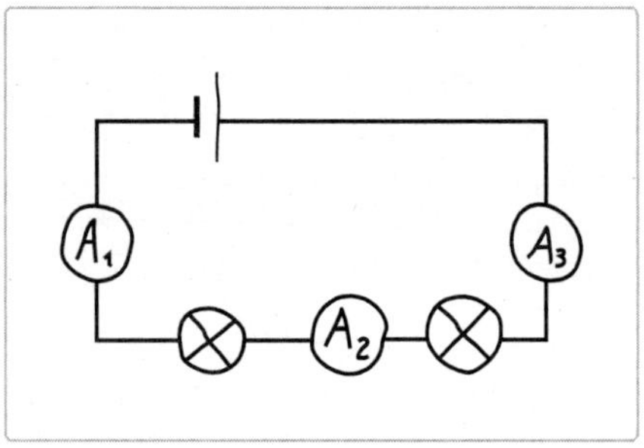

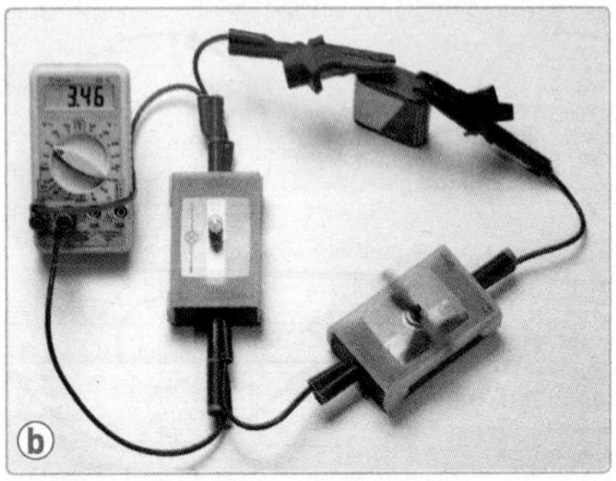

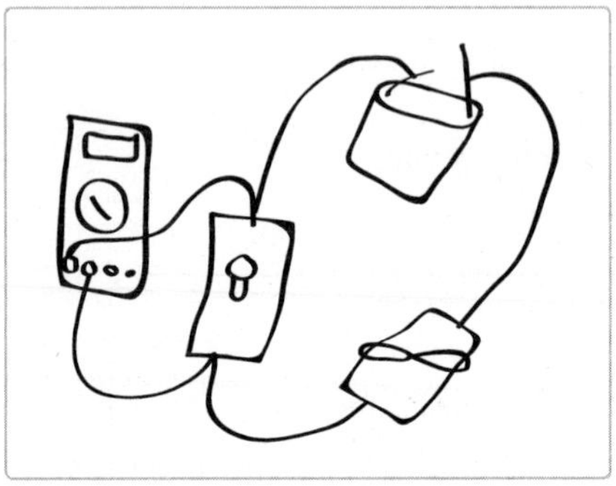

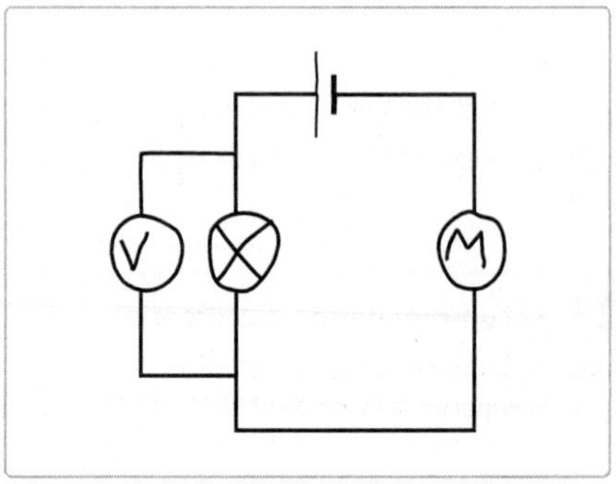

Recommandations pour réaliser un schéma

- Les fils présentent des angles droits.
- Les dipôles ne peuvent pas occuper les angles.
- Les lettres qui permettent de distinguer les dipôles les uns les autres sont toutes orientées de la même façon, dans le sens de la lecture directe. S'il y a plusieurs dipôles du même type, on les numérote (A_1, A_2, ...).

- Il n'y a pas de norme pour le dessin : il peut être fait de façon entièrement libre, très simplifié, ou plus travaillé.
Il est rarement demandé dans un exercice car il a pour but d'aider l'élève à se souvenir de l'expérience qu'il a faite (les bornes utilisées sur chaque multimètre sont bien visibles).

- Pour le schéma, il y a des normes. Les segments de droite (fils, pile, résistance…) sont tracés **à la règle**. Les autres traits, généralement des cercles (multimètre, moteur…), sont tracés **à main levée**.

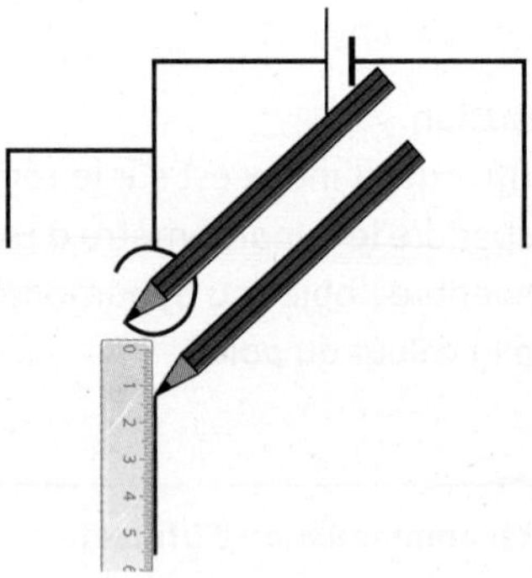

Plusieurs représentations du même circuit

Il existe plusieurs schématisations possibles du même montage.
Par exemple :

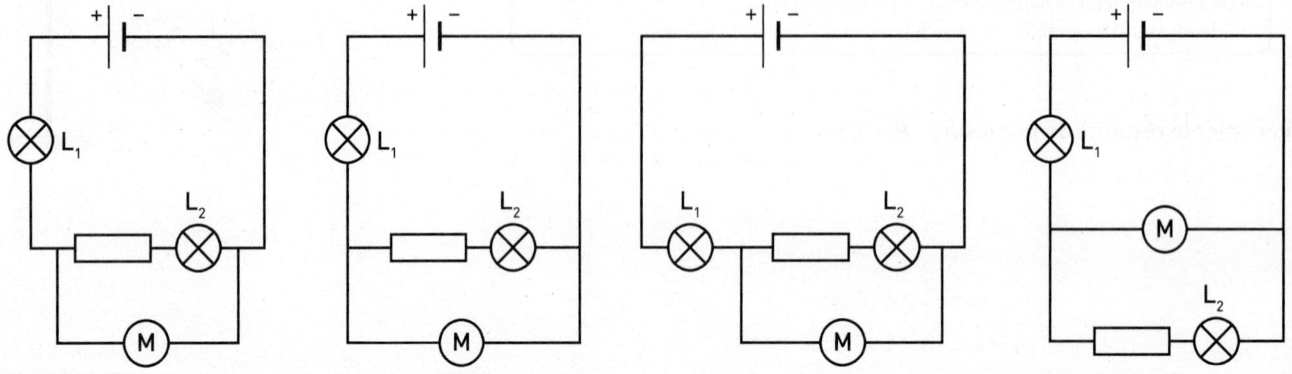

Fiche méthode 7 Le schéma en chimie

Utilisable en AP

Schématiser la verrerie

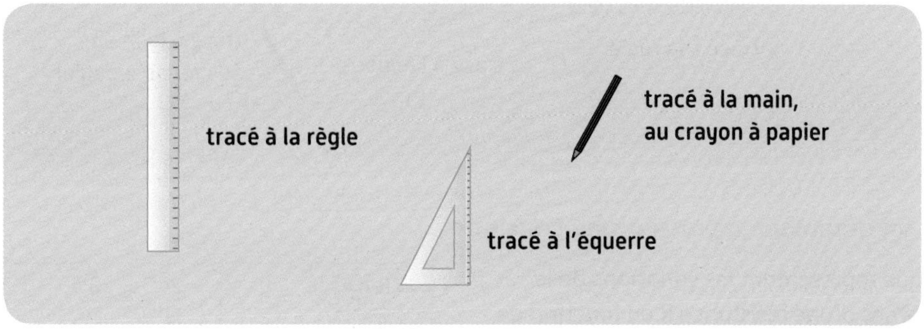

Pipette

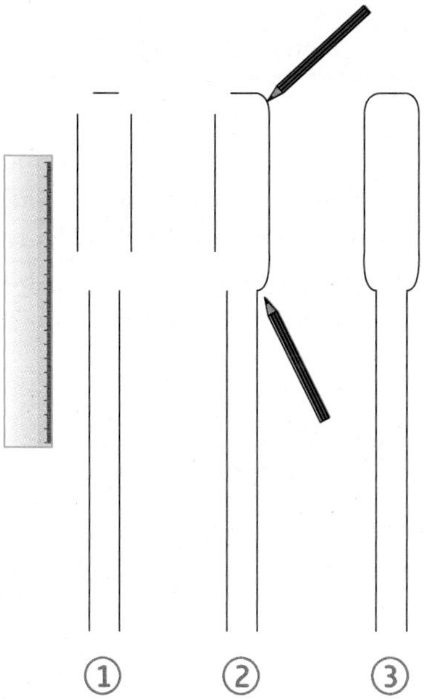

Bécher

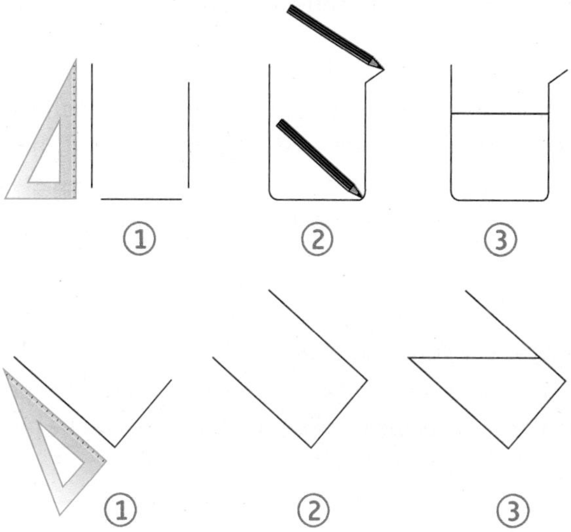

Erlenmeyer

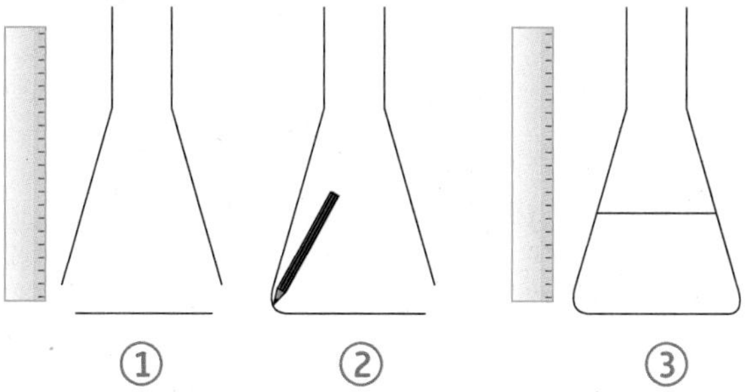

Tube à essai

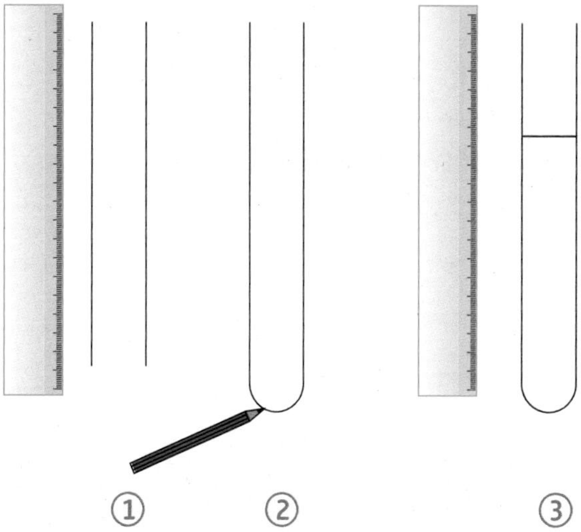

Fiche méthode 8 Construire et exploiter un graphique

Utilisable en AP

tracé à la règle

tracé à l'équerre

tracé à la main, au crayon à papier

Construire un graphique à partir d'une consigne

Tracer le graphique représentant les variations de la tension U aux bornes d'une résistance R en fonction de l'intensité du courant I qui la traverse.

U (en V)	0	2	3,5	5	7,5	12
I (en mA)	0	50	200	100	150	250

• **Étape 1.** Repérer l'abscisse et l'ordonnée puis tracer les axes et les nommer.
À côté de la flèche de chaque axe, indiquer la grandeur représentée et préciser son unité entre parenthèses.

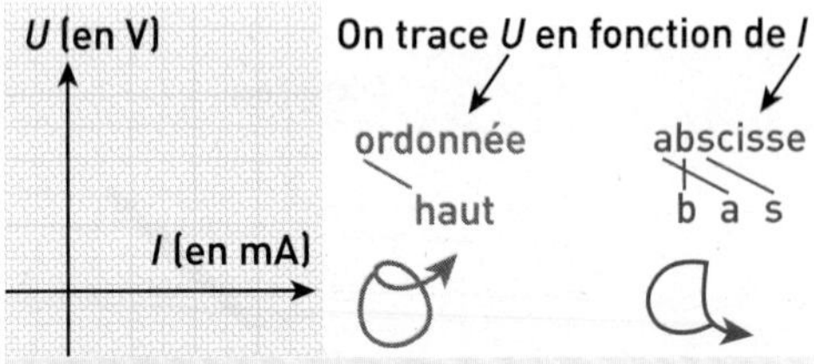

• **Étape 2.** Graduer les axes.
Graduer les axes, soit en respectant l'échelle donnée par le professeur, soit en utilisant une échelle adaptée aux valeurs mesurées.
Ici, les valeurs 0 sont indiquées sur les deux axes et l'origine est un point du graphique car U = 0 V lorsque I = 0 mA.

La valeur 0 n'est pas toujours indiquée. Par exemple, si on étudie les variations de la température T de la classe dans la journée, l'axe des T sera probablement gradué de 15 °C à 30 °C.

• **Étape 3.** Placer les points en les marquant par une croix +.

• **Étape 4.** Tracer la courbe.
Si les points semblent alignés, on utilise une règle pour tracer la droite qui passe au plus près des points. On ne prend pas en compte un point manifestement faux.

! Si les points ne sont pas alignés, on trace une ligne à main levée qui passe au plus près des points.

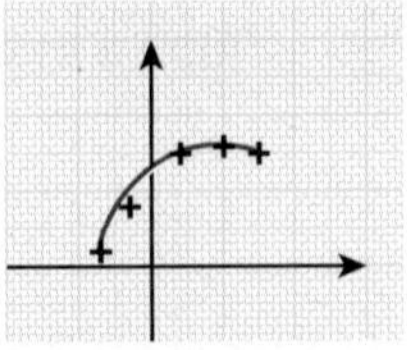

• **Étape 5.** Écrire le titre du graphique.

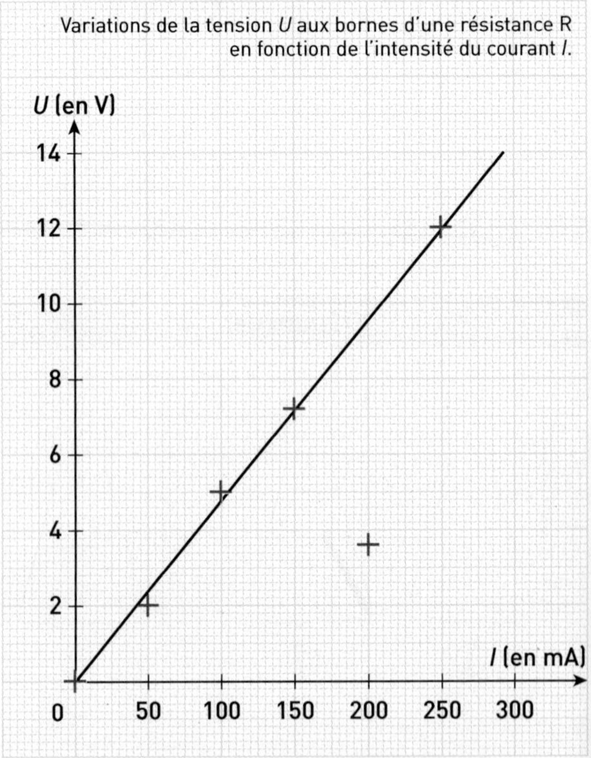

Utiliser un tableur pour construire un graphique

Un tableur est un logiciel qui permet, entre autres, de tracer un graphique à partir d'un tableau de valeurs.

- **Étape 1.** Ouvrir le logiciel (*Excel, OpenOffice Calc, LibreOffice Calc*).
- **Étape 2.** Entrer les données de valeurs dans un tableur à partir de votre tableau sachant que la 1re ligne correspond à l'axe des *x* et la 2e correspond à l'axe des *y*.

	A	B	C	D	E	F	G	H
1	I (en A)	0	0,013	0,02	0,028	0,035	0,04	0,054
2	U (en V)	0	3	4,5	6	7,5	9	12
3								

- **Étape 3.** Sélectionner les deux lignes (ou colonnes) en maintenant le bouton gauche de la souris pour englober toutes les valeurs numériques.

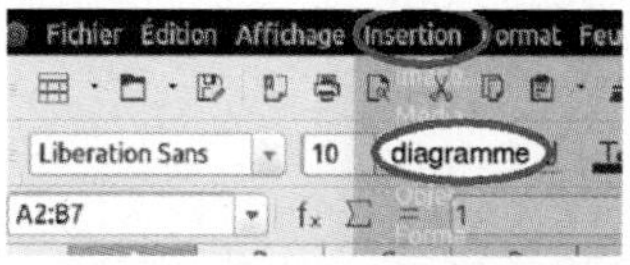

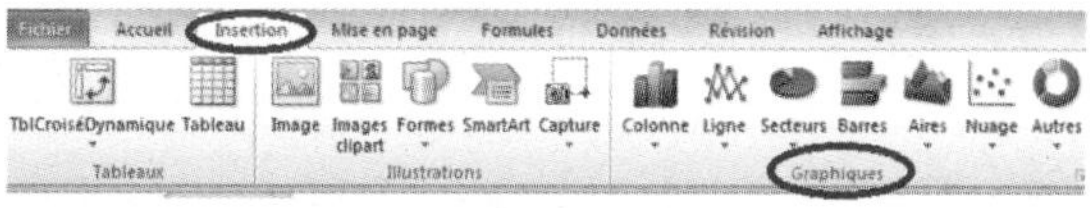

- **Étape 4.** Dans *insertion* sélectionner *diagramme* ou *graphique* selon votre logiciel.
- **Étape 5.** Selon le logiciel, suivre les étapes de création du graphique.

On peut ensuite modifier le graphique : la fenêtre s'ouvre par un clic droit.

Exploiter un graphique

1. Déterminer la valeur de I lorsque U = 6 V.

Repérer quel axe correspond à la grandeur U : il s'agit de l'axe vertical.

Tracer finement un trait horizontal qui part de la valeur 6 V et qui s'arrête à l'intersection avec la droite.

À partir de ce point, tracer finement le trait vertical jusqu'à l'axe des abscisses et effectuer la lecture de I.

On lit : I = 125 mA.

2. Déterminer la valeur de U pour I = 150 mA.

Tracer finement un trait vertical qui part de la valeur 150 mA et qui s'arrête à l'intersection avec la droite.

> **!** Pour effectuer des lectures graphiques, on doit « oublier » les points à partir desquels la droite a été construite.

À partir de ce point, tracer finement le trait horizontal jusqu'à l'axe des ordonnées et effectuer la lecture de U.

On lit U = 7,5 V (et non 7 V, valeur indiquée dans le tableau).

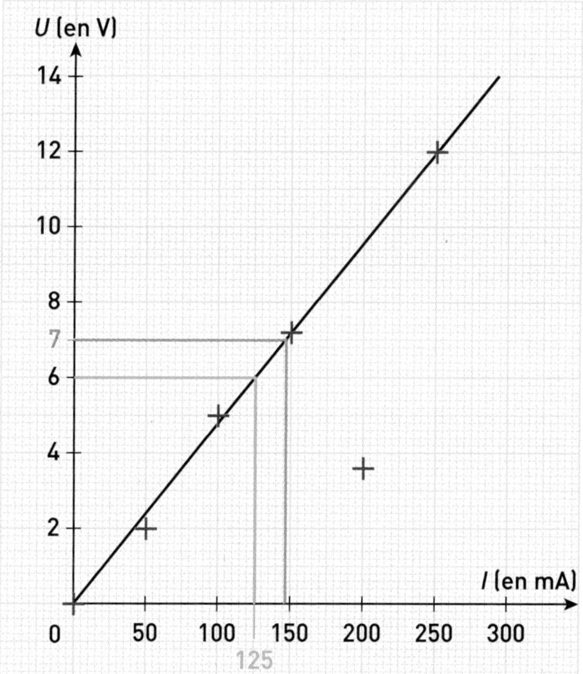

3. Quelle relation y a-t-il entre U et I ?

La courbe est une droite qui passe par l'origine, les grandeurs U et I sont donc proportionnelles.

4. Calculer le coefficient directeur de la droite.

On utilise la relation mathématique qui donne la valeur du coefficient directeur pour une fonction affine ou linéaire : $a = (y_B - y_A) / (x_A - x_B)$. Ici on prend l'origine O comme point A. Comme point B, pour plus de précision, on choisit un point le plus éloigné possible de l'origine, par exemple le point de coordonnées (250 mA ; 12 V). On calcule a = [12 V] / [0,250 A] = 48 V/A.

> **Remarque**
> - Par application de la loi d'Ohm (U = RI), on déduit que a est égal à la valeur de la résistance R. On a donc a = 48 Ω.

Fiche méthode 9 Mener une démarche scientifique

Utilisable en AP

Les étapes de la démarche

1. Ma reformulation

Je montre que j'ai compris ce qu'il y a à faire en réécrivant le problème avec mes mots.

2. Hypothèse

Je précise mon idée de réponse avant de faire une expérience.

3. Description et préparation de l'expérience

Je propose une expérience en lien avec mon hypothèse. Je la décris avec :

- Un protocole (texte descriptif, liste du matériel).
- **Et/ou** un schéma clair, soigné et légendé.

4. Réalisation de l'expérience et observation du résultat

Je décris ce que je vois, ce que j'entends pendant l'expérience… et non pas ce que je pense ni ce que j'en déduis !

Je peux présenter mes observations sous la forme :

- D'un texte.
- **Et/ou** d'un schéma clair, soigné et légendé.
- **Et/ou** d'un tableau d'observations ou de mesures.

5. Mon interprétation

Je rends compte de ce que l'expérience me permet de dire par rapport à la question posée :

- En déduisant.
- En validant ou invalidant l'hypothèse.
- En signalant les erreurs de mesure ou de manipulation éventuelles.

6. Réponse à la question

Je réponds à la question sans expliquer puisque l'explication a été donnée dans l'interprétation.

Mon cahier de labo

1.
- Je dois faire ...
- Je dois démontrer ...

2.
- Je suppose que ...
- Je pense que ...

3.
- Étape 1 : ...
- Étape 2 : ...
- Liste du matériel : ...

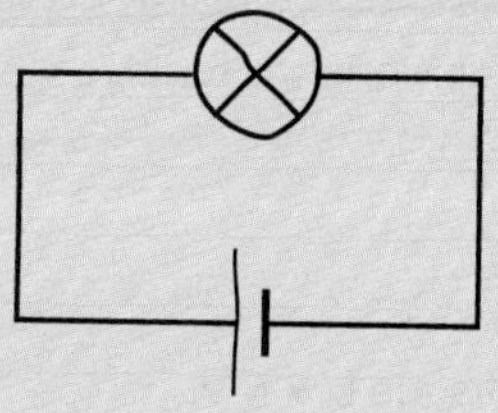

4.
- J'observe que ...
- Je mesure que ...

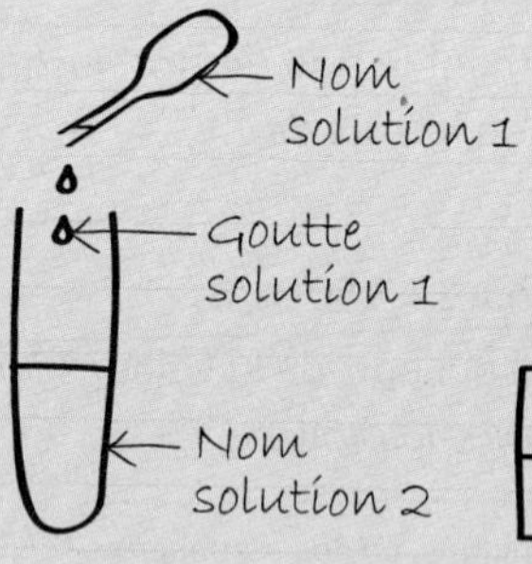

	Observations
Exp 1	
Exp 2	

5.
- « Je constate ... donc j'en déduis que ... »
- « Si mon hypothèse est valide, alors ... Or je vois ... donc j'en déduis que ... »

> **!** J'utilise des connecteurs logiques : « donc », « car », « parce que », « puisque », « en effet », ...

6.
- La réponse au problème est ...

Le compte rendu

Je reprends les étapes du cahier de l'élève et je les réécris au propre. Je n'oublie pas le titre, mon nom et mon prénom.

L'argumentation

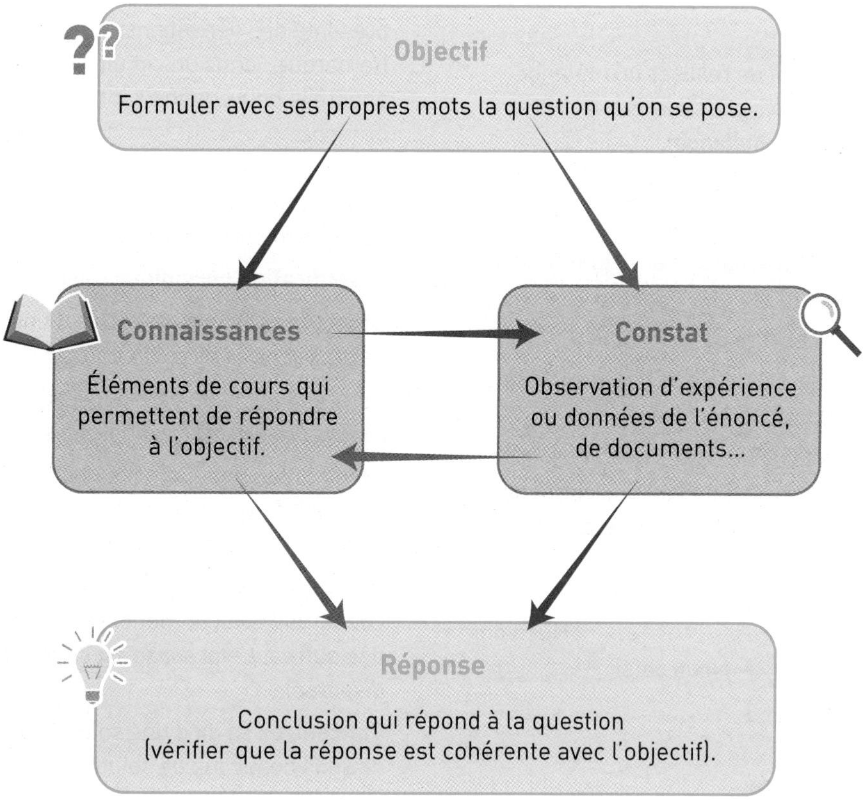

Je cherche ... *Je sais que* ... *Or j'observe que* ... *Par conséquent, j'en déduis que*

Utilisation des connecteurs logiques « car » et « donc »

- **Utilisation du « car » :**

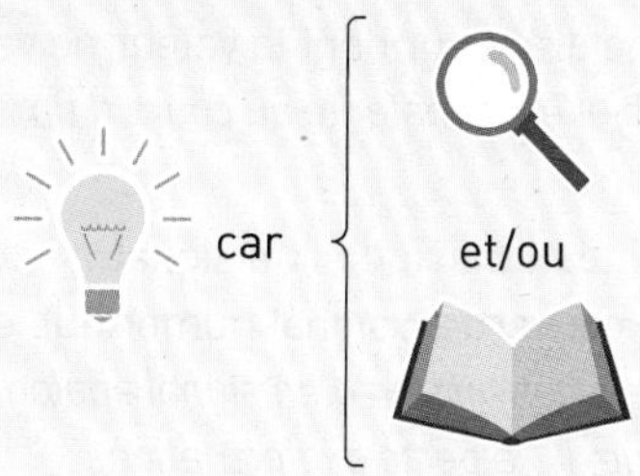

- **Utilisation du « donc » :**

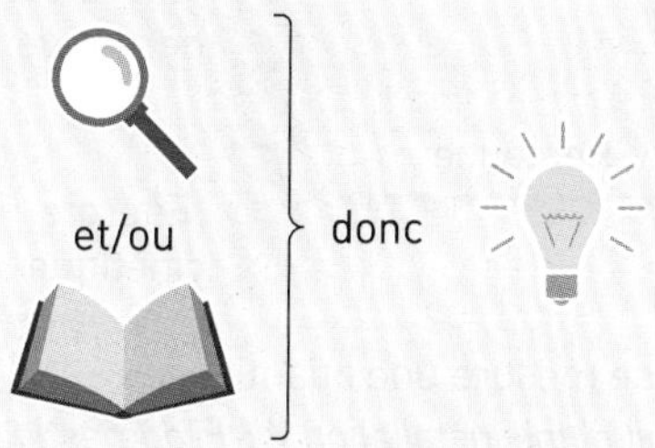

Lexique

A

Acide : propriété d'une solution aqueuse où les ions H^+ sont plus nombreux que les ions OH^-.
Le jus de citron est une solution acide (voir ***pH***).

Action : on distingue les actions de contact et les actions à distance. *La Terre exerce une action à distance sur les objets. Un sol rugueux exerce une action de contact sur une bille qui ralentit* (voir ***force***).

Agitation : action permettant de réaliser un mélange.
On agite le mélange des réactifs pour favoriser la transformation chimique (voir ***mélange***).

Alliage : mélange homogène de métaux.
Le bronze est un alliage de cuivre et d'étain.

Année-lumière : distance parcourue par la lumière en une année. *1 a.l. = $9{,}461 \times 10^{15}$ m.*

Anion : ion négatif. *L'ion chlorure Cl^- est un anion.*

Anhydre : dépourvu d'eau. *Le sulfate de cuivre anhydre est blanc, le sulfate de cuivre hydraté est bleu.*

Atome : il existe une centaine de sortes d'atomes différents dans la nature, correspondant aux éléments qui figurent dans la classification périodique. L'atome est neutre et contient autant de protons que d'électrons.

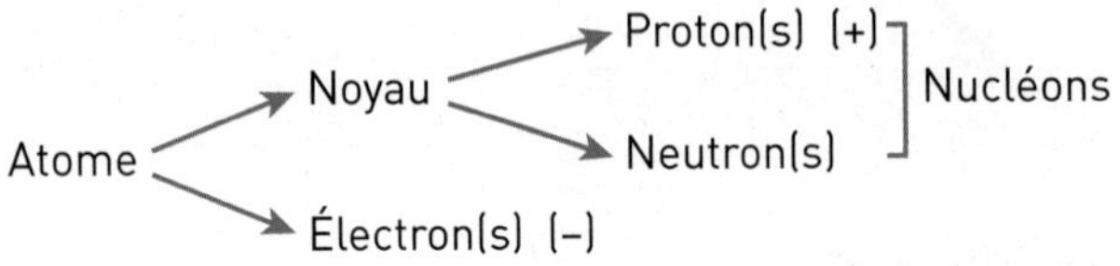

B

Basique : propriété d'une solution aqueuse où les ions OH^- sont plus nombreux que les ions H^+.
Les solutions vendues pour déboucher les canalisations sont basiques (voir ***pH***).

Bilan d'énergie : inventaire des formes sous lesquelles l'énergie entre et sort d'un appareil ; la représentation rend compte de la conservation de l'énergie.

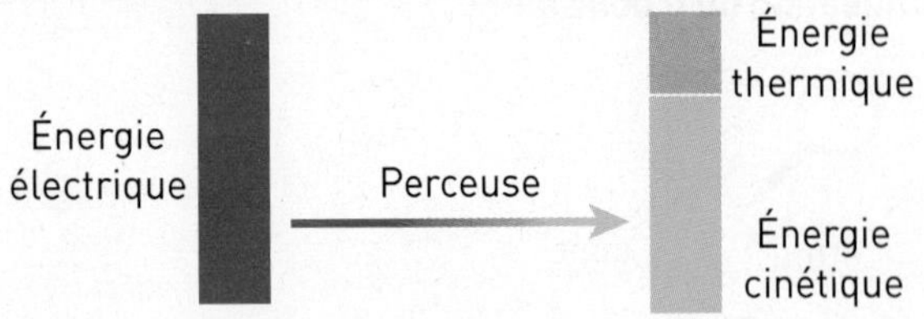

Bit : unité en laquelle se mesure une quantité d'informations. *Le débit d'une installation Wi-Fi domestique est de l'ordre de 10 millions de bits par seconde (10 Mbit/s).*

Bornes : points d'un appareil électrique que l'on peut relier lorsqu'on réalise un circuit.
La petite lame d'une pile plate est la borne positive de la pile.

C

Cation : ion positif. *L'ion sodium Na^+ est un cation.*

Circuit : assemblage de conducteurs. Lorsque le circuit est fermé, un courant peut y circuler.
Dans un circuit série, le courant électrique qui traverse le générateur traverse tous les composants du circuit. Lorsque ce n'est pas le cas, c'est que le circuit qui présente des dérivations.
Remarque : dans un circuit avec dérivations, deux appareils peuvent être montés en série dans une branche.
Le courant électrique qui traverse une lampe traverse l'ampèremètre branché en série avec la lampe, il ne traverse pas le voltmètre branché à ses bornes.

Classification périodique : voir ***atome***.

Comburant : l'un des réactifs d'une combustion.
Le dioxygène est le comburant d'un feu de forêt.

Combustible : l'un des réactifs d'une combustion.
Le bois brulé, c'est le combustible d'un feu de forêt.

Combustion : phénomène observé lorsqu'un combustible brule avec un comburant.
Une gazinière réalise la combustion du gaz de ville.

Compact : se dit de l'état solide où les particules constitutives de la matière sont proches les unes des autres. *L'état solide est compact et ordonné* (voir ***dispersé***).

Concentré : se dit d'une solution dans laquelle est dissous beaucoup de soluté.
On ajoute de l'eau à une solution de sucre trop concentrée.

Condensation : passage de l'état gazeux à l'état liquide ou solide. *Au matin, l'eau se condense en rosée ou en fins cristaux de glace sur les pare-brises.*

Consommation d'énergie (d'un appareil, d'une habitation...) [en joules, J] : quantité d'énergie utilisée par l'appareil, par l'habitation.
La facture indique la valeur de la consommation de gaz c'est-à-dire de la consommation d'énergie chimique.

Constant : se dit d'une grandeur dont la valeur ne varie pas. *La masse d'un objet est constante au cours d'un mouvement.*

Conversion analogique numérique : un signal analogique peut être converti en signal numérique et inversement. *Lors de la conversion d'un signal analogique en un signal numérique, il y a perte d'information.*

Conversion d'énergie : changement de forme d'une quantité donnée d'énergie.
Un moteur convertit l'énergie électrique en énergie cinétique et en énergie thermique.

D

Danger : un danger est un risque évitable.
*On peut ralentir dans un virage dangereux où il y a risque de dérapage (voir **risque**).*

Désordonné : se dit de l'état gazeux ou de l'état liquide car les particules constitutives de la matière ont des mouvements imprévisibles. *L'état gazeux est désordonné.*

Diluer : ajouter davantage de solvant dans une solution.
On ajoute de l'eau à une solution trop sucrée pour la diluer.

Dipôles : composant électrique ayant deux bornes.
Une pile ou une résistance sont des dipôles.

Discuter : envisager le pour et le contre ; examiner des arguments contradictoires.

Dispersé : se dit de l'état gazeux où les distances entre particules constitutives sont bien plus grandes que la taille de ces particules.
L'état gazeux est dispersé (voir ***compact***).

Dissolution : dispersion d'une substance soluble dans un liquide, le solvant, pour former un mélange homogène.

Direction : définie par une droite. *Le mouvement d'un ascenseur se fait selon une direction verticale.*

Durée [en secondes, s] : intervalle de temps.
La durée du trajet est de 1 h 21 min 6 s.

E

Ébullition : phénomène observé au moment de la vaporisation lorsque des bulles de gaz se forment dans un liquide. *L'eau liquide entre en ébullition à 100 °C.*

Effet Joule : échauffement d'un conducteur électrique parcouru par un courant électrique.
L'énergie thermique fournie par effet Joule est d'autant plus grande que la résistance du conducteur est grande.

Élément : voir ***atome***.

Énergie cinétique [en joules, J] : énergie de mouvement liée à la masse et à la vitesse. $E_c = \frac{1}{2} mv^2$.

Énergie lumineuse [en joules, J] : énergie de rayonnement observée lorsque le rayonnement se produit dans le visible. *Une lampe convertit de l'énergie électrique en énergie lumineuse.*

Énergie potentielle de position [en joules, J] : énergie liée à la masse et à l'altitude. $E_p = mgh$.

Équation chimique : voir ***transformation chimique***.

Équation de réaction : voir ***transformation chimique***.

Espèce chimique : peut être identifié par des propriétés chimiques à l'aide de tests caractéristiques. *Les molécules et les ions sont des espèces chimiques.*

Étoile : astre qui émet sa propre lumière.
Le Soleil est une étoile.

F

Filtrat : liquide obtenu après une filtration.
Le jus d'orange sans pulpe est le filtrat obtenu après filtration du jus d'orange.

Force [en newtons, N] : la force modélise l'action d'un objet sur un autre. Elle est représentée par une flèche qui part du point d'application. Sa valeur peut être donnée par une relation mathématique.

$P = mg = 0{,}200 \times 10 = 2$ N

Force que la Terre exerce sur la pomme de masse 200 g, appelée poids de la pomme.

Forme d'énergie : l'énergie se manifeste généralement à travers ses conversions d'une forme dans une autre.
L'énergie peut être sous forme d'énergie électrique, énergie chimique, énergie cinétique, énergie thermique…

Formule : écriture qui donne une composition. *La formule chimique de la molécule d'eau composée d'un atome d'oxygène et de deux atomes d'hydrogène est H_2O.*

Fréquence [en hertz, Hz] : en Physique-Chimie, cette grandeur correspond à un nombre par seconde.
Une corde de violon qui joue un la 440 vibre à une fréquence de 440 Hz (440 fois par seconde).

Fusion : passage de l'état solide à l'état liquide.
On réalise la fusion de l'or pour couler un lingot.

G

Galaxie : ensemble d'étoiles et des astres qui gravitent autour de ces étoiles. *Il y a une multitude de galaxies dans l'Univers et parmi elles notre Galaxie, la Voie lactée.*

Gaspillage : mot usuel utilisé pour désigner une perte d'énergie qui pourrait être évitée.
L'énergie lumineuse fournie par un appareil électrique en veille constitue un gaspillage.

Générateur : appareil qui fournit de l'énergie électrique à un circuit. *Un générateur 6 V transfère l'énergie électrique après avoir abaissé la tension de 230 V à 6 V.*
Une pile transforme de l'énergie chimique en énergie électrique qu'elle fournit au circuit.

Gravitation : phénomène à l'origine de l'attraction des objets entre eux du fait de leur masse.
La gravitation explique le mouvement des planètes du système solaire.

H

Hétérogène : mélange dont on distingue les constituants à l'œil nu. *Un mélange de sel et de poivre est hétérogène.*

Homogène : mélange dont on ne peut distinguer les constituants à l'œil nu.
Le laiton est un mélange homogène de cuivre et de zinc.

I

Incandescence : état d'un corps qui, lorsqu'il subit une élévation de température, émet de la lumière.

Ion : atome ou ensemble d'atome qui a perdu ou gagné un ou des électrons. *H^+ ;OH^- ; NH_4^+ ; Cl^- sont des ions.*

Insoluble : si la substance que l'on essaie de dissoudre dans un solvant est insoluble, le mélange est hétérogène. *Le sucre est insoluble dans l'huile mais soluble dans l'eau.*

Intensité [en ampères, A] : grandeur qui se mesure avec un ampèremètre. *Plus l'intensité qui traverse un appareil est grande, plus les risques électriques sont importants.*

Interaction : deux objets sont en interaction lorsqu'ils agissent l'un sur l'autre. Une interaction est modélisée par deux forces de même valeur et de même direction mais de sens opposés. *Une pomme accrochée à sa branche agit sur la branche (elle la tire vers le bas) tandis que la branche agit sur la pomme (elle l'empêche de tomber).*

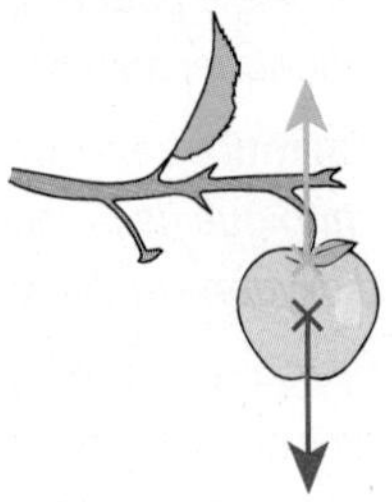

K

Kilowattheure : unité usuelle d'énergie.
1 kilowatt heure est l'énergie consommée par un appareil de puissance 1 kW fonctionnant pendant 1 heure.

L

Liquéfaction : passage de l'état gazeux à l'état liquide.
Lorsqu'on agite une bombe aérosol, on entend le gaz liquéfié qui est au fond heurter les parois.

M

Masse volumique ρ : grandeur qui permet de calculer la masse *m* d'un échantillon de matière lorsque l'on connait sa masse *m* et son volume *V* : $m = \rho.V$. *La masse d'un échantillon de 10 cL d'huile de masse volumique $\rho = 0{,}78$ kg/L est = [0,010 L] × [0,78 kg/L] = 0,0078 kg = 7,8 g.*

Mélange : ce qu'on obtient après avoir agité.
Le mélange d'eau et d'huile est hétérogène.

Milieu de propagation : milieu dans lequel se propage un son, de la lumière etc.
La vitesse du son dépend du milieu de propagation : elle est plus élevée dans le métal que dans l'air.

Miscible : se dit de constituants dont on peut réaliser un mélange homogène.
L'huile et l'eau ne sont pas miscibles.
L'eau est miscible avec l'alcool.

Molécule : assemblage d'atomes.
L'assemblage de 12 atomes de carbone, 22 atomes d'hydrogène et 11 atomes d'oxygène peut former la molécule de saccharose, qui est le sucre de table ($C_{12}H_{22}O_{11}$).

Monoatomique : constitué d'un seul atome. *La formule du gaz néon est monoatomique : Ne* (voir ***polyatomique***).

Mouvement accéléré : mouvement dont la valeur de la vitesse augmente. *Le mouvement d'une voiture est accéléré au démarrage.*

Mouvement ralenti : mouvement dont la valeur de la vitesse diminue. *Le mouvement d'une voiture est ralenti pendant le freinage.*

Mouvement uniforme : mouvement dont la valeur de la vitesse est constante. *Le mouvement d'une voiture est uniforme lorsque le régulateur de vitesse est enclenché.*

N

Nature d'un signal : un signal peut être de nature analogique ou de nature numérique (on dit parfois aussi digitale). *Un signal numérique correspond à un nombre fini de données.*

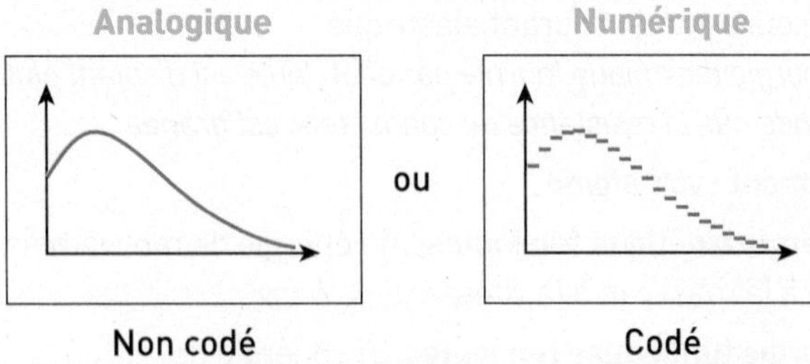

Neutre (en chimie) : propriété d'une solution aqueuse où les ions H^+ sont en même quantité que les ions OH^-.
Le sang est neutre (voir ***pH***).

Neutre (en électricité) : se dit d'un objet ou d'un ensemble d'objets globalement non chargé. *L'atome est neutre car il y a autant de charges positives dans le noyau que de charges négatives dans le nuage électronique.*

Numéro atomique d'un élément : correspond au nombre de protons du noyau.
Le numéro atomique du carbone est 6.

O

Objet diffusant : renvoie dans toutes les directions la lumière qu'il reçoit. *La Lune qui diffuse la lumière du Soleil est un objet diffusant.*

Ombres : zone non éclairée du fait de la présence d'un objet opaque empêchant la propagation de la lumière. *Lors d'une éclipse de Soleil, une zone d'ombre est observée sur Terre car la Lune arrête les rayons du Soleil.*

Ordonné : se dit de l'état solide où les particules constitutives de la matière gardent des places fixes les unes par rapport aux autres.
La glace est un état ordonné de l'eau (voir ***désordonné***).

P

Perte d'énergie [en joules, J] : énergie fournie par un appareil sans qu'elle réponde à un besoin.
L'échauffement d'un ordinateur pendant son fonctionnement est une perte.

pH : grandeur qui permet d'évaluer l'acidité d'une solution. La valeur du pH est comprise entre 0 et 14.
Le pH d'une solution neutre est égal à 7, celui d'une solution acide est inférieur à 7, celui d'une solution basique est supérieur à 7.

Pile : appareil qui transforme de l'énergie chimique en énergie électrique.

Planètes : astres qui n'émettent pas leur propre lumière mais diffusent celle de l'étoile autour de laquelle elles gravitent.
On distingue planète, planètes naines, planètes géantes

Poids [en newtons, N] : force exercée par la Terre sur un objet du fait de la gravitation. Par extension, force exercée par un astre sur un objet de masse m qui s'y trouve.
On peut calculer son poids sur la Lune à l'aide de la relation : $P_{Lune} = m.g_{Lune}$.

Polyatomique : constitué de plusieurs atomes. $C_{12}H_{22}O_{11}$ *est une molécule polyatomique* (voir ***monoatomique***).

Précipité : dépôt solide qui se forme dans une solution après une transformation chimique.
Après ajout de soude dans une solution contenant des ions Fe^{2+}*, il se forme un précipité vert.*

Produit : substance chimique obtenue après une transformation chimique. *Le dioxyde de carbone est un produit de la combustion du bois.*

Proton : voir ***atome***.

Puissance [en watts, W] : rapport de l'énergie fournie ou consommée sur la durée d'utilisation.
Un radiateur qui consomme 6 kW.h en 3 heures de fonctionnement a une puissance de 2 kW.

R

Rayon lumineux : modélisation de la lumière et de sa propagation par une demi-droite orientée.

Réactif : substance chimique qui est consommée au cours d'une transformation chimique. *La cire est un des réactifs mis en jeu lors de la combustion de la bougie.*

Réaction chimique : voir ***transformation chimique***.

Redistribution : mot utilisé pour décrire l'effet d'une transformation chimique à l'échelle microscopique.
Lors de la combustion du méthane, les atomes qui constituaient le dioxygène et le méthane sont redistribués pour former des molécules de dioxyde de carbone et des molécules d'eau.

Résistance [en ohms, Ω] : grandeur qui caractérise l'opposition d'un conducteur au passage du courant.
Le dipôle appelé résistance convertit l'énergie électrique qu'il reçoit en énergie thermique.

Risque : doit être pris en compte car peut empêcher une réalisation, voire entrainer la mort.
Sauter en parachute comporte des risques. Le risque sismique est important dans certaines régions de France (voir ***danger***).

S

Sens : orientation. *Le mouvement d'un ascenseur se fait vers le bas entre le 10e et le 1er étage.*

Sens du courant : dans un circuit, le courant circule, par convention, du pôle + d'un générateur ou d'une pile, vers le pôle –.
Remarque : le courant à l'intérieur d'un générateur circule lui du pôle – vers le pôle +.

Solidification : passage de l'état liquide à l'état solide.
On attend la solidification des glaçons pour les démouler.

Saturé : voir ***solubilité***.

Soluble : si la substance que l'on essaie de dissoudre dans un solvant est soluble, le mélange obtenu est homogène.
Le sucre est insoluble dans l'huile mais soluble dans l'eau.

Soluté : substance chimique que l'on dissout dans un solvant. *Lorsqu'on sale de l'eau, le sel est le soluté.*

Solution : Mélange homogène d'un soluté dans un solvant. *Le solvant d'une solution aqueuse est l'eau.*

Solvant : substance dans laquelle on essaie de dissoudre une autre substance appelée alors soluté.
Lorsqu'on réalise un sirop sucré, l'eau est le solvant, le sucre est le soluté.

Lexique

Sublimation : passage de l'état solide à l'état gazeux sans que l'état liquide soit observé.
Par temps froid et ensoleillé, la neige se sublime.

Solubilité : grandeur qui mesure la quantité maximale de soluté que peut contenir un volume donné de solution.
La solubilité du sucre dans l'eau est de l'ordre de 2 kg/L. Cela signifie que si 1 litre de solution contient 2 kg de sucre, on ne peut dissoudre davantage de sucre, la solution est saturée en sucre.

Source d'énergie : réservoir d'énergie tels que les aliments, le bois, l'uranium et, par extension, le vent, l'eau. *L'eau, qui constitue une source d'énergie, stocke l'énergie sous forme d'énergie potentielle de position.*

Source d'énergie renouvelable : source inépuisable à notre échelle de temps ou pouvant être reconstituée au fur et à mesure. *Une forêt gérée durablement est une source d'énergie renouvelable.*

Source primaire : objet qui émet sa propre lumière.
Un ver luisant est une source primaire de lumière.

Sous-tension [en volts, V] : voir ***tension nominale***.

Structure lacunaire : quelle que soit l'échelle, la structure de la matière est majoritairement vide.
La structure de l'atome est lacunaire : si le noyau est représenté par une orange, les électrons sont représentés par des perles rocaille situées à 100 mètres de l'orange.

Sur-tension [en volts, V] : voir ***tension nominale***.

Symbole : écriture. *Le symbole d'une pile est —|⊢—.*
Le symbole de l'atome d'hydrogène est H.

Système solaire : ensemble constitué d'une étoile et d'astres qui gravitent autour. *Il y a d'innombrables systèmes solaires dans la Galaxie.*

T

Temps [en secondes, s] : grandeur en fonction de laquelle on peut étudier une évolution.
On trace le graphique des variations de la température en fonction du temps.
En sport, on utilise généralement le mot « temps » au lieu du mot « durée » : *J'ai fait un temps de 10''23.*

Tension [en volts, V] : grandeur mesurée par un voltmètre. *La tension aux bornes d'une pile est généralement un multiple de 1,5 V.*

Tension nominale [en volts, V] : tension sous laquelle un appareil doit être alimenté pour fonctionner correctement. Si la tension est supérieure à la tension nominale, l'appareil est dit en surtension, il est en sous-tension dans le cas contraire.
Une surtension risque d'endommager un appareil.

Trajectoire : ensemble des positions successives d'un objet en mouvement, partie de la courbe mathématique suivie par l'objet. *La trajectoire de la Lune dans son mouvement autour de la Terre est un cercle.*

Transfert d'énergie : transfert d'énergie d'un objet à un autre, la forme d'énergie restant la même.
Lorsqu'on pédale l'énergie cinétique du cycliste est transférée aux roues du vélo.

Transformation chimique : phénomène chimique au cours duquel les atomes constitutifs des substances initialement présentes se redistribuent pour former d'autres substances. Le phénomène est très compliqué à l'échelle microscopique. La réaction et son équation chimique rendent compte de ce qui est observable à l'échelle macroscopique. *La combustion du carbone dans le dioxygène est une transformation chimique dont l'équation de réaction est :* $C + O_2 \rightarrow CO_2$.

Transformation d'énergie : expression parfois utilisée pour « conversion d'énergie ».
Au cours d'une chute, de l'énergie potentielle de position se transforme en énergie cinétique.

Transmission : un signal émis par un émetteur se propage dans le milieu de propagation jusqu'au récepteur. Il y a ainsi transmission d'information.
Le signal transmis par un phare informe les bateaux de la proximité d'un danger.

Type de signal : on distingue différents types de signaux : sonores, lumineux, olfactifs. *Un signal sonore est perçu grâce à l'ouïe* (voir ***nature d'un signal***).

V

Vaporisation : passage de l'état liquide à l'état gazeux.
La vaporisation de l'eau se produit à 100 °C.

Vitesse [en m/s] : rapport de la distance parcourue d sur la durée *t* du parcours. $v = d/t$.

Vitesse de propagation [en m/s] : vitesse à laquelle se propage un signal. *La vitesse de propagation de la lumière dans le vide est de 300 000 km/s.*

Besoins d'aide et corrigés

CHAPITRE 1

Besoin d'aide ?

Activité 1 INVESTIGATION

1. Dans quel état physique sont les quatre substances si elles sont en haut du cube ?
2. À quelle condition une substance colorée apparait-elle en bas du cube ? Est-elle forcément liquide lorsqu'on la voit ?
3. Préciser si, lorsqu'on voit la substance rouge liquide, on peut aussi voir les autres produits colorés sous forme liquide.
4. Pourquoi la durée de conservation des aliments diminue-t-elle au fur et à mesure que les substances apparaissent en bas du cube ?
5. Se pourrait-il que l'un des liquides soit de l'eau salée colorée ?

Activité 3 INVESTIGATION

1. Certaines données de cette activité sont inutiles.
2. Mesurer la masse de la mousse.
3. Calculer le volume de la mousse.
4. Faire les conversions nécessaires.
5. Déterminer la masse volumique.

Activité 9 TÂCHE COMPLEXE

1. Quelle est la différence entre un iceberg et un glacier ?
2. Quel est l'effet de l'augmentation de la température sur le volume de l'eau ?
3. Quel est l'effet de la fonte d'un iceberg sur la montée des eaux ?
4. Quel est l'effet de la fonte d'un glacier sur la montée des eaux ?

Je me teste • Corrigés

3 1. **b.** et **c.**
2. **c.**
3. **b.**
4. **a.**
5. **b.**

4 ❶ Fusion
❷ Solidification
❸ Liquéfaction
❹ Vaporisation
❺ Sublimation
❻ Condensation

5 **a.**, **d.** et **g.**

6 Mètre cube (m^3) ou litre (L) ↔ Volume ↔ Éprouvette graduée
Kilogramme (kg) ↔ Masse ↔ Balance
Degré Celsius (°C) ↔ Température ↔ Thermomètre

7 a. énergie / température / état
b. 0 / constante / 0
c. 0
d. solidification

CHAPITRE 2

Besoin d'aide ?

Activité 1 TÂCHE COMPLEXE

1. À quoi sert une étiquette alimentaire ?
2. Que signifie le terme « déminéralisé » ?
3. Que reste-t-il après l'évaporation de l'eau déminéralisée ?
4. Parmi toutes les substances proposées, une seule est un corps pur. Laquelle ?

Activité 2 INVESTIGATION

1. Quelle technique peut-on utiliser pour récupérer un gaz dissous dans un liquide ?
2. Que se passe-t-il quand on chauffe une boisson pétillante ?
3. Quel gaz met-on en évidence à l'aide de l'eau de chaux ?

Activité 11 TÂCHE COMPLEXE

1. Calculer le volume d'air de la classe.
2. Connaissant la composition de l'air, calculer le volume de dioxygène contenu dans cette classe.
3. Indiquer en quoi le dioxygène est indispensable à la vie.
4. Lors d'un PPMS, indiquer quelles mesures sont primordiales pour le scénario « nuages toxiques autour du collège ».
5. La classe étant constituée de 25 élèves, calculer l'apport d'O_2 nécessaire pour vivre pendant 6 h.
6. La classe peut-elle réaliser cet exercice sans risque ?

Je me teste • Corrigés

3 1. **c.** 2. **c.** 3. **a.** 4. **a.**

4 a. Faux b. Vrai c. Faux d. Vrai e. Faux

5 Le bon diagramme est le deuxième.

6 Les constituants les plus denses descendent au fond du mélange ↔ Décantation
Les constituants solides sont retenus dans le dispositif, les constituants liquides traversent le dispositif. ↔ Filtration
Les constituants les plus volatils s'évaporent ↔ Distillation

7 a. Vrai b. Vrai c. Faux d. Vrai

8 **Solubles** : sucre, sel, chocolat en poudre.
Insolubles : sable, morceaux de gomme, poivre.

CHAPITRE 3

Besoin d'aide ?

Activité 4 TÂCHE COMPLEXE

1. Présenter les différents risques dans des cadres.
2. Expliquer quand ces dangers surviennent.
3. Proposer une image illustrant ce danger.

Activité 5 INVESTIGATION

1. Quelle grandeur mesure-t-on pour déterminer l'acidité d'une solution ?
2. Quelle est la valeur du pH d'une solution acide ?
3. Une solution est-elle d'autant plus ou d'autant moins acide lorsque son pH est faible ?
4. Comment évolue le pH du jus de citron lorsque l'on ajoute du sucre ? de l'eau ? du bicarbonate de sodium ?

Activité 11 TÂCHE COMPLEXE

1. Comment sont appelés les deux réactifs d'une combustion ?
2. Quels sont les trois facteurs que l'on doit réunir pour réaliser une combustion ?
3. Quelles sont les formes d'énergie libérées par une combustion ?
4. Définir les réactifs (comburant/combustibles) et les produits au cours de la combustion du carbone.
5. Écrire le bilan de la réaction de combustion du carbone.
6. Que deviennent les réactifs au cours de cette combustion ?
7. Pourquoi le chimiste considère-t-il qu'une combustion est une transformation chimique ?
8. Indiquer l'élément du triangle de feu supprimé lorsqu'un pompier recouvre des flammes par une couverture.
9. Indiquer l'élément du triangle de feu supprimé lorsqu'un pompier ferme la bouteille de gaz dans la cuisine.

Je me teste • Corrigés

3 **Réactifs** : butane et dioxygène.
Produits : dioxyde de carbone et eau.

4 1. **b.** 2. **c.** 3. **c.** 4. **b.**
5. **b.** 6. **b.**

5 a. Faux b. Faux c. Vrai

6 1. **b.** 2. **b.**

7 Eau de Javel – Eau de mer – Sang – Jus de pomme.

8 butane (ou dioxygène) – dioxygène (ou butane) – l'eau – dioxyde de carbone
Insuffisante – incomplète – monoxyde de carbone – intoxications

9 Glaçon qui fond ↔ Transformation physique
Saler ↔ Mélange
Respirer ↔ Transformation chimique
Bruler du bois ↔ Transformation chimique
Faire bouillir de l'eau ↔ Transformation physique
Préparer une vinaigrette ↔ Mélange

Besoins d'aide et corrigés

CHAPITRE 4

Besoin d'aide ?

Activité 3 TÂCHE COMPLEXE

1. Compter le nombre d'atomes qui constituent chacune des molécules. Attention, les couleurs sont importantes.
2. Vous pouvez remplir la deuxième colonne du tableau suivant :

Nom de la molécule	Composition de la molécule	Formule chimique
Dihydrogène	2 atomes d'hydrogène	H_2
Eau	2 atomes d'hydrogène 1 atome d'oxygène	H_2O
Diazote		
Dioxyde de carbone		
Dioxygène		
Méthane		

3. En utilisant le Doc 3, écrire les formules et compléter la dernière colonne du tableau ci-dessus. Bien observer où sont placés les chiffres.

Activité 5 TÂCHE COMPLEXE

1. Quels sont les « ingrédients » présents dans un sachet de réhydratation de l'UNICEF ?
2. Que se passe-t-il quand on dissout un cristal dans l'eau ?
3. Combien de type de particules existe-t-il ?
4. Exemples de formule de molécules :
O_2, H_2O, C_2H_6
Exemples de symbole d'atome :
C, Na, H, O, K, Cl
Un ion est une particule chargée. Il peut être positif ou négatif.
En déduire à quel type de particule appartient chaque ingrédient du sachet.

Activité 8 INVESTIGATION

1. Quels sont les réactifs et les produits de chaque combustion ?
2. Pour écrire l'équation de réaction, il faut remplacer, dans le bilan de la réaction, les noms de réactifs et des produits par leur symbole ou formule.

H_2 : 	O_2 : 	H_2O : 
CO_2 : 	CO : 	2 CO : 

3. Quand on écrit une équation de réaction, on tient compte du nombre d'atomes ou de molécules qui réagissent et qui sont produits.

Activité 9 TÂCHE COMPLEXE

1. Après avoir lu la liste des suspects, associer chaque suspect avec un des Docs 3 à 7.
2. Associer à chaque suspect un ion caractéristique (Docs 3 à 7 ainsi que le Doc 9).
3. En s'aidant des tests caractéristiques, découvrir quels ions ont été mis en évidence sur la pièce à conviction.

Je me teste • Corrigés

3 **1. c.**
2. d.
3. b.
4. c.
5. d.
6. b.

4 **a.** particules / atomes **b.** sphères **c.** atomes **d.** symboles **e.** formules

5

Nom	Hydro-gène	Azote	Oxy-gène	Car-bone
Symbole	**H**	**N**	**O**	**C**
Modèle				

6 2 O ↔ 2 atomes d'oxygène
O_2 ↔ 1 molécule de dioxygène
O ↔ 1 atome d'oxygène
2 O_2 ↔ 2 molécules de dioxygène
CH_4 ↔ 1 atome de carbone et 4 atomes d'hydrogène
CO ↔ 1 atome de carbone et 1 atome d'oxygène
CO_2 ↔ 1 atome de carbone et 2 atomes d'oxygène
H_2O ↔ 2 atomes d'hydrogène et 1 atome d'oxygène

CHAPITRE 5

Besoin d'aide ?

Activité 1 INVESTIGATION

1. Commencer par identifier le modèle de Dalton, puis celui de Thomson et enfin celui de Démocrite.
2. Le modèle de Chadwick est celui pour lequel il y a le plus d'information.
Quelle est sa représentation ?
3. Quelle est la différence entre le modèle de Bohr et celui de Schrödinger ?
Quelle représentation montre le noyau ainsi que les électrons ?
4. Pour rédiger le paragraphe, explique ce que l'on découvre avant de proposer chaque nouveau modèle.
5. Pourquoi continue-t-on encore à faire des recherches sur la composition de la matière ?

Activité 2 INVESTIGATION

1. Pour obtenir la mesure la plus précise possible, il faut mesurer la taille de plusieurs atomes.
2. Utiliser l'échelle en mesurant la taille de l'image.
3. Utiliser le tableau de conversion page 433.
4. En notation scientifique, les nombres sont écrits $\pm a \times 10^n$ avec $1 \leqslant a < 10$ et n est un nombre relatif entier.

Activité 6 TÂCHE COMPLEXE

1. Expliquer comment s'est formée la matière et de quoi elle était composée au départ.
2. Expliquer comment des atomes ont été produits.
3. Expliquer comment se diversifie la matière.
4. Expliquer comment la matière la plus lourde peut se créer.
5. Donner la composition des éléments présents dans le corps humain.
6. Expliquer d'où provient la matière présente dans le corps humain.

Je me teste • Corrigés

3 **1. a.** **2. a.** **3. a.** **4. b.** **5. a.** **6. c.** **7. b.**

4 **a.** Vrai
b. Vrai
c. Faux
d. Faux
e. Vrai

5 Proton : 

Neutron : 

Électron : 

6

Symbole de l'atome	$_{2}He$	$_{6}C$	$_{12}Mg$	$_{26}Fe$	$_{92}U$
Numéro atomique	2	6	12	26	92
Nombre de protons	2	6	12	26	92
Nombre d'électrons	2	6	12	26	92

CHAPITRE 6

Besoin d'aide ?

Activité 5 INVESTIGATION

1. Faire une recherche sur internet pour connaitre les distances entre ces planètes et le Soleil, ainsi que leurs rayons (ou leurs diamètres).
2. Si on représente le Soleil par un ballon de basket, quelle est l'échelle de la maquette ? Donner le résultat en écriture scientifique et arrondir à l'unité.
3. Calculer le diamètre des quatre planètes et exprimer les résultats en écriture scientifique arrondis à l'unité.
4. En déduire par quel objet on pourrait représenter chaque planète (on choisira celui qui possède le diamètre le plus proche).
5. Déterminer à quelle distance du ballon on doit placer chaque objet pour que ces distances soient à la bonne échelle.
6. Placer chaque objet dans une boite en plastique. Indiquer sur les boites ce que ces objets représentent.
7. Déposer chaque boite à la bonne distance du ballon (les distances pourront être mesurées approximativement).

Activité 10 TÂCHE COMPLEXE

1. Utiliser le doc 1 pour expliquer que le Maroc comme la France est une zone percutée par des météorites. Expliquer néanmoins pourquoi une visite dans le désert marocain rendrait la localisation des météorites plus aisée qu'en France.
2. Utiliser les docs 2 et 3 pour indiquer comment s'y prendre pour distinguer les météorites des roches terrestres. Argumenter rigoureusement et de façon scientifique.
3. Indiquer quels types de roches sont susceptibles d'être ramenées à l'établissement. En profiter pour promouvoir l'importance d'une telle démarche, en rappelant notamment qu'elle s'inscrit dans une logique nationale.

Je me teste • Corrigés

3 1. **c** : unité de vitesse.
2. **d** : mesure de distance uniquement utilisée en astronomie.
3. **b** : ce n'est plus une planète.
4. **c** : seule planète.

4 1. **b.** 2. **a.**

5 1. **a.** 2. **b.**

6 a. Vrai b. Faux c. Faux d. Vrai

7 Bien qu'au centre du système solaire, le Soleil n'est qu'une étoile parmi d'autres.

8 1. 1 UA = 150 millions de km
= $1{,}5 \times 10^8$ km
2. t = 8 min 20 s = 500 s

$$v = \frac{1{,}5 \times 10^8}{500} = 3 \times 10^5 \text{km/s} = 3 \times 10^8 \text{m/s}$$

CHAPITRE 7

Besoin d'aide ?

Activité 2 INVESTIGATION

1. Déterminer la distance parcourue (notée d) et le temps (noté t) mis pour parcourir cette distance.
2. Quelle formule utilise-t-on pour calculer la vitesse ?
3. Avec quoi mesure-t-on le temps ? En quelle unité exprime-t-on le résultat ?
4. Avec quoi mesure-t-on la distance ? En quelle unité exprime-t-on le résultat ?
5. Placer des plots de sport au sol pour repérer la distance parcourue.
6. Mesurer le temps mis pour parcourir une distance imposée (que l'on aura choisie avant la course), puis utiliser la formule.

Activité 3 TÂCHE COMPLEXE

1. En Sciences, on ne fait varier qu'un paramètre à la fois : ici la nature du sol (piste de glace).
2. Calculer les vitesses sur 10 000 m.
3. Les comparer.

Activité 5 INVESTIGATION

1. Faire un relevé exploitable à partir des photos.
2. À l'aide d'un papier calque et d'un crayon à papier (ou d'un transparent et d'un stylo adapté), relever les bords de la pomme et la position du ver sur la première photo en plaçant un petit point à l'endroit de la queue du ver.
3. En faisant coïncider les bords de la pomme de la deuxième photo avec le relevé précédant sur le papier calque (ou le transparent), noter la nouvelle position du ver en plaçant un nouveau petit point à l'endroit de la queue du ver.
4. Faire de même sur chaque photo pour obtenir un relevé complet du trajet du ver.
5. Mesurer sur votre relevé la distance entre les deux bords opposés de la pomme.
6. Relever sur la photo, avec la règle, la distance réelle entre les bords opposés de la pomme et diviser la réponse à cette question par la réponse à la question 4 pour déterminer le coefficient de proportionnalité entre vos mesures et la réalité.
7. Mesurer sur votre relevé la distance entre le début et la fin du trajet du ver.
8. Calculer la vitesse à partir de la distance parcourue et du temps de parcours.

Activité 9 TÂCHE COMPLEXE

1. Quelle est la météo lors de cette journée ? En déduire les caractéristiques du kart à choisir.
2. Quelle est la longueur de la ligne droite ?
3. Déterminer le temps et la distance parcourue au cours de la phase 1.
4. Lors de la phase 2 :
a. quelle distance reste-t-il à parcourir après l'accélération ?
b. quelle est la vitesse maximale du kart ?
c. quel est le temps nécessaire pour atteindre la ligne d'arrivée ?
5. Additionner le temps des différentes phases et répondre à la question.

Je me teste • Corrigés

3 a. Le mouvement est rectiligne accéléré.
b. Le mouvement est circulaire uniforme.

4 **a.** et **b.**

5 Vache : 25 km/h ↔ 7 m/s
Lapin : 10 m/s ↔ 36 km/h
Oie : 40 m/s ↔ 144 km/h
Cheval : 70 km/h ↔ 19 m/s

6 **a.**, **c.** et **d.**

7 1. **a.** 2. Aucune réponse 3. **a.** et **b.**

CHAPITRE 8

Besoin d'aide ?

Activité 1 INVESTIGATION

1. Proposer une hypothèse.
2. Existe-t-il un point commun entre le train à sustentation magnétique et l'aéroglisseur ?

Activité 8 TÂCHE COMPLEXE

1. Déterminer le coefficient directeur de la droite du doc 3.
2. Utiliser la relation $P = m \times g$ pour déterminer la masse du spationaute ou bien faire une lecture graphique.
3. Comparer cette masse avec la masse initiale du spationaute donnée dans le doc 2.

Activité 9 TÂCHE COMPLEXE

1. Lorsqu'il fait du VTT, Aliou est-il en interaction à distance avec la Terre avant la bosse ? pendant la bosse ? après la bosse ?
2. D'après le doc 3, Aliou est-il en apesanteur ?

3. Aliou est-il en contact avec le sol avant la bosse ? pendant la bosse ? après la bosse ?
4. À quel moment du saut ne ressent-il plus son poids ?

Activité 11 INVESTIGATION

1. Décrire la trajectoire que doit avoir le palet pour atteindre la maison.
2. D'après l'expérience du glaçon, le palet peut-il changer de direction ?
3. D'après la comparaison avec la balle lancée sur le sable quelles sont les forces qui s'exercent sur le palet ? Sa vitesse peut-elle changer ?

Activité 12 TÂCHE COMPLEXE

1. Déterminer quelles pièces le docteur a utilisées pour réaliser son expérience.
2. Déterminer la masse des pièces et calculer la masse de l'ensemble.
3. Déterminer le poids des pièces utilisées.
4. Calculer g, l'intensité de la pesanteur correspondante.
5. Sélectionner la bonne planète.

Je me teste • Corrigés

3 a. à distance. b. de contact.
c. répartie. d. ponctuelle.

4 a.

5 c.

6 1. (1) ↔ $F_{support/balle}$ 2. (1) ↔ B
(2) ↔ $F_{club/balle}$ (2) ↔ D
(3) ↔ $F_{Terre/balle}$ (3) ↔ C

7 1. Masse ↔ g Poids ↔ N
Intensité de pesanteur ↔ N/kg
2. a. un dynamomètre
b. une balance

8 b., c. et e.

CHAPITRE 9

Besoin d'aide ?

Activité 9 INVESTIGATION

1. Rechercher sur internet ou au CDI les informations que vous devez connaitre en tant qu'ambassadeur de votre pays.
2. Noter à chaque information trouvée le site ou le livre où vous avez trouvé l'information.
3. Noter la date de l'information trouvée en cherchant à avoir les éléments les plus récents.
4. Trier et choisir les informations que vous allez dire pour présenter les ressources énergétiques de votre pays.
5. Discuter en groupe et écrire vos choix pour l'avenir du pays en vous basant sur les différents éléments que vous avez trouvés.
6. Quand l'exposé est prêt, entrainez-vous à le présenter avec un chronomètre pour vérifier qu'il fait bien 5 min.

Activité 10 TÂCHE COMPLEXE

1. Préciser la forme d'énergie que possède la bille rouge au moment où elle frappe la bille orange.
2. Préciser ce qui se passe pour l'air qu'il y a autour des billes.
3. Toute l'énergie fournie par la bille rouge est-elle transférée intégralement à la bille bleue ?
Sinon, à quel autre système est-elle en partie transférée ?
Justifier
4. D'après vous, l'énergie peut-elle réellement disparaitre ?
5. Faire l'analogie entre la poignée de sable et le pendule, c'est-à-dire :
a. préciser dans le cas du pendule la forme d'énergie qui pourrait correspondre au sable.
b. préciser dans le cas du pendule l'objet qui pourrait correspondre à la première main et celui qui pourrait correspondre à la seconde main.
6. Répondre à la question d'Anaïs en vous aidant des réponses précédentes.

Activité 11 TÂCHE COMPLEXE

1. Choix de la longueur et de l'allongement de l'élastique
a. Calculer l'intervalle de longueur maximale que doit avoir l'élastique pour être dans les conditions de sécurités sur le Viaduc de la Souleuvre.
b. Choisir la longueur des élastiques et leur allongement en fonction de ce viaduc.
2. Choix du type d'élastique
a. Calculer l'énergie cinétique maximale de l'un des sauteurs juste avant que l'élastique ne commence à se tendre.
b. Préciser en quoi ce calcul de l'énergie cinétique maximal est essentiel pour bien choisir le bon élastique.
c. Choisir le type d'élastique en fonction de cette énergie cinétique maximale.

Je me teste • Corrigés

3 Un jet de vapeur à 100 °C ↔ Énergie thermique
Un jet d'eau ↔ Énergie cinétique
Une pomme ↔ Énergie chimique
Le Soleil ↔ Énergie de rayonnement et Énergie thermique
Le vent ↔ Énergie cinétique
Du pétrole ↔ Énergie chimique
Du bois ↔ Énergie chimique

4 Moteur de la moto ↔ Énergie cinétique ↔ Roues de la moto
Radiateur ↔ Énergie thermique ↔ Chambre trop froide
Lampe ↔ Énergie lumineuse ↔ Grotte à explorer
Brioche ↔ Énergie chimique ↔ Collégien après la piscine

5 1. d. 2. c. 3. a. 4. e.

6 1. Vrai 2. Faux 3. Faux
4. Vrai 5. Vrai 6. Faux

CHAPITRE 10

Besoin d'aide ?

Activité 1 INVESTIGATION

1. Prendre une lampe et une pile parmi le matériel. Essayer d'allumer la lampe.
2. Positionner le plot de la lampe sur une languette de la pile, et le culot sur l'autre languette.

3. Si la pile chauffe ou s'il y a de petites étincelles, revoir la position de la lampe sur les languettes de la pile.
4. Si la lampe ne s'allume pas, changer de lampe et/ou changer de pile.
5. Si la lampe brille, garder la pile : l'utiliser pour tester les autres lampes et les trier.
6. Avec une lampe qui s'allume, tester les piles une à une pour déterminer celles qui fonctionnent.

Activité 9 TÂCHE COMPLEXE

1. Proposer une hypothèse qui expliquerait l'observation de la situation de départ.
2. Sélectionner parmi les notes des élèves celles qui ont un lien avec cette hypothèse. Préciser le numéro des notes.
3. Proposer une expérience, puis réaliser le circuit après l'accord du professeur.
4. Valider ou non l'hypothèse.
5. Si nécessaire, proposer une autre hypothèse en reprenant à partir de 2.

Je me teste • Corrigés

3 1. d. 2. a.

4 a. et d.

5 c. **6** b. **7** a. **8** b. **9** b. **10** a.
11 d.

CHAPITRE 11

Besoin d'aide ?

Activité 1 INVESTIGATION

1. Proposer une hypothèse en précisant si les valeurs cachées sont inférieures, supérieures ou égales à celle qui est affichée.
2. Les mesures sont-elles réalisées avec un ampèremètre ou un voltmètre ? Justifier la réponse.
3. Réaliser le circuit électrique et écrire le résultat de chaque mesure en précisant la position du multimètre dans le circuit.
4. Valider ou non l'hypothèse.
5. Conclure : l'intensité est-elle partout la même dans le circuit série ?

Activité 5 INVESTIGATION

1. Rappeler le sens de circulation du courant dans un circuit électrique.
2. Quelle est la grandeur physique évoquée par Basile : l'intensité ou la tension électrique ?
3. Reformuler l'hypothèse de Basile avec l'aide des deux points précédents.
4. Réaliser le circuit et procéder aux mesures nécessaires.
5. Valider ou non l'hypothèse de Basile. Conclure.

Activité 9 TÂCHE COMPLEXE

1. Comment doivent être branchés des dipôles récepteurs pour fonctionner indépendamment ?
2. **Circuit de Caroline :** qu'observe-t-on si un interrupteur du circuit est ouvert ?
Circuits de Mathieu et Jérémy : est-il possible de faire fonctionner le moteur indépendamment du reste du circuit ?
Circuit de Lana : la résistance continue-t-elle de fonctionner si la lampe grille ? (Docs 1 et 4)
3. Préciser quelles lampes et quel moteur peuvent être utilisés sachant que la tension délivrée par le générateur est de 12 V. (Docs 2 et 3)
4. Donner la valeur de l'intensité maximale pouvant parcourir le circuit. En déduire le fusible à utiliser. (Docs 1 et 5)
5. La loi qui s'applique à ce circuit est la loi d'additivité des intensités dans un circuit avec dérivations. Préciser la valeur de l'intensité du courant traversant la lampe et celle traversant le moteur, puis en déduire quelle lampe choisir.

Je me teste • Corrigés

3 1. **b.** 2. **b.** 3. **c.**

4 2 V ↔ 200 4,5 V ↔ 20 1,53 V ↔ 2

5 **a.** L'intensité du courant qui traverse la lampe L_1 est la même que celle qui traverse le moteur.
b. La tension mesurée aux bornes de la pile est égale à la tension mesurée aux bornes de la lampe L_2.

6 Le professeur se réfère au circuit du groupe A.

7 1. **c.** 2. **a.** 3. **a.**

CHAPITRE 12

Besoin d'aide ?

Activité 1 INVESTIGATION

1. En regardant l'illustration, trouver les formes d'énergies utilisées par ces campeurs.
2. Choisir l'une des formes d'énergie et rechercher individuellement les différents éléments que doit comporter l'affiche. Mettre en commun les recherches et faire des choix pour l'affiche finale.
3. Faire un brouillon de votre affiche avec tous les textes et leur disposition sur l'affiche.
4. Réaliser l'affiche.

Activité 7 TÂCHE COMPLEXE

1. Indiquer la forme d'énergie utilisée par l'autolib'.
2. Préciser si l'autolib' convertit ou transfère des énergies.
3. Indiquer les formes d'énergie obtenues quand on utilise l'autolib' de nuit et quand il fait froid.
4. Pour chaque forme d'énergie, il y aura un bâton qui représentera la quantité d'énergie (ce bilan étant seulement qualitatif et non quantitatif, les dimensions des bâtons seront au choix).
5. Construire le bilan et vérifier la cohérence de la taille des différents bâtons (faire également attention à la conservation de l'énergie).

Activité 9 TÂCHE COMPLEXE

1. Grâce au document 2, calculer l'énergie totale dont aura besoin Allison au cours d'une journée entière de randonnée.
2. Trier les aliments en composant un menu pour les différents repas qui semblent satisfaisants.
3. Calculer l'énergie totale de chacun des repas. Comparer ces valeurs d'énergie à celle de l'énergie totale à apporter à Allison.
4. Si nécessaire, modifier cette première proposition pour bien répartir les apports énergétiques dans la journée et pour avoir un apport convenable pour Allison.

Je me teste • Corrigés

3 1. $v = \frac{d}{t} = \frac{100}{10} = 10$ m/s
2. $E = P \times t$ donc :
$P = \frac{E}{t} = \frac{130\,000}{10} = 13\,000$ W
$P = 13$ kW

4 Un alternateur de centrale électrique.

5 **a.** Faux **b.** Vrai **c.** Faux **d.** Vrai

6 **a.** Perte **b.** Gaspillage
c. Perte **d.** Gaspillage

7 Un fil électrique ↔ transfère de l'énergie électrique.
Une lampe ↔ convertit de l'énergie électrique / transfère de l'énergie de rayonnement.
Un moteur de voiture ↔ convertit de l'énergie chimique / transfère de l'énergie cinétique.
Une hélice ↔ transfère de l'énergie cinétique.
Une éolienne ↔ transfère de l'énergie électrique / convertit de l'énergie cinétique.
Un panneau solaire ↔ convertit de l'énergie de rayonnement / transfère de l'énergie électrique.
Une fibre optique ↔ transfère de l'énergie de rayonnement.

8 **b.**

CHAPITRE 13

Besoin d'aide ?

Activité 4 TÂCHE COMPLEXE

1. Résumer en une phrase le document 2, faire de même pour le document 3.
2. Préciser le but d'une perceuse.
3. Indiquer, en justifiant vos réponses, les éléments de la perceuse qui pourraient ressembler à ceux des documents 2 et 3.
4. Répondre à la consigne en utilisant les réponses précédentes.

Activité 6 INVESTIGATION

1. Préciser la formule mathématique qui permette de calculer l'énergie consommée.
2. Rechercher dans l'activité 5 le prix d'1 kW.h
3. En regardant les illustrations déterminer les gaspillages d'énergie électrique.
4. Rechercher chez vous les puissances de vos appareils et leur durée d'utilisation ou sélectionner dans le tableau suivant les appareils utilisés en dehors d'un usage utile et leur durée d'utilisation.

Nom de l'appareil	Puissance	Durée d'utilisation
La cuisine le matin		
Grille-pain	800 W	0,25 h
Bouilloire	2 200 W	3 min = 0,05 h
Cafetière	1 000 W, 500 W,	10 min= 0,17 h pour faire le café 15 min = 0,25 h pour le maintien au chaud
Chaque lampe	12 W	45 min = 0,75 h
Télévision	20 W	40 min = 0,67 h
Micro-onde	900 W	4 min = 0,067 h pour chauffer le lait des enfants
Ordinateur	400 W	1 h 00
Salle de bain le matin		
Chaque lampe	10 W	1 h 30 min = 1,5 h
Chambre d'Elsa		
Chaque lampe	12 W	50 min = 0,84 h
Ordinateur	400 W	30 min = 0,5 h
Cuisine la journée		
Télévision en veille	0,45 W	10 h
Chaque lampe	12 W	10 h
Ordinateur en veille	0,3 W	10 h
Cuisine le soir		
Four	2 650 W	20 min = 0,33 h pour une pizza
Plaque chauffante	2 200 W	15 min pour une soupe
Télé	20 W	2 h
Chaque lampe	12 W	4 h
Chambre des parents le soir		
l'ordinateur	400 W	1 h
Chaque lampe	12 W	3 h
Chambre de Johan le soir		
Chaque lampe	12 W	1 h pour la lampe de bureau 3 h pour les autres lampes

5. Calculer la quantité d'énergie gaspillée.
6. Calculer le prix de cette énergie pour 1 journée, puis pour une année comportant 365 jours.

Activité 7 TÂCHE COMPLEXE

1. Calculer la consommation totale annuelle d'énergie des appareils à partir du doc 4.
2. Calculer la quantité d'énergie consommée par la maison à partir des docs 3 et 6.
3. Calculer la consommation totale annuelle d'énergie de la famille dans cette maison.
4. Calculer la surface nécessaire de panneau pour produire l'énergie suffisante pour compenser la consommation de la maison à partir du doc 5.
5. Conclure en répondant à la consigne de l'activité.

Je me teste • Corrigés

3 1. **a.** Faux **b.** Vrai 2. **a.** Faux **b.** Vrai
4 1. **b.** et **c.** 2. **a.** 3. **c.** 4. **b.** 5. **b.**
5 1. **a.** 2. **c.**
6 a. $P = UI$ b. $E = Pt$ c. $E = UIt$
7 1. **c.** 2. **a.** et **d.** 3. **a.**, **b.**, **c.** et **d.**
8 1. **a.** Faux **b.** Vrai **c.** Faux
2. **a.** Vrai **b.** Vrai **c.** Vrai

CHAPITRE 14

Besoin d'aide ?

Activité 5 INVESTIGATION

1. Associer un matériel à un alphabet.
2. Choisir un des deux alphabets puis écrire le message codé sur un papier.
3. Utiliser le matériel adapté pour transmettre le message codé.

Activité 7 TÂCHE COMPLEXE

Chaine d'information depuis Britney jusqu'au serveur de sa famille
1. Préciser le type et la nature du signal transmis entre Britney et son ordinateur. Préciser quel est le récepteur de l'ordinateur.
Réaliser la chaine d'information. (Docs 1 et 2)
2. Réaliser la chaine d'information entre la caméra CCD et le microprocesseur. (Docs 2 et 8)
3. Représenter les deux étapes de la chaine d'information entre le microprocesseur et le serveur de Britney. (Docs 1, 6 et 8)
4. Quelle technologie est utilisée pour la transmission de l'information entre les deux serveurs ?
Préciser le type et la nature du signal transmis. (Docs 1, 4 et 7)
Chaine d'information depuis le serveur de la famille de Britney jusqu'à ses yeux
5. Construire la chaine d'information inverse à l'aide des points précédents. Préciser les étapes incluant les documents 4 et 5.

Je me teste • Corrigés

3 1. **b.** 2. **a.** Vrai **b.** Faux
4 **a.**
5 **a.**
6 **b.**
7 1. **b.** et **c.** 2. **a.**

CHAPITRE 15

Besoin d'aide ?

Activité 1 INVESTIGATION

1. Décrire l'intérieur de la boite.
2. Préciser si la lampe est allumée.
3. Depuis votre place, noter vos observations puis conclure.

Activité 11 TÂCHE COMPLEXE

Distance de sécurité de Martin
1. Préciser la hauteur de la bombe de 100 mm. En déduire la distance C.
2. Rappeler l'expression de la vitesse en fonction de la distance et du temps.
3. Déterminer la distance A à partir des données du doc 4 et du rappel. En déduire la distance B à l'aide du théorème de Pythagore. Conclure.
L'arrivée de Sacha et Igor au feu d'artifice
4. Déterminer approximativement la distance entre la maison des enfants et Salers à partir de l'échelle du doc 8.
5. Déterminer le temps parcouru en vélo sur cette distance en heures, puis en minutes. Igor et Sacha vont-ils arriver avant la fin du feu d'artifice ?

Je me teste • Corrigés

3 1. **a.** et **b.** 2. **b.**, **c.** et **d.**
4 1. **b.** 2. **c.**
5 **b.**
6 1. **b.** et **c.** 2. **a.**
7 **c.**
8 1. **a.** 2. **a.**

Crédits

Couverture : Mint Images/Frans Lanting/Getty Images - Page de garde : NASA/ESA; egal/Istock/Getty Images; Fotolia; S. Lemaire/ hemis.fr; LDprod/Istock/Getty Images; SCIMAT/BSIP; C. Lunau/SPL/Cosmos - p. 8 : BLANCHOT Philippe / hemis.fr ; Christophe Lehenaff/Photononstop; Aisa/Leemage - p. 9 : Photos.com/ Getty Images ; Culture Club / Getty Images; Lydie LECARPENTIER/REA ; Salima Rafaï - p. 10 : Riishede/Istock/Getty Images - p. 12 : P. Souders/Biosphoto - p. 13 : Alaska Stock/hemis.fr - p. 14 : Hervé Conge ; Hervé Conge - p. 16 : Fotolia - p. 17 : gmnicholas/Istock/Getty Images - p. 21 : Fotolia - p. 22 : CIRES ; P. Souders/ Biosphoto - p. 27 : AlexeyVS/Istock/Getty Images ; portishead1/Istock/Getty Images - p. 29 : Fotolia ; Maniouloux; Evgeny Dergachev/Alamy/Hemis - p. 30 : Prill/ Istock/Getty Images - p. 32 : Fotolia - p. 33 : Fotolia - p. 34 : Fotolia - p. 35 : A. Lambert Photography/SPL/Cosmos ; Fotolia - p. 36 : J.-P. Prevel/AFP ; StockFood/ Photocuisine; G. P. Lewis/Shutterstock.com; Warka Tower ; Warka Tower - p. 37 : Leemage - p. 38 : Ch. D. Winters/BSIP - p. 39 : D. Harwardt/Istock/Getty Images - p. 40 : S. Rabany/Photononstop ; B. Boissonnet/BSIP; Fotolia; Fotolia - p. 41 : A. Nandi/EyeEm/Getty Images ; Fotolia - p. 44 : A Point Studio/Photocuisine - p. 46 : Photo Josse/Leemage - p. 47 : Sodastream ; Sodastream; Fotolia; DR - p. 48 : Zero Creatives/Cultura/Photononstop - p. 49 : CH. D. Winters/BSIP - p. 51 : R. Helle/Signatures - p. 57 : Hervé Conge - p. 58 : Photos.com/Getty Images ; Phototake/C.B.S./BSIP - p. 59 : Fotolia ; Fotolia; Fotolia - p. 60 : Fotolia ; Fotolia; Brozova/Istock/Getty Images; Hervé Conge; Fotolia - p. 61 : Tony Robins/Getty Images ; Emmgunn/Istock/Getty Images - p. 62 : Fotolia - p. 63 : Eloi_Omella/ Istock/Getty Images - p. 65 : S. Leitenberger/REA ; R. Damoret/REA - p. 67 : Getty Images/Cultura RF - p. 68 : Amiel/Photocuisine ; Maille - p. 69 : iStockphoto/ Getty Images ; lpweber/Getty Images/premium access; Photosaint/Fotolia; Richard Villalon/Fotolia; Sergione - Fotolia; Zlikovec - Fotolia; Sivivolk - Fotolia; Smileus/iStockphoto/Getty Images - p. 70 : Josh Edelson/ AFP - p. 71 : Ulga - Fotolia ; 20 minutes; Franck Bessiere / Hans Lucas; France Info - p. 72 : Tanyasid - Fotolia ; Anna Kucherova - Fotolia - p. 74 : plprod - Fotolia - p. 75 : Magnard - p. 77 : North Wind Pictures/Leemage ; Maniouloux; Maniouloux; Maniouloux - p. 78 : Maniouloux ; PHOTOPQR/NICE MATIN/P. BAR/Maxppp; BFM TV - p. 79 : Tiero - Fotolia ; Getty Images/iStockphoto/ Veenmos 145 - p. 80 : BackyardProduction/ Getty Images/iStockphoto ; Maniouloux - p. 83 : Maniouloux - p. 88 : Aurore Adeline - Fotolia ; Africa Studio - Fotolia - p. 89 : DR ; Barbara Pheby/fotolia; Justin Kase zsixz / Alamy Stock Photo/Hemis - p. 90 : Vschlichting - Fotolia ; Photo 5000 - Fotolia - p. 91 : Getty Images/iStockphoto/NERYX ; Guillaume Le Bloas - Fotolia - p. 92 : Releon8211 - Fotolia ; Ugo Gattoni/DR; BNF - p. 93 : Ljupco Smokovski - Fotolia ; Maniouloux - p. 95 : Peter Horree / Alamy / Hemis - p. 97 : MP/ Leemage - p. 100 : © UNICEF/UNI181666/Asselin - p. 103 : marima-design/iStockphoto ; Santé publique France / www.santepubliquefrance.fr; P BAUDON/SPL/ COSMOS - p. 104 : Pierre MERIMEE/REA ; imageBROKER / Alamy / Hemis - p. 105 : leungchopan/Fotolia - p. 115 : Rafael Campillo/AGE Fotostock - p. 116 : Fédéric Didillon/Biosphoto ; Cultura RF/Getty Images - p. 117 : Graham Neden/Ecoscene/AGE - p. 118 : YURI KOCHETKOV/EPA/MaxPPP ; Soren Andersson / AFP - p. 119 : Bridgeman Images - p. 121 : Cern - p. 122 : Granger NYC/Rue des Archives ; akg-images / De Agostini / Archivio J. Lange; ROYAL INSTITUTION OF GREAT BRITAIN /SPL/COSMOS; Heritage images/Leemage; Heritage Images/Leemage; Leemage; akg / Science Photo Library; Imagno/AKG Images - p. 123 : guillaume Baffou ; Javier Larrea / Age Fotostock - p. 126 : Science & Society Picture Library /Getty Images ; Shutterstock; Costa/Leemage - p. 127 : John Foley/ Opale/Leemage - p. 131 : valentinrussanov/iStockphoto - p. 133 : LAGUNA DESIGN/SPL/COSMOS ; Zinco79/iStockphoto; CULTURA/IMAGE SOURCE / BSIP; Antrey/iStockphoto; Unclesam/Fotolia; SPL / BSIP - p. 134 : sdecoret/Fotolia ; Constantini/Altopress/Andia; Manuel/Fotolia - p. 135 : DarioZg/iStockphoto - p. 136 : aykutsevinc/iStockphoto - p. 137 : imageBROKER/ hemis.fr - p. 138 : MarcelC/iStockphoto ; SLAC National Accelerator Laboratory - p. 139 : Antrey/ Fotolia ; Konrad Wothe/ Minden Pictures/Getty - p. 141 : NASA - p. 142 : NASA ; JHUAPL/SWRI/NASA/SPL/COSMOS - p. 143 : tsuneomp/Fotolia - p. 144 : Sebastian Voltmer/Novapix/Leemage ; S.Beaucourt/Novapix/Leemage - p. 145 : The Origin of the Milky Way, c.1575-80 (oil on canvas), Tintoretto, Jacopo Robusti (1518-94) / National Gallery, London, UK / Bridgeman Images ; NASA; Eric Schwortz/Glasshouse / Photononstop - p. 146 : Pictac/iStockphoto ; Floortje/Getty; skodonnell/ Getty; jakrin1976/iStockphoto; ange1011/Fotolia; Mohd Alif Md Aliudin / EyeEm/Getty; ILYA AKINSHIN/Fotolia; AFP PHOTO PHILIPPE HUGUEN - p. 147 : Thunderf00t ; ROBERT GENDLER/SPL/COSMOS - p. 148 : NASA ; GARY HINCKS/SPL/COSMOS - p. 149 : SCIENCE-CERN/ REUTERS/Denis Balibouse ; ALMA (ESO/NAOJ/NRAO) - p. 150 : AFP PHOTO / CNES/ESA CNES/ESA / AFP ; Emmanuel ROBERT-ESPALIEU/Opale/Leemage - p. 151 : NASA ; DETLEV VAN RAVENSWAAY/SCIENCE PHOTO LIBRARY/COSMOS - p. 153 : DAVID A. HARDY, FUTURES: 50 YEARS IN SPACE/SPL/COSMOS - p. 154 : K. SHARON/TEL AVIV U./ NASA/ESA/STScI/SPL/COSMOS - p. 155 : MARK GARLICK/Getty - p. 156 : Nasa/Novapix/Leemage - p. 157 : Anglo - Australian Observatory/David Malin Images/ Novapix/Leemage ; sdecoret/Fotolia.com; sdecoret/Fotolia.com; Fotolia.com - p. 158 : starblue/Fotolia ; ibreakstock/Fotolia; urbancow/iStockphoto - p. 159 : Eso/Novapix/Leemage ; MarcelC/iStockphoto - p. 160 : Onera ; ESO/Novapix/Leemage ; Anglo - Australian Observatory/David Malin Images/Novapix/Leemage ; ©Nasa/ESA/Hubble heritage team/Novapix/Leemage - p. 161 : DSS/David Malin Images/Novapix/Leemage ; Photo Josse/Leemage ; A.Fujii/David Malin Images/ Novapix/Leemage - p. 162 : Ron Miller/Novapix/Leemage ; BABAK TAFRESHI, TWAN/SPL/COSMOS - p. 163 : Alain Issock / ALP / BUREAU233 - p. 164 : Monalyn Gracia/Fancy / Photononstop - p. 167 : Agencja Fotograficzna Caro/Alamy/Hemis ; Agencja Fotograficzna Caro / Alamy / Hemis - p. 168 : Gannet77/iStockphoto - p. 169 : S-cphotoE+/Getty Images/premium access ; Klebercordeiro/Flickr; Paul Hart/iStockphoto/Getty Images; Klebercordeiro/iStockphoto/Getty Images - p. 170 : iStock/Getty Images Plus ; iStock / Getty Images Plus - p. 171 : ALEXANDER HASSENSTEIN / Getty Images South America / Getty Images/AFP ; Studio Photo AG - Fotolia; Bigandt_Photography/Getty Images/iStockphoto; AlbyDeTweede/Getty Images/iStockphoto; Thomas Amon/Getty Images/iStockphoto; Biosphoto / Roger Dauriac; E+/Getty Images - p. 172 : Dominique Noisette - p. 173 : Alexander Chernyakov/E+/Getty Images/premium access ; Shutterstock / anetapics; Shutterstock / anetapics - p. 177 : Shutterstock / Anna Omelchenko ; Arts Photographer/Fotolia - p. 181 : ATSUSHI TOMURA/Getty Images - p. 182 : Getty Images/iStockphoto ; Getty Images/Image Source; PinkBadger/Getty Images/iStockphoto; bluesky85/Istock/Getty Images - p. 183 : minicel 73/Fotolia ; andras_csontos/iStockphoto - p. 184 : BananaStock / Getty Images Plus ; tonovavania/Fotolia - p. 185 : Aidon/Getty Images Plus ; ESA - p. 186 : RIEGER Bertrand / hemis.fr - p. 188 : Yves Letoret - p. 190 : P. W. Zimmerman/Getty - p. 191 : Ascent Xmedia/Getty Images - p. 192 : Ho/Arx Pax/AFP ; Fotolia; Ch. Petersen-Clausen/Getty Images - p. 193 : Stella Nova ; Fotolia; S. Green/Pacific Stock/Photononstop ; Fotolia; R. Tang/Rex Features/Sipa Press; Fotolia; Science Source/ BSIP - p. 194 : S. Sarkis/Getty Images ; Fotolia - p. 195 : Fotolia ; R. Cavignaux/Biosphoto - p. 196 : Fotolia - p. 197 : NASA - p. 199 : NASA - p. 200 : ESA/NASA ; S. Rouquette - p. 201 : ESA–M.l Pedoussaut, 2016 - p. 202 : P. W. Zimmerman/Getty Images ; Erik Dreyer/Getty Images - p. 207 : Hervé Conge ; Freemixer/Istock/ Getty Images; Martin-dm/Istock/Getty Images; Fotolia - p. 209 : Fotolia - p. 210 : NASA ; A. Nurkiewick/Getty Images Europe/AFP; Razvan/Istock/Getty Images; 3DSculptor/Istock/Getty Images; Fotolia; P. Nieto/REA; Fotolia; NASA/JPL-Caltech/ESA/Harvard-Smithsonian CfA - p. 211 : Sciencephotos/Alamy/Hemis ; Fotolia; Fotolia; Fotolia; Fotolia; Fotolia; Fotolia; Microgen/Istock/Getty Images; Fotolia - p. 212 : Fotolia ; Image Source/Istock/Getty Images; Jeulin; Fotolia - p. 213 : CNES/illustration David Ducros, 2016 ; Fotolia; Fotolia; BanksPhotos/Istock/Getty Images; Fotolia - p. 214 : Fotolia ; ColorBlind Images/Getty Images; Fotolia; Fotolia - p. 215 : J. Tack/Alamy/Hemis - p. 216 : Fotolia - p. 218 : B. Papon/Presse Sports ; filonmar/Istock/Getty Images - p. 219 : Jeulin - p. 220 : D. Cook, L. Jenshel/National Geographic Creative - p. 223 : Jon Arnold Images/ hemis.fr - p. 224 : Rocter/iStockphoto ; Smileus/Fotolia; nicolas/iStockphoto; iStock / Getty Images Plus; Kevin Wheal / Alamy / Hemis; Xsandra/iStockphoto; Amarita/iStockphoto; AlphaAndOmega / Alamy / Hemis; SteveStone/iStockphoto; Smileus/ iStockphoto - p. 225 : © Martin Marietta; Roger Ressmeyer/Corbis/VCG/Getty ; mrtom-uk/iStockphoto; bjdlzx/iStockphoto; Deejpilot/iStockphoto; Propriété des Pépinières du Val d'Erdre; (c)Les Amis du Moulin de Lugny - p. 226 : Brilt/iStockphoto ; CHARLES D. WINTERS / BSIP; Jacques Loic/Photononstop; Krakozawr/ iStockphoto; magdal3na/Fotolia; Pellinni/Fotolia; animaflora/Fotolia - p. 227 : MG_54/iStockphoto ; Eurasia Press/Photononstop - p. 228 : Michal Ludwiczak/ Fotolia ; MauMyHaT/iStockphoto - p. 229 : HeikeRau/iStockPhoto ; Tanouchka/Fotolia; Andreaphoto/Fotolia; asiseeit/iStockphoto - p. 230 : Photo (C) Centre Pompidou, MNAM-CCI, Dist. RMN-Grand Palais / Jacqueline Hyde ; AFP PHOTO ADAC - p. 231 : Costa/Leemage - p. 232 : kaimanblu/Fotolia ; Magdevski/ iStockphoto; Dirk Vonten/Fotolia; Andreas Strauss/Look/Photononstop; petrarottova/Fotolia; Androsov/iStockphoto - p. 233 : Maksym Yemelyanov/Fotolia ; Rodimovpavel/Fotolia - p. 234 : Levalet F. / Andia - p. 235 : grandriver/iStockphoto ; Kali9/iStockphoto - p. 236 : AFP PHOTO/GLOBAL NCAP ; SerrNovik/ iStockphoto - p. 237 : Pacific_Stock / hemis.fr ; leaf/iStockphoto; typhoonski/iStockphoto; photovs/iStockphoto; Marzia Giacobbe/Fotolia; US DEPARTMENT OF ENERGY/SPL/COSMOS; AVTG/iStockphoto; Andrew Twort / Alamy / Hemis - p. 238 : konradlew/iStockphoto ; Michel Gunther / Biosphoto ; TT/iStockphoto; AdrianHancu/iStockphoto - p. 240 : C.Guy/Hemis.fr - p. 241 : Photo by Dean Treml/Red Bull via Getty Images Handout / GETTY IMAGES EUROPE / Getty Images/ AFP ; AD_photo/iStockphoto - p. 242 : Muneo Abe/Sebun Photo/Getty Images - p. 243 : Alain Le Bot/Photononstop ; Ionut David/Alamy Stock photo; Michel Gounot/Godong/Photononstop; Ulrich Baumgarten via Getty Images; Jurgen Falchle / Alamy Stock Photo - p. 244 : bugphai/iStockphoto ; EHStock/iStockphoto; pagadesign/iStockphoto; arselozgurdal/iStockphoto - p. 245 : Collection Grob/KHARBINE-TAPABOR ; Creativeye99/iStockphoto; Dutko/iStockphoto - p. 246 : agnormark/iStockphoto ; apomares/iStockphoto - p. 247 : Stu Forster/Getty Images/AFP - p. 248 : 3alexd/iStockphoto ; dpa picture alliance / Alamy / Hemis; GARDEL Bertrand / hemis.fr - p. 251 : Chrisdorney - Fotolia - p. 252 : COREPILE - p. 253 : User63774ca5_63/Istock/ Getty ; abet/Fotolia - p. 258 : Heritage Images/ Leemage ; DR - p. 259 : DeAgostini/Leemage - p. 261 : Unclesam-Fotolia.com - p. 265 : PhotoSerg/Fotolia - p. 270 : DR - p. 271 : Chris Fertnig/Getty Images/ iStockphoto ; DR; Hornelly Keuk - p. 273 : Ivan Kurmyshov - Fotolia - p. 274 : fovivafoto/fotolia ; fovivafoto /fotolia ; norbel - Fotolia; Richie Chan - Fotolia - p. 275 : Rastan/Getty Images/iStockphoto - p. 277 : Ajotte / Alamy / Hemis - p. 283 : Gueholl/Getty Images Plus - p. 285 : Wikicommons - p. 286 : bonetta/Getty - p. 287 : Sadeugra/Getty Images Plus - p. 294 : stockphoto-graf/Fotolia ; JulyVelchev/Fotolia; chris brignell / Alamy / Hemis - p. 299 : MARTYN F. CHILLMAID/SCIENCE PHOTO LIBRARY/COSMOS ; Oki/Fotolia - p. 301 : Radu Sebastian / Alamy / Hemis ; CR; adventtr/iStockphoto - p. 303 : Neville Mars Architect - p. 305 : Miketapro/ iStockphoto ; Chris George / Alamy / Hemis; famveldman/Fotolia; Victor Koldunov/Fotolia - p. 306 : Hervé This ; Ramón Antiñolo/Fotolia; Dmitry_Evs/iStockphoto; A_Pobedimskiy/iStockphoto - p. 307 : Alexey Bykov/iStockphoto ; DarthArt/iStockphoto - p. 308 : Biletskiy Evgeniy/Fotolia - p. 309 : iStock / Getty Images Plus ;

malerapaso/iStockphoto - p. 310 : HORACIO VILLALOBOS/EPA/MaxPPP ; Fred de Noyelle/Godong/Photononstop - p. 311 : © culture-images GmbH / Alamy Stock Photo/Hémis ; gargantiopa/Fotolia; greenwaldos/iStockphoto - p. 312 : Ljupco Smokovski/Fotolia ; iStock / Getty Images Plus; PhotoObjects.net / Getty Images Plus; jovanjaric/iStockphoto; Michelle McCarron/Getty - p. 313 : nakornchaiyajina/Fotolia ; ExQuisine; Tim UR/Fotolia; Volodymyr Shevchuk/Fotolia; ALF photo/ Fotolia; Richard Villalon/Fotolia; simm49/Fotolia; Konstantin Gushcha/Fotolia; goir/Fotolia; rdnzl/Fotolia; Pictures news/Fotolia; NATHALIE LANDOT/Fotolia - p. 314 : duncanandison/Fotolia ; Monika Wisniewska/Fotolia - p. 315 : ungvar/Fotolia ; exclusive-design/Fotolia; StockPhotosArt/Fotolia; Restyler/Fotolia - p. 317 : Peter de Kievith/Fotolia ; photolife2016/Fotolia - p. 318 : Paul Bradbury/Ojo Images / Photononstop ; urfinguss/iStockphoto - p. 319 : Jochen Tack / Alamy / Hemis ; dima_pics/Fotolia - p. 320 : yanjf/iStockphoto ; gtranquillity/Fotolia - p. 321 : Countrypixel/Fotolia ; Davizro Photography/Fotolia; mbbirdy/iStockphoto; ElementalImaging/iStockphoto; Jules_Kitano/iStockphoto; Ruslan Olinchuk / Alamy / Hemis; JEFF PACHOUD / AFP ; REUTERS/Benoit Tessier - p. 322 : Martin Dalton/Shutterst/REX/SIPA ; AVD/Fotolia - p. 323 : www.lucide.be - p. 324 : Sasa Huzjak / Alamy / Hemis ; Russell Sadur/Getty - p. 325 : Zoonar GmbH / Alamy / Hemis ; Matthias Hangst / Getty Images South America / Getty Images/AFP - p. 326 : Presse03 ; Glowee; Glowee - p. 327 : FRED TANNEAU / AFP - p. 328 : Gyuszko/Istock/Getty Images - p. 329 : S. Lacombe/Picturetank - p. 331 : Zmaj88/Istock/Getty Images ; Fotolia - p. 332 : Fotolia - p. 333 : Rondeau/Presse Sports ; Fotolia; aniaostudio/Istock/Getty Images; Fotolia - p. 336 : Fotolia ; Gyuszko/Istock/Getty Images; Fotolia - p. 337 : Fotolia ; Fotolia; XBox - Microsoft ; Fotolia; Fotolia; Fotolia; Fotolia; Fotolia; adasvasiliauskas/Istock/Getty Images - p. 338 : Fotolia ; Fotolia - p. 339 : Marc Mimram architecte-ingénieur ; piovesempre/ Istock/Getty Images - p. 340 : Fotolia - p. 341 : dr ; dr - p. 342 : Fotolia ; Fotolia - p. 344 : Wakila/Istock/Getty Images - p. 345 : Fotolia ; Rue des Archives/RDA; Fotolia; Fotolia - p. 346 : Fotolia ; dr; Fotolia - p. 348 : Scanrail/Istock/Getty Images - p. 349 : G. Rolle/REA ; Anna_Om/Istock/Getty Images - p. 350 : oaltindag/ Istock/Getty Images - p. 353 : Ymgerman/Istock/Getty Images - p. 354 : Egadolfo/istock/ Getty Images ; iStock / Getty Images; Ozlemonal/Istock/Getty Images; Kaarsten/Istock/Getty Images; Artfoliophoto/Istock/Getty images; Toa55/Istock/ Getty Images; ClassicStock / Alamy / Hemis - p. 356 : DR - p. 357 : Alamy/Hemis - p. 358 : Sensay/Istock/Getty Images ; Asb63/fotolia - p. 359 : Bianchetti/Leemage ; AlexBrylov/Istock/Getty Images - p. 360 : Bits and Splits/Fotolia ; Marsel/ Fotolia; Alcatel - p. 361 : Decade3d/Fotolia ; Kynny/istock/Getty Images; Ronstik/Fotolia - p. 363 : Ericsphotography/E+/Getty Images - p. 365 : monkeybusinessimages/iStockphoto ; ufukguler/iStockphoto - p. 366 : Natalia Merzlyakova/Fotolia ; Rohappy/iStockphoto - p. 367 : Thomas Pajot/Fotolia ; Radius Images / Photononstop; kali9/iStockphoto - p. 368 : SKrow/iStockphoto ; -Oxford-/iStockphoto - p. 369 : andresr/iStockphoto ; Frédéric Massard/Fotolia; M.studio/Fotolia; ManuelVelasco/iStockphoto - p. 370 : Ridofranz/iStockphoto ; ardaguldogan/iStockphoto; ThamKC/iStockohoto; Africa Studio/Fotolia; lalaverock/FOtolia; kozorog/iStockphoto - p. 371 : gow27/Fotolia ; Grassetto/iStockphoto - p. 372 : Georges Blond/Fotolia - p. 373 : Emmeci74/iStockphoto ; aanton/iStockphoto - p. 374 : xxmmxx/iStockphoto ; Prasit photo/Getty - p. 375 : ONSLOW AUCTIONS LIMITED/Mary Evans Picture Library / Photononstop ; Archiv Carl Simon/UA/Leemage - p. 377 : maxoidos/Getty Images/iStockphoto - p. 379 : studio023/Fotolia ; Sumruay Rattanataipob/shutterstock - p. 380 : Salva Garrigues/Age Fotostock ; Nasa - p. 382 : Thomas Bethge/fotolia - p. 383 : ivkuzmin/ Istock/ getty ; Musat/ Istock/ getty - p. 385 : kadmy/Fotolia ; fotoVoyager/ Getty images istock - p. 386 : Coll Privée ; ©PHOTOPQR/LE COURRIER DE L'OUEST / JOSSELIN CLAIR/Maxppp; nasa - p. 387 : Collection particulier ; Deep Ocean Search - p. 388 : EAGiven/ Istock/ getty - p. 389 : google earth - p. 393 : Marshall Ikonography/Alamy/Hemis - p. 394 : Paulista - Fotolia ; gmstockstudio - Fotolia; Ludovic LAN - Fotolia; DR - p. 396 : Elisabeth Coelfen - Fotolia ; Alex Staroseltsev - Fotolia; YvanDube/E+/Getty Images/premium access; DR; globeds - Fotolia; Getty Images/Image Source; Prod DB © 20 Th Century Fox / DR - p. 397 : baldas1950 - Fotolia ; milamon0 - Fotolia; Anita P Peppers - Fotolia; mode_list - Fotolia; fotolia; prapann - Fotolia; erika8213 - Fotolia; Picavet/The Image Bank/Getty Images - p. 398 : DR - p. 399 : Orl/DR ; ANDREW LAMBERT PHOTOGRAPHY/SPL/ COSMOS; Chudakov - Fotolia.com - p. 400 : SPL/COSMOS - p. 401 : Lucky Comics, 2017 ; apfelweile - Fotolia; Catmando - Fotolia; Siri Stafford/Getty Images - p. 403 : Frank Hoensch/Getty Images - p. 404 : Nasa ; Google Earth; DR

Responsable éditorial : Adrien FUCHS
Édition : Julie DRAPPIER, Marilyn MAISONGROSSE, Souraya MANIOULOUX, Audrey POULAT
Maquette de couverture : François SUPIOT
Maquette intérieure : Stéphanie HAMEL
Mise en pages et schémas : STDI
Recherche iconographique : Katia DAVIDOFF, Sidonie REBOUL, Candice RENAULT
Illustrations : Charles BOISTIER, Sylvie DESSERT, Frédérique VAYSSIÈRES
Photos d'expériences : Philippe GUIGNARD
Numérique : Dominique GARRIGUES, Éric GUÉGUEN
L'éditeur remercie la société JEULIN qui, avec le concours de Christelle VAN LANDUYT, a aimablement fourni le matériel photographié.

ISBN : 978-2-210-10780-9

Achevé d'imprimer en février 2019 par Bona en Italie
N° d'éditeur : 2018_0542 - Dépôt légal : Avril 2017

PEFC/18-31-4

Formulaire

- **Vitesse, distance, durée**

$v = \dfrac{d}{t}$ $d = vt$ $t = \dfrac{d}{v}$

- **Masse volumique, volume, masse**

$\rho = \dfrac{m}{V}$ $V = \rho m$ $m = \dfrac{V}{\rho}$

- **Poids**

$P = mg$

- **Loi d'Ohm**

$U = RI$

- **Puissance**

$P = UI$

Attention
- Ne pas confondre volume V et vitesse v.
- Ne pas confondre poids P et puissance P.

- **Énergie cinétique**

$E_c = \dfrac{1}{2}mv^2$

- **Énergie potentielle**

$E_p = mgh$

- **Lien énergie puissance**

$E = Pt$

Pictogrammes de sécurité

Pictogramme de danger	Définition du danger
	- Explosif - Peut provoquer une explosion sous l'effet de la chaleur
	- Auto-échauffants - Peut s'enflammer au contact de l'air - Dégage au contact de l'eau des gaz inflammables - Peut s'enflammer sous l'effet de la chaleur
	- Contient des gaz, solides et liquides oxydants qui peuvent provoquer ou aggraver un incendie, ou même provoquer une explosion.
	- Gaz sous pression, peut exploser sous l'effet de la chaleur - Gaz réfrigéré, peut causer des brulures ou des blessures dues au froid - Gaz liquéfié
	- Corrosif, pouvant provoquer des brulures de la peau et des blessures graves aux yeux - Également corrosif pour les métaux

Pictogramme de danger	Définition du danger
	- Cancérogène - Affectant la fertilité et l'enfant à naitre - Allergène respiratoire pouvant provoquer des allergies, de l'asthme ou des difficultés respiratoires en cas d'inhalation - Toxique pour certains organes - Danger d'aspiration pouvant être nocif ou mortel en cas d'ingestion ou de pénétration dans les voies respiratoires
	- Hautement toxique en cas de contact avec la peau, et pouvant être mortel en cas d'inhalation ou d'ingestion
	- Hautement toxique (dangereux) - Provoque une sensibilisation cutanée ou une irritation de la peau ou des yeux - Irritant pour les voies respiratoires - Narcotique, provoque une somnolence ou des vertiges - Dangereux pour la couche d'ozone
	- Dangereux pour l'environnement et très toxique pour le milieu aquatique

Tests caractéristiques

Tester la présence de molécules

Molécule testée	Dioxyde de carbone	Dioxygène	Dihydrogène	Eau
Le test	Ajouter de l'eau de chaux	Approcher une buchette en bois incandescente	Approcher une allumette enflammée	Mettre en contact avec du sulfate de cuivre anhydre
Photo du test	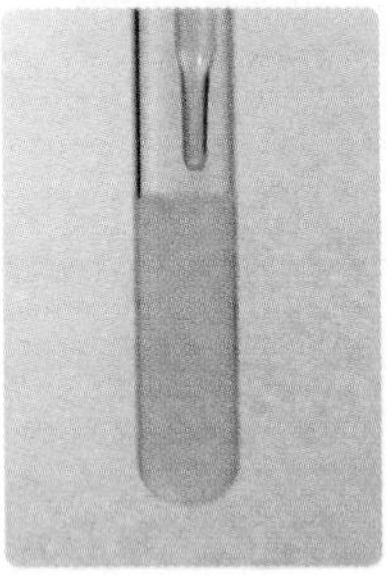		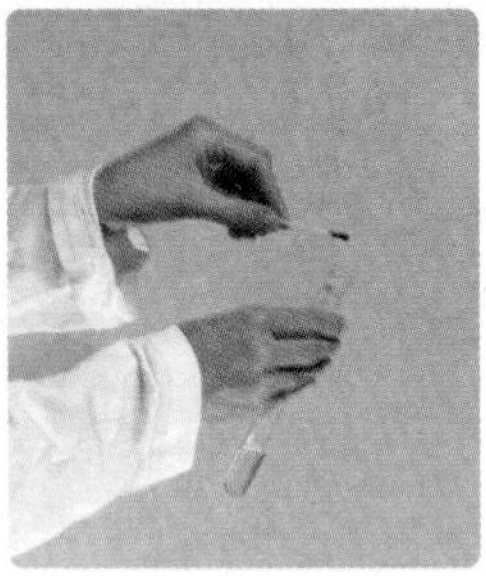	
Si le test est positif	Apparition d'un trouble.	La flamme se ravive comme lors de la combustion du carbone dans le dioxygène.	La flamme s'éteint et on entend une légère détonation.	Le sulfate de cuivre devient bleu.

Tester la présence d'ions

• Tests par précipitation avec l'hydroxyde de sodium

Le nom usuel de l'hydroxyde de sodium est la soude.

Ions à tester	Ion fer II	Ion fer III	Ion cuivre II	Ion zinc II	Ion aluminium III
Observation du précipité	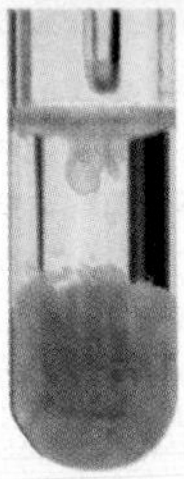		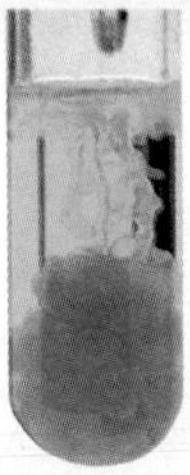		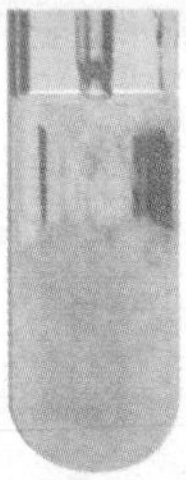

• Test par précipitation avec le nitrate d'argent

Un précipité se forme lorsque des ions chlorure (Cl^-) sont présents dans la solution.

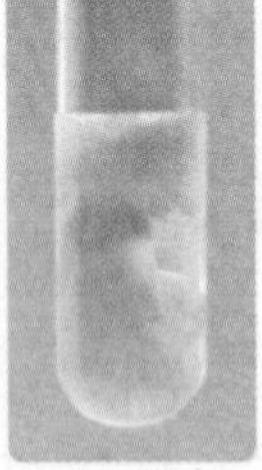

Exposition à la lumière

• Test par mesure de pH

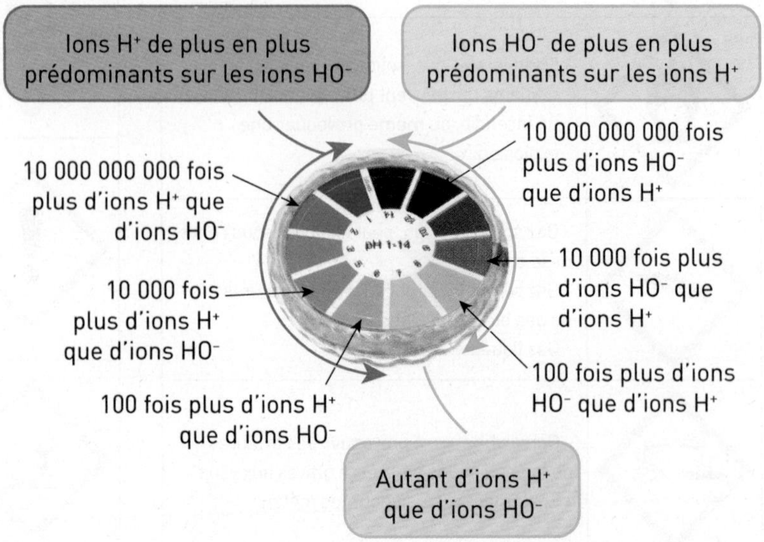

Grandeurs et mesures

Les grandeurs et leurs unités en Physique-Chimie au collège

Grandeur	Longueur / distance	Fréquence	Force	Intensité	Masse	Température	Temps / durée	Tension	Surface	Volume
(abréviation usuelle)	(*d* ou *L*)	(*f*)	(*F*)	(*I*)	(*m*)	(*T*)	(*t*)	(*U*)	(*S*)	(*V*)
Unité	**Mètre**	**Hertz**	**Newton**	**Ampère**	**Kilogramme**	**Degré Celsius**	**Seconde**	**Volt**	**Mètre carré**	**Mètre cube ou litre**
(symbole)	(m)	(Hz)	(N)	(A)	(kg)	(°C)	(s)	(V)	(m^2)	(m^3) ou (L)

Les grandeurs quotients

La Masse volumique

• Mesure de la masse *m* d'un objet

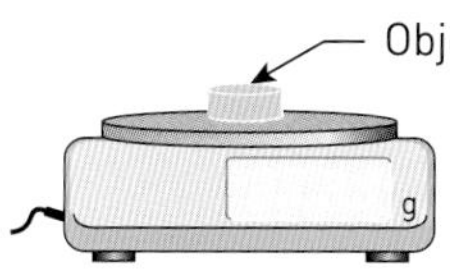

La balance affiche la masse *m* de l'objet en kg (ou g).

• Mesure du volume *V* d'un objet

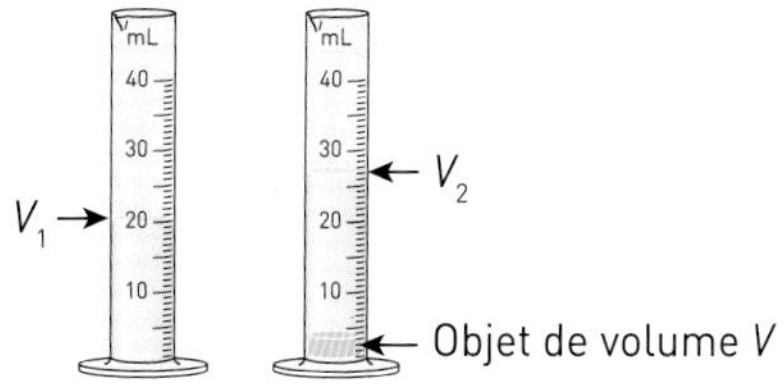

Le volume *V* de l'objet est : $V = V_2 - V_1$ en m^3 (ou L).

• Calcul de la masse volumique ρ d'un objet

$\rho = \frac{m}{V}$ en kg/m^3 (ou g/L).

La Résistance

• Mesure de la tension U aux bornes d'un dipôle et de l'intensité I qui le traverse

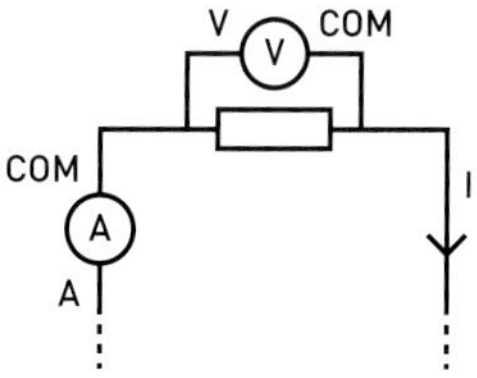

Le voltmètre affiche la tension U mesurée en V.
L'ampèremètre affiche l'intensité I mesurée en A.

• Calcul de la résistance R d'un dipôle

$R = \frac{U}{I}$ en Ω (1 Ω = 1 V/A).

La Vitesse

• Mesure du temps

Le chronomètre affiche le temps *t* en s.

• Mesure de la distance parcourue

Le mètre ruban affiche la distance *d* en m.

• Calcul de la vitesse *v*

$v = \frac{d}{t}$ en m/s (ou km/h).

Les puissances de 10

	10^{-15}	10^{-12}	10^{-9}	10^{-6}	10^{-3}	10^{-2}	10^{-1}	10	10^{2}	10^{3}	10^{6}	10^{9}	10^{12}	10^{15}
Préfixe	femto	pico	nano	micro	milli	centi	déci	déca	hecto	kilo	méga	giga	téra	péta
Abréviation	f	p	n	µ	m	c	d	da	h	k	M	G	T	P

Classification périodique des éléments

Chlore / Cl / 17 — Nom, Symbole, Numéro atomique

Métaux
- Métaux alcalins
- Métaux alcalino-terreux
- Autres métaux

Non métaux
- Gaz rares
- Halogènes
- Autres non métaux

Périodes ↓ / Groupes →

Périodes	1	2	3	4	5	6	7	8	9	10	11	12	13	14	15	16	17	18
1	Hydrogène H 1																	Hélium He 2
2	Lithium Li 3	Béryllium Be 4											Bore B 5	Carbone C 6	Azote N 7	Oxygène O 8	Fluor F 9	Néon Ne 10
3	Sodium Na 11	Magnésium Mg 12											Aluminium Al 13	Silicium Si 14	Phosphore P 15	Soufre S 16	Chlore Cl 17	Argon Ar 18
4	Potassium K 19	Calcium Ca 20	Scandium Sc 21	Titane Ti 22	Vanadium V 23	Chrome Cr 24	Manganèse Mn 25	Fer Fe 26	Cobalt Co 27	Nickel Ni 28	Cuivre Cu 29	Zinc Zn 30	Gallium Ga 31	Germanium Ge 32	Arsenic As 33	Sélénium Se 34	Brome Br 35	Krypton Kr 36
5	Rubidium Rb 37	Strontium Sr 38	Yttrium Y 39	Zirconium Zr 40	Niobium Nb 41	Molybdène Mo 42	Technétium Tc 43	Ruthénium Ru 44	Rhodium Rh 45	Palladium Pd 46	Argent Ag 47	Cadmium Cd 48	Indium In 49	Étain Sn 50	Antimoine Sb 51	Tellure Te 52	Iode I 53	Xénon Xe 54
6	Césium Cs 55	Baryum Ba 56	Lanthanides	Hafnium Hf 72	Tantale Ta 73	Tungstène W 74	Rhénium Re 75	Osmium Os 76	Iridium Ir 77	Platine Pt 78	Or Au 79	Mercure Hg 80	Thallium Tl 81	Plomb Pb 82	Bismuth Bi 83	Polonium Po 84	Astate At 85	Radon Rn 86
7	Francium Fr 87	Radium Ra 88	Actinides	Rutherfordium Rf 104	Dubnium Db 105	Seaborgium Sg 106	Bohrium Bh 107	Hassium Hs 108	Meitnerium Mt 109	Darmstadtium Ds 110	Roentgénium Rg 111	Copernicium Cn 112	Nihonium Nh 113	Flérovium Fl 114	Moscovium Mc 115	Livermorium Lv 116	Tennessine Ts 117	Oganesson Og 118

Lanthanides

Lanthane La 57	Cérium Ce 58	Praséodyme Pr 59	Néodyme Nd 60	Prométhium Pm 61	Samarium Sm 62	Europium Eu 63	Gadolinium Gd 64	Terbium Tb 65	Dysprosium Dy 66	Holmium Ho 67	Erbium Er 68	Thulium Tm 69	Ytterbium Yb 70	Lutétium Lu 71

Actinides

Actinium Ac	Thorium Th	Protactinium Pa	Uranium U	Neptunium Np	Plutonium Pu	Américium Am	Curium Cm	Berkélium Bk 97	Californium Cf 98	Einsteinium Es 99	Fermium Fm 100	Mendélévium Md 101	Nobélium No 102	Lawrencium Lr 103